〖明文 中國正史 大系〗

原文 譯註

後漢書(十)

(南朝)宋 范　曄 著
唐　李　賢 註
陶硯　陳起煥 譯註

明文堂

班昭(반소) 畵像

84권, 〈列女傳〉 참고.

華佗(화타)
82권, 〈方術列傳 下〉 참고.

董祀妻 蔡琰(동사 처 채염, 一名 文姬)
84권, 〈列女傳〉 참고.

左慈(좌자)
82권, 〈方術列傳 下〉 참고.

青瓷 釉菜壺(유채호)
東吳, 전체 높이 32.1cm, 복부 지름 31.2cm, 밑지름 12.6cm,
江蘇省 南京市 博物館 소장.

『明文 中國正史 大系』

原文 譯註

後漢書(十)

(南朝)宋 范 曄 著
唐 李 賢 註
陶硯 陳起煥 譯註

明文堂

[차례]

●《後漢書(十)》

● 부록

원문 역주

후한서 (十)

82 方術列傳(上)

〔방술열전(상)〕

原文

仲尼稱《易》有君子之道四焉, 曰 '卜筮者尙其占.' 占也者, 先王所以定禍福, 決嫌疑, 幽贊於神明, 遂知來物者也.

若夫陰陽推步之學, 往往見於墳記矣. 然神經怪牒, 玉策金繩, 關扃於明靈之府, 封縢於瑤壇之上者, 靡得而窺也. 至乃〈河〉,〈洛〉之文, 龜龍之圖, 箕子之術, 師曠之書, 緯候之部, 鈐決之符, 皆所以探抽冥賾, 參驗人區, 時有可聞者焉. 其流又有風角,遁甲,七政,元氣,六日七分,逢占,日者,挺專,須臾,孤虛之術, 乃望雲省氣, 推處祥妖, 時亦有以效於事也.

而斯道隱遠, 玄奧難原, 故聖人不語怪神, 罕言性命. 或開末而抑其端, 或曲辭以章其義, 所謂 '民可使由之, 不可使知之.'

| 註釋 | ㅇ君子之道四焉 -《易》의 辭, 變, 象, 占의 4가지를 숭상한다. '말을 하려는 자는《易》의 卜辭를 숭상하고(以言者尙其辭), 행동하려는 자는《易》의 變化를 숭상하고(以動者尙其變), 器物을 만들려는 자는《易》의 形象을 숭상하고(以制器者尙其象), 점치려는 자는《易》의 占斷을 숭상한다(以卜筮者尙其占).'《易 繫辭》. ㅇ箕子之術 - 箕子(기자)가 서술한《尙書 洪範》을 말함. 〈洪範〉에는 五行과 陰陽之術이 언급되었다. ㅇ師曠之書 - 師曠(사광)의 災異를 점치는 책. 師曠(사광)은 生而無目하여 自稱 '盲臣' 이라 했다. 춘추시대의 음악가. ㅇ緯候之部 - 緯는 七經의 緯書. 候는 中候. 緯書《尙書》의 한 편명. ㅇ鈐決(검결)之符 - 鈐(단속할 검)은 兵書의 일종인 玉鈐篇(옥검편). 決은《玄女六韜要訣》. ㅇ探抽冥賾 - 探抽(탐추)는 탐색. 冥賾(명색)은 어둡고 깊숙하다. 冥은 어둘 명. 賾은 깊숙할 색. 심오하다. ㅇ風角(풍각) - 바람을 살펴 길흉을 점치는 일 ㅇ七政(칠정) - 日, 月과 五星. ㅇ元氣 - 음양을 개벽하는 기운. 점술의 한 방법. ㅇ六日七分(육일칠분) - 점술의 한 방법. ㅇ逢占(봉점) - 求卜者의 문제에 따라 점을 진행하는 占卜의 한 방법. 東方朔(동방삭)이 이에 능했다고 한다. ㅇ日者(일자), 挺專(정전), 須臾(수유), 孤虛(고허) - 모두 점술의 방법. 挺專(정전)은 대나무를 꺾어 점을 치는 방법, 須臾(수유)는 음양 길흉을 판단하는 방법, 孤虛(고허)는 六甲을 가지고 점을 치는 방법이라는 주석이 있다. ㅇ聖人不語怪神 - '子不語怪力亂神.'《論語 述而》. ㅇ罕言性命 - 罕은 드물 한. 그물. 「子罕言利與命與仁.」《論語 子罕》. ㅇ'民可使由之, 不可使知之' - 孔子의 말.《論語 泰伯》. 백성에게 모든 것을 다 깨우쳐 이해시킬 수는 없다는 뜻이나, 그 해석에 논란이 많은 구절이다.

[國譯]

仲尼(孔子)는《易》에는 4가지 君子之道가 있다고 말하면서 '(吉凶을) 점치는 자는 (《易》의) 占斷을 숭상한다.' 고 말했다. 占이란 것은 先王이 禍福을 결정한 것이고, 의심되는 일을 결단한 것이며, 神明이 보이지 않게 도와서 앞일을 알 수 있는 일이다.

음양의 변화와 천문 역법의 推算에 관해서는 여러 가지 많은 기록이 있다. 그렇지만 신비, 괴이한 서적이나 기록, 금줄로 엮은 玉簡, 보물을 보관하고 자물쇠를 채워둔 신령한 창고 안에 있는 것이나 玉階 위에 묶어 봉해둔 상자 안에 있는 글들은 보통 사람이 볼 수가 없다. 그러나 〈河圖〉나 〈洛書〉의 글이나, 龜龍의 圖書, 箕子(기자)가 서술한 〈洪範〉, 師曠(사광)의 글이나, 緯書인 《尙書 中候》篇, 玉鈐篇(옥검편) 같은 兵書에도 모두 알 수 없는 심오한 징조를 탐색하거나, 인간세상의 이치를 증명할 수 있는 내용을 때때로 볼 수 있다. 그리고 점치는 여러 유파로 또 風角(풍각), 遁甲(둔갑), 七政(칠정), 元氣(원기), 六日七分(육일칠분), 逢占(봉점), 日者(일자), 挺專(정전), 須臾(수유), 孤虛(고허)의 술법이 있고, 또 구름의 모양을 살펴 길흉을 점치는 일도 때로는 미래를 점치는 효과가 있다고 생각한다.

그러나 이런 점술은 그 방법이 은밀하고 현묘 심원하기에 聖人(孔子)도 괴이하거나 귀신에 관해서는 말을 아니 하였으며, 인간의 본성이나 운명에 대한 언급도 거의 없었다. 성인이 간혹 그런 말단을 언급하더라도 그 근본을 캐려 하지 않았으며 완곡한 표현으로 그런 뜻을 나타내려 했기에 '백성은 따라오게 할 수는 있지만 근본을 모두 알게 할 수는 없다.' 고 말했다.

原文

漢自武帝頗好方術, 天下懷協道藝之士, 莫不負策抵掌, 順風而屆焉. 後王莽矯用符命, 及光武尤信讖言, 士之赴趣時宜者, 皆騁馳穿鑿, 爭談之也. 故王梁,孫咸, 名應圖籙, 越登槐鼎之任, 鄭興,賈逵, 以附同稱顯, 桓譚,尹敏, 以乖忤淪敗. 自是習爲內學, 尙奇文, 貴異數, 不乏於時矣. 是以通儒碩生, 忿其姦妄不經, 奏議慷慨, 以爲宜見藏擯. 子長亦云, '觀陰陽之書, 使人拘而多忌.' 蓋爲此也.

| 註釋 | ㅇ順風而屆焉 – 屆는 이를 계. 모여들다. 머무르다. ㅇ騁馳穿鑿 – 騁馳(빙치)는 달려 모여들다. 穿鑿(천착)은 파고들다. 穿은 뚫을 천. 鑿은 뚫을 착. ㅇ王梁(왕량) – 河內郡 野王縣令에서 일약 大司空으로 발탁되었는데, 이는 〈赤伏符〉의 해석에 따른 결과였다. 22권, 〈朱景王杜馬劉傅堅馬列傳〉에 立傳. ㅇ槐鼎之任 – 槐鼎(괴정)은 三公. 槐는 홰나무 괴. 회화나무. 조정에 심어 삼공의 자리를 의미했다. ㅇ鄭興(정흥), 賈逵(가규) – 36권, 〈鄭范陳賈張列傳〉에 立傳. 가규는 賈誼의 후손. ㅇ桓譚(환담), 尹敏(윤민) – 桓譚(환담)은 박학하고 多才多藝했으나 광무제에게 귀에 거슬리는 상소를 해서 미운 털이 박혀 불운한 종말을 맞이했다. 桓譚(환담)은 28권, 〈桓譚馮衍列傳〉 (上)에 입전. 尹敏은 79권, 〈儒林列傳〉 (上)에 立傳.

【國譯】

漢朝에서는 武帝가 方術을 아주 좋아하였기에 천하에 도술을 알고 통했다는 사람들이 簡策을 싸들고 순풍을 타듯 모여들어 무제의 비위를 맞추었다. 뒷날 왕망은 교묘하게 符命(부명)을 가탁하여 이용했고, 광무제 역시 讖言(참언)을 크게 신뢰하게 되자 시대 풍조를 따르는 사람들이 사방에서 모여들었고 더욱 파고들며 논쟁을 벌였다. 그래서 王梁(왕량)과 孫咸(손함)의 이름은 圖籙(도록)을 따라 유명해졌고, 등급을 뛰어넘어 재상의 자리에 오를 수 있었으며, 鄭興(정홍)과 賈逵(가규)는 도참의 내용에 찬동하여 이름을 날렸고, 桓譚(환담)과 尹敏(윤민)은 도참의 주장에 반대하여 밀려났다. 그래서 이후로는 (후한에서) 讖緯說(참위설)이 유행하여 특별한 문장을 숭상하였고, 기이한 도술을 중시하게 되어 어느 시대이건 그런 사람들이 나왔다. 이리하여 학식이 깊은 유생들은 경전에 어긋나는 도참의 사악하고 허황된 내용에 분노하며 상주하는 글을 통해 도참서를 폐기해야 한다는 강개하게 주장하였다. 子長(司馬遷의 字) 역시 '陰陽之書을 많이 보면 거기에 얽매어 기피하는 것이 많다.' 고 하였으니, 아마도 이를 두고 한 말일 것이다.

原文

夫物之所偏, 未能無蔽. 雖云大道, 其硋或同. 若乃《詩》之失愚,《書》之失誣. 然則數術之失, 至於詭俗乎? 如令溫柔敦厚而不愚, 斯深於《詩》者也, 疏通知遠而不誣, 斯深於《書》者也. 極數知變而不詭俗, 斯深於數術者也. 故曰, '苟非其人, 道不虛行.' 意者多迷其統, 取遣頗偏, 甚有雖流宕過誕亦失也.

中世張衡爲陰陽之宗, 郎顗咎徵最密, 餘亦班班名家焉. 其徒亦有雅才偉德, 未必體極藝能. 今蓋糾其推變尤長, 可以弘補時事, 因合表之云.

| **註釋** | ○其硋或同 – 硋는 방해할 애. ○'苟非其人, 道不虛行.' –《易繫辭》의 구절. ○張衡(장형) – 張衡(장형)은 중국사에서 뛰어난 천문학자이

고 과학자였으며, 太史令으로 사마천과 같이 음양학과 역법에도 능통하였다. 59권, 〈張衡列傳〉에 立傳. ㅇ郞顗(낭의) - 郞顗(낭의)의 상서는 천문 현상을 빌어 또《易》緯書의 내용을 근거로 善政을 상소하였다. 30권, 〈蘇竟楊厚列傳〉(下)에 立傳. ㅇ班班名家焉 - 班班은 명백하다. 뚜렷하다. 이때 班은 아롱질 반.

[國譯]

어떤 일이 지나치면 그에 따른 폐단이 없을 수 없다. 비록 大道일지라도 그 폐단은 역시 같을 것이다. 《詩》의 폐단은 愚(愚昧)에 있고, 《書》는 誣(誣妄, 무망)에 있는 것과 같다. 그렇다면 數術의 폐단은 세속을 속이는데(詭, 속일 궤) 있지 않겠는가? 溫柔敦厚(온유돈후)하더라도 어리석지 않다면, 이는 《詩》를 깊이 잘 이해한 것이고 멀리까지 깊이 알 수 있지만 誣妄(무망)하지 않다면, 이는 《書》에 통달한 것이다. 술수가 변하는 그 끝을 알더라도 俗人을 속이지 않는다면 方術에 깊이 통달했다고 말할 수 있을 것이다. 그래서 '만약 道에 적합한 사람이 아니라면 道는 아무렇게나 드러나지 않은 것이라.' 고 했다. 이에 뜻을 둔 자들은 방술의 결과에 미혹되어 극단으로 치우거나, 방술은 허무맹랑한 것이라고 믿는 것 또한 술수의 폐단일 것이다.

가까운 옛날에 張衡(장형)이 陰陽學의 大宗이었고, 郞顗(낭의)는 災異의 징조나 원인 분석에 가장 밝았으며, 그 외에도 뚜렷한 명가들이 있었다. 이런 사람들 중에도 역시 뛰어난 재주와 숭고한 人品을 가진 사람이 있었지만 모두가 술수에 박통한 사람은 아니었다. 지금, 변화의 추정에 특별히 뛰어나 時事에 많은 도움을 주었던 사람들을 한데 모아 기록하였다.

❶ 任文公

原文

任文公, 巴郡閬中人也. 父文孫, 明曉天官風角秘要. 文公少修父術, 州辟從事. 哀帝時, 有言越嶲太守欲反, 刺史大懼, 遣文公等五從事檢行郡界, 潛伺虛實. 共止傳舍, 時, 暴風卒至, 文公遽趣白諸從事促去, 當有逆變來害人者, 因起駕速驅. 諸從事未能自發, 郡果使兵殺之, 文公獨得免.

| 註釋 | ㅇ巴郡閬中 - 巴郡(파군) 閬中縣은, 今 四川省 동북부 南充市 관할 閬中市 사람이다. ㅇ越嶲郡(益) - (월수군) 治所 邛都縣, 今 四川省 남부 西昌市.

[國譯]

任文公(임문공)은 巴郡(파군) 閬中縣(낭중현) 사람이다. 부친 任文孫(임문손)은 天文과 風角(풍각) 등 여러 秘術에 밝았다. 임문공은 어려 부친의 방술을 배웠고 益州刺史의 부름을 받아 從事가 되었다. 哀帝 때, 越嶲郡(월수군) 태수가 반란할 것이라는 소문이 돌자, 익주자사는 크게 두려워하면서 임문공 등 5명의 종사를 보내 월수군을 순행하며 은밀히 그 허실을 살피게 하였다. 그들 5명이 함께 傳舍에 머물렀는데 갑자기 폭풍이 일어나자, 임문공은 여러 종사들에게 빨리 떠나자면서 반역할 역도들이 습격이 있을 것 같다고 말한 뒤 임문공은 서둘러 떠났다. 다른 종사들이 마지못해 떠나려 하지 않았는데, 정말로 월수군에서 군사를 보내 이들을 죽였고 임문공만 벗어날 수 있었다.

原文

後爲治中從事. 時, 天大旱, 白刺史曰, "五月一日, 當有大水. 其變已至, 不可防救, 宜令吏人豫爲其備." 刺史不聽, 文公獨儲大船. 百姓或聞, 頗有爲防者. 到其日旱烈, 文公急命促載, 使白刺史, 刺史笑之. 日將中, 天北雲起, 須臾大雨, 至晡時, 湔水湧起十餘丈, 突壞廬舍, 所害數千人. 文公遂以占術馳名. 辟司空掾. 平帝卽位, 稱疾歸家.

| **註釋** | ○晡時 - 申時. 오후 3시부터 5시 사이. 晡는 신시 포, 저녁 포. ○湔水(전수) - 今 四川省 중부, 成都市의 북쪽, 阿壩藏族羌族自治州 관할 汶川縣에서 발원하는 岷江(민강) 水系에 속하는 長江의 지류. 汶川은 2008년 최악의 지진이 났던 곳. 판다 곰의 서식지.

【國譯】

임문공은 뒷날 治中從事가 되었다. 그때 날이 크게 가물었는데 임문공이 익주 자사에게 말했다. "5월 1일에 큰물이 닥칠 것입니다. 그 變災가 이미 시작되었으니 예방하지 않을 수 없으며 관리와 백성에게 대비케 해야 합니다."

그러나 자사는 따르지 않았고, 임문공은 홀로 큰 배를 준비하였다. 백성들은 소식을 듣고 대비하는 자도 있었다. 그날이 되자 날은 여전히 뜨거웠고, 임문공은 서둘러 물건을 싣게 하면서 사람을 보내 자사에게 알렸지만, 자사는 임문공을 비웃었다. 한낮이 되자 하늘 북쪽에서 구름이 일어나며 곧 큰비가 내렸다. 오후 4시경에 湔水(전수)가 10여 길이나 높아졌고 물이 들이닥쳐 마을 집이 부서지고 수천 명이 죽었다.

임문공은 이후 점술로 유명해졌다. 조정의 부름을 받아 司空府의 관리가 되었다. 平帝가 즉위하자, 병을 핑계로 귀향하였다.

原文

王莽簒後, 文公推數, 知當大亂, 乃課家人負物百斤, 環舍趨走, 日數十, 時人莫知其故. 後兵寇並起, 其逃亡者少能自脫, 惟文公大小負糧捷步, 悉得完免. 遂奔子公山, 十餘年不被兵革.

公孫述時, 蜀武擔石折. 文公曰, "噫! 西州智士死, 我乃當之." 自是常會聚子孫, 設酒食. 後三月果卒. 故益部爲之語曰, "任文公, 智無雙."

| **註釋** | ○子公山 – 四川省 閬中縣의 산. ○蜀 武擔 – 山名.

[國譯]

王莽(왕망)이 찬탈한 이후, 임문공은 運數를 추산하여 대란이 일어날 것을 알고 집안 사람들에게 1백 근의 무게를 지고 매일 집 근처를 뛰어다니도록 수십 일을 계속했는데 그때 사람들은 까닭을 알지 못했다. 뒷날 곳곳에서 亂兵이 일어나자 도망쳐 빠져나간 자가 많지 않았지만, 임문공의 집안사람들은 어른과 아이 모두 식량을 짊어지고 빠른 걸음으로 탈출할 수 있었다. 드디어 子公山에 들어가 10여 년간 兵禍를 면하였다.

公孫述이 蜀에서 반역할 때, 蜀 武擔山(무담산)의 돌이 부러졌다.

임문공이 말했다.

"슬프다! 西州의 智士가 죽어야 하니 내 차례가 되었다."

그 이후로 자손들을 모아 술과 음식을 같이 즐겼다. 그 3달 뒤에 죽었다. 그래서 益州 일대에서는 이를 두고 "임문공과 같이 지혜로운 사람은 없다."고 말했다.

❷ 郭憲

原文

郭憲字子橫, 汝南宋人也. 少師事東海王仲子. 時, 王莽爲大司馬, 召仲子. 仲子欲往. 憲諫曰, "禮有來學, 無有往教之義. 今君賤道畏貴, 竊所不取." 仲子曰, "王公至重, 不敢違之." 憲曰, "今正臨講業, 且當訖事." 仲子從之, 日晏乃往. 莽問, "君來何遲?" 仲子具以憲言對, 莽陰奇之. 及後簒位, 拜憲郎中, 賜以衣服. 憲受衣焚之, 逃於東海之濱. 莽深忿恚, 討逐不知所在.

| 註釋 | ㅇ汝南宋人也 – 汝南郡 宋縣은, 今 安徽省 서북부, 阜陽市 관할 太和縣.

[國譯]

郭憲(곽헌)의 字는 子橫(자횡)으로, 汝南郡 宋縣 사람이다. 젊어 東海郡의 王仲子(왕중자)에게 사사하였다. 왕망은 大司馬가 되어 왕중자를 불렀다. 왕중자는 부름에 응하려 했다. 곽헌은 제지하며 말했다.

"禮에 찾아와 배우지만, 가서 가르치는 예는 없습니다. 지금 사부께서 도를 가벼이 여기고 높은 사람을 두려워하는데 그럴 수는 없습니다."

이에 왕중자가 말했다. "왕망공은 아주 높은 사람이니 감히 어길 수 없다." 곽헌이 말했다. "이번에 가서 정식으로 講說하면 곧 끝날 것입니다."

왕중자는 곽헌의 말을 따랐고 느지막하게 왕망을 찾았다. 왕망이 늦게 온 이유를 묻자, 왕중자가 곽헌의 말대로 대답하자 왕망은 속으로 기이하다고 생각했다. 왕망이 漢을 찬탈한 뒤에 곽헌에게 郞中을 제수하고 의복을 하사하였다. 곽헌은 의복을 받아 태워버린 뒤, 東海 바닷가로 숨었다. 왕망은 크게 화를 내며 추격케 했지만 소재를 알 수 없었다.

原文

光武卽位, 求天下有道之人, 乃徵憲拜博士. 再遷, 建武七年, 代張堪爲光祿勳. 從駕南郊. 憲在位, 忽迴向東北, 含酒三潠. 執法奏爲不敬. 詔問其故. 憲對曰, "齊國失火, 故以此厭之." 後齊果上火災, 與郊同日.

| 註釋 | ㅇ含酒三潠 - 술을 머금었다가 세 번 뿜어버리다. 潠은 뿜을 손. 입으로 뿜다. ㅇ以此厭之 - 厭은 누를 엽. 厭服(염복), 재난을 예방하다. 싫어할 염.

[國譯]

光武帝가 즉위하고, 천하의 有道之人을 초빙하면서 곽헌을 불러 博士를 제수하였다. 두 번 승진하여 建武 7년(서기 31), 張堪(장감)의 후임으로 光祿勳이 되었다. 어가를 모시고 南郊에 참가하였다. 곽헌은 반열에 서 있다가 갑자기 동북을 향하여 술을 머금었다가 세 번 뱉었다. 執法하는 관원은 곽헌이 불경한 짓을 했다고 상주하였다. 광무제가 까닭을 물었다. 곽헌이 말했다. "齊國에서 失火했기에 이를 예방하였습니다." 뒤에 과연 齊國에서 화재가 났다고 상주하였는데 남교에서 교제를 지낸 날이었다.

原文

八年, 車駕西征隗囂. 憲諫曰, "天下初定, 車駕未可以動." 憲乃當車拔佩刀以斷車靷. 帝不從, 遂上隴. 其後潁川兵起, 乃回駕而還. 帝嘆曰, "恨不用子橫之言."

時, 匈奴數犯塞, 帝患之, 乃召百僚廷議. 憲以爲天下疲敝, 不宜動衆. 諫爭不合, 乃伏地稱眩瞀, 不復言. 帝令兩郎扶下殿, 憲亦不拜. 帝曰, "常聞'關東觥觥郭子橫', 竟不虛也." 憲遂以病辭退, 卒於家.

| 註釋 | ○車駕 – 때로는 황제를 지칭. ○稱眩瞀 – 眩瞀(현무)는 현기증. 眩은 아찔할 현. 瞀는 흐릴 무, 어지러울 무. ○關東觥觥 – 觥觥은 강직한 모양. 觥은 뿔잔 굉, 클 굉, 꿋꿋할 굉.

[國譯]

(建武) 8년(서기 32), 황제가 서쪽으로 隗囂(외효)를 親征하였다. 이에 곽헌이 제지하였다. "천하가 겨우 안정되었기에 황제가 거동해서는 안 됩니다."

그리고 곽헌은 수레 앞에 나가 차고 있던 칼로 수레의 가죽 끈을 잘라버렸다. 광무제는 따르지 않았고 隴西에 출동하였다. 그 후 潁川郡에서 반군이 봉기하자, 바로 어가를 돌려 돌아왔다. 광무제가 탄식하였다. "郭子橫의 말을 따르지 않은 것이 후회된다."

그때 흉노가 자주 국경을 침범하자, 광무제는 이를 걱정하여 모든 관료를 불러 회의를 했다. 곽헌은 지금 천하가 피폐하였기에 대군을 동원해서는 안 된다고 말했다. 간언이 채택되지 않자, 곽헌은 바닥에 쓰러져 현기증이 난다며 말을 하지 못했다. 광무제는 낭관을 시켜 부축하여 전각에서 내려가게 했고 곽헌은 배례하지 않았다. 이에 광무제가 말했다.

"關東 땅에 꿋꿋한 곽자횡이란 말을 늘 들었는데 빈말이 아니로다."

곽헌은 질병으로 사직했고, 집에서 죽었다.

❸ 許楊

原文

許楊字偉君, 汝南平輿人也. 少好術數. 王莽輔政, 召爲郎, 稍遷酒泉都尉. 及莽簒位, 楊乃變姓名爲巫醫, 逃匿它界. 莽敗, 方還鄉里.

汝南舊有鴻郤陂, 成帝時, 丞相翟方進奏毁敗之. 建武中, 太守鄧晨欲修復其功. 聞楊曉水脈, 召與議之. 楊曰, "昔成帝用方進之言, 尋而自夢上天, 天帝怒曰, '何故敗我濯龍淵?' 是後民失其利, 多致飢困. 時有謠歌曰, '敗我陂者翟子威, 飴我大豆, 亨我芋魁. 反乎覆, 陂當復.' 昔大禹決江疏河, 以利天下. 明府今興立廢業, 富國安民, 童謠之言, 將有徵於此. 誠願以死效力."

晨大悅, 因署楊爲都水掾, 使典其事. 楊因高下形勢, 起塘四百餘里, 數年乃立. 百姓得其便, 累歲大稔.

| 註釋 | ㅇ汝南平輿 - 汝南郡 平輿縣, 今 河南省 동남부 駐馬店市 관할 平輿縣. 安徽省 阜陽市와 접경. ㅇ鄧晨(등신) - 鄧晨(등신)은 광무의 대업을 믿고 따르며 도왔던 개국공신. 15권, 〈李王鄧來列傳〉에 立傳. ㅇ累歲大稔 - 大稔은 풍년. 稔은 곡식이 익을 임.

[國譯]

許楊(허양)의 字는 偉君(위군)으로, 汝南郡 平輿縣 사람이다. 젊어서부터 術數를 좋아했다. 王莽(왕망)이 輔政하며 허양을 불러 낭관으로 삼았고 차츰 승진하여 酒泉郡 都尉가 되었다. 왕망이 찬위하자, 허양은 곧 성명을 바꾸고 巫醫가 되어 타군 지역으로 숨었다. 왕망이 패망한 뒤 향리로 돌아왔다.

汝南郡에는 전에 鴻郤陂(홍극파)라는 저수지가 있었는데, 成帝 때 승상인 翟方進(적방진)이 상주한 뒤에 헐어버렸다. 광무제 建武 연간에 太守 鄧晨(등신)은 홍극파를 다시 복구하려고 했다. 등신은 허양이 수맥에 정통하다는 말을 듣고 불러 같이 의논하였다. 이에 허양이 말했다.

"옛날에 成帝가 적방진의 건의에 따라 홍극파를 헐어버린 뒤에, 얼마 안 있다가 上天하는 꿈을 꾸었습니다. 꿈에서 天帝가 노하며 '무슨 까닭에 나의 龍이 목욕할 저수지를 헐어버렸는가?' 라고 말했습니다. 그 이후로 백성에게 이득이 없었고 많은 백성이 굶주리며 힘들었습니다. 그 당시에 백성들이 노래했습니다. '우리 저수지를 부순 翟子威(적자위, 翟方進). 우리에게 콩을 먹이고, 우리의 토란을 삶아 먹었네. 다시 옛날로 돌려 저수지를 복구해야 하네.' 옛날에 大禹(대우)께서 長江과 河水의 물길을 터서 천하를 이롭게 하였습니다. 태수께서 지금 황폐한 저수지를 다시 일으켜 富國安民하시겠다면 옛 동요에서 말한 효과가 나타날 것입니다. 진실로 죽을힘을 다하겠습니다."

등신은 크게 기뻐하며 허양을 都水掾(도수연)에 임명하여 그 일을 맡겼다. 허양은 지세의 고하에 따라 4백여 리에 걸친 수로를 만들었는데 몇 년 만에 완공하였다. 백성은 그 이득을 보았고 해마다 풍년이 들었다.

原文

初, 豪右大姓因緣陂役, 競欲辜較在所, 楊一無聽, 遂共譖楊受取賕賂. 晨遂收楊下獄, 而械輒自解. 獄吏恐, 遽白晨. 晨驚曰, "果濫矣. 太守聞忠信可以感靈, 今其效乎!" 卽夜出楊, 遣歸. 時天大陰晦, 道中若有火光照之, 時人異焉. 後以病卒. 晨於都宮爲楊起廟, 圖畫形像, 百姓思其功績, 皆祭祀之.

| 註釋 | ㅇ械輒自解 – 械는 刑具. 輒은 문득 첩. 갑자기.

【國譯】

그전에, 强豪大姓들은 저수지 공사 노역을 핑계로 소재지에서 여러 이득을 얻으려 획책했지만 許楊이 하나도 들어주지 않자 모두 함께 허양이 뇌물을 받았다고 모함하였다. 등신은 결국 허양을 잡아 옥에 가두었는데 형틀이 갑자기 저절로 풀렸다. 옥리가 두려워 서둘러 등신에게 보고했다. 등신이 놀라 말했다.

"정말 잘못했구나. 太守로서 충성되고 진실한 말을 따라 하늘을 감동시켜야 하거늘, 지금 하늘이 벌을 내리는 것이다!"

그리고 그날 밤에 허양을 석방하여 돌아가게 하였다. 그날 그믐밤이라서 아주 캄캄했는데 길에 빛이 비추는 것처럼 밝아 사람들이 이상하게 생각했다. 허양은 뒷날 병으로 죽었다. 등신은 낙양의 집에 허양을 위한 사당을 지었고 초상화를 그려 두었으며, 백성은 그 공적을 생각하여 늘 제사를 지냈다.

❹ 高獲

原文

高獲字敬公, 汝南新息人也. 爲人尼首方面. 少遊學京師, 與光武有舊. 師事司徒歐陽歙. 歙下獄當斷, 獲冠鐵冠, 帶鈇鑕, 詣闕請歙. 帝雖不赦, 而引見之. 謂曰, "敬公, 朕欲用子爲吏, 宜改常性." 獲對曰, "臣受性於父母, 不可改之於陛下." 出便辭去.

三公爭辟, 不應. 後太守鮑昱請獲, 旣至門, 令主簿就迎, 主簿但使騎吏迎之. 獲聞之, 卽去. 昱遣追請獲, 獲顧曰, "府君但爲主簿所欺, 不足與談." 遂不留.

時郡境大旱. 獲素善天文, 曉遁甲, 能役使鬼神. 昱自往問何以致雨. 獲曰, "急罷三部督郵, 明府當自北出, 到三十里亭, 雨可致也." 昱從之, 果得大雨. 每行縣, 輒軾其閭. 獲遂遠遁江南, 卒於石城. 石城人思之, 共爲立祠.

| 註釋 | ㅇ汝南新息 – 汝南郡 新息縣, 今 河南省 남단의 信陽市 관할 息縣. ㅇ尼首方面 – 尼丘山(이구산). 가운데가 높고 사방이 높은 산. 孔子의 두상이 이구산을 닮았다고 하였다. 方面은 안면이 사각형에 가깝다는 뜻. ㅇ歐陽歙(구양흡) –《伏生尙書》를 전공, 광무제가 즉위하면서 최초로 河南尹이 되었고 被陽侯에 봉해졌다. 建武 5년, 업무상 과오가 있어 면직되었다. 79권, 〈儒林列傳〉(上)에 立傳. ㅇ鮑昱(포욱) – 鮑永(포영)은 왕망의 신하되기를 거부했고 정직한 충성으로 광무제를 섬겼고, 아들 포욱 역시 그러했다. 29권, 〈申屠剛鮑永郅惲列傳〉에 立傳.

[國譯]

高獲(고획)의 字는 敬公(경공)으로, 汝南郡 新息縣 사람이다. 생김새는 움푹 들어간 정수리에 사각형 얼굴이었다. 젊어 京師(長安)에 유학하였는데 光武帝와도 알고 지냈다. 司徒 歐陽歙(구양흡)에게 사사하였다. 구양흡이 하옥되어 판결을 받을 때 고획은 쇠로 만든 관을 쓰고 도끼와 받침을 가지고 궁궐에 가서 구양흡을 변호하였는데, 광무제는 구양흡을 사면하지는 않았지만 고획을 불러 만나보았다.

광무제가 말했다. "敬公! 朕(짐)은 그대를 관리에 임용하려 하니 그 성질 좀 고치시오."

그러나 고획은 "臣의 부모로부터 받은 천성이기에 폐하 때문에 고칠 수는 없습니다."라고 말한 뒤 그대로 나가서 돌아갔다.

三公이 다투어 고획을 초빙하였지만 응하지 않았다. 뒷날 태수 鮑昱(포욱)이 고획을 초빙했고, 고획이 태수부 문 앞까지 왔는데, 포욱은 主簿를 시켜 영접하라고 했으나 주부는 騎士를 보내 영접해도 된다고 하였다. 고획이 알고서는 즉시 되돌아갔다. 포욱이 사람을 보내 좇아와서 고획에게 다시 요청했지만, 고획이 말했다. "태수가 주부에게 이용당하고 있으니 얘기할 수 없소."

그리고 끝내 돌아가지 않았다.

그 무렵 郡에 큰 가뭄이 들었다. 고획은 천문에 능통하고 遁甲(둔갑)에도 밝았으며 귀신을 부릴 줄 알았다. 포욱이 직접 찾아와 어떻게 하면 비를 오게 할 수 있는가를 물었다.

이에 고획이 말했다.

"빨리 三部의 督郵(독우)를 폐지하고 태수께서 직접 걸어 북으로 30리쯤에 있는 亭(정)에 간다면 비를 오게 할 수 있을 것입니다."

포욱은 그대로 시행했고 과연 큰 비가 내렸다. 포욱은 현을 순찰하며, 고획의 마을을 지나면 언제나 수레에서 軾(식)을 잡아 예를 표했다. 고획은 나중에 강남 먼 곳으로 숨어버렸고 (丹陽郡) 石城縣에서 죽었다. 石城縣 사람들은 고획을 추념하여 여럿이 사당을 세웠다.

❺ 王喬

原文

王喬者, 河東人也. 顯宗世, 爲葉令. 喬有神術, 每月朔望, 常自縣詣臺朝. 帝怪其來數, 而不見車騎, 密令太史伺望之. 言其臨至, 輒有雙鳧從東南飛來. 於是候鳧至, 擧羅張之, 但得一隻舃焉. 乃詔尙方診視, 則四年中所賜尙書官屬履也. 每當朝時, 葉門下鼓不擊自鳴, 聞於京師. 後天下玉棺於堂前, 吏人推排, 終不搖動. 喬曰, "天帝獨召我邪?" 乃沐浴服飾寢其中, 蓋便立覆. 宿昔葬於城東, 土自成墳. 其夕, 縣中牛皆流汗喘乏, 而人無知者. 百姓乃爲立廟, 號葉君祠. 牧守每班錄, 皆先謁拜之. 吏人祈禱, 無不如應. 若有違犯, 亦立能爲祟. 帝乃迎取其鼓, 置都亭下, 略無復聲焉. 或云此卽古仙人王子喬也.

| 註釋 | ㅇ葉 – 南陽郡의 葉縣(섭현), 今 河南省 중부 平頂山市 관할 葉縣. ㅇ一隻舃焉 – 一隻은 짝이 있는 것의 하나. 새 한 마리 척. 量詞. 舃은 신 석. 신발. ㅇ立能爲祟 – 立은 즉시. 祟는 빌미 수. 재앙. ㅇ王子喬(왕자교) – 字는 子喬, 周 靈王의 太子, 일찍 죽어 신선이 되었다고 한다. 학을 타고 다녔다(子喬駕鶴).

[國譯]

王喬(왕교)란 사람은 河東郡 사람이다. 顯宗(明帝) 때, (南陽郡) 葉縣(섭현) 현령이었다. 왕교는 신통한 술법이 있어 매월 초하루와 보름에는 늘 현에서 조정에 와서 입조하였다. 명제가 낙양까지 오는 술법이 궁금했는데, 車騎를 볼 수가 없어 몰래 太史를 시켜 엿보게 하였다. 태사는 그가 올 때쯤에 어디선가 한 쌍의 오리(雙鳧, 쌍부)가 동남쪽에서 날아온다고 하였다. 이에 오리가 날아올 때 그물을 쳐서 잡아보니 겨우 신발 한 짝이었다. 이에 조서로 尙方(상방)에서 신발을 살펴보게 했더니 (永平) 4년에 하사한 尙書官屬의 신발이었다. 왕교가 매번 입조할 때마다 섭현 정문의 북이 치지 않아도 저절로 울렸는데 그 소리가 낙양에서도 들을 수 있었다.

뒷날 옥으로 만든 관이 하늘에서 섭현 대청 앞에 내려왔는데 관리들이 밀어도 움직이지 않았다. 이에 왕교가 말했다. "天帝께서 왜 나만 부르셨는가?"

그리고 목욕을 하고 옷과 관을 쓴 다음에 옥관 안에 들어가 눕자 뚜껑이 즉시 닫혔다. 옛 친우들이 그를 섭현 동쪽에 장례했는데 흙이 저절로 봉분이 되었다. 그날 저녁 현내의 모든 소들이 땀을 흘리며 헐떡거렸는데 아무도 이런 사실을 몰랐다. 백성들이 왕교의 사당을 세우고 葉君祠(섭군사)라고 불렀다.

자사나 태수가 매번 새로 부임하면 먼저 섭군사에 참배하였다. 관리나 백성이 거기서 기도하면 무엇이든지 다 효험이 있었다. 만약 죄를 지으면 즉시 재앙이 내렸다. 명제가 섭현의 북을 가져다가 都亭에 설치하였는데, 그 뒤로는 다시 소리가 나지 않았다. 어떤 사람은 왕교가 옛 선인 王子喬(왕자교)라고 말했다.

❻ 謝夷吾

原文

謝夷吾字堯卿, 會稽山陰人也. 少爲郡吏, 學風角占候. 太守第五倫擢爲督郵. 時, 烏程長有臧釁, 倫使收案其罪. 夷吾到縣, 無所驗, 但望閣伏哭而還. 一縣驚怪, 不知所爲. 及還, 白倫曰, "竊以占候, 知長當死. 近三十日, 遠不過六十日, 遊魂假息, 非刑所加, 故不收之." 倫聽其言, 至月餘, 果有驛馬齎長印綬, 上言暴卒. 倫以此益禮信之.

| **註釋** | ㅇ會稽山陰 – 會稽郡의 治所인 山陰縣, 今 浙江省 북동부 紹興市. ㅇ占候 – 천상의 병화로 길흉을 예측하는 점술. ㅇ督郵 – 郡 太守의 속관, 관할 현의 업무를 감찰, 조세 납부 실적, 군사 동원 관련 직무도 감사, 太守의 耳目 역할. ㅇ烏程(오정) – 현명. 今 浙江省 북부, 太湖 남안의 湖州市. 좋은 술을 빚는 烏氏와 程氏가 살았다고 한다. ㅇ臧釁 – 臧은 숨길 贓과 通. 釁은 피바를 흔. 죄.

[國譯]

謝夷吾(사이오)의 字는 堯卿(희경)인데, 會稽郡 山陰縣 사람이다. 젊어 郡吏가 되었고 風角과 占候(점후)를 배웠다. 太守 第五倫(제오륜)에게 발탁하여 督郵가 되었다. 그때, 烏程(오정) 縣長이 착복 죄가 있다 하여 태수는 사이오를 보내 체포케 하였다. 사이오는 오정현에 도착하여 조사하지 않고 현청을 향하여 엎드려 통곡을 한 다음 돌아왔다. 현의 사람들이 이상히 여겨 어찌할 바를 몰랐다. 사이오가 돌아와 태수에게 보고하였다.

"가만히 점을 쳐보니 현장이 곧 죽을 것을 알았습니다. 짧게는 30일, 멀게는 60일로 그 유혼이 잠시 쉬고 있어 형벌을 내릴 상황이 아니라서 체포하지 않았습니다."

제오륜이 그 말을 인정하였고, 한 달 남짓에 과연, 역마가 현장의 인수를 갖고 와서 갑자기 죽었다고 보고했다. 제오륜은 이후 사이오를 예우하며 신임하였다.

原文

擧孝廉, 爲壽張令, 稍遷荊州刺史, 遷鉅鹿太守. 所在愛育人物, 有善績. 及倫作司徒, 令班固爲文薦夷吾曰,

「臣聞堯登稷,契, 政隆太平, 舜用臯陶, 政致雍熙. 殷,周雖有高宗,昌,發之君, 猶賴傅說,呂望之策, 故能克崇其業, 允協大中.

竊見鉅鹿太守會稽謝夷吾, 出自東州, 厥土塗泥, 而英姿挺特, 奇偉秀出. 才兼四科, 行包九德, 仁足濟時, 知周萬物. 加以少膺儒雅, 韜含六籍, 推考星度, 綜校圖錄, 探賾聖秘, 觀變歷徵, 占天知地, 與神合契, 據其道德, 以經王務. 昔爲陪隸, 與臣從事, 奮忠毅之操, 躬史魚之節, 董臣嚴綱, 勖臣懦弱, 得以免戾, 實賴厥勳. 及其應選作宰, 惠敷百里, 降福彌異, 流化若神, 爰牧荊州, 威行邦國. 奉法作政, 有周,召之風, 居儉履約, 紹公儀之操. 尋功簡能, 爲外臺之表, 聽聲察實, 爲九伯之冠. 遷守鉅鹿, 政合時雍.

德量績謀, 有伊,呂,管,晏之任, 闡弘道奧, 同史蘇,京房之倫. 雖密勿在公, 而身出心隱, 不殉名以求譽, 不馳騖以要寵, 念存遜遁, 演志箕山. 方之古賢, 實有倫序, 采之於今, 超焉絶俗. 誠社稷之元龜, 大漢之棟甍. 宜當拔擢, 使登鼎司. 上令三辰順軌於曆象, 下使五品咸訓於嘉時, 必致休徵克昌之慶, 非徒循法奉職而已.

臣以頑駑, 器非其疇, 尸祿負乘, 夕惕若厲. 願乞骸骨, 更授夷吾, 上以光七曜之明, 下以厭率土之望, 庶令微臣塞咎免悔.」

| 註釋 | ○才兼四科 – 孔門十哲의 四分野. 德行, 政事, 文學, 言語. ○行包九德 –《書經 皐陶謨(고요모)》의 九德. '寬而栗, 柔而立~' 등《書經》참조. ○紹公儀之操 – 春秋시대 魯國 相인 公儀休(공의휴)의 지조. 공의휴는 아내의 채소 농사와 길쌈을 못하게 하였는데, 國相의 아내가 채소 농사와 길쌈으로 백성의 이득을 빼앗는 것이라고 생각했다. ○闡弘道奧 – 闡弘(천홍)은 크게 넓히다. 밝혀내다. 道奧는 道術의 오묘함. ○史蘇,京房之倫 – 史蘇(사소)는 晉의 太史. 京房(경방, 字 君明)은 전한 元帝 때《易》에 밝았다. 石顯(석현)의 질시를 받아 獄死. ○棟甍(동맹) – 기둥. 棟은 용마루 동. 甍은 용마루 맹. ○尸祿負乘 – 尸祿(시록)은 하는 일 없이 녹봉만 받다. ○謝夷吾 – 三公의 자리에 오르지 못했다. 이런 장황한 추천서는 班固의 文才가 우수하다는 방증일 뿐, 아무 결과도 없었다.

[國譯]

(謝夷吾는) 孝廉으로 천거되어 (東平國) 壽張 현령이 되었다 점차 승진하여 荊州刺史를 역임하고 鉅鹿(거록) 태수가 되었다. 임지에서

人物을 愛育하며 선정을 베풀었다. 第五倫이 司徒로 있으면서 班固(반고)를 시켜 사이오를 천거하는 글을 짓게 하였다.

「臣이 알기로, 堯(요)는 后稷(후직)과 契(설)을 등용하여 태평을 이루었고, 舜(순)은 皐陶(고요)를 등용하였기에 그 정치가 크게 빛났습니다. 殷(은)과 周(주)에 비록 高宗(武丁), 昌(文王), 發(武王)의 名君이 있었지만, 그래도 傅說(부열)과 呂望(呂尙)의 도움으로 왕업을 성취하였고 正大한 치적을 거두었습니다.

臣(第五倫)이 볼 때 鉅鹿太守인 會稽 사람 謝夷吾(사이오)는 東州(會稽) 출신으로 그 땅이 저습하지만, 영명한 자태가 특출하고 외모도 걸출합니다. 사이오의 재능은 四科(德, 政, 文, 言)를 겸했으며, 행실의 9가지 德을 고루 갖추었고 仁愛는 時俗을 구제하고 知識은 만물에 두루 통했습니다. 거기다가 젊어서부터 儒學을 배워 가슴에 《六經》을 품었고 天文(星度)에도 밝으며, 각종 圖錄(도록)을 깊이 공부하여 神聖 神秘를 탐색하고 만물의 변화를 보아 징조를 알 수 있고, 천지의 운세를 점쳐 神意에 부합하며 도덕을 바탕으로 정무를 널리 경험하였습니다. 옛날에 하급관리로 재직할 때 臣을 따라 업무를 담당하였는데 충성 강직으로 분발하였으니 史魚(사어)의 지조를 실천하며 臣의 엄명한 기강을 독려하고, 臣의 柔弱(유약)을 도와 힘써 노력케 하였으니, 臣은 사이오의 도움을 많이 받았습니다. 사이오는 지방관으로 재임하면서 임지에서 백성에게 仁政을 베풀어 특별한 天福을 받았고 백성을 잘 교화하였으며, 荊州 자사로 재직 중에는 그 위엄이 관내에 두루 통했습니다. 국법을 받들고 民政을 수행은 周公(주공)과 召公(소공)의 風度가 있었고 검약을 실천하였으니, 이는 (魯國) 公儀休(공의휴)의 지조와 같았습니다. 훌륭한 치적에 유능한 인재를 찾아 등용하니 곧 지방관의 모범이 되었으니, 그 칭송과 실적을 살펴본다면 九州 지방관의 으뜸일 것입니다. 鉅鹿 태수로서의 발령을 받자 郡內가 화합하고 태평하였습니다.

사이오의 인품과 局量을 본다면, 곧 伊尹(이윤), 呂尙(여상), 管仲(관중), 晏嬰(안영, 晏子)과 같은 능력을 갖추었고, 도술의 심오한 경지를 크게 넓히기로는 (晉의) 史蘇(사소)와 (前漢의) 京房(경방)과 같을 것입니다. 사이오는 관직에 근무면서도 심적으로는 隱者와 같이 명성을 애써 구하지 않고 요직에 있는 사람의 신임을 얻으려 노력하지도 않으니, 마치 (許由처럼) 箕山(기산)에 은둔하려도 뜻을 갖고 있습니다. 사이오를 고대 현인과 비유한다면 사실 같은 유형이라 할 수 있고, 지금 세상에 견주어 본다면 세속을 떠난 사람과 같습니다. 이 사람은 진실로 社稷의 으뜸 신하로 社稷의 보배이며, 大漢의 용마루가 될 것입니다. 응당 발탁하여 삼공의 직무를 맡겨야 합니다. 그리하여 위로는 三辰(日月星)이 天象運行의 궤도에 부합하고, 아래로는 五品(五常)이 良時에 순응케 하여 吉祥과 彰明한 복을 불러올 것이니, 결코 법도를 따라 직무만 잘 수행하는 그런 사람은 아닐 것입니다.

臣은 완고한 둔재이고 국량도 모자라 재상의 능력이 아닌데도, 하는 일 없이 녹봉만 받고 아침저녁으로 걱정만 하고 있을 뿐입니다. 신은 퇴직을 간청하며 謝夷吾에게 넘겨주어 위로는 七曜(日月五星)의 광명을 빛내고, 아래로는 모든 백성의 여망을 충족시켜 미약한 신하로서 허물과 후회에서 벗어나고자 합니다.」

原文

後以行春乘柴車, 從兩史, 冀州刺史上其儀序失中, 有損國典, 左轉下邳令. 豫剋死日, 如期果卒. 敕其子曰, "漢末當亂, 必有發掘露骸之禍." 使懸棺下葬, 墓不起墳.

時, 博士勃海郭鳳亦好圖讖, 善說災異, 吉凶占應. 先自知死期, 豫令弟子市棺斂具, 至其日而終.

| 註釋 | ○柴車(시거) - 평민의 수레. 賤車. ○下邳 - 국명, 현명. 今 江蘇省 北部 徐州市 관할 睢寧縣(수녕현) 古邳鎭.

[國譯]

뒤에 (謝夷吾는) 봄철에 관내를 순시하면서 평민의 수레를 타고 2명의 관리만 대동하였는데, 冀州刺史는 사이오의 이는 관리의 체통을 잃어 국가 법제를 훼손한 것이라 상주하여 (下邳國) 下邳(하비) 縣令으로 좌천되었다. 사이오는 자신이 죽을 날을 미리 예상했고 그날에 죽었다. 사이오가 그 아들에 분부하였다.

"漢末에 크게 혼란할 것이고 묘를 발굴하여 시신도 버려질 것이다."

그래서 관을 매달아 두는 장례를 치렀고 봉분을 만들지 않았다.

그때, 博士인 勃海郡의 郭鳳(곽봉) 역시 圖讖(도참)을 좋아했고, 災異에 대한 논설이나 길흉의 예언을 잘했다. 곽봉도 죽을 날을 미리 알아 제자들에게 관과 염에 쓸 물건을 사오게 하였고 그날이 되자 죽었다.

❼ 楊由

原文

楊由字哀侯, 蜀郡成都人也. 少習《易》, 並七政,元氣,風雲占候. 爲郡文學掾. 時, 有大雀夜集於庫樓上, 太守廉范以問由. 由對曰, "此占郡內當有小兵, 然不爲害." 後二十餘日, 廣柔縣蠻夷反, 殺傷長吏, 郡發庫兵擊之.

又有風吹削哺, 太守以問由. 由對曰, "方當有薦木實者, 其色黃赤." 頃之, 五官掾獻橘數包.

由嘗從人飮, 敕御者曰, "酒若三行, 便宜嚴駕." 既而趣去. 後主人舍有鬪相殺者, 人請問何以知之. 由曰, "向社中木上有鳩鬪, 此兵賊之象也." 其言多驗. 著書十餘篇, 名曰《其平》. 終於家.

| **註釋** | ㅇ占候 – 천상의 병화로 길흉을 예측하는 점술. ㅇ風吹削哺 – 削은 깎다. 깎아버리다. 哺는 柿(대팻밥 폐, 나무껍질)가 되어야 한다는 주석이 있다. 柿(木변의 4획)는 柹(柿, 감나무 시, 5획)와 다른 글자이다.

[國譯]

楊由(양유)의 字는 哀侯(애후)로, 蜀郡 成都縣 사람이다. 젊어《易》과 함께 七政, 元氣, 風雲에 의한 占候를 공부했다. 양유는 郡의 文學掾이 되었다. 언젠가 큰 새들이 밤에 창고 누각 위에 모여들었는데 太守 廉范(염범)이 양유에게 물었다. 양유가 대답하였다.

"이는 군내에 약간의 병란이 있을 것이나 크게 해롭지 않을 것입니다."

그 20여 일 뒤에 廣柔縣(광유현)의 蠻夷(만이)들이 배반하여 관리들을 죽이자, 군에서는 군사를 동원하여 叛徒를 격파하였다.

또 바람이 불어 나무껍질이 다 벗겨졌는데, 태수가 이를 양유에게 물었다. 양유가 말했다. " 곧 어떤 사람이 나무 열매를 바칠 것인데 황적색입니다."

조금 있으니 五官掾이 橘(귤) 몇 꾸러미를 받쳤다. 양유가 다른 사람과 함께 술을 마시면서 마부에게 말했다.

"술이 세 번 돌아가면 꼭 떠나가야 한다."

그리고서는 서둘러 떠나갔다. 뒤에 잔치 주인집에서는 서로 싸워 사람이 죽였는데, 다른 사람이 어떻게 알았느냐고 물었다. 양유가 대답했다. "지난번에 토지사 안의 나무에서 비둘기들이 싸웠는데, 이는 무기로 해친다는 징조입니다."

양유의 예언은 잘 들어맞았다. 그의 저서 10여 편이 있고, 이름을 《其平》이라고 했다. 양유는 집에서 죽었다.

❽ 李南

原文

李南字孝山, 丹陽句容人也. 少篤學, 明於風角. 和帝永元中, 太守馬棱坐盜賊事被徵, 當詣廷尉, 吏民不寧, 南特通謁賀. 棱意有恨, 謂曰, "太守不德, 今當即罪, 而君反相賀邪?" 南曰, "旦有善風, 明日中時, 應有吉問, 故來稱慶." 旦日, 棱延望景晏, 以爲無徵, 至晡, 乃有驛使齎詔書原停棱事. 南問其遲留之狀. 使者曰, "向度宛陵浦里航, 馬踠足, 是以不得速." 棱乃服焉. 後擧有道, 辟公府, 病不行, 終於家.

| 註釋 | ㅇ丹陽句容 – 丹陽郡 句容縣, 今 江蘇省 長江 南 鎭江市 관할 句容市. ㅇ浦里航 – 航은 배로 건널 항. 떼 배. ㅇ馬踠足 – 踠은 구부릴 원. 구부러지다. 헛디디다.

[國譯]

李南(이남)의 字는 孝山(효산)으로, 丹陽郡 句容縣 사람이다. 젊어 篤學하여 風角에 밝았다. 和帝 永元 연간에, 태수 馬棱(마릉)이 도적 떼를 진압하지 못하여 조정에 소환당하여 정위에게 조사를 받게 되어 관리들이 불안하였지만, 이남은 태수를 만나 경하한다고 말했다. 마릉은 이를 서운하게 생각하며 말했다.

"태수인 내가 부덕하여 이번에 벌을 받을 것 같은데, 郡은 도리어 이를 축하하는가?"

이에 이남이 말했다. "아침에 착한 바람이 불었으니 내일 점심때에는 기쁜 소식이 있을 것 같아 경하한다고 말했습니다."

다음 날 마릉은 목을 빼고 좋은 소식을 기다렸지만 아무 소식이 없었는데, 오후 申時 경에야 驛吏가 마릉의 사안을 조사하지 않는다는 조서를 가지고 도착했다. 이남이 늦은 이유를 묻자, 사자가 말했다.

"앞의 宛陵(완릉) 浦里航(포리항)을 건너는데, 말이 다리를 겹질려서 빨리 올 수 없었습니다."

이에 마릉은 탄복하였다. 이릉은 有道한 인재로 천거되어 公府의 부름을 받았지만 병이 있어 응하지 못하고 집에서 죽었다.

原文

南女亦曉家術, 爲由拳縣人妻. 晨詣爨室, 卒有暴風, 婦便上堂從姑求歸, 辭其二親. 姑不許, 乃跪而泣曰, "家世傳術, 疾風卒起, 先吹灶突及井, 此禍爲婦女主爨者, 妾將亡之應." 因著其亡日. 乃聽還家, 如期病卒.

| 註釋 | ○由拳縣(유권현) - 吳郡의 현명. 今 浙江省 북단 嘉興市 ○爨室 - 부엌. 爨은 불 땔 찬.

[國譯]

李南(이남)의 딸도 가문에 전승되는 도술을 잘 깨우쳤는데 (吳郡) 由拳縣(유권현) 사람에게 출가하였다. 새벽에 부엌에 나갔는데 갑자기 폭풍이 불자, 이남의 딸은 시어머니에게 가서 친정에 가겠다며 시부모에게 하직 인사를 하였다. 시부모가 허락하지 않자 꿇어앉아 눈물을 흘리며 말했다.

"친정에 전해오는 법술이 있는데 질풍이 갑자기 일어나 먼저 부엌에서 불고 우물에서도 불면, 이는 부엌을 맡은 아녀자에게 화가 닥치는 것이니 제가 곧 죽을 징조입니다."

그러면서 죽을 날을 써놓았다. 허락을 받고 돌아와 예정된 날에 병사했다.

❾ 李郃

原文

李郃字孟節, 漢中南鄭人也. 父頡, 以儒學稱, 官至博士. 郃襲父業, 游太學, 通《五經》. 善〈河〉,〈洛〉風星, 外質樸, 人莫之識. 縣召署幕門候吏.

和帝卽位, 分遣使者, 皆微服單行, 各至州縣, 觀採風謠. 使者二人當到益部, 投郃候舍. 時, 夏夕露坐, 郃因仰觀, 問曰, "二君發京師時, 寧知朝廷遣二使邪?" 二人默然, 驚相視曰, "不聞也." 問何以知之. 郃指星示云, "有二使星向益州分野, 故知之耳."

| **註釋** | ㅇ漢中南鄭 – 漢中郡의 치소인 南鄭縣, 漢王의 도읍지. 今 陝西省 남서부 漢中市. ㅇ候舍 – 빈객을 맞이하는 관사.

[國譯]

李郃(이합)의 字는 孟節(맹절)로, 漢中郡 南鄭縣 사람이다. 부친 李頡(이힐)은 유학으로 유명했고 博士였다. 이합은 부친의 학업을 이어 太學에 유학했고,《五經》에 박통했다. 또 〈河圖〉와 〈洛書〉 및 風星에도 통했으며 겉으로 질박하여 사람들이 그를 알아주지 않았다. 縣에서는 이합을 불러 幕門候吏로 임용했다.

和帝가 즉위하고 사자를 지방에 보냈는데, 모두 微服으로 각자 출발하여 각 주현을 돌면서 풍속을 살피고 민요를 채집케 하였다. 중앙에서 보낸 사자 두 사람이 益州자사 관내에 들어왔고 이합의 候

舍(후사)에 투숙했다. 그때는 여름밤이라서 집 밖에 앉아 있었는데, 이합이 하늘을 바라보더니 두 객인에게 물었다.

"두 분이 경사를 떠나올 때, 조정에서 사자 두 사람을 보냈다는 말을 혹시 들었습니까?"

두 사람은 말을 하지 않았지만 놀라 서로 바라보며 말했다.

"못 들었습니다." 그러고서는 어떻게 알았느냐고 물었다. 이합은 별을 가리키며 말했다.

"두 개의 使星이 益州 분야로 들어왔기에 알았습니다."

原文

後三年, 其使者一人拜漢中太守, 郃猶爲吏. 太守奇其隱德, 召署戶曹史. 時, 大將軍竇憲納妻, 天下郡國皆有禮慶, 郡亦遣使. 郃進諫曰, "竇將軍椒房之親, 不修禮德, 而專權驕恣, 危亡之禍可翹足而待. 願明府一心王室, 勿與交通." 太守固遣之, 郃不能止. 請求自行, 許之. 郃遂所在留遲, 以觀其變. 行至扶風, 而憲就國自殺, 支黨悉伏其誅. 凡交通憲者, 皆爲免官, 唯漢中太守不豫焉.

| 註釋 | ㅇ竇憲(? - 92) - 司空을 역임한 竇融(두융)의 증손. 23권, 〈竇融列傳〉에 立傳. 두헌은 외척이며 權臣, 유명한 장군. 뒷날 모반을 시도. 화제 永元 4년(서기 92)에 자살했다. ㅇ翹足而待 - 翹足은 발돋움하고 서서 기다리다. 곧 닥치다. 오래 못가다. 翹는 꼬리의 긴 깃털 교. 들다. 발돋움하다. 翹足은 翹企. ㅇ明府 - 하급 속관이나 백성이 상관이나 지방관을 부르는 호칭. 여기서는 太守. ㅇ不豫焉 - 豫는 참여하다. 관여하다. 與와 통.

[國譯]

그 후 3년, 그 사자 중 한 사람이 漢中 태수가 되었는데 이합은 여전히 屬吏였다. 태수는 이합의 隱德을 기이하게 생각하며 불러 戶曹史로 삼았다. 그때 대장군 竇憲(두헌)이 아내를 맞이하는데, 나라 안 모든 郡國에서 예물을 보내 경하하였는데 漢中郡에서도 사자를 보내려 했다. 이에 이합이 간언을 올렸다.

"竇(두) 장군은 황후의 至親으로 禮德을 닦지 않고 권력을 마음대로 하며 교만 방자하니 멸망당할 재앙을 발돋움한 채로 기다리는 것과 같습니다. 明府(太守)께서는 황실만을 섬기고 외척과 왕래하지 마십시오."

그러나 태수가 굳이 사자를 보내려 하자 이합은 제지할 수가 없었다. 이에 이합이 자신이 가겠다고 자청했고 태수는 허락하였다. 이합은 일부러 꾸물거리면서 변화를 기다렸다. 右扶風에 왔을 때 두헌은 봉국으로 밀려났다가 자살하였고 그 일당은 모두 주살되었다. 두헌과 왕래했던 자들은 모두 면직되었으나 漢中太守는 거기에 끼지 않았다.

原文

郃歲中擧孝廉, 五遷尙書令, 又拜太常. 元初四年, 代袁敞爲司空, 數陳得失, 有忠臣節. 在位四年, 坐請託事免.

安帝崩, 北鄕侯立, 復爲司徒. 及北鄕侯病, 郃陰與少府河南陶范,步兵校尉趙直謀立順帝, 會孫程等事先成, 故郃功不顯. 明年, 坐吏民疾病, 仍有災異, 賜策免. 將作大匠翟

酺上郃 "潛圖大計, 以安社稷", 於是錄陰謀之功, 封郃涉都侯, 辭讓不受. 年八十餘, 卒於家. 門人上黨馮胄獨制服, 心喪三年, 時人異之.

| 註釋 | ㅇ北鄉侯立 - 안제는 태자를 폐위하여 濟陰王에 봉했었다. 안제가 죽자 北鄉侯 劉懿(유의)가 즉위. 재위 서기 125년 3월~10월(陰). 8개월 재위 후 병사하자 제음왕이 즉위하니, 順帝이다.

[國譯]

李郃(이합)은 그 해에 孝廉으로 천거 받아 5번 승진하여 尙書令이 되었고, 이어 太常이 되었다. (安帝) 元初 4년(서기 117), 袁敞(원창)의 후임으로 司空이 되어 정치의 득실에 관한 의견을 여러 번 개진하였으니 忠臣의 지조가 있었다. 재직 4년에, 청탁을 받은 죄로 면직되었다.

安帝가 붕어하고 北鄉侯가 즉위하자(서기 125년), 다시 司徒가 되었다. 北鄉侯가 병석에 눕자, 이합은 少府인 河南 출신 陶范(도범), 步兵校尉인 趙直(조직) 등과 함께 順帝을 옹립할 계획을 추진했으나 마침 (환관) 孫程(손정) 등의 모사가 먼저 성공하여 이합 등의 공은 드러나지 않았다. 다음 해, 백성이 질병에 시달리고 재해와 이변이 계속된다 하여 策書로 면직되었다. 將作大匠인 翟酺(적포)가 이합이 '나라의 대계를 은밀히 꾸며 사직을 안정시키려 했다.' 고 상서하여 이합은 그 공로로 涉都侯(섭도후)에 봉해졌으나 사양하며 받지 않았다.

나이 80여세에 집에서 죽었다. 門人인 上黨郡 출신 馮胄(풍주)는 홀로 상복을 입고 心喪 3년을 마쳐 당시 사람들이 특이하게 생각하였다.

原文

冑字世威, 奉世之後也. 常慕周伯況,閔仲叔之爲人, 隱處山澤, 不應徵辟.

郃子固, 已見前傳. 弟子歷, 字季子. 淸白有節, 博學善交, 與鄭玄,陳紀等相結. 爲新城長, 政貴無爲. 亦好方術. 時, 天下旱, 縣界特雨. 官至奉車都尉.

| 註釋 | ㅇ馮奉世(풍봉세) - 《漢書》 79권, 〈馮奉世傳〉에 立傳. ㅇ郃子固, 已見前傳 - 李固는 외척 梁冀(양기)에 맞서 현명한 황제를 옹립하려 했다. 뜻을 이루지 못하고 처형당했다. 63권, 〈李杜列傳〉 立傳. ㅇ新城長 - 新城縣은 지금의 河南省 중서부 洛陽市 남쪽의 伊川縣에 해당. ㅇ奉車都尉 - 武帝 때 처음 설치. 無 定員. 황제의 거마를 관리. 光祿勳 소속. 질록은 比二千石.

[國譯]

馮冑(풍주)의 字는 世威(세위)로, (前漢) 馮奉世(풍봉세)의 후손이다. 일찍부터 周伯況(주백황), 閔仲叔(민중숙) 같은 사람을 숭배하여 산림에 은거하며 조정의 부름에 응하지 않았다.

이합의 아들 李固(이고)는 앞에 입전하였다. 이합 동생의 아들 李歷(이력)의 字는 季子(계자)이다. 청렴결백한 지조를 지켰고 博學하고 善交하였는데 鄭玄(정현)이나 陳紀(진기) 등과 가까웠다. 이력은 新城 縣長이었는데 政事에서 無爲를 귀하게 여겼다. 이력 역시 方術을 좋아하였다. 천하가 가물었지만 新城縣에만 비가 내렸다. 이력은 奉車都尉를 역임했다.

⑩ 段翳

原文

段翳字元章, 廣漢新都人也. 習《易經》, 明風角. 時有就其學者, 雖未至, 必豫知其姓名. 嘗告守津吏曰, "某日當有諸生二人, 荷擔問翳舍處者, 幸爲告之." 後竟如其言.

又有一生來學, 積年, 自謂略究要術, 辭歸鄕里. 翳爲合膏藥, 並以簡書封於筒中, 告生曰, "有急發視之." 生到葭萌, 與吏爭度, 津吏撾破從者頭. 生開筒得書, 言 '到葭萌 與吏鬪頭破者, 以此膏裹之'. 生用其言, 創者卽愈. 生嘆服, 乃還卒業.

翳遂隱居竄跡, 終於家.

| **註釋** | ○段翳(단예) – 段이 성씨. 翳는 日傘(일산) 예. ○葭萌 – 廣漢郡의 현명. 今 四川省 북부 廣元市 서남. 陝西省과 연접. 葭는 갈대 가. 萌은 싹 맹. ○此膏裹之 – 膏는 살찔 고. 膏藥(고약). 裹는 싸맬 과.

[國譯]

段翳(단예)의 字는 元章(원장)으로, 廣漢郡 新都縣 사람이다.《易經》을 전공했고, 風角 점술에도 능했다. 때때로 배우러 오는 자가 있으면 도착하기 전에 미리 그 성명을 알고 있었다. 그래서 나루터 관리에게 "며칟날 유생 2명이 여행 짐을 지고 오면서 나의 거처를 물을 것이니 알려주시오."라고 말했다. 뒷날 꼭 말 그대로였다.

또 어떤 서생이 공부하러 왔다가 몇 년을 배운 뒤, 대략 필요한 방술을 다 배웠다며 하직하고 고향에 돌아가려고 했다. 단예는 膏藥(고약)을 만들어 書信과 함께 통속에 넣어 주면서 말했다. "급한 일이 생기면 열어 보라." 서생이 (廣漢郡) 葭萌(가맹) 땅에 왔을 때, 나루터 관리와 건너는 문제로 싸웠는데, 관리가 채찍으로 從者의 머리에 큰 상처를 내었다. 서생이 통을 열어 단예의 서신을 읽어보니 '가맹 땅에 가서 관리와 싸워 머리를 다쳤으면 이 고약으로 싸매주라' 고 쓰여 있었다. 서생이 그 말대로 하자 상처는 곧 나았다. 서생은 탄복하며 다시 돌아가 학업을 마쳤다.

단예는 은거하며 종적을 감췄다가 집에서 죽었다.

⑪ 廖扶

原文

廖扶字文起, 汝南平輿人也. 習《韓詩》,《歐陽尙書》, 教授常數百人. 父爲北地太守, 永初中, 坐羌沒郡下獄死. 扶感父以法喪身, 憚爲吏. 及服終而嘆曰, "老子有言, '名與身孰親?' 吾豈爲名乎!" 遂絶志世外. 專精經典, 尤明天文,讖緯, 風角,推步之術. 州郡公府辟召, 皆不應. 就問災異, 亦無所對.

| 註釋 | ㅇ廖扶 – 廖가 성씨. 공허할 료(요). ㅇ平輿 – 현명. 汝南郡의 치소, 今 河南省 駐馬店市 관할 平輿縣. ㅇ北地 太守 – 치소는 富平縣, 今 寧夏回族自治區 북부, 黃河 東岸의 吳忠市. ㅇ名與身孰親 –「名與身孰

親? 身與貨孰多? 得與亡孰病? ~ 多藏必厚亡. 故知足不辱, 知止不殆, 可以長久」《老子道德經》 44장. ㅇ推步之術 - 日月과 五星의 운행, 절기의 순환에 따른 차이를 추산하는 학술. 천문역법의 계산.

[國譯]

廖扶(요부)의 字는 文起(문기)로, 汝南郡 平輿縣 사람이다. 《韓詩》와 《歐陽尙書》를 전공하였는데 늘 수백 명 문도를 교육했다. 부친은 北地 太守이었는데, (安帝) 永初 연간에 羌族에게 北地郡이 함락된 죄로 하옥되었다가 죽었다. 요부는 부친이 국법에 의거 처형되자 관리가 되는 것을 꺼려했다. 복상이 끝나자 탄식하며 말했다.

"老子는 '명성과 육신 어느 쪽이 더 소중한가?' 라고 말했으니, 내가 어찌 명성을 따르리오!" 그리고는 세상과 단절하였다. 오로지 經典을 연구하였고, 天文과 讖緯說(참위설), 風角과 推步(천문역법의 계산)에도 아주 밝았다. 州郡과 公府에서 초빙하였지만 모두 응하지 않았다. 재해와 이변을 물어도 아무 대응도 하지 않았다.

原文

扶逆知歲荒, 乃聚穀數千斛, 悉用給宗族姻親, 又斂葬遭疫死亡不能自收者. 常居先人冢側, 未曾入城市. 太守謁煥, 先爲諸生, 從扶學. 後臨郡, 未到, 先遣吏修門人之禮, 又欲擢扶子弟, 固不肯, 當時人因號爲北郭先生. 年八十, 終於家.

二子, 孟擧, 偉擧, 並知名.

| 註釋 | ㅇ逆知歲荒 – 흉년들 것을 미리 알다. 逆知는 헤아려서 알다. 逆은 헤아리다. 미리. 사전에.

[國譯]

廖扶(요부)는 흉년들 것을 미리 알아 곡식 수천 斛(곡)을 미리 모았다가 종친과 인척에게 공급하였고 전염병으로 사망하여 염을 할 수 없는 사람의 장례를 치러주었다. 늘 선친의 묘소 곁에 머물면서 城內에는 출입하지 않았다. 太守인 謁煥(알환)은 앞서 태학생일 때부터 요부를 따라 배웠었다. 뒷날 (汝南郡) 태수가 되어서 부임 전에 관리를 보내 먼저 제자의 예를 갖추었으며, 또 요부의 자제를 관리로 발탁하려 했지만 요부는 굳이 사양하였는데, 당시 사람들은 요부를 北郭先生(북곽선생)이라 불렀다. 나이 80에 집에서 죽었다.

두 아들인 廖孟擧(요맹거)와 廖偉擧(요위거)도 모두 유명하였다.

⑫ 折像

原文

折像字伯式, 廣漢雒人也. 其先張江者, 封折侯, 曾孫國爲鬱林太守, 徙廣漢, 因封氏焉. 國生像. 國有資財二億, 家僮八百人. 像幼有仁心, 不殺昆蟲, 不折萌牙. 能通《京氏易》, 好黃,老言. 及國卒, 感多藏厚亡之義, 乃散金帛資產, 周施親疏. 或諫像曰, "君三男兩女, 孫息盈前, 當增益產業, 何爲坐自殫竭乎?" 像曰, "昔鬭子文有言, '我乃逃禍, 非避富也.' 吾門戶殖財日久, 盈滿之咎, 道家所忌. 今世將衰, 子又不才. 不仁而富, 謂之不幸. 牆隙而高, 其崩必疾也." 智者聞之, 咸服焉. 自知亡日, 召賓客九族飮食辭訣, 忽然而終. 時年八十四. 家無餘資, 諸子衰劣如其言云.

| 註釋 | ○廣漢雒人 – 廣漢은 益州刺史部 관할 군명. 治所는 雒縣(낙현), 今 四川省 成都市 북쪽 廣漢市. ○鬱林(울림) – 交州의 군명. 治所는 布山縣, 今 廣西壯族自治區 중부 貴港市 관할 桂平市. ○多藏必厚亡 – 老子의 말. 앞의 廖扶(요부)의 주석 참고. ○鬬子文(투자문) – 鬬는 성씨. 鬪(싸울 투)의 本字. 楚 成王의 신하. 왕이 봉록을 내리려면 투자문은 도망치며 받지 않았다. 투자문은 자신이 부자가 되는 것은 죽는 날을 재촉하는 것이라며 富를 피하는 것이 아니라 죽음을 피하는 뜻이라고 하였다. 《國語》에 나오는 말이다.

[國譯]

折像(절상)의 字는 伯式(백식)으로, 廣漢郡 雒縣(낙현) 사람이다. 그 선조인 張江(장강)은 折侯(절후)에 봉해졌는데, 장강의 증손인 張國(장국)은 鬱林(울림) 태수를 역임했고 廣漢郡으로 이사하여 封地를 성씨로 정했다. 折國(절국)이 折像(절상)을 낳았다.

절국은 재산이 2억 전이나 되었고 家僮이 8백 명이었다. 절상은 仁心이 많아 곤충도 죽이지 않았고 새싹도 꺾지 않았다. 《京氏易》에 능통했으며, 黃帝와 老子의 말을 좋아했다. 절국이 죽자 '가진 것이 많으면 잃는 것도 많다.' 는 이치를 깨달아 바로 황금이나 비단 등 자산을 뿌려 친척이든 모르는 사람이든 나눠주었다. 혹 어떤 사람이 절상에게 충고하였다.

"당신의 3남 2녀와 손자들이 집안에 가득하니 응당 산업을 일으켜야 하거늘 어찌하여 앉아서 다 없애려 합니까?"

그러자 절상이 말했다.

"옛날에 鬪子文(투자문)은 '나는 화를 피하려는 것이지 富를 피하는 것이 아니라.' 고 말했습니다. 나의 가문이 오랫동안 재산을 늘려왔고, 가득 차면 재앙을 불러오기에 이는 道家에서도 꺼리는 것입니다. 지금은 패망의 시절이고 또 내 자식은 재주도 없습니다. 仁德도 없이 부유한 것이 바로 불행입니다. 세워놓은 울타리가 높으면 빨리 무너질 것입니다."

智者가 이 말을 듣고서는 모두 탄복하였다.

절상은 자신이 죽을 날을 알고 많은 손님과 모든 친인척을 불러 잔치를 하며 결별한 뒤에 갑자기 죽었는데, 그때 84세였다. 집안에 남은 재산이 없었고, 여러 아들은 모두 쇠망하여 그의 말과 같았다.

⑬ 樊英

原文

樊英字季齊, 南陽魯陽人也. 少受業三輔, 習《京氏易》, 兼明《五經》. 又善風角,星算,〈河〉,〈洛〉,七緯,推步災異. 隱於壺山之陽, 受業者四方而至. 州郡前後禮請, 不應,公卿擧賢良方正,有道, 皆不行.

嘗有暴風從西方起, 英謂學者曰, "成都市火甚盛." 因含水西向漱之, 乃令記其日時. 客後有從蜀都來, 云"是日大火, 有黑雲卒從東起, 須臾大雨, 火遂得滅". 於是天下稱其術藝.

安帝初, 徵爲博士. 至建光元年, 復詔公車賜策書, 徵英及同郡孔喬,李昺,北海郎宗,陳留楊倫,東平王輔六人, 唯郎宗,楊倫到洛陽, 英等四人並不至.

| 註釋 | ㅇ南陽魯陽 - 南陽郡 魯陽縣은, 今 河南省 平頂山市 관할 魯山縣. ㅇ七緯 - 7종의 緯書. 《詩》, 《書》, 《易》, 《禮》, 《樂》, 《春秋》, 《孝經》의 내용을 여러 가지 讖緯說을 이용하여 改作한 애용. 經書에 대하여 緯書라고 불렀다. ㅇ北海 郎宗 - 北海郡의 郎宗(낭종)의 아들이 郎顗(낭의). 30권, 〈郎顗襄楷列傳〉(下)에 입전.

[國譯]

樊英(번영)의 字는 季齊(계제)로, 南陽郡 魯陽縣 사람이다. 젊어 三輔에 유학하면서 《京氏易》를 전공했고 아울러 《五經》에도 밝았다. 또한 風角, 星算, 〈河圖〉와 〈洛書〉, 七緯(칠위), 推步災異에도 뛰어났었다. 壺山(호산) 남쪽에 은거하였는데 사방에서 배우려는 자가 모여들었다. 주군에서도 전후 여러 번 예를 갖춰 초빙하였지만 불응하였고, 公卿들이 賢良方正, 有道之士로 천거하여도 응하지 않았다.

어느 날 사나운 바람이 서쪽에서 일어나자, 번영은 제자들에게 말했다.

"成都의 저자에서 불이 크게 났도다."

그러면서 입에 물을 머금었다가 서쪽으로 뿜으면서 제자들에게 날짜를 기록해 두라고 하였다. 뒷날 촉에서 온 객인이 말했다.

"그날 큰 불이 났는데 갑자기 검은 구름이 동방에서 몰려와 곧 큰 비가 와 불이 꺼졌다."

그래서 천하 사람들이 그의 도술을 칭송하였다.

安帝 初에 부름을 받아 博士가 되었다. (安帝) 建光 元年(서기 121), 다시 公車令에게 지시하여 策書로 번영과 同郡의 孔喬(공교)와 李昺(이병), 北海郡의 郎宗(낭종), 陳留郡의 楊倫(양륜), 東平國의 王輔(왕보) 등 6인을 초빙했는데. 낭종과 양륜만 낙양에 갔고. 번영 등 4인은 모두 응하지 않았다.

原文

永建二年, 順帝策書備禮, 玄纁徵之, 復固辭疾篤. 乃詔切責郡縣, 駕載上道. 英不得已, 到京, 稱疾不肯起. 乃强輿入殿, 猶不以禮屈. 帝怒, 謂英曰, "朕能生君, 能殺君, 能貴君, 能賤君, 能富君, 能貧君. 君何以慢朕命?"

英曰, "臣受命於天. 生盡其命, 天也, 死不得其命, 亦天也. 陛下焉能生臣, 焉能殺臣! 臣見暴君如見仇讎, 立其朝猶不肯, 可得而貴乎? 雖在布衣之列, 環堵之中, 晏然自得, 不易萬乘之尊, 又可得而賤乎? 陛下焉能貴臣, 焉能賤臣! 臣非禮之祿, 雖萬鐘不受, 若申其志, 雖簞食不厭也. 陛下焉能富臣, 焉能貧臣!"

帝不能屈, 而敬其名, 使出就太醫養疾, 月致羊,酒.

| **註釋** | ㅇ玄纁(현훈) – 재야 은자를 초빙할 때 보내는 예물. 검은 비단과 분홍 비단. 玄은 검은색 비단, 纁은 분홍빛 훈. 붉은 비단. ㅇ如見仇讎

– 仇讎(구수)는 원수. 仇는 원수 구. 讎는 짝 수. ○簞食不厭 – 簞食(단사)는 대나무 도시락에 담은 밥. 「子曰, "賢哉, 回也! 一簞食, 一瓢飮, 在陋巷, 人不堪其憂, 回也不改其樂. 賢哉, 回也!"」《論語 雍也》.

[國譯]

永建 2년(서기 127), 順帝는 策書를 내려 예를 갖춰 검은 비단 붉은 비단으로 번영을 초빙하였으나 다시 병이 위독하다며 완강하게 사양하였다. 이에 조서를 내려 郡縣을 질책하자, 郡에서는 수레를 보내 번영을 태워 출발시켰다. 번영은 부득이 낙양에 도착하였지만 병이라면서 입조하지 않았다. 이에 억지로 수레에 태워 입조는 하였지만 그래도 허리를 굽혀 예를 취하지 않았다. 이에 順帝가 화를 내며 번영에게 말했다.

"짐은 그대를 살릴 수도 죽일 수도 있으며, 그대를 귀인으로 또는 천민으로 만들 수 있고, 그대를 부자로 아니면 가난하게 만들 수도 있다. 그대가 어찌 짐의 명령을 무시하는가?"

그러자 번영이 말했다.

"臣은 하늘에서 命을 받았습니다. 죽는 것도 하늘의 命이며, 죽지 못하는 것 또한 하늘의 뜻입니다. 폐하께서 어찌 臣을 살리고 죽일 수 있겠습니까? 臣은 暴君을 마치 원수처럼 생각하기에 폭군의 조정에 입조하지 않을 것이니, 어찌 고귀한 자리에 오르겠습니까? 臣이 비록 布衣의 반열에서 제 주변에 담을 둘러친다 하여도 마음이 편하여 萬乘天子 자리와 바꾸지 않을 것이니, 제가 어찌 천할 수 있겠습니까? 폐하께서 제게 높은 관직을 어찌 주고 또 천하게 만들 수 있겠습니까! 臣은 非禮의 祿俸이라면 萬鐘의 녹도 받지 않을 것이며, 비록 簞食(단사)라도 싫어하지 않습니다. 그러니 폐하께서 어떻게 臣을 부자로 또 가난뱅이로 만들 수 있겠습니까!"

安帝는 번영을 굴복시킬 수 없다 생각하여 그 이름을 존중하였고 바로 太醫를 보내 치료케 하였으며, 매달 양고기와 술을 하사케 하였다.

原文

至四年三月, 天子乃爲英設壇席, 令公車令導, 尙書奉引, 賜几杖, 待以師傅之禮, 延問得失. 英不敢辭, 拜五官中郎將. 數月, 英稱疾篤, 詔以爲光祿大夫, 賜告歸. 令在所送穀千斛, 常以八月致牛一頭, 酒三斛, 如有不幸, 祠以中牢. 英辭位不受, 有詔譬旨, 勿聽.

英初被詔命, 僉以爲必不降志, 及後應對, 又無奇謨深策, 談者以爲失望. 初, 河南張楷與英俱徵, 旣而謂英曰,

"天下有二道, 出與處也. 吾前以子之出, 能輔是君也, 濟斯人也. 而子始以不訾之身, 怒萬乘之主, 及其享受爵祿, 又不聞匡救之術, 進退無所據矣."

| 註釋 | ㅇ祠以中牢 – 中牢는 제사의 희생물이 羊과 豚. 大牢는 中牢에 牛를 더한 것. 牢는 가축우리 뇌(뢰). ㅇ僉以爲~ – 僉은 다 첨. 모두. 以爲는 생각하다. 말하다.

[國譯]

(永建) 4년 3월, 天子는 樊英(번영)을 위해 壇席을 만들고, 公車令

을 보내 인도하였으며, 尙書가 명을 받아 번영을 안내하여 几杖(궤장)을 하사하고, 師傅의 禮로 모시면서 정사의 득실을 물었다. 번영은 감히 사양하지 못하고 五官中郞將의 직책을 받았다. 몇 달 뒤 번영이 질병이 심하다며 사직하려 하자 조서를 내려 光祿大夫의 직분으로 휴가를 허락했다. 그래서 번영이 사는 곳에서는 곡식 1천 斛(곡)을 지급하며, 매년 8월에 소 1마리와 술 3곡을 하사케 하였으며, 만약 죽으면 中牢(중뢰)로 제사하게 하였다. 그러나 번영이 지위를 사양하며 받지 않자, 조서를 내려 설득하였으나 끝까지 듣지 않았다.

번영이 처음에 새로 임명되었을 때, 많은 사람들은 번영이 뜻을 굽히지 않을 것이라고 생각하였고, 나중에 응대한 뒤에는 역시 특별한 計謀나 심원한 대책이 아예 없었기에 많은 사람들이 실망하였다.

그전에, 河南人 張楷(장해)는 번영이 함께 부름을 받았는데, 얼마 뒤에 번영에게 말했다.

"天下에는 二道가 있으니 出仕와 은거입니다. 나는 전에 당신이 출사하자, 주군을 보필하고 백성을 구제할 수 있으리라 생각하였습니다. 그리하여 당신이 처음에 가장 고귀한 주체로 萬乘의 천자를 노하게 하였지만 작록을 받은 뒤로는 백성을 구제할 대책을 내었다는 말도 못 들었으니 당신의 진퇴는 아무것도 아니었습니다."

原文

英既善術, 朝廷每有災異, 詔輒下問變復之效, 所言多驗.

初, 英著《易章句》, 世名樊氏學, 以圖緯教授. 潁川陳寔, 少從英學. 嘗有疾, 妻遣婢拜問, 英下床答拜. 寔怪而問之. 英曰, "妻, 齊也. 共奉祭祀, 禮無不答." 其恭謹若是. 年七十餘, 卒於家.

孫陵, 靈帝時以諂事宦人爲司徒. 陳郡郤巡, 學傳英業, 官至侍中.

| 註釋 | ㅇ陳寔(진식) – 밤손님(도둑)을 '梁上君子'라고 불러준 사람, 62권, 〈荀韓鍾陳列傳〉에 立傳.

[國譯]

樊英(번영)이 도술에 뛰어났다 하여, 朝廷에서는 재해와 이변이 있을 때마다 조서로 어떻게 하면 극복할 수 있는가를 물었고 그의 건의는 효과가 있었다. 그전에 번영이 《易章句》를 저술하였는데, 세상에서는 이를 樊氏學이라고 불렀고, 번영은 도참과 참위설로 이를 교수하였다.

潁川郡 사람 陳寔(진식)은 젊어 번영에게 배웠다. 번영이 병이 나자, 그 아내가 하녀를 보내 안부를 묻게 하였는데 번영은 침상에서 내려와 답배를 하였다. 진식이 이를 괴이하게 여겨 묻자, 번영이 말했다.

"아내는(妻 qī)는 대등한 존재(齊 qí)이다. 함께 제사를 받드니 禮에 답례를 안할 수 없다."

그의 공경과 근신이 이와 같았다. 나이 70세에 집에서 죽었다.

손자인 樊陵(번릉)은 靈帝 때 환관을 아첨으로 섬겨 司徒가 되었다. 陳郡 사람 郤巡(극순)은 번영의 학문을 후세에 전했는데 侍中을 역임했다.

原文

論曰, 漢世之所謂名士者, 其風流可知矣. 雖弛張趣舍, 時有未純, 於刻情修容, 依倚道藝, 以就其聲價, 非所能通物方, 弘時務也. 及徵樊英,楊厚, 朝廷若待神明, 至, 竟無他異. 英名最高, 毁最甚. 李固,朱穆等, 以爲處士純盜虛名, 無益於用, 故其所以然也. 然而後進希之以成名, 世主禮之以得衆, 原其無用亦所以爲用, 則其有用或歸於無用矣.

何以言之? 夫煥乎文章, 時或乖用, 本乎禮樂, 適末或疏. 及其陶搢紳, 藻心性, 使由之而不知者, 豈非道邈用表, 乖之數跡乎? 而或者忽不踐之地, 賖無用之功, 至乃誚噪遠術, 賤斥國華, 以爲力詐可以救淪敝, 文律足以致寧平, 智盡於猜察, 道足於法令, 雖濟萬世, 其將與夷狄同也.

孟軻有言曰, "以夏變夷, 不聞變夷於夏." 況有未濟者乎!

| **註釋** | ○弛張趣舍 – 弛張(이장)은 이완과 긴장. 趣舍(취사)는 取捨(취사). 나아감과 멈춤. ○誚噪遠術, 賤斥國華 – 誚噪는 꾸짖다. 誚는 꾸짖을 초. 噪는 떠들썩할 조. 遠術은 여기서는 禮樂을 지칭. 賤斥은 천하게 여겨 배척하다. 國華는 도술이 뛰어난 隱逸處士. ○以夏變夷, 不聞變夷於夏 – 夏는 중국. 「吾聞用夏變夷者 未聞變於夷者也」《孟子 滕文公 上》.

[國譯]

范曄(범엽)의 史論 : 漢代에 소위 名士라 일컬어지는 자들의 思考와 처신을 가히 짐작할 수가 있다. 그들은 은거나 出仕에 있어 때로는 순수하지 않았고 性情이나 위엄을 꾸며대었으며, 그런 것을 도술이라 포장하여 자신의 聲價를 높이려 했지만, 그들이 말하는 도술이란 것도 時務에 유용한 것도 아니었다. 樊英(번영)과 楊厚(양후)를 조정에서 초빙하면서 마치 神明을 모시 듯했지만 조정에 들어와서는 끝내 아무런 異蹟(이적)도 없었다. 번영은 명성도 가장 높았지만 비난도 가장 많이 받았다. 李固(이고)와 朱穆(주목) 등이 은거하는 處士를 순전히 헛 명성이나 낚으려는 사람들로 아무런 쓸모도 없다고 생각한 것도 다 이런 이유 때문이었다. 그렇지만 그런 은거자의 후진들은 그런 이름을 팔아 명성을 얻으려 했고 치국의 군주는 그들을 예우하여 민심을 얻으려 하였으니, 이는 아무 쓸모도 없는 것을 유용하게 전환한 것이며, 또 때로는 쓸모 있는 인재를 쓸모없는 것으로 바꾸어 버렸다.

그렇다면 왜 그럴 수 있겠는가? 잘 지은 화려한 문장은 현실과는 거리가 멀고 예악에 근본을 두었다 하여도 말세에 사실 별 쓸모가 없다. 그러나 그런 문장이 사대부를 도야하고 심성을 바로잡아주는 효과가 있는 것처럼, 도술의 본질을 잘 아는 사람들은 도술은 심원한 것이며 그 도술의 자취는 가까이 볼 수 있다고 어찌 아니 생각하겠는가? 어떤 경우에는 땅 위에서는 볼 수 없는 것이며, 쓸모없다고 생각하는 것이 때로는 유용한 작용을 하며, 별로 쓸모없다는 예악이 도술을 갖고 은거하는 처사를 천히 여기며, 실용적 법률이 나라의 태평을 가져올 것이라고 생각할 것이다. 이들의 지혜는 의심 속에 고찰하면서 도술을 법령이나 政令보다 유용하고 비록 만세를 구제할 수 있다면 이적과 중화가 같아질 것이라는 생각도 하게 된다.

그러나 孟軻(맹자)는 '중국이 만이를 변화시키지만, 만이가 중국을 변화시켰다는 말을 듣지 못했다.' 고 하였으니, 하물며 세상을 구제하지 못했다면 더 말할 것이 없을 것이다.

82 方術列傳(下)
〔방술열전(하)〕

❶ 唐檀

原文

唐檀字子産, 豫章南昌人也. 少游太學, 習《京氏易》,《韓詩》,《顔氏春秋》, 尤好災異星占. 後還鄕里, 教授常百餘人.

元初七年, 郡界有芝草生, 太守劉祗欲上言之, 以問檀. 檀對曰, "方今外戚豪盛, 陽道微弱, 斯豈嘉瑞乎?" 祗乃止. 永寧元年, 南昌有婦人生四子, 祗復問檀變異之應. 檀以爲京師當有兵氣, 其禍發於蕭牆. 至延光四年, 中黃門孫程揚兵殿省, 誅皇后兄車騎將軍閻顯等, 立濟陰王爲天子, 果如所占.

永建五年, 擧孝廉, 除郎中. 是時白虹貫日, 檀因上便宜三事, 陳其咎徵. 書奏, 棄官去. 著書二十八篇, 名爲《唐子》.

卒於家.

| 註釋 | ○元初 七年, 永寧 元年 - 서기 120년. 연호를 중간에 바꿨다. 그런데 연호를 바뀌기 전에 있었기에 원초 7년이라 기록했다. ○蕭牆(소장) - 집안 내부. 君臣이 만나는 곳에 설치한 가림막. 「吾恐季孫之憂, 不在顓臾, 而在蕭牆之內也.」《論語 季氏》.

[國譯]

唐檀(당단)의 字는 子産(자산)으로, 豫章郡 南昌縣 사람이다. 젊어 太學에 유학하였고 《京氏易》과 《韓詩》, 그리고 《顏氏春秋》를 배웠는데 특히 災異의 星占을 좋아하였으며 향리로 돌아와서는 늘 1백여 명을 교육하였다.

(安帝) 元初 7년(서기 120)에, 群內에서 芝草(지초)가 자랐는데, 태수 劉祇(유지)는 이를 조정에 보고하려고 당단에게 물었다. 이에 당단이 말했다.

"지금 외척이 한창 강성하여 陽道가 미약하거늘, 이것이 어찌 상서로운 징표이겠습니까?"

이에 유지는 그만두었다.

永寧 元年(서기 120), 南昌에서 여인이 아들 4명을 출산하였는데, 유지는 다시 단당에게 변이와 대응을 물었다. 단당은 京師에, 곧 兵氣가 있을 것이니 그 재앙은 집안 내부에 있을 것이라고 하였다. (安帝) 延光 四年(서기 125), 안제가 붕어하고 北鄕侯도 재위 중 병사하자), 中黃門 孫程(손정)이 궁궐에서 거병하여 皇后의 오빠인 車騎將軍 閻顯(염현) 등을 죽이고 濟陰王을 天子로 세우니(順帝), 과연 당단의 점과 같았다.

(順帝) 永建 5년(서기 130), 당단은 孝廉으로 천거되어 郎中(낭중)을 제수 받았다. 이때 흰 무지개(白虹)가 해를 가리자(貫日), 당단은 국정개혁 3가지를 상주하며 그 허물의 징조를 진술하였다. 상서가 보고된 뒤에 관직을 버리고 떠나갔다. 저서 28편이 있는데,《唐子》라 하였다. 집에서 죽었다.

❷ 公沙穆

原文

公沙穆字文乂, 北海膠東人也. 家貧賤, 自爲兒童不好戲弄, 長習《韓詩》,《公羊春秋》, 尤銳思〈河〉,〈洛〉推步之術. 居建成山中, 依林阻爲室, 獨宿無侶. 時, 暴風震雷, 有聲於外, 呼穆者三, 穆不與語. 有頃, 呼者自牖而入, 音狀甚怪, 穆誦經自若, 終亦無它妖異, 時人奇之. 後遂隱居東萊山, 學者自遠而至.

有富人王仲, 致産千金. 謂穆曰, "方今之世, 以貨自通, 吾奉百萬與子爲資, 何如?" 對曰, "來意厚矣. 夫富貴在天, 得之有命. 以貨求位, 吾不忍也."

| **註釋** | ㅇ公沙穆字文乂 - 公沙(공사)는 복성. 乂는 벨 예. 풀을 베다. ㅇ北海 膠東 - 北海郡 膠東縣, 北海는 今 山東半島 북쪽의 바다. 今 渤海(발해). 군명의 北海郡(國) 치소는 劇縣, 今 山東省 중부 濰坊市(유방시) 관할 昌樂縣. 膠東縣은 今 山東省 동부 青島市 관할 平度市.

[國譯]

公沙穆(공사목)의 字는 文乂(문예)로, 北海郡 膠東縣 사람이다. 집이 가난하여 어려서부터 놀이를 좋아하지 않았고, 장성하여《韓詩》와《公羊春秋》를 배우고, 특히 〈河圖〉, 〈洛書〉와 推步之術을 專心 연구하였다. 建成山에 거처하면서 숲에 기대어 집을 짓고 홀로 거처하였다.

폭풍에 천둥번개가 치는 어느 날, 밖에서 공사목의 이름을 부르는 소리가 3번이나 들렸지만 공사목은 대꾸하지 않았다. 얼마 뒤에 이름을 부르던 자가 창문을 넘어 들어왔는데 목소리와 생김새가 심히 괴상하였지만 공사목은 태연히 경을 외우자 끝내 아무런 요상한 일도 일어나지 않았으며, 그때 사람들은 공사목을 기이한 사람이라 생각하였다. 뒷날 東萊山(동래산)에 은거하자, 공사목에게 배우려는 사람들이 먼 곳에서도 찾아왔다.

王仲(왕중)이라는 부자는 그 재산이 千金이나 되었다. 그가 공사목에게 말했다.

"요즈음 세상에서는 재물이면 모두 다 통합니다, 내가 당신에게 1백만 전을 밑천으로 준다면 무얼 하겠습니까?"

공사목이 말했다. "뜻은 정말 고맙습니다. 富貴는 在天하고 그것을 얻는 것은 천명입니다. 돈으로 지위를 사는 일을 나는 차마 아니할 것입니다."

原文

後擧孝廉, 以高第爲主事, 遷繒相. 時繒侯劉敞, 東海恭王之後也, 所爲多不法, 廢嫡立庶, 傲很放恣. 穆到官, 謁曰,

"臣始除之日, 京師咸謂臣曰 '繒有惡侯', 以吊小相. 明侯何因得此醜聲之甚也? 幸承先人之支體, 傳茅土之重, 不戰戰兢兢, 而違越法度, 故朝廷使臣爲輔. 願改往修來, 自求多福." 乃上沒敞所侵官民田地, 廢其庶子, 還立嫡嗣. 其蒼頭兒客犯法, 皆收考之. 因苦辭諫敞, 敞涕泣爲謝, 多從其所規.

| 註釋 | ㅇ繒侯(증후) - 繒國의 縣侯. 劉氏 皇子만이 제후 王에 封을 받아 郡級 封地를 받고, 그 다음 세대는 縣級 식읍을 받으나 여기도 國이라 불렀고 행정 실무자인 相을 중앙에서 파견하였다. 繒은 琅邪國(낭야국)의 국명. 낭야국의 서쪽 끝. 今 山東省 남부 棗莊市(조장시)의 동쪽. ㅇ東海恭王 - 劉彊(유강), 42권, 〈光武十王列傳〉에 입전. ㅇ傳茅土之重 - 제후의 중책을 이어받다. 茅土는 제후를 봉할 때 長安을 기준으로 封地의 소재지 방향에 따른 색(五色)의 흙을 茅(모, 띠풀)로 싸서 주는데, 제후는 그 흙을 封國의 社에 안치하였다. ㅇ戰戰兢兢 - 몹시 두려워 떨며 조심하다.

【國譯】

(公沙穆은) 뒷날 孝廉으로 천거되었고, 근무 평정이 우수하여 主事가 되었으며 繒侯(증후)의 相이 되었다. 그때 繒侯(증후)인 劉敞(유창)은 東海恭王의 후손으로 하는 짓에 불법이 많았고 嫡子를 폐하였으며, 서자를 세웠고 오만하며 매우 방자하였다. 공사목은 부임하여 증후를 알현하면서 말했다.

"臣이 처음 직책을 제수 받는 날 京師에서 모두가 臣에게 '繒國에 惡侯가 있다.' 고 말하면서 저의 부임을 위로해 주었습니다. 明侯께서는 어찌하여 이리 추한 명성을 듣게 되었습니까? 선친의 지체를 이어받고 제후의 중책을 이어 받고서도 조심조심하지 않았으며, 또 법도를 어긴다 하여 조정에서는 臣으로 하여금 보필케 하였습니다. 앞으로는 지난 잘못을 고치고 행실을 바로 하여 스스로 좋은 일을 만드시길 바랍니다."

그러면서 그동안 유창이 침탈한 관전과 민전을 몰수하였고 서자를 폐하였으며 다시 적자를 후사로 정했다. 그 하인들이나 문객으로 범법한 자를 모두 잡아 가두었다. 그러면서 유창에게 바른 말로 직간하자, 유창은 눈물을 흘리며 사과하였고 이후 법도를 잘 지켰다.

原文

遷弘農令. 縣界有螟蟲食稼, 百姓惶懼. 穆乃設壇謝曰, "百姓有過, 罪穆之由, 請以身禱." 於是暴雨, 不終日,旣霽而螟蟲自銷, 百姓稱曰神明. 永壽元年, 霖雨大水, 三輔以東莫不湮沒. 穆明曉占候, 乃豫告令百姓徙居高地, 故弘農人獨得免害. 遷遼東屬國都尉, 善得吏人歡心. 年六十六, 卒官. 六子皆知名.

| 註釋 | ㅇ弘農縣 – 弘農郡의 治所, 今 河南省 서쪽 三門峽市 관할 靈寶市. ㅇ遼東屬國 – 속국은 도위가 통치. 治所는 昌黎縣, 今 遼寧省 중부 錦州市 義縣. 요동군 서부.

【國譯】

(弘農郡) 弘農 현령이 되었다. 현내에 황충이 발생하여 농작물을 먹어치우자 백성들이 두려워 떨었다. 이에 공사목은 제단을 쌓고 사

죄하였다.

"백성들이 죄를 지었다면 그것은 저의 잘못입니다. 제 몸을 기도로 대신하겠습니다."

그러자 폭우가 쏟아졌고 종일 그치지 않았는데, 비가 개이자 황충은 저절로 사라졌고 백성들은 神明하다고 칭송하였다. (桓帝) 永壽 원년(서기 155), 장마에 홍수가 나서 三輔 동쪽의 땅에 잠기지 않는 곳이 없었다. 공사목은 이를 예고하여 백성을 고지대로 이사시켰기에 홍농현 백성들은 피해를 면했다. 遼東屬國 都尉로 승진하였고 선정으로 관리와 백성의 환심을 샀다. 나이 66세에 재임 중에 죽었다. 그 여섯 아들 모두가 이름이 알려졌다.

❸ 許曼

原文

許曼者, 汝南平輿人也. 祖父峻, 字季山, 善卜占之術, 多有顯驗, 時人方之前世京房. 自云少嘗篤病, 三年不愈, 乃謁太山請命, 行遇道士張巨君, 授以方術. 所著《易林》, 至今行於世.

曼少傳峻學. 桓帝時, 隴西太守馮緄始拜郡, 開綬笥, 有兩赤蛇分南北走. 緄令曼筮之, 封成, 曼曰, "三歲之後, 君當爲邊將, 官有東名, 當東北行三千里. 復五年, 更爲大將軍, 南征."

延熹元年, 緄出爲遼東太守, 討鮮卑, 至五年, 復拜車騎將軍, 擊武陵蠻賊, 皆如占. 其餘多此類云.

| 註釋 | ○汝南 平輿 – 汝南郡의 치소. 今 河南省 駐馬店市 관할 平輿縣. ○馮緄(풍곤) – 난세에 여러 도적 무리를 평정하는 공을 세웠지만 환관에게 시달림을 받았다. 38권, 〈張法滕馮度楊列傳〉에 立傳. ○武陵 – 郡名. 治所는 臨沅縣, 今 湖南省 북부 常德市 서쪽.

[國譯]

許曼(허만)이란 사람은 汝南郡 平輿縣 사람이다. 祖父인 許峻(허준)의 字는 季山(계산)으로, 卜占에 능했고 분명한 징험이 많아서 그 때 사람들이 前世(前漢)의 京房(경방)과 비슷하다고 생각했다. 허준의 말에 의하면, 자신이 어려서 심한 병에 걸려 3년이 지나도 낫지 않아 太山(泰山)에 命을 빌었고, 길에서 우연히 만난 도사 張巨君(장거군)한테서 方術을 전수받았다고 말했다. 허준이 지은 《易林》은 지금도 세상에 전해지고 있다.

허만은 젊어 허준의 학문을 배웠다. 桓帝 때, 隴西太守인 馮緄(풍곤)은 처음으로 태수 발령을 받았는데 인수 상자를 열어보니 두 마리 붉은 뱀이 나와 남북으로 사라졌다. 이에 풍곤을 이를 허만에게 점을 치게 했는데 점괘가 만들어지자 허만이 말했다.

"3년 뒤에 태수께서는 변방의 장수가 될 것인데 관직명에 東字가 있고 동북으로 3천 리를 갈 것입니다. 이어 5년 뒤에 다시 대장군이 되어 남쪽을 원정할 것입니다."

(桓帝) 延熹 원년(서기 158), 풍곤은 遼東太守로 전출되어 鮮卑族(선비족)을 토벌하고, 5년이 지나 車騎將軍을 제수 받고 武陵郡의 만이들을 토벌하였으니 모두가 점괘와 같았다. 그 나머지도 대개 이런

식이었다.

❹ 趙彦

原文

趙彦者, 琅邪人也. 少有術學. 延熹三年, 琅邪賊勞丙與太山賊叔孫無忌殺都尉. 攻沒琅邪屬縣, 殘害吏民. 朝廷以南陽宗資爲討寇中郞將, 杖鉞將兵, 督州郡合討無忌. 彦爲陳〈孤虛〉之法, 以賊屯在莒, 莒有五陽之地, 宜發五陽郡兵, 從孤擊虛以討之. 資具以狀上, 詔書遣五陽兵到. 彦推遁甲, 敎以時進兵, 一戰破賊, 燔燒屯塢, 徐,兗二州, 一時平夷.

| **註釋** | ㅇ琅邪 – 琅邪(낭야)는 郡(國)名. 治所는 開陽縣, 今 山東省 남부의 臨沂市. ㅇ莒縣 – 莒는 감자 거. 今 山東省 남부 해안의 日照市 관할 莒縣. ㅇ莒有五陽之地 – 莒縣 주변에 成陽, 南武陽, 開陽, 陽都, 安陽縣 사이에 거현이 있다는 뜻. ㅇ五陽郡兵 – 郡名에 陽이 들어있는 군명. 山陽, 廣陽, 漢陽, 南陽, 丹陽郡 등.

[國譯]

趙彦(조언)이란 사람은 琅邪國 사람이다. 젊어 術學을 공부했다.

(桓帝) 延熹 3년(서기 160), 琅邪의 도적 무리 勞丙(노병)과 太山郡의 도적 叔孫無忌(숙손무기)가 都尉를 살해했다. 琅邪의 속현을 공격 점령하고 관리와 백성을 죽였다. 朝廷에서는 南陽郡 사람 宗資

(종자)를 討寇中郎將으로 삼아 주군을 독찰하며 군사를 거느려 숙손무기를 토벌케 하였다. 이에 조언은 〈孤虛〉의 戰法을 설명하며 적은 지금 (琅邪國) 莒縣(거현)에 주둔하고 있는데, 거현은 五陽에 속하는 땅에 들어있으니, 응당 五陽의 郡兵을 동원하여 고립된 지역에서 텅 빈 곳으로 진격하여 토벌해야 한다고 건의하였다. 종자는 이를 조정에 보고하였고, 조서로 5개 陽의 군사가 도착하였다. 조언은 遁甲을 써서 진격할 시기를 결정하여 一戰으로 도적 무리를 공격하며 적도의 주둔지를 불태우자, 徐州와 兗州(연주)의 2개 州가 일시에 평온해졌다.

❺ 樊志張

原文

樊志張者, 漢中南鄭人也. 博學多通, 隱身不仕. 嘗游隴西, 時破羌將軍段熲出征西羌, 請見志張. 其夕, 熲軍爲羌所圍數重, 因留軍中, 三日不得去. 夜謂熲曰, "東南角無復羌, 宜乘虛引出, 住百里, 還師攻之, 可以全勝." 熲從之, 果以破賊. 於是以狀表聞. 又說其人旣有梓愼,焦,董之識, 宜冀聖朝, 諮詢奇異. 於是有詔特徵, 會病終.

| **註釋** | ㅇ段熲(단경) – 65권, 〈皇甫張段列傳〉에 立傳. ㅇ梓愼,焦,董之識 – 梓愼(재신), 焦延壽(초연수), 董仲舒(동중서).

[國譯]

樊志張(번지장)이란 자는 漢中郡 南鄭縣 사람이다. 博學하여 다방면에 통달하였으나 은거하며 出仕하지 않았다. 일찍이 隴西 일대를 유람하였는데, 그때 破羌將軍인 段熲(단경)은 西羌族(서강족)을 원정 중이었는데 번지장을 만나자고 하였다. 그날 밤에 단경의 군사는 강족에게 여러 겹으로 포위되었기에 군중에 머물렀고 3일간 떠날 수가 없었다. 밤에 번지방이 단경에게 말했다.

"동남방에 강족이 다시 보이지 않으니, 그 빈틈을 이용하여 군사를 거느리고 100리 쯤 나갔다가 군사를 되돌려 공격하면 전승할 수 있을 것입니다."

단경은 그 말에 따랐고 예상했던 대로 적을 격파하였다. 이에 단경은 표문을 올려 상황을 보고하였다. 그러면서 번지장이 梓愼(재신), 焦延壽(초연수), 董仲舒(동중서)와 같은 식견을 갖고 있으니 응당 聖朝을 도울 수 있으며 奇策으로 보좌할 수 있을 것이라고 하였다. 이에 조정에서는 특별히 조서를 내려 초빙하였지만 마침 병으로 죽었다.

❻ 單颺

原文

單颺字武宣, 山陽湖陸人也. 以孤特淸苦自立, 善明天官, 算術. 擧孝廉, 稍遷太史令, 侍中. 出爲漢中太守, 公事免. 後拜尙書, 卒於官.

初, 熹平末, 黃龍見譙, 光祿大夫橋玄問颺, "此何祥也?"

颺曰, "其國當有王者興. 不及五十年, 龍當復見, 此其應也." 魏郡人殷登密記之. 至建安二十五年春, 黃龍復見譙, 其冬, 魏受禪.

| 註釋 | ㅇ單颺 - 單은 성 선(音 常演切, 音 善). 참고 ; 지명으로는 單父(선보). 흉노 왕 칭호인 單于(선우). 颺은 날릴 양. ㅇ山陽 湖陸 - 山陽郡 湖陸縣, 前漢의 山陽郡 湖陵縣을 後漢에서는 湖陸縣으로 개칭. 今 山東省 濟寧市 관할 魚台縣. 江蘇省과 접경. ㅇ以孤特~ - 남의 도움을 받지 않고 자립하다. ㅇ譙縣(초현) - 沛國 譙縣(초현)은, 今 安徽省 북부의 亳州市(박주시). ㅇ橋玄(교현) - 橋玄(교현)은 삼공의 지위에 올랐는데, 젊은 曹操를 보고 미래에 천하를 안정시킬 사람이라고 예언했다. 51권, 〈李陳龐陳橋列傳〉立傳. ㅇ其國當有王者興 - 曹操(155 - 220년)는 沛國 譙縣 출신이다. ㅇ魏受禪 - 魏가 선양을 받다. 220년에, 獻帝는 曹丕(조비, 曹操의 아들)에게 선양했다. 獻帝(劉協)은 山陽公에 봉해졌다. 漢에서 魏로의 왕조 교체는 禪讓(선양)이라는 형식을 취했다.

【國譯】

單颺(선양)의 字는 武宣(무선)인데, 山陽郡 湖陸縣 사람이다. 독립심이 강하고 청렴하면서도 자립하였는데, 天文과 算術에도 뛰어났었다. 孝廉으로 천거되었다가 점차 승진하여 太史令과 侍中을 역임하였다. 漢中太守가 되었다가 공무상 잘못으로 면직되었다. 뒷날 다시 尙書가 되었다가 재임 중에 죽었다.

그전에, (靈帝) 熹平 말년에(서기 177), 黃龍이 譙縣(초현)에 나타났는데, 光祿大夫 橋玄(교현)이 이를 선양에게 물었다. "이는 무슨 징조입니까?" 그러자 선양이 말했다.

"그 沛國에 당연히 王者가 홍기할 것입니다. 50년 이내에 황룡이 다시 나타나서 이번의 황룡출현에 호응할 것입니다."

魏郡 사람 殷登(은등)이 이를 비밀리에 기록했다. 그 후 建安 25년 봄(서기 220년), 黃龍이 다시 譙縣에 나타났고 그해 겨울에 魏는 선양을 받았다.

❼ 韓說

原文

韓說字叔儒, 會稽山陰人也. 博通《五經》, 尤善圖緯之學. 擧孝廉. 與議郎蔡邕友善. 數陳災眚, 及奏賦,頌,連珠. 稍遷侍中. 光和元年十月, 說言於靈帝, 云其晦日必食, 乞百官嚴裝. 帝從之, 果如所言. 中平二年二月, 又上封事, 剋期宮中有災. 至日南宮大火. 遷說江夏太守, 公事免, 年七十, 卒於家.

| **註釋** | ㅇ會稽山陰 - 會稽郡의 치소인 山陰縣, 今 浙江省 북동부 紹興市. ㅇ災眚 - 災殃(재앙), 災는 재난. 眚은 재앙. 눈에 백태 낄 생.

[國譯]

韓說(한열)의 字는 叔儒(숙유)로, 會稽郡 山陰縣 사람이다.《五經》에 박통했고 특히 圖緯之學에 밝았다. 효렴으로 천거되었다. 議郎인 蔡邕(채옹)과 벗으로 잘 지냈다. 여러 번 재난과 재앙에 관하여 진술하였고 賦, 頌, 連珠 등을 지어 헌상하였다. 승진하여 시중이 되었다. (靈帝) 光和 원년(서기 178) 10월에, 靈帝에게 그 달 그믐날에 틀림없이 日食이 있을 것이니 백관을 엄히 단속해야 한다고 상주하였다. 영제는 건의에 따랐고 그 말대로 일식이 있었다.

中平 2년 2월에(서기 185), 또 궁중의 화재에 대비해야 한다고 封事를 올렸다. 한열은 江夏 태수가 되었다가 公事로 면직되었고, 나이 70세에 집에서 죽었다.

❽ 董扶

原文

董扶字茂安, 廣漢綿竹人也. 少游太學, 與鄕人任安齊名, 俱事同郡楊厚, 學圖讖. 還家講授, 弟子自遠而至. 前後宰府十辟, 公車三徵, 再擧賢良方正,博士,有道, 皆稱疾不就.

靈帝時, 大將軍何進薦扶, 徵拜侍中, 甚見器重. 扶私謂太常劉焉曰, "京師將亂, 益州分野有天子氣." 焉信之, 遂求出爲益州牧, 扶亦爲蜀郡屬國都尉, 相與入蜀. 去後一歲, 帝崩, 天下大亂, 乃去官還家. 年八十二卒.

後劉備稱天子於蜀, 皆如扶言. 蜀丞相諸葛亮問廣漢秦密, 董扶及任安所長. 密曰, "董扶褒秋毫之善, 貶纖介之惡. 任安記人之善, 忘人之過" 云.

| 註釋 | ㅇ廣漢綿竹 – 廣漢郡 綿竹縣은, 今 四川省 중앙부 德陽市 관할

綿竹市. 天下名酒 '劍南春' 과 '綿竹大麯' 의 産地. ㅇ任安 – 79권, 〈儒林列傳〉(上)에 立傳. ㅇ太常劉焉 – 劉焉(유언)은 한때 蜀을 차지하고 큰 꿈을 그렸지만 그릇이 작아 아무것도 할 수 없었다. 유언의 아들 劉璋이 뒤를 이었지만 무능했다. 다만 그 세력권이 劉備 성장의 밑거름이 되었다. 75권, 〈劉焉袁術呂布列傳〉에 立傳. ㅇ秦密(진밀) – 字는 子勅(자칙) 廣漢綿竹人.

[國譯]

董扶(동부)의 字는 茂安(무안)으로, 廣漢郡 綿竹縣 사람이다. 젊어 太學에 유학하였는데 鄕人 任安(임안)과 함께 유명하였고 함께 同郡의 楊厚(양호)한테서 圖讖說(도참설)을 배웠다. 고향에 돌아와 가르쳤는데 먼 곳에서도 제자가 찾아왔다. 그간에 전후 宰府에서 10번, 公車令이 3회나 초빙하였고, 擧賢良方正, 博士, 有道之士로 두 번 천거되었지만 모두 병을 핑계로 관직에 나아가지 않았다.

靈帝 때, 大將軍 何進(하진)이 동부를 천거하여 조정으로 불러 侍中을 제수하고 매우 존중하였다. 동부는 은밀히 太常인 劉焉(유언)에게 말했다.

"京師에서는 난리가 일어날 것이나 益州 分野에는 天子의 氣가 있습니다."

유언은 그 말을 믿고 益州牧이 되어 부임하였고 동부도 蜀郡 屬國都尉가 되어 함께 入蜀하였다. 그 1년 뒤 영제가 붕어하고 천하가 大亂하자, 동부는 관직을 내놓고 귀가하였다. 나이 82세에 죽었다.

뒷날 劉備(유비)가 蜀에서 天子를 칭했으니 동부의 말과 같았다. 蜀의 丞相 諸葛亮(제갈량)이 廣漢郡 秦密(진밀)에게 董扶(동부)와 任安(임안)의 장점을 물었다.

이에 진밀이 말했다.

"동부는 작은 선행이라도 크게 포상하고, 작은 악행에도 폄하합니다. 임안은 다른 사람의 선행을 기록하지만 과오는 잊어버립니다."

❾ 郭玉

原文

郭玉者, 廣漢雒人也. 初, 有老父不知何出, 常漁釣於涪水, 因號涪翁. 乞食人間, 見有疾者, 時下針石, 輒應時而效, 乃著《針經》,《診脈法》傳於世. 弟子程高, 尋求積年, 翁乃授之. 高亦隱跡不仕. 玉少師事高, 學方診六微之技, 陰陽隱側之術. 和帝時, 爲太醫丞, 多有效應. 帝奇之, 仍試令嬖臣美手腕者與女子雜處帷中, 使玉各診一手, 問所疾苦. 玉曰, "左陽右陰, 脈有男女, 狀若異人. 臣疑其故." 帝嘆息稱善.

| **註釋** | ㅇ廣漢雒 – 廣漢郡의 치소인 雒縣, 今 四川省 成都市 북쪽 廣漢市. ㅇ涪水(부수) – 涪江, 四川省 綿陽市를 重慶市 부근에서 장강에 합류하는 지류. ㅇ太醫丞 – 少府의 속관인 太醫令(1인, 질록, 6백석)의 副職으로 藥丞과 方丞 각 1인이 있었다.

[國譯]

郭玉(곽옥)이란 사람은 廣漢 雒縣 사람이다. 그전에 어디서 왔는지 알 수 없는 노인이 늘 涪水(부수)에서 낚시를 하고 있어 사람들은 그를 涪翁(부옹)이라고 불렀다. 부옹은 다른 사람에게 걸식을 했는데, 아픈 사람이 있으면 바로 침을 놓아주었고 곧 효과가 있었다. 그 부옹이 저술한 《針經》과 《診脈法》은 세상에 전해오고 있다. 弟子인 程高(정고)가 오랫동안 가르침을 청하자, 부옹이 전수하였다. 정고 역시 은거하며 출사하지 않았다.

곽옥은 젊어 程高(정고)에게 사사하면서 方診(방진)과 六微(육미)의 기예와 陰陽 관련 은밀한 술법을 배웠다. 곽옥은 和帝 때, 太醫丞이 되었는데 치료 효과가 컸다. 和帝가 특별하다고 여기면서 고운 팔을 가진 환관과 여인을 휘장 뒤에 앉혀놓고 아픈 곳을 진맥하게 시험하였다. 이에 곽옥이 말했다.

"좌측은 陽이고, 우측 팔은 陰이며, 남녀의 맥이 있으니 특별한 형상입니다. 臣은 까닭을 모르겠습니다."

화제는 탄식하며 칭찬하였다.

原文

玉仁愛不矜, 雖貧賤厮養, 必盡其心力, 而醫療貴人, 時或不愈. 帝乃令貴人羸服變處, 一針卽差. 召玉詰問其狀. 對曰,

"醫之爲言意也. 腠理至微, 隨氣用巧, 針石之間, 毫芒卽乖. 神存於心手之際, 可得解而不可得言也. 夫貴者處尊高以臨臣, 臣懷怖懾以承之. 其爲療也, 有四難焉. 自用意而不任臣, 一難也, 將身不謹, 二難也. 骨節不强, 不能使藥, 三難也, 好逸惡勞, 四難也. 針有分寸, 時有破漏, 重以恐懼

之心, 加以裁愼之志, 臣意且猶不盡, 何有於病哉! 此其所爲不愈也."

帝善其對. 年老卒官.

| 註釋 | ㅇ厮養 - 하인. 厮는 하인 시. ㅇ腠理至微 - 腠理는 살결. 腠는 살결 주. ㅇ針石之間 - 針石은 鍼術(침술)과 藥石.

[國譯]

郭玉은 성정이 仁愛하며 교만하지 않았으며, 비록 빈천하거나 노비일지라도 성심을 다하였으며 貴人을 진료하더라도 간혹 낫지 않을 때도 있었다. 황제가 귀인에게 헤진 옷을 입히고 사는 곳을 바꿔 진료케 하였더니 침 한 번으로 즉시 차도가 있었다. 황제가 곽옥을 불러 그 까닭을 물었다. 이에 곽옥이 대답했다.

"고친다는 醫는 마음을 쓴다는(意) 뜻입니다. 살결(피부)이 비록 얇지만 氣에 따라 교묘하게 작용하며, 鍼(침)과 藥石을 시술할 때 털끝만큼의 차이가 나도 결과는 크게 다릅니다. 정신을 마음과 손끝에 집중해야 하고, 이해할 수 있지만 말로 표현 못할 수도 있습니다. 대체로 귀인은 높은 자리에서 臣을 내려다보고 있기에 臣은 두려움을 갖고 그 뜻을 받들어야 합니다. 치료에 4가지의 어려움이 있습니다. 스스로 판단하며 의원을 믿지 않는 것이 첫째 어려움이고, 자신의 몸을 소중히 여기지 않는 것이 두 번째입니다. 뼈마디가 허약하여 약을 쓸 수 없는 것이 셋째 어려움이고, 편히 놀기만 좋아하고 일하지 않는 것이 네 번째 어려움입니다. 침에 그 깊이가 다르고, 시간에 맞춰 찌르고 빼야 하는데, 거기에 두려움의 공포가 있고 조심조심 진단해야 하며 의원도 정성을 다하지 못할 때가 있으니 병의 치료가 어떻게 매번 좋을 수만 있겠습니까! 이것이 병이 낫지 않는 이유입니다."

和帝는 곽옥의 말을 칭찬하였다. 곽옥은 재임 중에 고령으로 죽었다.

⑩ 華佗

原文

華佗字元化, 沛國譙人也, 一名旉. 遊學徐土, 兼通數經. 曉養性之術, 年且百歲而猶有壯容, 時人以爲仙. 沛相陳珪舉孝廉, 太尉黃琬辟, 皆不就.

精於方藥, 處齊不過數種, 心識分銖, 不假稱量, 針灸不過數處. 若疾發結於內, 針藥所不能及者, 乃令先以酒服麻沸散, 既醉無所覺, 因刳破腹背, 抽割積聚. 若在腸胃, 則斷截湔洗, 除去疾穢, 既而縫合, 傅以神膏, 四五日創愈, 一月之間皆平復.

| 註釋 | ㅇ華佗(화타, 145－208) － 華佗, 董奉(동봉), 張仲景(장중경, 150－219년, 名 機, 字 仲景, 後漢書에 未 立傳)을 '建安三神醫'라 칭한다. 또 전설상의 扁鵲(편작), 후한의 華佗와 張仲景, 明朝의 李時珍(이시진)을 古代 四大名醫라고 부른다. 화타는 《三國志 方技傳》에도 입전. 《三國演義》의 가장 精彩로운 부분의 하나인 關羽의 팔을 '刮骨療毒' 한 내용은 완전 허구이다. 관우가 독화살에 맞은 것은 사실이나, 그때 화타는 이미 조조에 의해 죽은

뒤였다고 한다. 당시 軍陣에는 軍醫가 있었다. ㅇ沛國 譙縣 - 今 安徽省 북부의 亳州市(박주시). ㅇ處齊不過數種 - 處는 처방. 齊는 약제를 調合하다. ㅇ以酒服麻沸散 - 服은 복용하다. 麻沸散은 麻沸〔痲痹(마비)〕 가루 약. ㅇ斷截湔洗 - 斷截(단절)은 截斷(절단)하다. 湔洗(전세)는 씻다. 湔은 씻을 전. 洗는 씻을 세. ㅇ傅以神膏 - 傅는 스승 부, 펼 부. 바르다. 부착하다.

[國譯]

華佗(화타)의 字는 元化로, 沛國 譙縣(초현) 사람으로 一名 旉(부)이다. 화타는 徐州 일대에 유학하였고 여러 경전에 두루 통했다. 養性之術을 깨우쳤으며 나이가 1백 세에 가까우면서도 위엄 있는 용모라서 당시 사람들은 神仙이라 생각했다. 沛國相인 陳珪(진규)가 효렴으로 천거하였고, 太尉 黃琬(황안)이 초빙하였으나 모두 응하지 않았다.

(화타는) 의약에 정통하였지만 처방 약재는 몇 종류를 조합하였는데 마음으로 다소를 알 수 있어 저울로 계량하지 않았고 침이나 뜸은 불과 몇 군데에만 시술하였다.

만약 아픈 곳이 신체 내부라서 針이나 藥이 미치지 않는 것이라면, 먼저 술과 함께 麻沸散(마비산, 일종의 진통제)을 복용시켜 취하여 느끼지 못하게 한 뒤에 배나 등을 갈라 뭉친 것을 빼내었다. 만약 아픈 곳이 腸(창자)이나 胃(밥통 위)이면 먼저 자르고 씻어내어 질병의 오물을 제거한 뒤에 봉합하고 신비한 고약을 바르면 4, 5일이면 나았고 한 달이면 모두 평상시와 같이 회복되었다.

原文

佗嘗行道, 見有病咽塞者, 因語之曰, "向來道隅有賣餠人, 蓱齏甚酸, 可取三升飮之, 病自當去." 卽如佗言, 立吐一蛇, 乃懸於車而候佗. 時佗小兒戱於門中, 逆見, 自相謂曰, "客車邊有物, 必是逢我翁也." 及客進, 顧視壁北, 懸蛇以十數, 乃知其奇.

又有一郡守篤病久, 佗以爲盛怒則差. 乃多受其貨而不加功. 無何棄去, 又留書罵之. 太守果大怒, 令人追殺佗, 不及, 因瞋恚, 吐黑血數升而愈.

| 註釋 | ○蓱齏甚酸 – 부평초(蓱) 무침(齏, 회 제)이 매우 시다(酸). ○立吐一蛇 – 立은 곧, 즉시. 吐는 토할 토. 아마 큰 회충을 토해낸 것으로 추정할 수 있다. ○瞋恚 – 瞋은 눈 부릅뜰 진. 恚는 성낼 에.

[國譯]

언젠가는 화타가 길을 가다가 목이 막힌 사람을 만나 그에게 말했다.

"오는 길모퉁이에 떡 파는 사람이 있는데, 그 부평초 무침이 아주 시었으니 그 국물을 3되만 먹으면 병이 저절로 나을 것이요."

그가 즉시 화타의 말대로 했더니 바로 뱀을 한 마리 토해냈는데, 그것을 수레에 걸어놓고 화타를 기다렸다. 그때 화타의 어린아이들이 놀다가 그 사람을 보고서는 서로 말했다.

"저 객인 수레에 걸린 것을 보니, 우리 아버지를 만난 것이 틀림없다."

그 사람이 화타의 집에 들어가서 북쪽 벽을 보니 수십 마리 뱀이 매달려 있었다. 그 사람은 화타가 신기한 의원인 것을 알았다.

또 어떤 태수가 오랫동안 중병을 앓았는데, 화타는 그가 크게 화를 내면 나을 수 있다고 생각하였다. 이에 그 사람한테 많은 돈을 받고서는 아무런 치료도 하지 않았다. 그리고 아무런 이유도 없이 떠나면서 욕을 쓴 서신을 보냈다. 태수는 과연 크게 화를 내면서 사람을 시켜 화타를 죽이라 했지만 따라잡지 못했는데, 태수는 크게 분노하면서 검은 피 몇 되를 쏟아내자 병이 나았다.

原文

又有疾者, 詣佗求療, 佗曰, "君病根深, 應當剖破腹. 然君壽亦不過十年, 病不能相殺也." 病者不堪其苦, 必欲除之, 佗遂下療, 應時愈. 十年竟死.

廣陵太守陳登, 忽患匈中煩懣, 面赤不食. 佗脈之, 曰, "府君胃中有蟲, 欲成內疽, 腥物所爲也." 卽作湯二升, 再服, 須臾, 吐出三升許蟲, 頭赤而動, 半身猶是生魚膾, 所苦便愈. 佗曰, "此病後三期當發, 遇良醫可救." 登至期疾動, 時佗不在, 遂死.

| 註釋 | ㅇ欲成內疽 – 疽는 등창 저. ㅇ腥物所爲也 – 腥은 비릴 성. 비린내 나는 음식. 생고기 회나 생선회, 민물고기 회와 같은 음식.

[國譯]

또 어떤 환자가 화타를 찾아와 진료를 부탁하자, 화타가 말했다.

"당신의 병은 그 뿌리가 깊어 응당 배를 갈라야 합니다. 그렇지만 당신의 수명도 10년 정도이나 이 병 때문에 죽지는 않을 것입니다."

환자는 고통을 견딜 수 없어 고치려 했다. 화타가 치료하자, 곧 병이 나았다. 그러나 10년 뒤에 끝내 죽었다.

廣陵太守인 陳登(진등)은 갑자기 가슴이 답답하고 아프면서 얼굴이 붉어지고 먹지도 못했다. 화타가 진맥한 다음에 말했다.

"당신의 胃(위) 속의 벌레들이 안에서 썩고 있는데, 이는 날음식 때문입니다."

즉시 湯藥 2升을 조제하여 두 번 복용하자, 곧 3되 정도의 벌레를 토했는데 그 벌레는 머리가 붉고 움직였는데, 그 절반은 산 물고기 회(生魚膾)였으며 고통은 곧 나았다. 이에 화타가 말했다. "이 병은 3년 뒤에 틀림없이 재발할 것이나 良醫를 만나면 생명을 구할 수 있습니다."

나중에 진등은 다시 그 병에 걸렸지만, 화타가 없어 죽고 말았다.

原文

曹操聞而召佗, 常在左右, 操積苦頭風眩, 佗針, 隨手而差.

有李將軍者, 妻病, 呼佗視脈. 佗曰, "傷身而胎不去." 將軍言間實傷身, 胎已去矣. 佗曰, "案脈, 胎未去也." 將軍以爲不然. 妻稍差, 百餘日復動, 更呼佗. 佗曰, "脈理如前, 是兩胎. 先生者去血多, 故後兒不得出也. 胎旣已死, 血脈不復歸, 必燥著母脊."

乃爲下針, 並令進湯. 婦因欲産而不通. 佗曰, "死胎枯燥, 勢不自生." 使人探之, 果得死胎, 人形可識, 但其色已黑.

佗之絶技, 皆此類也.

| 註釋 | ㅇ風眩(풍질) – 사전적 뜻은 癎疾(간질). 일종의 발작 증세. 風은 감기, 중풍, 뇌일혈. 眩은 아찔할 현. 眩氣症.

【國譯】

曹操(조조)는 소문을 듣고 화타를 불러 늘 좌우에 머물게 했는데, 조조는 오랫동안 머리의 현기증이 있었고 화타가 침을 놓으면 곧 차도가 있었다.

李將軍이란 사람의 처가 병이 나자, 화타를 불러 진맥하게 하였다. 화타는 "몸을 다쳐 태아가 나오질 못하고 있습니다."

장군은 최근에 몸을 다쳤고, 태아는 이미 나왔다고 말했다. 이에 화타가 말했다.

"진맥해 보면 태아가 나오지 않았습니다."

이장군은 그렇지 않다고 생각하였고 그 아내는 차츰 병이 나았다 1백여 일 뒤에 다시 태아가 놀자, 화타를 다시 불렀다. 화타가 말했다.

"맥이 뛰는 것은 전과 같으니, 이는 쌍둥이입니다. 먼저 나오면서 피를 많이 흘렸기에 뒤에 나올 아이가 나올 수 없었습니다. 태아는 이미 죽었고 혈맥은 다시 돌아오질 못하니 틀림없이 산모의 척추에 말라붙었습니다."

그리고 산모에서 침을 놓고 湯劑(탕제)를 복용케 하였다. 산모는 출산하려 했으나 나올 수 없었다. 이에 화타가 말했다.

"죽은 태아가 말라 버렸으니 태아가 나올 수 없습니다."

그리고 사람을 시켜 알아보니 죽은 태아였고, 사람 형체를 구별할 수 있었지만 이미 완전 검은색이었다. 화타의 뛰어난 의술은 거의가 이런 식이었다.

原文

爲人性惡, 難得意, 且恥以醫見業, 又去家思歸, 乃就操求還取方, 因托妻疾, 數期不反. 操累書呼之, 又敕郡縣發遣, 佗恃能厭事, 獨不肯至. 操大怒, 使人廉之, 知妻詐疾, 乃收付獄訊, 考驗首服. 荀彧請曰, "佗方術實工, 人命所懸, 宜加全宥." 操不從, 竟殺之. 佗臨死, 出一卷書與獄吏, 曰, "此可以活人." 吏畏法不敢受, 佗不强與, 索火燒之.

| 註釋 | ㅇ使人廉之 - 廉은 청렴할 렴. 곧다. 살피다. 廉察(염찰)하다. ㅇ荀彧(순욱) - 荀子의 후손으로, 조부 때부터 잘 알려진 가문이었다. 曹操의 張良이었지만, 순욱은 漢에 대한 충성으로 백성을 고난에서 구하려 했다. 70권, 〈鄭孔荀列傳〉에 立傳. ㅇ竟殺之 - 《三國演義》의 실린 화타의 죽음은 사실과 많이 다르다.

[國譯]

(화타는) 그 성격이 괴팍하였고 자신의 뜻을 펼 수도 없으며, 醫生의 직업을 치욕이라 생각했고, 또 집을 떠나 있었기에 돌아가고 싶어서 조조에게는 집에 가서 약재를 갖고 오겠다면서, 돌아가서는 아내의 병을 핑계로 여러 번 기일을 넘기며 돌아오지 않았다.

조조는 여러 번 서신을 보내 화타를 불렀고, 또 군현에 화타를 보내라고 명령하였지만, 화타는 자신의 능력을 믿고 세상 일이 귀찮아서 끝내 다시 가려 하지 않았다. 조조는 대노하면서 사람을 시켜 염탐케 했더니 아내의 병이 거짓임을 알아 옥에 잡아 가두고 심문하여 고문으로 화타의 자백을 받아내었다. 荀彧(순욱)이 조조에게 주청했다.

"화타의 의술은 실제로 뛰어나고 人命이 걸린 만큼 모두 용서해 주어야 합니다."

그러나 조조는 따르지 않았고 끝내 죽여버렸다. 화타는 죽기 전에 醫書 한 권을 옥리에게 주면서 말했다. "이 책은 사람을 살릴 수 있다." 그러나 옥리는 법이 두려워 받을 수 없었고, 화타는 억지로 줄 수도 없어 태워버렸다.

原文

初, 軍吏李成苦咳, 晝夜不寐. 佗以爲腸癰, 與散兩錢服之, 卽吐二升膿血, 於此漸愈. 乃戒之曰, "後十八歲, 疾當發動, 若不得此藥, 不可差也."

復分散與之, 後五六歲, 有里人如成先病, 請藥甚急, 成愍而與之, 乃故往譙更從佗求, 適値見收, 意不忍言. 後十八年, 成病發, 無藥而死.

| 註釋 | ㅇ腸癰 – 癰은 악창 옹.

[國譯]

그전에 軍吏인 李成(이성)은 기침으로 고생하였는데 밤낮으로 잠을 잘 수가 없었다. 화타는 내장이 썩었다고 생각하여 兩錢의 散藥

을 제조하여 복용케 하였더니, 두 되 가량의 피고름을 토했고 이어 병은 점차 나았다. 화타가 그 사람에게 말했다.

"18년 뒤에 다시 병에 걸릴 수 있으니, 만약 이 약을 구하지 못하면 고칠 수 없습니다." 그러면서 다시 약을 나눠 주었다. 그 5, 6년 뒤에 마을 사람 하나가 李成(이성)과 같은 병을 앓으면서 하도 급하게 약을 달라 하여 이성은 불쌍히 여겨 약을 주고서는 일부러 초현으로 화타를 찾아갔으나, 마침 화타가 잡혀가기에 끝내 말을 하지 못했다. 18년 뒤에 이성은 다시 발병했고 약이 없어 죽고 말았다.

原文

廣陵吳普,彭城樊阿, 皆從佗學. 普依准佗療, 多所全濟.

佗語普曰, "人體欲得勞動, 但不當使極耳. 動搖則穀氣得銷, 血脈流通, 病不得生, 譬猶戶樞, 終不朽也. 是以古之仙者, 爲導引之事, 熊經鴟顧, 引挽腰體, 動諸關節, 以求難老. 吾有一術, 名五禽之戲, 一曰虎, 二曰鹿, 三曰熊, 四曰猿, 五曰鳥. 亦以除疾, 兼利蹄足, 以當導引. 體有不快, 起作一禽之戲, 恰而汗出, 因以著粉, 身體輕便而欲食."

普施行之, 年九十餘, 耳目聰明, 齒牙完堅.

| **註釋** | ㅇ導引 – 道士 養生法의 하나. 일종의 맨손체조(肢體運動)를 위주로 거기에 呼吸(호흡) 방법을 가미했다. ㅇ熊經鴟顧 – 熊經은 곰이 나무에 올라 매달리다. 經은 걸다, 걸리다. 흔들리다. 鴟는 솔개 치. 顧는 돌아볼 고. 몸을 움직이지 않고도 뒤를 돌아볼 수 있다. ㅇ五禽之戲 – 별칭

五禽操, 五禽氣功, 馬王堆(마왕퇴) 三號 漢墓의 〈導引圖〉에는 약 40여 종의 자세가 그려진 그림이 출토되었다고 한다.

[國譯]

廣陵郡의 吳普(오보)와 彭城國의 樊阿(번아)는 모두 화타를 따라 배웠다. 오보는 화타의 치료법을 그대로 따라 많은 사람을 구제하였다. 화타가 오보에게 말했다.

"人體는 힘들여 움직여야 하나, 다만 지나쳐서는 안 된다. 움직이면 穀氣가 점차 소진되고 혈맥이 돌아 병이 생기지 않으니, 마치 문의 지도리(戶樞, 호추)와 같아 절대로 썩지 않는다. 때문에 옛 神仙들은 이를 導引(도인)이라 하였으니, 곰이 매달리고 솔개가 뒤를 보듯, 허리나 몸을 당기고 모든 관절을 움직이면 늙지 않을 것이다. 나도 한 가지 술법을 생각해 냈는데, 이를 五禽戲(오금희)라 하였으니, 첫째는 호랑이, 둘째는 사슴, 셋째는 곰, 넷째는 원숭이, 다섯째는 새(鳥)이다. 이 오금희를 통해 질병을 없애고 발을 유연하게 하여 導引의 효과를 볼 수 있다. 몸이 찌부듯할 때 그 한 가지 동작을 행하면 적당히 땀이 나고, 그리고서 분을 몸에 바르면 신체가 가벼워지며 식욕이 증대된다."

오보는 오금희를 익혀 행하여 나이가 90여 세였어도 귀와 눈이 밝았고 치아가 모두 튼튼하였다.

原文

<u>阿</u>善針術. 凡醫咸言背及匈藏之間不可妄針, 針之不可過四分, 而<u>阿</u>針背入一二寸, 巨闕匈藏乃五六寸, 而病皆瘳.

阿從佗求方可服食益於人者, 佗授以漆葉青黏散, 漆葉屑一斗, 青黏十四兩, 以是爲率. 言久服, 去三蟲, 利五藏, 輕體, 使人頭不白. 阿從其言, 壽百餘歲. 漆葉處所而有. 青黏生於豐,沛,彭城及朝歌間.

| 註釋 | ㅇ匈藏 - 匈은 胸. 藏은 臟器, 내장의 여러 기관. ㅇ巨闕 - 穴處 이름? ㅇ漆葉屑 - 屑은 가루 설. ㅇ漆葉青黏散(칠엽청점산) - 중국 한약 藥劑 이름. 글자로는 옻나무 잎(漆葉)에 青黏(구체적으로 어떤 물건인지 미상. 黏은 차질 점, 붙을 점)을 섞은 散劑(산제, 가루약).

【國譯】

樊阿(번아)는 針術에 뛰어났다. 일반적으로 醫生은 등(背)과 가슴(胸) 사이의 臟器에 대해서는 함부로 침을 놓을 수 없으며, 침의 길이는 4分을 넘을 수 없다고 하였지만 번아의 침은 등에서 1 내지 2寸을 들어갔으며, 巨闕匈藏(거궐흉장)은 5 내지 6寸이 들어갔는데도 병은 다 나았다. 번아가 화타를 따라 식용으로 먹을 수 있고 인체에 도움이 되는 처방을 구하자, 화타는 漆葉青黏散(칠엽청점산)을 처방해 주었는데, 이는 漆葉屑(칠엽설) 1斗에 青黏(청점) 14兩을 섞은 것을 표준으로 정했다.

이를 오래 복용하면 여러 가지 기생충을 제거하고 五臟에 이로우며, 몸을 가볍게 하고 사람의 머리카락을 하얗게 세지 않게 한다고 말했다. 번아는 그 가르침을 따라 100여 세로 장수하였다. 漆葉(칠엽)은 도처에서 자라며, 青黏(청점)은 豐縣, 沛縣, 彭城과 朝歌(조가) 일대에서 산출되었다.

原文

漢世異術之士甚衆, 雖云不經, 而亦有不可誣, 故簡基美者列於傳末, 泠壽光,唐虞,魯女生三人者, 皆與華佗同時. 壽光年可百五六十歲, 行容成公御婦人法, 常屈頸鷮息, 鬚髮盡白, 而色理如三四十時, 死於江陵. 唐虞道赤眉,張步家居里落, 若與相及, 死於鄕里不其縣. 魯女生數說顯宗時事, 甚明了, 議者疑其時人也. 董卓亂後, 莫知所在.

| 註釋 | ○行容成公御婦人法 - 容成公이 개발한 御婦人法. 일종의 房中術. 御婦人法은 방중술 중 接而不漏(접이불루)와 같음. ○屈頸鷮息 - 頸은 목 경. 鷮은 꿩 교. 息은 숨쉴 식. 호흡. ○不其縣 - 不其는 琅邪郡의 현명. 今 山東省 중부 해안의 靑島市 관할 卽墨市.

[國譯]

漢世에는 도술에 특별한 사람이 매우 많았는데 그들이 일반 상식에 맞지는 않지만 그렇다고 허황되지도 않기에 그런 사람 중 특별한 경우를 골라 열전 뒤에 기록했다.

泠壽光(냉수광), 唐虞(당우), 魯女生(노여생) 3인은 모두 화타와 같은 시대 사람이었다. 냉수광은 연령이 거의 150 - 60세 정도로 容成公(용성공)의 御婦人法을 행하고, 늘 목운동과 꿩처럼 호흡을 하여 수염이나 두발은 백발이었지만 안색과 피부는 3, 40세와 같았는데 (南郡) 江陵縣에서 죽었다.

唐虞(당우)는 赤眉(적미) 무리나 張步(장보) 등과 같은 마을에 살았으며 서로 교제하였다는데 그의 향리인 不其縣(불기현)에서 죽었다.

魯女生(노녀생)은 수시로 顯宗(明帝) 때 이야기를 했는데 아주 상세한 것도 알고 있어 많은 사람들이 그 무렵 사람이라 생각하는데 董卓(동탁)의 亂 이후에 그 소재를 아는 이 없었다.

⑪ 徐登

原文

徐登者, 閩中人也. 本女子, 化爲丈夫. 善爲巫術. 又趙炳, 字公阿, 東陽人, 能爲越方. 時遭兵亂, 疾疫大起, 二人遇於烏傷溪水之上, 遂結言約, 共以其術療病. 各相謂曰, "今旣同志, 且可各試所能."

登乃禁溪水, 水爲不流, 炳復次禁枯樹, 樹卽生荑, 二人相視而笑, 共行其道焉.

| **註釋** | ㅇ閩中 – 閩은 종족 이름 민. 지역 이름, 今 福建省 일대. 후한의 행정구역으로는 會稽郡. ㅇ能爲越方 – 越方은 禁呪(금주)라는 주석에 따름. ㅇ樹卽生荑 – 荑는 싹틀 제. 흰 비름 이.

[國譯]

徐登(서등)이란 사람은 閩中(민중) 사람으로, 본래 여자였었는데 사내로 변했으며 巫術을 잘했다. 또 趙炳(조병)이란 사람의 字는 公阿(공아)인데, (廣陵郡) 東陽縣 사람으로 주술에 능했다. 그때 병란을 만났고 전염병이 크게 돌았는데, 두 사람은 烏傷溪(오상계)라는 강가에서 만나 그들이 가진 술법으로 백성들의 병을 고쳐주자고 함께 언약하였다. 그리고서는 서로에게 말했다. "지금 뜻을 같이 했지만 각자 능력을 한 번 시험해 봅시다."

서등이 강물을 멈추게 하자, 강물이 흘러가지 않았다. 조병이 말라죽은 나무에 손을 대자, 다시 새싹이 나왔다. 두 사람은 마주보고 웃고서 함께 行道하기로 하였다.

原文

登年長, 炳師事之. 貴尙淸儉, 禮神唯以東流水爲酌, 削桑皮爲脯. 但行禁架, 所療皆除.

後登物故, 炳東入章安, 百姓未之知也. 炳乃故升茅屋, 梧鼎而爨, 主人見之驚懅, 炳笑不應. 旣而爨孰, 屋無損異. 又嘗臨水求度, 船人不和之, 炳乃張蓋坐其中, 長嘯呼風, 亂流而濟, 於是百姓神服, 從者如歸. 章安令惡其惑衆, 收殺之. 人爲立祠室於永康, 至今蚊蚋不能入也.

| 註釋 | ○後登物故 – 物故는 죽다. ○章安 – 今 浙江省 중부 동해안의 台州市 관할 椒江市. ○梧鼎而爨 – 梧는 세워놓다. 鼎은 솥 정. 爨은 불땔 찬. ○主人見之驚懅 – 驚懅(경거)는 놀라 허둥대다. 懅는 부끄러울 거. 서두르다. 허둥대다. ○蚊蚋(문예) – 모기. 蚊은 모기 문. 蚋는 蜹(독충 예)와 同.

[國譯]

서등이 연장자라서 조병은 사부로 섬겼다. 두 사람은 청렴을 숭상하였는데 신에게 올리는 제수는 東流水를 잔에 부어 올렸고, 뽕나무 껍질로 肉脯를 대신하였다. 다만 주술을 외워 모든 병을 낫게 해

주었다.

뒷날 서등이 죽자, 조병은 동쪽 (會稽郡) 章安縣으로 들어갔는데 백성이 알아주지 않았다. 조병은 이에 초가지붕 위에 올라가 솥을 걸어놓고 불을 지피자, 주인이 놀라 허둥대었지만 조병은 웃으면서 대꾸하지 않았다. 불을 다 때고 밥이 익었지만 지붕은 아무렇지도 않았다. 또 물가에 가서 나루를 건너려 했는데 사공이 무시하자, 조병은 일산을 편 다음에 그 안에 들어앉은 다음, 길게 숨을 내쉬어 바람을 불게 하여 물결을 헤치며 건너가자, 백성들이 신이라 믿고 복속하고 종자들이 모여들었다. 그러나 장안현령은 조병이 백성을 현혹시킨다 하여 잡아 죽였다. 그곳 백성들이 永康(영강)이란 곳에 사당을 세웠는데, 지금까지 거기에는 모기들이 들어오지 못한다고 하였다.

⑫ 費長房

原文

費長房者, 汝南人也. 曾爲市掾. 市中有老翁賣藥, 懸一壺於肆頭, 及市罷, 輒跳入壺中. 市人莫之見, 唯長房於樓上睹之, 異焉, 因往再拜奉酒脯. 翁知長房之意其神也, 謂之曰, "子明日可更來."

長房旦日復詣翁, 翁乃與俱入壺中. 唯見玉堂嚴麗, 旨酒甘餚, 盈衍其中, 共飮畢而出. 翁約不聽與人言之. 後乃就樓上候長房曰, "我神仙之人, 以過見責, 今事畢當去, 子寧能相隨乎? 樓下有少酒, 與卿與別."

長房使人取之, 不能勝, 又令十人扛之, 猶不擧. 翁聞, 笑而下樓, 以一指提之而上. 視器如一升許, 而二人飮之終日不盡.

| **註釋** | ㅇ市掾 – 시장 감독 관리. 掾은 도울 연. ㅇ十人扛之 – 扛은 마주 들 강.

【國譯】

費長房(비장방)이란, 자는 汝南郡 사람이다. 본래 시장 감독관이었다. 시장에 어떤 노인이 약을 팔고 있었는데 점포 구석에 호리병 하나를 걸어두었는데, 시장이 파하면 노인은 뛰어 호리병에 들어갔다. 시장 사람들은 아무도 보지 못했지만, 오직 비장방은 누각에서 보고서는 이상히 여기면서 노인을 찾아가 재배하고 술과 脯(포, 안주)를 대접하였다. 노인은 자신이 神仙임을 비장방이 알고 있다고 생각하여 비장방에게 말했다.

"자네가 내일 다시 오도록 하게."

비장방은 다음 날 다시 노인을 찾아갔고, 노인은 비장방과 함께 호리병 속으로 들어갔다. 호리병 안은 玉堂처럼 엄숙하면서도 壯麗(장려)하였고 좋은 술과 맛있는 안주가 그 안에 가득하여 함께 마신 다음에 나왔다. 노인은 다른 사람에게 말하지 말라고 약속하였다. 노인은 뒷날 망루로 찾아와 비장방에게 말했다.

"나는 신선이었는데, 실수로 견책 당했는데 이제 기간이 끝나 돌아가야 하는데 자네는 나를 따라갈 수 있겠는가? 이 누각 아래 술이 조금 있는데 그대와 함께 나누고 이별하려 하네."

비장방이 사람을 시켜 가져오게 하였으나 들지 못하자, 다시 10

여 명을 시켜 들게 하였으나 그래도 들 수 없었다. 노인이 듣고서는 웃으면서 누각을 내려가 한 손가락으로 들고 올라왔다. 그 그릇은 1되 가량이었으나 두 사람이 종일 마셔도 끝이 없었다.

原文

長房遂欲求道, 而顧家人爲憂. 翁乃斷一青竹, 度與長房身齊, 使懸之舍後. 家人見之, 卽長房形也, 以爲縊死, 大小驚號, 遂殯葬之. 長房立其傍, 而莫之見也. 於是遂隨從入深山, 踐荊棘於群虎之中, 留使獨處, 長房不恐. 又臥於空室, 以朽索懸萬斤石於心上, 衆蛇競來齧索且斷, 長房亦不移. 翁還, 撫之曰, "子可教也." 復使食糞, 糞中有三蟲, 臭穢特甚, 長房意惡之. 翁曰, "子幾得道, 恨於此不成, 如何!"

| 註釋 | ㅇ顧家人爲憂 – 顧는 생각하다. 家人은 아내. ㅇ競來齧索且斷 – 齧은 깨물 설. 뜯어먹다. 물어뜯다. 索은 새끼줄 삭. 且斷은 금방 끊어지려 하다.

[國譯]

費長房(비장방)은 求道하고 싶었지만 집사람이 걱정되었다. 노인은 푸른 대나무를 잘라 비장방의 신장에 맞춰 잘라 주면서 집 뒤쪽에 걸어두라고 하였다. 집안 식구들이 보니 바로 비장방이 형상인데 목을 매어 죽었다며 어른 아이 모두 놀라 울부짖으며 염을 하고 장례를 치렀다. 비장방이 그 옆에 서 있어도 아무도 보는 사람이 없었다.

이에 비장방은 노인을 따라 깊은 산속으로 들어갔는데, 호랑이 무리 속에 가시덤불을 지나 혼자 있게 되었지만 비장방은 두려워하지 않았다. 또 빈방에 누었는데 썩은 새끼줄에 일만 근의 큰 바위가 가슴 위에 매달려 있고 많은 뱀들이 모여 새끼줄을 물어뜯어 금방 끊어지려 해도 비장방은 자리를 옮기지 않았다. 이에 노인이 와서 비장방을 껴안고 말했다.

"자네는 가르칠 만 하도다."

그러면서 다시 인분을 먹으라고 하였는데, 인분에는 온갖 벌레들이 있고 썩은 냄새가 지독하여 비장방은 밀어버리고 말았다. 이에 노인이 말했다.

"자네는 거의 득도할 뻔했지만 끝내 이루지 못했으니 어찌 하겠나!"

原文

長房辭歸, 翁與一竹杖, 曰, "騎此任所之, 則自至矣. 既至, 可以杖投葛陂中也." 又爲作一符, 曰, "以此主地上鬼神." 長房乘杖, 須臾來歸, 自謂去家適經旬日, 而已十餘年矣.

卽以杖投陂, 顧視則龍也. 家人謂其久死, 不信之. 長房曰, "往日所葬, 但竹杖耳." 乃發冢剖棺, 杖猶存焉. 遂能醫療衆病, 鞭笞百鬼, 及驅使社公. 或在它坐, 獨自恚怒, 人問其故, 曰, "吾責鬼魅之犯法者耳."

| 註釋 | ㅇ及驅使社公 - 驅使는 일을 시키다. 社公은 토지신 사당의 남

자 토지신. 마을의 토지신 사당은 늙은 부부 형상의 토지신을 모셨다. 중국인의 土俗神 중 가장 급수가 낮은 신이 마을의 토지신이다. ㅇ鬼魅－잡귀. 魅는 도깨비 매.

【國譯】

費長房이 인사하고 떠나려 하자, 노인은 靑竹을 하나 내주면서 말했다. "이것을 타면 가고 싶은 데로 갈 수 있다. 도착하면 이것을 갈대숲에 버려라." 그리고 부적을 하나 주면서 말했다. "이 부적은 지상의 귀신을 主宰(주재)할 수 있다."

비장방은 대나무 막대를 타고 순식간에 돌아왔고, 겨우 열흘쯤 지났을 것이라 생각하였는데 이미 10년이 지났었다. 비장방이 대막대기를 비탈에 던지고 뒤돌아보니 그것은 龍이었다. 家人들은 비장방이 죽은 지 오래되었기에 믿지 않았다. 비장방이 말했다. "옛날에 묻은 것은 대나무 막대이다."

이에 무덤을 파내 관을 열어보니 대나무 지팡이가 그대로 있었다.

비장방은 사람들의 여러 가지 병을 고쳐주고 온갖 잡귀를 매질하거나 토지신을 불러 일을 시켰다. 가끔은 다른 자리에 앉아 혼자 성을 내거나 분노하였는데, 사람이 그 까닭을 물으면 "내가 잡귀들 중 법을 어긴 자를 꾸짖었다."고 말했다.

【原文】

汝南歲歲常有魅，僞作太守章服，詣府門椎鼓者，郡中患之. 時魅適來，而逢長房謁府君，惶懼不得退，便前解衣冠，叩頭乞活. 長房呵之云, "便於中庭正汝故形!"

卽成老鱉, 大如車輪, 頸長一丈. 長房復令就太守服罪, 付其一札, 以敕葛陂君. 魅叩頭流涕, 持札植於陂邊, 以頸繞之而死.

| 註釋 | ㅇ老鱉 – 鱉은 鼈(자라 별). ㅇ葛陂君 – 葛陂는 河南郡 新蔡縣의 연못. 葛陂君은 水神의 이름. ㅇ以頸繞之而死 – 頸은 목 경. 繞는 구를 요. 감다. 목을 매다.

[國譯]

汝南郡에는 해마다 도깨비가 태수 복장으로 나타나 태수부 정문에 나타나 북을 치면 군부의 사람들이 두려워 떨었다. 마침 그때 도깨비가 나타난 날, 태수를 만난 비장방과 맞부닥트렸는데 도깨비는 경황 중에 도망 갈 수도 없자, 앞으로 나와 태수의 의관을 벗어놓고 고개를 숙이며 살려달라고 빌었다. 비장방이 꾸짖고 나서 말했다.

"뜰에서 네 본래 모습을 드러내어라!"

도깨비는 곧 오래 묶은 자라였는데, 수레바퀴만큼 크고 목의 길이가 1丈이나 되었다. 비장방은 다시 태수에게 지은 죄를 사죄하게 하고 목찰 하나를 주어 葛陂君(갈파군)에게 넘겨주었다. 자라 도깨비는 고개를 숙이고 눈물을 흘리며 목찰을 목에 걸고 연못가에 섰다가 목을 매어 죽었다.

原文

後東海君來見葛陂君, 因淫其夫人, 於是長房劾繫之三年, 而東海大旱. 長房至海上, 見其人請雨, 乃謂之曰, "東海君有罪, 吾前繫於葛陂, 今方出之, 使作雨也."

於是雨立注.

長房曾與人共行, 見一書生黃巾被裘, 無鞍騎馬, 下而叩頭, 長房曰, "還它馬, 赦汝死罪." 人問其故, 長房曰, "此狸也, 盜社公馬耳."

又嘗坐客, 而使至宛市鮓, 須臾還, 乃飯. 或一日之間, 人見其在千里之外者數處焉. 後失其符, 爲衆鬼所殺.

| 註釋 | ㅇ此狸也 – 狸는 삵 리. 고양이과 동물명. 호랑이보다는 훨씬 몸집이 작으나 고양이보다는 뚜렷하게 크다. ㅇ市鮓 – 절인 생선을 사오다. 鮓는 젓 자. 소금에 절이다.

[國譯]

뒷날 東海君이 葛陂君을 예방하면서 그 부인에게 음란한 짓을 했기에, 비장방은 동해군을 3년 동안 가두어 두었는데 그 때문에 東海郡에는 큰 가뭄이 닥쳤다. 비장방은 바다에 가서 갈파군을 만나 비를 내려 달라고 부탁하면서 말했다.

"東海君이 죄를 지었기에 내가 3년 동안 葛陂(갈파)에 가둬두었는데 이제 내보냈으니 비를 좀 내려주시오."

이에 즉시 비가 내렸다.

언젠가는 비장방이 다른 사람과 함께 길을 가다가 한 서생을 만났는데, 그는 黃巾 갖옷을 입고 안장이 없는 말을 타고 오다가 말에서 내려 고개를 숙이자 비장방이 말했다.

"다른 말을 타거라, 너의 사죄를 용서하겠다."

일행이 까닭을 묻자, 비장방이 말했다.

"저것은 삵괭이인데 토지신의 말을 훔친 것이요."

또 언젠가는 손님과 같이 앉았다가 사람을 보내 (南陽郡) 宛縣(완현)에 가서 절인 생선을 사오게 시켰는데 금방 돌아와 밥반찬으로 먹었다. 때로는 하루 사이에도 그를 보았다는 사람이 천리 밖 곳곳에 있었다.

뒷날 비장방은 부적을 잃어버렸고 여러 귀신들에게 맞아 죽었다.

⑬ 薊子訓

原文

薊子訓者, 不知所由來也. 建安中, 客在濟陰宛句. 有神異之道. 嘗抱鄰家嬰兒, 故失手墮地而死, 其父母驚號怨痛, 不可忍聞, 而子訓唯謝以過誤, 終無它說, 遂埋藏之. 後月餘, 子訓乃抱兒歸焉. 父母大恐, 曰, "死生異路, 雖思我兒, 乞不用復見也." 兒識父母, 軒渠笑悅, 欲往就之, 母不覺攬取, 乃實兒也. 雖大喜慶, 心猶有疑. 乃竊發視死兒, 但見衣被, 方乃信焉. 於是子訓流名京師, 士大夫皆承風嚮慕之.

| **註釋** | ㅇ薊子訓 – 薊는 삽주 계. 풀이름. 엉겅퀴, 성씨. ㅇ軒渠笑悅 – 軒渠(헌거)는 즐거워하는 모양. 軒는 추녀 헌, 수레 헌. 훨훨 나는 모양.

【國譯】

薊子訓(계자훈)이란 자는 그 유래를 알 수가 없다. (獻帝) 건안 연간에, 濟陰郡 宛句(寃句)縣에 客居하고 있었다. 좀 神異한 도술이 있었다. 언젠가는 이웃집 어린아이를 안아주다가 땅에 떨어트려 아이가 죽었다. 그 부모가 놀라 통곡하며 원통한 통곡을 차마 들을 수가 없었는데, 계자훈은 자신의 잘못을 사과할 뿐 다른 말이 없었고, 결국 매장하였다. 그 한 달 뒤에 계자훈은 그 아이를 안고 돌아왔다. 부모는 너무 두려워 떨며 말했다.

"死生의 길이 다르거늘, 우리가 비록 아이를 그리워하지만 다시 보고 싶지는 않습니다."

아이는 보모를 알아보고 좋아 웃으며 부모에게 달려갔고, 어머니는 자신도 모르게 안아보니 살아있는 아들이었다. 비록 너무 기뻤지만 마음에 의혹이 있었다. 그래서 은밀히 옛 묻은 곳을 파보니 거기는 아이 옷만 있어 그제야 믿을 수 있었다.

이에 계자훈의 이름은 경사에 널리 알려졌고 사대부들은 바람에 쏠리듯 계자훈을 흠모하였다.

原文

後乃駕驢車, 與諸生俱詣許下. 道過滎陽, 止主人舍, 而所駕之驢忽然卒僵, 蛆蟲流出, 主遽白之. 子訓曰, "乃爾乎?" 方安坐飯, 食畢, 徐出以杖扣之, 驢應聲奮起, 行步如初, 卽復進道.

其追逐觀者常有千數. 旣到京師, 公卿以下候之者, 坐上恒數百人, 皆爲設酒脯, 終日不匱.

| 註釋 | ㅇ俱詣許下 - 許都, 許는 潁川郡의 현명. 今 河南省 중앙부 許昌市. 조조가 헌제를 영입하면서 許都로 개칭. ㅇ蛆蟲流出 - 蛆蟲(저충)은 구더기. 蛆는 구더기 저.

[國譯]

뒷날 계자훈은 나귀가 끄는 수레를 타고 여러 유생과 함께 許都 근처에 왔다. 가는 길에 滎陽縣(형양현)의 어떤 집에 들려 쉬는데 타고 온 나귀가 갑자기 뻣뻣하게 굳으면서 몸에서 구더기가 나오자 주인이 황급하게 아뢰었다. 그러자 계자훈이 말했다. "그렇게 되었어요?" 그러면서 편안히 앉아 밥을 먹었고 식사가 끝나서 천천히 지팡이를 짚고 나가자, 나귀는 소리를 내며 일어섰고 처음 올 때처럼 다시 길을 갔다.

그 뒤를 따라 다니며 구경하는 사람이 늘 수천 명이나 되었다. 낙양에 들어오자 공경 이하 계자훈을 만나려는 사람이 수백 명이 기다리고 있었는데, 계자훈은 그들을 위하여 술과 안주를 준비했고 종일 먹어도 모자라지 않았다.

原文

後因遁去, 遂不知所止. 初去之日, 唯見白雲騰起, 從旦至暮, 如是數十處. 時有百歲翁, 自說童兒時見子訓賣藥於會稽市, 顏色不異於今. 後人復於長安東霸城見之, 與一老公共摩挲銅人, 相謂曰, "適見鑄此, 已近五百歲矣." 顧視見人而去, 猶駕昔所乘驢車也. 見者呼之曰, "薊先生小住."
並行應之, 視若遲徐, 而走馬不及, 於是而絶.

| 註釋 | ㅇ適見鑄此, ~ – 진시황 26년에 천하의 병기를 모아 녹여 咸陽에서 銅人 12개를 제조했는데, 하나가 무게 1천근이었고 그것을 漢 건국 후 長安으로 옮겨왔었다. ㅇ並行應之 – 並은 且. 또, 잠깐.

[國譯]

뒷날 어디론가 숨었는데 간 곳을 알 수 없었다. 그가 떠나는 날 흰 구름이 피어오르는 모습만 보였는데 아침부터 저녁때까지 수십 곳에서 피어올랐다.

그때 1백 세를 살았다는 노인의 말에 의하면, 자신이 어렸을 때 계자훈이 會稽(회계)의 저자에서 약을 파는 것을 보았는데 안색은 지금과 다르지 않았다고 말했다. 뒷날 또 어떤 사람은 長安의 東霸城(동패성)에서 계자훈을 보았는데, 어떤 노인과 함께 銅人을 매만지면서 서로 "이 銅人를 주조할 때 보았으니 5백 년이 다 되었다."라고 말했다고 하였다.

그런데 다른 사람을 보고서 어디론가 가는데 옛날부터 타고 다니던 나귀가 끄는 수레였다고 하였다. 그래서 보고 있던 사람이 "계선생! 잠깐 멈춰보세요."라고 말하고 잠간 나란히 걸었는데 천천히 가는 것 같아도 달리는 말이 따라갈 수 없어 결국 놓쳐버렸다고 하였다.

⑭ 劉根

原文

劉根者, 潁川人也. 隱居嵩山中. 諸好事者, 自遠而至, 就根學道, 太守史祈以根爲妖妄, 乃收執詣郡, 數之曰, "汝有何術, 而誣惑百姓? 若果有神, 可顯一驗事. 不爾, 立死矣."

根曰, "實無它異, 頗能令人見鬼耳." 祈曰, "促召之, 使太守目睹, 爾乃爲明."

根於是左顧而嘯, 有頃, 祈之亡父祖近親數十人, 皆反縛在前, 向根叩頭曰, "小兒無狀, 分當萬坐." 顧而叱祈曰, "汝爲子孫, 不能有益先人, 而反累辱亡靈! 可叩頭爲吾陳謝." 祈驚懼悲哀, 頓首流血, 請自甘罪坐.

根嘿而不應, 忽然俱去, 不知在所.

| **註釋** | ㅇ嵩山(숭산) - 五嶽 중 中嶽. 今 河南省 鄭州市 관할 登封市 서북. 최고봉 1,512m. 산록에 우리나라 관광객이 많이 찾는 少林寺가 있다.
ㅇ嘿而不應 - 嘿은 고요할 묵. 입을 다물다. 默과 通.

[國譯]

劉根(유근)이란 사람은 潁川郡(영천군) 사람인데, 嵩山(숭산)은 은거했다. 많은 好事者들이 멀리서도 찾아와 유근을 따라 道를 배웠는데, 영천태수인 史祈(사기)는 유근을 요망한 사람이라 생각하여 유근을 郡으로 잡아와 잘못을 따지면서 말했다.

"네가 무슨 도술이 있다고 백성을 현혹시키는가? 만약 신통하다면 한 가지 보여줘라. 그렇지 않으면 즉시 죽이겠다."

그러자 유근은 "사실 보여줄 별다른 것은 없지만, 귀신을 불러 보여줄 수 있습니다."라고 말했다. 이에 사기가 재촉했다.

"빨리 불러와라. 내가 눈으로 볼 수 있다면 네가 神明하다고 생각할 것이다"

그러자 유근은 좌우를 둘러보며 길게 휘파람을 불었는데, 얼마 후 사기의 父祖와 近親 수십 명이 손이 뒤로 묶인 채 유진 앞에 서서 고개를 숙이고 말했다.

"어린아이가 버릇이 없어 하는 짓이 만 번 죽어 마땅합니다."

그리고서는 사기를 돌아보며 꾸짖었다.

"너는 후손이 되어 선조에게 도움을 주지도 못하면서 죽은 영혼마저 욕을 보이느냐! 빨리 고개 숙여 우릴 위해 사죄하거라."

사기는 놀라 두렵고 부끄러워 머리를 땅에 찧어 피를 흘리며 죗값을 달게 받겠다고 빌었다. 유근은 말없이 대꾸하지 않다가 홀연히 사라졌는데 소재를 알 수 없었다.

⑮ 左慈

原文

左慈字元放, 廬江人也. 少有神道. 嘗在司空曹操坐, 操從容顧衆賓曰, "今日高會, 珍羞略備, 所少吳松江鱸魚耳." 放於下坐應曰, "此可得也." 因求銅盤貯水, 以竹竿餌釣於盤中, 須臾引一鱸魚出.

操大拊掌笑, 會者皆驚. 操曰, "一魚不周坐席, 可更得乎?" 放乃更餌鉤沉之, 須臾復引出, 皆長三尺余, 生鮮可愛. 操使目前鱠之, 周浹會者. 操又謂曰, "既已得魚, 恨無蜀中生薑耳." 放曰, "亦可得也." 操恐其近卽所取, 因曰, "吾前遣人到蜀買錦, 可過敕使者, 增市二端."

語頃, 卽得薑還, 並獲操使報命. 後操使蜀反, 驗問增錦之狀及時日早晚, 若符契焉.

| **註釋** | ㅇ左慈(좌자) – 葛玄(갈현)의 스승, 《三國演義》에는 절름발이 형상으로 道號는 烏角先生이며, 曹操를 놀려주는 장면이 나온다. ㅇ廬江郡 – 治所는 舒縣, 今 安徽省 중서부 六安市 舒城縣. 巢湖 서남. ㅇ松江鱸魚 – 松江(송강)의 농어. 松江은 吳淞江(오송강), 今 江蘇省 남부 蘇州市 太湖에서 시작하여 바다로 이어지는 강. 당시의 해안선은 지금과 크게 달랐을 것이다. 鱸는 농어 로. 바닷물고기. ㅇ周浹會者 – 浹은 두루 미칠 협.

[國譯]

左慈(좌자)의 字는 元放(원방)인데 廬江郡 사람이다. 젊어서부터 신비한 도술이 있었다. 언젠가 司空 曹操(조조)의 연회석에 참석했는데, 조조가 좌중을 둘러보며 조용히 말했다.

"오늘 이 좋은 잔치에 珍羞(진수)가 대략 준비되었지만, 吳땅 松江(송강)의 농어(鱸魚)가 빠졌도다."

이에 元放(左慈)이 말석에서 대꾸하였다. "그거 가져올 수 있습니다." 그리고는 구리 쟁반에 물을 부운 다음 미끼를 낀 낚시를 담그더니, 곧 농어를 한 마리 낚아 올렸다.

조조는 손바닥을 치며 좋아 웃었고 모인 사람들은 모두 놀랐다.

조조가 말했다. "생선 한 마리로는 여러 사람에게 부족하니 더 잡을 수 있는가?"

좌자는 미끼를 끼운 낚시를 던져 곧 3자가 넘는 큰 농어를 잡아 올렸고 생선은 볼만했다. 조조는 자신이 보는데서 농어의 회를 떠서 좌중에 두루 나눠주었다. 조조가 다시 말했다.

"이미 생선은 있지만 蜀에서 나는 生薑(생강)이 없어 아쉽도다."
이에 좌자가 말했다.

"그것도 가져올 수 있습니다."

조조는 근처에서 구해올 수도 있다고 생각하여 이어서 말했다.
"내가 앞서 蜀에 비단을 사라고 사람을 보냈는데, 그 사람을 찾아서 비단 2단을 더 사라고 전해주게."

조조의 말이 끝나자마자 곧 생강을 구해왔고, 아울러 촉에 보낸 사자를 데려와 보고하게 하였다. 뒷날 조조가 보낸 사자가 촉에서 돌아와서는 비단을 더 사라고 지시받은 내용과 날짜를 이야기하였는데 모두가 사실과 일치하였다.

原文

後操出近郊, 士大夫從者百許人, 慈乃爲齎酒一升, 脯一斤, 手自斟酌, 百官莫不醉飽. 操怪之, 使尋其故, 行視諸壚, 悉亡其酒脯矣. 操懷不喜, 因坐上收, 欲殺之, 慈乃卻入壁中, 霍然不知所在. 或見於市者, 又捕之, 而市人皆變形與慈同, 莫知誰是.

後人逢慈於陽城山頭, 因復逐之, 遂入走羊群. 操知不可得, 乃令就羊中告之曰, "不復相殺, 本試君術耳." 忽有一老羝屈前兩膝, 人立而言曰, "遽如許." 卽競往赴之, 而群羊數百皆變爲羝, 並屈前膝人立, 云"遽如許", 遂莫知所取焉.

| **註釋** | ㅇ手自斟酌 – 斟酌(짐작)하다. 술을 따라주다. 헤아리다. 斟은 술 따를 짐, 머뭇거릴 짐. 酌은 술 따를 작. ㅇ行視諸壚 – 壚는 흙토 로. 목로. 부엌에 술독을 묻어두는 곳. ㅇ霍然 – 갑자기. 霍은 빠를 곽, 흩어질 곽. ㅇ遽如許 – 어째서 갑자기 그렇게 하십니까?(何遽如許爲事). 조롱하는 뜻.

[國譯]

뒷날 조조가 근교에 행차할 때 士大夫로 수행한 자가 1백여 명이었다. 그때 좌자가 술 一升과 脯(포) 1근을 준비하였는데, 좌자가 손수 직접 따라 주는 술과 안주에 취하고 배부르지 않은 자가 없었다. 조조가 괴이하게 여겨 사람을 보내 까닭을 알아보게 하였는데, 사자가 집안 부엌을 살폈지만 어디에도 술과 포는 없었다. 조조는 속는 것 같은 기분이라서 좌자를 앉은 자리에서 잡아 죽이려 했는데, 좌자는 벽 속으로 들어가서 갑자기 어디에 있는지 알 수 없었다.

어떤 사람이 시장에서 좌자를 보았다 하여 잡으려 했으나 시장 사람들이 모두 좌자와 같아서 누가 좌자인지 알 수 없었다.

뒷날 어떤 사람은 陽城山 꼭대기에서 좌자를 보았다 하여 다시 좇아갔는데 좌자가 양떼 속으로 들어가 버렸다. 조조는 잡을 수 없다는 것을 알고 양떼 앞에서 말하게 했다. "다시는 죽이지 않을 것이며, 본래 도술을 한 번 보고 싶어서 그랬을 뿐이다." 그러자 늙은 숫양이 양쪽 앞다리를 들어 굽히며 사람처럼 서서 말을 하였다. "왜 갑자기 그렇게 하십니까?" 그리고는 곧 다른 곳으로 갔다. 그러자 그 양들이 모두 숫양으로 바뀌어 앞다리를 들고 사람처럼 서서 "왜 갑자기 그렇게 하시니까?" 라고 말하여 결국 어찌하지 못했다.

⑯ 計子勳

原文

計子勳者, 不知何郡縣人, 皆謂數百歲, 行來於人間. 一旦忽言日中當死, 主人與之葛衣, 子勳服而正寢, 至日中果死.

上成公者, 密縣人也. 其初行久而不還, 後歸, 語其家云, "我已得仙." 因辭家而去. 家人見其擧步稍高, 良久乃沒雲. 陳寔,韓韶同見其事.

| 註釋 | ○陳寔(진식), 韓韶(한소) – 모두 62권, 〈荀韓鐘陳列傳〉에 立傳.

[國譯]

計子勳(계자훈)이란 자는 어느 군현 사람인지 알 수 없는데 모두가 인간세계에 내려온 지 수백 년이 되었다고 말했다. 어느 아침, 한낮에 죽을 것이라고 말했는데, 주인이 그에게 葛衣를 주었는데 계자훈은 옷을 입고 반듯하게 누웠다가 한낮이 되자 정말로 죽었다.

上成公(상성공)이란 자는 (河南尹) 密縣 사람이다. 그전에 어디론가 떠났는데 오랫동안 돌아오지 않았다. 뒤에 돌아와서는 식구들에게 말했다. "나는 이미 신선이 되었다." 그리고 헤어져 떠나갔다. 식구들이 보니 상성공은 하늘을 걸어 점점 높이 올라가 갔는데 한참 뒤에 구름 속으로 사라졌다. 陳寔(진식)과 韓韶(한소)도 그것을 함께 보았다.

⑰ 解奴辜, 張貂 外

原文

解奴辜,張貂者, 亦不知是何郡國人也. 皆能隱淪, 出入不由門戶. 奴辜能變易物形, 以誑幻人. 又河南有麴聖卿, 善爲丹書符劾, 厭殺鬼神而使命之. 又有編盲意, 亦與鬼物交通.

初, 章帝時有壽光侯者, 能劾百鬼衆魅, 令自縛見形. 其鄕人有婦爲魅所病, 侯爲劾之, 得大蛇數丈, 死於門外. 又有神樹, 人止者輒死, 鳥過者必墜, 侯復劾之, 樹盛夏枯落, 見大蛇長七八丈, 懸死其間.

帝聞而徵之. 乃試問之, "吾殿下夜半後, 常有數人, 絳衣被髮, 持火相隨, 豈能劾之乎?" 侯曰, "此小怪, 易銷耳." 帝僞使三人爲之, 侯劾三人, 登時仆地無氣.

帝大驚曰, "非魅也, 朕相試耳." 解之而蘇.

| 註釋 | ㅇ皆能隱淪 – 隱淪(은륜)은 隱士. 仙人. 모습을 숨기다. ㅇ出入不由門戶 – 벽을 뚫고 다닐 수 있다는 뜻. ㅇ以誑幻人 – 誑은 속일 광. ㅇ百鬼衆魅 – 온갖 귀신과 도깨비. 魅는 도깨비 매. 홀리다. ㅇ登時仆地

- 登時는 즉시. 바로 그때. 仆는 엎드릴 부.

[國譯]

解奴辜(해노고)와 張貂(장소)란 사람도 어느 郡國 출신인지 알 수 없다. 두 사람은 모습을 숨길 수 있고 門戶로 출입하지 않았다. 해노고는 사물의 형태를 바꿀 수 있어 사람을 어리둥절하게 했다. 또 하남 사람 麴聖卿(국성경)은 丹書로 부적을 잘 그렸는데, 부적으로 귀신을 죽여버리거나 일을 시킬 수 있었다. 또 編盲意(편맹의)라는 사람도 귀신과 왕래할 수 있었다.

그전에 章帝 때 壽光侯(수광후)란 사람이 있었는데, 온갖 귀신이나 도깨비를 혼내고 도깨비를 묶어다가 본 모습을 드러내게 할 수 있었다. 그 마을 어떤 여인이 도깨비에 홀려 병이 나자, 수광후가 귀신의 본 모습을 드러나게 하자, 길이가 몇 길이나 되는 큰 뱀이 문 밖에 죽어 있었다. 또 어떤 신령한 나무가 있었는데 사람이 그 나무 밑에 가면 갑자기 죽고, 새가 날아들면 꼭 떨어져 죽었는데 수광후가 그 나무귀신의 본 모습을 밝히자 한여름인데도 나뭇잎이 말라 떨어지고 7, 8장이나 되는 큰 뱀이 죽어 나뭇가지에 걸려 있었다.

장제가 듣고서는 수광후를 불렀다. 이어 시험해 보려고 물었다.

"나의 전각 아래에 한밤이 되면 늘 몇 사람이 붉은 옷에 산발을 한 채 횃불을 들고 왔다 갔다 하는데, 어떻게 하면 본 모습을 드러나게 하겠는가?"

이에 수광후가 말했다. "그런 작은 괴물이야 쉽게 잡을 수 있습니다."

장제는 세 사람을 그렇게 변장시켰는데, 수광후가 들춰내자 순식간에 바닥에 쓰러지며 숨을 쉬지 못했다.

장제가 크게 놀라며 말했다. "도깨비가 아니고 짐이 한 번 시험해 본 것이다." 수광후가 풀어주자 다시 깨어났다.

原文

甘始,東郭延年,封君達三人者, 皆方士也. 率能行容成御婦人術, 或飮小便, 或自倒懸, 愛嗇精氣, 不極視大言. 甘始, 元放,延年皆爲操所錄, 問其術而行之. 君達號 '靑牛師'. 凡此數人, 皆百餘歲及二百歲也.

| 註釋 | ㅇ方士 - 術士. 方術를 행하는 사람. 方은 道의 뜻. 道士로 통용. 도교가 종교적 체계를 갖추기 전부터 方士는 道士의 뜻으로 통용되었다. 冥想, 氣功, 煉丹 등의 방식으로 長生과 不老, 또는 羽化 登仙을 목표로 하는 사람. 이들은 수시로 특이한 기술과 방식으로 귀신을 부리기도 했으며 생사의 경지를 넘어 해탈을 이루고자 했다. 이런 사람들의 노력은 중국 고대의 醫學과 化學(煉丹術), 天文, 軍事와 文學(神怪小說 등)의 발전에 상당부분 이바지하였다. 사람들에게 비교적 잘 알려진 방사로는 容成公, 徐福, 于吉, 左慈, 管輅(관로), 葛洪(갈홍) 등을 들 수 있다.

[國譯]

甘始(감시)와 東郭延年(동곽연년), 그리고 封君達(봉군달) 세 사람은 모두 方士이다. 이들은 대체로 容成公(용성공)의 御婦人術을 시행하거나 때로는 소변을 마셨으며, 혹은 거꾸로 매달렸고 精氣를 아껴 먼 것을 보거나 큰 소리로 말하지 않았다. 감시와 元放(左慈), 동곽연년은 모두 한때 조조에 의해 등용되어 조조는 그 방술에 관하여 묻거나 또는 시연을 하였다. 봉군달은 '青牛師' 라고 불렸다. 이 사람들은 모두 1백 세이거나 또는 2백 세가 되었다고 하였다.

⑱ 王眞, 郝孟節

原文

王眞,郝孟節者, 皆上黨人也. 王眞年且百歲, 視之面有光澤, 似未五十者. 自云, "周流登五嶽名山, 悉能行胎息胎食之方, 嗽舌下泉咽之, 不絶房室."

孟節能含棗核, 不食可至五年十年. 又能結氣不息, 身不動搖, 狀若死人, 可至百日半年. 亦有室家. 爲人質謹不妄言, 似士君子. 曹操使領諸方士焉.

| 註釋 | ㅇ郝孟節(학맹절) – 郝은 고을 이름 학. 성씨. ㅇ嗽舌下泉咽之 – 혀(舌) 아래 침샘을 빨아 삼키다. 嗽는 마실 수. 기침하다. 빨다.

[國譯]

王眞(왕진)과 郝孟節(학맹절)이란 자는 모두 上黨郡 사람이다. 왕진은 거의 백 살이 되었지만 얼굴에는 윤기가 흘러 아직 50이 안 된 것 같았다. 스스로 "천하를 유람하며 五嶽(오악)과 名山에 올랐으며, 늘 태아처럼 숨 쉬고 태아처럼 먹었으며 혀 아래 침샘을 빨아 삼켰고 房事를 그치지 않았다."고 말했다.

학맹절은 대추씨(棗核)를 입안에 넣고 있으면 5년, 내지 10년은 먹지 않아도 된다고 하였다. 또 기를 모아 숨을 쉬지 않고, 몸을 움직이지 않아, 마치 죽은 사람과 같이 1백 일에서 반 년을 지낼 수 있었다. 그도 아내가 있었다. 사람이 근신하여 함부로 지껄이지 않아 마치 士君子와 같았다. 조조는 학맹절을 시켜 여러 방사들을 통솔하게 하였다.

⑲ 王和平

原文

北海王和平, 性好道術, 自以當仙. 濟南孫邕少事之, 從至京師. 會和平病歿, 邕因葬之東陶. 有書百餘卷, 藥數囊, 悉以送之. 後弟子夏榮言其屍解, 邕乃恨不取其寶書仙藥焉.

| 註釋 | ○屍解(시해, 尸解) – 도사들의 죽음을 미화한 말이다. 다른 말로는 해화(解化), 시화(示化), 시졸(示卒)이라고도 한다. 도교에서는 신선이 육신을 벗어두고, 마치 매미가 껍질을 벗어두고 창공으로 날아가듯 승천하는 것을 시해라고 한다. 《雲笈七籤(운급칠첨)》이란 책에 의하면, 시해의 종류는 매우 다양하다. 몸이 칼로 변하는 검해(劍解), 지팡이로 변하는 장해(杖解) 외에 불로 변하는 화해(火解), 물로 변화하여 모습을 감추는 수해(水解) 등 다양한 예가 있다. 시간적으로는 한밤중의 시해보다 한낮에 승천하는 백일시해(白日尸解)를 상대적으로 더 높게 평가했다.

[國譯]

北海郡의 王和平(왕화평)은 천성적으로 도술을 좋아하면서 스스로 신선이 될 수 있다고 생각하였다. 濟南의 孫邕(손옹)은 젊어서부터 왕화평을 스승으로 섬겼으며 따라서 京師에 갔었다. 마침 왕화평이 병으로 죽자, 손옹을 왕화평을 東陶(동도)란 곳에 장례했다. 서책 1백여 권과 여러 주머니의 약이 있었는데 그것들을 모두 함께 장례했다. 뒷날 弟子인 夏榮(하영)이 왕화평을 屍解(시해)했다고 말하자, 손옹은 그 중요한 책과 仙藥을 챙겨두지 못한 것을 후회했다.

原文

贊曰, 幽貺罕徵, 明數難校. 不探精遠, 曷感靈效? 如或遷訛, 實乖玄奧.

| 註釋 | ㅇ幽貺罕徵 – 幽는 幽冥, 어둠의 세계. 보이지 않음. 貺은 줄 황. 하사하다. ㅇ曷感靈效 – 어찌 영혼의 효험을 느끼겠는가? ㅇ如或遷訛 – 遷訛(천와)는 잘못 전해지다.

[國譯]

贊曰,
死後는 증명할 수 없고 生時 운명은 비교할 수 없다.
세밀히 탐구치 않는다면 영혼의 일을 어찌 알겠는가?
잘못 전해온 사실은 현묘한 세계와 실제로 다를 것이다.

83 逸民列傳
〔일민열전〕

原文

《易》稱 '〈遯〉之時義大矣哉'. 又曰, '不事王侯, 高尙其事.' 是以堯稱則天, 不屈潁陽之高, 武盡美矣, 終全孤竹之潔. 自茲以降, 風流彌繁, 長往之軌未殊, 而感致之數匪一.

或隱居以求其志, 或迴避以全其道, 或靜已以鎭其躁, 或去危以圖其安, 或垢俗以動其槪, 或疵物以激其淸. 然觀其甘心畎畝之中, 憔悴江海之上, 豈必親魚鳥,樂林草哉! 亦云性分所至而已. 故蒙恥之賓, 屢黜不去其國, 蹈海之節, 千乘莫移其情. 適使矯易去就, 則不能相爲矣. 彼雖硜硜有類沽名者, 然而蟬蛻囂埃之中, 自致寰區之外, 異夫飾智巧以逐浮利者乎! 荀卿有言曰, "志意修則驕富貴, 道義重則輕王公" 也.

| 註釋 | ㅇ《易》稱~ - 遯(달아날 둔, 原音 돈)은 天(☰)山(☶)遯, 〈遯卦〉. 둔괘가 갖는 時義는 매우 크다. 〈遯卦〉 彖辭(단사)의 구절. ㅇ不事王侯 ~ - 山(☶)風(☴)蠱(고) 〈蠱卦〉의 象辭. ㅇ潁陽之高 - 潁陽은 巢父(소보)와 許由(허유)의 고상한 지조. ㅇ終全孤竹之潔 - 孤竹은 孤竹君의 두 아들, 伯夷와 叔齊. ㅇ或隱居~, 或迴避~ - 은거자는 長沮(장저)와 桀溺(걸익)을 지칭. 「孔子曰, ~, 隱居以其志, 行義以達其道. 吾聞其語矣, 未見其人也.」《論語 季氏》. ㅇ或去危以圖其安 - 漢初의 商山 四皓(사호)가 그러했다. ㅇ雖硜硜有類沽名者 - 硜硜(갱갱)은 소인의 비천한 모습. 짓거리. 硜은 돌 소리 갱. 경쇠 경. 沽名은 이름을 얻으려 하다. 沽는 팔 고. 사다. 술을 팔다. ㅇ蟬蛻囂埃之中 - 蟬蛻(선세)는 매미가 껍질을 벗다. 蟬은 매미 선. 蛻은 허물 세(태). 허물을 벗다. 囂埃(효애)는 시끄러운 속세. 囂는 시끄러울 효. 埃는 티끌 애. 속세. ㅇ寰區之外 - 寰區(환구)는 天下. 넓은 땅. 천자의 직할 구역. 寰은 하늘 아래 환. 畿內, 에워싸다. ㅇ荀卿 - 荀子(순자 前 336? - 236년?) - 名 況, 卿은 존경의 뜻에서 부르는 호칭. 漢宣帝를 避諱하여 孫으로 대체하여 표기.

[國譯]

《易》에서는 '〈遯〉 괘의 時義는 크다.' 라고 말했다. 또, '王侯를 섬기지 않으려는 뜻은 高尙한 일이다.' 라고 하였다. 이 때문에 堯는 하늘의 법을 본받았다는 칭송을 듣지만, 巢父(소보)와 許由(허유)의 고상한 지조를 꺾지 않았고, 周 武王은 완전한 미덕을 갖추었지만 孤竹君의 두 아들, 伯夷와 叔齊의 고결한 지조를 끝까지 지켜주었다. 이로부터 이러한 풍조의 유행은 더욱 성행하였고, 장기 은거의 자취는 제각각이었고 그 감화의 결과도 모두 같지는 않았다.

어떤 자는 은거로써 자신의 뜻을 지켰고 또 부름에 응하지 않아 자신의 道를 보전했으며, 어떤 자는 清淨을 지켜 자신의 조급을 진정시켰고, 또 어떤 자는 위기를 피해 안전을 도모했으며, 혹자는 세속의 汚辱(오욕)에 따르면서 기개를 발휘했고, 또 어떤 자는 세상 물정을 무시하여 자신의 고결을 격려하였다. 그러나 田野의 생활을 감수하거나 江海에서 초췌하게 지내는 은자의 진정한 心願이 어찌 魚鳥와 친하고, 산림의 초목을 즐기려고 그러했겠는가! 다만 그들의 천성에 따라 그렇게 되었을 것이다.

그래서 치욕을 견디며 외지에서 客居하거나 여러 번 貶黜(폄출)되면서도 고국을 떠나지 않았으며, 바다에 뛰어들어 자살하려는 지조를 가진 사람에게는 千乘의 제후 자리도 그들의 뜻을 바꾸지는 못했다. 그들의 거취를 바꾸게 하려면 그런 것으로는 불가했다. 이름이나 얻으려 소인처럼 행동하는 은거자가 있더라도 매미가 허물을 벗듯 시끄러운 속세를 벗어나 하늘을 스스로 날아오르는 것이 어찌 단순히 작은 지혜를 뽐내 세상의 이익을 좇으려는 자와 같겠는가! 그래서 荀卿(순경)은 "마음을 수양하려는 뜻이 있기에 富貴를 가벼이 여기고, 도의를 중시하여 王公도 경시한다."고 말했다.

原文

漢室中微, 王莽簒位, 士之蘊藉義憤甚矣. 是時裂冠毁冕, 相攜持而去之者, 蓋不可勝數. 楊雄曰, "鴻飛冥冥, 弋者何簒焉." 言其違患之遠也.

光武側席幽人, 求之若不及, 旌帛蒲車之所徵賁, 相望於岩中矣. 若薛方, 逢萌, 聘而不肯至, 嚴光, 周黨, 王霸, 至而不能屈. 群方咸遂, 志士懷仁, 斯固所謂'擧逸民天下歸心'者乎!

肅宗亦禮鄭均而徵高鳳, 以成其節. 自後帝德稍衰, 邪孽當朝, 處子耿介, 羞與卿相等列, 至乃抗憤而不顧, 多失其中行焉. 蓋錄其絶塵不反, 同夫作者, 列之此篇.

| 註釋 | ㅇ鴻飛冥冥, 弋者何篡焉 – 冥冥은 어두운 모양. 먼 하늘. 篡은 取의 뜻. ㅇ側席幽人 – 側席은 근심으로 좌불안석하다. 정좌하지 않다. 몸을 앞으로 기울이다(不正坐). 현인을 기다리는 초조함을 표출한 자세. 幽人은 隱居者. ㅇ嚴光, 王霸(왕패) – 嚴光(엄광)은 光武帝와 同門修學한 사람. 20권, 〈銚期王霸祭遵列傳〉의 王霸(왕패)는 同名異人. ㅇ擧逸民天下歸心 – 「~, 興滅國, 繼絶世, 擧逸, 天下之歸心焉~」《論語 堯曰》. ㅇ鄭均(정균) – 27권, 〈宣張二王杜郭吳承鄭趙列傳〉에 立傳. ㅇ邪孽當朝 – 邪孽은 사악한 자. 孽은 서자 얼. 요괴. 庶孼(서얼). ㅇ處子耿介 – 處子는 隱逸. 耿介는 지조가 굳어 변하지 아니함. 耿은 빛날 경. 介는 클 개, 굳셀 개. 끼다. 갑옷. ㅇ絶塵不反 – 塵世(속세)와 단절하고 대의를 지켜 벼슬길에 연연하지 않다. ㅇ同夫作者 – 「子曰, "賢者辟世, 其次辟地, 其次辟色, 其次辟言." 子曰, "作者七人矣."」《論語 憲問》.

【國譯】

漢室이 중간에 쇠미해지면서 王莽(왕망)이 찬위하자, 義憤(의분)이 맺힌 士人이 매우 많았다. 그때 冠과 官服을 버리고 서로 이끌며 은거한 자는 아마 셀 수도 없이 많았다. 이는 "큰 기러기가 높이 나는데 주살을 쏘는 자가 어찌 잡겠는가?" 라는 楊雄(양웅)의 말과 같았다. 은거는 환난을 멀리 피한다는 뜻이었다.

光武帝는 은거자를 기다리면서 마치 초빙하지 못할까 걱정하였으며, 旌旗(정기)를 세우고 많은 비단을 가지고서, 安車로 은자를 부르러 가는 사자가 산속 길에도 이어졌다. 그래도 薛方(설방)이나 逢萌(봉맹)은 초빙을 받고도 응하지 않았으며, 嚴光(엄광)과 周黨(주당)과 王霸(왕패)는 낙양에는 왔지만 뜻을 굽히지 않았다. 仁心을 갖고 있는 志士가 많이 복종하였으니, 이는 '逸民을 등용하니 天下가 歸心하는 것' 이 아니겠는가!

肅宗(章帝) 역시 鄭均(정균)을 예우하고 高鳳(고봉)을 등용하여 그 뜻을 이루게 하였다. 이후로는 황제의 仁德이 점차 쇠퇴하여 사악한 자들이 조정을 채웠고, 은일은 耿介(경개)한 뜻을 지켜 공경과 같은 자리에 서는 것을 부끄럽게 생각하여 결국은 격앙하고 분개하여 벼슬길을 돌아보지 않았으나, 적지 않은 사람들이 中正의 행실을 잃었다. 여기서는 속세와 단절하고 벼슬길을 기웃대지 않거나 그와 비슷한 인물을 모아 여기에 수록하였다.

❶ 野王二老

原文

野王二老者, 不知何許人也. 初, 光武貳於更始, 會關中擾亂, 遣前將軍鄧禹西征, 送之於道. 旣反, 因於野王獵, 路見二老者卽禽. 光武問曰, "禽何向?" 並擧手西指, 言 "此中多虎, 臣每卽禽, 虎亦卽臣, 大王勿往也."

光武曰, "苟有其備, 虎亦何患."

父曰, "何大王之謬邪! 昔湯卽桀於鳴條, 而大城於亳, 武王亦卽紂於牧野, 而大城於郟鄏. 彼二王者, 其備非不深也. 是以卽人者, 人亦卽之, 雖有其備, 庸可忽乎!"

光武悟其旨, 顧左右曰, "此隱者也." 將用之, 辭而去, 莫知所在.

| 註釋 | ○野王二老 - 野王은 縣名. 河內郡 野王縣, 今 河南省 북부 焦作市 관할 沁陽市. 河水 북쪽. 二老는 2명의 노인. ○昔湯卽桀於鳴條 - 鳴條는 지명. 今 山西省 남부 運城市 夏縣. 또 다른 주장은 今 河南省 洛陽市 附近. 서기 前 16세기에 여기서 싸워 夏朝 桀王을 滅亡시키고 湯王이 商朝를 건국. ○牧野(목야) - 今 河南省 북부 新鄕市 牧野區. 武王이 紂王을 정벌한 곳. ○庸可忽乎 - 庸은 어찌 용. 豈, 何와 通.

[國譯]

野王縣의 二老는 어떤 사람인지 알 수 없다. 그전에 光武帝가 更始帝와는 다른 뜻을 갖고 있었는데, 마침 關中이 소란하자 광무제는 前將軍 鄧禹(등우)를 보내 서쪽을 원정케 하면서 등우를 전송하였다. 광무제는 돌아오면서 野王縣에서 사냥을 하였는데 길에서 두 노인이 사냥하러 나가는 것을 보았다. 光武帝가 그들에게 물었다.

"어느 쪽으로 사냥을 갑니까?"

두 노인은 손을 들어 서쪽을 가리키며 말했다.

"저쪽에는 호랑이가 많아 우리가 사냥을 나갈 때마다 호랑이도 우리를 노리니 大王께서는 가지 마십시오."

그러자 광무제가 말했다. "만약 대비가 있다면 호랑이인들 무섭겠습니까?"

이에 노인이 말했다.

"大王께서 어찌 그런 말씀을 하십니까? 옛날에 湯(탕)은 鳴條(명조)에서 桀(걸)을 죽였지만, 亳(박)에서는 큰 성을 축성했고, 武王 역시 牧野(목야)에서 紂王(주왕)을 죽였지만, 郟鄏(겹욕)에 큰 성을 쌓았습니다. 이 두 왕은 그 준비가 결코 부족한 것은 아니었습니다. 한 사람이 다른 사람을 추격한다면 추격당하는 사람도 추격할 수 있습니다. 준비가 있다지만 그래도 준비를 소홀히 할 수 있겠습니까!"

광무는 二老의 뜻을 깨닫고 측근을 둘러보며 말했다.

"이 분들은 은자이다."

그리고 등용코자 했으나 인사하고 떠나버려, 그들이 간곳을 알 수 없었다.

❷ 向長

原文

向長字子平, 河內朝歌人也. 隱居不仕, 性尙中和, 好通《老》,《易》. 貧無資食, 好事者更饋焉, 受之取足而反其餘. 王莽大司空王邑辟之, 連年乃至, 欲薦之於莽, 固辭乃止. 潛隱於家. 讀《易》至〈損〉,〈益〉卦, 喟然嘆曰, "吾已知富不如貧, 貴不如賤, 但未知死何如生耳."

建武中, 男女娶嫁旣畢, 敕斷家事勿相關, 當如我死也. 於是遂肆意, 與同好北海禽慶俱游五嶽名山, 竟不知所終.

| 註釋 | ㅇ向長 - 向은 성 상. 尙長으로 쓴 책도 있다. 81권, 〈獨行列傳〉

의 向栩(상허) 참고. ㅇ河內朝歌 – 河內郡 朝歌縣, 今 河南省 북동부 鶴壁市 관할 淇縣. ㅇ喟然嘆曰 – 喟然은 탄식하는 모양. 喟는 한숨 쉴 위. ㅇ五嶽 – 北岳(北嶽)인 山西省의 恒山(항산, 常山), 西岳인 陝西省의 華山, 中岳인 河南省의 嵩山(숭산), 東岳인 山東省 泰山, 南岳인 湖南省 衡山(형산).

[國譯]

向長(상장)의 字는 子平(자평)으로, 河內 朝歌縣 사람이다. 은거하며 출사하지 않았고 천성적으로 中和를 숭상하며 《老子》와 《易》에 달통했다. 가난하여 자산이나 식량에 여분이 없었지만, 好事者가 많은 물건을 보내주면 필요한 만큼만 취하고 나머지는 반환하였다. 王莽의 大司空인 王邑(왕읍)이 상장을 초빙하며 해마다 찾아와 왕망에게 천거하려 했지만 굳이 사양하자 그만두었다. 상장은 집에서만 은거하였다. 《易經》을 읽다가 〈損〉卦(山☶澤☱損)와 〈益〉卦(風☴雷☳益)에 이르러 크게 탄식하며 말했다.

"나의 富는 貧만 못하고, 顯貴는 微賤만 못하다는 것을 알았지만, 그래도 死와 生이 어떤 차이인가를 알지 못했었다."

建武 연간에, 아들과 딸의 혼사가 모두 끝나자 家事에 상관하지 않겠다고 선언하며 나를 죽었다고 여기라고 말했다. 그리고서는 마음 내키는 대로 취향이 같은 北海郡의 禽慶(금경)과 함께 五嶽과 名山을 유람하였는데 끝내 어디서 죽었는지 알 수 없었다.

❸ 逢萌

原文

逢萌字子康, 北海都昌人也. 家貧, 給事縣爲亭長. 時尉行過亭, 萌候迎拜謁, 旣而擲楯嘆曰, “大丈夫安能爲人役哉!” 遂去之長安學, 通《春秋經》. 時王莽殺其子宇, 萌謂友人曰, “三綱絶矣! 不去, 禍將及人.” 卽解冠掛東都城門, 歸, 將家屬浮海, 客於遼東.

萌素明陰陽, 知莽將敗, 有頃, 乃首戴瓦盎, 哭於市曰, “新乎, 新乎!” 因遂潛藏. 及光武卽位, 乃之琅邪勞山, 養志修道, 人皆化其德.

| **註釋** | ㅇ北海都昌 – 北海郡 都昌縣은, 今 山東省 동부 濰坊市 관할 昌邑市.

【國譯】

逢萌(봉맹)의 字는 子康(자강)으로, 北海郡 都昌縣 사람이다. 家貧하여 縣의 亭長으로 일했다. 어느 날 縣尉가 행차하다가 亭에 들리자, 봉맹은 영접하며 배알하다가 방패를 집어던지고 탄식했다.

“大丈夫가 어찌 남을 모시기만 하겠는가!”

그리고 長安으로 가서 배워 《春秋經》에 능통하였다. 그때 왕망이 그 아들 王宇(왕우)를 죽이자, 봉맹은 우인에게 말했다.

“三綱이 이미 끊어졌도다! 떠나지 않으면 내가 화를 당하리라.”

그리고서는 冠을 벗어 東都城門에 걸어놓고 귀향하여 가족과 함께 바다를 건너 遼東郡에 가서 客居하였다.

봉맹은 평소에 陰陽學에 밝았는데, 왕망이 곧 패망할 것을 알고 머리에 동이(盆)를 쓰고 저자에서 나가 "新이여, 新이여!" 라고 통곡한 뒤에 어디론가 숨어버렸다.

光武帝가 즉위하자, 琅邪郡 勞山(노산)에 은거하며 養志하고 修道하였는데 백성이 모두 그의 덕에 감화되었다.

原文

北海太守素聞其高, 遣吏奉謁致禮, 萌不答. 太守懷恨而使捕之. 吏叩頭曰, "子康大賢, 天下共聞, 所在之處, 人敬如父, 往必不獲, 只自毁辱."

太守怒, 收之繫獄, 更發它吏. 行至勞山, 人果相率以兵弩捍禦. 吏被傷流血, 奔而還. 後詔書徵萌, 托以老耄, 迷路東西, 語使者云, "朝廷所以徵我者, 以其有益於政, 尙不知方面所在, 安能濟時乎?" 卽便駕歸. 連徵不起, 以壽終.

初, 萌與同郡徐房, 平原李子雲, 王君公相友善, 並曉陰陽, 懷德穢行. 房與子雲養徒各千人, 君公遭亂獨不去, 儈牛自隱. 時人謂之論曰, "避世牆東王君公."

| 註釋 | ○托以老耄 – 老耄는 늙은이. 耄는 늙은이 모. 정신이 가물거리다. ○儈牛自隱 – 儈牛(쾌우)는 소 거래를 중계하다. 소(牛) 거간꾼. 儈는 거간. 거래를 붙이고 가격을 흥정하는 중간 상인.

[國譯]

北海 太守는 평소 봉맹의 고상한 인품을 듣고 관리를 보내 뵙기를 청하며 예물을 보냈으나 봉맹은 답례하지 않았다. 太守은 감정을 품고 봉맹을 체포케 하였다. 관리가 고개를 숙이며 말했다.

"子康(逢萌)은 大賢이라 천하가 모두 알고 있으며, 그가 사는 곳에서는 부모처럼 존경을 받고 있어 가봐야 체포할 수도 없고 욕만 당할 것입니다."

태수는 화를 내며 관리를 잡아 옥에 가두고 다른 관리를 보냈다. 그들이 勞山에 이르자, 예상대로 백성들이 병기와 쇠뇌를 가지고 막았다. 관리는 상처를 입고 피를 흘리며 도망쳐 돌아왔다. 뒷날 조서를 내려 봉맹을 불렀지만, 봉맹은 늙어 정신이 가물거려 길의 東西도 헤맨다면서 사자에게 말했다.

"조정에서 나를 부르는 것은 정사에 도움을 받으려는 뜻이지만, 자신이 어디에 있는지도 모르면서 어찌 세상에 도움이 되겠습니까?"

그러자 관리는 즉시 돌아갔다. 그 뒤로 연이어 불렀지만 응하지 않았고 천수를 누리고 죽었다.

그전에 봉맹과 같은 郡 徐房(서방), 平原郡의 李子雲(이자운)과 王君公(왕군공)은 서로 친했는데 모두 陰陽에 밝았지만 멋대로 행동했다. 서방과 이자운은 무리 1천여 명을 모았고, 왕군공은 난세를 당했어도 피난가지 않고 소(牛)의 거간꾼이 되어 은거하였다. 그래서 당시 사람들은 이들을 평하여 "속세를 피하려면 담 너머 王君公 같아야 한다."고 말했다.

❹ 周黨

原文

周黨字伯況, 太原廣武人也. 家産千金. 少孤, 爲宗人所養, 而遇之不以理, 及長, 又不還其財. 黨詣鄕縣訟, 主乃歸之. 旣而散與宗族, 悉免遣奴婢, 遂至長安遊學.

初, 鄕佐嘗衆中辱黨, 黨久懷之. 後讀《春秋》, 聞復仇之義, 便輟講而還, 與鄕佐相聞, 期克鬪日. 旣交刃, 而黨爲鄕佐所傷, 困頓. 鄕佐服其義, 輿歸養之, 數日方蘇, 旣悟而去. 自此勑身修志, 州里稱其高.

| 註釋 | ㅇ太原 廣武 – 太原郡 廣武縣은 後漢에서는 雁門郡의 현명. 今山西省 북부 忻州市(흔주시) 관할 代縣. ㅇ困頓(곤돈) – 몹시 피곤하다. 지쳐 쓰러지다. 頓은 넘어질 돈. 깨지다. 부서지다. ㅇ鄕佐 – 향에서 부세 징수를 담당하는 자.

[國譯]

周黨(주당)의 字는 伯況(백황)인데, 太原郡 廣武縣 사람이다. 집에 재산이 千金이었다. 어려 부친을 여의고 일가 宗人에게 양육되었는데 대우받지 못했고, 성인이 되어 재산을 돌려받지도 못했다. 주당은 소속 현에 가서 소송을 하자 그때서야 재산을 돌려주었다. 이에 주당은 재산을 종족에게 나눠주었고, 모든 노비를 풀어주고 長安에 가서 유학했다.

그전에 鄕佐(향좌)가 여러 사람 앞에서 주당을 모욕하였는데 주당은 이를 마음에 새겨두고 있었다. 뒷날 《春秋》를 읽어 복수의 대의를 알게 되자 바로 학업을 그만두고 돌아와 鄕佐와 만난 뒤 결투할 날을 정했다. 결투를 하였지만 주당은 향좌의 칼에 상처를 입고 쓰러졌다. 향좌는 주당의 의기에 감복하여 주당을 수레로 실어다가 요양케 하였고 며칠 뒤에 소생하였는데 도리를 분명히 알고 떠나갔다. 이후 행실을 바로 하고 뜻을 닦아 마을에서는 그 인품을 높이 칭송하였다.

原文

及王莽竊位, 託疾杜門. 自後賊暴從橫, 殘滅郡縣, 唯至廣武, 過城不入.

建武中, 徵爲議郎, 以病去職, 遂將妻子居黽池. 復被徵, 不得已, 乃着短布單衣, 穀皮綃頭, 待見尙書. 及光武引見, 黨伏而不謁, 自陳願守所志, 帝乃許焉.

| 註釋 | ㅇ黽池(민지) – 弘農郡 현명. 今 河南省 서북, 黃河 남안, 三門峽市 관할 黽池縣.

【國譯】

王莽이 제위에 오르자 周黨(주당)은 병을 핑계로 두문불출하였다. 그 뒤로 적도들이 종횡으로 난동을 부렸는데 廣武縣에 와서는 지나가기만 했고 入城하지는 않았다.

建武 연간에, 조정의 부름을 받아 議郎이 되었지만 병으로 사직한 뒤에 처자를 거느리고 黽池縣(민지현)에 가서 살았다. 다시 부름을 받았는데 부득이 짧은 홑옷을 입고 볏짚으로 만든 관을 쓰고 尙

書를 만났다. 광무제가 불러 만났을 때 주당은 엎드려 있으면서 拜謁하지는 않았고 자신의 평소 가진 뜻을 진술하자 광무제가 수락하였다.

原文

博士范升奏毁黨曰,

「臣聞堯不須許由,巢父, 而建號天下, 周不待伯夷,叔齊, 而王道以成. 伏見太原周黨,東海王良,山陽王成等, 蒙受厚恩, 使者三聘, 乃肯就車. 及陛見帝廷, 黨不以禮屈, 伏而不謁, 偃蹇驕悍, 同時俱逝. 黨等文不能演義, 武不能死君, 釣采華名, 庶幾三公之位. 臣願與坐雲臺之下, 考試圖國之道. 不如臣言, 伏虛妄之罪. 而敢私竊虛名, 夸上求高, 皆大不敬.」

書奏, 天子以示公卿. 詔曰, 「自古明王聖主, 必有不賓之士. 伯夷,叔齊不食周粟, 太原周黨不受朕祿, 亦各有志焉. 其賜帛四十匹.」

黨遂隱居黽池, 著書上下篇而終. 邑人賢而祠之. 初, 黨與同郡譚賢伯升,雁門殷謨君長, 俱守節不仕王莽世. 建武中, 徵, 並不到.

| **註釋** | ○東海王良 – 27권, 〈宣張二王杜郭吳承鄭趙列傳〉에 立傳. ○偃蹇驕悍 – 偃蹇(언건)은 뽐내고 교만함. 성대한 모양. 驕悍(교한)은 교만하고 난폭함. ○雲臺 – 南宮 내의 누대 이름. 뒷날 明帝 때 제작한 建武 開國 功臣

28명의 초상화가 있었다.

[國譯]

博士 范升(범승)이 周黨(주당)을 폄훼하며 상주하였다.

「臣이 듣기로, 堯는 許由(허유)와 巢父(소보)를 기다리지 않고도 건국하여 천하를 다스렸고, 周에서는 伯夷(백이)와 叔齊(숙제)가 없었어도 王道를 성취하였습니다. 臣이 볼 때 太原郡의 周黨과 東海郡의 王良(왕량), 山陽郡의 王成(왕성) 등은 폐하의 두터운 은혜를 입어 사자가 세 번이나 찾아가서야 부름에 응했습니다. 그리고서도 帝廷에서 폐하를 알현하면서 엎드렸지만 배례하지 않았고 교만 방자하였으며 함께 떠나가 버렸습니다. 주당 등의 학문은 경전의 뜻을 깊이 설명하지도 못하고, 무예로는 주군을 위해 죽지도 못하면서 화려한 명성이나 추구하며 三公의 자리를 희망하고 있습니다. 臣은 雲臺(운대)에서 그들과 함께 국정을 이끌 방안을 함께 논하여 경쟁하고 싶습니다. 그들이 臣의 말과 다르게 그들이 우수하다면 거짓말한 죄로 처벌받겠습니다. 그들이 헛 명성이나 얻으려 하고 교만하게 고위직을 얻으려 한다면 그들은 大不敬罪에 해당할 것입니다.」

상서가 상주되자, 광무제는 이를 공경에게 공개하였다. 그리고 조서를 내렸다.

「자고로 明王과 聖主의 시대에도 손님으로 대우해야 할 士人이 꼭 있었다. 백이와 숙제가 周의 국록을 받지 않은 것처럼, 태원군의 주당이 짐의 녹을 받지 않는 것은 각자의 뜻이 있는 것이다. 그에게 비단 40필을 하사하라.」

주당은 결국 黽池(민지)에 은거할 수 있었다. 상, 하권의 저서를 편찬하였다. 마을 사람들은 현명한 사람이라 여겼고 사당을 세워 추모했다. 그전에 주당과 함께 같은 군의 譚賢(담현, 字 伯升)과 雁門郡의 殷謨(은모, 字 君長)는 모두 지조를 지켜 왕망 시대에 출사하지 않았다. 建武 연간에, 조정에서 불렀지만 모두 응하지 않았다.

❺ 王霸

原文

王霸字儒仲, 太原廣武人也. 少有清節. 及王莽簒位, 棄冠帶, 絶交宦. 建武中, 徵到尙書, 拜稱名, 不稱臣. 有司問其故. 霸曰, "天子有所不臣, 諸侯有所不友." 司徒侯霸讓位於霸. 閻陽毁之曰, "太原俗黨, 儒仲頗有其風." 遂止. 以病歸, 隱居守志, 茅屋蓬戶. 連徵, 不至, 以壽終.

| **註釋** | ○司徒 侯霸(후패) – 26권, 〈伏侯宋蔡馮趙牟韋列傳〉에 立傳.

[國譯]

王霸(왕패)의 字는 儒仲(유중)인데, 太原郡 廣武縣 사람이다. 젊어서부터 清高한 지조가 있었다. 왕망이 찬탈했을 때 관직을 버렸고 관리와 단교하였다. 建武 연간에, 부름을 받아 尙書臺에 와서는 자신의 이름을 말하며 稱臣하지도 않았다. 有司가 그 까닭을 물었다. 왕패는 "天子에게는 신하로 삼지 못할 사람이 있고, 제후에게는 벗으로 대우해서는 안 될 사람이 있습니다."라고 말했다.

司徒인 侯霸(후패)가 왕패에게 직책을 양보하려고 했다. 閻陽(염양)이 왕패를 폄훼하였다. "太原의 俗黨인 儒仲(王霸)는 본래 그런 사람입니다." 이에 후패는 그만두었다. 왕패는 병중이라며 귀가하여 은거하며 지조를 지켰고 초가에서 살았다. 연이어 부름을 받았지만 응하지 않았고 천수를 누렸다.

❻ 嚴光

原文

嚴光字子陵, 一名遵, 會稽餘姚人也. 少有高名, 與光武同遊學. 及光武卽位, 乃變名姓, 隱身不見. 帝思其賢, 乃令以物色訪之. 後齊國上言, "有一男子, 披羊裘釣澤中."

帝疑其光, 乃備安車玄纁, 遣使聘之. 三反而後至. 舍於北軍. 給床褥, 太官朝夕進膳.

| **註釋** | ㅇ會稽 餘姚 - 會稽郡 餘姚縣(여요현), 今 浙江省 북동부 寧波市 관할 餘姚市. ㅇ物色訪之 - 모습을 그려서 찾다.

[國譯]

嚴光(엄광)의 字는 子陵(자릉)으로, 一名 遵(준)이며 會稽郡 餘姚縣 사람이다. 젊어서도 유명했고 光武(劉秀)와 함께 遊學하였다. 光武帝가 즉위하자 성명을 바꾸고 몸을 숨겨 나타나지 않았다. 광무제는 그의 현명한 그 사람이 생각나 초상화를 그려 찾게 하였다. 뒷날 齊國에서 "어떤 사람이 양피 갖옷을 입고 연못에서 낚시를 합니다." 라고 보고하였다.

광무제는 엄광이라 생각하여 사자에게 安車와 玄纁(현훈, 검은 비단과 붉은 비단)을 보내 데려오게 하였다. 사자가 3번 돌아온 뒤에야 낙양에 왔다. 北軍 군영에 머물게 하였다. 침상과 이부자리를 내주었고 太官이 아침저녁으로 식사를 올렸다.

原文

司徒侯霸與光素舊, 遣使奉書. 使人因謂光曰, “公聞先生至, 區區欲卽詣造. 迫於典司, 是以不獲. 願因日暮, 自屈語言.” 光不答, 乃投札與之, 口授曰, “君房足下, 位至鼎足, 甚善. 懷仁輔義天下悅, 阿諛順旨要領絶.” 霸得書, 封奏之.

帝笑曰, “狂奴故態也.” 車駕卽日幸其館. 光臥不起, 帝卽其臥所, 撫光腹曰, “咄咄子陵, 不可相助爲理邪?” 光又眠不應, 良久, 乃張目熟視, 曰, “昔唐堯著德, 巢父洗耳. 士故有志, 何至相迫乎!” 帝曰, “子陵, 我竟不能下汝邪?” 於是升輿嘆息而去.

| **註釋** | ○阿諛順旨要領絶 – 要領은 허리(腰)와 머리, 목(두뇌, 목숨), 絶이 단절되다. 죽다. ○咄咄子陵 – 咄咄은 혀를 차는 소리. 咄은 꾸짖을 돌.

[國譯]

司徒인 侯霸(후패)도 嚴光(엄광)과 오래 전부터 아는 사이라서 인편에 서신을 보냈다. 사자가 엄광에게 말했다.

"공께서는 先生이 오신 것을 알고 진정으로 만나고자 했었습니다. 그러나 업무가 바빠 찾아뵙지 못했습니다. 지금 날이 저물 때이니 그냥 말씀만 해 주십시오."

엄광은 답신을 쓰지 않고 간찰을 돌려주면서 말했다.

"君房(侯霸의 字) 足下, 당신은 삼공의 지위에 올랐으니 매우 잘한 것이요. 懷仁하고 輔義하면 백성이 기뻐할 것이나 (폐하께) 아첨하고 뜻만 받든다면 머리통이 날아갈 것이요."

후패는 글을 써서 봉하여 보고하였다. 광무제가 보고 웃으면서 말했다.

"이 미친놈이 옛날에 하던 버릇이다."

그리고서는 광무제는 그날 수레를 타고 그 숙소에 행차하였다. 엄광은 누워서 일어나지도 않았는데, 광무제가 침상에 가서 엄광의 배를 두드리며 말했다.

"咄咄! 子陵아, 나를 좀 도와주지 않을 거냐?"

엄광은 자는 척하며 대꾸하지 않았다. 한참 뒤에 눈을 떠 빤히 쳐다본 다음에 말했다.

"옛날에 唐堯의 덕이 훌륭했지만 巢父(소보)는 귀를 씻었습니다. 士에게는 나름대로 뜻이 있는데, 어찌 이리 재촉하십니까!"

이에 광무제가 말했다.

"子陵아, 나는 너를 끝까지 아래에 둘 수 없는가?"

그리고서는 수레에 올라 탄식하며 돌아갔다.

原文

復引<u>光</u>入, 論道舊故, 相對累日. 帝從容問<u>光</u>曰, "朕何如昔時?"

對曰, "陛下差增於往." 因共偃臥, 光以足加帝腹上. 明日, 太史奏客星犯御坐甚急.

帝笑曰, "朕故人嚴子陵共臥耳."

除爲諫議大夫, 不屈, 乃耕於富春山, 後人名其釣處爲嚴陵瀨焉. 建武十七年, 復特徵, 不至. 年八十, 終於家. 帝傷惜之, 詔下郡縣賜錢百萬,穀千斛.

| **註釋** | ○耕於富春山 - 會稽郡(吳郡) 富春縣의 산. ○帝傷惜之 - 광무제는 中元 2년(서기 57)에 62세로 죽었으니, 엄광이 80세에 죽을 때 황제는 다음의 明帝이다.

[國譯]

다시 엄광을 입궁시켜 옛날이야기를 하면서 며칠을 지냈다. 광무제가 조용히 엄광에게 물었다. "짐은 옛날에 비해 어떠한가?"

엄광이 말했다. "폐하께서는 옛날보다 많이 좋아졌습니다."

그러면서 같이 잠이 들었는데, 엄광이 다리를 광무제의 배에 얹기도 했다. 다음 날 太史令이 客星이 어좌에 매우 가까이 접근했었다고 보고하였다.

광무제가 웃으면서 말했다.

"짐의 옛 친구 嚴子陵과 함께 잤노라."

엄광에게 諫議大夫를 제수하였지만 엄광은 뜻을 굽히지 않았고 내내 富春山에서 농사를 지었다. 뒷날 사람들은 엄광이 낚시하던 곳을 嚴陵 여울(瀨)라고 불렀다.

建武 17년(서기 41)에, 다시 특별히 불렀지만 오지 않았다. 나이

80에 집에서 죽었다. 황제(明帝)는 슬퍼하며 금전 백만과 곡식 1천 斛을 하사케 하였다.

❼ 井丹

原文

井丹字大春, 扶風郿人也. 少受業太學, 通《五經》, 善談論, 故京師爲之語曰, '五經紛綸井大春.' 性淸高, 未嘗脩刺候人.

建武末, 沛王輔等五王居北宮, 皆好賓客, 更遣請丹, 不能致. 信陽侯陰就, 光烈皇后弟也, 以外戚貴盛, 乃詭說五王, 求錢千萬, 約能致丹, 而別使人要劫之. 丹不得已, 旣至, 就故爲設麥飯蔥葉之食. 丹推去之, 曰, "以君侯能供甘旨, 故來相過, 何其薄乎?" 更置盛饌, 乃食. 及就起, 左右進輦. 丹笑曰, "吾聞桀駕人車, 豈此邪?" 坐中皆失色. 就不得已而令去輦. 自是隱閉, 不關人事, 以壽終.

| 註釋 | ㅇ扶風郿人 – 右扶風 郿縣(미현). 郿는 땅이름 미. 今 陝西省 서남부 寶雞市 관할 眉縣. ㅇ五經紛綸井大春 – 紛綸(분륜)은 浩博하다. 넓게 두루 박통하다. ㅇ未嘗脩刺候人 – 脩刺(수자)는 명함을 준비하다. 候는 問候. 찾아뵙다. 출세를 위해 다른 사람을 찾아다닌다는 뜻. ㅇ陰就(음취) – 인명. 광무제의 처남, 明帝의 외숙. ㅇ光烈皇后 – 광무제의 2번째 황후 陰麗華(음려화, 서기 5-64년). 美豔非常, 光武帝는 일찍이 "벼슬을 한다면 執

金吾(집금오)를, 아내를 맞이한다면 陰麗華를 얻어야 한다.(仕宦當作執金吾, 娶妻當得陰麗華.)"라고 말했다. 明帝 劉莊의 생모.

[國譯]

井丹(정단)의 字는 大春(대춘)으로, 右扶風 郿縣(미현) 사람이다. 젊어 太學에서 수업하였고《五經》에 통달했으며, 談論을 잘했기에 京師에서는 이를 두고 "五經에 해박한 井大春'이라고 말했다. 청렴 고상한 성격에 명함을 들고 다른 사람을 찾아다니지 않았다.

建武 말기에, 沛王 劉輔(유보) 등 五王이 北宮에 거처하면서 모두 빈객을 좋아하여 사람을 연속 보내 정단을 초청하였지만 불러올 수 없었다. 信陽侯인 陰就(음취)는 光烈 陰皇后의 동생으로 아주 고귀한 외척인데 다섯 왕들에게 1천만 전이면 정단을 오게 할 수 있다고 거짓으로 약속하면서 한편으로는 사람을 보내 정단을 협박하였다. 정단은 부득이 하게 낙양에 왔는데, 음취는 일부러 보리밥과 파무침만을 식사로 차려주었다. 정단이 식사를 밀쳐내며 말했다.

"君侯께서 좋은 음식을 대접할 것 같아서 일부러 들렀는데, 어찌 이리 박대합니까?"

다시 잘 차린 음식을 내오자, 정단은 식사를 하였다. 음취가 외출하려 하자, 측근이 사람이 끄는 輦(연)을 준비하였다. 그러자 정단이 웃으며 말했다.

"내가 알기로, 桀(걸)은 사람이 끄는 수레를 타고 다녔다는데 바로 이런 것이 아니겠는가?"

주변 사람들이 모두 하얗게 질렸다. 음취는 부득이 손으로 끄는 수레를 치우게 했다. 이후는 정단은 은거했고 세상일에 관여하지 않았으며 천수를 누렸다.

❽ 梁鴻

原文

梁鴻字伯鸞, 扶風平陵人也. 父讓, 王莽時爲城門校尉, 封脩遠伯, 使奉少昊後, 寓於北地而卒. 鴻時尙幼, 以遭亂世, 因卷席而葬.

後受業太學, 家貧而尙節介, 博覽無不通, 而不爲章句. 學畢, 乃牧豕於上林苑中. 曾誤遺火, 延及它舍. 鴻乃尋訪燒者, 問所去失, 悉以豕償之. 其主猶以爲少. 鴻曰, "無它財, 願以身居作." 主人許之. 因爲執勤, 不懈朝夕. 鄰家耆老見鴻非恒人, 乃共責讓主人, 而稱鴻長者. 於是始敬異焉, 悉還其豕. 鴻不受而去, 歸鄕里.

| 註釋 | ㅇ扶風平陵 - 右扶風 平陵縣, 昭帝 劉弗陵(유불능, 武帝의 아들)의 능 이름, 겸 縣名. 今 陝西省 咸陽市.

[國譯]

梁鴻(양홍)의 字는 伯鸞(백란)으로, 右扶風 平陵縣 사람이다. 부친 梁讓(양양)은 王莽 때 城門校尉로 脩遠伯(수원백)에 봉해져 少昊 金天氏의 후손을 돌보게 되었는데, 北地郡에서 죽었다. 그때 양홍은 아직도 어렸고 난세였기에 거적자리를 덮어 장례를 치렀다.

뒷날 太學에서 공부하였는데 가난하였지만 지조가 있었고 많은 책을 읽어 모르는 것이 없었으며, 경전 뜻풀이나 하는 章句를 좋아하지 않았다.

학업을 끝내고 上林宛 안에서 돼지를 키웠는데 실수로 불을 내어 다른 집도 불에 탔다. 양홍은 불탄 집을 찾아가 손실을 묻고 돼지로 변상해주었다. 그 주인은 배상이 부족하다고 말했다. 양홍은 "다른 재산이 없으니 일을 해서 갚겠다."고 말했다. 주인이 허락했다.

양홍은 그 집 일을 하면서 아침부터 저녁까지 게으름을 피우지 않았다. 이웃의 노인들은 양홍이 보통 사람과는 다르다는 것을 알고 여럿이 집 주인을 책망하며 양홍을 長者라고 칭송했다. 주인도 양홍을 특별히 공경하며 돼지를 돌려주었지만 양홍은 받지 않고 향리로 돌아왔다.

原文

勢家慕其高節, 多欲女之, 鴻並絶不娶. 同縣孟氏有女, 狀肥醜而黑, 力擧石臼, 擇對不嫁, 至年三十. 父母問其故. 女曰, "欲得賢如梁伯鸞者." 鴻聞而娉之. 女求作布衣,麻屨, 織作筐緝績之具. 及嫁, 始以裝飾入門. 七日而鴻不答.

妻乃跪床下請曰, "竊聞夫子高義, 簡斥數婦, 妾亦偃蹇數夫矣. 今而見擇, 敢不請罪."

鴻曰, "吾欲裘褐之人, 可與俱隱深山者爾. 今乃衣綺縞, 傅粉墨, 豈鴻所願哉?" 妻曰, "以觀夫子之志耳. 妾自有隱居之服." 乃更爲椎髻, 着布衣, 操作而前. 鴻大喜曰, "此眞梁鴻妻也. 能奉我矣!" 字之曰德曜, 名孟光.

| **註釋** | ○麻屨 – 麻는 삼 마. 屨는 신 구. ○妾亦偃蹇數夫矣 – 偃蹇(언

건)은 교만한 모양, 거드름을 피우는 모양. 偃은 누울 언, 교만할 언. 蹇은 절 건. 멈추다.

[國譯]

勢家에서는 양홍의 고상한 정절을 흠모하여 많은 사람이 딸을 주려하였지만 양홍은 모두 거절하며 장가들지 않았다. 同縣의 孟氏네 딸은 뚱뚱하고 못 생겼으며 얼굴도 검었으나 힘은 돌절구를 들을 정도였는데, 여러 사람을 고르면서 시집가지 않아 나이가 30에 가까웠다. 부모가 까닭을 묻자, 딸은 "梁伯鸞(양백란)처럼 현명한 사람을 고르고 있습니다."라고 말했다. 양홍은 그 말을 듣고 아내로 삼았다. 여인은 布衣와 삼으로 짠 신발, 길쌈을 할 수 있는 여러 광주리나 베틀 같은 것을 요구하였다. 시집오는 날, 처음으로 얼굴에 분을 바르고 신방에 들어왔다. 그러나 양홍은 7일 동안 상대하지 않았다. 아내는 침상 아래 꿇어앉아 말했다.

"당신의 높은 의기로 여러 여자를 싫다 했고, 저도 오기로 여러 사람을 거절하였습니다. 지금 저를 간택하셨지만 제가 무엇을 잘못 했는지 모르겠습니다."

이에 양홍이 말했다. "나는 거친 옷을 입고 함께 깊은 산속에 은거할 사람을 구했습니다만, 지금 좋은 옷을 입고 분을 바르는 것이 어찌 나의 바램이겠습니까?"

그러자 아내가 말했다. "당신의 뜻을 알겠습니다. 저도 은거할 수 있는 의복이 있습니다."

처는 다시 머리를 묶고 무명옷을 입고서는 함께 일했다. 양홍은 크게 기뻐하며 말했다.

"이제 진짜로 양홍의 아내요. 이제 내 뜻을 받들 수 있을 것이

요." 그리고서는 아내의 字를 德曜(덕요)라 했고, 孟光(맹광)이라 이름 지었다.

原文

居有頃, 妻曰, "常聞夫子欲隱居避患, 今何爲默默? 無乃欲低頭就之乎?" 鴻曰, "諾." 乃共入霸陵山中, 以耕織爲業, 詠《詩》,《書》, 彈琴以自娛. 仰慕前世高士, 而爲四皓以來二十四人作頌. 因東出關, 過京師, 作〈五噫之歌〉曰,

「陟彼北芒兮, 噫! 顧覽帝京兮, 噫! 宮室崔嵬兮, 噫! 人之劬勞兮, 噫! 遼遼未央兮, 噫!」

肅宗聞而非之, 求鴻不得. 乃易姓運期, 名耀, 字侯光, 與妻子居齊魯之間.

| **註釋** | ㅇ霸陵(패릉) – 文帝의 능. 霸水 근처 산을 이용하여 능원을 조성했고 薄葬(박장)했다. 패릉은 당시 장안성 未央宮에서 동남으로 57km에 위치. 今 西安市 동쪽 白鹿原 부근. 宣帝의 능인 杜陵(두릉)과 함께 渭水 남쪽에 위치. 漢代의 다른 능은 위수 북쪽에 있다. ㅇ五噫之歌 – 噫는 탄식할 희.

[國譯]

얼마 후 아내가 말했다.

"당신께서 은거하여 환란을 피하겠다는 말을 자주 했는데, 왜 지금껏 말이 없으십니까? 닥쳐올 재난에 고개를 숙이고 감당하실 생각은 아니시겠지요?"

양홍은 "옳은 말입니다." 그리고서는 함께 霸陵(패릉)의 산속으로 들어가 농사와 길쌈을 하며,《詩》와《書》를 외우고 彈琴하며 즐겼다. 양홍은 前世의 高士를 흠모하여 (商山) 四皓(사호) 이래로 24인의 頌을 지었다. 그리고 함곡관 동쪽으로 나와 경사를 지나가면서 〈五噫之歌〉를 지었다.

「저 북망산에 올랐네, 슬퍼지네!

帝京을 내려다보았네, 슬픔뿐이네!

궁궐은 높고 壯麗하네, 애달프도다!

백성들이 고생했다네. 가슴만 아프네!

멀리 뻗어 끝이 없다네, 슬픔이 복받치네!」

肅宗(章帝)가 듣고서 좋지 않게 생각했지만 양홍을 잡을 수 없었고 양홍은 姓을 運期로, 이름을 耀(요), 字를 侯光이라 바꾸고 처자와 함께 齊와 魯 일대에서 살았다.

原文

有頃, 又去適吳. 將行, 作詩曰,

「逝舊幫兮遐征, 將遙集兮東南. 心惙怛兮傷悴, 志菲菲兮升降. 欲乘策兮縱邁, 疾吾俗兮作讒. 競擧枉兮措直, 咸先佞兮唌唌. 固靡慚兮獨建, 冀異州兮尙賢. 聊逍遙兮遨嬉, 纘仲尼兮周流. 倘云睹兮我悅, 遂舍車兮卽浮. 過季札兮延陵, 求魯連兮海隅. 雖不察兮光貌, 幸神靈兮與休. 惟季春兮華阜, 麥含含兮方秀. 哀茂時兮逾邁, 愍芳香兮日臭. 悼吾心兮不獲, 長委結兮焉究! 口囂囂兮余訕, 嗟恇恇兮誰留?」

| 註釋 | ○逝舊蟄兮遐征 – 逝는 갈 서. 지나다. 遐征(하정)은 멀리가다. ○心惙怛兮傷悴 – 惙怛(철달)은 서글프다. 惙은 근심할 철. 怛은 슬플 달. 傷悴(상췌)는 마음이 아프다. ○志菲菲兮升降 – 菲菲(비비)는 뒤섞인 모양. 들쑥날쑥하다. 高下가 정해지지 않은 모양. ○欲乘策兮縱邁 – 縱邁(종매)는 멀리가다. 邁는 갈 매. ○競擧枉兮措直 –「孔子對曰, "擧直錯諸枉, 則民服, 擧枉錯諸直, 則民不服."」《論語 爲政》. ○咸先佞兮唌唌 – 咸先 佞은 아첨할 영. 唌은 참소할 단. ○聊逍遙兮遨嬉 – 聊는 애오라지 요. 마음에 차지 않지만 그래도. 편안할 료. 遨嬉는 즐겁게 놀다. 遨는 놀 오. 嬉는 즐길 희. ○倘云睹兮我悅 – 倘은 혹시 당. ○過季札兮延陵 – 季札(계찰)은 延陵季子. ○求魯連兮海隅 – 魯連은 魯仲連. 전국시대 말기 齊國人, 遊說名士. 海隅는 바다 먼 곳. ○惟季春兮華阜 – 季春은 늦봄. 華阜는 꽃 핀 언덕. ○麥含含兮方秀 – 含含(함함)은 보리 이삭이 잘 팬 모양. ○哀茂時兮逾邁 – 茂時(무시)는 태평한 세월. 逾邁는 멀어지다. ○愍芳香兮日臭 – 日臭는 날마다 향기가 없어지다. 臭는 나쁜 냄새. 향기가 사라지다. ○口囂囂兮余訕 – 囂囂는 떠드는 모양. 시끄러울 효. 余는 나(我) 여. 訕은 헐뜯을 산. 비방하다. ○嗟恇恇兮誰留 – 嗟는 탄식할 차. 恇은 겁낼 광.

[國譯]

얼마 후 吳에 도착했다. 가면서 시를 지었다.

「吳의 옛 땅을 지나, 먼 동남쪽에 살 곳을 찾아가네.
마음은 서글프고 비통하며 뜻은 들쑥날쑥 뒤바뀐다.
말을 달려 멀리 떠나면서 참언을 짓는 세속이 한스럽다.
소인을 뽑아 正人을 밀어내고 다퉈 아첨하며 참소하도다.
부끄럽지 않게 우뚝 서서 尙賢하는 어딘가를 바란다.
다만 소요하며 즐거이 놀고 孔子를 따라 사방을 떠돈다.
만약 내가 즐길 곳이 있다면 수레를 버리고 배를 타리라.

延陵에서 季札(계찰)을 찾아보고 바닷가서 魯仲連을 만난다.
그들의 광채는 없지만 그 신령은 나와 함께 빛나리라.
늦은 봄 꽃 핀 언덕에 통통한 보리 이삭이 막 패었다.
멀어진 태평성대를 슬퍼하고 시드는 芳香이 안타깝다.
이룰 수 없는 心願이여, 오랫동안 맺혀 어찌 하겠나!
나를 크게 비방하니 겁에 질린 탄식을 누가 그치게 하랴?」

原文

遂至吳, 依大家皐伯通, 居廡下, 爲人賃舂. 每歸, 妻爲具食, 不敢於鴻前仰視, 擧案齊眉. 伯通察而異之, 曰, "彼傭能使其妻敬之如此, 非凡人也." 乃方舍之於家. 鴻潛閉著書十餘篇. 疾且困, 告主人曰, "昔延陵季子葬子於嬴博之間, 不歸鄕里, 愼勿令我子持喪歸去."

及卒, 伯通等爲求葬地於吳要離冢傍. 咸曰, "要離烈士, 而伯鸞淸高, 可令相近." 葬畢, 妻子歸扶風.

初, 鴻友人京兆高恢, 少好《老子》, 隱於華陰山中. 及鴻東遊思恢, 作詩曰,

「鳥嚶嚶兮友之期, 念高子兮仆懷思, 相念恢兮爰集玆.」

二人遂不復相見. 恢亦高抗, 終身不仕.

| **註釋** | ㅇ擧案齊眉 – 밥상은 눈높이까지 올리다. 남편에 대한 존경과 공손의 표시. ㅇ吳 要離(요리) – 吳國의 壯士, 吳王의 아들 慶忌(경기)를 죽였다.

[國譯]

吳에 도착한 梁鴻(양홍)은 大家인 皐伯通(고백통)의 행랑채에 살면서 품팔이를 하였다. 양홍이 돌아와야 아내는 함께 저녁 식사를 하면서 양홍을 바로 쳐다보지 않았으며 밥상을 눈썹까지 올려 공경하였다. 고백통이 이를 보고서는 특별하다 생각하며 말했다.

"저 傭人(용인)은 그 아내가 저렇듯 공경하니 평범한 사람이 아니다." 그리고서는 본채에 방을 주어 거처하게 하였다. 양홍은 그러면서 남모르게 저서 10여 편을 마쳤다. 양홍이 병이나 위독하자, 주인에게 말했다.

"옛날 延陵季子는 아들을 嬴(영)과 博(박) 근처에 묻고 고향에 운구하지 않았으니, 내 자식이 내 시신을 고향까지 가져가지 않도록 도와주십시오."

양홍이 죽자, 고백통은 吳 要離(요리)의 무덤 곁에 葬地를 구해주었다. 이에 여러 사람이 말했다.

"要離(요리)는 烈士이고, 伯鸞(백란)은 清廉 高士이니 서로 비슷하다."

장례가 끝나자, 아내와 자식은 고향 右扶風으로 돌아갔다. 그전에 양홍의 友人인 京兆人 高恢(고회)는 젊어 《老子》를 좋아하였고, 華陰縣의 산중에 살았다. 양홍이 동쪽으로 여행하면서 고회를 그리며 시를 지었다.

「지저귀는 새들도 벗과 만나거늘

高恢(고회)를 생각하며 나는 그리워하니

고회를 그리다가 여기서 만나길 기다리네.」

두 사람은 끝내 서로 만나지 못했다. 고회도 지조를 지켜 종신토록 출사하지 않았다.

❾ 高鳳

原文

高鳳字文通, 南陽葉人也. 少爲書生, 家以農畝爲業, 而專精誦讀, 晝夜不息. 妻嘗之田, 曝麥於庭, 令鳳護雞. 時天暴雨, 而鳳持竿誦經, 不覺潦水流麥. 妻還怪問, 鳳方悟之. 其後遂爲名儒, 乃教授於西唐山中.

鄰里有爭財者, 持兵而鬪, 鳳往解之, 不已, 乃脫巾叩頭, 固請曰, "仁義遜讓, 奈何棄之!" 於是爭者懷感, 投兵謝罪.

鳳年老, 執志不倦, 名聲著聞. 太守連召請, 恐不得免, 自言本巫家, 不應爲吏, 又詐與寡嫂訟田, 遂不仕. 建初中, 將作大匠任隗擧鳳直言, 到公車, 託病逃歸. 推其財産, 悉與孤兄子. 隱身漁釣, 終於家.

| **註釋** | ㅇ南陽郡 葉縣 - 今 河南省 중부 平頂山市 관할 葉縣. ㅇ西唐山 - 今 河南省 南陽市 관할 新野縣 동쪽의 산 이름.

[國譯]

高鳳(고봉)의 字는 文通(문통)으로, 南陽郡 葉縣(섭현) 사람이다. 젊어 書生이었는데 집은 농사가 본업이었고, 정신을 경전 공부에 전심전력하여 주야로 그치지 않았다. 아내가 밭에 일하러 가면서 마당에 보리를 말리며 고봉에게 닭을 쫓게 하였다. 그때 갑자기 하늘에서 소나기가 내리는데도 고봉은 장대를 들고서 경전을 외우며 보리가 떠나려 가는 것도 몰랐다. 아내가 돌아와 문책하자, 고봉은 그제야

비가 내린 줄을 알았다. 고봉은 그 뒤 名儒가 되었고 西唐山(서당산)에서 경전을 교수하였다.

이웃 마을에 재산을 놓고 싸우는 자가 있어 칼을 들고 싸웠는데, 고봉이 가서 화해시켰지만 싸움이 그치질 않자 고봉이 巾을 벗고 머리를 숙이며 간청하였다.

"仁義와 겸손과 양보를 정말 버릴 것입니까!"

그러자 싸우던 사람이 감동하며 병기를 버리고 사죄하였다.

고봉은 연로하였지만 굳은 의지로 노력을 게을리하지 않았고 명성은 널리 알려졌다. 남양태수가 연이어 초빙하자 고봉은 피할 수 없을 것 같아 자신은 본래 무당이었다며 관리가 되려 하지 않았고, 또 거짓으로 과부와 땅을 놓고 소송을 벌려 결국 출사하지 않았다.

(章帝) 建初 연간에, 將作大匠인 任隗(임외)가 고봉을 直言으로 천거하였기에 公車令 앞에 나갔다가 병을 핑계로 도망쳐 돌아왔다. 그 재산을 죽은 형의 아들에게도 나눠주었다. 은거하며 낚시를 즐겼고 집에서 죽었다.

原文

論曰, 先大夫宣侯, 嘗以講道餘隙, 寓乎逸士之篇. 至〈高文通傳〉, 輟而有感, 以爲隱者也, 因著其行事而論之曰,

「古者隱逸, 其風尙矣. 潁陽洗耳, 恥聞禪讓, 孤竹長飢, 羞食周粟. 或高棲以違行, 或疾物以矯情, 雖軌跡異區, 其去就一也. 若伊人者, 志陵靑雲之上, 身晦泥汚之下, 心名且猶不顯, 況怨累之爲哉! 與夫委體淵沙, 鳴弦揆日者, 不

其遠乎!」

| **註釋** | ㅇ先大夫宣侯 – 范曄의 부친. 南朝 宋의 范泰(범태). 宣侯는 謚號. 범엽은 부친의 이름을 피휘하여 泰를 太로 고쳐 기록했으니, 泰山을 太山으로 표기한 것이 그 예이다. ㅇ其風尙矣 – 그 풍조가 매우 오래 되었다. 尙은 오래되다. ㅇ夫委體淵沙 – 楚의 굴원은 돌을 안고 스스로 물에 빠졌다. ㅇ鳴弦揆日者 – 嵇康(혜강)을 말함. 혜강은 처형되기 전 자신의 그림자를 벗 삼아 彈琴하였다.

【國譯】

范曄(범엽)의 史論 : (나의) 先大夫인 宣侯(선후, 范泰)께서 일찍이 講道하는 여가에 逸士의 전기를 지으셨다. 〈高文通傳(高鳳)〉에서 잠간 짓기를 멈추시고 느낀 바가 있어 은자들의 행적을 논하였다.

「옛날 隱逸의 풍조는 매우 오래라 할 수 있다. 潁陽(영양)의 巢父(소보)와 許由(허유)는 禪讓을 받으라는 말을 듣고 귀를 씻었으며, 孤竹君의 伯夷와 叔齊는 오래 굶주렸지만 周의 녹봉을 받는 것을 수치로 여겼었다. 어떤 은자는 고결한 뜻이었지만 행실이 어긋났고, 어떤 은자는 외물을 증오하면서 人情에 어긋나기도 하였으니, 은자의 그 행적은 제각각이었지만 거취는 거의 동일하였다. 고봉과 같은 은자의 고결한 뜻은 청운보다도 더 높았으며, 몸은 침침한 진흙 속에 묻혔고 그 의지와 명성을 다른 사람이 알아주지 않더라도 무슨 원망이 마음에 있었겠는가! 몸이 강가 모래밭에 머물고, 또 사형당하기 직전 자기 그림자를 바라보며 琴을 연주한 사람과 결코 멀리 있지는 않았다.」

⑩ 臺佟

原文

臺佟字孝威, 魏郡鄴人也. 隱於武安山, 鑿穴爲居, 採藥自業. 建初中, 州辟, 不就. 刺史行部, 乃使從事致謁. 佟載病往謝. 刺史乃執贄見佟曰, "孝威居身如是, 甚苦, 如何?" 佟曰, "佟幸得保終性命, 存神養和. 如明使君奉宣詔書, 夕惕庶事, 反不苦邪?" 遂去, 隱逸, 終不見.

| 註釋 | ㅇ魏郡鄴人也 – 魏郡 치소인 鄴縣(업현), 今 河北省 남단 邯鄲市(한단시) 관할 臨漳縣.

[國譯]

臺佟(대동)의 字는 孝威(효위)로, 魏郡 鄴縣 사람이다. (魏郡 武安縣) 武安山에 은거하면서 굴속에 살며 採藥을 業으로 삼았다. (章帝) 建初 연간에, 冀州자사가 초빙하였으나 응하지 않았다. 자사가 관내를 순시하면서 從事을 보내 대동을 데려오게 했다. 대동은 병중이었으나 와서 사례하였다. 기주자사가 예물을 갖추고 대동을 만나 물었다.

"孝威(臺佟)의 입신 처사가 얼마나 고생이십니까?"

이에 대동이 대답하였다.

"저는 그럭저럭 목숨을 부지하고 정신을 차려 살고 있습니다. 자사께서 조서를 받들고 여러 정무로 아침저녁 노고에 게으름을 피울 수도 없으니 정말 고생하시지 않습니까?"

그리고서는 돌아가 은신하니 끝내 다시 볼 수 없었다.

⑪ 韓康

原文

韓康字伯休, 一名恬休, 京兆霸陵人. 家世著姓. 常採藥名山, 賣於長安市, 口不二價, 三十餘年. 時有女子從康買藥, 康守價不移. 女子怒曰, "公是韓伯休那? 乃不二價乎?"

康嘆曰, "我本欲避名, 今小女子皆知有我, 何用藥爲?" 乃遁入霸陵山中. 博士公車連徵, 不至. 桓帝乃備玄纁之禮, 以安車聘之. 使者奉詔造康, 康不得已, 乃許諾. 辭安車, 自乘柴車, 冒晨先使者發. 至亭, 亭長以韓徵君當過, 方發人牛修道橋. 及見康柴車幅巾, 以爲田叟也, 使奪其牛. 康卽釋駕與之. 有頃, 使者至, 知奪牛翁乃徵君也. 使者欲奏殺亭長. 康曰, "此自老子與之, 亭長何罪!" 乃止. 康因中道逃遁, 以壽終.

| 註釋 | ㅇ不二價 – 정찰가격. 에누리가 없다는 뜻과 함께 좀 어리숙한 사람에게는 더 받고 아는 사람이라고 깎아주지 않는 정직한 가격이라는 뜻.

[國譯]

韓康(한강)의 字는 伯休(백휴)로, 一名 恬休(염휴)이며 京兆 霸陵縣 사람이다. 집안은 대대로 저명한 성씨였다. 늘 名山에서 채약하고 長安의 저자에서 팔면서 정찰가격을 30여 년이나 지켜왔다. 언제가 한 여인이 와서 한강에게 약을 사려는데, 한강은 정찰을 고집하였다. 여인이 화가 나서 말했다.

"노인은 韓伯休가 아닙니까? 아직도 에누리가 없습니까?"

한강이 탄식하며 말했다. "내가 본래 이름을 감추려 했는데 지금 젊은 여인도 나를 알고 있으니 약을 팔아 무엇 하겠는가?"

그리고서는 霸陵(패릉)의 산속으로 숨었다. 조정에서는 博士에 임용하려고 공거령을 보내 연속 불렀으나 응하지 않았다. 桓帝가 검은색과 붉은색 비단을 예물로 갖춰 安車를 보내 초빙하였다 사자가 조서를 받들어 한강이 사는 곳을 찾아오자, 한강은 부득이 허락하였다. 한강은 안거를 사양하고 짐수레를 타고 새벽에 사자보다 앞서 출발하였다. 亭에 왔는데, 亭長은 韓徵君(韓康)이 응당 지나가는 길이라며 사람과 소를 동원하여 다리와 교량을 정비하였다. 정장은 한강의 짐수레와 幅巾(폭건)을 보고 시골 노인이라 생각하여 그 소를 빼앗았다. 한강은 수레를 풀어 소를 내주었다. 얼마 후 사자가 와서는 소를 빼앗긴 노인이 부름을 받은 사람인 줄을 알았다. 사자가 정장을 죽이려 했다. 한강이 말했다.

"이는 내가 준 것인데 정장이 무슨 죄가 있는가!"

그러자 그만두었다. 한강은 중간에 도망쳐 숨었고 천수를 누렸다.

⑫ 矯愼

原文

矯愼字仲彦, 扶風茂陵人也. 少好黃,老, 隱遁山谷, 因穴爲室, 仰慕松,喬導引之術. 與馬融,蘇章鄉里並時, 融以才博顯名, 章以廉直稱, 然皆推先於愼. 汝南吳蒼甚重之, 因

遺書以觀其志曰,

「仲彦足下, 勤處隱約, 雖乘雲行泥, 棲宿不同, 每有西風, 何嘗不嘆! 蓋聞黃,老之言, 乘虛入冥, 藏身遠遁, 亦有理國養人, 施於爲政. 至如登山絶跡, 神不著其證, 人不睹其驗. 吾欲先生從其可者, 於意何如? 昔伊尹不懷道以待堯,舜之君. 方今明明, 四海開闢, 巢,許無爲箕山, 夷,齊悔入首陽. 足下審能騎龍弄鳳, 翔嬉雲間者, 亦非狐兔燕雀所敢謀也.」

愼不答. 年七十餘, 竟不肯娶. 後忽歸家, 自言死日, 及期果卒. 後人有見愼於敦煌者, 故前世異之, 或云神僊焉. 愼同郡馬瑤, 隱於汧山, 以兔罝爲事. 所居俗化, 百姓美之, 號馬牧先生焉.

| **註釋** | ㅇ扶風 茂陵 – 武帝의 능, 縣名. 今 陝西省 咸陽市 관할 興平市. ㅇ松,喬 – 赤松子(적송자)와 王子喬(왕자교). 신선의 이름. ㅇ馬融(마융), 蘇章(소장) – 馬融(마융)은 60권, 〈馬融蔡邕列傳〉에 立傳. 蘇章(소장)은 31권, 〈郭杜孔張廉王蘇羊賈陸列傳〉에 立傳. ㅇ神僊 – 神仙. 僊은 춤출 선, 신선 선. 仙과 同. ㅇ兔罝 – 兔는 토끼 토. 罝는 짐승 그물 저.

[國譯]

矯愼(교신)의 字는 仲彦(중언)으로, 右扶風 茂陵縣 사람이다. 젊어서 黃帝와 老子를 좋아하여 산 계곡에 숨어 굴속에 살면서 赤松子(적송자)와 王子喬(왕자교)의 導引術을 실천하였다. 마을에서 馬融(마융), 蘇章(소장)과 함께 지냈는데, 마융은 博學으로 이름이 났고, 소장은 청렴 강직하여 칭송을 들었는데, 두 사람이 모두 교신을 천거하였다. 汝南郡의 吳蒼(오창)이 교신을 매우 존경하며 서신을 보냈는데, 이를 통해 교신의 지조를 볼 수 있다.

「仲彥(矯愼) 足下, 盡力하여 은거하시고 생활은 근검하시며, 구름 따라 또 흙처럼 사시니 보통 사람과 생활이 다르지만 서쪽에서 바람이 불면 족하 생각에 어찌 탄식하지 않을 수 있겠습니까! 내가 알기로, 黃帝(황제)와 老子(노자)의 말씀은 텅 빈 어둠과 같아 그 안에 몸을 감춰 멀리 숨을 수도 있지만 동시에 治國하고 養民하는 爲政에 적용할 수도 있습니다. 높은 산에 올라 그 자취를 감추고, 神明이 그 존재를 나타내지 않으면, 보통 사람은 그 존재를 알 수가 없습니다. 나는 선생께서 실천할 수 있는 현실을 따라주시길 바라는데, 뜻이 어떠신지요? 옛날 伊尹(이윤)은 그 자신의 道가 없이 堯와 舜과 같은 현군을 기다리지는 않았습니다. 지금 이 밝고 광명한 시대에 四海가 전부 개벽한 시대라서 巢父(소보)와 許由(허유)는 더 이상 箕山(기산)에 살지 않고, 백이와 숙제도 후회 속에 首陽山에 가지 않습니다. 足下께서는 용에 올라타고 봉황을 몰고 갈 수 있으며, 청운을 타고 기꺼이 노닐 수 있는 분이지 여우나 토끼, 또는 작은 참새의 뜻을 가진 분이 결코 아닐 것입니다.」

교신은 답장을 보내지 않았다. 나이 70여 세에도 끝내 아내를 맞이하지 않았다. 뒤에 갑자기 집에 돌아오면서 자신이 죽을 날을 말했는데 그날에 그대로 죽었다. 후대 사람이 교신을 敦煌郡(돈황군)에서 만났다는 사람이 있었고, 前代 사람들이 모두 이상하게 생각하였고, 혹은 神僊(神仙)이라고 말했다.

교신과 같은 郡 사람인 馬瑤(마요)는 汧山(견산)에 은거하면서 토끼를 잡아먹고 살았다. 그가 사는 곳의 풍속을 교화하여 백성들이 칭송하면서 馬牧先生(마목선생)이라고 불렀다.

⑬ 戴良

原文

戴良字叔鸞, 汝南愼陽人也. 曾祖父遵, 字子高, 平帝時, 爲侍御史. 王莽簒位, 稱病歸鄕里. 家富, 好給施, 尙俠氣, 食客常三四百人. 時人爲之語曰, '關東大豪戴子高'.

良少誕節, 母憙驢鳴, 良常學之, 以娛樂焉. 及母卒, 兄伯鸞居廬啜粥, 非禮不行, 良獨食肉飮酒, 哀至乃哭, 而二人俱有毁容. 或問良曰, "子之居喪, 禮乎?"

良曰, "然. 禮所以制情佚也. 情苟不佚, 何禮之論! 夫食旨不甘, 故致毁容之實. 若味不存口, 食之可也."

論者不能奪之.

| 註釋 | ○居廬啜粥 – 廬는 묘소의 草廬(초려). 啜은 마실 철. 粥은 죽 죽.

[國譯]

戴良(대량)의 字는 叔鸞(숙란)으로, 汝南郡 愼陽縣 사람이다. 曾祖父인 戴遵(대준)의 字는 子高인데, 平帝 때 侍御史를 역임했다. 왕망이 漢을 찬위하자, 稱病하고 향리로 귀향하였다. 집안이 부유하여 베풀기를 좋아했고 협객 기질을 숭상하여 식객이 늘 3, 4백 명이나 되었다. 그래서 사람들이 '關東의 大豪인 戴子高' 라고 말했다.

대량은 어려서부터 그 행실에 구속을 싫어했지만, 모친이 나귀 울음소리를 좋아하자 대량을 흉내 내기를 배워 모친을 즐겁게 하였다. 모친이 죽자, 형인 伯鸞(백란)은 여막에 기거하며 죽을 먹으면서

禮가 아니면 행하지 않았지만, 대량은 혼자 고기와 술을 먹었으며, 큰 슬픔에 통곡하여 형제 두 사람이 몸이 많이 쇠약하였다.

어떤 사람이 대량에게 "당신의 服喪이 禮에 합당합니까?" 라고 물었다. 그러자 대량은 "그렇습니다. 禮는 감정의 放逸(방일)을 제약하고 있습니다. 그러나 감정이 어긋나거나 지나치지 않는데, 무슨 제약을 받아야 합니까! 고기를 먹어도 맛있다 생각하지 않으면 몸이 쇠약해질 것입니다. 만약 맛을 느끼지 못한다면 상중에 고기를 먹어도 될 것입니다."

논자들은 그를 이길 수가 없었다.

原文

良才旣高達, 而論議尙奇, 多駭流俗. 同郡謝季孝問曰, "子自視天下孰可爲比?" 良曰, "我若仲尼長東魯, 大禹出西羌, 獨步天下, 誰與爲偶!"

擧孝廉, 不就. 再辟司空府, 彌年不到, 州郡迫之, 乃遁辭詣府, 悉將妻子, 旣行在道, 因逃入江夏山中. 優遊不仕, 以壽終.

初, 良五女並賢, 每有求姻, 輒便許嫁, 疏裳布被,竹笥木屐以遣之. 五女能遵其訓, 皆有隱者之風焉.

| **註釋** | ㅇ我若仲尼長東魯~ - 공자는 魯의 통치자였고, 禹가 西羌族 사이에서 출생했더라면(이는 가정임) 천하제일이었을 것이나 그렇지 않았다. 대량 자신은 그런 공자나 大禹와 같다는 뜻. ㅇ江夏 - 江夏郡 治所는

西陵縣. 今 湖北省 동부 武漢市 新洲區.

[國譯]

戴良(대량)의 재능은 뛰어났고 식견과 의론은 늘 기이하여 세상 사람들을 많이 놀라게 했다. 同郡의 謝季孝(사계효)가 물었다. "당신은 천하의 누구와 비슷하다고 생각합니까?" 이에 대량이 말했다. "孔子가 魯를 다스렸거나, 大禹가 西羌(서강)에서 태어났더라면 나처럼 천하의 獨步的 존재였을 것이니, 누가 나와 짝이 되겠습니까?"

대량은 효렴으로 천거되었지만 응하지 않았다. 두 번이나 司空府의 부름을 받았지만 그 해가 다 가도록 출사하지 않아 州郡에서 재촉하자, 司空府에 가서 사양하는 인사를 하러 갔다. 대량은 처자를 다 거느리고 가다가 도중에 도망쳐 江夏郡의 산속으로 숨었다. 대량은 유유자적하며 출사하지 않았고 천수를 누렸다.

그전에 재량의 딸 다섯은 모두 현명했는데, 청혼이 들어오는 대로 출가를 허용하면서 거친 천으로 만든 의복과 대나무 광주리, 나막신을 혼수로 보냈다. 다섯 딸이 모두 부친의 교훈을 따랐고 은자의 풍모가 있었다.

⑭ 法眞

原文

法眞字高卿, 扶風郿人, 南郡太守雄之子也. 好學而無常家, 博通內外圖典, 爲關西大儒. 弟子自遠方至者, 陳留范冉等數百人. 性恬靜寡慾, 不交人間事. 太守請見之, 眞乃幅巾詣謁.

太守曰, "昔魯哀公雖爲不肖, 而仲尼稱臣. 太守虛薄, 欲以功曹相屈, 光贊本朝, 何如?"

眞曰, "以明府見待有禮, 故敢自同賓末. 若欲吏之, 眞將在北山之北, 南山之南矣."

太守矍然, 不敢復言.

| 註釋 | ○扶風郿人 - 右扶風 郿縣, 郿는 땅이름 미. 今 陝西省 서남부 寶雞市 관할 眉縣. ○法雄(법웅) - 38권, 〈張法滕馮度楊列傳〉에 立傳. ○矍然 - 矍은 놀랄 확. 두려워하다.

【國譯】

法眞(법진)의 字는 高卿(고경)으로, 右扶風 郿縣(미현) 사람으로 南郡太守 法雄의 아들이다. 好學하였지만 一家의 주장만을 따르지 않았고, 내외의 여러 경전에 두루 박통하여 關西의 大儒가 되었다. 제자가 먼 곳에서도 찾아왔으니 陳留郡의 范冉(범염) 등 수백 명이었다. 천성이 淸心하고 욕심이 없었으며 세속 일에 마음 쓰지 않았다. 太守가 법진을 만나자고 청하자, 법진은 수건을 쓰고 들어가 만났다.

太守가 만났다. "옛날 魯 哀公이 비록 不肖(불초)했지만 仲尼(공자)는 稱臣했습니다. 太守가 박식하지는 않지만 功曹로 임명코자 하오니 그 광채로 本朝를 도와주시면 고맙겠습니다."

그러자 법진이 말했다.

"태수께서 예를 갖춰 맞이해 주신다 하여, 제가 감히 손님처럼 행동해서야 되겠습니까? 만약 저를 관리에 임명해 준다면, 저는 北山

너머 그 북쪽이나 남산의 남쪽에 있을 것입니다."

太守는 놀라서 두 번 다시 말하지 못했다.

原文

辟公府, 擧賢良, 皆不就. 同郡田弱薦眞曰,

「處士法眞, 體兼四業, 學窮典奧, 幽居恬泊, 樂以忘憂. 將蹈老氏之高蹤, 不爲玄纁屈也. 臣願聖朝就加袞職, 必能唱〈清廟〉之歌, 致來儀之鳳矣.」

會順帝西巡, 弱又薦之. 帝虛心欲致, 前後四徵. 眞曰, "吾旣不能遁形遠世, 豈飮洗耳之水哉?" 遂深自隱絶, 終不降屈. 友人郭正稱之曰, "法眞名可得聞, 身難得而見, 逃名而名我隨, 避名而名我追, 可謂百世之師者矣!" 乃共刊石頌之, 號曰玄德先生. 年八十九, 中平五年, 以壽終.

| **註釋** | ㅇ四業 - 詩, 書, 禮, 樂. ㅇ不爲玄纁屈也 - 玄纁(현훈)은 재야 은자를 초빙할 때 보내는 예물. 검은 비단과 분홍 비단. 玄은 검은색 비단. 纁은 분홍빛 훈. 붉은 비단. ㅇ袞職 - 三公의 직분 ㅇ〈清廟〉之歌 -《詩經 周頌 清廟》. 文王의 덕을 칭송하는 詩歌.

[國譯]

여러 公府에서 賢良으로 천거하였으나 모두 응하지 않았다. 同郡의 田弱(전약)이 법진을 천거하였다.

「處士인 法眞(법진)은 四業을 모두 닦아 학문과 경학이 심오하며,

起居가 담백하고 自樂하여 근심을 잊고 삽니다. 老子의 고상한 자취를 실천하면서 아직은 초빙에 응하지 않고 있습니다. 臣은 聖朝께서 袞職(곤직, 三公)을 내리신다면 틀림없이 〈淸廟〉之歌를 부르면서 봉황을 타고 올 것입니다.」

그때, 順帝가 西巡하자 전약은 다시 법진을 천거하였다. 순제는 虛心으로 초빙하려고 4번이나 불렀다. 이에 법진이 말했다.

"나는 세상을 피하려 하면서 어찌 다른 사람이 귀를 씻은 물을 내가 마셔야 하겠는가?"

그러면서 더욱 깊이 숨어 자취를 끊었고, 끝내 뜻을 굽히지 않았다. 友人 郭正(곽정)이 법진을 칭송하였다. "法眞의 이름은 들을 수 있지만 그 몸은 볼 수 없습니다, 명성을 피하려 하나 명성이 저절로 따르고, 이름을 피하려 하나 이름이 그냥 따라오니 가히 百世의 스승이라 할 수 있습니다."

그러면서 여러 사람이 함께 비석을 새겨 칭송하였고 玄德先生이라 불렀다. 나이 89세인 (靈帝) 中平 5년(서기 188)에 천수를 누리고 죽었다.

⑮ 漢陰老父

原文

漢陰老父者, 不知何許人也. 桓帝延熹中, 幸竟陵, 過雲夢, 臨沔水, 百姓莫不觀者, 有老父獨耕不輟. 尙書郎南陽張溫異之, 使問曰, "人皆來觀, 老父獨不輟, 何也?" 老父笑而不對. 溫下道百步, 自與言.

老父曰, "我野人耳, 不達斯語. 請問天下亂而立天子邪? 理而立天子邪? 立天子以父天下邪? 役天下以奉天子邪? 昔聖王宰世, 茅茨采椽, 而萬人以寧. 今子之君, 勞人自縱, 逸游無忌. 吾爲子羞之, 子何忍欲人觀之乎!"

溫大慚. 問其姓名, 不告而去.

| **註釋** | ㅇ漢陰 - 漢水의 북쪽이라는 뜻. 今 陝西省 서남부 安康市 관할 漢陰縣이 있다.

【國譯】

漢陰老父(한음노부)는 어떤 사람인 지 알 수 없다. 桓帝 延熹 연간에(서기 158-166)에, 竟陵(경릉)에 행차한 뒤에 雲夢(운몽)에 들렀다가 沔水(면수)를 지나는데 황제의 행차를 구경하지 않는 사람이 없었으나 오직 한음 노부는 혼자 밭일을 쉬지 않았다. 尙書郎인 南陽 사람 張溫(장온)은 특별하다고 생각하여 사람을 보내 물었다.

"모든 백성이 모두 나와 구경하는데 老父 혼자 일을 쉬지 않은 까닭이 무엇입니까?"

그러나 老父는 웃으면서 대꾸하지 않았다. 이에 장온이 길에서 벗어나 1백여 보 걸어가서 노부와 이야기를 했다. 노부가 말했다.

"나는 촌사람이라 이런 말을 잘 모릅니다. 묻고 싶은 것은 천하가 혼란하기에 천자를 세운 것입니까? 아니면 이치상 천자를 세워야 했습니까? 옹립된 천자는 천하 백성의 부모입니까? 아니면 천하 백성으로 하여금 천자를 받들게 해야 합니까? 옛날 聖王이 천하를 다스릴 때 띠풀로 지붕을 잇고 나무 기둥을 세우고서도 모두가 평안했습니다. 지금 당신의 주군은 백성을 힘들게 하면서 홀로 즐기며 逸樂과 유람이 끝도 없습니다. 나는 천자의 자식으로서 부끄럽기만 한데, 당신은 어찌 모든 백성이 구경하게 놔둘 수 있습니까?"

장온은 크게 부끄러워했다. 노인의 성명을 물었지만 말하지 않고 떠나버렸다.

⑯ 陳留老父

原文

陳留老父者, 不知何許人也. 桓帝世, 黨錮事起, 守外黃令陳留張升去官歸鄕里, 道逢友人, 共班草而言. 升曰, "吾聞趙殺鳴犢, 仲尼臨河而反, 覆巢竭淵, 龍鳳逝而不至. 今宦豎日亂, 陷害忠良, 賢人君子其去朝乎? 夫德之不建, 人之無援, 將性命之不免, 奈何?" 因相抱而泣.

老父趨而過之, 植其杖, 太息言曰, "吁! 二大夫何泣之悲也? 夫龍不隱鱗, 鳳不藏羽, 網羅高縣, 去將安所? 雖泣何及乎!"

二人慾與之語, 不顧而去, 莫知所終.

| 註釋 | ㅇ陳留老父 – 陳留郡의 老父. ㅇ班草 – 班은 布也. 펴다. 깔다. ㅇ趙殺鳴犢 – 공자가 列國을 주유할 때 衛에서 등용되지 않자, 서쪽으로 가서 晉의 趙簡子(조간자)를 만나려 하였다. 그러나 황하에 이르러 趙에서 竇鳴犢(두명독)이 죽었다는 소식을 듣고 孔子는 수레를 돌렸다.

[國譯]

陳留老父란 어떤 사람인지 알 수 없다. 桓帝 때, 黨錮(당고)가 일어나자 外黃令 대리이던 陳留郡의 張升(장승)은 관직을 버리고 향리로 돌아가다가 길에서 벗을 만나자 함께 풀을 깔고 앉아 이야기했다. 장승이 말했다.

"내가 알기로, 趙에서 竇鳴犢(두명독)을 죽이자, 공자는 河水에서 수레를 돌려 돌아왔고, 둥지가 엎어지고 연못이 고갈되면 龍이나 봉황도 돌아오지 않는다고 하였소. 지금 환관들은 날마다 난리를 치며 忠良를 해치니, 賢人이니 君子가 그 때문에 조정을 떠나지 않겠소? 도덕을 확고히 세우지 않는다면 백성이 협조하지 않을 것이고, 관원들의 생명이 위험에 처할 것이니 어쩌면 좋겠소?"

그러면서 두 사람이 서로 부둥켜안고 울었다. 어떤 노부가 걸어 지나가다가 지팡이를 짚고 서서 큰 한숨을 쉬고 말했다.

"허허! 大夫들은 어찌 이리 슬피 통곡합니까? 龍은 비늘을 감추지 않고, 봉황은 날개를 감추지 않지만 그물을 높게 친다 하여 어디를 못 가겠나? 통곡한다고 무엇이 달라지겠나!"

두 사람이 함께 이야기를 나누고 싶었지만 노인은 되돌아보지 않고 떠나버려 간 곳을 알 수 없었다.

⑰ 龐公

原文

龐公者, 南郡襄陽人也. 居峴山之南, 未嘗入城府. 夫妻相敬如賓. 荊州刺史劉表數延請, 不能屈, 乃就候之. 謂曰,

"夫保全一身, 孰若保全天下乎?"

龐公笑曰, "鴻鵠巢於高林之上, 暮而得所棲, 黿鼉穴於深淵之下, 夕而得所宿. 夫趣舍行止, 亦人之巢穴也. 且各得其棲宿而已, 天下非所保也."

因釋耕於壟上, 而妻子耘於前. 表指而問曰, "先生苦居畎畝而不肯官祿, 後世何以遺子孫乎?"

龐公曰, "世人皆遺之以危, 今獨遺之以安. 雖所遺不同, 未爲無所遺也."

表嘆息而去. 後遂攜其妻子登鹿門山, 因採藥不反.

| 註釋 | ㅇ龐公 – 龐은 클 방. 성씨. ㅇ襄陽(양양) – 荊州의 治所. 南郡의 縣名. 今 湖北省 북부의 襄樊市(양번시). 襄은 옷 벗고 밭을 갈 양, 오를 양, 땅이름 양. ㅇ峴山(현산) – 양양현의 산 이름. ㅇ劉表(유표, 142 – 208) – 字 景升, 前漢 魯 恭王 劉餘의 후손, 劉表의 신장 八尺餘, 온후 장대한 儒者의 풍모였으나 우유부단했다. 荊楚 지역을 차지한 군벌로 荊州刺史이며, 鎭南將軍의 직함을 갖고 있었으며, 黨錮 名士의 한 사람이었다. 74권, 〈袁紹劉表列傳〉 立傳. ㅇ黿鼉(원타) – 큰 자라. 黿은 큰 자라 원. 鼉는 악어 타.

[國譯]

龐公(방공)이란 사람은 南郡 襄陽縣(양양현) 사람이다. 峴山(현산)의 남쪽에 살았는데 성에 출입하지 않았다. 부처가 마치 손님처럼 공경하였다. 형주자사인 劉表(유표)가 여러 번 맞이하려고 불렀지만 뜻을 굽히지 않자 유표가 직접 찾아갔다. 유표가 방공에게 말했다.

"一身을 보전하는 것과, 천하를 보전하는 것에서 무엇이 같겠습니까?"

방공이 웃으면서 말했다.

"큰 기러기는 높은 나무 위에 둥지를 짓고 밤이면 거기서 쉬고, 큰 자라는 깊은 연못에 구덩이를 파고 저녁이면 거기서 잠을 잡니다. 나가거나 물러나고 가고 머무는 것은 사람이 오두막입니다. 각자 거기고 자고 쉽니다. 천하는 소유하거나 차지하는 것이 아닙니다."

그러면서 밭고랑에서 잠시 쉬었고, 처자는 앞에서 김을 매었다. 유표가 방공의 처자식을 가리키며 물었다.

"先生이 밭에서 힘들여 일하면서 관록을 받지 않는다면 후세에 자손에게 무엇을 남겨주겠습니까?"

"세상 사람들은 위험한 재산을 물려주나, 나는 안전한 것을 물려줍니다. 물려주는 것이 같지 않다면 아무 것도 주지 않는 것만 못할 것입니다."

유표는 탄식하고 떠나갔다. 방공은 뒷날 그 처자를 거느리고 鹿門山(녹문산)에 들어가 채약하며 돌아오지 않았다.

原文

贊曰, 江海冥滅, 山林長往. 遠性風疎, 逸情雲上. 道就虛全, 事違塵枉.

| 註釋 | ㅇ事違塵枉 - 違는 멀어지다. 塵枉의 속세의 잘못된 일.

[國譯]

贊曰,

隱者는 江海 넘어 멀리 떠나거나 산림에 눌러 산다.

멀리 숨고 바람 따라 흩어지며 구름에 맡기는 情이로다.
空虛에 머무는 道를 지키나니 속세와 절로 멀어지리라.

84 列女傳
〔열녀전〕

原文

《詩》,《書》之言女德尙矣. 若夫賢妃助國君之政, 哲婦隆家人之道, 高士弘淸淳之風, 貞女亮明白之節, 則其徽美未殊也, 而世典咸漏焉. 故自中興以後, 綜其成事, 述爲〈列女篇〉. 如馬,鄧,梁后, 別見前紀, 梁嫕,李姬, 各附家傳. 若斯之類, 並不兼書. 餘但搜次才行尤高秀者, 不必專在一操而已.

| 註釋 | ㅇ列女篇 – 列은 多數者란 의미. 列은 烈의 假借. 列女는 烈女와 同. 剛貞하면서도 有節한 여인. 〈列女篇〉은 〈列女傳〉. 貞烈婦女의 전기. 《後漢書》에서 최초로 입전. 이후 《晉書》, 《宋書》, 《新唐書》, 《元史》, 《明史》 등에도 〈列女傳〉이 있다. 《後漢書》 이전에 前漢 劉向이 《列女傳》(全 七卷)이 있었다. ㅇ梁嫕(양예) – 和帝의 生母인 梁귀인의 언니인 梁嫕(양예). 章德竇皇后 本紀의 말미에 간략한 기록이 있다. 嫕는 유순할 예. ㅇ李姬(이희) – 李文姬, 漢中郡 南鄭人 李固의 딸. 趙伯英의 妻. 이고가 책

서로 파면되자, 집안이 망할 것을 예감하고, 막냇동생 李燮(이섭)을 피신시켜 가문을 보전했다. 63권, 〈李杜列傳〉의 李固와 아들 李燮의 傳 참고.

[國譯]

《詩經》이나 《書經》 등에서 女德에 대한 언급은 오래되었다. 대체로 賢妃가 國君의 정사를 돕고, 哲婦(철부)가 家人의 道를 융성케 하며, 高士가 清淳의 기풍을 넓히고, 貞女가 지조를 지키는 것은 다 같이 훌륭한 미덕이나 역대의 전적에서는 기록이 하나도 없었다. 그래서 中興 이후로 그간의 행적과 성취를 모아 〈列女篇 / 烈女傳〉을 엮었다. 馬皇后나 鄧皇后, 梁皇后의 기록은 앞서 本紀에 수록했고, 梁嫕(양예, 和帝 생모 양귀인의 언니)나 (李固의 딸. 趙伯英의 妻) 李姬(이희)는 각 개인 열전 뒤에 기록하여 이 〈열녀전〉에 다시 기록하지는 않았다. 나머지 사람은 才能, 行實이 뛰어난 사람을 찾아 기록하였고 지조만을 보아 입전하지는 않았다.

❶ 鮑宣妻 桓氏

原文

勃海鮑宣妻者, 桓氏之女也, 字少君. 宣嘗就少君父學, 父奇其清苦, 故以女妻之, 裝送資賄甚盛. 宣不悅, 謂妻曰, "少君生富驕, 習美飾, 而吾實貧賤, 不敢當禮." 妻曰, "大人以先生修德守約, 故使賤妾侍執巾櫛. 卽奉承君子, 唯命是從." 宣笑曰, "能如是, 是吾志也."

妻乃悉歸侍御服飾, 更着短布裳, 與宣共挽鹿車歸鄕里. 拜姑禮畢, 提甕出汲, 修行婦道, 鄕邦稱之.

宣, 哀帝時官至司隷校尉. 子永, 中興初爲魯郡太守. 永子昱從容問少君曰, "太夫人寧復識挽鹿車時不?" 對曰, "先姑有言, '存不忘亡, 安不忘危.' 吾焉敢忘乎!" 永,昱已見前傳.

| 註釋 | ㅇ以女妻之 – 딸을 鮑宣(포선)의 妻로 주다. 妻는 아내로 만들다. 동사로 쓰였다. ㅇ侍執巾櫛 – 시중들다. 巾櫛은 수건과 빗, 낯을 씻고 머리 빗다. 일상의 소소한 일. 櫛은 빗 즐. 머리를 빗다. ㅇ永,昱已見前傳 – 鮑永(포영)은 왕망의 신하되기를 거부했고 更始帝에게 충성을 다했다. 이어 광무제를 정직한 충성으로 섬겼고, 아들 포욱 역시 그러했다. 29권, 〈申屠剛鮑永郅惲列傳〉에 立傳.

【國譯】

勃海郡(발해군) 鮑宣(포선)의 妻는 桓氏(환씨)의 딸로, 字는 少君(소군)이다. 그전에 포선은 소군의 부친에게 배웠는데, 그 부친이 포선의 청빈을 기특하게 여겨 딸을 주어 아내로 삼게 하였고 혼수품이 매우 많았다. 그러나 포선은 좋아하지 않으면서 처에게 말했다. "少君은 날 때부터 부귀하여 교만하며 치장을 좋아하지만, 나는 매우 가난하니 예물을 받을 수가 없습니다." 그러자 처가 말했다.

"부친께서는 당신이 덕행과 검약을 보시고 제게 당신을 모시게 하였습니다. 당신을 받들면서 명하신 대로 따르겠습니다."

포선이 웃으며 말했다. "그렇게 해 준다면 내가 원하는 바입니다."

아내는 시종과 복식 같은 것을 모두 돌려보내고 짧은 옷을 입고 포선과 함께 작은 수레를 끌고 향리로 돌아왔다. 시어머니에게 예를 갖춘 뒤 물동이를 이고 물을 길으며 婦道를 실천하자 마을 사람들이 칭송하였다.

포선은 哀帝 때 司隸校尉를 역임했다. 아들인 鮑永(포영)은 후한 건국 이후 魯郡 太守가 되었다. 포영의 아들 鮑昱(포욱)이 한가할 때 (祖母인) 少君에게 물었다.

"할머니께서 지금도 손수레를 끌던 때를 생각하십니까?"

그러자 대답했다.

"돌아가신 시어머니께서 '있을 때는 없을 때를 잊지 말고, 편안하면 위기를 잊지 말라.' 고 하셨으니, 내가 어찌 잊을 수 있겠느냐?"

포연과 포욱은 앞서 立傳했다.

❷ 王霸 妻

原文

太原王霸妻者, 不知何氏之女也. 霸少立高節, 光武時連徵, 不仕. 霸已見〈逸人傳〉. 妻亦美志行. 初, 霸與同郡令狐子伯爲友, 後子伯爲楚相, 而其子爲郡功曹. 子伯乃令子奉書於霸, 車馬服從, 雍容如也. 霸子時方耕於野, 聞賓至, 投耒而歸, 見令狐子, 沮怍不能仰視. 霸目之, 有愧容, 客去而久臥不起.

妻怪問其故, 始不肯告, 妻請罪, 而後言曰, "吾與子伯素不相若, 向見其子容服甚光, 擧措有適, 而我兒曹蓬髮歷齒, 未知禮則, 見客而有慚色. 父子恩深, 不覺自失耳."

妻曰, "君少修淸節, 不顧榮祿. 今子伯之貴孰與君之高? 奈何忘宿志而慚兒女子乎!" 霸屈起而笑曰, "有是哉!" 遂共終身隱遁.

| 註釋 | ㅇ雍容如也 – 雍容은 온화한 용모. 如也는 相當하다. ㅇ沮怍 – 沮는 막을 저. 상실하다. 怍은 부끄러워할 작. ㅇ歷齒 – 성긴 이. 치아가 고르지 못하다.

[國譯]

太原郡 王霸(왕패)의 妻는 어떤 사람의 딸인지 알 수 없다. 왕패는 젊어 고상한 뜻을 지녔고, 광무제 때 연이어 부름을 받았지만 출사하지 않았다. 왕패는 〈逸民列傳〉에 입전했다. 왕패의 처 또한 훌륭한 의지에 바른 행실을 지켰다.

그전에 왕패는 同郡의 令狐子伯(영호자백)과 벗이었는데, 영호자백은 나중에 楚國相이었고 그 아들은 郡의 功曹였다. 영호자백이 아들을 시켜 왕패에게 서신을 보냈는데 車馬와 복장과 시종을 거느려 점잖고 여유가 있었다. 그때 왕패의 아들은 들에서 일을 하다가 손님이 왔단 말을 듣자, 일을 멈추고 돌아와서는 영호자백의 아들을 보고 풀이 죽어 똑바로 바라보지도 못했다. 왕패가 그런 모습을 보고서는 참담하여 손님이 떠난 뒤에도 오래 누워 있으면서 일어나질 않았다.

妻가 이상히 여겨 물었어도 처음에는 말을 하지 않더니 아내가 잘못했다고 말하자, 왕패가 말했다.

"나와 영호자백은 평소에도 똑같지는 않았으나, 아까 그 아들은 용모와 복장이 매우 훌륭하고 태도도 당당하였지만 내 자식은 흐트러진 머리에 치아도 듬성하고 예법도 몰라 손님 앞에서 부끄러운 기색이었소. 부자간 은정에 나도 모르게 나를 잠시 잃었소."

그러자 아내가 말했다.

"당신은 젊어서부터 清正의 지조로 영화를 생각하지 않습니다. 지금 친구인 영호자백이 당신보다 더 낫다고 생각하십니까? 왜 오래 지켜온 뜻을 잊고 아이들 때문에 부끄러워하십니까!"

왕패는 벌떡 일어나 웃으면서 말했다. "맞는 말이요!"

그리고는 종신토록 은거하였다.

❸ 姜詩妻 龐氏

原文

廣漢姜詩妻者, 同郡龐盛之女也. 詩事母至孝, 妻奉順尤篤. 母好飮江水, 水去舍六七里, 妻常泝流而汲. 後値風, 不時得還, 母渴, 詩責而遣之. 妻乃寄止鄰舍, 晝夜紡績, 市珍羞, 使鄰母以意自遺其姑. 如是者久之, 姑怪問鄰母, 鄰母具對. 姑感慚呼還, 恩養愈謹. 其子後因遠汲溺死, 妻恐姑哀傷, 不敢言, 而托以行學不在. 姑嗜魚鱠, 又不能獨食, 夫婦常力作供鱠, 呼鄰母共之. 舍側忽有湧泉, 味如江水, 每旦輒出雙鯉魚, 常以供二母之膳. 赤眉散賊經詩里, 弛兵而過, 曰 '驚大孝必觸鬼神.' 時歲荒, 賊乃遺詩米肉, 受而埋之, 比落蒙其安全.

永平三年, 察孝廉, 顯宗詔曰, "大孝入朝, 凡諸擧者一聽平之." 由是皆拜郎中. 詩尋除江陽令, 卒於官. 所居治, 鄕人爲立祀.

| **註釋** | ○廣漢姜詩 - 廣漢郡의 姜詩(강시). 詩가 이름. 姜詩는 元 郭居敬(곽거경)이 撰集한《二十四孝》의 '湧泉躍鯉(용천약리)' 孝行의 주인공이다.《二十四孝》의 孝行과 인물은 아래와 같다. 孝感動天(虞舜), 親嘗湯藥(漢文帝), 齧指痛心(曾參), 單衣順母(閔損, 孔子 제자), 爲親負米(仲由, 孔子弟子. 子路), 鹿乳奉親(郯子), 戱彩娛親(老萊子), 賣身葬父(董永), 爲母埋兒(郭巨), 湧泉躍鯉(姜詩), 拾椹供親(蔡順), 刻木事親(丁蘭), 懷橘遺親(陸績), 行傭供母(江革), 扇枕溫衾(黃香), 聞雷泣墓(王裒), 恣蚊飽血(吳猛), 臥冰求鯉(王祥), 扼虎救親(楊香), 哭竹生筍(孟宗), 嘗糞憂心(庾黔婁), 乳姑不怠(唐夫人), 棄官尋母(朱壽昌), 滌親溺器(黃庭堅). ○泝流而汲 - 泝는 거슬러 올라갈 소. 汲은 물 길을 급. ○(犍爲郡) 江陽 縣令 - 今 四川省 동남부의 瀘州市(노주시).

[國譯]

廣漢郡 姜詩(강시)의 妻는 同郡 龐盛(방성)의 딸이다. 강시는 지극한 효성으로 모친을 봉양하였는데 그 처 역시 더 돈독히 받들었다. 모친이 강에서 길어온 물을 즐겨 마셨는데, 강은 집에서 6, 7리 정도 떨어졌고, 강시의 아내는 매일 강까지 거슬러 올라가서 물을 길어왔다. 뒷날 강시의 아내는 큰 바람을 만났고 제때에 돌아오지 못했는데 모친이 목말라 하자 강시는 아내를 책망하며 내쫓았다. 강시의 처는 이웃집에 머물면서 밤낮으로 길쌈을 하여 좋은 음식을 사다가

이웃집 여인이 주는 것처럼 시어머니에게 올렸다. 오랫동안 이렇게 했는데, 시어머니가 이웃 여인의 호의를 의심하여 물었고 여인이 사실을 이야기하였다. 시어머니는 면목이 없어 며느리를 불러오게 했고 며느리는 더 열심히 봉양하였다. 강시의 아들이 멀리 물을 길러 갔다가 익사하자, 며느리는 시어머니가 상심할 것 같아 공부하러 가서 집에 없다고 말했다.

시어머니는 물고기 회를 좋아하였는데 혼자서는 식사를 할 수 없어 부부가 늘 힘써 회를 준비하여 이웃집 노인을 불러 함께 먹게 하였다. 그러던 중 집 곁에서 샘물이 솟아났는데, 물맛이 강에서 길어오는 물과 같았고, 또 매일 거기에 잉어가 짝으로 나와 이웃 노인과 함께 먹을 수 있었다.

赤眉(적미) 무리 잔당이 병기를 가지고 강시의 마을을 지나면서 '대 효자를 놀라게 하면 귀신이 씌운다.' 고 말했다. 그 해는 큰 흉년이 들었는데, 적미 무리는 강시에게 곡식과 고기를 주고 갔지만, 강시는 그것을 받아 묻어버렸으며, 이웃 마을도 강시 덕분에 안전하였다.

(明帝) 永平 3년(서기 60), 강시가 孝廉(효렴)으로 천거되었는데 명제가 조서를 내렸다.

「大孝가 入朝하니 추천을 받은 모든 자에게 똑같은 혜택을 내리겠다.」

이에 모두가 郎中에 제수되었다. 강시는 뒷날 (犍爲郡) 江陽 縣令이 되었다가 재임 중에 죽었다. 재임지가 잘 다스려 鄕人들이 사당을 세웠다.

❹ 周郁妻 趙氏

原文

沛郡周郁妻者, 同郡趙孝之女也, 字阿. 少習儀訓, 閑於婦道, 而郁驕淫輕躁, 多行無禮. 郁父偉謂阿曰, "新婦賢者女, 當以道匡夫. 郁之不改, 新婦過也."

阿拜而受命, 退謂左右曰, "我無樊,衛二姬之行, 故君以責我. 我言而不用, 君必謂我不奉教令, 則罪在我矣. 若言而見用, 是爲子違父而從婦, 則罪在彼矣. 生如此, 亦何聊哉!" 乃自殺. 莫不傷之.

| **註釋** | ㅇ閑於婦道 – 閑은 익을 한. 익숙하다. 閑習하다(숙달하다). ㅇ樊,衛二姬之行 – 楚 莊王의 樊姬(번희)는 왕이 사냥을 너무 좋아하자, 육식을 안 하면서 왕에게 간언하였다. 齊 桓公이 음악을 좋아하자, 衛姬(위희)는 음률을 듣지 않으며 왕에게 간언을 올렸다.

[國譯]

沛郡 周郁(주욱)의 처는 同郡 趙孝(조효)의 딸인데, 字는 阿(아)였다. 趙阿(조아)는 어려서 예의범절을 배웠기에 婦道 예의에 익숙하였지만 남편 주욱은 교만하고 경박하였으며 무례한 행실이 많았다. 이에 시아버지 周偉(주위)가 조아에게 말했다.

"새 며느리가 賢者의 딸이니 마땅히 남편을 바로잡아주어야 한다. 주욱이 버릇을 고치지 않는다면 며느리의 過誤일 것이다."

조아는 절을 하고 명을 받고 나서 가까운 사람에게 말했다.

"내가 楚 樊姬(번희)나 齊 衛姬(위희)만도 못한데 시아버지께서 나에게 책무를 주셨다. 내가 남편을 타일러 남편이 따라주지 않으면 시아버지는 내가 약속을 지키지 않는다고 책망하실 것이니 허물은 나에게 있다. 내가 말을 하여 남편이 따라 준다면, 이는 자식이 부친의 말을 안 듣고 아내 말은 듣는 것이니 그 죄는 남편에게 있다. 이처럼 살아야 한다면 살아 무엇을 하겠는가!"

그리고서 자살하였다. 이에 마음 아파하지 않는 사람이 없었다.

❺ 曹世叔妻 班昭

原文

扶風曹世叔妻者, 同郡班彪之女也, 名昭, 字惠班, 一名姬. 博學高才. 世叔早卒, 有節行法度. 兄固著《漢書》, 其〈八表〉及〈天文志〉未及竟而卒, 和帝詔昭就東觀臧書閣踵而成之. 帝數召入宮, 令皇后諸貴人師事焉, 號曰大家. 每有貢獻異物, 輒詔大家作賦頌. 及鄧太后臨朝, 與聞政事. 以出入之勤, 特封子成關內侯, 官至齊相.

時《漢書》始出, 多未能通者, 同郡馬融伏於閣下, 從昭受讀, 後又詔融兄續繼昭成之.

| **註釋** | ○ 班昭(반소, 45?-117?, 一名 姬, 字 惠姬) - 右扶風 사람 曹世叔(조세숙)과 결혼하였다. 반고가 《漢書》를 완성하지 못하고 옥사하자, 和帝는 班昭에게 《漢書》의 완성을 명했다. 반소는 扶風人 馬續(마속)과 함께 《漢書》의 〈八表〉와 〈天文志〉를 완성하였다. 後漢의 名儒인 馬融(마융, 서기 79

-166)은 班昭의 지도를 받으며《漢書》를 배웠다. ○班彪(반표, 서기 3-54년)-반표의 고모가 漢 成帝의 妃嬪인 班婕妤(반첩여). 班彪는 班固(반고), 班超(반초), 班昭(반소)의 父親. 班彪(반표)는 격변기에 하급 지방관으로 관직생활을 끝냈지만 식견이 뛰어났고 그의 處身은 역시 옳았다. 반표는 사리에 통달한 유생이며 상등의 재능을 가진 사람으로 저술을 좋아하여 역사저술에 전념하였다. ○踵而成之-踵은 발꿈치 종. 잇다. 잇달아. ○大家-大姑의 뜻. 큰 마님. 큰 할머니. ○馬融(마융)-후한의 대표적인 유생으로 訓詁學의 대가. 60권, 〈馬融蔡邕列傳〉에 立傳. ○馬續(마속)-경학과《九章算術》에 능통. 和帝 때《한서 천문지》를 班昭와 함께 완성. 安帝 때 무장으로 남흉노 격파에 큰 공을 세웠다.

[國譯]

右扶風 曹世叔(조세숙)의 妻는 同郡 班彪(반표)의 딸인데, 이름은 昭(소), 字는 惠班(혜반), 一名 姬(희)라 하였다. 博學하였고 재능이 뛰어났다. 조세숙이 일찍 죽자 지조와 행실이 법도에 맞았다. 오빠인 班固(반고)가《漢書》를 저술하였는데, 〈八表〉와 〈天文志〉를 마치지 못하고 죽자 和帝는 반소에게 명하여 東觀 臧書閣에서 반고의 뒤를 이어 완성하게 하였다. 화제는 반소를 자주 불러 입궁케 하였고, 황후와 여러 귀인에게 반소를 師事(사사)케 하였는데, 궁에서는 '大家(大姑)'라고 불렀다. 특별한 물건이 헌상되면 화제는 반소에게 賦나 頌을 짓게 하였다. (安帝 때) 鄧太后(和熹鄧皇后)가 臨朝하면서 반소는 정사에도 관여하였다. 궁중에 노고가 많았기에 아들 趙成을 특별히 關內侯에 봉했는데 관직은 齊國相이었다.

그 무렵《漢書》가 처음 알려지자 많은 사람이 뜻을 몰랐는데, 同郡의 馬融(마융)은 장서각에서 반소를 따라《한서》를 읽었고, 뒷날 마융의 형 馬續(마속)에게 조서를 내려 명하여 반소에 이어《한서》를 최종 완성케 하였다.

原文

永初中, 太后兄大將軍鄧騭以母憂, 上書乞身, 太后不欲許, 以問昭. 昭因上疏曰,

「伏惟皇太后陛下, 躬盛德之美, 隆唐,虞之政, 辟四門而開四聰, 采狂夫之瞽言, 納芻蕘之謀慮. 妾昭得以愚朽, 身當盛明, 敢不披露肝膽, 以效萬一! 妾聞謙讓之風, 德莫大焉, 故典墳述美, 神祇降福.

昔夷,齊去國, 天下服其廉高, 太伯違邠, 孔子稱爲三讓. 所以光昭令德, 揚名於後世者也.《論語》曰, '能以禮讓爲國, 於從政乎何有!' 由是言之, 推讓之誠, 其致遠矣.

今四舅深執忠孝, 引身自退, 而以方垂未靜, 拒而不許. 如後有毫毛加於今日, 誠恐推讓之名不可再得. 緣見逮及, 故敢昧死竭其愚情. 自知言不足采, 以示蟲蟻之赤心.」

太后從而許之. 於是騭等各還里第焉.

| 註釋 | ○母憂 – 母親喪. ○典墳述美 – 典墳은 고서. 墳은 무덤 분. 크다. ○違邠 – 邠(빈)을 떠나다. 去邠. 違는 떠나다. 달아나다. 멀리하다. 邠은 周의 본거지. ○能以禮讓爲國 ~ –「子曰, "能以禮讓爲國乎? 何有? 不能以禮讓爲國, 如禮何?"」《論語 里仁》. ○四舅 – 鄧騭(등즐) 4형제.

[國譯]

(安帝) 永初 연간에, 鄧太后의 오빠 대장군 鄧騭(등즐)이 모친상을 당해 퇴임을 상서했으나 등태후는 허락지 않으면서 班昭(반소)에게 물었다. 반소가 이에 상소하였다.

「제가 황태후 폐하의 아름다운 盛德을 생각하건대, 폐하께서는 堯와 舜의 정사를 다시 일으키시어 사방의 문을 열고 사방의 총명을 다 들으시어 狂夫의 사리에 어두운 말이나 나무꾼의 생각까지도 채납하고 계십니다. 저 반소는 우매한데도 盛明한 聖代에 살면서 어떻게 하든 제 진심을 보여 미력한 힘이라도 이바지하고 싶을 뿐입니다. 제가 알기로, 謙讓의 품성보다 더 중요한 것은 없기에 많은 경전이 그 미덕을 서술하였고 신령은 겸양한 사람에게 복을 내렸습니다.

옛날 伯夷와 叔齊가 나라를 떠나자, 천하는 그 고상한 염치에 감복하였고, (周의) 太伯(태백)이 邠(빈)을 떠나자, 孔子는 그것을 三讓이라 칭송하였습니다. 이는 아름다운 덕을 빛내어 후세까지 이름을 내었기 때문입니다. 그래서 《論語》에서는 '禮讓으로 나라를 다스릴 수만 있다면 정사에 무슨 문제가 있겠는가!' 라고 하였습니다. 이로써 말한다면 사양하는 정성은 오래 가는 것입니다.

네 분의 國舅(국구)는 忠孝를 실천하며 스스로 사직하려는데, 나라가 안정되지는 못하였다 하여 거절하며 허락지 않으셨습니다. 만약 뒷날 오늘보다 더 작은 잘못이라도 있다면 양보하는 마음으로 물러나는 것은 다시는 얻기 어려울 것입니다. 지금의 상황이기에 죽기를 무릅쓰고 충정을 다하여 은퇴하려는 뜻일 것입니다. 저는 제가 드리는 말씀이 받아들이시기 어려울 것이라 생각하지만 벌레나 개미의 하찮은 충성심에서 말씀드렸습니다.」

태후는 반소의 상서에 따라 등즐 형제의 귀향을 허락했다. 이에 등즐 등은 고향 집으로 돌아갈 수 있었다.

*〈女誡〉- 班昭

原文

作〈女誡〉七篇, 有助內訓. 其辭曰,

「鄙人愚暗, 受性不敏, 蒙先君之餘寵, 賴母師之典訓. 年十有四, 執箕帚於曹氏, 於今四十餘載矣. 戰戰兢兢, 常懼黜辱, 以增父母之羞, 以益中外之累. 夙夜劬心, 勤不告勞, 而今而後, 乃知免耳. 吾性疏頑, 教道無素, 恒恐子穀負辱清朝. 聖恩橫加, 猥賜金紫, 實非鄙人庶幾所望也. 男能自謀矣, 吾不復以爲憂也. 但傷諸女方當適人, 而不漸訓誨, 不聞婦禮, 懼失容它門, 取恥宗族.

吾今疾在沈滯, 性命無常, 念汝曹如此, 每用惆悵. 間作〈女誡〉七章, 願諸女各寫一通, 庶有補益, 裨助汝身. 去矣, 其勖勉之!」

| **註釋** | ㅇ執箕帚於曹氏 - 箕帚(가추)는 여자의 집안 일. 키(箕, 쓰레받기)와 빗자루. 청소 도구. 부녀자의 집안 일. ㅇ常懼黜辱 - 黜은 물리칠 출. 내쫓기다. ㅇ夙夜劬心 - 밤낮으로 걱정하다. 夙은 이를 숙. 이른 아침. 劬는 수고로울 구. ㅇ恒恐子穀負辱清朝 - 子穀(자곡)은 曹壽와 班昭 사이의 아들 曹成(조성)의 字. ㅇ猥賜金紫 - 金印紫綬(금인자수), 질록 이천석의 관

리. ㅇ每用惆悵 – 惆悵(추창)은 개탄하며 실망하다. 걱정하는 모양. 惆는 실망할 추. 悵은 슬퍼할 창. ㅇ其勖勉之 – 勖勉(욱면)은 힘쓰다. 애써 실천하다. 勖은 힘쓸 욱.

【國譯】

반소는 〈女誡〉 7편을 지어 아녀자의 행실을 훈계했다. 글은 아래와 같다.

「나는 매우 우매하고 천성도 총명하지 못하나 先親(班彪)의 총애를 받고 모친의 교훈을 받았다. 나이 14세에 曹氏 집안으로 시집와서 지금까지 40여 년이 지났다. 그동안 내쫓겨서 부모에게 치욕을 드릴까, 내외에 누를 끼칠까 늘 전전긍긍하며 두려워하였다. 새벽부터 밤늦게까지 걱정하며 힘들여 부지런히 일했는데, 지금부터야 걱정하지 않아도 될 것이다.

나의 천성이 소략, 완고하고 평소에도 교훈에 소홀하여 出仕하는 아들이 조정에 누를 끼칠까 두려웠다. 뜻밖에도 큰 성은을 입어 金印紫綬를 하사하시니, 이는 보통 사람이 생각할 수도 없는 소망이었다. 아들이 이제는 제 할 일을 다하니, 나는 이제 걱정 하지 않는다. 그러나 여러 딸은 이제 출가할 때가 되었는데 충분한 교훈을 받지 못했고 부녀자의 예법을 몰라 다른 사람의 질책을 받아 우리 가문의 치욕이 될까 걱정이 된다.

나는 이제 병이 들어 명이 얼마 남지 않아 너희들을 생각하면 늘 걱정이 된다. 요즈음 〈女誡〉 7장을 지었으니, 너희들이 각각 1통씩 필사하여 행실과 立身에 도움이 되기를 바라노라. 이제부터라도 힘쓸지어라!」

原文

「卑弱第一. 古者生女三日, 臥之床下, 弄之瓦磚, 而齋告焉. 臥之床下, 明其卑弱, 主下人也. 弄之瓦磚, 明其習勞, 主執勤也. 齋告先君, 明當主繼祭祀也.

三者蓋女人之常道, 禮法之典教矣. 謙讓恭敬, 先人後己, 有善莫名, 有惡莫辭. 忍辱含垢, 常若畏懼, 是謂卑弱下人也. 晚寢早作, 勿憚夙夜, 執務私事, 不辭劇易. 所作必成, 手跡整理, 是謂執勤也. 正色端操, 以事夫主, 淸靜自守, 無好戲笑. 潔齊酒食, 以供祖宗, 是謂繼祭祀也. 三者苟備, 而患名稱之不聞, 黜辱之在身, 未之見也. 三者苟失之, 何名稱之可聞, 黜辱之可遠哉!」

| **註釋** | ㅇ卑弱 – 몸을 낮추기. 비천하고 연약하다. ㅇ弄之瓦磚 – 기와나 벽돌 조각을 가지고 놀다. 소꿉장난. 瓦는 기와 와. 磚은 벽돌 전. 甎의 속자. 塼과 同. 磚은 길쌈에서 실을 늘어트리는데 썼다. 길쌈을 지칭.

[國譯]

「첫째, 卑弱(비약). 옛날에 딸을 낳으면 3일간 침상 아래에 재웠고, (자라서는) 소꿉장난을 하였으며, (출가해서는) 조상의 제사를 받들게 하였다. 침상 아래 재우는 것은 비천하고 연약하여 남보다 낮춰야 한다는 것을 가르친 것이다. 기와나 벽돌 조각을 갖고 노는 것은 일을 배우는 것으로 근로를 강조한 것이다. 돌아가신 조상께 고하는 것은 주부로써 제사를 모신다는 뜻을 분명히 한 것이다.

이 세 가지는 여인의 常道이며, 예법은 기본이다. 謙讓(겸양)과 공경, 남을 먼저 모시고 자신을 뒤로 하며, 좋은 일에 자랑하지 않고 궂은일이라고 사양하지 않는다. 치욕을 참고 늘 두려워하는 것이 바로 남에게 자신을 낮추는 것이다. 아침에 일찍 일어나고, 늦게 잠자리에 들며, 밤낮을 가리지 않고 자신의 임무를 다하며, 쉽고 어려운 일을 마다하지 않는다. 시작했으면 끝을 내야 하고, 직접 요리를 하는 것이 근로이다. 바른 안색과 행동으로 남편과 시부모를 받들고, 淸靜라고 自守하며, 놀거나 웃고 떠들지 않아야 한다. 청결한 술과 음식을 장만하여 조상을 받드는 것이 바로 제사를 이어받는 것이다. 이상 3가지를 제대로 다 수행했는데도 칭송 듣지 못하거나 폐출당하는 치욕을 당하는 사람을 보지 못했다. 이 3가지를 잘못한다면, 무슨 칭송을 듣고 폐출의 치욕을 어찌 아니 당하겠는가!」

原文

「夫婦第二. 夫婦之道, 參配陰陽, 通達神明, 信天地之弘義, 人倫之大節也. 是以《禮》貴男女之際,《詩》著〈關雎〉之義. 由斯言之, 不可不重也.

夫不賢, 則無以御婦, 婦不賢, 則無以事夫. 夫不御婦, 則威儀廢缺, 婦不事夫, 則義理墮闕. 方斯二事, 其用一也. 察今之君子, 徒知妻婦之不可不御, 威儀之不可不整, 故訓其男, 檢以書傳. 殊不知夫主之不可不事, 禮義之不可不存也. 但教男而不教女, 不亦蔽於彼此之數乎!《禮》, 八歲始教之書, 十五而至於學矣. 獨不可依此以爲則哉!」

|**註釋**| ○〈關雎〉之義 – 〈關雎(관저)〉는 《詩經 周南》의 첫 장. 后妃의 덕을 칭송한 詩歌. 《禮記》의 시작은 〈士冠禮〉와 〈士婚禮〉로 시작하여 먼저 부부 관계를 바로 세우려는 뜻이 있다.

[國譯]

「둘째, 夫婦. 夫婦之道는 陰陽에 맞춰 神明에 통한 것이니, 진실로 天地 相合의 大義이며 인륜의 가장 큰 節義(절의)이다. 이렇기에 《禮》에서는 남녀 관계(혼인)를 귀히 여기고, 《詩》에서는 〈關雎(관저)〉의 德義를 강조하였다. 이를 본다면 부부관계가 중하지 않을 수 없다. 지아비가 不賢하면 아내를 제대로 거느릴 수 없고, 아내가 不賢하면 지아비를 바로 섬길 수 없다. 지아비가 아내를 거느리지 못하면 지아비의 권위가 안서고, 아내가 지아비를 제대로 받들지 않으면 집안에 대의가 없어진다. 그러기에 부부의 道는 둘이 아니라 하나이다. 이 시대 君子를 보면 아내를 거느리지 않을 수 없다는 것은 알지만, 위엄을 바로 세워야 한다는 것은 모르기에 아들을 교육하면서 여러 경전을 통하여 알게 해야 한다. 또 지아비를 모셔야 한다는 것은 알지만, 예의를 지켜야 한다는 것을 모르고 있다. 그러면서 아들은 교육하지만 딸을 교육하지 않으니 그 피차간의 폐단은 이루 다 셀 수가 없다. 《禮》에서는 8세가 되면 글을 가르쳐야 한다고 했으니, 15살이면 배운 것을 실천해야 한다. 《禮》에 따르지 않는다면 표준이 될 수 없을 것이다!」

原文

「敬愼第三. 陰陽殊性, 男女異行. 陽以剛爲德, 陰以柔爲

用, 男以强爲貴, 女以弱爲美. 故鄙諺有云, '生男如狼, 猶恐其尫, 生女如鼠, 猶恐其虎.'

然則修身莫若敬, 避强莫若順. 故曰敬順之道, 婦人之大禮也. 夫敬非它, 持久之謂也, 夫順非它, 寬裕之謂也. 持久者, 知止足也, 寬裕者, 尙恭下也. 夫婦之好, 終身不離. 房室周旋, 遂生媟黷. 媟黷旣生, 語言過矣. 語言旣過, 縱恣必作. 縱恣旣作, 則侮夫之心生矣. 此由於不知止足者也. 夫事有曲直, 言有是非. 直者不能不爭, 曲者不能不訟. 訟爭旣施, 則有忿怒之事矣. 此由於不尙恭下者也. 侮夫不節, 譴呵從之, 忿怒不止, 楚撻從之. 夫爲夫婦者, 義以和親, 恩以好合, 楚撻旣行, 何義之存? 譴呵旣宣, 何恩之有? 恩義俱廢, 夫婦離矣.」

| **註釋** | ㅇ敬愼 – 공경하고 謹愼하다. 謹愼은 언행을 조심하다. ㅇ猶恐其尫 – 尫은 절름발이 왕. 허약하다. ㅇ遂生媟黷 – 媟黷(설독)은 남녀 사이가 문란함. 媟은 깔볼 설. 버릇없이 까불다. 문란하다. 黷은 더럽힐 독.

[國譯]

「셋째, 敬愼(공경과 근신). 陰陽은 본성이 다르기에 남녀의 행동은 서로 다르다. 陽은 剛健이 德이고, 陰은 柔弱을 體用해야 한다. 남자는 强壯을 귀히 여기고, 여자는 柔順해야 한다. 그래서 속언에도 '호랑이 같은 아들을 낳아야 하나 허약할까 걱정하고, 쥐처럼 겁 많은 딸은 낳아야 하나 호랑이가 될까 걱정해야 한다.' 고 하였다. 그러하기에 修身에는 敬(경)보다 좋은 것이 없고, 강압을 피하는 데는 順(순)만한 것이 없다. 그러하기에 敬順之道는 婦人의 大禮이다. 敬이란 다른 것이 아니고 오래 계속하는 것이며, 順은 다른 것이 아니라 관용과 유순을 말한다. 오래 지속한다는 것은 할 일과 만족을 아는 것이며, 관용과 유순은 높일 것과 낮출 것을 아는 것이다. 이러해야만 夫婦의 和好가 죽을 때까지 지켜질 것이다. 內室에서 생활하다 보면 버릇없는 일이 일어나게 된다. 부부사이에 버릇이 없어지면 말이 지나치게 된다. 말이 지나치면 틀림없이 방자한 짓을 하게 된다. 방자한 짓을 한다면 지아비를 깔보는 마음이 생긴다. 이런 일은 멈춰야 하는 것을 모르기 때문에 일어나게 된다. 모든 일에는 曲直이 있고 말에는 是非가 따르게 된다. 바른 일이라면 굳게 지켜야 하지만 잘못된 일은 따지지 않을 수 없다. 좋은 일을 고집하고 잘못을 따지다보면 분노할 일이 생긴다. 이는 받들거나 낮추기를 하지 않기에 일어나게 된다. 지아비를 무시하기를 그치지 않으면 남편은 꾸짖게 되고, 분노를 그치지 않으면 매질을 하게 된다. 부부로 맺어졌다는 것은 의리에 의한 和親이며 恩愛와 화합인데, 매질을 한다면 거기에 무슨 의리가 있는가? 은애와 대의가 모두 사라졌다면 부부는 헤어지게 된다.」

原文

「婦行第四. 女有四行, 一曰婦德, 二曰婦言, 三曰婦容, 四曰婦功.

夫云婦德, 不必才明絶異也, 婦言, 不必辯口利辭也. 婦容, 不必顔色美麗也, 婦功, 不必工巧過人也. 淸閒貞靜, 守節整齊, 行己有恥, 動靜有法, 是謂婦德. 擇辭而說, 不道惡語, 時然後言, 不厭於人, 是謂婦言. 盥浣塵穢, 服飾鮮潔, 沐浴以時, 身不垢辱, 是謂婦容. 專心紡績, 不好戲笑, 潔齊酒食, 以奉賓客, 是謂婦功. 此四者, 女人之大德, 而不可乏之者也. 然爲之甚易, 唯在存心耳. 古人有言, '仁遠乎哉? 我欲仁, 而仁斯至矣.' 此之謂也.」

| **註釋** | ㅇ盥浣塵穢 - 더러운 것을 씻거나 빨래하다. 盥은 대야 관. 씻다. 浣은 빨래 완. 塵은 티끌 진. 먼지. 穢는 더러울 예. 오물. ㅇ'仁遠乎哉? 我欲仁, 而仁斯至矣.' - 공자의 말.《論語 述而》.

[國譯]

「넷째, 婦行. 여자에게 四行이 있으니 婦德, 婦言, 婦容, 婦功을 말한다. 婦德이란 것은 才學이 高明하여 특출한 것이 아니며, 婦言는 변론이 뛰어나고 말을 잘하는 것이 아니다. 婦容은 顔色이 美麗한 것이 아니며, 婦功은 그 솜씨가 남보다 뛰어난 것이 아니다. 차분한 성격이 곧고 안정되며 지조가 한결같고 행실에 부끄러움을 알고, 動靜에 법도를 지키는 것이 이른바 婦德이다. 말을 가려서 하고 남을 헐뜯지 않으며, 때를 가려 말하고 남의 반감을 사지 않게 말하는 것이 婦言이다. 더러운 것을 씻고 빨래하여 의복을 깨끗하게 입고, 목욕을 자주 하여 몸이 청결한 것이 婦容이다. 길쌈에 전념하고 웃으며 놀기를 좋아하지 않고, 정결한 음식과 술을 장만하여 손님 접대를 잘하는 것이 婦功이다. 이 4가지는 여인의 대덕으로 한 가지라도 소홀히 할 수 없다. 이 일을 매우 쉬운 일이나 늘 마음에 생각해야 한다. 그래서 옛사람이 말했다. '仁이 멀리 있는가? 仁을 내 마음에 생각하면 仁이 나를 따라온다.' 고 하였으니, 바로 이를 말한 것이다.」

■ 原文

「專心第五.《禮》, 夫有再娶之義, 婦無二適之文, 故曰夫者天也. 天固不可逃, 夫固不可離也. 行違神祇, 天則罰之, 禮義有愆, 夫則薄之. 故《女憲》曰, '得意一人, 是謂永畢, 失意一人, 是謂永訖.' 由斯言之, 夫不可不求其心. 然所求者, 亦非謂佞媚苟親也, 固莫若專心正色. 禮義居潔, 耳無塗聽, 目無邪視, 出無冶容, 入無廢飾, 無聚會群輩, 無看視門戶, 此則謂專心正色矣. 若夫動靜輕脫, 視聽陜輸, 入則亂髮壞形, 出則窈窕作態, 說所不當道, 觀所不當視, 此謂不能專心正色矣.」

| 註釋 | ㅇ再娶之義 – 아내가 죽은 뒤 삼 년이 지나야 再娶할 수 있다고 하였다. ㅇ夫者天也 – 夫는 妻之天也. ㅇ《女憲》– 書名. 내용 미상. ㅇ視聽陜輸 – 보고 듣는 것이 일정하지 않다. 陜은 좁을 협. 輸는 옮아가다. ㅇ窈窕作態 – 窈窕(요조)는 요염한 자태.

【國譯】

「다섯째, 專心. 《禮》에 再娶(재취)의 대의가 있지만 여인에게 두 번 결혼한다는 글이 없으니 지아비는, 곧 아내의 하늘(天)이다. 사람은 하늘에서 벗어날 수 없으니 (아내는) 지아비를 떠날 수 없는 것이다. 행실이 神明의 뜻에 어긋난다면 하늘이 벌을 내리고, (지아비를 섬기는) 禮義에 허물이 있다면 지아비가 박대하게 된다. 그래서 《女憲》에 말하길, '한 사람의 마음을 얻으면 영원히 인정을 받고, 한 사람의 마음을 잃었다면 영원히 끝난 것이라.' 고 하였다. 이를 본다면 지아비의 사랑을 받지 않을 수 없다. 그렇다 하여 지아비의 사람을 얻으려고 아양을 떨거나 구차하게 가까이 하는 것이 아니며, 다만 한결같은 마음과 바른 안색으로 섬기라는 것이다. 예의에서는 평소에 청결하고, 귀로는 지나가는 말을 듣지 않으며, 곁눈질을 하지 않고, 외출에 얼굴을 꾸미지 않으며, 가내에서도 수식을 폐하지 않고 무리를 모으지 말 것이며, 문틈으로 엿보지 않는 것이 바로 專心一意이며 神色을 莊重히 하는 것이다. 만약 행실이 경망하거나 보고 듣는 것이 올바르지 못하고 집안에서 흐트러진 모습을 보이거나 나가서 요사한 짓을 하거나 정도를 말하지 않고 봐서는 안 될 것을 본다면, 이는 專心과 正色에 이를 수 없을 것이다.」

原文

「曲從第六. 夫'得意一人, 是謂永華, 失意一人, 是謂永訖', 欲人定志專心之言也.

舅姑之心, 豈當可失哉? 物有以恩自離者, 亦有以義自破者也. 夫雖云愛, 舅姑云非, 此所謂以義自破者也. 然則舅姑之心奈何? 固莫尙於曲從矣. 姑云不爾而是, 固宜從令, 姑云爾而非, 猶宜順命. 勿得違戾是非, 爭分曲直. 此則所謂曲從矣. 故《女憲》曰, '婦如影響, 焉不可賞!'」

| 註釋 | ○曲從 – 자신의 뜻을 굽혀 순종하다. ○是謂永訖 – 訖은 이를 흘. 마치다. 끝나다. ○婦如影響 – 影響(영향)은 그림자나 메아리. 순종하다.

[國譯]

「여섯째, 曲從(곡종). '한 사람의 인정을 받으면 오랫동안 행복하고, 한 사람의 뜻을 잃으면 영원히 끝나는 것이다.' 라고 한 말은 뜻을 정해 專心하라는 말이다. 시어머니의 환심을 어찌 잃어도 되겠는가? 모든 이치가 은애를 받고서도 스스로 떠나고, 대의가 있으면서도 스스로 버리는 자가 있다. 지아비는 恩愛라 하고 시어머니가 아니라고 한다면, 이는 道義를 스스로 깨버린 것이다. 그렇다면 시어머니 마음을 어떻게 해야 하는가? 사실 자신의 뜻을 굽히고 시어머니의 뜻을 따라야 한다. 시어머니가 그렇지 않다면 그것이 옳은 것이니 분부를 따라야 하며, 시어머니가 옳지 않다고 하면 그 명에 순응해야 한다. 시어머니에 맞서 시비를 따지거나 曲直을 다퉈서는 안 된다. 이것이 바로 자신의 뜻을 굽혀 따르는 것이다. 그래서《女憲》에서는 '며느리가 순종하면 상을 어찌 아니 받겠는가!' 라고 말하였다!' 」

原文

「和叔妹第七. 婦人之得意於夫主, 由舅姑之愛己也, 舅姑之愛己, 由叔妹之譽己也.

由此言之, 我臧否譽毁, 一由叔妹, 叔妹之心, 復不可失也. 皆莫知叔妹之不可失, 而不能和之以求親, 其蔽也哉! 自非聖人, 鮮能無過! 故顔子貴於能改, 仲尼嘉其不貳, 而況婦人者也! 雖以賢女之行, 聰哲之性, 其能備乎! 是故室人和則謗掩, 外內離則惡揚. 此必然之勢也.《易》曰, '二人同心, 其利斷金. 同心之言, 其臭如蘭.' 此之謂也. 夫嫂妹者, 體敵而尊, 恩疏而義親. 若淑媛謙順之人, 則能依義以篤好, 崇恩以結援, 使徽美顯章. 而瑕過隱塞, 舅姑矜善, 而夫主嘉美, 聲譽曜於邑鄰, 休光延於父母. 若夫蠢愚之人, 於嫂則託名以自高, 於妹則因寵以驕盈. 驕盈旣施, 何和之有! 恩義旣乖, 何譽之臻! 是以美隱而過宣, 姑忿而夫慍, 毁訾布於中外, 恥辱集於厥身, 進增父母之羞, 退益君子之累. 斯乃榮辱之本, 而顯否之基也. 可不愼哉! 然則求叔妹之心, 固莫尙于謙順矣. 謙則德之柄, 順則婦之行. 凡斯二者, 足以和矣. 《詩》云, '在彼無惡, 在此無射.' 其斯之謂也.」

| 註釋 | ㅇ仲尼嘉其不貳 - 「孔子對曰, "有顔回者好學, 不遷怒, 不貳過. 不幸短命死矣, 今也則亡, 未聞好學者也."」《論語 雍也》. ㅇ《易》曰 - 天(☰)火(☲)同人, 〈同人卦〉를 설명하는 말. 《易 繫辭》(上). ㅇ《詩》云 - 《詩 周頌 振鷺》.

【國譯】

「일곱째, 시동생이나 시누이와 화합하기. 여인이 지아비의 사랑을 받는 것은 자신이 시어머니의 사랑을 받기 때문이며, 시어머니의 사랑은 시동생이나 시누이가 자신을 칭찬하기 때문이다. 이렇게 말한다면 나의 잘잘못과 칭찬과 험담은 하나같이 시동생과 시누이에게서 나오기에, 시동생이나 시누이 환심을 잃어서는 안 된다. 시동생이나 시누이의 인정을 잃어서는 안 된다는 것을 모르는 사람이 없지만, 화합하고 가까이 지낼 수 없다면 그것은 잘못이다! 사람이 聖人이 아니니 어찌 잘못이 없을 수 있겠는가? 그래서 顔子(안자)는 잘못을 고치는 것을 귀하게 여겼고, 仲尼(공자)는 같은 잘못을 두 번 저지르지 않는 것을 아름답게 여겼으니, 하물며 며느리도 마찬가지가 아니겠는가! 어찌 賢女의 行實과 총명한 지혜를 다 갖출 수 있겠는가! 그래도 室人이 화합하면 비방도 가라앉지만, 내외가 이간되면 악담이 나온다. 이는 필연의 형세이다. 그래서《易》에서도, '二人이 同心이면 斷金할 수도 있다. 同心에서 나오는 말은 난초처럼 향기롭다.' 고 하였으니, 바로 이를 두고 한 말이다. 대체로 동서나 시누이는 서열상 같은 항렬이지만 받들어야 할 존재이고, 은정은 소략하나 의리로는 가까운 존재이다. 만약 현숙하고 겸손 온순한 사람이면 대의를 지켜 우호적이며, 은정을 베풀어 가까이 한다면 작은 아름다움도 밝게 드러날 것이다. 작은 잘못을 멀리하고 막아준다면 시어머니도 칭찬할 것이며, 지아비가 아내를 칭송한다면 이웃에서도 이름이 날 것이며, 그런 광채는 (친정) 부모에게도 미칠 것이다. 만약 우매한 며느리라면 동서의 이름으로 자신을 높이고, 시누이에 대해서는 지아비의 총애를 믿고 교만을 부릴 것이다. 교만이 가득 찼다면 무슨 화합이 있겠는가! 은의가 이미 어긋났다면 무슨 칭송을 들을 수 있겠는가! 이렇게 되면 선행은 묻히고 과오만 드러나고, 시어머니는 분노하고 지아비도 화를 낼 것이니, 험담만이 안팎으로 소문이 나고 치욕이 자신에게 집중되며, 더 나아가 (친정 부모를) 욕되게 할 것이고 지아비의 번뇌만 깊어질 것이다. 이러하니 (시동생이나 시누이와의 화합이) 榮辱(영욕)의 기본이 되며, 좋은 평가와 폄훼의 바탕이 될 것이다. 그러니 신중하지 않을 수 있겠는가! 그러니 시동생과 시누이 신임을 얻는 방법으로는 정말로 겸양과 온순보다 더 중요한 것이 없다. 겸양은 곧 덕행의 근본이며, 온순은 부녀 행실의 기본이다. 이 두 가지로 화합을 이룰 수 있다. 그래서《詩》에서 '저쪽에서 악언이 없다면 여기서도 싫어하지 않는다.' 라는 말은 이를 말한 것이다.」

原文

馬融善之, 令妻女習焉. 昭女妹曹豐生, 亦有才惠, 爲書以難之, 辭有可觀.

昭年七十餘卒, 皇太后素服擧哀, 使者監護喪事. 所著賦, 頌,銘,誄,問,注,哀辭,書,論,上疏,遺令, 凡十六篇. 子婦丁氏爲撰集之, 又作〈大家贊〉焉.

| 註釋 | ㅇ昭女妹曹豐生 – 女妹는 여동생. 친정 여동생이라면 曹씨가 아니니 남편의 여동생, 곧 시누라고 생각된다.

[國譯]

馬融(마융)은 이 글을 칭찬하면서 아내와 딸에게 익히게 하였다. 班昭(반소)의 시누인 曹豐生(조풍생) 역시 문재가 있고 총명하였는데, 글을 지어 〈女誡〉를 반박하였으며, 그 문장도 볼만 했다.

반소는 70여 세에 죽었는데, 皇太后가 소복으로 문상하였고 사자를 보내 喪事를 돕게 하였다. 반고가 지은 賦, 頌, 銘, 誄, 問, 注, 哀辭, 書, 論, 上疏, 遺令 등 총 16편이 있다. 며느리인 丁氏(정씨)가 이를 편집하였고, 또 〈大家贊〉을 지었다.

❻ 樂羊子 妻

原文

河南樂羊子之妻者, 不知何氏之女也. 羊子嘗行路, 得遺金一餠, 還以與妻, 妻曰, "妾聞志士不飮盜泉之水, 廉者不受嗟來之食, 況拾遺求利, 以汚其行乎!"

羊子大慚, 乃捐金於野, 而遠尋師學. 一年來歸, 妻跪問其故. 羊子曰, "久行懷思, 無它異也."

妻乃引刀趨機而言曰, "此織生自蠶繭, 成於機杼, 一絲而累, 以至於寸, 累寸不已, 遂成丈匹. 今若斷斯織也, 則捐失成功, 稽廢時日. 夫子積學, 當日知其所亡, 以就懿德. 若中道而歸, 何異斷斯織乎?"

羊子感其言, 復還終業, 遂七年不反. 妻常躬勤養姑, 又遠饋羊子.

| 註釋 | ㅇ嗟來之食(차래지식) – '자! 와서 먹어라.' 하고 던져주는 음식. 무례한 대접. 嗟는 탄식할 차. 감탄사. 아! 자!

[國譯]

河南 樂羊子(낙양자)의 아내는 어떤 사람의 딸인지 알 수 없다. 낙양자가 길을 가다가 금 한 덩어리를 주워서 돌아와 아내에게 주었는데 아내가 말했다.

"제가 듣기로 志士는 盜泉의 물을 마시지 않고 廉者는 嗟來之食(차래지식)을 먹지 않는다고 하였는데, 하물며 물건을 주워 얻는 이득으로 행실을 더럽힐 수 있겠습니까!"

양자는 크게 부끄러워 금을 벌판에 던져버렸고 멀리 스승을 찾아 배우러 떠났다. 낙양자가 일 년 만에 돌아왔는데, 아내가 무릎을 꿇고 까닭을 물었다. 낙양자는 "떠난 지 오래 되어 집이 그리웠을 뿐 다른 것은 없다."고 말했다. 아내를 칼을 가지고 베틀에 가서 말했다.

"이 직포는 고치에서 나와 베틀의 북(機杼)에서 한 줄로 이어져 1寸이 짜지고 여러 마디에 걸쳐 끊어지지 않기에 긴 布疋(포필)이 됩니다. 지금 만약 이 베를 자른다면 앞서 짜던 것은 모두 허사가 되고 헛세월을 보낸 것이 됩니다. 당신이 그동안 쌓은 학문이 그날그날 쌓여 훌륭한 덕을 성취하게 됩니다. 만약 중도에 돌아오게 된다면 이 직포를 자르는 것과 무엇이 다르겠습니까?"

낙양자는 그 말에 감동하여 다시 돌아가 학문을 완성할 때까지 7년을 돌아오지 않았다. 아내는 몸소 시부모를 봉양했고, 또 멀리 낙양자에게도 필요한 물건을 보내주었다.

原文

嘗有它舍雞謬入園中, 姑盜殺而食之, 妻對雞不餐而泣. 姑怪問其故. 妻曰, "自傷居貧, 使食有它肉." 姑竟棄之.

後盜欲有犯妻者, 乃先劫其姑. 妻聞, 操刀而出. 盜人曰, "釋汝刀從我者可全, 不從我者, 則殺汝姑." 妻仰天而嘆, 擧刀刎頸而死. 盜亦不殺其姑. 太守聞之, 卽捕殺賊盜, 而賜妻縑帛, 以禮葬之, 號曰 '貞義'.

| **註釋** | ○刎頸而死 – 刎은 목 벨 문. 頸은 목 경. 목덜미.

[國譯]

그전에 다른 집의 닭이 낙양자의 집 뜰에 잘못 들어오자 시어머니가 몰래 잡아먹었는데, 낙양자의 아내는 닭고기를 보고 먹지 않고 울었다. 시어머니가 까닭을 물었다. 낙양자의 처는 "가난하게 산다고 다른 집의 고기를 먹어야 한다면 제 마음이 아픕니다."

시어머니는 결국 닭고기를 버렸다.

뒷날 도적이 낙양자의 아내를 범하려고 먼저 시어머니를 협박하였다. 낙양자의 처가 이를 알고서는 칼을 들고 나갔다. 도적이 말했다.

"그 칼을 내던지고 나를 따른다면 모두가 살겠지만, 내 말을 듣지 않으면 너의 시어머니를 죽이겠다."

낙양자의 처는 하늘을 보고 탄식한 뒤에 칼로 목을 찔러 죽었다. 도적은 시어머니를 죽이지 못했다. 태수가 사실을 알고서는 즉시 도적을 잡아 죽였고, 낙양자에게 비단을 하사하여 장례를 마치게 했고 '貞義' 라고 부르게 했다.

❼ 程文矩妻 李氏

原文

漢中程文矩妻者, 同郡李法之姊也, 字穆姜. 有二男, 而前妻四子. 文矩爲安衆令, 喪於官. 四子以母非所生, 憎毁日積, 而穆姜慈愛溫仁, 撫字益隆, 衣食資供, 皆兼倍所生. 或謂母曰, "四子不孝甚矣, 何不別居以遠之?" 對曰, "吾方以義相導, 使其自遷善也." 及前妻長子興遇疾困篤, 母惻隱自然, 親調藥膳, 恩情篤密.

興疾久乃瘳, 於是呼三弟謂曰, "繼母慈仁, 出自天受. 吾兄弟不識恩養, 禽獸其心. 雖母道益隆, 我曹過惡亦已深矣!" 遂將三弟詣南鄭獄, 陳母之德, 狀己之過, 乞就刑辟. 縣言之於郡, 郡守表異其母, 蠲除家徭, 遣散四子, 許以修革. 自後訓導愈明, 並爲良士.

穆姜年八十餘卒. 臨終敕諸子曰, "吾弟伯度, 智達士也. 所論薄葬, 其義至矣. 又臨亡遺令, 賢聖法也. 令汝曹遵承, 勿與俗同, 增吾之累." 諸子奉行焉.

| **註釋** | ㅇ撫字益隆 - 撫字는 撫育. 사랑으로 키우다. 撫는 어루만질 무. 字는 양육하다. 사랑하다(慈와 通).

[國譯]

漢中郡 程文矩(정문거)의 아내는 同郡 李法(이법)의 누이로, 字는 穆姜(목강)이다. 두 아들을 두었는데 전처소생 4명의 아들이 있었다. 정문구는 (南陽郡) 安衆 현령이 되었다가 임지에서 죽었다. 4명의 아들은 소생이 아니라고 계모에 대한 미움이 날로 쌓여갔는데, 목강은 더욱 자애롭고 따뜻하게 더 많이 돌봐 주면서 衣食이나 필요한 공급이 친자식의 두 배는 되었다. 어떤 사람이 목강에게 말했다.

"네 아들의 불효가 심하니 왜 별거하여 멀리하지 않는가?"

이에 목강이 말했다.

"내가 옳은 길로 이끈다면 그 아이들도 스스로 착해질 것입니다."

그러다가 그 큰아들 程興(정흥)이 병에 걸려 매우 위독했는데, 목강은 자연스러운 惻隱之心(측은지심)으로 몸소 약과 음식을 준비하며 그 은정이 매우 도타웠다.

오랜 뒤에 정흥의 병이 낫자, 정흥은 3형제를 불러놓고 말했다.

"계모의 인자함은 하늘에서 받은 것이다. 우리 형제는 그 은공을 모르고 있으니 금수의 마음일 것이다. 모친의 정성이 깊은 만큼 우리들의 죄악은 그만큼 커질 것이다."

그리고서는 동생 셋을 데리고 스스로 南鄭縣의 옥을 찾아가 모친의 德育을 진술하고 자신들의 죄과를 말한 뒤에 형벌을 자청하였다. 현에서는 이를 남양군에 보고하자, 태수는 그 모친을 표창하며 그 집의 요역을 면제시켜 주었고 4명 아들을 훈방하며 스스로 고치라고 하였다. 이후 모친의 가르침을 잘 따랐고 모두 良士가 되었다.

목강은 나이 80을 넘어 죽었다. 임종에 자식들에게 유언을 남겼다.

"나의 동생 李伯度는 지혜로운 사인이다. 평소에 薄葬(박장)을 주장하여 그 의논이 매우 옳다. 동생이 죽기 전 유언은 모두 성인의 법과 같았다. 이제 너희들도 따를 것이며 세속 사람과 같이 장례하여 나의 과오를 보태지 말라."

여러 아들은 유언에 따랐다.

❽ 孝女 曹娥

原文

孝女<u>曹娥</u>者, <u>會稽上虞</u>人也. 父<u>盱</u>, 能弦歌, 爲巫祝. <u>漢安</u>二年五月五日, 於縣江泝濤婆娑迎神, 溺死, 不得屍骸. <u>娥</u>

年十四, 乃沿江號哭, 晝夜不絶聲, 旬有七日, 遂投江而死. 至元嘉元年, 縣長度尙改葬娥於江南道傍, 爲立碑焉.

| 註釋 | ㅇ會稽上虞 – 會稽郡 上虞縣, 今 浙江省 북동 紹興市 上虞區. ㅇ於縣江泝濤婆娑迎神 – 泝濤(소도)는 파도를 거슬러 가다. 婆娑(파사)는 춤을 추다. 옷자락이 날리는 모양.

[國譯]

孝女 曹娥(조아)는 會稽郡 上虞縣 사람이다. 부친 曹盱(조우)는 악기를 타며 노래를 잘하여 무당이 되었다. (順帝) 漢安 2년(서기 143년) 5월 5일에, 縣의 강을 거슬러 올라가며 춤을 추어 迎神하다가 익사했고 시신은 건지지 못했다. 그때 조아는 14살이었는데, 강을 따라 다니며 통곡하기를 주야로 그치지 않았는데 결국 17일 만에 강물에 투신하였다.

(桓帝) 元嘉 원년(서기 151), 縣長 度尙(도상)이 조아를 강남의 길가에 改葬하고 비석을 세웠다.

❾ 許升妻 呂榮

原文

吳許升妻者, 呂氏之女也, 字榮. 升少爲博徒, 不理操行, 榮嘗躬勤家業, 以奉養其姑. 數勸升修學, 每有不善, 輒流涕進規. 榮父積忿疾升, 乃呼榮欲改嫁之. 榮嘆曰, "命之所遭, 義無離貳!" 終不肯歸.

升感激自厲, 乃尋師遠學, 遂以成名. 尋被本州辟命, 行至壽春, 道爲盜所害. 刺史尹耀捕盜得之. 榮迎喪於路, 聞而詣州, 請甘心仇人. 耀聽之. 榮乃手斷其頭, 以祭升靈.

後郡遭寇賊, 賊欲犯之, 榮踰垣走, 賊拔刀追之. 賊曰, "從我則生, 不從我則死." 榮曰, "義不以身受辱寇虜也!" 遂殺之. 是日疾風暴雨, 雷電晦冥, 賊惶懼叩頭謝罪, 乃殯葬之.

| **註釋** | ㅇ博徒 - 노름꾼. 博은 노름 박. 博奕(박혁)은 내기 바둑. 博戲(박희)는 노름. ㅇ壽春 - 九江郡의 縣名. 今 安徽省 중부 淮南市 관할 壽縣(수현).

[國譯]

吳郡 許升(허승)의 妻는 呂氏의 딸로, 字는 榮(영)이다. 허승은 젊어 노름꾼이었고. 품행이 좋지 않았다. 여영은 일찍부터 가업을 일으키며 시모를 봉양하였다. 여영은 허승에게 여러 번 修學을 권했고, 나쁜 행동을 할 때마다 눈물을 흘리며 바른 말을 하였다. 여영의 부친은 화가 나서 허승을 미워하며 여영을 불러 개가시키려 했다. 이에 여영이 탄식했다. "운명으로 만났으니 의리상 헤어져 개가할 수 없습니다." 그러면서 끝내 개가하지 않았다.

허승은 감격하여 자책하며 스승을 찾아 먼 곳에 가서 공부하였고 이름이 알려졌다. 얼마 후 자사부의 부름을 받아 壽春縣(수춘현)에 갔다가 길에서 도적을 만나 살해되었다. (揚州) 자사 尹耀(윤요)가 살인범을 생포했다. 여영은 길에서 상여를 운구하다가 소식을 듣고 양주자사부로 찾아가 원수를 죽여 한을 풀게 해달라고 청원하였다. 이를 자사가 수락했다. 여영은 직접 살인범의 목을 잘라 허승의 영전에 제사했다.

뒷날 郡에 도적떼가 들어와 도적이 여영을 범하려 하자, 여영은 담을 넘어 도주했는데 도적이 칼을 들고 좇아왔다. 도적은 "나를 따르면 살려주겠지만 말을 듣지 않으면 바로 죽이겠다."고 말했다. 이에 여영이 말했다. "의리상 도적에게 욕을 당할 수 없다!" 결국 여영은 피살되었다. 이날 질풍에 폭우가 몰아치며 번개와 천둥에 날이 캄캄해지자 도적은 고개 숙여 자수했고 염을 하여 장례를 치렀다.

⑩ 袁隗妻 馬氏

原文

汝南袁隗妻者, 扶風馬融之女也, 字倫. 隗已見前傳. 倫少有才辯. 融家世豐豪, 裝遣甚盛. 及初成禮, 隗問之曰, "婦奉箕帚而已, 何乃過珍麗乎?" 對曰, "慈親垂愛, 不敢逆命. 君若欲慕鮑宣,梁鴻之高者, 妾亦請從少君,孟光之事矣."

隗又曰, "弟先兄舉, 世以爲笑. 今處姊未適, 先行可乎?" 對曰, "妾姊高行殊邈, 未遭良匹, 不似鄙薄, 苟然而已." 又問曰, "南郡君學窮道奧, 文爲辭宗, 而所在之職, 輒以貨財爲損, 何邪?" 對曰, "孔子大聖, 不免武叔之毀, 子路至賢, 猶有 伯寮之訴. 家君獲此, 固其宜耳."

隗默然不能屈, 帳外聽者爲慚. 隗旣寵貴當時, 倫亦有名於世. 年六十餘卒.

倫妹芝, 亦有才義. 少喪親長而追感, 乃作〈申情賦〉云.

| 註釋 | ○袁隗(원외) – 袁紹(원소)의 숙부. ○鮑宣,梁鴻 – 鮑宣(포선)은 전한 말의 志士. 왕망 편이 되기를 거부하여 살해되었다. 梁鴻(양홍)은 後漢의 隱士. ○少君,孟光 – 少君(소군)은 前漢 文帝 竇皇后의 남동생인 竇廣國(두광국). 孟光(맹광)은 後漢 梁鴻(양홍)의 妻인 맹씨. 얼굴은 추했으나 힘이 장사였다. 〈逸民列傳〉 梁鴻傳에 보인다. ○高行殊邈 – 殊邈(수막)은 특별히 뛰어나다. 殊는 다를 수. 특히. 邈은 멀 막.

【國譯】

汝南郡 袁隗(원외)의 妻는 右扶風 馬融(마융)의 딸인데, 字는 倫(륜)이었다. 원외는 앞의 여러 열전에 나온다. 馬倫(마륜)은 젊어 재주와 언변이 뛰어났었다.

마융의 가문이 대대로 융성하였기에 혼수품이 매우 많았다. 처음에 成禮한 뒤에 원외가 마륜에게 물었다.

"부인은 집안일을 할 뿐이거늘, 어찌 이리 보배와 화려한 물건이 많습니까?"

이에 마륜이 대답하였다.

"모친께서 내리는 사랑이니 명을 거역할 수 없었습니다. 낭군께서 만약 鮑宣(포선)과 梁鴻(양홍)의 高節을 흠모하신다면 妾 역시 竇少君(두소군)과 孟光(맹광)의 사적을 따르겠습니다."

이에 원외가 또 물었다. "아우가 형보다 먼저 혼례하면 세상 사람들이 비웃는데, 지금 언니가 아직 미혼이니 먼저 출가한 것이 온당

합니까?” 이에 마륜이 말했다.

“제 언니는 고상한 행실이 아주 뛰어나서 아직 좋은 짝을 만나지 못했으며, 나는 언니에 비해 비루하고 천박하기에 먼저 혼사를 치룬 것입니다.”

원외가 또 물었다.

“南郡 태수이신 장인은 학문이 뛰어나고 道行도 깊으시며 文辭의 大宗이신데, 재임 중에 재물 때문에 명성이 많이 손상된 것은 무슨 까닭입니까?”

이에 마륜이 말했다.

“孔子는 大聖이셨지만 武叔(무숙)의 모함을 면하지 못했고, 子路(자로)는 至賢인데도 公伯寮(공백료)의 험담을 들어야만 했습니다. 아버님께서 그런 모함을 받은 것은 본래 그런 것입니다.”

원외는 마륜을 꺾을 수 없어 침묵하였고, 휘장 밖에서 엿듣던 사람이 오히려 원외를 불쌍히 여겼다. 원외가 그 당시 황제의 신임을 받아 출세하였지만, 마륜 역시 유명하였다. 마륜은 나이 60을 넘겨 죽었다.

마륜의 여동생 馬芝(마지) 역시 재학과 덕의가 뛰어났는데, 어린 나이에 부모를 여의고 감정이 복받쳐 〈申情賦〉를 지었다.

⑪ 龐淯母 趙娥

原文

酒泉龐淯母者, 趙氏之女也, 字娥. 父爲同縣人所殺, 而娥兄弟三人, 時俱病物故, 仇乃喜而自賀, 以爲莫己報也.

娥陰懷感憤, 乃潛備刀兵, 常帷車以候仇家. 十餘年不能得. 後遇於都亭, 刺殺之. 因詣縣自首. 曰, “父仇已報, 請就刑戮.” 祿福長尹嘉義之, 解印綬欲與俱亡. 娥不肯去. 曰, “怨塞身死, 妾之明分, 結罪理獄, 君之常理. 何敢苟生, 以枉公法!” 後遇赦得免. 州郡表其閭. 太常張奐嘉嘆, 以束帛禮之.

| **註釋** | ㅇ祿福縣 – 酒泉郡의 治所, 今 甘肅省 서북부 酒泉市. ㅇ張奐(장환) – 역시 문무 겸비한 인재였고 무관으로 입신출세하였다. 65권, 〈皇甫張段列傳〉 立傳.

[國譯]

酒泉郡 龐淯(방육)의 모친은 趙氏의 딸인데, 字는 娥(아)였다. 부친이 같은 현 사람에게 피살되었는데, 趙娥(조아)의 형제 3인은 그때 모두 병으로 죽어서 원수는 기뻐 스스로 만족하며 자신에게 복수할 사람이 없을 것이라고 말했다. 그러나 조아는 몰래 원한을 품고 칼을 준비하여 늘 휘장을 두른 수레에 감춰두고 원수를 엿보았다. 그러나 10여 년간 복수하지 못했다. 뒷날 都亭에서 마주치게 되자 칼로 찔러 죽였다. 그러면서 바로 縣에 가서 자수하며 말했다. “아버지의 원수를 갚았으니 형을 받겠습니다.”

그러자 (酒泉郡) 祿福縣 縣長인 尹嘉(윤가)는 조아를 의롭게 여기며 인수를 풀어놓고 함께 도망치려고 하였다. 그러나 조아는 떠나려 하지 않았다. “원수를 갚았으니 이 몸이 죽는 것은 저의 당연한 일이고, 현령은 죄에 따라 판결을 내리는 것은 당연한 이치입니다. 어찌 구차하게 살려고 국법을 어기겠습니까!”

뒷날 사면을 받아 형을 면했다. 州郡에서는 그 마을을 표창하였다. 太常인 張奐(장환)은 감탄하면서 비단을 보내 致禮하였다.

⑫ 劉長卿妻 桓氏

原文

沛劉長卿妻者, 同郡桓鸞之女也. 鸞已見前傳. 生一男五歲而長卿卒, 妻防遠嫌疑, 不肯歸寧. 兒年十五, 晩又夭歿. 妻慮不免, 乃豫刑其耳以自誓. 宗婦相與愍之, 共謂曰,

"若家殊無它意, 假令有之, 猶可因姑姊妹以表其誠, 何貴義輕身之甚哉!"

對曰, "昔我先君五更, 學爲儒宗, 尊爲帝師. 五更已來, 歷代不替, 男以忠孝顯, 女以貞順稱. 《詩》云, '無忝爾祖, 聿修厥德.' 是以豫自刑剪, 以明我情." 沛相王吉上奏高行, 顯其門閭, 號曰 '行義桓嫠', 縣邑有祀必膰焉.

| 註釋 | ㅇ桓鸞(환난) – 37권, 〈桓榮丁鴻列傳〉에 立傳. ㅇ五更(오경) – 조정의 원로대신 중에 三老가 있었는데, 보통 三公을 역임한 사람 중에서 선정하였다. 나라의 三老 아래 五更(오경, 五叟로도 표기. 叟는 늙은이 수)은 연노하고 致仕하고 경험(곧 五事인 貌, 言, 視, 聽, 思)이 풍부한 사람이란 뜻으로, 보통 지팡이를 짚지 않아도 되는 公卿 중에서 골랐다. 황제가 年老한 三老와 更事致仕한 사람 五更을 모시는 예를 시행하는 것은 백성에게 孝悌를 널리 펴기 위한 뜻이었다. ㅇ《詩》云 – 《詩 大雅 瞻印》. 지금 통용되는 것과 약간 차이가 있다. ㅇ桓嫠 – 桓氏 과부. 嫠는 과부 리(이).

[國譯]

沛國 劉長卿(유장경)의 妻는 同郡 桓鸞(환난)의 딸이다. 환난은 이미 앞에 입전했다. 아들을 하나 낳고 5세에 유장경이 죽었는데, 유장경의 처는 멀리 가려 한다는 혐의를 막기 위해서 친정에 가려고 하지 않았다. 그러나 아들이 15살 끝 무렵에 그만 요절하였다. 유장경의 아내는 미리 자신의 귀를 잘라 스스로 서약하였다. 일가의 며느리들이 서로 안타깝게 여겨 여럿이 말했다.

"그대 친정에서 다른 뜻이 없을 수도 있고, 또 개가를 권유하여도 자신의 진심을 말하면 되거늘 어찌 대의를 귀히 여긴다고 이리 육신을 학대해야 하는가!"

이에 유장경의 처가 말했다.

"옛날 나의 선조께서는 五更(오경)을 역임하였고 학문으로는 儒學의 宗師이었습니다. 오경을 역임하신 이래로 여러 대에 걸쳐 변함없이 아들은 충효로 이름났고, 딸들은 貞順의 지조로 칭송을 들었습니다. 그래서 《詩》에서는 '너의 조상이 욕되지 않도록, 이에 그 덕을 닦아야 하네.' 라고 하였습니다. 그래서 미리 귀를 잘라 나의 貞操를 분명히 하였습니다."

沛國相인 王吉(왕길)은 유장경 처의 高行을 상주하였고 里門에 旌表를 세웠으며, '義를 지킨 桓氏(환씨) 과부' 라고 호칭했으며, 縣邑에서 제사가 있으면 반드시 祭肉을 보내주었다.

⑬ 皇甫規 妻

原文

安定皇甫規妻者, 不知何氏女也. 規初喪室家, 後更娶之. 妻善屬文, 能草書, 時爲規答書記, 衆人怪其工. 及規卒時, 妻年猶盛而容色美. 後董卓爲相國, 承其名, 娉以軿輜百乘, 馬二十匹, 奴婢錢帛充路. 妻乃輕服詣卓門, 跪自陳請, 辭甚酸愴. 卓使傅奴侍者悉拔刀圍之, 而謂曰, "孤之威教, 欲令四海風靡, 何有不行於一婦人乎?"

妻知不免, 乃立罵卓曰, "君羌胡之種, 毒害天下, 猶未足邪! 妾之先人, 淸聽奕世. 皇甫氏文武上才, 爲漢忠臣. 君親非其趣使走吏乎? 敢欲行非禮於爾君夫人邪!"

卓乃引車庭中, 以其頭縣軛, 鞭撲交下. 妻謂持杖者曰, "何不重乎? 速盡爲惠." 遂死車下. 後人圖畫, 號曰 '禮宗' 云.

| 註釋 | ㅇ安定皇甫規 – 安定은 郡名. 治所는 臨涇縣, 今 甘肅省 동부 慶陽市 관할 鎭原縣. 皇甫는 복성. ㅇ娉以軿輜百乘 – 娉은 장가들 빙. 軿은 작은 수레 병. 輜는 짐수레 치.

[國譯]

安定郡 皇甫規(황보규)의 妻는 어떤 성씨의 딸인지 알 수 없다. 황보규가 첫 아내를 잃고 뒤에 다시 얻은 사람이었다. 황보규의 처는 글을 잘 지었고 草書에 능했으며, 때로는 황보규를 위해 문서를 지

었는데 많은 사람들이 그 뛰어난 글씨에 감탄하였다. 나중에 황보규가 죽을 때 그 아내는 한창 나이에 용모가 아름다웠다.

뒷날 董卓(동탁)이 相國이 되어, 그 명성을 듣고 황보규의 처에게 청혼하면서 1백 량의 크고 작은 수레와 말 20필, 노비와 비단과 금전이 길을 메웠다. 황보규의 처는 가벼운 복장으로 동탁을 찾아와 꿇어 앉아 청원을 하는데, 그 언사가 매우 단호하고도 凄然(처연)하였다. 동탁은 칼과 창을 든 노비와 시종으로 주위를 에워싸게 한 뒤에 말했다.

"나의 명령은 온 천하를 휩쓸거늘, 어찌 한 여인이 내 명령을 거역할 수 있겠는가?"

이에 황보규의 처는 뜻대로 되지 않을 것을 알고 일어서서 동탁을 매도하였다.

"당신은 羌族 오랑캐로 천하에 해악을 끼치고 그래도 부족한가! 나의 선조는 여러 대에 걸쳐 淸高한 명성을 남기셨다. 또 皇甫氏는 文武를 겸한 上才로 漢朝의 충신이었다. 당신 선친은 하급 말단 속리가 아니었는가? 네 주군의 부인에게 감히 非禮를 저지르려 하는가!"

동탁은 수레를 뜰로 끌어오게 하여 황보규 처의 머리를 수레 멍에에 묶어 매달은 뒤에 몽둥이와 채찍으로 마구 때리게 하였다. 처는 지팡이를 짚고 서서 말했다.

"왜 세게 때리지 않나? 빨리 죽여라!"

결국 그대로 죽었다. 뒷사람이 그 초상을 그려두었고 '禮宗' 이라고 호칭하였다.

⑭ 陰瑜妻 荀采

原文

南陽陰瑜妻者, 潁川荀爽之女也, 名采, 字女荀. 聰敏有才藝. 年十七, 適陰氏. 十九產一女, 而瑜卒. 采時尙豐少, 常慮爲家所逼, 自防禦甚固. 後同郡郭奕喪妻, 爽以采許之, 因詐稱病篤, 召采. 旣不得已而歸, 懷刃自誓. 爽令傅婢執奪其刃, 扶抱載之. 猶憂致憤激, 敕衛甚嚴. 女旣到郭氏, 乃僞爲歡悅之色, 謂左右曰,

"我本立志與陰氏同穴, 而不免逼迫, 遂至於此, 素情不遂, 奈何?"

乃命使建四燈, 盛裝飾, 請奕入相見, 共談, 言辭不輟. 奕敬憚之, 遂不敢逼, 至曙而出. 采因敕令左右辦浴. 旣入室而掩戶, 權令侍人避之, 以粉書扉上曰, "屍還陰." '陰' 字未及成, 懼有來者, 遂以衣帶自縊. 左右玩之不爲意, 比視, 已絶, 時人傷焉.

| 註釋 | ○潁川荀爽 – 潁川郡 荀爽(순상), 荀淑(순숙)은 荀子의 후손인데, 아들 8명이 모두 俊才였다. 아들 荀爽(순상)은 은거하며 저술에 전념하다가 부름을 받고 나가 1백 일도 안 돼 삼공의 지위에 올랐는데, 이는 동탁을 제거하려는 큰 뜻이었다. 62권, 〈荀韓鐘陳列傳〉에 立傳. 荀彧(순욱)과 荀攸(순유) 등 曹操의 謀士가 이 가문 출신이다. 荀彧(순욱)은 70권, 〈鄭孔荀列傳〉에 立傳.

[國譯]

南陽郡 陰瑜(음유)의 妻는 潁川郡 荀爽(순상)의 딸인데, 이름은 采(채)이고, 字는 女荀(여순)이었다. 총명하고 才藝가 뛰어났다. 나이 17세에 음유와 결혼하였다. 19세에 딸을 낳았는데 음유가 죽었다. 그때 荀采(순채)는 아직도 풍만하고 젊었기에 늘 친정에서 재가하라는 핍박을 받았지만 순채는 완고하게 방어하였다.

뒷날 영천군의 郭奕(곽혁)이 喪妻하자, 순상은 순채의 재가를 결정한 뒤에 거짓으로 병이 위독하다며 순채를 불렀다. 순채는 할 수 없이 친정에 오면서 칼을 품고 홀로 서약하였다.

순상은 시녀를 시켜 순채의 칼을 빼앗고 억지로 안아서 수레에 태웠다. 순채는 격분했고 호위는 엄중했다. 순채는 곽씨 집에 도착한 뒤에 거짓으로 기쁜 척하며 사람들에게 말했다.

"나는 본래 음씨와 같이 묻힐 생각이었지만 친정의 강요로 결국 이렇게 되어 평소의 뜻을 이룰 수 없으니 이제 어찌 하겠는가?"

그러면서 사방에 불을 환하게 밝히고 치장을 한 뒤에 곽혁을 들어오게 하여 만나 함께 계속 이야기를 나눴다. 곽혁은 순채에게 경탄하였고 감히 독촉하지 못하고 날이 밝을 무렵에 방에서 나갔다. 순채는 시녀들에게 목욕 준비를 시킨 뒤 방에 들어와 시녀들을 다 나가게 한 뒤에 문을 닫고서 분가루로 문에 "시신은 음씨 집으로 보내라(屍還陰)."고 썼는데, 陰 字를 다 쓰지 못하고 사람이 들어올까 걱정이 되어 허리띠로 목을 매었다. 시녀들은 노느라고 돌아보지 않았는데 나중에 보았을 때는 숨이 끊어진 뒤였고 모두 가슴 아파했다.

⑮ 盛道妻 趙媛姜

原文

犍爲盛道妻者, 同郡趙氏之女也, 字媛姜. 建安五年, 益部亂, 道聚衆起兵, 事敗, 夫妻執繫, 當死. 媛姜夜中告道曰, "法有常刑, 必無生望. 君可速潛逃, 建立門戶, 妾自留獄, 代君塞咎." 道依違未從. 媛姜便解道桎梏, 爲賫糧貨. 子翔時年五歲, 使道攜持而走. 媛姜代道持夜, 應對不失. 度道已遠, 乃以實告吏, 應時見殺. 道父子會赦得歸. 道感其義, 終身不娶焉.

| **註釋** | ○犍爲盛道 – 犍爲(건위)는 군명. 治所는 武陽縣, 今 四川省 중앙부 眉山市 彭山區. 盛道(성도)는 人名.

[國譯]

犍爲郡 盛道(성도)의 妻는 같은 郡 趙氏의 딸로, 字는 媛姜(원강)이었다. (獻帝) 建安 5년(서기 200), 益州 지역이 혼란에 빠지자 성도는 무리를 모아 기병하였지만 잘못되어 부부가 잡혔고 사형 판결이 났다. 원강이 밤중에 성도에게 말했다.

"법에 의한 처형이니 살아날 가망이 전혀 없습니다. 당신은 빨리 도망가 문중을 이어가야 하니, 나는 여기서 시간을 끌겠습니다."

성도는 멈칫거리며 따르지 않았다. 원강은 성도의 형구를 풀어주고 양식과 돈을 싸주었다. 아들 成翔(성상)은 그때 5살이었는데 성도가 안고 도망쳤다. 원강은 성도를 대신하여 밤을 지내면서 응대에 실수하지 않았다. 성도가 이미 멀리 갔다고 생각하자, 원강은 사실을 관리에게 말했고 즉시 처형되었다. 성도 부자는 나중에 사면을 받아 돌아왔는데 성도는 아내의 의기에 감동하여 종신토록 다시 장가들지 않았다.

⑯ 孝女 叔先雄

原文

孝女叔先雄者, 犍爲人也. 父泥和, 永建初爲縣功曹. 縣長遣泥和拜檄謁巴郡太守, 乘船墯湍水物故, 屍喪不歸. 雄感念怨痛, 號泣晝夜, 心不圖存, 常有自沉之計. 所生男女二人, 並數歲, 雄乃各作囊, 盛珠環以繫兒, 數爲訣別之辭. 家人每防閑之, 經百許日後稍懈, 雄因乘小船, 於父墯處慟哭, 遂自投水死. 弟賢, 其夕夢雄告之, "卻後六日, 當共父同出." 至期伺之, 果與父相持, 浮於江上. 郡縣表言, 爲雄立碑, 圖象其形焉.

| 註釋 | ㅇ墯湍水物故 – 墯는 떨어질 타. 湍은 여울물 단. 物故는 죽다. 할 일이 없다는 뜻. 物化. 去世.

[國譯]

孝女 叔先雄(숙선웅)은 犍爲郡 사람이다. 부친 泥和(이화)는 (順帝) 永建 초에 縣의 功曹가 되었다. 縣長은 이화를 보내 문서를 갖고 巴郡 태수를 영접하려 배를 타고 가다가 여울물에 빠져 죽었고 시신도

찾지 못했다. 숙선웅은 너무 원통하여 밤낮으로 통곡하며 살 생각을 하지 않고 늘 죽을 계획만을 세웠다. 所生의 아들과 딸 2명은 겨우 몇 살이었는데, 숙선웅은 각각 주머니를 만들어 그 안에 구슬반지 등을 넣어주고 여러 번 헤어지는 말을 당부하였다. 집안사람들은 늘 예방을 하였지만 1백여 일이 지나자 좀 느긋해지자, 숙선웅은 작은 배를 타고 부친이 빠져 죽은 곳에 가서 통곡한 뒤에 스스로 투신자살하였다. 동생인 叔先賢(숙선현)의 그날 밤 꿈에 숙선웅이 나타나 말했다.

"이후 6일 뒤에 아버지와 함께 나가겠다."

그날이 되자 강에 나가 살폈는데 과연 부친을 안고 떠올랐다. 군현에서는 이를 상주하였고 숙선웅의 비석을 세웠으며, 그 초상을 그려두게 하였다.

⑰ 董祀妻 蔡琰

原文

陳留董祀妻者, 同郡蔡邕之女也, 名琰, 字文姬. 博學有才辯, 又妙於音律. 適河東衛仲道. 夫亡無子, 歸寧於家. 興平中, 天下喪亂, 文姬爲胡騎所獲, 沒於南匈奴左賢王, 在胡中十二年, 生二子. 曹操素與邕善, 痛其無嗣, 乃遣使者以金璧贖之, 而重嫁於祀.

| 註釋 | ㅇ陳留 - 陳留郡의 治所는 陳留縣, 今 河南省 동부의 開封市.

○蔡邕(채옹, 133-192년) - 字 伯喈(백개). 邕은 화할 옹. 음률에 정통, 박학했음. 名筆로 飛白書의 창시자. 뒷날 옥사. 60권, 〈馬融蔡邕列傳〉(下)에 立傳. 蔡琰(채염, 文姬, 177?-249?)은 음악가이며 여류 시인. 琰은 옥을 갈 염. ○左賢王 - 흉노의 관직명, 부족장급. 諸侯 중 王과 같은 지위는 아님.

[國譯]

陳留郡 董祀(동사)의 妻는 같은 郡 蔡邕(채옹)의 딸로, 이름은 琰(염)이고 字는 文姬(문희)였다. 博學하고 재주와 말솜씨가 좋았으며 특히 음률에 뛰어났다. 채염은 河東郡 衛仲道(위중도)와 결혼하였다. 남편도 죽고 아들이 없어 친정으로 돌아왔다.

(獻帝) 興平 연간에, 천하가 크게 혼란하자 文姬(문희)는 흉노 기병에게 사로잡혀 南匈奴의 左賢王에 시집을 가서 흉노 땅에 12년을 살며 두 아들을 낳았다. 曹操(조조)는 평소에 채옹과 친했는데 채옹이 후사가 없는 것을 안쓰럽게 여겨 사자를 보내 金과 玉으로 문희의 몸값을 치루고 데려와서 다시 董祀(동사)에게 시집을 보냈다.

原文

祀爲屯田都尉, 犯法當死, 文姬詣曹操請之. 時公卿名士及遠方使驛坐者滿堂, 操謂賓客曰, "蔡伯喈之女在外, 今爲諸君見之." 及文姬進, 蓬首徒行, 叩頭請罪, 音辭淸辯, 旨甚酸哀, 衆皆爲改容.

操曰, "誠實相矜, 然文狀已去, 奈何?"

文姬曰, "明公廐馬萬匹, 虎士成林, 何惜疾足一騎, 而不濟垂死之命乎!"

操感其言, 乃追原祀罪. 時且寒, 賜以頭巾履襪. 操因問曰, "聞夫人家先多墳籍, 猶能憶識之不?"

文姬曰, "昔亡父賜書四千許卷, 流離塗炭, 罔有存者. 今所誦憶, 裁四百餘篇耳."

操曰, "今當使十吏就夫人寫之."

文姬曰, "妾聞男女之別, 禮不親授. 乞給紙筆, 眞草唯命." 於是繕書送之, 文無遺誤.

| 註釋 | ㅇ奈何 – 어찌? 어찌하는가? 奈는 어찌 내(那 同). 나락 나. ㅇ罔有存者 – 罔은 無, 亡. 없다. ㅇ眞草唯命 – 眞은 서체의 하나. 楷書. 眞字는 해서로 쓴 글자.

[國譯]

董祀(동사)는 屯田都尉였는데, 법을 어겨 사형으로 판결 받자 文姬는 曹操를 찾아가 청원하였다. 그때 公卿 名士와 遠方에서 온 사자나 역관이 모두 자리했는데 조조가 빈객에게 말했다.

"蔡伯喈(채백개, 蔡邕)의 딸이 밖에 와 있는데 오늘 여러분이 볼 수 있을 것이요."

문희가 들어왔는데 흐트러진 머리에 맨발로 들어와 고개를 숙이고 용서를 빌었는데 음성이 청아하고 언사가 매우 처절하여 모두 마음 아파하며 감동하였다. 조조가 물었다.

"참으로 안 되었지만 이미 판결이 났는데 어찌하겠는가?"

이에 무희가 말했다.

"明公의 마구간에 말이 1만 필이고, 훌륭한 무사들이 아주 많은데, 어찌 발을 다친 사람과 말 한 마리를 풀어주지 못하고, 죽어갈 사람 하나를 살려주려 하지 않으십니까?"

조조는 그 말에 감동하여 동사의 죄를 사면하였다. 그때 날이 추웠는데 문희에게 두건과 버선에 신발을 하사하였다. 그리고 조조가 물었다.

"내가 알기로는, 부인의 친정집에는 산처럼 많은 책이 있었는데 그중 얼마나 기억하고 있는가?"

이에 문희가 말했다.

"옛날 선친께서 4천 권 정도의 책을 물려주셨지만 혼란 속에 떠돌다보니 지금 남아 있는 것이 없습니다. 지금 외울 수 있는 것은 겨우 4백여 편에 불과합니다."

조조가 말했다. "지금 바로 관리 10명을 부인에게 보내 필사하게 하겠소."

문희는 "남녀의 구별이 있어 예법에 직접 주고받을 수 없다 하였습니다. 지필을 얻을 수 있다면 해서 또는 초서로 명을 받들겠습니다."라고 말했다.

나중에 필사한 서적을 보내왔는데 문장에 틀린 곳이 없었다.

* 〈悲憤詩〉 - 蔡琰(채염)

原文

後感傷亂離, 追懷悲憤, 作詩二章. 其辭曰,

「漢季失權柄, 董卓亂天常. 志欲圖篡弑, 先害諸賢良. 逼迫遷舊邦, 擁主以自彊. 海內興義師, 欲共討不祥. 卓衆來

東下, 金甲耀日光. 平土人脆弱, 來兵皆胡羌. 獵野圍城邑, 所向悉破亡. 斬截無孑遺, 屍骸相撐拒. 馬邊縣男頭, 馬後載婦女. 長驅西入關, 迥路險且阻. 還顧邈冥冥, 肝脾爲爛腐. 所略有萬計, 不得今屯聚. 或有骨肉俱, 欲言不敢語. 失意機微間, 輒言斃降虜. 要當以亭刃, 我曹不活汝. 豈復惜性命, 不堪其詈罵. 或便加棰杖, 毒痛參幷下. 旦則號泣行, 夜則悲吟坐, 欲死不能得, 欲生無一可. 彼蒼者何辜, 乃遭此厄禍! 邊荒與華異, 人俗少義理. 處所多霜雪, 胡風春夏起. 翩翩吹我衣, 肅肅入我耳. 感時念父母, 哀嘆無窮已. 有客從外來, 聞之常歡喜. 迎問其消息, 輒復非鄉里, 邂逅徼時願, 骨肉來迎已. 己得自解免, 當復棄兒子. 天屬綴人心, 念別無會期. 存亡永乖隔, 不忍與之辭. 兒前抱我頸, 問母欲何之. "人言母當去, 豈復有還時. 阿母常仁惻, 今何更不慈? 我尙未成人, 奈何不顧思!" 見此崩五內, 恍惚生狂痴. 號泣手撫摩, 當發復回疑. 兼有同時輩, 相送告離別. 慕我獨得歸, 哀叫聲摧裂. 馬爲立踟躕, 車爲不轉轍. 觀者皆歔欷, 行路亦嗚咽. 去去割情戀, 遄征日遐邁. 悠悠三千里, 何時復交會? 念我出腹子, 匈臆爲摧敗. 旣至家人盡, 又復無中外. 城郭爲山林, 庭宇生荊艾. 白骨不知誰, 從橫莫覆蓋. 出門無人聲, 豺狼號且吠. 煢煢對孤景, 怛咤糜肝肺. 登高遠眺望, 魂神忽飛逝. 奄若壽命盡, 旁人相寬大. 爲復强視息, 雖生何聊賴! 託命於新人, 竭心自勖厲. 流離成鄙賤, 常恐復捐廢. 人生幾何時, 懷憂終年歲!」

| 註釋 | ○斬截無孑遺 - 斬截(참절)은 목을 베고 수족을 자르다. 無孑遺은 하나도 남은 것이 없다. 孑遺(혈유)는 남은 것 孑은 외로울 혈. 남다. 남기다. ○撐拒(탱거) - 버티며 막다. 撐은 버틸 탱. 버팀목. 撐은 撑의 俗字. ○當復棄兒子 - 채염은 南匈奴의 左賢王과 사이에 두 아들을 낳았다. ○恍惚生狂痴 - 恍惚(황홀)은 정신이 어지러움. 狂痴(광치)는 미쳐서 사리분별을 못하다. 痴는 癡의 俗字. 어리석을 치. 미치다. ○馬爲立踟躕(지주) - 머뭇거리다. 踟는 머뭇거릴 지. 躕는 머뭇거릴 주. ○觀者皆歔欷(허희) - 흐느껴 울다. 歔는 흐느낄 허. 欷는 흐느낄 희. ○遄征日遐邁 - 遄은 빠를 천. 遐邁(하매)는 멀리가다. 遐는 멀 하. 邁는 갈 매. ○煢煢對孤景 - 煢煢(경경)은 외롭고 의지할 곳 없는 모양. 孤景(고영)은 孤影. ○怛咤糜肝肺 - 怛咤(달타)는 슬프다. 怛은 슬플 달. 咤는 슬플 타. 꾸짖다. ○奄若壽命盡 - 奄은 갑자기 엄.

【國譯】

뒷날 그동안 겪은 亂離(난리)를 생각하며, 悲憤(비분)에 젖어 詩 2章을 지었다. 그 시는 다음과 같다.

「漢末에 권위가 무너져 동탁은 天子 綱常을 흔들었다.
찬탈과 시해를 저지르려 먼저 賢良한 신하를 죽였다.
천자를 핍박해 舊都로 옮겼고 천자를 끼고 힘을 폈다.
海內에 의병이 일어나 악인을 함께 토벌코자 했다.
동탁의 군사가 東으로 오자 金甲이 日光에 번쩍였다.
中華의 군사는 약했고 침략자는 흉노와 羌族(강족)이었다.
사냥하듯 城邑을 포위하고 가는 곳마다 격파했다.
죽이고 잘라 남은 것도 없고 시신은 이리저리 쌓였다.
馬頭에 남자 수급을, 안장 뒤에는 부녀자를 납치했다.
강제로 몰아 관문을 지나 서쪽에, 길은 험하고 멀었다.

뒤돌아 보면 아득히 멀고, 肝腦는 모두 타고 썩었다.
掠取(약취)된 수 천, 만여 명이 한데 모일 수도 없었다.
어떤 이는 골육이 함께 있어도 이야기도 할 수 없었다.
失意 속에 사소한 일로도 '돼질 놈의 포로' 라고 했으며,
'응당 칼을 휘둘러 너희를 살려주지 않겠다.' 고 협박했다.
목숨이 아무리 아깝다 해도 그 욕설을 견딜 수 없더라.
멋대로 사람을 매질하니 몸도 마음도 심한 고통이었다.
아침에는 울면서 걷고 밤이면 앉아서 슬피 울었다.
죽으려 해도 죽을 수 없고 살려 해도 살길을 찾지 못했다.
우리가 무슨 죄가 있어 蒼天은 이런 재액을 내리는가!
거친 산하는 본토와 다르고 그들 세상엔 의리도 없었다.
머문 곳에는 서리와 눈, 봄여름에도 찬바람이 불었다.
옷깃은 바람에 휘날리고 센 바람 소리는 귀를 울렸다.
때때로 부모님 생각 그립고 애닯은 탄식은 끝이 없었다.
먼데서 손님이 왔다는 소식에 그래도 잠깐 기뻐했으나
맞이해 소식을 물으니 언제나 고향서 오지 않았더라.
바라던 소원이 갑자기 성취되니 골육이 찾으러 왔다.
고난을 벗어나 떠나지만 아들을 여기에 버려야 한다.
하늘이 맺어준 母子情을 기약도 없이 헤어져야 한다.
存亡이 영원히 갈라지니 차마 말을 이을 수가 없다.
아이는 목에 매달려 어미는 어디로 가느냐고 묻는데,
떠나는 어미가 돌아오겠다고 어찌 말할 수 있겠나!
언제나 인자하더니 오늘은 왜 자애롭지 않나요?
아직도 다 크지 않았는데 왜 나를 돌보지 않나요?
오장이 타면서 정신이 어지럽고 미칠 것 같았다.

우는 어린 것을 껴안고 출발 전에 또 돌아보았다.
같이 여기 왔던 사람과 헤어지며 서로 인사한다.
홀로 가는 내가 부러워 슬피 울며 가슴을 찢는다.
말도 떠나길 멈칫거리고 수레도 굴러가지 못한다.
보내는 자도 모두 흐느끼고 가는 길 내내 오열한다.
가면서 情도 멀어지고 서두는 길은 날마다 멀어진다.
머나먼 3천 리 길에 언제 다시 만날 수 있으랴?
내가 낳은 자식을 그리면 가슴이 무너지고 부서진다.
집에 돌아왔지만 모두 죽었고 다시 아는 이 없도다.
옛날 城郭은 숲에 묻혔고 뜰에는 가시나무가 자랐다.
누구인지 모르는 백골은 종횡으로 쌓여 묻혔다.
대문 밖에 아는 이 없고 승냥이 울음에 개가 짓는다.
외롭게 그림자만을 마주하고 슬픔에 肝膽(간담)이 무너진다.
높이 올라 멀리 바라보니 혼령이 홀연히 날아가도다.
갑자기 수명이 다한 듯 옆에서 관대한 마음으로 권한다.
또다시 살아야 한다고 하지만 살아도 무엇을 의지하랴!
새 사람에게 운명을 맡기며 정성을 다하여 노력한다.
떠돌다 비천한 몸이 되었으니 다시 버려질까 늘 두렵더라.
인생이 그 얼마던가? 근심 걱정으로 한 해를 보낸다.」

原文

其二章曰,

「嗟薄祐兮遭世患, 宗族殄兮門戶單. 身執略兮入西關, 歷險阻兮之羌蠻. 山谷眇兮路曼曼, 眷東顧兮但悲嘆. 冥當寢兮不能安, 飢當食兮不能餐, 常流涕兮皆不乾, 薄志節兮念死難, 雖苟活兮無形顔. 惟彼方兮遠陽精, 陰氣凝兮雪夏零. 沙漠壅兮塵冥冥, 有草木兮春不榮. 人似禽兮食臭腥, 言兜離兮狀窈停. 歲聿暮兮時邁征, 夜悠長兮禁門扃. 不能寐兮起屛營, 登胡殿兮臨廣庭. 玄雲合兮翳月星, 北風厲兮肅泠泠. 胡笳動兮邊馬鳴, 孤雁歸兮聲嚶嚶. 樂人興兮彈琴箏, 音相和兮悲且清. 心吐思兮匈憤盈, 欲舒氣兮恐彼驚, 含哀咽兮涕沾頸. 家旣迎兮當歸寧, 臨長路兮捐所生. 兒呼母兮號失聲, 我掩耳兮不忍聽. 追持我兮走煢煢, 頓復起兮毁顔形. 還顧之兮破人情, 心怛絶兮死復生.」

| 註釋 | ○嗟薄祐兮遭世患 – 嗟는 탄식할 차. 薄祐은 薄福. ○宗族殄兮門戶單 – 殄은 다할 진. 單은 다하다. 나머지가 없다. 殫(다할 탄)과 通. ○睠東顧兮但悲嘆 – 睠은 돌아볼 권. 但은 다만 단. ○言兜離兮狀窈停 – 兜離(두리)는 흉노인의 언어. 그들 말을 알아듣지 못했을 것이다. 侏離(주리)와 同. 狀은 얼굴 생김새. 窈停(유정)은 深目高鼻. ○聲嚶嚶 – 嚶은 새소리 앵.

[國譯]

二章,

「薄福에 험한 세상을, 망한 宗族과 가문을 한탄하노라.

잡힌 몸은 서쪽 관문 지나 험한 땅 흉노에 끌려갔다.

山谷 이어진 길은 끝이 없고 동쪽을 보며 슬피 울었다.

밤에 누워도 불안했고 굶주려 먹어도 끼니가 아니었다.

흘린 눈물로 눈이 부었고 죽지도 못한 신세를 한탄하며,
구차히 살아남은 초라한 몰골이었다.
거기는 태양도 멀어 음산하고 여름에도 눈이 내렸다.
막힌 사막은 흙먼지 자욱하고 초목은 봄꽃도 없었다.
짐승같이 날고기를 먹고, 떠드는 말에 생김새도 달랐다.
일 년 가고 세월은 빨리 흘러, 긴긴 밤에 문이 닫혔다.
잠 못 들어 일어나 서성이고 흉노인 천막에 거친 들.
검은 구름에 달도 별도 가렸고 매서운 북풍은 차갑다.
胡笳(호가)에 邊方 말이 울고 기러기가 울며 나른다.
樂人이 胡琴을 타니 어울린 가락이 슬프고 청아하다.
울컥한 마음에 답답한 가슴, 마음껏 소리치고 싶어도
슬픔을 삼키고 눈물만 떨구었다.
나를 데려 간다니 먼 길 떠나오며 낳은 자식을 버렸다.
어미를 부르며 우는 소리에 귀를 막고 차마 못 듣겠다.
나를 잡겠다고 홀로 뛰다가 넘어져 일어나 얼굴을 다쳤다.
이제 생각하니 情을 끊었고 슬픔 속에 죽었다 살아남았다.」

原文

贊曰, 端操有蹤, 幽閑有容. 區明風烈, 昭我管彤.

| 註釋 | ㅇ昭我管彤 – 彤管(동관, 赤管)은 붉은색의 붓. 궁 안에서 사용되었다. 彤은 붉은 칠 동, 管은 筆과 通.

[國譯]

贊曰,

지조를 지켜 남긴 자취에 깊은 뜻을 살필 수 있다.

또렷한 遺風 밝게 빛나니 여인의 행적을 기록하였다.

85 東夷列傳
〔동이열전〕

原文

〈王制〉云, '東方曰夷'. 夷者, 柢也, 言仁而好生, 萬物柢地而出. 故天性柔順, 易以道御, 至有君子, 不死之國焉. 夷有九種, 曰畎夷, 于夷, 方夷, 黃夷, 白夷, 赤夷, 玄夷, 風夷, 陽夷. 故孔子欲居九夷也.

| **註釋** | ㅇ東夷列傳 – 《史記》는 115권이 〈朝鮮列傳〉이고, 《漢書》는 95권이 〈西南夷兩越朝鮮傳〉이다. 《後漢書》의 〈東夷列傳〉은 먼저 이루어진 陳壽의 《三國志 魏志 烏丸鮮卑東夷傳》의 내용을 바탕으로 하였다. ㅇ〈王制〉 – 《禮記》의 편명. 「東方曰夷, 被髮文身, 有不火食者矣. 南方曰蠻, ~ 西方曰戎, 北方曰狄, ~」. ㅇ柢也 – 柢는 뿌리 저, 싹틀 저. 어떤 기운이 생긴다는 뜻도 있다. ㅇ君子國(군자국), 不死國(불사국) – 《山海經》에 나온다. ㅇ孔子欲居~ – 「子欲居九夷. 或曰, "陋如之何? 子曰, "君子居之, 何陋之有?"」《論語 子罕》.

[國譯]

《禮記 王制》에는 '東方에 사는 종족이 夷' 라고 하였다. 夷는 '싹이 튼다(柢也)' 는 뜻으로, 사람이 어질고 生을 즐기기에 만물의 근본이 태어나는 것을 말한다. 그래서 동이족은 천성이 유순하고 도리에 의거 거느리기 쉬우며, 그들에게 君子國(군자국)이나 不死國(불사국)이 있었다. 동이족은 9개 종족이 있는데 畎夷(견이), 于夷(우이), 方夷(방이), 黃夷(황이), 白夷(백이), 赤夷(적이), 玄夷(현이), 風夷(풍이), 陽夷(양이) 등이다. 그러하기에 孔子도 九夷의 땅에서 살고 싶다는 말을 했다.

原文

昔堯命羲仲宅嵎夷, 曰暘谷, 蓋日之所出也. 夏后氏太康失德, 夷人始畔. 自少康已後, 世服王化, 遂賓於王門, 獻其樂舞. 桀爲暴虐, 諸夷內侵, 殷湯革命, 伐而定之. 至於仲丁, 藍夷作寇. 自是或服或畔, 三百餘年. 武乙衰敝, 東夷浸盛, 遂分遷淮,岱, 漸居中土.

| 註釋 | ㅇ羲仲 – 堯의 大臣. ㅇ嵎夷(우이) – 동방의 땅. 嵎는 산 모롱이 우. 暘은 해돋이 양. ㅇ太康(태강) – 夏의 3대 王. ㅇ少康 – 夏朝의 6代 王. ㅇ仲丁(무정) – 中丁, 商의 왕.

[國譯]

옛날 堯帝가 羲仲(희중)을 嵎夷(우이)의 땅에 살게 하면서 暘谷(양곡)이라 하였는데, 이는 해가 솟아오르는 곳이다. 夏后氏의 太康(태강)이 失德하자 東夷人이 처음으로 반기를 들었다. 少康(소강) 이후로는 대대로 왕의 교화에 감복하였고 왕실에 와서 그들의 음악과 춤을 바쳤다. 桀王(걸왕)이 포악하자 여러 동이들이 내침하였고, 殷의 湯王(탕왕)이 천명을 받고 정벌하고 평정하였다. (商의) 仲丁(무정) 때는 藍(남이)가 침입하였다. 이후로는 때로는 복종하거나 반역하기를 3백여 년간 계속하였다. (殷의) 武乙(무을)에 이르러 나라가 쇠약하자 東夷는 점차 강성하였는데, 결국 淮水(회수)와 岱山(대산, 泰山) 지역으로 진출하여 마침내 中原에도 들어와 살게 되었다.

原文

及武王滅紂, 肅愼來獻石砮,楛矢. 管,蔡畔周, 乃招誘夷狄, 周公征之, 遂定東夷. 康王之時, 肅愼復至. 後徐夷僭號, 乃率九夷以伐宗周, 西至河上. 穆王畏其方熾, 乃分東方諸侯, 命徐偃王主之. 偃王處潢池東, 地方五百里, 行仁義, 陸地而朝者三十有六國. 穆王後得驥騄之乘, 乃使造父御以告楚, 令伐徐, 一日而至. 於是楚文王大擧兵而滅之. 偃王仁而無權, 不忍鬪其人, 故致於敗. 乃北走彭城武原縣東山下, 百姓隨之者以萬數, 因名其山爲徐山. 厲王無道, 淮夷入寇, 王命虢仲征之, 不克, 宣王覆命召公伐而平之. 及幽王淫亂, 四夷交侵, 至齊桓修霸, 攘而卻焉. 及楚靈會申, 亦來豫盟. 後越遷琅邪, 與共征戰, 遂陵暴諸夏, 侵滅小邦.

| **註釋** | ㅇ肅愼(숙신) – 肅愼(숙신)은 夏代와 商代에 黑水(今 黑龍江) 및

松花江 유역 일대에서 생활하던 부족. 肅愼, 濊貊(예맥), 東胡를 옛 東北 三大民族이라고 불렀다. ㅇ石砮,楛矢 - 石砮(석노)는 돌화살 촉. 楛矢(호시)는 화살대 나무. 楛는 나무 이름 호. 화살대를 만드는 데 사용. ㅇ潢池(황지) - 黃水, 또는 汪水. 沛(패)에서 泗水에 합류한다. ㅇ後得驥騄之乘 - 驥騄은 명마의 이름. 赤驥(적기)와 騄耳(녹이). 周 목왕은 이 명마를 타고 서쪽을 순수하며 즐거워 돌아갈 줄을 잊었다고 한다. ㅇ造父 - 秦의 선조, 周 穆王(목왕)을 위하여 명마 驊騮(화류)를 몰았다. ㅇ厲王(여왕) - 周의 10代 왕. 여왕 다음이 (周) 宣王(前 827 - 782년)이다. ㅇ幽王(유왕) - 褒姒(포사)와 즐겁게 놀았던 西周의 끝 왕, 재위 前 782 - 771, 犬戎(견융)의 침입으로 패망, 이어 周의 東遷, 춘추시대의 시작. ㅇ齊桓修霸 - 齊 桓公(재위, 前 685 - 643년) 修霸는 패업을 이룩하다. 春秋五霸의 첫 번째.

[國譯]

(周) 武王(무왕)이 (殷) 紂王(주왕)을 멸망시키자 肅愼(숙신) 族이 찾아와 石砮(석노)와 楛矢(호시)를 바쳤다. 管叔(관숙)과 蔡叔(채숙)이 周 왕실에 반기를 들며 夷狄을 불러들였는데 周公(旦)이 그들을 정벌하자 東夷는 평정되었다. 숙신은 그 뒤에도 (周에) 입조했다. (周) 康王 때에도 숙신이 다시 입조했다. 뒷날 徐夷(서이)가 왕호를 참칭하면서 九夷를 거느리고 宗周(周 왕실)을 공격하려고 서쪽으로 진출하여 河水에 이르렀다. (周) 穆王(목왕)은 그들이 강대해지는 것을 걱정하여 동방의 제후를 양쪽으로 나눠 편성하였는데 이 일을 徐의 偃王(언왕)이 주관케 하였다. (徐의) 偃王(언왕)은 潢池(황지)의 동쪽을 차지하였고, 그 땅은 사방 둘레가 5百 里였는데, 仁義를 바탕으로 정치를 하자 육로로 입조하는 나라가 36국이나 되었다. 목왕은 뒷날 赤驥(적기)와 騄耳(녹이)의 名馬를 얻었고, 造父(조보)를 시켜 楚에 알려 楚로 하여금 徐(서)를 공격케 하였는데, (造父는) 하루 만에 초에 도착하였

다. 그래서 楚의 文王(문왕)은 大兵을 동원하여 徐(서)를 멸망시켰다. 徐國의 偃王(언왕)은 천성이 인자하여 권력도 없었고 그 백성을 전투에 동원하지 못하였으므로 그대로 패망하였다. 이에 언왕은 彭城(팽성) 武原縣의 東山(동산) 부근으로 옮겨갔는데 그를 따라간 백성이 1만 명이나 되었다. (周) 厲王(여왕)이 無道하여 淮水 일대의 東夷가 周를 침입하자 여왕은 虢仲(괵중)을 시켜 동이를 정복케 하였지만 이기지 못하자, 宣王은 다시 召公(소공)을 시켜 정벌케 하여 평정하였다. 이어 幽王(유왕)이 음란하자, 四夷가 연달아 침입하였고 결국 齊桓公이 霸者가 되어 싸워 물리치고 역경을 극복하였다. 이어 楚 靈王(영왕)이 申(신)이란 곳에서 회맹할 때 東夷도 이에 참여하였다. 뒷날 越國(월국)이 琅邪(낭야) 지역에 진출하여 여러 나라와 싸웠고 여러 제후국을 침범하며 작은 나라들을 침략하여 멸망시켰다.

原文

秦並六國, 其淮,泗夷皆散爲民戶. 陳涉起兵, 天下崩潰, 燕人衛滿避地朝鮮, 因王其國. 百有餘歲, 武帝滅之, 於是東夷始通上京. 王莽簒位, 貊人寇邊.

建武之初, 復來朝貢. 時遼東太守祭肜威讋北方, 聲行海表, 於是濊,貊,倭,韓, 萬里朝獻, 故章,和已後, 使聘流通. 逮永初多難, 始入寇鈔, 桓,靈失政, 漸滋曼焉.

| **註釋** | ㅇ秦並六國 – 秦이 戰國 六國을 병합하다. 秦은 前 221년에 齊(田齊)를 멸망시켜 六國을 통일하였다. ㅇ祭肜威讋北方 – 祭肜(제융)은 인명. 祭가 성씨. 肜은 제사 이름 융. 祭肜(제융)은 20권, 〈銚期王霸祭遵列傳〉

立傳. 讋은 두려워할 섭.

[國譯]

秦이 六國을 병합하자 淮水와 泗水(사수) 일대의 東夷는 모두 民戶로 흡수되었다. 陳涉(陳勝)이 기병하자(前 209년) (秦의) 천하는 붕궤되었는데, 그때 燕(연) 지역에 살던 (東夷族) 衛滿(위만)은 朝鮮(조선)으로 피난하였다가 그 왕이 되었다(衛滿朝鮮의 성립. 前 194년). 1백여 년 뒤에 (漢) 武帝가 위만조선을 멸망시켰고(前 108년), 동이족은 중국과 왕래하며 上京할 수 있었다. 王莽(왕망)이 찬위하자(서기 8년), 貊人(맥인)이 변경을 침략하였다.

(光武帝) 建武 초기에 동이족이 다시 와서 朝貢하였다. 그때 遼東太守인 祭肜(제융)의 위세가 북방에 떨쳤는데 威名이 바다 건너까지 알려졌기에 동이족의 濊(예), 貊(맥), 韓(한)과 倭까지 1만 리를 지나와 공물을 바쳤고, 그 뒤로 章帝와 和帝 이후에도 사신이 왕래하였다. 그러다가 (順帝) 永初 연간에 나라가 흔들리자, 동이족이 침입하여 노략질하였고 桓帝와 靈帝의 실정으로 침입은 점차 曼焉(만연)되었다.

原文

自中興之後, 四夷來賓, 雖時有乖畔, 而使驛不絕, 故國俗風土, 可得略記. 東夷率皆土著, 憙飮酒歌舞, 或冠弁衣錦, 器用俎豆. 所謂中國失禮, 求之四夷者也. 幾蠻,夷,戎,狄總名四夷者, 猶公,侯,伯,子,男皆號諸侯云.

| 註釋 | ㅇ時有乖畔 – 乖畔(괴반)은 배반하다. 乖는 어그러질 괴. 배반하다. 畔은 밭 두둑 반. 叛(배반할 반)으로 통용.

[國譯]

光武中興 이후로 四夷의 입공은 비록 배반할 때도 있었지만 使者의 왕래가 끊이지 않았기에 그런 나라들의 습속과 풍토를 대략이라도 기록할 수 있었다. 동이족은 거개가 토착생활을 하며 飮酒와 歌舞를 즐기며, 혹자는 고깔(弁, 고깔 변)을 쓰고 비단 옷을 입었으며 俎豆(조두)를 용기로 사용하였다. 때문에 中國에서 사라진 예법은 四夷에서 찾아볼 수 있다고 하였다. 南蠻, 東夷, 西戎, 北狄으로 四夷를 통칭하는 것은 公, 侯, 伯, 子, 男으로 제후를 호칭하는 것과 같은 이치이다.

❶ 夫餘國

原文

夫餘國在玄菟北千里. 南與高句驪, 東與挹婁, 西與鮮卑接, 北有弱水. 地方二千里, 本濊地也.

初, 北夷索離國王出行, 其待兒於後姙身, 王還, 欲殺之. 侍兒曰, "前見天上有氣, 大如雞子, 來降我, 因以有身." 王囚之, 後遂生男. 王令置於豕牢, 豕以口氣嘘之, 不死. 復徙於馬蘭, 馬亦如之. 王以爲神, 乃聽母收養, 名曰東明.

東明長而善射, 王忌其猛, 復欲殺之. 東明奔走, 南至掩淲水, 以弓擊水, 魚鱉皆聚浮水上, 東明乘之得度, 因至夫餘而王之焉. 於東夷之域, 最爲平敞, 土宜五穀. 出名馬,赤玉,貂豽, 大珠如酸棗. 以員栅爲城, 有宮室,倉庫,牢獄. 其人粗大强勇而謹厚, 不爲寇鈔. 以弓矢刀矛爲兵. 以六畜名官, 有馬加,牛加,狗加, 其邑落皆主屬諸加, 食飮用俎豆, 會同拜爵洗爵, 揖讓升降.

以臘月祭天, 大會連日, 飮食歌舞, 名曰 '迎鼓'. 是時斷刑獄, 解囚徒. 有軍事亦祭天, 殺牛, 以蹄占其吉凶. 行人無晝夜, 好歌吟, 音聲不絶.

其俗用刑嚴急, 被誅者皆沒其家人爲奴婢. 盜一責十二. 男女淫, 皆殺之, 尤治惡妒婦, 旣殺, 復屍於山上. 兄死妻嫂. 死則有槨無棺. 殺人殉葬, 多者以百數. 其王葬用玉匣, 漢朝常豫以玉匣付玄菟郡, 王死則迎取以葬焉.

| **註釋** | ㅇ玄菟(현도) – 武帝의 東方 四郡의 하나로 출발. 治所를 여러 번 옮겨 처음의 땅이 아니었다. 나중 치소는 高句麗縣, 今 遼寧省 중북부의 審陽市 동쪽. 영역이 크게 축소. 菟는 새삼 토(풀이름). 호랑이 도. ㅇ豕牢, 馬蘭 – 豕는 돼지 시. 牢는 우레 뇌(圈也), 우리. 가두어 두는 곳. 蘭은 欄(난간, 짐승 우리, 칸막이). ㅇ貂豽(초놜) – 貂는 담비 초. 豽은 짐승 이름 놜. 앞발이 없고 개와 비슷하나 뿔이 있다. ㅇ兄死妻嫂 – 兄嫂의 경제 능력이 없기에 동생이 함께 살며 보살핀다는 뜻으로 생각해야 한다. 음란한 풍속이라 할 수 없다. 妻는 아내로 삼다. 동사로 쓰였다.

[國譯]

夫餘國은 玄菟郡(현도군)에서 1천 리 떨어진 북쪽에 있다. 남쪽으로는 高句驪(고구려), 동쪽은 挹婁(읍루), 서쪽은 鮮卑族(선비족)과 연접했고 북쪽에는 弱水(黑龍江)가 있다. 땅은 사방 2천 리이며 본래 濊族(예족)의 땅이었다.

그전에 北夷인 索離國(색리국) 왕이 出行했는데, 그 시녀가 궁에 남아 임신을 하자, 왕은 돌아와서 시녀를 죽이려 했다. 이에 시녀가 말했다.

“어쩌다 보니 하늘에 마치 큰 계란 같은 기운이 뭉쳐 있다가 나한테 내려왔고 그래서 임신이 되었습니다.”라고 말했다. 왕이 시녀를 가두었는데 나중에 사내아이를 출산하였다.

王이 돼지우리에 넣어두라고 하자, 돼지들이 입김을 불어 (따뜻하게 하여) 죽지 않았다. 다시 마구간에 옮겼는데 말도 그렇게 하였다. 왕은 神異하다고 생각하여 어미가 양육하도록 허락하였는데 이름은 東明(동명)이었다. 동명은 성장했고 활을 잘 쏘았는데 왕은 동명의 용맹을 투기하여 죽이려 했다. 동명은 남쪽으로 달아나 掩淲水(엄표수) 이르러 활로 물을 때리자, 물고기와 자라 등이 떠올랐고 동맹은 그것들을 밟고 강을 건너 부여 땅에 와서 왕이 되었다.

본래 東夷의 땅은 아주 평탄하고 비옥하여 오곡 농사에 적합하였다. 名馬와 赤玉, 貂豽(초날, 짐승 이름)이 나오며 대추만큼 큰 구슬(大珠)도 산출되었다. 둥그렇게 목책을 둘러 城을 만들고, 宮室과 倉庫 그리고 牢獄(뇌옥, 감옥)도 있었다.

그 사람들은 몸이 장대하고 힘이 세며 용감하고, 근엄 온후하여 도둑질을 하지 않았다. 병기로는 활과 화살, 칼과 창을 사용했다. 六畜의 이름으로 관직명을 정했는데 馬加, 牛加, 狗加(구가) 등이 있고,

마을은 여러 加(가)에 分屬되었고, 식음에는 俎豆(조두)를 사용했으며, 會同에는 拜爵과 洗爵(세작)의 예의와 들고 나는데 揖讓(읍양)의 예를 지켰다.

臘月(납월, 12월)에 祭天하는데 연일 모두 모여 마시고 먹으며 가무를 즐기는데, 이를 '迎鼓(영고)' 라고 불렀다. 이 기간에 처형을 중단하고 죄수를 풀어주기도 한다. 군사를 동원해야 한다면 祭天하고 소를 죽여 그 발굽으로 吉凶을 점쳤다. 주야로 행인이 왕래하며 노래 부르기를 즐겨 노랫소리가 그치지 않았다.

그들 습속에 형벌을 매우 엄격하였으니 처형자의 가족은 모두 노비로 삼았다. 도적질을 하면 12배로 배상케 했다. 음행을 한 남녀는 모두 죽였는데, 특히 부인의 투기를 엄히 다뤄 처형한 뒤에 시신은 산 위에 버렸다. 형이 죽으면 (동생이) 형수를 데리고 살았다. 사람이 죽으면 棺을 쓰지 않고 덧널(槨)만을 사용했다. 사람을 죽여 殉葬(순장)했는데 많을 경우 1백 명이나 되었다. 부여왕이 죽으면 玉匣(옥갑)을 써서 장례했는데, 漢朝에서는 그 옥갑을 예상하여 현도군에 미리 준비해 두었는데, 왕이 죽으면 옥갑을 가져다가 장례했다.

原文

建武中, 東夷諸國皆來獻見. 二十五年, 夫餘王遣使奉貢, 光武厚答報之, 於是使命歲通. 至安帝永初五年, 夫餘王始將步騎七八千人寇抄樂浪, 殺傷吏民, 後復歸附.

永寧元年, 乃遣嗣子尉仇台詣闕貢獻, 天子賜尉仇台印綬金彩. 順帝永和元年, 其王來朝京師, 帝作黃門鼓吹,角抵戲以遣之. 桓帝延熹四年, 遣使朝賀貢獻. 永康元年, 王夫台將二萬餘人寇玄菟, 玄菟太守公孫域擊破之, 斬首千餘級. 至靈帝熹平三年, 復奉章貢獻. 夫餘本屬玄菟, 獻帝時, 其王求屬遼東云.

| 註釋 | ㅇ角抵戲(각저희) – 角抵는 씨름, 서역을 통해 들어온 각저는 레슬링. 우리나라의 씨름과는 차이가 있다.

[國譯]

(光武帝) 建武 연간에, 東夷族 여러 나라가 모두 공물을 바치고 알현하였다. 건무25년(서기 49), 부여왕이 사자를 보내 공물을 바치자, 광무제가 후하게 답례하였고 이후 사자가 해마다 왕래하였다. 安帝 永初 5년(서기 111), 부여왕이 처음 보병과 기병, 7, 8천 명을 거느리고 樂浪郡을 노략질하면서 관리와 백성을 죽였는데 뒤에 다시 歸附하였다.

(安帝) 永寧 원년(서기 120), 嗣子(사자)인 尉仇台(위구태)를 보내 궁궐에 와 공물을 헌상하자 황제가 위구태에게 印綬(인수)와 금은, 비단을 하사하였다. 順帝 永和 원년(서기 136), 부여왕이 직접 경사까지 입조하자 순제는 黃門을 시켜 주악을 연주케 하고 角抵戲(각저희)를 관람케 한 뒤에 돌아가게 했다. (桓帝) 永康 원년(서기 167), 부여왕 夫台(부태)가 2만여 명을 거느리고 玄菟(현도) 군에 침입하자, 현토 태수인 公孫域(공손역)이 격파하고 1천여 명을 죽였다. 靈帝 熹平 3년(서기 174)에 다시 국서와 공물을 보내왔다. 夫餘國은 본래 현도군에 소속되었기에 獻帝 때 부여왕이 요동군에 소속시켜달라고 요구하였다.

❷ 挹婁

原文

挹婁, 古肅愼之國也. 在夫餘東北千餘里, 東濱大海, 南與北沃沮接, 不知其北所極. 土地多山險. 人形似夫餘, 而言語各異. 有五穀,麻布, 出赤玉,好貂. 無君長, 其邑落各有大人. 處於山林之間, 土氣極寒, 常爲穴居, 以深爲貴, 大家至接九梯. 好養豕, 食其肉, 衣其皮. 冬以豕膏塗身, 厚數分, 以御風寒. 夏則裸袒, 以尺布蔽其前後. 其人臭穢不潔, 作廁於中, 圜之而居.

自漢興以後, 臣屬夫餘. 種衆雖少, 而多勇力, 處山險, 又善射, 發能入人目. 弓長四尺, 力如弩. 矢用楛, 長一尺八寸, 青石爲鏃, 鏃皆施毒, 中人卽死. 便乘船, 好寇盜, 鄰國畏患, 而卒不能服. 東夷夫餘飮食類皆用俎豆, 唯挹婁獨無, 法俗最無綱紀者也.

| **註釋** | ㅇ挹婁(읍루) - 肅愼(숙신)의 후예로, 지금의 러시아 연해주 일대에 거주. 말갈족으로 통칭. 우리와는 다른 민족. 竪穴(수혈)에 거주.

[國譯]

挹婁(읍루)는 옛 肅愼(숙신)의 땅에 있던 나라이다. 夫餘에서 동북쪽으로 1천여 리 떨어졌고 동쪽은 큰 바다에 연접했고, 남으로는 北沃沮(북옥저)와 접하였는데 북쪽으로는 그 끝이 어디인지 알 수 없다. 사람 생김새는 부여 사람과 비슷하나 언어는 같지 않다. 오곡과

麻布(마포)를 재배하고, 赤玉과 질이 좋은 담비 가죽(貂)이 나온다. 君長은 없고 각 마을에는 大人이 있다.

山林 사이에 사는데 아주 추운 땅이라서 늘 穴居하는데 깊을수록 좋은 집이고 큰 집은 사다리 9개로 연결되기도 한다. 돼지를 잘 키우고 그 고기를 먹고 가죽을 입는다. 겨울이면 돼지기름을 몸에 바르는데 두께가 여러 푼(分)이나 되어 찬바람을 막는다. 여름이면 벌거벗고 사는데 한 자 정도의 천으로 앞뒤를 가린다. 그 사람들은 냄새가 나고 불결하며 집 가운데에 변소를 두고 그 둘레에 거처한다.

漢이 건국된 이후로 夫餘에 臣屬했다. 그 종족의 수는 많지 않아도 勇力이 많고 활을 쏘았는데 사람의 눈알을 맞출 정도였다. 활의 길이가 四尺이고 마치 쇠뇌(弩)처럼 세게 날아간다. 화살대는 楛(화살대 나무 호)를 쓰는데 길이가 1尺 8寸에 青石으로 화살촉을 만들어 독약을 발랐기에 사람이 맞으면 곧 즉사한다. 배를 잘 이용하고 도적질을 좋아하기에 이웃나라에서 두려워하지만 복속시킬 수 없다. 東夷나 부여 사람들은 모두 俎豆(조두)를 사용하지만 읍루에는 그런 것이 없고 그 법도에 기강이 가장 없는 나라이다.

❸ 高句驪

原文

高句驪, 在遼東之東千里, 南與朝鮮,濊貊, 東與沃沮, 北與夫餘接. 地方二千里, 多大山深谷, 人隨而爲居. 少田業, 力作不足以自資, 故其俗節於飮食, 而好修宮室. 東夷相傳以爲夫餘別種, 故言語法則多同, 而跪拜曳一脚, 行步皆走.

凡有五族, 有消奴部,絶奴部,順奴部,灌奴部,桂婁部. 本消奴部爲王, 稍微弱, 後桂婁部代之. 其置官, 有相加,對盧,沛者,古鄒大加,主簿,優台,使者,帛衣先人.

武帝滅朝鮮, 以高句驪爲縣, 使屬玄菟, 賜鼓吹伎人. 其俗淫, 皆潔淨自憙, 暮夜輒男女群聚爲倡樂. 好祠鬼神,社稷,零星, 以十月祭天大會, 名曰'東盟'. 其國東有大穴, 號禭神, 亦以十月迎而祭之. 其公會衣服皆錦繡, 金銀以自飾. 大加,主簿皆著幘, 如冠幘而無後, 其小加著折風, 形如弁. 無牢獄, 有罪, 諸加評議便殺之, 沒入妻子爲奴婢. 其昏姻皆就婦家, 生子長大, 然後將還, 便稍營送終之具. 金銀財幣盡於厚葬, 積石爲封, 亦種松柏. 其人性凶急, 有氣力, 習戰鬪, 好寇鈔, 沃沮,東濊皆屬焉.

| 註釋 | ㅇ高句驪 - 驪는 가라말 려(검은 털의 말). 우리나라에서는 高句麗, 高麗이다. 중국 주변의 이민족을 동물 이름으로 부르는 관습에 의거 일부러 馬 변의 驪을 써서 자신들의 우월감을 표현했을 것이다. 麗는 고울 려. 국명, 부족명, 현명. 일명 句驪, 高夷, 高离(고리). 고구려족의 갈래로 小水貊(소수맥)과 濊貊(예맥)이 있다. 본전에서는 고구려 다음에 句麗를 별개의 국가로 나누어 설명하였는데 어떤 착오가 있는 것 같다. ㅇ帛衣先人 - 皀衣(조의). 先人(선인).

[國譯]

高句驪(고구려)는 遼東郡의 동쪽 1천 리에 있는데, 남으로는 朝鮮과 濊貊(예맥), 동으로는 沃沮(옥저), 북쪽으로는 夫餘와 접했다. 땅은 사방 합계가 2천 리이고 심산에 大谷이 많아 백성들은 골짜기를 따라 거처하였다. 농사터가 좁아서 힘써 일하여도 자급되지 않아 그 풍속에 음식을 아꼈지만 집은 잘 짓고 살았다. 東夷들에게 고구려는 夫餘의 別種이라고 전해지는데, 언어와 법속이 비슷하며 무릎을 꿇어 배례할 때 한쪽 다리를 뒤로 빼며 걸음은 달리듯 빨랐다.

모두 5부족이 있는데 消奴部, 絶奴部, 順奴部, 灌奴部(관노부), 桂婁部(계루부)이다. 처음에는 消奴部(소노부)에서 왕이 나왔지만 점차 약해졌고 뒤에는 계루부에서 차지하였다. 그들의 관직은 相加, 對盧, 沛者, 古鄒大加(고추대가), 主簿, 優台(우태), 使者(사자), 帛衣(皀衣, 조의), 先人(선인) 등이 있다.

武帝는 朝鮮(衛滿朝鮮)을 멸망시키고서 고구려를 縣으로 만들어 玄菟郡(현도군)에 소속시킨 뒤 악기와 악공을 보내주었다. 그들 풍속은 놀기를 좋아하고 청결하며 명랑한 성격이었고 밤이면 늘 남녀가 함께 모여 노래하며 즐기었다. 鬼神과 社稷, 하늘의 별에 대한 제사를 잘 지내며 10월의 祭天大會를 '東盟(동맹)' 이라고 불렀다. 그 나라의 동쪽에 큰 굴이 있는데 襚神(수신, 地神)이라 하면서 10월에 맞이하여 제사를 지냈다.

그들의 행사나 공공 모임에는 모두 비단 옷을 입고 금은으로 장식을 하였다. 大加와 主簿(주부)는 모두 幘(책, 巾)을 착용했는데, (중국인의) 幘과 비슷하나 뒤 장식이 없고, 그들 중 小加는 折風(절풍)이라는 관을 착용하였는데 모양은 弁(고깔)과 같았다.

나라에 감옥이 없는데, 죄를 지으면 諸加가 評議하여 바로 처형하였고 그 처자는 노비로 삼았다. 그들은 결혼하면 여자 집에 살다가(壻屋制, 서옥제) 자식이 장성하면 본가로 돌아왔고 평소에 장례 도구를 조금씩 준비하였다. 금은과 재물을 많이 들여 후장을 하였고,

돌을 쌓아 봉분을 만들고 무덤 곁에 소나무나 측백나무를 심었다. 그들의 성질은 다급하고 勇力이 있어 전투에 능했으며 노략질을 즐겼고 沃沮(옥저)와 東濊(동예)를 모두 복속시켰다.

原文

句驪一名貊, 有別種, 依小水爲居, 因名曰小水貊. 出好弓, 所謂 '貊弓' 是也.

王莽初, 發句驪兵以伐匈奴, 其人不欲行, 强迫遣之, 皆亡出塞爲寇盜. 遼西大尹田譚追擊, 戰死. 莽令其將嚴尤擊之, 誘句驪侯騶入塞, 斬之, 傳首長安. 莽大說, 更名高句驪王爲下句驪侯, 於是貊人寇邊愈甚. 建武八年, 高句驪遣使朝貢, 光武復其王號. 二十三年冬, 句驪蠶支落大加戴升等萬餘口詣樂浪內屬. 二十五年春, 句驪寇右北平,漁陽,上谷,太原, 而遼東太守祭肜以恩信招之, 皆復款塞.

| 註釋 | ㅇ句驪(구려) - 전체 문맥상 句驪는 高句麗이다. 고구려와 별개의 나라로('句驪一名 貊') 기록한 것은 분명 기록자의 착오이다. 가령 건무 8년에, 고구려에서 사신을 보내 조공했다면 외교문서의 특징상 왕의 존호나 성명을 기록했을 것인데 이에 관한 기록도 없다. '句驪王宮' 이란 기록에서 宮은 이름인데, 왕이 성씨를 아니 기록할 리 없고 또 속명을 대외적으로 사용하지는 않았을 것이다. 고구려 왕의 시호를 하나도 기록하지 않고 평민 이름을 쓰듯 속명을 기록하였는데, 이는 적대의식의 발로라 생각하면 된다. ㅇ一名貊 - 貊은 짐승 이름 맥. 종족 이름 맥. ㅇ皆復款塞 - 款塞(관새)는 국경에서 통상을 요구하다. 款은 정성 관, 두드릴 관. 머물다.

[國譯]

句驪(구려)는 一名 貊(맥)이고 別種이 있는데, 얕은 물가에 산다 하여 이름을 小水貊(소수맥)이라 하였다. 좋은 활이 생산되는 데 바로 '貊弓' 이다.

왕망 초기에 구려의 군사를 동원하여 匈奴를 정벌하려 했으나 그들이 출전하려 하지 않자 강제로 보냈지만 국경을 넘어 도망한 뒤 중국을 노략질하였다. 遼西郡 大尹(太守)인 田譚(전담)이 추격하였으나 전사하였다. 왕망은 부장인 嚴尤(엄우)를 시켜 공격케 하였는데, 엄우는 구려의 우두머리인 騶(추)를 국경 안으로 유인하여 죽인 뒤 그 수급을 장안으로 보냈다. 왕망은 크게 기뻐하며 고구려 왕의 호칭을 下句驪侯(하구려후)로 격하시켰는데, 그러자 貊人들의 변경 노략질이 더욱 심해졌다.

建武 8년(서기 32), 高句驪가 사신을 보내 공물을 바치자 광무제는 왕호를 다시 복구시켰다. (건무) 23년 겨울, 구려의 蠶支落(잠지락) 大加인 戴升(대승) 등 백성 1만여 명이 낙랑군에 와서 투항하였다. 25년(서기 49) 봄, 구려가 右北平郡, 漁陽郡, 上谷郡, 太原郡 등을 노략질하자 遼東太守인 祭肜(제융)이 은애와 신의로 초유하자 모두 다시 국경을 왕래하였다.

原文

後句驪王宮生而開目能視, 國人懷之, 及長勇壯, 數犯邊境. 和帝元興元年春, 復入遼東, 寇略六縣, 太守耿夔擊破之, 斬其渠帥.

安帝永初五年, 宮遣使貢獻, 求屬玄菟. 元初五年, 復與濊貊寇玄菟, 攻華麗城. 建光元年春, 幽州刺史馮煥,玄菟太守姚光,遼東太守蔡諷等, 將兵出塞擊之, 捕斬濊貊渠帥, 獲兵馬財物. 宮乃遣嗣子遂成將二千餘人逆光等, 遣使詐降, 光等信之, 遂成因據險厄以遮大軍, 而潛遣三千人攻玄菟, 遼東, 焚城郭, 殺傷二千餘人. 於是發廣陽,漁陽,右北平,涿郡屬國三千餘騎同救之, 而貊人已去. 夏, 復與遼東鮮卑八千餘人攻遼隊, 殺略吏人. 蔡諷等追擊於新昌, 戰歿, 功曹耿耗,兵曹掾龍端,兵馬掾公孫酺以身扞諷, 俱歿於陣, 死者百餘人. 秋, 宮遂率馬韓,濊貊數千騎圍玄菟. 夫餘王遣子尉仇台將二萬餘人, 與州郡並力討破之, 斬首五百餘級.

| 註釋 | ㅇ句驪王 宮(궁) – 고구려 6대 太祖王이다. 재위 서기 53 – 146년. 宮은 태조왕의 이름. ㅇ和帝 元興 元年(서기 105년) – 고구려 太祖王이 요동 6개 현을 공략했다. ㅇ耿夔(경기) – 19권, 〈耿弇列傳〉에 立傳.

【國譯】

뒷날 (高)句驪王 宮(궁)은 태어나며 눈을 뜨고 쳐다볼 수 있어 그 백성들이 따랐는데, 성장하면서 용감하고 힘이 좋아 중국의 변경을 자주 침범하였다. 和帝 元興 원년(서기 105) 봄에, 다시 遼東郡에 침입하여 6개 현을 노략질하자 太守인 耿夔(경기)가 격파하면서 그 우두머리를 죽였다. 安帝 永初 5년(서기 111), 宮(궁)은 사자를 보내 토산물을 바치며 현도군에 예속을 희망하였다.

(安帝) 元初 5년(서기 118)에, 다시 예맥과 함께 현도군에 침입하여 華麗城을 공격하였다. (安帝) 建光 元年(서기 121) 봄, 幽州 자사

馮煥(풍환), 현도군 태수 姚光(요광)과 요동군 태수 蔡諷(채풍) 등이 군사를 거느리고 국경을 넘어 고구려를 공격하여 濊貊(예맥)의 渠帥(거수, 우두머리)를 잡아 죽이고 병마와 재물을 노획하였다. 宮은 이에 嗣子인 遂成(수성)을 시켜 2천여 명의 군사를 거느리고 요광 등을 맞아 싸우다가 사자를 보내 거짓 투항을 하자 요광 등이 이를 믿었다. 수성은 험한 지형에서 漢의 대군을 막아놓고 싸우면서 몰래 3천 군사를 별도로 파견하여 현도군과 遼東郡을 공격하여 성곽을 불사르고 2천여 명을 죽이거나 다치게 했다. 이에 漢은 廣陽郡, 漁陽郡, 右北平郡, 涿郡(탁군) 屬國에서 동원한 3천여 명을 보내 구원케 했으나 고구려(貊, 맥)의 군사는 이미 돌아간 뒤였다.

여름에, 다시 遼東郡 내 선비족 8천여 명과 함께 (요동군) 遼隊縣(요대현)을 공격하여 관리와 백성을 죽이고 노략질하였다. (요동태수) 蔡諷(채풍) 등이 新昌(신창)이란 곳까지 추격하였으나 채풍이 전사했는데 功曹인 耿耗(경모), 兵曹掾인 龍端(용단), 兵馬掾인 公孫酺(공손포) 등이 몸으로 채풍을 감싸 지키려다가 모두 전장에서 죽었고 전체적으로 1백여 명이나 죽었다. 가을에 宮(고구려 太祖王)은 馬韓과 濊貊(예맥)의 군사 수천 명과 함께 현도군을 포위하였다. 이에 부여왕이 아들 尉仇台(위구태)에게 군사 2만여 명을 거느리고 구원케 하자, 현도군에서도 군사를 모아 격파하고 (고구려 군) 5백여 명을 죽였다.

原文

是歲宮死, 子遂成立. 姚光上言欲因其喪發兵擊之, 議者皆以爲可許. 尙書陳忠曰, "宮前桀黠, 光不能討, 死而擊之, 非義也. 宜遣弔問, 因責讓前罪, 赦不加誅, 取其後善." 安帝從之. 明年, 遂成還漢生口, 詣玄菟降.

詔曰,「遂成等桀逆無狀, 當斬斷葅醢, 以示百姓, 幸會赦令, 乞罪請降. 鮮卑,濊貊連年寇鈔, 驅略小民, 動以千數, 而裁送數十百人, 非向化之心也. 自今已後, 不與縣官戰鬪而自以親附送生口者, 皆與贖直, 縑人四十匹, 小口半之.」

| 註釋 | ㅇ是歲宮死 - 고구려 왕 太祖王(宮)이 죽은 것은 서기 146년이다. 다음에 안제가 조서를 내린 것은 기록자의 착오로 추정된다. 이는 順帝 다음 質帝가 즉위한 해이다. ㅇ子遂成立 - 遂成(수성)은 태조왕의 아들이 아니고 태조왕의 동생이며, 7대 次大王으로 재위 146 - 165년이다.

[國譯]

이 해에 (고구려왕) 宮(궁)이 죽고, 아들 遂成(수성, 고구려 7대 次大王)이 즉위하였다. 현도군 태수 姚光(요광)이 그 국상 기간에 군사를 내어 공격해야 한다고 상서하였고 논자들은 모두 찬성하였다. 그러나 尙書 陳忠(진충)이 말했다.

"(고구려왕) 宮(궁)이 예전에 포악 횡포하여 요광이 토벌하지 못했는데, 이제 그가 죽었기에 공격하는 것은 의롭지 못합니다. 응당 사자를 보내 조문하면서 앞서 지은 죄를 따지고 처형을 사면하여 훗날 善良하도록 기다려야 합니다."

안제는 이를 따랐다. 다음 해 고구려왕 遂成이 漢에서 잡아간 포로를 돌려보냈고 현도군에 와서 투항하였다. 이에 조서를 내렸다.

「遂成(수성) 등은 포악하고 무도하였으니, 응당 참수한 뒤에 젓을 담가 백성들에게 보여주어야 마땅하지만, 이번에 사면령을 받자 잘못을 사죄하고 투항을 요청하였다. 그간 선비, 예맥과 함께 해마다 침략하면서 백성 수천 명을 잡아갔으나 이제 겨우 백수십 명을 돌려 보냈지만, 이는 교화를 받아들이려는 마음이 아닐 것이다. 오늘 이후로는 우리 관리들과 싸우지 말 것이며 직접 찾아와 투항하거나 포로들을 데려오는 자는 그 숫자대로 속전을 지급할 것이니 1인 당 비단 40필을, 어린아이는 그 반을 지급할 것이다.」

原文

遂成死, 子伯固立. 其後濊貊率服, 東垂少事. 順帝陽嘉元年, 置玄菟郡屯田六部. 質,桓之間, 復犯遼東西安平, 殺帶方令, 掠得樂浪太守妻子. 建寧二年, 玄菟太守耿臨討之, 斬首數百級, 伯固降服, 乞屬玄菟云.

| 註釋 | ㅇ遂成死 – 遂成(次大王)이 서기 165년(桓帝 延熹 8년)에 시해 당했다. ㅇ子伯固立 – 伯固(백고)는 新大王(재위 165 – 179년). 차대왕의 아들이 아니고 동생이다. ㅇ復犯遼東西安平 ~ – 이는 태조왕이 죽던 해인 146년의 사건이다.

[國譯]

遂成(次大王)왕이 죽고, 아들 伯固(新大王)이 즉위하였다. 그 뒤에 예맥이 한에 복속하니 동쪽 변방에서의 싸움이 거의 없었다. 그 전에 順帝 陽嘉 원년(서기 132)에 玄菟郡에 屯田하는 6개 부대를 설치했었다. 質帝, 桓帝 연간에, (고구려)가 다시 요동군 西安平을 침략했고, 帶方 縣令을 죽였고, 樂浪 태수의 처자를 잡아가기도 했었다. (靈帝) 建寧 2년(서기 169), 현도군 태수 耿臨(경림)이 (고구려군) 수백 명을 참수하자 伯固(新大王)이 항복했고 현도군에 예속을 요청하였다.

❹ 沃沮

原文

東沃沮在高句驪蓋馬大山之東, 東濱大海, 北與挹婁,夫餘, 南與濊貊接. 其地東西夾, 南北長, 可折方千里. 土肥美, 背山向海, 宜五穀, 善田種, 有邑落長帥. 人性質直强勇, 便持矛步戰. 言語,食飮,居處, 衣服, 有似句驪.

其葬, 作大木槨, 長十餘丈, 開一頭爲戶, 新死者先假埋之, 令皮肉盡, 乃取骨置槨中. 家人皆共一槨, 刻木如生, 隨死者爲數焉.

| 註釋 | ㅇ東沃沮 - 沃沮(옥저). 東은 衍文. 다음의 濊에 들어갈 東 字가 잘못 쓰인 것 같다. ㅇ蓋馬大山 - 蓋馬(개마)는 현도군의 縣名.

[國譯]

東沃沮(동옥저)는 高句驪 蓋馬(개마) 大山의 동쪽인데, 동쪽에 큰 바다가 있고 북으로는 挹婁(읍루), 夫餘(부여)와 연접했고, 남쪽으로는 濊貊(예맥)과 접했다. 그 땅은 동서는 좁고 남북으로는 길어 사방 길이가 천리의 절반쯤 된다. 땅이 기름지고 뒤에는 산, 앞에는 바다이고, 오곡 농사에 적합하여 농사를 잘 지었으며 마을에는 우두머리가 있었다. 백성들의 성격은 강직, 强壯, 용맹하고, 창을 잡고 步戰에 능했다. 언어와 음식, 거처와 의복 등이 고구려와 비슷하였다.

그들 장례는 큰 길이가 10여 丈이나 되는 木槨(목곽)을 만들어 놓고 한쪽 끝에 출입문을 만들어 놓고서 가족이 죽으면 먼저 임시 매장을 하여 살갗과 살이 다 썩은 다음에 뼈를 추려서 목곽 안에 보관하였다. 가족이 모두 하나의 목곽을 사용하며 살아 있을 때처럼 나무를 새겨 죽은 사람 수만큼 세워두었다.

原文

武帝滅朝鮮, 以沃沮地爲玄菟郡. 後爲夷貊所侵, 徙郡於高句驪西北, 更以沃沮爲縣, 屬樂浪東部都尉. 至光武罷都尉官, 後皆以封其渠帥, 爲沃沮侯. 其土迫小, 介於大國之間, 遂臣屬句驪. 句驪復置其中大人爲使者, 以相監領, 責其租稅, 貂,布,魚,鹽,海中食物, 發美女爲婢妾焉.

| **註釋** | ㅇ樂浪東部都尉 – 보통 1군의 군사를 담당하는 도위 1명을 보냈으나 변방의 군에는 복수의 도위를 보냈다. 도위는 변방 현의 군사와 행정을 담당하였다.

[國譯]

武帝가 (衛滿) 朝鮮을 멸망시키자, 옥저는 현도군의 땅이 되었다. 뒷날 동이족의 침략을 받아 현도군이 고구려의 서북으로 옮겨가자, 옥저는 현이 되어 樂浪郡 東部都尉의 소속이 되었다. 光武帝는 都尉官을 폐지하는 대신 현지 우두머리를 제후로 봉하였기에 沃沮侯가 되었다. 그 땅이 좁고 작으며 대국 사이에 끼었는데 옥저는 대체로 고구려에 臣屬하였다. 고구려에서는 그곳 大人을 뽑아 使者로 삼아 (읍락의 우두머리와) 서로 협력하되 조세로 貂皮(초피), 면포, 건어, 鹽(소금), 해산물을 징수케 하였으며 美女를 징발하여 시녀나 후처로 삼았다.

原文

又有北沃沮, 一名置溝婁, 去南沃沮八百餘里. 其俗皆與南同. 界南接挹婁. 挹婁人喜乘船寇抄, 北沃沮畏之, 每夏輒臧於岩穴, 至冬船道不通, 乃下居邑落. 其耆者言, 嘗于海中得一布衣, 其形如中人衣, 而兩袖長三丈. 又於岸際見一人乘破船, 頂中復有面, 與語不通, 不食而死. 又說海中有女國, 無男人. 或傳其國有神井, 窺之輒生子云.

| **註釋** | ㅇ北沃沮(북옥저) – 지금의 함경북도 해안이나 연해주 남쪽으로 추정.

[國譯]

또 北沃沮(북옥저)가 있었는데, 一名 置溝婁(구치루)인데 남쪽 옥저에서 8백리 정도 떨어졌다. 북옥저의 습속은 대개 남쪽 옥저와 같다. 북옥저 영역은 挹婁(읍루)의 남쪽과 접했다. 읍루인들이 배를 타고 와서 노략질을 했기에 북옥저는 그들이 두려워 매년 여름에는 산속 동굴에 숨어 살다가 겨울이 되어 배가 불통하면 마을에 대려와 살았다.

그곳 노인의 말에 의하면, 일찍이 바다에서 布衣를 하나 건졌는데 옷 모양이 中人(中國)의 옷과 비슷한데 양쪽 소매의 길이가 三丈이라고 하였다. 또 바닷가에서 어떤 사람이 부서진 배와 함께 흘러왔는데, 이마에 또 다른 얼굴이 있었고 말이 통하지 않았으며, 먹지 않아 죽었다고 하였다. 또 바다 멀리에 女人國이 있는데 남자는 없다고 하였다. 그 나라에 神井이 있는데 그 샘을 여자가 바라보면 곧 자식을 낳는다고 하였다.

❺ 東濊

原文

濊北與高句驪,沃沮, 南與辰韓接, 東窮大海, 西至樂浪. 濊及沃沮,句驪, 本皆朝鮮之地也.

昔武王封箕子於朝鮮, 箕子教以禮義田蠶, 又制八條之教. 其人終不相盜, 無門戶之閉. 婦人貞信. 飮食以籩豆. 其後四十餘世, 至朝鮮侯準自稱王.

漢初大亂, 燕,齊,趙人往避地者數萬口, 而燕人衛滿擊破準, 而自王朝鮮, 傳國至孫右渠. 元朔元年, 濊君南閭等畔右渠, 率二十八萬口詣遼東內屬, 武帝以其地爲蒼海郡, 數年乃罷.

至元封三年, 滅朝鮮, 分置樂浪,臨屯,玄菟,眞番四郡. 至昭帝始元五年, 罷臨屯,眞番, 以並樂浪,玄菟. 玄菟復徙居句驪. 自單單大領已東, 沃沮,濊貊悉屬樂浪. 後以境土廣遠, 復分領東七縣, 置樂浪東部都尉. 自內屬已後, 風俗稍薄, 法禁亦浸多, 至有六十餘條. 建武六年, 省都尉官, 遂棄領東地, 悉封其渠帥爲縣侯, 皆歲時朝賀.

| 註釋 | ㅇ濊 - 濊는 흐릴 예, 더러울 예(穢와 通). 깊고 넓을 회. 종족 이름 겸 부족 국가 이름. 國史에서는 東濊로 통칭. ㅇ八條之敎 -《漢書 地理志》에 3개 조항이 전함. 相殺者는 當時에 償殺한다. 相傷하면 穀償한다. 相盜者 중 남자는 그 집 家奴로 몰입하고, 여자는 婢女로 삼는데 自贖하려는 者는 五十萬을 낸다. ㅇ至朝鮮侯準自稱王 - 조선의 마지막 왕 準(준).

【國譯】

東濊(동예)는 북쪽에는 고구려와 옥저, 남으로는 辰韓(진한)과 접했고, 동쪽으로는大海에 막혔으며, 서쪽으로는 樂浪郡과 접했다. 동예는 옥저, 고구려와 함께 본래 (古) 朝鮮의 땅이었다.

옛날 (周) 武王이 箕子(기자)를 朝鮮에 봉했는데, 기자는 예의와 농사와 누에치기를 가르쳤으며 또 八條의 법으로 교화하였다. 조선에서는 법조문은 더 늘어나지 않았으며 (밤에) 문을 닫지 않았다. 婦人은 정절을 지켰다. 飮食은 籩豆(변두)를 이용했다. 그 후 40여 대에 걸쳐 朝鮮侯인 準(준)은 왕을 자칭했다.

漢初에 천하가 大亂하면서 燕(연), 齊(제), 趙(조) 땅에 살던 사람들이 혼란을 피해 조선 땅으로 수만 명이 이주하였는데, 燕人 衛滿(위만)은 準王을 격파하고 스스로 조선의 왕이 되었고, 그 손자 右渠王(우거왕)까지 전해졌다. (武帝) 元朔 원년(서기 128), 濊의 君長인 南閭(남여)가 우거왕을 배반하고 20여만 명을 거느리고 요동군에 귀속하자, 武帝는 그 땅에 蒼海郡을 설치하였지만 몇 년 뒤에 혁파하였다.

그러다가 (武帝) 元封 3년(前 108), 朝鮮을 멸망시킨 뒤에 그 땅에 樂浪, 臨屯(임둔), 玄菟(현도), 眞番(진번)의 4군을 설치하였다. 昭帝 始元 5년(前 82년), 임둔군과 진번군을 폐지하고 낙랑군과 현도군만을 설치하였다. 현도군은 다시 고구려 지역으로 옮겨갔다. 그리하여 單單 大領(大嶺)의 동쪽 옥저와 예맥은 모두 낙랑군에 소속되었다.

뒷날 (낙랑군의) 영역이 너무 광대하여 다시 大嶺의 동쪽 7개 현을 분리하여 樂浪 東部都尉를 설치하였다. 漢의 군현으로 소속된 이후 풍속은 점차 각박하였고 법금도 점차 늘어나서 60여 조가 되었다. (後漢) 建武 6년, 낙랑 도위관을 폐지하여 大領(大嶺)의 동쪽은 포기하였고, 그 토착세력 우두머리를 縣侯에 임명하였고 모두 歲時에 맞춰 入朝賀禮하였다.

原文

無大君長, 其官有侯,邑君,三老. 耆舊自謂與句驪同種, 言語法俗大抵相類.

其人性愚慤, 少嗜欲, 不請丐. 男女皆衣曲領. 其俗重山川, 山川各有部界, 不得妄相干涉. 同姓不昏. 多所忌諱, 疾病死亡, 輒捐棄舊宅, 更造新居. 知種麻, 養蠶, 作綿布. 曉候星宿, 豫知年歲豐約.

常用十月祭天, 晝夜飮酒歌舞, 名之爲 '舞天'. 又祠虎以爲神. 邑落有相侵犯者, 輒相罰, 責生口牛馬, 名之爲 '責禍'. 殺人者償死. 少寇盜. 能步戰, 作矛長三丈, 或數人共持之. 樂浪檀弓出其地. 又多文豹, 有果下馬, 海出班魚, 使來皆獻之.

| **註釋** | ㅇ人性愚慤 – 愚는 우직하다. 慤은 삼갈 각. 건실하다. ㅇ同姓不昏 – 昏은 婚. ㅇ果下馬 – 말의 키가 三尺이라고 했다. 과일나무 아래를 지나갈 수 있는 馬. ㅇ班魚皮 – 무늬 있는 물고기 가죽?

[國譯]

(東濊에는) 大君長이 없고, 그 관리로는 侯, 邑君, 三老 등이 있었다. 노인들은 예부터 고구려와 동종이라고 말했는데 言語와 法俗이 고구려와 대개 비슷하였다.

동예 사람들은 천성이 우직하면서도 건실하고 욕심이 적었으며 남에게 구걸하지 않았다. 남녀 모두 둥근 목 깃의 옷(曲領)을 입었다. 그들 습속은 산천을 중시하여 산천마다 경계가 있었으며 함부로 다른 경계에 들어가지 않았다. 同姓끼리는 결혼하지 않았다. 그들은 꺼리는 것도 많아 병으로 사람이 죽으면 바로 살던 집을 버리고 새 집을 지어 살았다. 삼(麻) 농사를 지을 줄 알았고 양잠을 하였으며 직물을 제조하였다. 새벽에 별을 관찰하여 풍년인가를 미리 알았다.

해마다 10월이면 祭天하였는데, 주야로 음주와 가무를 즐겼는데 이를 '舞天(무천)' 이라고 했다. 또 호랑이를 산신으로 제사하였다. 다른 읍락을 침범하면 벌칙으로 노비나 소와 말로 변상하였는데, 이를 '責禍(책화)' 라고 하였다. 살인자는 죽이는 것으로 보상하였다. 도적이 없었다. 步戰에 능했는데 창의 길이가 3丈이나 되어 여럿이 함께 들고 공격하였다. 樂浪의 檀弓(단궁)이 동예에서 생산되었다. 또 무늬 있는 표범 가죽과 果下馬가 있었으며, 바다에서는 班魚皮가 산출되어 사절이 오면 늘 헌상하였다.

❻ 三韓

原文

韓有三種, 一曰馬韓, 二曰辰韓, 三曰弁辰. 馬韓在西, 有五十四國, 其北與樂浪, 南與倭接. 辰韓在東, 十有二國, 其北與濊貊接. 弁辰在辰韓之南, 亦十有二國, 其南亦與倭接. 凡七十八國, 伯濟是其一國焉. 大者萬餘戶, 小者數千家, 各在山海間, 地合方四千餘里, 東西以海爲限, 皆古之辰國也.

馬韓最大, 共立其種爲辰王, 都目支國, 盡王三韓之地. 其諸國王先皆是馬韓種人焉.

| **註釋** | ○伯濟是~ – 伯濟(백제, 百濟)는 중국의 吳, 東晋, 宋과 통교했기에 일찍 알려졌다. ○辰國(진국) – 고조선 시대의 漢江 이남 지역에 대한 총칭. ○目支國(목지국) – 今 충남 天安市의 成歡, 稷山(직산) 등을 중심으로 발전하여 나중에 百濟國의 성장에 따라 남쪽으로 밀려 최후로 전북 益山을 거쳐 전남 羅州 일대에서 소멸되었다. 백제 近肖古王(근초고왕)이 강성했던 4세기 말까지 존속한 것으로 알려졌다.

[國譯]

韓은 3국인데, 첫째 馬韓, 둘째 辰韓, 셋째 弁辰(변진, 弁韓)이다. 馬韓은 서쪽에 있는데 54국이 있고 북쪽은 樂浪郡, 남쪽은 (바다 건너) 倭와 이어졌다. 辰韓(진한)은 (마한의) 동쪽에 있는데 12개 나라이고, 북쪽은 濊貊(예맥)과 이어졌다. 弁辰(변진)은 진한의 남쪽인데 역시 12개국이고 남쪽은 왜와 이어졌다. 모두 78국인데, 伯濟(백제)는 그 중 하나였다. (三韓 78國 중) 大者는 1만여 戶, 小者는 수천 호였는데 각각 산과 바닷가에 있었고, 사방의 길이가 4천여 리 정도이나 동서는 모두 바다에 막혔는데 옛날의 辰國(진국)이다.

馬韓이 가장 컸는데, 마한 여러 나라가 함께 辰王을 추대하여 目支國(목지국)에 定都하였는데 삼한 땅 전부의 王이 되었다. (삼한) 여러 나라의 대표 왕은 모두 馬韓國 사람이었다.

原文

馬韓人知田蠶, 作綿布. 出大栗如梨. 有長尾雞, 尾長五尺. 邑落雜居, 亦無城郭. 作土室, 形如冢, 開戶在上. 不知跪拜. 無長幼男女之別. 不貴金寶錦罽, 不知騎乘牛馬, 唯重瓔珠, 以綴衣爲飾, 及縣頸垂耳. 大率皆魁頭露紒, 布袍草履. 其人壯勇, 少年有築室作力者, 輒以繩貫脊皮, 縋以大木, 歡呼爲健.

常以五月田竟祭鬼神, 晝夜酒會, 群聚歌舞, 舞輒數十人相隨, 蹋地爲節. 十月農功畢, 亦復如之. 諸國邑各以一人主祭天神, 號爲'天君'. 又立蘇塗, 建大木以縣鈴鼓, 事鬼神. 其南界近倭, 亦有文身者.

| **註釋** | ㅇ不貴金寶錦罽 - 錦은 비단 금. 罽는 융단 계. 비단. ㅇ唯重瓔珠 - 瓔은 구슬 목걸이 영. ㅇ魁頭露紒 - 魁頭(괴두)는 아무것도 쓰지 않은 머리. 맨머리. 올챙이 머리처럼 크다는 뜻. 露紒(노계)는 상투를 드러내다. 魁는 으뜸 괴. 크다. 紒는 상투를 틀 계. ㅇ蘇塗(소도) - 君長의 세력이 미치지 못하는 天君의 신성 지역. 祭政分離 사회였음을 알 수 있다. 蘇塗는

浮屠(부도)의 뜻과 비슷하다는 주석이 있다.

【國譯】

馬韓 사람들은 농사와 누에치기를 알았고 綿布(면포, 베)를 생산했다. 밤(大栗)은 배(梨)만큼 컸다. 긴 꼬리 닭(長尾雞)의 꼬리는 五尺이었다. 마을은 雜居하며 다른 지역과 마찬가지로 성곽이 없었다. 움집을 짓고 살았는데 무덤(冢)과 같은 형태로 출입문이 위에 있었다. 무릎을 꿇어 하는 拜禮를 알지 못했다. 長幼나 男女의 구별이 엄하지 않았다. 금은보배나 비단과 모직물(錦罽)을 귀하게 생각하지 않았고 牛馬를 탈 줄 몰랐으며, 오직 구슬을 귀한 것으로 알아 옷에 장식으로 매달았고 목이나 귀에 걸었다. 거의 모두가 (冠을 쓰지 않은) 맨머리에 상투를 드러냈고 삼베 겉옷에 짚신을 신었다. 그 사람들은 용감하였는데, 젊은이가 집을 지을 때 힘을 쓸 나이가 되면 새끼줄을 등에 묶고 큰 나무토막을 매달고 소리를 질러대면 건장한 젊은이로 인정하였다.

해마다 5월에 파종이 끝난 뒤에(端午) 귀신에게 제사를 지내고 밤낮으로 술을 마시며 함께 모여 노래하고 춤을 추었는데, 춤을 출 때 수십 명이 함께 발로 땅을 밟아 장단을 맞추었다 10월에 농사가 끝나면 또 그렇게 놀았다. 모든 나라에서 1인을 뽑아 천신에 대한 제사를 주관케 하였는데, 그를 '天君' 이라고 불렀다. 또 蘇塗(소도)를 만들고 방울과 북을 매달 수 있는 큰 나무를 세워 귀신을 숭배하였다. 그 남쪽에는 倭와 가까워 文身을 한 자도 있었다.

原文

辰韓, 耆老自言秦之亡人, 避苦役, 適韓國, 馬韓割東界地與之. 其名國爲邦, 弓爲弧, 賊爲寇, 行酒爲行觴, 相呼爲徒, 有似秦語, 故或名之爲秦韓. 有城柵屋室. 諸小別邑, 各有渠帥, 大者名臣智, 次有儉側, 次有樊秖, 次有殺奚, 次有邑借.

土地肥美, 宜五穀. 知蠶桑, 作縑布. 乘駕牛馬. 嫁娶以禮. 行者讓路. 國出鐵, 濊,倭,馬韓並從市之. 凡諸貿易, 皆以鐵爲貨. 俗喜歌舞,飮酒,鼓瑟. 兒生欲令其頭扁, 皆押之以石.

弁辰與辰韓雜居, 城郭衣服皆同, 語言風俗有異. 其人形皆長大, 美髮, 衣服潔淸. 而刑法嚴峻. 其國近倭, 故頗有文身者.

| 註釋 | ㅇ樊秖 – 樊은 울타리 번. 秖는 마침 지. 토착어의 한자 음역일 것이다. ㅇ縑布 – 縑은 합사 비단 겸.

[國譯]

辰韓(진한)의 노인들은 그들 선조는 秦에서 망명한 사람으로 苦役을 피하여 韓의 지역으로 이주하자, 馬韓에서는 그들에게 동쪽 땅을 나눠주었다고 말하였다. 그래서 그들의 나라(國)를 邦(방), 弓을 弧(호, 활 호), 賊을 寇(구, 도적 구), 行酒(술잔을 돌리기)를 行觴(행상), 서로를 徒(도, 무리)라고 부르는 등 秦의 언어와 비슷하였기에 그들 나라를 秦韓(진한)이라고도 불렀다. 성책과 지상 가옥이 있었다. 여러 마을에는 각각 渠帥(거수, 우두머리)가 있었는데 大者는 臣智(신지),

다음은 儉側(검측), 다음은 樊秖(번지), 다음은 殺奚(살해), 또 그 다음은 邑借(읍차)라고 호칭하였다.

토지는 비옥하여 오곡 농사에 적합하였다. 누에치기를 알고 비단을 짰다. 소와 말을 탈 줄 알았다. 결혼에 예를 갖추었다. 길을 가는 사람은 길을 양보하였다. 나라에 鐵이 생산되었는데 예맥과 倭, 馬韓 등에서 와서 사갔다. 모든 교역에서 鐵이 화폐였다. 습속에 歌舞와 飮酒, 풍악을 좋아하였다. 아이가 출생하면 그 두상이 납작해야 한다며 돌로 머리를 눌렀다.

弁辰(변진)은 辰韓(진한) 사람과 섞여 살았는데, 성곽이나 의복은 다 같았지만 언어나 풍습에 약간 차이가 있었다. 그들은 신체가 장대하고 머리카락에 윤기가 나며 의복을 깨끗하게 입었다. 형벌은 엄격하였다. 그 나라는 왜국과 가까워 문신을 한 자들이 많았다.

原文

初, 朝鮮王準爲衛滿所破, 乃將其餘衆數千人走入海, 攻馬韓, 破之, 自立爲韓王. 準後滅絕, 馬韓人復自立爲辰王. 建武二十年, 韓人廉斯人蘇馬諟等, 詣樂浪貢獻. 光武封蘇馬諟爲漢廉斯邑君, 使屬樂浪郡, 四時朝謁. 靈帝末, 韓,濊並盛, 郡縣不能制, 百姓苦亂, 多流亡入韓者.

馬韓之西, 海島上有州胡國. 其人短小, 髡頭, 衣韋衣, 有上無下. 好養牛豕. 乘船往來, 貨市韓中.

| **註釋** | ㅇ髡頭 – 髡은 머리를 깎을 곤. ㅇ衣韋衣 – 衣는 입다. 동사로 쓰였다. 韋衣(위의)는 가죽 옷.

[國譯]

그전에, 朝鮮王 準(준)이 衛滿(위만)에게 격파된 뒤에, 준왕은 곧 그 무리 수천 명을 거느리고 바다로 나와 마한 땅을 공격 격파한 뒤에 자립하여 韓王이 되었다. 준왕의 후손이 끊어진 뒤에, 馬韓 사람이 자립하여 辰王이 되었다. 建武 30년(서기 44), 廉斯(염사, 邑名) 사람인 韓人 蘇馬諟(소마제) 등이 樂浪에 와서 토산물을 바쳤다. 光武帝는 소마제를 漢의 廉斯邑君에 봉하고 낙랑군에 예속시켰는데, 소마제는 四時에 맞춰 낙랑에 배알토록 하였다. 靈帝 말기에, 韓과 濊가 모두 강성하여 (漢의) 郡縣에서 통제를 할 수 없자 백성이 난리를 피해 韓의 지역으로 흘러 들어가는 자가 많았다.

馬韓의 서쪽, 海島에 州胡國이 있는데 그 사람들은 키가 작고 가죽 옷을 입었는데 상의는 있었지만 하의는 없었다. 배를 타고 왕래하며 삼한의 땅에 와서 교역하였다.

❼ 倭

原文

倭在韓東南大海中, 依山島爲居, 凡百餘國. 自武帝滅朝鮮, 使驛通於漢者三十許國, 國皆稱王, 世世傳統. 其大倭王居邪馬臺國. 樂浪郡徼, 去其國萬二千里, 去其西北界拘邪韓國七千餘里. 其地大較在會稽東冶之東, 與朱崖,儋耳相近, 故其法俗多同.

土宜禾稻,麻紵,蠶桑, 知織績爲縑布. 出白珠,青玉. 其山有丹土. 氣溫暖, 冬夏生菜茹. 無牛,馬,虎,豹,羊,鵲. 其兵有矛,楯,木弓,竹矢, 或以骨爲鏃. 男子皆黥面文身, 以其文左右大小別尊卑之差. 其男衣皆橫幅, 結束相連. 女人被髮屈紒, 衣如單被, 貫頭而着之. 並以丹朱坋身, 如中國之用粉也. 有城柵屋室. 父母兄弟異處, 唯會同男女無別. 飮食以手, 而用籩豆. 俗皆徒跣, 以蹲踞爲恭敬. 人性嗜酒. 多壽考, 至百餘歲者甚衆.

國多女子, 大人皆有四五妻, 其餘或兩或三. 女人不淫不妒. 又俗不盜竊, 少爭訟. 犯法者沒其妻子, 重者滅其門族. 其死停喪十餘日, 家人哭泣, 不進酒食, 而等類就歌舞爲樂. 灼骨以卜, 用決吉凶. 行來度海, 令一人不櫛沐, 不食肉, 不近婦人, 名曰 '持衰'. 若在塗吉利, 則雇以財物, 如病疾遭害, 以爲持衰不謹, 便共殺之.

| **註釋** | ㅇ倭 – 중국에서 보면 육지와 연결되지 않은 바다 동쪽의 사람을 일반적으로 지칭하였다. ㅇ使驛 – 使者나 驛人(譯人). ㅇ邪馬臺國(야마대국) – 여왕 卑彌呼(비미호)가 이끌던 나라. 그 소재지가 九州인지 본섬인지 여러 학설이 있다고 한다. ㅇ拘邪韓國 – 辰韓 12國의 하나인 구야국(伽倻). 가야국에서 야마대국의 거리가 7천 리인 셈이다. ㅇ會稽東冶 – 會稽郡 東冶縣은, 今 福建省 동부 福州市. ㅇ朱崖(주애) – 前漢의 군명. 今 海南省, 後漢에서는 폐군. 朱崖縣. ㅇ儋耳(담이) – 전한의 군명. 今 海南省 일부. 주애군에 합병 폐군. ㅇ菜茹 – 菜는 나물 채. 茹는 먹을 여. ㅇ丹朱坋身 – 丹朱은 붉은 朱砂. 坋은 뿌릴 분. ㅇ蹲踞 – 웅크리다. 양 무릎을 꿇고 상체를 낮추다. 蹲은 웅크릴 준. 踞는 웅크릴 거. ㅇ持衰(지최) – 상복을 입

다. 衰는 상 옷 최, 줄일 최. 쇠퇴할 쇠. 服喪 중인 것처럼 근신하라는 뜻.

[國譯]

倭(왜)는 (馬)韓의 동남쪽, 大海에 있는 섬에 거주하며 모두 1백여 나라가 있다. 武帝가 朝鮮을 멸망시킨 뒤에 사자나 驛人(譯人)을 통해 중국과 왕래한 나라가 30여 국이었는데, 모두 王을 자칭하였는데 이는 그들의 세습지위였다. 그중 세력이 강한 왕은 邪馬臺國(야마대국)이다. 樂浪郡의 끝에서 그 나라까지 1만2천 리이며 그 야마대국 서북의 拘邪韓國(구야한국)까지는 7천여 리라고 한다. 야마대국의 땅은 대략 會稽君 東冶縣의 동쪽이며, 朱崖縣(주애현)과 (前漢) 儋耳郡(담이군, 海南省)과 가깝고 법속도 많이 비슷하다.

그 땅은 禾稻(화도, 벼)와 麻紵(마저, 삼과 모시), 누에치기에 적합하여 방적으로 비단을 짰다. 白珠와 青玉이 산출되었다. 그곳 산에는 丹土(붉은 흙)이 나온다. 일기는 온난하여 겨울이나 여름에 채소가 나온다. 소나 말, 호랑이와 표범, 羊이나 까치는 없다. 그들의 무기는 창과 방패와 목제 활, 대나무 화살에 짐승 뼈로 화살촉을 만들었다. 남자는 얼굴에 문신을 하는데 그 무늬의 좌우나 대소에 따라 尊卑(존비)의 차이를 구별하였다. 그들 남자의 옷은 천의 가로 폭을 연결하여 착용하였다. 여자는 산발하거나 말아서 틀어 올렸으며, 의복은 홑이불과 같고 머리부터 덮어썼다. 붉은 가루를 몸에 바르는데 중국에서 사용하는 분과 같았다. 城柵(성책)이 있고 지상 가옥과 방이 있었다. 父母 兄弟라도 따로 거주하였는데 모임에는 남녀의 구별이 없었다. 손으로 음식을 먹고 籩豆(변두, 그릇)를 사용했다. 그들 습속은 맨발로 다녔고 꿇어앉는 것이 공경의 표시였다. 사람들은 술 마시기를 즐겼다. 늙은 노인이 많아 백세가 된 사람도 매우 많았다.

나라에 여인이 많아서 높은 사람은 여인을 4, 5명을, 나머지는 2, 3명을 거느렸다. 여인은 간음이나 투기를 하지 않았다. 또 풍속에 도적질을 하지 않았고 소송도 많지 않았다. 범법자는 그 처자를 몰수하고 중죄를 범하면 그 일족을 죽였다. 사람이 죽으면 10여 일간 매장하지 않았고, 식구들은 곡을 하였지만 (死者에게는) 술과 음식을 올리지 않았으며 (死者의) 같은 또래들은 노래와 춤을 즐겼다. 뼈를 불로 구워 길흉을 판별하였다. 먼 길을 바다로 건널 때는 한 사람을 골라 머리를 빗거나(櫛, 빗 즐) 머리 감기(沐, 머리 감을 목)도 못하게 하고 고기를 먹거나 여자를 가까이하지 못하게 하는데, 이를 '持衰(지최)'라 하였다. 만약 여행길이 순조로우면 재물로 보상하지만 병이 나거나 재해를 만나면 지최가 근신하지 않았다 하여 여럿이서 바로 살해하였다.

原文

建武中元二年, 倭奴國奉貢朝賀, 使人自稱大夫, 倭國之極南界也. 光武賜以印綬. 安帝永初元年, 倭國王帥升等獻生口百六十人, 願請見.

桓,靈間, 倭國大亂, 更相攻伐, 歷年無主. 有一女子名曰卑彌呼, 年長不嫁, 事鬼神道, 能以妖惑衆, 於是共立爲王. 侍婢千人, 少有見者, 唯有男子一人給飮食, 傳辭語. 居處宮室,樓觀城柵, 皆持兵守衛. 法俗嚴峻.

| 註釋 | ㅇ奴國 – 일본 九州 博多에 소재. ㅇ卑彌呼(비미호) – 왜국 여왕의 이름.

[國譯]

建武 中元 2년(서기 57), 倭의 奴國이 공물을 바치고 入朝賀禮하였는데, 사자는 大夫를 자칭하였고 倭國의 남쪽 끝에 있는 나라라고 하였다. 光武帝는 印綬를 하사하였다. 安帝 永初 원년(서기 107), 倭國王 帥升(수승) 등이 노비 160여 명을 바치고 알현을 요청하였다.

桓帝와 靈帝 연간에, 倭國이 大亂하여 서로 공격 정벌하면서 몇 년 동안 강력한 군주가 나타나지 않았다. 이름이 卑彌呼(비미호)인 여자가 있었는데, 나이가 찼어도 결혼하지 않고 귀신의 도를 섬기면서 괴이한 방법으로 많은 사람을 속이자 여러 사람이 추대하여 왕으로 삼았다. 시녀가 1천여 명이나 되었지만, (비미호의) 얼굴을 본 사람이 거의 없었고 남자 1인 만이 음식을 올리고 명령을 전달하였다. 거처하는 宮室이나 樓觀과 城柵(성책) 곳곳에 병기를 지닌 군사가 지켰다. 법속은 매우 엄격하였다.

原文

自女王國東度海千餘里, 至拘奴國, 雖皆倭種, 而不屬女王. 自女王國南四千餘里, 至朱儒國, 人長三四尺. 自朱儒東南行船一年, 至裸國,黑齒國, 使驛所傳, 極於此矣.

會稽海外有東鯷人, 分爲二十餘國. 又有夷洲及澶洲. 傳言秦始皇遣方士徐福將童男女數千人入海, 求蓬萊神仙不得, 徐福畏誅不敢還, 遂止此洲, 世世相承, 有數萬家. 人民時至會稽市. 會稽東冶縣人有入海行遭風, 流移至澶洲者. 所在絶遠, 不可往來.

| 註釋 | ㅇ拘奴國(구노국) – 狗奴國(구노국). 위치 미정. ㅇ朱儒國 – 侏儒. 난쟁이. ㅇ東鯷人(동제인) – 鯷는 메기 제. ㅇ夷洲(이주) – 臺灣(대만)으로 추정. ㅇ澶洲(단주) – 亶州(단주). 濟州道로 추정. 澶은 멀 단. 물 고요할 전.

[國譯]

女王國에서 동쪽으로 1천 리 바다를 건너가면 拘奴國(구노국)에 이르는데, 모두가 倭의 종족이지만 女王에 소속되지 않는 나라이다. 女王國에서 남쪽으로 4천 리를 가면 朱儒國(주유국)에 가는데 이들의 키는 3, 4척이다. 주유국에서 동남방으로 배로 1년간을 가면 裸國(나국)과 黑齒國(흑치국)에 이르는데 사자나 역인이 전하는 것은 여기가 끝이다.

會稽郡의 바다 멀리에 東鯷人(동제인)이 살고 있는데 이들은 20여 개 국이다. 또 夷洲(이주) 및 澶洲(단주)가 있다. 전하는 바에 의하면, 秦始皇이 보낸 方士 徐福(서복)은 童男女 수천 명을 거느리고 바다로 나갔는데 蓬萊山(봉래산)의 신선을 찾을 수가 없자, 서복은 처형이 두려워 돌아오지 못하고 이 澶州에 머물러 살며 대대로 이어와 수만 가구가 되었다고 한다. 때때로 그곳 사람이 會稽에 와서 교역하였다. 그때 회계군 東冶縣 사람이 바다에 나갔다가 풍랑을 만나 澶洲에 도착한 사람이 있었다. 그러나 있는 그곳이 너무 멀어 왕래할 수 없다.

原文

論曰, 昔箕子違衰殷之運, 避地朝鮮. 始其國俗未有聞也, 及施八條之約, 使人知禁, 遂乃邑無淫盜, 門不夜扃, 回頑薄之俗, 就寬略之法, 行數百千年. 故東夷通以柔謹爲風, 異乎三方者也. 苟政之所暢, 則道義存焉. 仲尼懷憤, 以爲九夷可居. 或疑其陋.

子曰, "君子居之, 何陋之有!" 亦徒有以焉爾. 其後遂通接商賈, 漸交上國. 而燕人衛滿擾雜其風, 於是從而澆異焉. 《老子》曰, '法令滋章, 盜賊多有'. 若箕子之省簡文條而用信義, 其得聖賢作法之原矣!

| **註釋** | ㅇ門不夜扃 – 扃은 빗장 경. 잠그다. ㅇ回頑薄之俗 – 回는 바꾸다. 頑薄(완박)은 욕심 많고 각박하다. 頑은 탐낼 완. 고집부리다. 薄은 각박하다. 엷다. ㅇ君子居之, 何陋之有 –《論語 子罕》. ㅇ澆異焉 – 이상한 물이 흘러들어가다. 澆는 물댈 요. ㅇ法令滋章, ~ – 「~法令滋彰, 盜賊多有. 故聖人云, '我無爲, 而民自化, 我好靜, 而民自正~」《老子道德經》 57장.

[國譯]

范曄(범엽)의 史論 : 옛날 箕子(기자)가 쇠망하는 殷의 운수를 피하여 朝鮮으로 피난하였다. 그전에 그 법속이 알려진 바 없었지만 기자가 八條의 約法을 가르쳐 백성으로 하여금 法禁을 알게 하였는데, 마을에 음란한 일이나 도적이 없어 밤에도 문을 잠그지 않았고, 탐욕과 각박한 습속을 바꾸어 관대하고 간략한 법을 지켜 수백 내지 1천 년을 이어왔다.

그래서 東夷의 땅에서는 온유하고 근신하는 기풍이 형성되어 다른 남, 서, 북방과는 달랐다. 이처럼 정교가 제대로 시행되면 道義의 보전되는 것이다. 그래서 공자도 분연히 九夷의 땅에서 살고 싶다는 말을 하였다. 혹자가 그런 곳은 너무 비루하다고 걱정하였다.

이에 공자는 "君子가 산다면 어찌 누추하겠는가!" 라고 말했다.

이는 그럴만한 까닭이 있다는 뜻이다. 그 뒤로 상인이 왕래하게 되고 점차 중국과 교류가 이루어진다. 그리하여 燕人 衛滿(위만)이 그곳 습속을 어지럽히자 동이들도 따라서 이상한 물이 들었다. 《老子》에서는 '法令이 자세하고 많아지면 도적도 많아진다.' 고 하였다. 이처럼 箕子가 법 조항을 간략케 하고 신의로 백성을 이끈 것은 聖賢이 作法한 근원을 터득한 것이라 할 수 있다!

原文

贊曰, 宅是嵎夷, 日乃暘谷. 巢山潛海, 厥區九族. 嬴末紛亂, 燕人違難. 雜華澆本, 遂通有漢. 眇眇偏譯, 或從或畔.

| **註釋** | ○宅是嵎夷 – 堯帝가 羲仲(희중)을 嵎夷(우이)의 땅에 살게 하다. ○日乃暘谷 – 暘谷(양곡)은 해가 솟는 곳. 暘은 해돋이 양. ○嬴末紛亂 – 嬴(찰 영)은 秦의 국성. ○雜華澆本 – 雜華는 혼란한 중국. 澆는 물댈 요. ○眇眇偏譯 – 眇眇(묘묘)는 멀고 먼 모양. 흐릿하여 잘 안보이다. 偏譯은 통역을 거치다.

[國譯]

贊曰,

嵎夷(우이) 땅에 살았으니 이름 지어 해 돋는 골짝이다.

산 밑 또는 해변에 사니 모두 九族(九夷)로 구분하였다.

秦末 천하대란에 燕人 衛滿(위만)이 東夷 땅에 피난했다.

諸夏 혼잡이 그곳에 흘렀고 결국 漢과 교류하였다.

멀고 먼 곳에 교류했나니 때때로 복종하고 배반하였다.

86 南蠻西南夷列傳
〔남만,서남이열전〕

❶ 南蠻

原文

昔高辛氏有犬戎之寇, 帝患其侵暴, 而征伐不克. 乃訪募天下, 有能得犬戎之將吳將軍頭者, 購黃金千鎰, 邑萬家, 又妻以少女.

時帝有畜狗, 其毛五采, 名曰槃瓠. 下令之後, 槃瓠遂銜人頭造闕下, 群臣怪而診之, 乃吳將軍首也. 帝大喜, 而計槃瓠不可妻之以女, 又無封爵之道, 議欲有報而未知所宜. 女聞之, 以爲帝皇下令, 不可違信, 因請行. 帝不得已, 乃以女配槃瓠. 槃瓠得女, 負而走入南山, 止石室中. 所處險絶, 人跡不至. 於是女解去衣裳, 爲僕鑑之結, 着獨力之衣. 帝悲思之, 遣使尋求, 輒遇風雨震晦, 使者不得進.

經三年, 生子一十二人, 六男六女. 槃瓠死後, 因自相夫妻. 織績木皮, 染以草實, 好五色衣服. 制裁皆有尾形. 其母后歸, 以狀白帝, 於是使迎致諸子. 衣裳班蘭, 語言侏離, 好入山壑, 不樂平曠. 帝順其意, 賜以名山廣澤. 其後滋蔓, 號曰蠻夷.

外痴內黠, 安土重舊. 以先父有功, 母帝之女, 田作賈販, 無關梁符傳,租稅之賦. 有邑君長, 皆賜印綬, 冠用獺皮. 名渠帥曰精夫, 相呼爲姎徒. 今長沙武陵蠻是也.

| 註釋 | ㅇ高辛氏有犬戎之寇 – 高辛氏(고신씨)는 五帝의 한 사람. 帝嚳(제곡). 犬戎(견융)은 獫狁(험윤). 周나라 서북의 이민족. 흉노족의 일부로 추정. 寇는 도둑 구. ㅇ千鎰 – 鎰(일)은 무게 단위. 秦代부터 사용. 20兩 또는 24兩. ㅇ槃瓠 – 槃은 쟁반 반. 瓠는 표주박 호. 전설 속의 개 이름이니, 기록에 따라 내용상 차이가 있다. ㅇ爲僕鑑之結, 着獨力之衣 – 僕鑑(복감)과 獨力(독력)은 의미 미상. ㅇ衣裳班蘭 – 班蘭(반란)은 오색찬란하다. 班은 아롱질 반. ㅇ語言侏離 – 侏離(주리)는 뜻이 통하지 않는 이민족의 말. 兜離(두리)와 同. ㅇ相呼爲姎徒 – 姎徒(앙도)는 우리들. 姎은 나 앙.

[國譯]

옛날 高辛氏(고신씨) 시절에 犬戎(견융)의 침입이 있었다. 고신씨는 그들의 침략과 횡포를 걱정하며 정벌하였으나 이기지 못했다. 고신씨는 천하의 인재를 널리 모집하면서 견융의 장수 吳將軍의 수급을 가져오는 자에게는 황금 1千 鎰(일)을 주고, 1만 호의 제후에 봉하며, 막내딸을 아내로 주겠다고 공표하였다.

당시 고신씨 집에 기르는 개가 있었는데 오색의 털을 가졌고 이름은 槃瓠(반호)였다. 명령을 내린 뒤에 어느 날 반호가 사람의 머리를 물고 궁궐로 돌아왔는데 여러 신하가 이상히 여겨 조사해 보니 바로 오장군의 머리였다. 고신씨는 크게 기뻐하면서 반호에게 어린 딸을 시집보낼 수도 없고 1만 호의 제후에 봉할 수도 없다 생각하며 그 보상을 의논하였지만 어떻게 해야 할지 알 수 없었다. 이를 딸이 알고서는 帝皇이 下令하였으니 어길 수 없다며 반호에게 시집을 가겠다고 말했다. 고신씨는 부득이 딸을 반호에게 주었다.

반호는 딸을 얻자, 등에 태우고 南山으로 가서 石室에 머물렀다. 그곳은 매우 험준하여 사람이 올 수 없는 곳이었다. 이에 딸은 옷을 벗어 버리고 僕鑑(복감)으로 머리를 묶고 獨力(독력)의 옷을 입었다. 고신씨는 딸이 걱정이 되어 슬퍼하며 사람을 보내 찾아보게 하였으나 그럴 때마다 비바람이 불거나 날이 어두워져서 더 찾아갈 수도 없었다.

3년이 지나자 딸은 12명의 자식을 낳았는데 6남 6녀였다. 반호가 죽자 자식들은 서로 부부가 되었다. 나무껍질로 옷감을 짜고 풀 열매로 염색을 하여 알록달록한 오색의 의복을 지었다. 옷을 재단하면 모두 꼬리가 있는 모양이었다. 그 모친은 뒷날 왕궁으로 돌아와 고신씨에게 아뢰었고 모든 자식들을 데려오게 했다.

그들 옷은 오색찬란했고 말을 알아들을 수 없었으며 깊은 산속에 살기를 좋아하고 넓고 평평한 땅을 좋아하지 않았다. 고신씨는 그들 뜻에 따라 名山과 廣澤을 하사하였다. 이후 그들은 많이 불어났고 蠻夷(만이)라고 불렀다.

만이들은 겉으로는 어리숙했으나 내심은 약삭빠르고 토지에 안착하며 옛것을 중히 여겼다. 그들 선친이 나라에 공을 세웠고 모친이 황제의 딸이라고 생각했으며, 농사와 장사를 했지만 관문 통행증도 없었으며 나라에 조세를 납부하지도 않았다. 그들 부족의 우두머리에게는 인수를 수여했고, 그들은 수달 가죽으로 만든 관을 썼다. 그들 우두머리(渠帥)를 精夫(정부)라고 칭했고, 서로를 부를 때는 姎徒(앙도, '우리들')라고 하였다. 오늘날 長沙郡(장사군)과 武陵郡(무릉군)의 만이들이 바로 이들이다.

原文

其在唐,虞, 與之要質, 故曰要服. 夏,商之時, 漸爲邊患. 逮於周世, 黨衆彌盛. 宣王中興, 乃命方叔南伐蠻方, 詩人所謂 '蠻荊來威' 者也. 又曰,「蠢爾蠻荊, 大邦爲仇」. 明其黨衆繁多, 是以抗敵諸夏也.

平王東遷, 蠻遂侵暴上國. 晉文侯輔政, 乃率蔡共侯擊破之. 至楚武王時, 蠻與羅子共敗楚師, 殺其將屈瑕. 莊王初立, 民飢兵弱, 復爲所寇. 楚師既振. 然後乃服, 自是遂屬於楚. 鄢陵之役, 蠻與恭王合兵擊晉. 及吳起相悼王, 南並蠻越, 遂有洞庭,蒼梧. 秦昭王使白起伐楚, 略取蠻夷, 始置黔中郡. 漢興, 改爲武陵. 歲令大人輸布一匹, 小口二丈, 是謂賨布. 雖時爲寇盜, 而不足爲郡國患.

| **註釋** | ㅇ唐,虞 – 唐堯와 虞舜. 堯, 舜 시대. ㅇ要服(요복) – 王城에서 1,500리에서 2,000리 떨어진 지역. ㅇ宣王中興 – 宣王은 11代, 재위 前 828–782년. 尹吉甫 등 명신을 등용. ㅇ蠻荊來威 – 荊(형) 땅의 만이들에게 위엄을 보였다.《詩經 小雅 采芑(채기)》의 구절. ㅇ平王東遷 – 13대 平

王(재위, 770 - 720년). 犬戎의 침입으로 鎬京이 함락되자, 즉위하면서 바로 洛邑(洛陽)으로 천도했다. 춘추시대의 시작. ㅇ晉文侯輔政 - 晉 文侯(재위 前 781 - 746년), 周 왕실을 안정시킨 공로가 있다. ㅇ鄢陵之役 - 楚와 晉의 패권을 다툰 전투(前 575). ㅇ是謂賨布 - 賨布(종포)는 만이들을 대상으로 징수하는 賦稅. 賨은 貢物 종.

[國譯]

唐堯(당요)와 虞舜(우순) 시대에는 신뢰의 징표가 필요하였기에 그들의 땅을 要服(요복)이라고 하였다. 夏(하)와 商(상)의 시대에는 점차 변방의 걱정거리가 되었다. 그러다가 周의 시대에는 그 무리가 더욱 번성하였다. (周) 宣王의 中興 이후, 方叔(방숙)에게 명하여 남쪽 蠻夷(만이)의 땅을 정벌하였는데,《詩經》의 詩를 노래한 사람들은 이를 '荊(형) 땅의 만이들에게 위엄을 보였다.' 라고 했다. 또 '荊의 만이들이 준동하니 大邦의 원수가 되었다.' 고 노래했다. 이는 그 무리가 크게 불어나서 中原의 세력에 대항했음을 말한 것이다.

(東周) 平王의 낙양 천도 이후에 만이들은 中原의 여러 제후국을 침략하였다. 晉 文侯가 정치를 도우며 蔡 共侯를 인솔하여 만이의 침입을 격파하였다. 楚 武王이 재위할 때 만이들은 羅國(나국)의 子爵(자작)과 함께 楚의 군사를 격파하고 초의 장수 屈瑕(굴하)를 살해하였다. (楚) 莊王(장왕, 재위 前 613 - 591)이 즉위 초에 백성은 굶주리고 군사도 약하여 만이의 침략을 받았다. 楚의 군사는 다시 강해졌다. 그러자 만이들은 굴복했고 이후로 楚에 복속하였다. 鄢陵(언릉)의 싸움에서 만이들은 (楚) 恭王과 함께 晉(진)을 격파하였다. 吳起(오기)가 楚 悼王(도왕)의 승상이 되자, 남쪽으로 越(월)의 만이들을 병합하면서 초는 洞庭湖(동정호)와 蒼梧(창오) 일대를 차지하였다. 秦 昭王이 白起(백기)를 시켜 楚를 정벌한 뒤에 蠻夷의 땅을 차지하

고 黔中郡(검중군) 일대를 차지하였다.

漢이 건국된 뒤에는 검중군을 陵郡으로 이름을 바꾸었다. 漢에서는 해마다 大人에게 布 一匹을, 소인에게는 2丈(장)을 징수하였는데, 이를 賨布(종포)라고 하였다. 만이들은 때때로 노략질을 하였지만 郡國의 우환거리는 아니었다.

原文

光武中興, 武陵蠻夷特盛. 建武二十三年, 精夫相單程等據其險隘, 大寇郡縣. 遣武威將軍劉尙發南郡,長沙,武陵兵萬餘人, 乘船泝沅水, 入武谿擊之. 尙輕敵入險, 山深水疾, 舟船不得上. 蠻氏知尙糧少入遠, 又不曉道徑, 遂屯聚守險. 尙食盡引還, 蠻緣路徼戰, 尙軍大敗, 悉爲所沒. 二十四年, 相單程等下攻臨沅, 遣謁者李嵩,中山太守馬成擊之, 不能克. 明年春, 遣伏波將軍馬援,中郎將劉匡,馬武,孫永等, 將兵至臨沅, 擊破之. 單程等飢困乞降, 會援病卒, 謁者宗均聽悉受降. 爲置吏司, 群蠻遂平.

| **註釋** | ㅇ精夫 – 南蠻의 우두머리(渠帥). 호칭. ㅇ臨沅 – 武陵郡의 治所, 縣名. 今 湖南省 북부의 常德市. ㅇ伏波將軍馬援 – '丈夫爲志에 窮當益堅하고 老當益壯해야 한다.'는 유명한 말을, 그리고 '守錢虜', '井底蛙'라는 말을 남긴 유능한 장군이었다. 24권, 〈馬援列傳〉에 立傳. ㅇ宗均 – 宋均. 41권, 〈第五鍾離宋寒列傳〉에 立傳.

[國譯]

光武 中興 이후에 武陵의 만이들은 특히나 강성하였다. 建武 23년(서기 47), 만이의 精夫(渠帥)인 相單程(상단정) 등은 험한 지형을 근거로 삼아 군현을 크게 침략하였다. 조정에서는 武威將軍 劉尙(유상)에게 南郡, 長沙郡, 武陵郡에서 동원한 1만여 명의 군사를 주어 정벌케 하였는데, 유상은 배를 타고 沅水(원수)를 거슬러 올라 武谿(무계)에서 적을 공격하였다. 유상은 적이 경시하여 험지에 들어갔으나 산골짝이 깊고 물이 격류라서 거슬러 올라갈 수가 없었다. 만이들은 유상의 군량이 적은데다가 깊이 들어왔고, 또 길을 잘 알지 못한다고 생각하여 험한 곳에 모여 방어하였다. 유상은 군량이 떨어지자 퇴각하였는데, 만이가 길을 따라오며 공격하자 유상의 군사는 대패하였고 모두 전사하였다.

건무 24년에, 상단정 등이 산을 내려와 臨沅縣(임원현)을 공격하자 謁者인 李嵩(이숭), 中山太守 馬成(마성)을 보내 공격하였으나 이길 수 없었다. 다음 해 봄, 다시 伏波將軍 馬援(마원), 中郎將 劉匡(유광), 馬武(마무), 孫永(손영) 등을 보냈는데 마원은 군사를 거느리고 임원현에서 만이를 격파하였다. 상단정 등은 굶주리고 지쳐 투항했는데, 그때 마원이 병사하여 謁者인 宗均(종균)이 그들의 투항을 수락하였다. 만이를 현지 관리로 임명하자 모든 만이들은 마침내 평정되었다.

原文

肅宗建初元年, 武陵澧中蠻陳從等反叛, 入零陽蠻界. 其冬, 零陽蠻五里精夫爲郡擊破從, 從等皆降. 三年冬, 漊中蠻覃兒健等復反, 攻燒零陽,作唐,孱陵界中. 明年春, 發荊州七郡及汝南,潁川弛刑徒吏士五千餘人, 拒守零陽, 募充中五里蠻精夫不叛者四千人, 擊澧中賊.

五年春, 覃兒健等請降, 不許. 郡因進兵, 與戰於宏下, 大破之, 斬兒健首, 餘皆棄營走還漊中, 復遣乞降, 乃受之. 於是罷武陵屯兵, 賞賜各有差.

| **註釋** | ○澧中蠻(예중만) – 今 湖南省 서북부를 흐르는 澧水(예수, 례수) 유역에 사는 蠻夷(少數民族). ○零陽蠻 – 零陽(영양)은 武陵郡의 현명.

[國譯]

肅宗(章帝) 建初 원년(서기 76), 武陵郡의 澧中蠻(예중만)인 陳從(진종) 등이 반역하고 零陽蠻(영양만)의 지역으로 진입하였다. 그해 겨울 영양만 五里(오리)의 精夫(우두머리, 渠帥)가 郡의 공격을 받아 격파되자 진종 등은 모두 투항하였다. (建初) 3년 겨울, 漊中蠻(누중만)의 覃兒健(담아건) 등이 다시 반란을 일으켜 零陽, 作唐縣(작당현), 孱陵縣(잔릉현) 지역을 공격하고 불태웠다. 다음 해 봄, 荊州자사부 관내 7군과 汝南郡, 潁川郡의 형벌 집행을 정지시킨 죄수와 관리 등 5천여 명을 동원하여 零陽縣에서 방어하면서 充中(충중)의 五里蠻(오리만)의 精夫와 반역하지 않는 자 4천여 명을 모집하여 澧中(예중)의 적도를 공격하였다.

(建初) 5년 봄, 담아건 등이 투항하겠다고 했으나 허락하지 않았다. 武陵郡 군에서는 군사를 동원하여 宏下(굉하)란 곳에서 적을 대파하고 담아건의 목을 베자, 나머지는 진영을 버리고 모두 漊中蠻(누중만) 지역으로 도망쳤다가 다시 투항하자 받아주었다. 이에 武陵

의 둔병을 해산하고 공을 세운 장졸에게 차등을 두어 상을 내렸다.

原文

和帝永元四年冬, 漊中,澧中蠻潭戎等反, 燔燒郵亭, 殺略吏民, 郡兵擊破降之.

安帝元初二年, 澧中蠻以郡縣徭稅失平, 懷怨恨, 遂結充中諸種二千餘人, 攻城殺長吏. 州郡募五里蠻六亭兵追擊破之, 皆散降. 賜五里,六亭渠帥金帛各有差. 明年秋, 漊中,澧中蠻四千人並爲盜賊. 又零陵蠻羊孫,陳湯等千餘人, 著赤幘, 稱將軍, 燒官寺, 抄掠百姓. 州郡募善蠻討平之.

| **註釋** | ㅇ徭稅 - 요역과 賦稅. ㅇ長吏 - 질록 6백석 이상의 관리. 현의 縣長이나 丞처럼 4백석 관리도 때로는 長吏라 호칭했다.

[國譯]

和帝 永元 4년(서기 92) 겨울, 漊中(누중), 澧中蠻(예중만) 潭戎(담융) 등이 반란을 일으켜 郵亭(우정)을 불사르고 관리와 백성을 살해하자 郡兵을 동원하여 격파하고 투항케 하였다.

安帝 元初 2년(서기 115), 예중 만이들이 郡縣의 요역과 부세가 공평치 못하다며 원한을 품고 充中(충중)의 여러 만이들 2천여 명과 함께 官長과 관리를 공격 살해하였다. 형주자사부와 郡에서는 五里蠻(오리만)과 六亭(육정)의 군사를 동원하여 격파하자 모두 도망가거나 투항하였다. 이에 五里와 六亭의 渠帥(거수)들에게 금전과 비단

을 차등을 두어 하사하였다. 그 다음 해 가을 누중과 예중만 4천 명이 모두 도적 무리가 되었다. 또 영릉만 羊孫(양손)과 陳湯(진탕) 등 1천여 명이 赤幘(적책, 붉은 건)을 쓰고 將軍을 칭하면서 관청을 불태우고 백성을 잡아갔다. 州郡에서는 선량한 만이를 골라 토벌 평정하였다.

原文

順帝永和元年, 武陵太守上書, 以蠻夷率服, 可比漢人, 增其租賦. 議者皆以爲可. 尙書令虞詡獨奏曰,「自古聖王, 不臣異俗, 非德不能及, 威不能加, 知其獸心貪婪, 難率以禮. 是故羈縻縻而綏撫之, 附則受而不逆, 叛則棄而不追. 先帝舊典, 貢稅多少, 所由來久矣. 今猥增之, 必有怨叛. 計其所得, 不償所費, 必有後悔.」

帝不從. 其冬, 澧中,漊中蠻果爭貢布非舊約, 遂殺鄕吏, 擧種反叛. 明年春, 蠻二萬人圍充城, 八千人寇夷道. 遣武陵太守李進討破之, 斬首數百級, 餘皆降服. 進乃簡選良吏, 得其情和. 在郡九年, 梁太后臨朝, 下詔增進秩二千石, 賜錢二十萬. 桓帝元嘉元年秋, 武陵蠻詹山等四千餘人反叛, 拘執縣令, 屯結深山. 至永興元年, 太守應奉以恩信招誘, 皆悉降散.

| 註釋 | ㅇ尙書令 虞詡(우후) – 강직한 유생이었고 전략적 판단도 뛰어나 무공을 세웠다. 58권, 〈虞傅蓋臧列傳〉에 立傳. ㅇ是故羈縻而綏撫之 –

羈縻(기미)는 고삐를 매어 통제하다. 羈는 굴레 기. 멍에. 縻는 고삐 미. ○夷道(이도) - 道는 한인과 이민족이 혼거하는 행정 구역이다. 縣級. ○梁太后 - 順烈梁皇后, 梁妠(양납, 106 - 150년), 大將軍 梁商의 딸. 양상이 죽자, 아들 梁冀(양기)가 順帝 永和 6년(141)에 대장군이 되었다. 沖帝, 質帝, 桓帝를 옹립했다.

[國譯]

順帝 永和 원년(서기 136), 武陵 太守가 만이도 모두 복속하여 漢人과 똑같으니 그들의 租賦(조부)를 증액해야 한다고 상서하였다. 이를 논의한 사람 모두가 옳다고 하였다. 그러나 尙書令 虞詡(우후)는 홀로 상주하였다.

「자고로, 聖王은 異俗을 가진 사람을 신하로 삼지 않는 것은 덕이 미치지 못하거나 위력으로 누를 수 없어서가 아니라, 그런 야수의 마음을 가진 자는 탐욕이 많아 禮敎로 이끌 수 없다는 것을 알기 때문입니다. 이 때문에 야만인을 적당히 통제하거나 관직으로 어루만져 귀부하면 받아들여 반역하지 못하게 하고 배반하면 버려두어 추적하지도 않았습니다. 先帝의 옛 제도에 의거 貢稅(공세)의 多少는 그 유래가 오래되었습니다. 지금 아무렇게나 증세한다면 틀림없이 원망하며 배반할 것입니다. 증세로 얻는 것으로도 토벌 비용을 충당할 수 없으니 틀림없이 후회할 것입니다.」

그러나 순제는 따르지 않았다. 그 해 겨울, 澧中(예중)과 漊中(누중)이 만이들이 예상대로 貢布가 옛 제도와 다르다며 분란을 일으켜 鄕吏를 살해하고 온 종족이 반란을 일으켰다, 다음 해 봄, 만이 2만 명이 (鞏陵郡) 充城縣을 포위하였고, 만이 8천 명은 (南郡) 夷道(이도)를 노략질하였다. 조정에서는 武陵太守 李進(이진)을 보내 격파하였는데 수백 명을 죽이자 나머지는 모두 투항 굴복하였다. 이진은

良吏를 골라 임용하면서 민심을 얻고 화합하였다. 이진은 9년간 재직하였는데, 梁太后가 臨朝하면서 조서를 내려 이진의 질록을 2천석으로 증액시켰고 금전 20만을 하사하였다.

桓帝 元嘉 원년(서기 151) 가을, 武陵郡의 만이인 詹山(첨산) 등 4천여 명이 반역하여 현령을 사로잡고 깊은 산속에 모여 항거하였다. (桓帝) 永興 元年(서기 153), 太守 應奉(응봉)이 은혜를 베풀고 신의로 招誘(초유)하자 모두 투항하고 해산하였다.

原文

永壽三年十一月, 長沙蠻反叛, 屯益陽. 至延熹三年秋, 遂抄掠郡界, 衆至萬餘人, 殺傷長吏. 又零陵蠻入長沙. 冬, 武陵蠻六千餘人寇江陵, 荊州刺史劉度,謁者馬睦,南郡太守李肅皆奔走. 肅主簿胡爽扣馬首諫曰, "蠻夷見郡無儆備, 故敢乘間而進. 明府爲國大臣, 連城千里, 擧旌鳴鼓, 應聲十萬, 奈何委符守之重, 而爲逋逃之人乎!" 肅拔刃向爽曰, "掾促去 !太守今急, 何暇此計." 爽抱馬固諫, 肅遂殺爽而走. 帝聞之, 徵肅棄市, 度,睦減死一等, 復爽門閭, 拜家一人爲郎. 於是以右校令度尙爲荊州刺史, 討長沙賊, 平之.

又遣車騎將軍馮緄討武陵蠻, 並皆降散. 軍還, 賊復寇桂陽, 太守廖析奔走. 武陵蠻亦更攻其郡, 太守陳奉率吏人擊破之, 斬首三千餘級, 降者二千餘人. 至靈帝中平三年, 武陵蠻復叛, 寇郡界, 州郡擊破之.

| 註釋 | ㅇ益陽 – 長沙郡의 현명. '益水之陽' 의 뜻. 今 湖南省 북부 益陽市. ㅇ江陵 – 南郡의 治所, 今 湖北省 남부 荊州市 江陵縣. ㅇ儆備 – 警備, 儆은 경계할 경. ㅇ逋逃 – 逋는 달아날 포. 逃는 달아날 도. ㅇ右校令度尙 – 右校令은 종묘와 궁궐 건축, 陵園의 토목공사를 주관하는 將作大匠(장작대장, 질록 이천석)의 속관, 左, 右校令. 공사장 인부나 노역에 동원된 죄수를 감독. 질록 6백석. 度尙(도상)은 인명. ㅇ車騎將軍 馮緄(풍곤) – 난세에 여러 도적 무리를 평정하는 공을 세웠지만 환관에게 시달림을 받았다. 38권, 〈張法滕馮度楊列傳〉에 立傳.

[國譯]

(桓帝) 永壽 3年(서기 157) 11월, 長沙郡 蠻夷가 반란을 일으켜 益陽縣을 차지하였다. (桓帝) 延熹 3년(서기 160) 가을, 드디어 장사군 일대를 노략질하였는데 그 무리가 1만여 명이나 되었으며, 官長과 관리를 죽이거나 다치게 했다. 또 零陵郡의 만이들도 長沙郡에 침입하였다. 겨울에는 武陵郡 蠻夷 6천여 명이 (南郡) 江陵縣을 노략질하자, 荊州刺史 劉度(유도), 謁者 馬睦(마목), 南郡太守 李肅(이숙)이 모두 달아났다.

이숙의 主簿인 胡爽(호상)이 말 머리를 잡고 매달리며 제지하며 말했다.

"만이들이 군의 경비가 허술했기에 그런 틈을 타서 침입하였습니다. 태수께서는 조정의 대신으로 성을 따라 1천 리에 깃발을 세우고 북을 쳐 군사를 모으면 10만 명은 지원할 것인데, 어찌 부절을 받은 태수의 직무를 버리고, 어찌 도주한 태수가 되려 하십니까?"

그러자 이숙은 칼을 빼들고 호상에게 말했다.

"주부는 비켜나라! 내가 지금 급한데 무슨 겨를에 그런 생각을 하겠는가?"

호상이 말을 붙잡고 계속 저지하자 이숙은 호상을 죽이고 도주하였다. 환제가 이를 보고받고 이숙을 불러들여 棄市刑(기시형)에 처했다. 유도와 마목은 사형에서 1등을 감형하였고 호상의 일족은 조세와 부역을 면제하였고, 집안사람 1인을 낭관에 임용하였다. 이에 右校令인 度尙(도상)이 荊州刺史가 되어 장사군의 도적 무리를 토벌하여 평정하였다.

또 車騎將軍 馮緄(풍곤)을 보내 武陵郡의 만이를 평정하자 모두 투항하고 해산하였다. 풍곤의 군사가 회군하자 도적 무리는 다시 桂陽郡을 노략질하였는데, 太守 廖析(요석)은 도주하였다. 무릉군의 만이들도 다시 계양군을 공격하였는데 太守인 陳奉(진봉)이 관리와 백성을 인솔하여 격파하였고 3천여 명을 죽이자 3천여 명이 투항하였다.

靈帝 中平 3년(서기 186), 武陵郡 만이들이 다시 반역하여 무릉군을 노략질하자 형주와 郡兵이 적을 격파하였다.

原文

《禮記》稱 '南方曰蠻, 雕題交阯.' 其俗男女同川而浴, 故曰交阯. 其西有噉人國, 生首子輒解而食之, 謂之宜弟. 味旨, 則以遺其君, 君喜而賞其父. 取妻美, 則讓其兄. 今烏滸人是也.

| **註釋** | ㅇ雕題交阯 – 雕는 새길 조. 題은 이마. 交는 뒤섞다. 阯는 발지(趾와 同), 터 지. ㅇ噉人國 – 噉은 씹을 담(啖 同). ㅇ'宜弟' – 글자의 뜻이 아니라, 현지 언어의 음역으로 보인다. ㅇ烏滸人 – 烏滸(오호)는 지명.

古代 南蠻, 또는 越族의 한 갈래. 板楯蠻夷로도 표기.

[國譯]

《禮記》에는 '南方 사람을 蠻(만)이라 하는데, 이마에 문신하고 (남녀가) 다리를 엇갈리며 논다.' 고 하였다. 그 풍속에 남녀가 같은 냇물에서 목욕을 하기에 交阯(교지)라 하였다. 그 서쪽에 噉人國(담인국)이라는 나라가 있는데 그들은 첫 아이를 낳으면 아이를 잘라 먹는데, 이를 '宜弟(의제)' 라고 하였다. 고기 맛이 좋으면 이를 君長에게도 보내는데, 군장은 고기를 받고 기뻐하면서 아비에게 상을 내린다. 얻은 아내가 미인이면, 곧 그 형에게 (첫 밤을) 양보한다고 하였다. 지금 烏滸人(오호인)이 그들이다.

原文

交阯之南有越裳國. 周公居攝六年, 制禮作樂, 天下和平, 越裳以三象重譯而獻白雉, 曰, "道路悠遠, 山川阻深, 音使不通, 故重譯而朝." 成王以歸周公. 公曰, "德不加焉, 則君子不饗其質, 政不施焉, 則君子不臣其人. 吾何以獲此賜也!" 其使請曰, "吾受命吾國之黃耇曰, 久矣, 天之無烈風雷雨, 意者中國有聖人乎? 有則盍往朝之." 周公乃歸之於王, 稱先王之神致, 以薦於宗廟. 周德既衰, 於是稍絶.

| **註釋** | ㅇ黃耇(황구) - 원로. 노인, 黃은 黃髮, 곧 백발. 耇는 늙을 구.
ㅇ有則盍往朝之 - 盍은 어찌 아닐 합. 어찌 ~하지 않겠는가? 덮을 합.

[國譯]

交阯(교지)의 남쪽에 越裳國(월상국)이 있었다. 周公(주공)이 6년간 섭정하며 制禮作樂하였고 천하가 和平하였는데, 월상국에서 코끼리 3마리를 타고 와서 이중 통역을 거쳐 白雉(백치, 흰 꿩)를 헌상하며 말했다.

"길이 너무 멀고 산천이 험하고 깊으며 말이 통하지 않아서 이중 통역을 거쳐 입조하였습니다."

이에 成王은 그들을 주공에게 보냈다. 주공이 말했다.

"(군자는) 덕을 베풀지 않으면 그 예물을 받을 수 없으며, 정령을 행하지 않으면 그런 사람들을 신하로 할 수 없습니다. 제가 어찌 이런 하사를 받을 수 있겠습니까!"

그러자 그 사자가 대답했다.

"나는 우리나라 원로로부터 명을 받았습니다. 원로께서는 '오래 되었구나. 하늘에 바람과 뇌성이 없어졌구나. 이는 중국에 성인이 있다는 뜻이 아닌가? 성인이 있다면 어찌 입조하지 않을 수 있겠는가?' 라고 말했습니다."

周公은 (예물을) 다시 성왕에게 보내자 (성왕은) 先王의 신령이 보낸 것이라 하여 종묘에 헌상하였다. 나중에 周德이 쇠약해지자 점차 (異國의 입조가) 끊어졌다.

原文

及楚子稱霸, 朝貢百越. 秦並天下, 威服蠻夷, 始開領外, 置南海,桂林,象郡. 漢興, 尉佗自立爲南越王, 傳國五世. 至武帝元鼎五年, 遂滅之, 分置九郡, 交阯刺史領焉. 其珠崖,儋耳二郡在海洲上, 東西千里, 南北五百里. 其渠帥貴長耳, 皆穿而縋之, 垂肩三寸.

武帝末, 珠崖太守會稽孫幸調廣幅布獻之, 蠻不堪役, 遂攻郡殺幸. 幸子豹合率善人還, 復破之, 自領郡事, 討擊餘黨, 連年乃平. 豹遣使封還印綬, 上書言狀, 制詔卽以豹爲珠崖太守. 威政大行, 獻命歲至. 中國貪其珍賂, 漸相侵侮, 故率數歲一反. 元帝初元三年, 遂罷之. 凡立郡六十五歲.

| **註釋** | ㅇ始開領外 – 領外는 嶺外. 五嶺 산맥 남쪽. 長江 水界와 華南 지방 珠江(주강) 水界의 분수령. ㅇ尉佗(위타) – 인명. 趙佗(조타), 본래 秦 2세 때 南海郡 都尉였는데 秦末漢初에 桂林郡 등 3郡을 평정하고, 前 203년에 칭제했다가(南越武王), 文帝 때 臣屬하여 前 111년까지 존속. ㅇ皆穿而縋之 – 穿은 뚫을 천. 縋는 매어달 추.

[國譯]

子爵인 楚가 霸者를 칭하자 百越이 조공하였다. 秦이 천하를 병합하고 그 위세로 만이를 굴복케 하면서 처음으로 五嶺 산맥 이남과 교통하였고, 南海, 桂林, 象郡을 설치하였다. 漢이 건국되자, 尉佗(위타)는 南越王으로 자립하여 五世에 걸쳐 이어졌다. 武帝 元鼎 5년(前 112년)에 멸망시키고 그 땅에 9개 군을 설치하고 交阯(교지) 자사가 거느렸다. 그 9군 중 珠崖(주애), 儋耳(담이)의 2군은 海洲(海南島, 今 海南省)에 있었는데 동서가 1천 리에 남북이 5백 리였다. 그곳 渠帥(거수, 우두머리)는 긴 귀를 고귀한 것으로 여겼기에 모두가 귀를 뚫어 장식을 매달았는데 어깨 아래 3寸까지 늘어지게 했다.

武帝 말에, 주애군 태수인 會稽 사람 孫幸(손행)은 넓은 폭의 천을

징발하여 조정에 헌상하였는데, 만이들이 노역을 견디다 못해 郡府를 공격하여 손행을 살해하였다. 손행의 아들인 孫豹(손표)가 착한 사람들을 모아 다시 그들을 격파하고 스스로 군을 다스리며 잔당을 토벌하여 그 해에 모두 평정되었다. 손표는 사자를 보내 (부친이 받았던) 인수를 반환하고 상황을 보고하자, 조정에서는 制書를 내려 손표를 珠崖郡 태수로 임명하였다. 손표의 위세와 통제가 크게 진행되면서 공물을 보내고 명령을 전하는 사자가 해마다 왕래하였다. 중원에서는 주애군에서 바치는 진기한 보물을 탐내어 점차 멋대로 징발하자 몇 년마다 한 번씩 반란이 일어났다. 元帝 初元 3년(前 46), 결국 주애군을 폐지하였으니 군을 설치한 지 65년만이었다.

原文

逮王莽輔政, 元始二年, 日南之南黃支國來獻犀牛. 凡交阯所統, 雖置郡縣, 而言語各異, 重譯乃通. 人如禽獸, 長幼無別. 項髻徒跣, 以布貫頭而著之. 後頗徙中國罪人, 使雜居其間, 乃稍知言語, 漸見禮化.

| **註釋** | ㅇ日南 - 交州刺史部 관할 최남단 郡名. 治所는 西卷縣, 今 越南國 중부에 해당.

[國譯]

王莽(왕망)이 輔政하는, (平帝) 元始 2년(서기 2년), 日南郡의 남쪽에 있는 黃支國(황지국)에서 무소(코뿔소)를 헌상하였다. 交阯자사부의 관할 지역은 비록 군현이 설치되었지만 그 언어가 서로 틀려 이중 통역을 거쳐야만 통할 수 있었다. 그곳 사람들은 禽獸(금수)와 같았고 長幼의 구별도 없었다. 목 뒤에서 상투를 틀고 맨발로 다녔으며 옷의 가운데 구멍을 뚫고 머리를 집어넣어 착용하였다. 뒷날 점차 중국의 죄인을 보내면서 원주민과 혼거하게 되자 점차 말이 통하게 되었으며 점차 禮儀를 알고 교화되었다.

原文

光武中興, 錫光爲交阯, 任延守九眞, 於是敎其耕稼, 制爲冠履, 初設媒娉, 始知姻娶, 建立學校, 導之禮義.

建武十二年, 九眞徼外蠻里張游, 率種人慕化內屬, 封爲歸漢里君. 明年, 南越徼外蠻夷獻白雉,白菟.

至十六年, 交阯女子徵側及其妹徵貳反, 攻郡. 徵側者, 麊泠縣雒將之女也. 嫁爲朱䳒人詩索妻, 甚雄勇. 交阯太守蘇定以法繩之, 側忿, 故反. 於是九眞,日南,合浦蠻里皆應之, 凡略六十五城, 自立爲王. 交阯刺史及諸太守僅得自守. 光武乃詔長沙,合浦,交阯具車船, 修道橋, 通障谿, 儲糧穀.

十八年, 遣伏波將軍馬援,樓船將軍段志, 發長沙,桂陽,零陵,蒼梧兵萬餘人討之. 明年夏四月, 援破交阯, 斬徵側,徵貳等, 餘皆降散. 進擊九眞賊都陽等, 破降之. 徙其渠帥三百餘口於零陵. 於是領表悉平.

| 註釋 | ㅇ交趾郡(交) – 交阯(교지, 交趾)는 郡名. 겸 자사부의 명칭. 치소는 龍編縣, 今 越南國 하노이(河內)시 동쪽. 交趾(交州)刺史部는 漢朝 13州

刺史部의 하나. 後漢에서는 南海郡, 蒼梧郡, 合浦郡, 鬱林郡, 交趾郡, 九眞郡, 日南郡 등 7개 郡을 관할했는데 그 영역은 대략 금일의 廣東省, 廣西壯族自治區 및 越南의 북부와 중부 일대에 해당. ○九眞 – 군명. 治所는 胥浦縣, 今 越南國 중부 淸化省 서북 東山縣. ○徵側(징측) – 徵側(징측)은 인명. 徵氏 姉妹(徵側 Trúng Trac과 徵貳 Trúng Nhi). 당시 교지태수 蘇定(소정)의 가혹한 수탈에 항거, 기병하여 交趾, 九眞, 日南, 合浦郡 일대를 공략하여 65개 성을 점거했었다. 建武 18년(서기42)에 伏波將軍 馬援(마원) 등이 원정하여 서기 43년에 평정했다.

[國譯]

光武 中興 이후에, 錫光(석광)은 交阯(교지) 태수가, 任延(임연)은 九眞郡 태수가 되어 만이들에게 농사를 가르치고 관과 신발을 착용케 했으며, 중매를 통해 결혼을 주선하고 학교를 건립하며 예의로 백성을 교도하였다.

建武 12년(서기 36), 九眞郡 경계 밖의 만인의 마을 사람 張游(장유)가 종족을 이끌고 교화를 흠모하여 귀부하자 장유를 歸漢里君(귀한리군)에 봉했다. 그 다음 해에, 南越 경계 밖의 蠻夷가 白雉(백치, 흰 꿩)와 白菟(백토, 흰 토끼)를 헌상하였다.

(건무) 16년, 交阯郡 여자인 徵側(징측)과 그 여동생 徵貳(징이)가 반란을 일으켜 교지군을 공격하였다. 징측은 본래 麊泠縣(미령현) 雒越(낙월) 장수의 딸이었다. 朱䳒(주원) 사람 詩索(시색)의 처가 되었는데 매우 용맹하였다. 交阯 태수인 蘇定(소정)이 법에 의거 잡아가두자 징측이 분노하며 반란을 일으켰다. 이에 九眞, 日南, 合浦郡의 만이의 마을이 호응하니 모두 65개 성을 차지하고 자립하여 왕이 되었다. 交阯 자사 및 여러 군의 太守는 겨우 자신만을 방어하고 있었다. 이에 광무제는 조서로 長沙, 合浦, 交阯군에서 수레와 배를 징발

하고 도로와 길을 수리하여 불통하는 곳과 계곡을 소통케 하면서 군량을 비축케 하였다.

(建武) 18년(서기 42), 伏波將軍 馬援(마원), 樓船將軍 段志(단지)를 파견하여 長沙, 桂陽, 零陵, 蒼梧郡의 군사 1만여 명을 동원하여 토벌하였다. 다음 해 여름 4월에, 마원은 교지군을 격파하고 징측과 징이 등을 죽이자 나머지는 모두 투하하거나 흩어졌다. 마원은 더 진격하여 九眞郡의 도적 무리인 都陽(도양) 등을 공격, 격파하여 항복케 하였다. 그리고 그 우두머리 3백여 명을 零陵郡으로 강제 이주시키자, 오령산맥 이남은 모두 평정되었다.

原文

肅宗元和元年, 日南徼外蠻夷究不事人邑豪獻生犀,白雉. 和帝永元十二年夏四月, 日南,象林蠻夷二千餘人寇掠百姓, 燔燒官寺, 郡縣發兵討擊, 斬其渠帥, 餘衆乃降. 於是置象林將兵長史, 以防其患.

安帝永初元年, 九眞徼外夜郞蠻夷擧土內屬, 開境千八百四十里. 元初二年, 蒼梧蠻夷反叛. 明年, 遂招誘鬱林,合浦蠻漢數千人攻蒼梧郡. 鄧太后遣侍御史任逴奉詔赦之, 賊皆降散. 延光元年, 九眞徼外蠻貢獻內屬. 三年, 日南徼外蠻復來內屬. 順帝永建六年, 日南徼外葉調王便遣使貢獻, 帝賜便金印紫綬.

| 註釋 | ㅇ徼外 – 국경 밖. 徼는 순찰할 요. 변방의 경계 시설. 길. 구하

다. ○究不事人 – 만이의 별칭, 또는 종족 이름. ○夜郞(야랑) – 今 貴州省 서북부, 雲南省 북부 일대 西南夷의 부족 국가. 漢 武帝 때 牂牁郡(장가군)을 설치했는데 후한에서는 장가군의 현명, 今 貴州省 중서부 安順市 관할 關嶺布依族苗族自治縣. ○蒼梧 – 군명. 治所는 廣信縣, 今 廣西省 동부 梧州市. 廣東省과의 접경. ○葉調王(섭조왕) 便(편) – 今 인도네시아 자바섬, 또는 수마트라 섬의 통치자로 추정.

[國譯]

肅宗(章帝) 元和 원년(서기 84), 日南郡 경계 밖의 蠻夷인 究不事人(구불사인) 마을의 우두머리가 살아있는 코뿔소와 흰 꿩을 헌상하였다. 和帝 永元 12년(서기 100) 여름 4월, 日南郡 象林縣 蠻夷 2천여 명이 백성을 노략질하고 관청을 불사르자 군현에서는 군사를 내어 토벌하여 우두머리를 죽이자 나머지 무리는 바로 투항하였다. 이에 상림현에 군사를 지휘하는 長史를 두어 환란을 예방하였다.

安帝 永初 원년(서기 107), 九眞郡 국경 밖 夜郞(야랑)의 蠻夷가 그 땅을 들어 귀속하여 국경을 1,840리 더 넓혔다. (安帝) 元初 2년(서기 115), 蒼梧郡의 만이들이 반란을 일으켰다. 명년에 鬱林郡, 合浦郡의 만이와 漢인 수천 명을 동원하여 蒼梧郡을 공격하였다. 鄧太后(和熹鄧皇后)는 侍御史 任逴(임탁)을 보내 조서를 내려 사면하자 도적 무리는 모두 투항하고 흩어졌다. (安帝) 延光 원년(서기 112), 九眞郡 국경 밖 만이가 토산물을 바치며 귀부하였다. (延光) 3년, 日南郡 국경 밖 만이들이 다시 와서 귀부하였다. 順帝 永建 6년(서기 131), 日南郡 국경 밖 葉調王(섭조왕) 便(편)이 사자를 보내 토산물을 바치자 순제는 바로 金印紫綬를 하사하였다.

原文

永和二年, 日南,象林徼外蠻夷區憐等數千人攻象林縣, 燒城寺, 殺長吏. 交阯刺史樊演發交阯,九眞二郡兵萬餘人救之. 兵士憚遠役, 遂反, 攻其府. 二郡雖擊破反者, 而賊勢轉盛.

會侍御史賈昌使在日南, 卽與州郡並力討之, 不利, 遂爲所攻. 圍歲餘而兵穀不繼, 帝以爲憂. 明年, 召公卿百官及四府掾屬, 問其方略, 皆議遣大將, 發荊,楊,兗,豫四萬人赴之. 大將軍從事中郎李固駮曰,

| **註釋** | ㅇ四府掾屬 - 後漢의 四府는 大將軍府, 太尉府, 司徒府, 司空府의 合稱. 前漢의 四府는 丞相府, 御使府, 車騎將軍府, 前將軍府의 합칭. 掾屬(연속)은 屬官. 하급 관리가 아닌 중간 간부급 참모.

[國譯]

(順帝) 永和 2년(서기 137), 日南郡 象林縣 국경 밖 蠻夷인 區憐(구련) 등 수천 명이 象林縣을 공격하여 城과 관청을 불태우고 현령과 將兵長史를 살해했다. 交阯 刺史인 樊演(번연)이 交阯郡과 九眞郡의 군사 1만여 명으로 구원코자 하였다. 군사들은 먼 곳으로 출병을 싫어하며 결국 반란을 일으켜 자사부를 공격하였다. 2郡의 군사가 반군을 격파하였지만 적의 세력은 점차 강대해졌다.

그 무렵, 侍御史인 賈昌(가창)이 사자로 日南郡에 와 있었는데 즉시 교주자사부의 군사와 함께 토벌하였지만 불리하여 결국 그들의 공격을 받았다. 1년이 넘게 포위되면서 군사와 군량을 지원받지 못하자 조정에서는 이를 걱정하였다. 다음 해, 公卿과 百官 및 四府의 속관을 모두 불러 그 方略을 묻자, 모두가 大將軍을 파견하고 荊州, 楊州, 兗州(연주), 豫州 자사부의 군사 4만 명을 거느리고 출전해야 한다고 주장하였다. 그러나 大將軍 從事中郎인 李固(이고)는 이를 반박하였다.

原文

「若荊,楊無事, 發之可也. 今二州盜賊槃結不散, 武陵,南郡蠻夷未輯, 長沙,桂陽數被徵發, 如復擾動, 必更生患. 其不可一也. 又兗,豫之人卒被徵發, 遠赴萬里, 無有還期, 詔書迫促, 必致叛亡. 其不可二也. 南州水土溫暑, 加有瘴氣, 致死亡者十必四五. 其不可三也. 遠涉萬里, 士卒疲勞, 比至領南, 不復堪鬪. 其不可四也.

軍行三十里爲程, 而去日南九千餘里, 三百日乃到, 計人稟五升, 用米六十萬斛, 不計將吏驢馬之食, 但負甲自致, 費便若此. 其不可五也. 設軍到所在, 死亡必衆, 旣不足禦敵, 當復更發, 此爲刻割心腹以補四支. 其不可六也. 九眞,日南相去千里, 發其吏民, 猶尙不堪, 何況乃苦四州之卒, 以赴萬里之艱哉! 其不可七也.

前中郎將尹就討益州叛羌, 益州諺曰, '虜來尙可, 尹來殺我.' 後就徵還, 以兵付刺史張喬. 喬因其將吏, 旬月之間, 破殄寇虜. 此發將無益之效, 州郡可任之驗也. 宜更選有勇略仁惠任將帥者, 以爲刺史,太守, 悉使共住交阯.

今日南兵單無穀, 守旣不足, 戰又不能. 可一切徙其吏民, 北依交阯, 事靜之後, 又命歸本. 還募蠻夷, 使自相攻, 轉輸金帛, 以爲其資. 有能反間致頭首者, 許以封侯列士之賞.

故幷州刺史長沙祝良, 性多勇決, 又南陽張喬, 前在益州有破虜之功, 皆可任用. 昔太宗就加魏尙爲雲中守, 哀帝卽拜龔舍爲太山太守. 宜卽拜良等, 便道之官.」

四府悉從固議, 卽拜祝良爲九眞太守, 張喬爲交阯刺史. 喬至, 開示慰誘, 並皆降散. 良到九眞, 單車入賊中, 設方略, 招以威信, 降者數萬人, 皆爲良築起府寺. 由是嶺外復平.

| 註釋 | ○瘴氣(장기) – 열대풍토병. 瘴은 장기 장. 고온다습한 지역의 熱病. ○祝良(축량) – 梁州, 幷州의 자사 역임. ○龔舍爲太山太守 – 龔舍(공사)는 인명. 龔(공손할 공)이 성씨. 太山은 泰山. 《後漢書》 저자 范曄(범엽)은 그 부친 范泰(범태)의 名을 피휘하며 泰를 太로 바꿔 기록했다. ○便道之官 – 새로 발령을 받으면 낙양에 와서 황제에 謝恩하고 임지로 부임했다. 便道之官은 幷州 자사의 임지에서 낙양으로 와서 사은하지 않고 바로 부임하라는 뜻.

[國譯]

「만약 荊州와 楊州가 무사하다면 그곳 군사를 동원할 수 있습니다. 지금 형주와 양주지역의 도적 무리가 곳곳에 모여 흩어지지 않고 있으며, 武陵郡과 南郡의 만이들도 안정되지 않았고, 또 長沙郡과 桂陽郡은 자주 군사를 동원하였기에 만약 또 징발한다면 필히 환란이 일어날 것이니, 이것은 첫째 불가한 이유입니다. 또 兗州(연주), 豫州의 백성이 징발되어 멀리 1만 리 밖에 출정한다면 돌아올 기약도 없는데, 조서를 내려 독촉한다면 필히 배반하거나 도주할 것이니, 이것이 불가한 두 번째 이유입니다. 남쪽 땅의 풍토는 온난하며 거기에 열대 풍토병이 있어 치사자가 10명 중 4, 5명이니, 이것이 불가한 세 번째 이유입니다. 1만 리 먼 길을 가야 하기에 사졸이 피폐하고 또 嶺南에 도착하여도 전투를 감당할 수 없으니, 이것이 네 번째로 불가한 이유입니다.

군대의 행군은 1일 30리를 하루 일정으로 보는데 일남군까지 9천 리를 가야 한다면 3백 일이 걸려야 도착할 수 있고, 1인에 5升의 군량을 필요로 한다면 60만 斛(곡)이 소요되는데, 여기에는 일반 군리나 나귀와 말의 소요량은 들어있지도 않으며 만약 장비와 식량을 각자 부담한다 하여도 그 비용이 이와 같을 것입니다. 이것이 불가한 다섯 번째 이유입니다. 부대를 만들어 임지에 도착하더라도 사망자가 많아 적을 방어하기도 어려우니 응당 다시 징발 보충하여야 하니, 이는 腹部의 심장을 파내어 손발을 먹어야 하는 것이니 그 불가한 여섯 번째 이유입니다. 九眞郡과 日南郡은 그 거리가 1천 리이니, 그곳 관리나 백성을 동원하여도 오히려 견딜 수 없거늘 하물며 4州의 병졸을 1만 리 험지에 보낼 수 있겠습니까? 이것이 그 불가한 일곱 째 이유입니다.

그전에 中郎將 尹就(윤취)가 益州 일대 강족의 반란을 토벌할 때, 益州 사람들은 '반적은 그래도 괜찮지만 윤취가 와서 우리를 죽이네.' 라고 말했습니다. 뒷날 윤취는 소환되고 지휘권은 刺史 張喬(장교)에게 넘겼는데 장교는 그 군리들을 데리고 한 달 만에 적도들을 모두 평정하였습니다. 이는 장군을 보내는 것이 별 효과가 없고 현지 州郡에서도 적임자가 있다는 증거입니다. 그러하오니 응당 용기와 담략이 있고 인자한 장수를 선임하여 자사나 태수에 임명하여 함께 교지로 파견해야 합니다.

지금 日南郡의 군사는 고립되었고 군량도 없으니, 아마 수비도 어렵고 전투도 불가합니다. 일단 그곳 관리와 백성을 옮겨 북쪽 交阯郡에 머물게 했다가 사태가 안정된 이후에 본래 있던 곳으로 돌려 보내면 됩니다. 그리고 우선 만이를 모아 서로 공격하게 하면서 금은과 비단을 운송하여 활동 자금으로 활용해야 합니다. 또 유능한 反間(細作)을 활용하여 적 수괴의 목을 가져오면 열후에 봉하고 땅을 나눠주는 상을 내려야 합니다.

예전 幷州刺史였던 長沙郡 출신 祝良(축량)은 용감하고 결단력이 강한 성격이며, 또 南陽 출신 張喬(장교)는 전임지 益州에서 반적을 격파한 공적이 있으니 두 사람을 모두 임용할 만합니다. 옛날 太宗(文帝)은 魏尙(위상)을 雲中郡 태수에 재임용하였고, 哀帝는 龔舍(공사)를 太山(泰山) 태수에 임용하였습니다. 응당 축량 등을 임용하여 바로 부임케 해야 합니다.」

四府에서 모두 李固의 상주에 찬동하여 즉시 축량을 九眞 태수에, 장교를 交阯 자사에 임명하였다. 장교가 부임하여 현지인을 위무하고 회유하자 반도들은 모두 투항하고 해산하였다. 축량은 九眞郡에 적지에 單車로 부임한 뒤에 방략을 세워 실행하며, 위엄과 신의로 招撫하자 수만 명이 투항하였고 그곳 만이들이 축량을 위해 관청을 짓는 일에 참여하였다. 이로서 오령산맥 이남은 다시 평온해졌다.

原文

建康元年, 日南蠻夷千餘人復攻燒縣邑, 遂扇動九眞, 與相連結. 交阯刺史九江夏方開恩招誘, 賊皆降服. 時梁太后臨朝, 美方之功, 遷爲桂陽太守.

桓帝永壽二年, 居風令貪暴無度, 縣人朱達等及蠻夷相聚, 攻殺縣令, 衆至四五千人, 進攻九眞, 九眞太守兒式戰死. 詔賜錢六十萬, 拜子二人爲郞. 遣九眞都尉魏朗討破之, 斬首二千級, 渠帥猶屯據日南, 衆轉强盛.

延熹三年, 詔復拜夏方爲交阯刺史. 方威惠素著, 日南宿賊聞之, 二萬餘人相率詣方降. 靈帝建寧三年, 鬱林太守谷永以恩信招降烏滸人十餘萬內屬, 皆受冠帶, 開置七縣. 熹平二年冬十二月, 日南徼外國重譯貢獻. 光和元年, 交阯,合浦烏滸蠻反叛, 招誘九眞,日南, 合數萬人, 攻沒郡縣. 四年, 刺史朱儁擊破之. 六年, 日南徼外國復來貢獻.

| 註釋 | ㅇ居風 - 九眞郡 居風縣, 今 越南國 중북부 해안 淸化市. ㅇ兒式(예식) - 兒는 성씨 예. 보통 倪로 표기. ㅇ鬱林太守谷永 - 鬱林郡(울림군) 치소는 布山縣, 今 廣西壯族自治區 중부 貴港市 관할 桂平市. 谷永은 인명. ㅇ朱儁(주준) - 황건적 토벌에 공을 세웠다. 71권, 〈皇甫嵩朱儁列傳〉에 立傳.

[國譯]

(順帝) 建康 원년(서기 144), 日南郡 蠻夷 1천여 명이 다시 縣邑을 공격하고 불살랐고 九眞郡의 만이를 선동하여 서로 연합하였다. 교지자사인 九江郡 출신 夏方(하방)이 은의를 베풀며 회유하자, 적도는 모두 투항하였다. 그때 梁太后(順烈梁皇后)가 임조청정하면서 하방의 공적을 칭송하고 桂陽郡 太守로 승진시켰다.

桓帝 永壽 3년(서기 157), (九眞郡) 居風縣 현령의 탐욕이 무도하여 현의 백성 朱達(주달) 등이 만이와 함께 현령을 공격하여 살해하였고, 무리가 4, 5천 명이 되자 九眞郡을 공격하여 九眞 太守 兒式(예식)이 전사하였다. 조서로 금전 60만을 하사하고 아들 2명을 낭관에 임용하였다. 조정에서는 九眞 도위인 魏朗(위랑)을 보내 격파하고 2천여 명을 죽였는데도 우두머리는 여전히 日南郡에 웅거하며 무리는 더욱 강성해졌다.

(환제) 延熹 3년(서기 160), 조서로 夏方(하방)을 다시 교지자사로 임명하였다. 하방은 위엄과 은혜가 평소에 뚜렷하였기에 日南郡의 宿賊들도 이를 알고서는 2만여 명이 함께 모여 하방을 찾아와 투항하였다.

靈帝 建寧 3년(서기 170), 鬱林太守 谷永(곡영)이 恩信으로 烏滸人(오호인) 10여만 명을 회유하여 귀부케 하였는데 우두머리 모두에게 관직을 주었고 7개 현을 새로 설치하였다. (靈帝) 熹平 2年(서기 173) 겨울 12월에, 日南郡 경계 밖의 나라가 이중 통역을 거치면서 토산물을 헌상하였다. (靈帝) 光和 원년(서기 178), 교지군과 合浦郡의 烏滸(오호) 만이가 반란을 일으켜 구진, 일남군에 걸쳐 수만 명이 군현을 공격 함락시켰다. 4년에 교지자사인 朱儁(주준)이 격파하였다. 6년, 일남군 밖의 나라가 다시 와서 토산물을 바쳤다.

原文

巴郡南郡蠻, 本有五姓, 巴氏,樊氏,瞫氏,相氏,鄭氏. 皆出於武落鍾離山. 其山有赤黑二穴, 巴氏之子生於赤穴, 四姓之子皆生黑穴. 未有君長, 俱事鬼神, 乃共擲劍於石穴, 約能中者, 奉以爲君. 巴氏子務相乃獨中之, 衆皆嘆. 又令各乘土船, 約能浮者, 當以爲君. 餘姓悉沈, 唯務相獨浮. 因共立之, 是爲廩君.

乃乘土船, 從夷水至鹽陽. 鹽水有神女, 謂廩君曰, "此地廣大, 魚鹽所出, 願留共居." 廩君不許. 鹽神暮輒來取宿, 旦卽化爲蟲, 與諸蟲群飛, 掩蔽日光, 天地晦冥. 積十餘日, 廩君伺其便, 因射殺之, 天乃開明. 廩君於是君乎夷城, 四姓皆臣之. 廩君死, 魂魄世爲白虎. 巴氏以虎飮人血, 遂以人祠焉.

| **註釋** | ㅇ瞫氏 – 瞫은 볼 심. ㅇ武落鍾離山 – 일명 難留城山, 今 湖北省 서남부 宜昌市 관할 長陽土家族自治縣 소재. 長江 남쪽. ㅇ夷城(이성) – 今 湖北省 宜昌市 관할 宜都市의 古城.

【國譯】

巴郡(파군)과 南郡(남군)의 蠻夷는 본래 五姓이 있었으니, 巴氏(파씨), 樊氏(번씨), 瞫氏(심씨), 相氏, 鄭氏였다. 모두가 武落鍾離山(무락종리산)에서 유래되었다. 그 산에 적색과 흑색의 두 巖穴이 있는데, 파씨의 아들은 赤穴에서 태어났고 다른 四姓의 아들은 모두 黑穴에서 태어났다. 君長은 없었으며 모두가 귀신을 섬겼는데, 石穴에 칼을 던져 맞게 꽂히는 자를 군장으로 섬기자고 약속하였다. 파씨의 아들 務相(무상)만이 홀로 명중하여 많은 사람 모두가 감탄하였다. 그러나 또 각자 흙으로 만든 배를 타고 뜰 수 있는 자를 주군으로 섬긴다고 약속하였다. 다른 사람의 배는 모두 가라앉았지만 무상의 흙

배만이 홀로 떠 있었다. 그래서 모두가 무상을 옹립하였으니, 이가 곧 廩君(늠군)이었다.

늠군은 흙으로 만든 배를 타고 夷水를 따라가서 鹽陽(염양)에 도착하였다. 鹽水(염수)에는 神女가 있었는데 늠군에게 말했다. "이곳은 토지가 광대하고 어염도 풍족하니 함께 살고 싶습니다."

그러나 늠군은 승낙하지 않았다. 염수의 신녀는 밤에 몰래 늠군을 찾아와 잠을 잤는데 아침에 벌레가 되어 여러 벌레가 떼를 지어 날아오르면서 햇빛을 가려 하늘과 땅이 캄캄하였다. 이렇게 10여 일이 지나갔는데 늠군은 기회를 보아 신녀의 벌레를 쏘아 죽이자 하늘은 다시 밝아졌다. 늠군은 夷城(이성)에서 주군임을 선포하자 四姓의 백성 모두는 신하가 되었다. 늠군이 죽자, 그 혼백은 여러 대에 걸쳐 호랑이가 되었다. 파씨는 호랑이는 사람의 피를 마신다 하여 사람을 제물로 제사하였다.

原文

及秦惠王并巴中, 以巴氏以蠻夷君長, 世尙秦女, 其民爵比不更, 有罪得以爵除. 其君長歲出賦二千一十六錢, 三歲一出義賦千八百錢. 其民戶出幏布八丈二尺, 雞羽三十鍭. 漢興, 南郡太守靳强請一依秦時故事.

| 註釋 | ㅇ惠王 – 惠文王(재위 前 356–311년), 惠文君, 嬴(영)姓, 秦 孝公의 아들. 秦 伯爵. 前 325년, 惠文王이 稱王하자 이후 韓, 趙, 燕, 中山和宋나라까지 모두 稱王했다. ㅇ巴中 – 巴郡의 중부, 今 四川省 동부 일대. ㅇ不更(불경) – 秦漢代의 일반 백성(평민)도 신분상 등급이 있었는데 1등급

(公士)에서부터 8등급(公乘, 공승)까지는 일반 백성의 등급이다. 不更은 4등급이다. 9등급 五大夫부터 18등급 大庶長 까지는 官吏의 등급으로 요역이 면제된다. 19등급 關內侯와 20등급 徹侯(列侯)는 爵位(작위)이다. 20등급의 명칭은 아래와 같다. (最低) (1급) 公士 - 上造 - 簪裊(잠요) - 不更 - 大夫 - (6급) 官大夫 - 公大夫 - 公乘 - 五大夫 - 左庶長 - (11급) 右庶長 - 左更 - 中更 - 右更 - 少上造 - (16급) 大上造 - 駟車庶長 - 大庶長 - (19급) 關內侯 - (20급) 徹侯(列侯)(最高). 백성은 작위를 사고팔았으며 일정 작위를 보유하면 사형을 면할 수 있었다. 국가에 경사가 있으면 수시로 백성에게 작위를 하사하였다. ㅇ幏布(가포) - 幏는 공물로 바치는 織物 가.

[國譯]

秦 惠王(惠文王)이 巴中 땅을 병합하고 巴氏를 만이의 君長으로 삼았는데, 대대로 秦의 王女와 결혼하였고 그 백성의 작위는 不更(불경)에 해당하였고 죄를 지으면 작위를 삭제하였다. 그 君長은 해마다 賦 2,016錢을, 3년에 한 번씩 義賦 1,800전을 납부하였다. 백성은 매호마다 幏布(가포) 8丈 2尺을, 닭깃으로 만든 화살 30개(鍭는 화살 후)를 바쳤다. 漢이 건국된 뒤에 南郡太守 靳强(근강)은 秦代의 전례대로 납부토록 하겠다고 주청하였다.

原文

至建武二十三年, 南郡潳山蠻雷遷等始反叛, 寇掠百姓, 遣武威將軍劉尙將萬餘人討破之, 徙其種人七千餘口置江夏界中, 今沔中蠻是也. 和帝永元十三年, 巫蠻許聖等以郡收稅不均, 懷怨恨, 遂屯聚反叛. 明年夏, 遣使者督荊州諸郡兵萬餘人討之. 聖等依憑阻隘, 久不破. 諸軍乃分道並進, 或自巴郡,魚復數路攻之, 蠻乃散走, 斬其渠帥. 乘勝追之, 大破聖等. 聖等乞降, 復悉徙置江夏. 靈帝建寧二年, 江夏蠻叛, 州郡討平之. 光和三年, 江夏蠻復反, 與廬江賊黃穰相連結, 十餘萬人, 攻沒四縣, 寇患累年. 廬江太守陸康討破之, 餘悉降散.

| 註釋 | ㅇ江夏 – 郡名. 治所는 西陵縣, 今 湖北省 동부 武漢市 新洲區. ㅇ陸康(육강) – 31권, 〈郭杜孔張廉王蘇羊賈陸列傳〉에 立傳.

【國譯】

(光武帝) 建武 23년(서기 47), 南郡의 潳山蠻(도산만)인 雷遷(뇌천) 등이 처음으로 반란을 일으켜 백성을 노략질하자 (광무제는) 武威將軍 劉尙(유상)을 보내 군사 1만여 명을 거느리고 토벌케 한 뒤에 그 종족 7천여 명을 江夏郡 지역으로 이주시키니 이들이 오늘날의 沔中蠻(면중만)이다.

和帝 永元 13년(서기 101), (南郡) 巫蠻(무만, 巫縣의 蠻夷)인 許聖(허성) 등이 郡의 收稅가 不均하다고 원한을 품고 무리를 지어 반란을 일으켰다. 다음 해, 여름 조정에서는 사자를 보내 荊州 자사부 관내 여러 군의 군사 1만여 명을 독려하여 이들을 토벌하였다. 허성 등이 험악한 지형에 의지했기에 오랫동안 격파할 수 없었다. 여러 부대가 길을 나누어 동시에 진격하였고, 또는 巴郡의 魚復縣에서 여러 길로 공격하자 만이가 흩어져 도주하자 그 우두머리들을 잡아 죽였다. 관군은 승세를 타고 추격하여 허성 등을 대파하였다. 허성 등이 투항하자 다시 이들을 江夏郡으로 이주 시켰다.

靈帝 建寧 2년(서기 169), 강하군의 만이들이 반란하자 州郡에서 이들을 토벌하였다. (靈帝) 光和 3년(서기 180), 강하군의 만이가 다시 반란을 일으켜 廬江郡의 도적인 黃穰(황양)과 서로 연결하여 무리 10여만 명이 4개 현을 공격, 함락하면서 여러 해 동안 노략질을 하였다. 廬江 太守인 陸康(육강)이 토벌하여 격파하자 나머지는 모두 투항한 뒤 흩어졌다.

原文

板楯蠻夷者, 秦昭襄王時, 有一白虎, 常從群虎數游秦,蜀,巴,漢之境, 傷害千餘人. 昭王乃重募國中有能殺虎者, 賞邑萬家, 金百鎰. 時, 有巴郡閬中夷人, 能作白竹之弩, 乃登樓射殺白虎. 昭王嘉之, 而以其夷人, 不欲加封, 乃刻石盟要, 復夷人頃田不租, 十妻不算, 傷人者論, 殺人者得以倓錢贖死. 盟曰, '秦犯夷, 輸黃龍一雙, 夷犯秦, 輸清酒一鍾.' 夷人安之.

| **註釋** | ㅇ巴郡 閬中(낭중) - 巴郡의 縣名. 今 四川省 동북부 南充市 관할 閬中市. ㅇ復頃田不租 - 復는 면제하다. ㅇ十妻不算 - 算賦(筭賦, 人丁稅)를 면제하다. 漢代에는 15세 이상 56세까지 남자가 납부해야 하는 인두세 성격의 조세 1人(一口)당 1년 120전〔一筭(일산), 筭은 算과 同〕을 筭賦(賦錢)이라 했다. 무제 때부터 미성년(3세 - 14세) 남자 1인에게도 1년에 20전 씩 口賦를 징수했다. 나중에 元帝 때는 7세부터 징수하여 조금 완화하였다. ㅇ倓錢贖死 - 倓錢(담전)은 贖錢, 재물로 속죄할 담. ㅇ輸黃龍一雙 - 輸는 보낼 수. 내기에서 지다. 黃龍一雙은 미상?

[國譯]

板楯蠻夷(판순만이)는 秦 昭襄王(소양왕) 때, 白虎 한 마리가 늘 그 무리를 거느리고 秦과 蜀, 巴, 漢中郡 일대를 돌아다니면서 백성 1천여 명을 해치고 있었다. 이에 소양왕은 호랑이를 퇴치할 유능한 사람을 모집하면서 1만 호의 제후에 봉하고 황금 1백 鎰(일)을 주겠다고 공포하였다. 그때 巴郡 閬中縣(낭중현)의 만이가 白竹으로 만든 쇠뇌(弩)로 누각에 올라가 白虎를 쏘아 죽였다. 소양왕은 가상히 여겼지만 그가 만이라고 제후로 봉하지 않고, 대신 刻石하여 맹약을 체결하였는데, 夷人의 경작지에 대하여 租를 부과하지 않고 아내가 10명일지라도 算賦를 면제하며, 사람을 다치게 했으면 공정한 재판을 하고 살인자는 속전으로 사형을 면제할 수 있게 하였다. 또 '秦이 夷의 땅을 침범하면 黃龍 1쌍을 내고, 夷가 秦을 침범하면 清酒 1鍾(종)으로 변상한다.' 고 약속하였다.

原文

至高祖爲漢王, 發夷人還伐三秦. 秦地旣定, 乃遣還巴中, 復其渠帥羅,朴,督,鄂,度,夕,龔七姓, 不輸租賦, 餘戶乃歲入賨錢, 口四十. 世號爲板楯蠻夷. 閬中有渝水, 其人多居水左右, 天性勁勇, 初爲漢前鋒, 數陷陳. 俗喜歌舞, 高祖觀之, 曰, "此武王伐紂之歌也." 乃命樂人習之, 所謂〈巴渝舞〉也. 遂世世服從.

| **註釋** | ㅇ三秦 – 前漢 초 秦의 故地 關中을 三秦이라 통칭하였다. 項羽는 漢王 劉邦의 關中 진출을 봉쇄하려고 雍王(옹왕)인 章邯(장한), 塞王(새

왕)인 司馬欣(사마흔), 翟王(책왕)인 董翳(동예)을 봉했고, 三秦이라 불렀다. 三秦은 지금 陜西省의 별칭으로도 쓰인다.

[國譯]

高祖가 漢王이었을 때, 夷人을 동원하여 三秦(삼진)을 정벌하였다. 秦地가 평정된 뒤에 그들을 巴中으로 돌려보냈는데 그들의 우두머리격인 羅氏, 朴氏, 督氏, 鄂氏(악씨), 度氏, 夕氏, 龔氏(공씨) 七姓의 조세를 면제하여 징수하지 않았고, 나머지 호구는 매년 賨錢(공전)을 1인 40전씩만 납부키로 하였다. 그러면서 이들을 대대로 板楯蠻夷라 지칭하였다.

閬中縣(낭중현)에 渝水(투수)가 흐르고 이들 판순만이는 투수의 좌우에 많이 거주하였는데 천성이 억세고 용감하여 처음부터 漢의 선봉장으로 자주 적진을 함락시켰었다. 그들 습속은 歌舞를 좋아하였는데, 고조가 보고서는 "이는 (周) 武王이 紂王을 정벌한 노래이다." 라고 말했다. 그리고서는 樂人에게 배우라고 명하였으니, 이른바 〈巴渝舞(파투무)〉이다. 판순만이는 이후 대대로 漢을 섬겼다.

原文

至於中興, 郡守常率以征伐. 桓帝之世, 板楯數反, 太守蜀郡趙溫以恩信降服之. 靈帝光和二年, 巴郡板楯復叛, 寇掠三蜀及漢中諸郡. 靈帝遣御史中丞蕭瑗督益州兵討之, 連年不能克. 帝欲大發兵, 乃問益州計吏, 考以征討方略.

漢中上計程包對曰, 「板楯七姓, 射殺白虎, 立功先世, 復爲義人. 其人勇猛, 善於兵戰. 昔永初中, 羌入漢川, 郡縣破壞, 得板楯救之, 羌死敗殆盡, 故號爲神兵. 羌人畏忌, 傳語種輩, 勿復南行. 至建和二年, 羌復大入, 實賴板楯連摧破之. 前車騎將軍馮緄, 南征武陵, 雖受丹陽精兵之銳, 亦倚板楯以成其功. 近益州郡亂, 太守李顒, 亦以板楯討而平之. 忠功如此, 本無噁心. 長吏鄕亭, 更賦至重, 僕役箠楚, 過於奴虜, 亦有嫁妻賣子, 或乃至自剄割. 雖陳冤州郡, 而牧守不爲通理. 闕庭悠遠, 不能自聞. 含怨呼天, 叩心窮谷. 愁苦賦役, 困罹酷刑. 故邑落相聚, 以致叛戾. 非有謀主僭號, 以圖不軌. 今但選明能牧守, 自然安集, 不煩征伐也.」

帝從其言, 遣太守曹謙宣詔赦之, 卽皆降服. 至中平五年, 巴郡黃巾賊起, 板楯蠻夷因此復叛, 寇掠城邑, 遣西園上軍別部司馬趙瑾討平之.

| 註釋 | ㅇ三蜀 - 蜀 땅의 3개 군. 蜀郡, 廣漢郡, 犍爲郡. ㅇ益州計吏 - 각 郡國에서는 1년에 한 번씩 재정, 물가 등 치적을 통계로 작성하여 司徒府에 보고하고 심사를 받았다. 郡國의 재정 등 치적을 보고하러 장안에 보내는 관리를 上計吏라 하였고 군국에서 천거하는 인재도 同行, 上京하였다. ㅇ益州郡 - 郡名. 자사부의 명칭, 益州郡 治所는 滇池縣(전지현), 今 雲南省 昆明市 관할 晋寧縣. ㅇ本無噁心 - 噁는 성낼 오. ㅇ更賦至重 - 更은 윤번에 의해 戍卒(수졸)로 차출하다. 更賦(경부)는 更을 代役하는 돈. 更은 1개월간 수졸로 복무해야 했는데, 이를 卒更이라 했다. 貧者에게 대신시킬 경우에 月 2천전을 납부했는데, 이를 踐更이라 했다. 또 모두가 변경의 초소에 1년에 3일을 근무해야 하는데, 이도 更이라 했다. 그러나 장거리를 가고 오는 것이 어렵기 때문에 빈자를 고용하여 1년을 복무케 했는데 이 경우 3백전을 납부했고, 이를 過更이라 하였다. ㅇ西園(八校尉) - 기존

군영을 증원하거나 보충하여 재편한 군영, 靈帝(영제) 中平 5년(서기 188)에 처음 설치. 上軍校尉, 中軍校尉, 下軍校尉, 典軍校尉, 助軍左校尉, 助軍右校尉, 左校尉, 右校尉. 총지휘는 上軍校尉인 小黃門 蹇碩(건석)이었다.

【國譯】

光武 中興 이후에도 郡守는 정벌에 늘 이들을 동원하였다. 桓帝 때, 板楯(판순) 만이들은 여러 번 반기를 들었지만 巴郡 太守인 蜀郡 사람 趙溫(조온)은 恩信으로 이들을 복종케 하였다. 靈帝 光和 2년(서기 179), 巴郡의 판순 만이가 다시 반기를 들고 三蜀과 漢中군 등 여러 군을 노략질하였다. 靈帝는 御史中丞인 蕭瑗(소원)을 보내 益州의 군사를 동원하여 토벌케 하였으나 해가 바뀌어도 평정하지 못했다. 영제가 대군을 동원하려고 益州의 計吏에게 토벌 방략에 대한 의견을 물었다.

漢中郡의 上計吏인 程包(정포)가 대책을 올렸다.

「판순 만이의 七姓은 그 선조가 白虎를 사살하여 先世부터 공을 세워 부세를 면제받는 義人입니다. 그 사람들은 용맹하고 兵戰을 잘 합니다. 옛날 (順帝) 永初 연간에, 羌族이 漢中郡에 침입하여 군현을 파괴하고 노략질을 하자 판순 만이의 도움으로 격퇴시켰습니다. 羌族은 거의 다 죽었기에 판순을 거의 神兵이라고 여겼습니다. 강족은 판순을 두려워하여 그 동족들에게 다시는 남쪽에 내려가지 말라고 하였습니다. (桓帝) 建和 2년, 강족이 다시 크게 침입하였는데 그때도 사실은 판순의 힘으로 강족을 꺾을 수 있었습니다. 前 車騎將軍 馮緄(풍곤)은 남쪽으로 武陵郡을 정벌하면서 비록 丹陽郡 精兵의 군사력의 도움을 받았다지만 그 역시 판순의 도움으로 성공할 수 있었습니다. 최근 益州郡의 반기에 太守 李顒(이옹)이 토벌하는데 판순이 참여하여 적을 평정하였습니다. 판순의 충성과 공적이 이와 같으니 그들은 본래 조정에 불만이 없습니다. 군현의 官長이나 小吏, 또는 鄕이나 亭에서 요역 대신 납부하는 更賦(경부)가 너무 과중하고 종처럼 부리고 매질을 하고 심한 경우 포로나 죄수처럼 취급당하고 아내나 자식을 팔거나 아니면 자살에 이르게 한 경우도 있었습니다. 비록 억울한 사정을 하소연해도 자사나 태수가 이를 처리하지 않습니다. 사실 관청은 너무 멀고 스스로 탄원을 할 줄도 모릅니다. 그러니 원한을 품고 하늘을 원망하며 골짜기에서 가슴을 치고 있습니다. 부역으로 고생하고 혹형을 당하기도 합니다. 그래서 마을끼리 서로 모여 반역에 이르게 된 것입니다. 어떤 모반의 주체나 참람한 호칭을 칭하지도 않으며 반역을 도모하지도 않습니다. 지금 유능한 자사나 태수를 선임하여 내보낸다면 자연적으로 안정될 것이니 정벌을 걱정 안 하셔도 됩니다.」

영제는 그 말에 따랐다. 太守 曹謙(조겸)을 보내 조서를 내려 모두를 사면하자, 곧 모두가 투항하였다. (靈帝) 中平 5년(서기 188), 巴郡의 黃巾賊이 봉기할 때 판순 만이도 이를 이용하여 다시 반기를 들고 성읍을 노략질하였지만 西園 上軍의 別部司馬인 趙瑾(조근)이 토벌 평정하였다.

❷ 西南夷

原文

西南夷者, 在蜀郡徼外. 有夜郎國, 東接交阯, 西有滇國, 北有邛都國, 各立君長. 其人皆椎結左衽, 邑聚而居, 能耕田. 其外又有巂,昆明諸落, 西極同師, 東北至葉楡, 地方數千里. 無君長, 辮髮, 隨畜遷徙無常. 自巂東北有莋都國, 東北有冉駹國, 或土著, 或隨畜遷徙. 自冉駹東北有白馬國, 氐種是也. 此三國亦有君長.

| 註釋 | ㅇ滇國 – 滇은 성할 전. 滇國(前 278 – 115년)은 지금의 雲南省, 滇池(전지)와 崑明市를 중심으로, 중부 및 동부지역에 존속했던 나라. 今 雲南省의 남쪽은 越南과 라오스(老撾)이고 서쪽은 미얀마(緬甸, Miǎndiàn)이다. ㅇ邛都國(공도국) – 邛은 언덕 공. ㅇ椎結左衽 – 椎는 뭉치 추. 상투. 衽은 옷깃 임. 옷깃을 여미다. 중국옷은 옷의 오른쪽 깃이 안으로 들어간다. 남자 와이셔츠의 단추를 오른쪽에 달아야 우임이다. 左衽은 오랑캐의 옷이라고 했다. ㅇ辮髮(변발) – 辮은 머리 땋을 변. ㅇ巂(휴) – 제비 휴. ㅇ莋都國(작도국) – 莋은 풀 먹을 작. ㅇ冉駹國(염방국) – 冉은 나아갈 염. 駹은 얼굴이 흰말 방. ㅇ氐(저) – 古代 중국 서북부 소수 민족의 하나. 今 陝西省, 甘肅省, 四川省의 접경 지역이 주 활동 무대. 匈奴, 鮮卑, 氐(저), 羯(갈), 羌(강)의 5胡의 하나.

[國譯]

西南夷란 蜀郡 경계 밖의 종족이다. 夜郎國(야랑국)이 있는데 東으로는 交阯郡, 서쪽으로는 滇國(전국), 북쪽으로는 邛都國(공도국)이 있었는데 각 君長이 있었다. 그 사람들은 모두 머리에 상투를 틀고 왼쪽 옷깃을 오른쪽 섶의 안으로 여미었고 마을에 모여 살며 농사를 지을 줄 알았다. 그 외에도 巂(휴), 昆明(곤명)의 여러 마을이 있었으며, 서쪽은 同師(동사), 동북은 葉楡國(엽유국)과 접했는데 땅은 사방 수천 리였다. 君長은 없었고 辮髮(변발)을 했으며, 가축을 따라 옮겨 다녀 거처가 일정하지 않았다. 嶲國(수국) 동북에 莋都國(작도국), 또 그 동북에 冉駹國(염방국)이 있었는데 토착 생활을 하거나 또는 가축을 따라 이동하였다. 염방국의 동북에 白馬國(백마국)이 있었는데, 이는 氐(저)의 종족이다. 이 세 나라에도 君長이 있었다.

原文

夜郎者, 初有女子浣於遯水, 有三節大竹流入足間, 聞其中有號聲, 剖竹視之, 得一男兒, 歸而養之. 及長, 有才武, 自立爲夜郎侯, 以竹爲姓. 武帝元鼎六年, 平南夷, 爲牂柯郡, 夜郎侯迎降, 天子賜其王印綬. 後遂殺之. 夷獠咸以竹王非血氣所生, 甚重之, 求爲立後. 牂柯太守吳霸以聞, 天子乃封其三子爲侯. 死, 配食其父. 今夜郎縣有竹王三郎神是也.

| 註釋 | ㅇ夜郎(야랑) – 西南夷의 국명. 今 貴州省 서북부, 雲南省 북부 일대 西南夷의 부족 국가. 漢 武帝 때 牂牁郡(장가군, 牂柯郡)을 설치했는데 후한에서는 장가군의 현명. 今 貴州省 중서부 安順市 관할 關嶺布依族苗族自治縣. ㅇ牂柯郡(장가군, 牂牁郡) – 牂柯郡의 治所는 故且蘭縣, 今 貴州省 黔東南苗族侗族自治州 黃平縣. 牂은 배를 대는 말뚝 장. 羊의 암컷 장. 柯는 자루 가. ㅇ夷獠(이료) – 서남이의 부족 이름.

[國譯]

夜郎(야랑)은, 예전에 어떤 여인이 遯水(둔수)라는 물에서 빨래를 하는데 3마디(三節) 큰 대나무 토막이 다리 사이로 떠내려 왔고 그

안에서 부르는 소리가 들려 대나무를 갈라보니 남자아이가 있어 데려와 길렀다. 아이는 성장하면서 무예가 뛰어나 자립하여 夜郎侯(야랑후)가 되었고 竹(죽)을 성씨로 했다. 武帝 元鼎 6년(前 111), 南夷(남이)를 평정하고 牂柯郡(장가군 牂牁郡)을 설치할 때, 야랑후는 漢軍을 영접하며 투항하였기에 천자는 그에게 왕의 인수를 하사하였다. 그러나 나중에 야랑후를 살해했다. 夷獠(이료) 부족의 사람들은 竹王이 인간의 血氣로 출생하지 않았다며 매우 존중하며 그 후계자를 세우려 했다. 장가군 太守인 吳霸(오패)를 이를 조정에 보고하자, 天子는 야랑후의 3子를 모두 제후로 봉했다. 그들이 죽은 뒤 부친의 사당에 배향하였다. 지금도 夜郎縣에서는 竹王三郎神을 받들고 있다.

原文

初, 楚頃襄王時, 遣將莊豪從沅水伐夜郎, 軍至且蘭, 椓船於岸而步戰. 旣滅夜郎, 因留王滇池. 以且蘭有椓船牂柯處, 乃改其名爲牂柯. 牂柯地多雨潦, 俗好巫鬼禁忌, 寡畜生, 又無蠶桑, 故其郡最貧. 句町縣有桄桹木, 可以爲麪, 百姓資之. 公孫述時, 大姓龍,傅,尹,董氏, 與郡功曹謝暹保境爲漢, 乃遣使從番禺江奉貢. 光武嘉之, 並加褒賞. 桓帝時, 郡人尹珍自以生於荒裔, 不知禮義, 乃從汝南許愼,應奉受經書圖緯, 學成, 還鄕里敎授, 於是南域始有學焉. 珍官至荊州刺史.

| 註釋 | ㅇ楚 頃襄王 – 재위 前 299 - 263년. ㅇ滇池(전지) – 今 雲南省

중앙 昆明市 남쪽의 큰 호수. ㅇ椓船 - 배를 묶어놓다. 椓은 칠 탁. 때리다. ㅇ牂柯(장가) - 배를 대는 말뚝. 柯는 자루 가. ㅇ桄桹(광랑, 桄榔) - 야자과에 속하는 상록 교목. 나무는 아주 단단하여 배를 만드는데 사용되나, 나무줄기 속에 쌀가루 같이 것이 있어 그것으로 麵(면)을 만들어 먹을 수 있다. ㅇ番禺江 - 番은 땅 이름 반. 갈마들 번. 禺는 긴꼬리원숭이 우. ㅇ許愼(허신) - 今 最古의 字典인 《說文解字》의 저자. 79권傳, 〈儒林列傳〉(下)에 立傳.

[國譯]

그전에 楚 頃襄王(경양왕) 때, 장군 莊豪(장호, 莊蹻)를 보내 沅水(원수)를 따라 올라가 夜郎國을 정벌케 하였는데, 군사가 且蘭(차란)에 와서 배를 말뚝에 묶어놓고 내려서 보병으로 싸웠다. 夜郎國을 멸망시킨 뒤, 滇池(전지)에 남아서 왕이 되었다. 且蘭(차란)의 배를 대고 말뚝을 박았던 곳이라 하여 이름을 牂柯(장가)라 하였다.

장가군은 비가 많이 내리는 곳이고 그 습속에 무당을 섬기고 금기가 많은데다가 가축도 적고 양잠도 몰라 지역이 아주 가난하였다. 장가군 句町縣(구정현) 일대에는 桄桹(광랑)나무가 있는데, 그 나무로 국수를 만들 수 있어 백성이 이를 먹었다. 公孫述(공손술) 시기에 그곳 大姓인 龍氏, 傅氏(부시), 尹氏, 董氏(동씨)는 郡의 功曹인 謝暹(사섬)과 함께 그 땅을 漢의 영역으로 지켰고 나중에 番禺江(반우강)을 내려가 토산물을 헌상하였다.

光武帝는 이를 가상히 여겨 함께 포상하였다. 桓帝 때, 장가군 사람 尹珍(윤진)은 자신이 변방의 후예로 태어나 예의를 알지 못한다고 생각하여 汝南郡의 許愼(허신)과 應奉(응봉)한테 경전과 도참서 등을 배웠고 어느 정도 성취하자 향리에 돌아와 교수하였는데 이에 서남지역에서도 학문을 하게 되었다. 윤진은 형주자사를 역임하였다.

原文

滇王者, 莊蹻之後也. 元封二年, 武帝平之, 以其地爲益州郡, 割牂柯,越巂各數縣配之. 後數年, 復並昆明地, 皆以屬之此郡. 有池, 周回二百餘里, 水源深廣, 而末更淺狹, 有似倒流, 故謂之滇池. 河土平敞, 多出鸚鵡,孔雀, 有鹽池田漁之饒, 金銀畜産之富. 人俗豪忲. 居官者皆富及累世.

| 註釋 | ㅇ滇王(전왕) – 滇은 성할 전. 滇池(전지)의 왕. 滇은 雲南省의 간칭. ㅇ莊蹻 – 一作 莊豪. 楚 莊王의 후손. 滇池 일대를 평정하였으나 秦의 침략으로 楚로 돌아갈 수가 없자 稱王하였다.

[國譯]

滇王(전왕)이란 사람은 莊蹻(장교, 莊豪)의 후손이다. 元封 2년(前109)에 武帝가 이곳을 평정하고, 그 땅을 益州郡으로 만들었는데 牂柯郡과 越巂郡(월수군)의 몇 개 현을 나눠주었다. 그 몇 년 뒤 昆明(곤명) 일대를 병합하여 익주군에 병합케 하였다. 둘레가 2백 리나 되는 큰 호수가 있는데 물이 아주 넓고 깊으나 호수 아래쪽에서는 물이 얕고 좁아 물이 거꾸로 흐르는 것 같아 滇池(전지)라 하였다.

주변 땅은 평탄하고 광활하며 鸚鵡(앵무)와 孔雀(공작)이 많고 鹽池(염지)에서 소금이 나오며, 농사와 어업이 잘 되고 金銀이나 축산으로 부유하였다. 그래서 사람들은 호탕하고 사치하였다. 관직에 있는 자들은 여러 대에 걸쳐 부유하였다.

原文

及王莽政亂，益州郡夷棟蠶,若豆等起兵殺郡守，越嶲姑復夷人大牟亦皆叛，殺略吏人．莽遣寧始將軍廉丹，發巴蜀吏人及轉兵穀卒徙十餘萬擊之．吏士飢疫，連年不能克而還．以廣漢文齊爲太守，造起陂池，開通溉灌，墾田二千餘頃．率厲兵馬，修障塞，降集群夷，甚得其和．及公孫述據益土，齊固守拒險，述拘其妻子，許以封侯，齊遂不降．聞光武卽位，乃間道遣使自聞．蜀平，徵爲鎭遠將軍，封成義侯．於道卒，詔爲起祠堂，郡人立廟祀之．

| 註釋 | ㅇ越嶲姑復 – 越嶲郡(월수군) 姑復縣(고복현). 越嶲郡(월수군)의 치소는 邛都縣, 今 四川省 남부 西昌市. ㅇ造起陂池 – 陂池는 저수지. 陂는 비탈 피. 저수지. 보(洑).

【國譯】

왕망 代에 이르러 정사가 혼란하자, 益州郡의 만이인 棟蠶(동잠)과 若豆(약두) 등이 기병하여 군수를 죽이자, 越嶲郡(월수군) 姑復縣(고복현)의 夷人인 大牟(대모) 등도 모두 반기를 들고 관리와 백성을 죽이고 약탈하였다. 왕망이 寧始將軍 廉丹(염단)을 파견하여 巴郡과 蜀郡의 관리 및 병기와 군량을 운반하는 병졸 등 10여만 명을 거느리고 토벌케 하였다. 염단의 관리와 사졸은 기아와 질병으로 해를 넘기고도 이기지 못하고 돌아갔다.

廣漢郡 사람 文齊(문제)가 태수가 되었는데, 문제는 저수지를 만들고 관개시설을 개통하며 경작지 2천여 頃(경)을 개간하였다. 문제는 兵馬를 지휘하고 성채를 수축하였으며, 여러 만이들의 투항을 받

아들여 백성을 화평하게 했다.

公孫述(공손술)이 益州 일대를 차지하자 문제는 험지를 근거로 굳게 지켰는데, 공손술이 문제의 처자식을 잡아놓고 제후에 封하겠다 하여도 문제는 끝까지 굴하지 않았다. 문제는 광무제가 즉위했다는 소식을 듣고 샛길로 사자를 보내 자신을 알렸다. 나중에 촉군 일대가 평정되면서 문제는 조정의 부름을 받아 鎭遠將軍이 되었고 成義侯(성의후)에 봉해졌다. 문제가 돌아오는 길에 죽자, 광무제는 조서를 내려 사당을 짓게 했고 익주군 사람들은 祀廟를 짓고 제사했다.

原文

建武十八年, 夷渠帥棟蠶與姑復,楪榆,梇棟,連然,滇池,建伶,昆明諸種反叛, 殺長吏. 益州太守繁勝與戰而敗, 退保朱提. 十九年, 遣武威將軍劉尙等發廣漢,犍爲,蜀郡人及朱提夷, 合萬三千人擊之. 尙軍遂度瀘水, 入益州界. 群夷聞大兵至, 皆棄壘奔走, 尙獲其羸弱,穀,畜. 二十年, 進兵與棟蠶等連戰數月, 皆破之. 明年正月, 追至不韋, 斬棟蠶帥, 凡首虜七千餘人, 得生口五千七百人, 馬三千匹, 牛羊三萬餘頭, 諸夷悉平.

| **註釋** | ㅇ夷渠帥棟蠶 – 일반적으로 동이를 지칭하나, 때로는 중원의 중국인을 제외한 주변의 소수 민족을 지칭한다. 西南夷, 北夷가 그런 예이다. 여기서는 西南夷. 渠帥는 우두머리 渠는 鉅(클 거)와 통. 棟蠶(동잠)은 인명. ㅇ瀘水(노수) – 일명 若水. 諸葛亮의 출사표에 나오는 강. 今 雲南省 서부 怒江傈僳族自治州 관할 瀘水市(縣級市). ㅇ追至不韋 – 不韋는 永昌

郡의 치소인 不韋縣, 今 雲南省 중서부 保山市. 益州郡 서부.

[國譯]

建武 18년(서기 42), 西南夷의 거수인 棟蠶(동잠)이 姑復縣(고복현), 楪榆(접유), 梇棟(농동), 連然(연연), 滇池(전지), 建伶(건영), 昆明縣(곤명현) 등의 여러 종족과 함께 반란을 일으켜 官長과 관리를 살해했다. 益州太守인 繁勝(번승)이 이들과 싸웠지만 패퇴하고 (犍爲郡) 朱提縣(주제현)에 머물고 있었다.

(建武) 19년, 武威將軍 劉尙(유상) 등을 보내 廣漢郡, 犍爲郡, 蜀郡의 군사와 朱提縣의 서남이 등 1만3천 명을 동원하여 공격케 하였다. 유상의 군사는 瀘水(노수)를 건너 益州 지역에 진입하였다. 여러 서남이들은 대군이 진격해온다는 말을 듣고 보루를 버리고 도주하여 유상은 병약자와 군량과 가축을 노획하였다.

(建武) 20년(서기 44), 유상은 다시 진격하여 동잠 등과 몇 달을 계속 싸워 모두 격파하였다. 다음 해 정월, 유상은 잔당을 추격하여 (永昌郡) 不韋縣(불위현)에 이르러 동잠의 장수를 죽이고 7천여 명을 참수하거나 포로로 잡았으며, 노비 5,700명, 말 3천 필, 소나 양 3만여 두를 노획하였는데, 이에 모든 서남이는 평정되었다.

原文

肅宗元和中, 蜀郡王追爲太守, 政化尤異. 有神馬四匹出滇池河中, 甘露降, 白烏見, 始興起學校, 漸遷其俗. 靈帝熹平五年, 諸夷反叛, 執太守雍陟. 遣御史中丞朱龜討之, 不能克. 朝議以爲郡在邊外, 蠻夷喜叛, 勞師遠役, 不如棄之.

太尉椽巴郡李顒建策討伐, 乃拜顒益州太守, 與刺史龐芝發板楯蠻擊破平之. 還, 得雍陟. 顒卒後, 夷人復叛, 以廣漢景毅爲太守, 討定之. 毅初到郡, 米斛萬錢, 漸以仁恩, 少年間, 米至數十云.

| **註釋** | ㅇ少年間 - 몇 해 안 되어.

[國譯]

肅宗(章帝) 元和 연간(서기 84-86)에, 蜀郡의 王追(왕추)가 (益州郡) 태수가 되었는데 정사와 교화가 특별히 우수했다. 神馬 4필이 滇池(전지)의 물속에서 나왔고 甘露가 내렸으며 흰 까마귀(白烏)가 출현했는데, 왕추는 학교를 짓고 점차 풍속을 바꿔나갔다.

靈帝 熹平 5년(서기 176), 여러 西南夷들이 반란을 일으켜 太守 雍陟(옹척)을 사로잡았다. 조정에서는 御史中丞 朱龜(주귀)를 보내 토벌케 하였는데 이기지 못했다. 朝議는 익주군이 변방에 위치하고 만이들이 자주 반기를 드니 군사를 보내 변방에서 전투를 하느니 차라리 포기하는 것만 못하다고 하였다. 그러나 太尉府의 속연인 巴郡 출신 李顒(이옹)이 토벌방책을 건의하자, 이옹을 益州郡 太守로 임명하였고, 이옹은 (益州) 刺史인 龐芝(방지)와 함께 板楯(판순)만이를 동원하여 격파하였다. 회군하며 태수 옹척을 구출하였다.

이옹이 죽은 뒤 서남이가 다시 반기를 들자, 廣漢郡 출신 景毅(경의)가 태수가 되어 토벌 평정하였다. 경의가 익주군에 처음 부임했을 때는 쌀 1斛(곡) 가격이 1만 전이나 되었지만 점차 仁政을 베풀자 몇 년 사이에 쌀값은 수십 전으로 안정되었다.

原文

哀牢夷者, 其先有婦人名沙壹, 居於牢山. 嘗捕魚水中, 觸沈木若有感, 因懷妊, 十月, 産子男十人. 後沈木化爲龍, 出水上. 沙壹忽聞龍語曰, "若爲我生子, 今悉何在?" 九子見龍驚走, 獨小子不能去, 背龍而坐, 龍因舐之. 其母鳥語, 謂背爲九, 謂坐爲隆, 因名子曰九隆. 及後長大, 諸兄以九隆能爲父所舐而黠, 遂共推以爲王. 後牢山下有一夫一婦, 復生十女子, 九隆兄弟皆娶以爲妻, 後漸相滋長. 種人皆刻畫其身, 象龍文, 衣皆着尾. 九隆死, 世世相繼. 乃分置小王, 往往邑居, 散在溪谷. 絶域荒外, 山川阻深, 生人以來, 未嘗交通中國.

| 註釋 | ㅇ哀牢夷 – 哀牢는 서남이의 부족명. 부족 국가. 현명. 今 雲南省 서부 끝의 德宏傣族景頗族自治州 盈江縣. 미얀마 國과 접경. ㅇ若爲我~ – 若은 너. ㅇ其母鳥語 – 鳥語는 알아듣기 힘든 말.

[國譯]

哀牢夷(애뢰이)의 조상인, 옛날 沙壹(사일)이라는 여인이 牢山(뇌산)에 살고 있었다. 어느 날, 물속에서 물고기를 잡다가 가라앉은 나무 같은 것을 만졌는데 그 뒤로 임신하여 열 달이 지나 아들 10명을 낳았다. 뒷날 물속의 나무토막은 용이 되어 떠올랐다. 사일은 홀연히 용이 하는 말을 들었다. "네가 내 아들을 낳았는데, 지금 다 어디 있느냐?"

9명의 아들은 용을 보고 놀라 도망쳤지만 가장 작은 아이는 도망

갈 수 없어 龍 앞에 앉아 있었는데 용이 아이를 핥아주었다. 어미는 그들 말로 말했는데, 등진 것을(背) '九'라 했고, 앉은 것을(坐) '隆'라고 하여 이름을 九隆(구륭)이라고 지었다. 뒷날 구륭이 장성하자 다른 형들은 아버지 龍이 구륭을 핥아주어 영리하다면서 모두가 왕으로 추대하였다.

그때 牢山(뇌산) 아래에 또 다른 부부가 있어 딸 10명을 낳았는데 구륭의 형제와 짝이 되었고 이후 마을은 점차 커졌다. 이들은 모두 문신으로 용을 그렸고 꼬리 모양이 있는 옷을 만들어 입었다. 九隆이 죽고 대대로 계승하였다. 나중에는 小王을 두었고 읍락이나 계곡에 흩어져 살았다. 그들 사는 곳이 워낙 외진 곳이고 산천이 험하고 깊어 사람이 태어난 이후 중국과 왕래한 적이 없었다.

原文

建武二十三年, 其王賢栗遣兵乘箄船, 南下江,漢, 擊附塞夷鹿茤, 鹿茤人弱, 爲所擒獲. 於是震雷疾雨, 南風飄起, 水爲逆流, 翻湧二百餘里, 箄船沈沒, 哀牢之衆, 溺死數千人. 賢栗復遣其六王將萬人以攻鹿茤, 鹿茤王與戰, 殺其六王. 哀牢耆老共埋六王, 夜虎復出其屍而食之, 餘衆驚怖引去. 賢栗惶恐, 謂其耆老曰, "我曹入邊塞, 自古有之, 今攻鹿茤, 輒被天誅, 中國其有聖帝乎? 天祐助之, 何其明也!"

二十七年, 賢栗等遂率種人戶二千七百七十, 口萬七千六百五十九, 詣越巂太守鄭鴻降, 求內屬, 光武封賢栗等爲君長. 自是歲來朝貢.

| 註釋 | ㅇ箄船 – 箄船은 대나무를 엮어 만든 뗏목. 箄는 대바구니 비.

[國譯]

(光武帝) 建武 23년(서기 47), 哀牢夷(애뢰이) 왕 賢栗(현율)이 그 군사를 대나무 뗏목에 태워 長江과 漢水지역으로 남하하여 변방의 西南夷인 鹿茤(녹다)를 공격하였는데 녹다 사람들은 허약하여 애뢰이에게 사로잡혔다. 그러자 하늘에서 천둥이 치며 큰 비가 내렸고, 갑자기 불어온 남풍에 물이 역류하며 2백여 리에 걸쳐 파도가 쳐서 대나무 뗏목이 모두 뒤집혔고 애뢰이의 군사 수천 명이 익사하였다. 현율이 그의 六王에게 1만여 군사를 거느리고 다시 녹다를 공격하게 시켰는데 이번에는 녹다왕이 六王을 죽여버렸다. 애뢰이의 노인들이 六王을 함께 묻었는데 밤에 호랑이가 나타나 육왕의 시신을 파내 먹어치웠다.

애뢰이 사람들은 모두 놀라 후퇴하였다. 현율은 공포에 질려 원로들에게 말했다.

"우리가 중국 변방을 공격한 일은 전에도 있었지만, 이번에 우리가 녹다를 공격하면서 하늘의 벌을 받았는데 이는 아마 중국에 聖帝가 출현한 것이 아니겠는가? 하늘이 도우심이 어찌 이리 분명하겠는가!"

건무 27년, 현율 등은 마침내 종족 2,770호, 인구 1만7천659명을 거느리고 越嶲郡(월수군) 太守 鄭鴻(정홍)을 찾아가 귀부하였다. 광무제는 현율 등을 그대로 君長으로 봉했다. 이로부터 해마다 입조하며 공물을 바쳤다.

原文

永平十二年, 哀牢王柳貌遣子率種人內屬, 其種邑王者七十七人, 戶五萬一千八百九十, 口五十五萬三千七百一十一. 西南去洛陽七千里, 顯宗以其地置哀牢,博南二縣, 割益州郡西部都尉所領六縣, 合爲永昌郡. 始通博南山, 度蘭倉水. 行者苦之. 歌曰, '漢德廣, 開不賓. 度博南, 越蘭津. 度蘭倉, 爲它人.'

| 註釋 | ㅇ博南縣 – 今 雲南省 서북부 大理白族自治州(大理市) 관할 永平縣.

[國譯]

(明帝) 永平 12년(서기 69), 哀牢王 柳貌(유모)가 아들을 보내 종족을 거느리고 중국에 귀속케 하였는데 그 종족 중 邑王인 자가 77명이고 5만1,890호에 인구 55만3,711명이었다. 낙양에서 서남쪽으로 7천 리가 떨어진 곳인데, 顯宗(명제)는 그곳에 哀牢縣과 博南縣을 설치하여 益州郡 西部都尉 관할 6현과 합하여 永昌郡으로 만들었다. 이로써 처음 博南山과 통하고 蘭倉水를 건널 수 있었다. 그러나 그곳에 가는 사람은 심하게 고생하였다. 그래서 이렇게 노래했다.

'漢德이 넓어 臣屬하지 않는 곳이 없네.
博南山을 넘고 蘭津(난진)을 건너가네.
蘭倉水를 지나가면 다른 사람 되겠네.'

原文

哀牢人皆穿鼻儋耳, 其渠帥自謂王者, 耳皆下肩三寸, 庶人則至肩而已. 土地沃美, 宜五穀,蠶桑. 知染采文繡, 罽毲帛疊, 蘭干細布, 織成文章如綾錦. 有梧桐木華, 績以爲布, 幅廣五尺, 潔白不受垢汚. 先以覆亡人, 然後服之. 其竹節相去一丈, 名曰濮竹. 出銅,鐵,鉛,錫,金,銀,光珠,虎魄,水精,琉璃,軻蟲,蚌珠,孔雀,翡翠,犀,象,猩猩,貊獸. 雲南縣有神鹿兩頭, 能食毒草.

| **註釋** | ㅇ穿鼻儋耳 – 穿鼻는 코를 뚫다. 儋耳는 귀를 뚫어 장식을 매달다. 儋은 멜 담. ㅇ罽毲帛疊 – 罽毲(계탈)은 손으로 짠 모직물. 帛疊(백첩)은 여러 무늬를 놓은 비단. ㅇ蘭干細布 – 모시로 짠 고운(가는) 직물. ㅇ軻蟲 – 海貝. 바다였던 곳이 땅으로 솟아올라 거기서 얻을 수 있는 바다조개껍데기. 軻는 수레 굴대 가. ㅇ雲南縣 – 益州郡의 縣名. 今 雲南省 서북부 大理白族自治州(大理市) 祥雲縣.

[國譯]

哀牢夷들은 모두 코를 뚫고 귀를 늘어트리는데 우두머리로 왕을 칭하는 자들은 귀를 어깨 아래 세 치 되는 곳에 이르고, 평민은 어깨에 닿았다. 그 땅은 오곡 농사에 적합하고 양잠을 하였다. 염색을 하고 비단에 수를 놓고, 손으로 짠 모직물과 무늬 비단 고운 모시 직물을 짰는데 무늬를 놓은 방법은 비단에 무늬 놓는 방법과 같았다. 오동나무에서 뽑은 실로 짠 천은 넓이가 다섯 자인데 하얀색에 때가 잘 묻지 않았다. 그 천으로 먼저 죽은 자를 덮었다가 사람이 입었다. 그곳 대나무의 마디와 마디 사이는 1丈이나 되는데, 이를 濮竹(복죽)

이라 하였다. 그곳에서는 銅, 鐵(연), 鉛(납), 錫(주석), 金, 銀, 光珠(강에서 건지는 구슬), 虎魄(호백, 琥珀), 水精(수정), 琉璃(유리), 軻蟲(海貝), 蚌珠(방주, 민물조개 진주), 孔雀(공작), 翡翠(비취), 犀(코뿔소), 象(코끼리), 猩猩(성성, 원숭이), 貊獸(맥수) 등이 나온다. 雲南縣에서는 머리가 둘인 신령한 사슴이 있는데 毒草를 먹을 수 있다고 하였다.

原文

先是, 西部都尉廣漢鄭純, 爲政清潔, 化行夷貊, 君長感慕, 皆獻土珍, 頌德美. 天子嘉之. 卽以爲永昌太守. 純與哀牢夷人約, 邑豪歲輸布貫頭衣二領, 鹽一斛, 以爲常賦, 夷俗安之. 純自爲都尉,太守, 十年卒官.

建初元年, 哀牢王類牢與守令忿爭, 遂殺守令而反叛, 攻巂唐城. 太守王尋奔楪榆. 哀牢三千餘人攻博南, 燔燒民舍. 肅宗募發越巂,益州,永昌夷漢九千人討之. 明年春, 邪龍縣昆明夷鹵承等應募, 率種人與諸郡兵擊類牢於博南, 大破斬之. 傳首洛陽, 賜鹵承帛萬匹, 封爲破虜傍邑侯.

| **註釋** | ㅇ布貫頭衣二領 - 머리를 집어넣어 입는 옷. 티셔츠 형태의 옷. 관을 쓰지 않기에 옷깃을 여밀 필요가 없다. 領은 의복 종류를 세는 量詞.

[國譯]

이보다 앞서 (益州郡) 西部都尉였던 廣漢人 鄭純(정순)은 그 치적이 청렴결백하였고 만이들을 교화하자 족장들이 감복하여 진기한 여러 토산품을 바치며 덕을 칭송하였다. 천자도 이를 칭송하였다. 그리고 정순을 永昌太守로 임명하였다. 정순은 哀牢夷(애뢰이)와 약조를 맺었는데 마을의 豪人은 布貫頭衣(포관두의) 2벌과 소금 1斛(곡)을 매년 바치는 것으로 정하자 夷人들이 안정되었다. 정순은 都尉와 太守로 10년을 재직하다가 죽었다.

(章帝) 建初 원년(서기 76), 哀牢王 類牢(유뢰)와 현령이 화를 내며 다투다가 유뢰가 현령을 죽이고 반기를 들며 巂唐城(수당성)을 공격하였다. 영창태수 王尋(왕심)은 楪榆縣(접유현)으로 도주하였다. 哀牢人 3천여 명이 博南縣을 공격하며 백성 집에 불을 질렀다.

장제는 越巂郡(월수군), 益州郡, 永昌郡의 西南夷와 漢人 9천 명을 징발 동원하여 이들을 공격하였다. 다음 해 봄, (永昌郡) 邪龍縣(사룡현) 昆明夷(곤명이)인 鹵承(노승) 등이 그 종족을 거느리고 응모하여 여러 군의 군사와 함께 유뢰를 박남현에서 공격 대파하여 죽였다. 유뢰의 수급을 낙양에 보내자 노승에게 비단 1만 필을 하사하고 破虜傍邑侯에 봉했다.

原文

永元六年, 郡徼外敦忍乙王莫延慕, 遣使譯獻犀牛,大象. 九年, 徼外蠻及撣國王雍由調遣重譯奉國珍寶, 和帝賜金印紫綬, 小君長皆加印綬,錢帛.

永初元年, 徼外焦僥種夷陸類等三千餘口擧種內附, 獻象牙,水牛,封牛. 永寧元年, 撣國王雍由調復遣使者詣闕朝賀, 獻樂及幻人, 能變化吐火, 自支解, 易牛馬頭. 又善跳丸, 數乃至千. 自言我海西人. 海西卽大秦也, 撣國西南通大秦. 明年元會, 安帝作樂於庭, 封雍由調爲漢大都尉, 賜印綬,金銀,彩繒各有差也.

| **註釋** | ㅇ撣國 – 撣國(撣音 善 shàn). 지금 버마(緬甸) 지역의 국가 이름. 당길 선, 손에 잡을 탄. 重譯은 통역에 통역을 하다.(이중통역). ㅇ雍由調(옹유조) – 人名. 미얀마 사람. ㅇ焦僥(초요) – 僬僥(초요)는 난쟁이 초, 신장이 3척 정도라는 주석이 있다. ㅇ跳丸 – 공을 뛰어넘기. 공치기. ㅇ大秦 – Rome 제국의 동방영토. 유럽의 로마가 아님. 구체적으로는 시리아(敍利亞)나 중동 지역을 지칭. 88권, 〈西域傳〉 참고.

[國譯]

(和帝) 永元 6년(서기 94), 永昌郡 경계 밖 敦忍乙王(돈인을왕) 莫延慕(막연모)가 사신과 통역을 보내 犀牛(서우)와 大象을 헌상했다. 9년에 국경 밖 만이와 撣國王(선국왕) 雍由調(옹유조)가 이중통역을 거쳐 그 나라의 珍寶를 헌상하자, 和帝가 金印紫綬를 하사하고 小君長 모두에게도 印綬와 금전과 비단을 하사하였다.

(安帝) 永初 원년, 국경 밖 焦僥種夷(초요종이)인 陸類(육류) 등 3천여 온 종족이 來附하면서 象牙, 水牛(물소), 封牛(봉우, 목덜미에 살이 솟아오른 소)를 헌상하였다. (安帝) 永寧 元年(서기 120), 撣國王(선국왕) 雍由調(옹유조)가 다시 사자를 보내 궁궐에 들어와 朝賀하면서 樂人과 幻人(환인, 마술사)을 보냈는데, 이들은 변화하며 불을 토하고 손발을 잘라내며 소와 말의 머리를 바꿔놓았다. 그리고 공치기를 잘했는데 1천 번에 이르렀다. 그들은 海西人이라고 하였다. 海西는 곧 大秦國(대진국)이니 撣國(선국)의 서남에서는 대진국과 교통할 수 있다.

다음 해 정초 元會에, 安帝는 궁정에서 음악을 연주케 하였는데 雍由調를 漢大都尉에 봉하고 印綬와 금은, 채색 비단을 각각 차등을 두어 하사하였다.

原文

邛都夷者, 武帝所開, 以爲邛都縣. 無幾而地陷爲邛澤, 因名爲邛池, 南人以爲邛河. 後復反叛. 元鼎六年, 漢兵自越巂水伐之, 以爲越巂郡. 其土地平原, 有稻田. 青蛉縣禺同山有碧雞金馬, 光景時時出見. 俗多遊蕩而喜謳歌, 略與牂柯相類. 豪帥放縱, 難得制御.

| **註釋** | ㅇ邛都縣 – 今 四川省 서남부 西昌市 일대. 邛은 언덕 공. ㅇ碧雞金馬 – 碧雞神과 金馬祠(금마사). 벽계신은 닭과 비슷하고, 금마사는 말과 비슷하다는 주석이 있다.

[國譯]

邛都夷(공도이)는 武帝 때 개척한 곳으로 그곳에 邛都縣(공도현)을 설치했다. 얼마 지나지 않아 땅이 가라앉아 호수가 되자, 이름을 邛池(공지)라 하였고 남방 사람은 邛河(공하)라고 불렀다. 뒤에 여러 번 반기를 들었다. (무제) 元鼎 6년(前 111), 漢의 巂水(수수)를 건너 정벌한 뒤에 越巂郡(월수군)을 만들었다. 그 땅은 평평한 들판이고 논농사를 지었다. 青蛉縣(청령현) 禺同山(우동산)에 碧雞神(벽계신)과 金馬祠(금마사)가 있어 가끔 모습을 드러낸다. 그곳 풍속은 놀기를 좋아하고 노래 부르기를 좋아하여 牂柯郡(장가군) 사람들과 비슷하였다. 공도이의 족장들은 방종하여 통제하기가 어려웠다.

原文

王莽時, 郡守枚根調邛人長貴, 以爲軍候. 更始二年, 長貴率種人攻殺枚根, 自立爲邛穀王. 領太守事. 又降於公孫述. 述敗, 光武封長貴爲邛穀王. 建武十四年, 長貴遣使上三年計, 天子卽授越巂太守印綬. 十九年, 武威將軍劉尙擊益州夷, 路由越巂. 長貴聞之, 疑尙旣定南邊, 威法必行, 己不得自放縱, 卽聚兵起營臺, 招呼諸君長, 多釀毒酒, 欲先以勞軍, 因襲擊尙. 尙知其謀, 卽分兵先據邛都, 遂掩長貴誅之, 徙其家屬於成都.

| **註釋** | ㅇ成都 – 현명. 蜀郡의 治所인 成都縣, 今 四川省 省都(省會)인 成都市(Chéngdū), 別稱 蓉城, 錦官城, 간칭 蓉(용). 副省級 도시. 揚雄의 고향, 杜甫를 기리는 도시. 판다 곰. 2013년 總人口 1429.8만 명의 대도시.

[國譯]

왕망 시대에 (越巂郡) 군수 枚根(매근)은 邛都人(공도인) 長貴(장귀)를 발탁하여 軍候(군후)로 삼았다. 更始 2년(서기 24), 장귀는 종족 사람을 거느리고 매근을 공격하여 살해하고서 邛穀王(공곡왕)으로 자립했다. 매근은 태수 직무를 대행했다. 매근은 공손술에게 복속했다. 공손술이 패망하자, 광무제는 장귀를 邛穀王(공곡왕)에 임명했다. 長貴는 사자를 보내 3년치 치적보고를 올렸다. 광무제는 즉시 越巂(월수) 태수의 인수를 수여했다.

(建武) 19년(서기 43), 武威將軍 劉尙(유상)이 益州의 西南夷를 정복하면서 월수군을 지나가야 했다. 장귀는 이를 알고, 유상이 남쪽 지역을 평정하면 위세를 떨치고 법을 집행할 것이니, 장귀 자신의 뜻대로 할 수 없을 것을 걱정하면서 군사를 모으고 진지를 구축하였으며, 여러 군장을 불러들였고 독주를 많이 제조하여 먼저 우상의 군사를 위문한 뒤 유상을 기습할 계획을 세웠다. 그러나 유상은 그 음모를 알고 군사를 나눠 邛都縣을 먼저 점거한 뒤에 장귀를 습격하여 죽였고 그 가속은 成都縣으로 이주시켰다.

原文

永平元年, 姑復夷復叛, 益州刺史發兵討破之, 斬其渠帥, 傳首京師. 後太守巴郡張翕, 政化清平, 得夷人和. 在郡十七年, 卒, 夷人愛慕, 如喪父母. 蘇祈叟二百餘人, 齎牛羊送喪, 至翕本縣安漢, 起墳祭祀. 詔書嘉美, 爲立祠堂.

| 註釋 | ㅇ蘇祈叟 – 蘇祈(소기)는 월수군의 현명. 叟는 늙은이 수.

[國譯]

(明帝) 永平 원년(서기 58), 姑復縣의 서남이가 다시 반기를 들자 益州 자사가 發兵하여 토벌 격파하고 그 우두머리를 참수하여 그 수급을 경사로 보냈다. 뒷날 (越巂郡) 太守인 巴郡(파군) 출신 張翕(장흡)의 정사와 교화가 淸平하여 서남이의 민심을 얻었다. 태수로 재

직 17년에 죽었는데, 서남이가 애모하여 마치 부모를 잃은 듯 했다. 蘇祈縣(소기현)의 노인 2백여 명이 소고기와 양고기를 싸 가지고 나와 상여를 전송하고, 장흡의 본향인 (巴郡) 安漢縣에 가서 봉분을 만들고 제사를 지냈다. 조서로 이를 칭송하며 祠堂을 세우게 했다.

原文

安帝元初三年, 郡徼外夷大羊等八種, 戶三萬一千, 口十六萬七千六百二十, 慕義內屬. 時郡縣賦斂煩數, 五年, 卷夷大牛種封離等反畔, 殺遂久令. 明年, 永昌,益州及蜀郡夷皆叛應之, 衆遂十餘萬. 破壞二十餘縣, 殺長吏, 燔燒邑郭, 剽略百姓, 骸骨委積, 千里無人. 詔益州刺史張喬選堪能從事討之. 喬乃遣從事楊竦將兵至楪榆擊之, 賊盛未敢進. 先以詔書告示三郡, 密徵求武士, 重其購賞. 乃進軍與封離等戰, 大破之, 斬首三萬餘級, 獲生口千五百人, 資財四千餘萬, 悉以賞軍士. 封離等惶怖, 斬其同謀渠帥, 詣竦乞降, 竦厚加慰納. 其餘三十六種皆來降附.

竦因奏長吏姦猾,侵犯蠻夷者九十人, 皆減死. 州中論功未及上, 會竦病創卒, 張喬深痛惜之, 乃刻石勒銘, 圖畫其像. 天子以張翕有遺愛, 乃拜其子湍爲太守. 夷人歡喜, 奉迎道路. 曰, "郎君儀貌類我府君." 後湍頗失其心, 有欲叛者, 諸夷耆老相曉語曰, "當爲先府君故." 遂以得安. 後順, 桓間, 廣漢馮顥爲太守, 政化尤多異跡云.

| 註釋 | ㅇ遂久(수구) - 越嶲郡(월수군)의 현명. 今 雲南省 북부 香格里拉市(상그릴라시) 남쪽 中甸縣.

[國譯]

安帝 元初 3년(서기 116), 郡 경계 밖이 만이 大羊 등 8種, 3만1천호, 인구 16만7,620명이 中華의 德義를 흠모하여 귀속했다. 그때 군현에서 징수하는 각종 부렴이 번잡했는데, (元初) 5年, 卷縣(권현)의 서남이인 大牛種의 封離(봉리) 등이 반기를 들고 遂久(수구) 현령을 살해했다.

다음 해, 永昌郡, 益州郡 및 蜀郡의 서남이 들이 모두 반기를 들어 호응하자 무리는 10만에 달했다. 20여 縣의 성을 파괴하고 관리를 죽였으며, 성읍을 불사르고 백성을 노략질하니 해골이 겹겹이 쌓였고 천리에 인적이 없었다.

조서로 益州 자사인 張喬(장교)에게 따를 수 있는 자들을 선임하여 토벌하라고 명령했다. 장교는 이에 從事인 楊竦(양송)을 보내 군사를 거느리고 楪楡縣(접유현)을 공격케 하였으나 적세가 강하여 진격하지 못하였다. 그전에 조사로 3개 군에 고시하여 비밀리에 무사를 모집하며 큰 상을 내걸었었다.

이에 양송은 진군하며 封離(봉리) 등과 싸워 적을 대파하고 적 3만여 명을 참수하고 포로 1,500명, 재물 4천여만 전을 노획하여 이를 모든 군졸에게 상으로 주었다. 봉리 등은 두려워하며 같이 모의한 거수들을 죽이고 양송을 찾아와 투항하였고, 양송은 후리를 위로하며 받아들였다. 그 외 36개 봉족의 무리도 모두 찾아와 투항하였다.

양송은 불법을 자행하거나 만이들을 침탈했던 자 90여 명을 보고하였는데, 이들은 모두 사형에서 1등급을 감형하는 형벌을 받았다.

익주자사부에서 논공이 채 끝나지 않았을 때 양송은 갑작스레 병사하였고, 장교는 심히 애통하며 비석을 세워 공적을 기록했고 초상화를 그려두게 하였다.

天子는 (월수태수였던) 張翕(장흡)의 백성을 아끼는 유풍을 기려 장흡의 아들 張湍(장단)을 (월수군) 태수로 임명했다. 서남이들이 환희하며 길에 나와 영접하며 말했다.

"아드님의 의표가 우리 태수를 닮았다."

뒷날 장단이 민심을 많이 잃어 반기를 들려는 자가 생기자 서남이의 노인들이 서로 깨우치며 말했다.

"응당 先君(張翕)과의 연고를 생각해야 한다."

그래서 월수군은 안정되었다. 뒷날 順帝와 桓帝 연간에 廣漢郡 출신 馮顥(풍호)가 월수군 태수가 되었는데 치적과 교화가 매우 훌륭하였다.

原文

莋都夷者, 武帝所開, 以爲莋都縣. 其人皆被髮左衽, 言語多好譬類, 居處略與汶山夷同. 土出長年神藥, 仙人山圖所居焉. 元鼎六年, 以爲沈黎郡. 至天漢四年, 並蜀爲西部, 置兩都尉, 一居旄牛, 主徼外夷, 一居青衣, 主漢人.

| **註釋** | ㅇ莋都夷 – 莋은 땅이름 작. 데친 나물 적. ㅇ汶山(문산) – 전한 무제 때의 군 이름. 今 四川省 서북부 阿壩藏族羌族自治州. 馬爾康市가 중심도시. 九寨溝(구채구)가 있는 곳. ㅇ山圖(산도) – 본래 隴西人. 말을 타다가 다리가 부러졌는데 선인이 약을 복용하고 몸이 나았다. 그 뒤 선인을

따라 채약하려 명산에 들어갔다. 60년 뒤에 와서 모친상을 치루고 다시 자취를 감추었다. ㅇ旄牛縣(모우현) – 蜀郡의 현명. 今 四川省 중부 雅安市 관할 漢源縣 서북.

[國譯]

筰都夷(작도이)는 무제 때 개척된 곳으로 筰都縣(작도현)이었다. 그들은 산발하고 左衽(좌임)하였는데, 그들 말에 비유하기를 좋아하였으며 생활은 汶山夷(문산이)와 같았다. 그곳에서는 장수할 수 있는 神藥이 나온다 하여 仙人인 山圖(산도)가 거처했었다. (武帝) 元鼎 6년(前 111), 沈黎郡(침려군)이 되었다. (武帝) 天漢 4년(前 97)에 蜀郡에 병합되어 西部都尉 관할이 되었는데, (蜀郡에서는) 2개 도위 중 한 도위는 旄牛縣(모우현)에 있으면서 변경의 서남이를 관장하고, 다른 도위는 靑衣縣에서 漢人을 관장하였다.

原文

永平中, 益州刺史梁國朱輔, 好立功名, 慷慨有大略. 在州數歲, 宣示漢德, 威懷遠夷. 自汶山以西, 前世所不至, 正朔所未加. 白狼,槃木,唐菆等百餘國, 戶百三十餘萬, 口六百萬以上, 擧種奉貢, 稱爲臣僕. 輔上疏曰,

「臣聞《詩》云, '彼徂者岐, 有夷之行.' 傳曰, '岐道雖僻, 而人不遠.' 詩人誦詠, 以爲符驗. 今白狼王唐菆等慕化歸義, 作詩三章. 路經邛來大山零高坂, 峭危峻險, 百倍岐道. 襁負老幼, 若歸慈母. 遠夷之語, 辭意難正. 草木異種, 鳥獸

殊類. 有犍爲郡掾田恭與之習狎, 頗曉其言, 臣輒令訊其風俗, 譯其辭語. 今遣從事史李陵與恭護送詣闕, 並上其樂詩. 昔在聖帝, 舞四夷之樂, 今之所上, 庶備其一.」

帝嘉之, 事下史官, 錄其歌焉.

| **註釋** | ○正朔(정삭) – 曆法. 역법을 반포 시행은 천자의 고유 권한이다. 정삭을 모른다는 것은 천자의 교화를 입지 못한 미개인이라는 의미이다. ○《詩》云 – 《詩 周頌 天作》. 周 太王을 제사하는 노래.

[國譯]

(明帝) 永平 연간에, 益州 자사인 梁國 출신 朱輔(주보)는 功名을 세우려 했는데 성격은 강개하면서도 큰 방략을 품고 있었다. 여러 해 동안 익주 자사로 재직하며 西南夷들에게 漢朝의 덕을 널리 선양하며 遠方의 서남이를 위엄으로 회유하였다.

당시 (촉군) 汶山(문산) 서쪽은 前漢에서도 漢의 세력이 미치지 못하였고 漢의 正朔(정삭)을 모르고 있었다. 白狼(백랑), 槃木(반목), 唐菆(당추) 등 1백여 나라에 호구 130여만 호, 6백만 이상의 인구가 종족 단위로 공물을 바치고 臣子로 복속하기를 원하고 있었다. 이에 주보가 상서를 올렸다.

「臣이 알기로, 《詩》에서는 '(太王께서) 저 길로 岐山으로 가시니 큰 길이 났네.' 라고 하였는데, 이를 傳에서는 '岐山(기산)으로 가는 길이 험한 길이지만 백성들은 멀다고 생각하지 않는다.' 고 설명하였습니다. 그때 詩人이 칭송하고 읊은 것을 지금 징험할 수 있습니다. 지금 白狼(백랑)의 王이나 唐菆(당추) 등은 德化를 흠모하여 詩三章을 지었습니다. 그들이 중원에 들어오는 길은 邛來大山(공래대

산)의 零高坂(영고판)을 넘어야 하는데, 산이 몹시 가팔라서 아마 岐山으로 가는 길보다 백배는 더 험할 것입니다. 노인과 어린아이를 팔에 안거나 등에 업고 자애로운 어미를 찾아가는 것과 같습니다. 먼 곳 서남이의 말은 그 뜻이 확실하지 않습니다. 초목이나 새와 짐승도 다릅니다. 犍爲郡의 屬掾인 田恭(전공)은 그들과 가깝게 지내 그들 말을 많이 알아들을 수 있어, 臣이 그들의 풍속을 조사하고 그들 말을 옮겨 적게 하였습니다. 지금 從事의 서기인 李陵(이릉)과 田恭(전공)을 시켜 그들을 궁궐로 보내며 아울러 그들의 음악과 詩를 헌상코자 합니다. 옛날에 聖帝께서는 四夷의 樂에 맞춰 춤을 추게 하였으니, 지금 헌상하는 것은 아마 그 하나와 같을 것입니다.」

명제는 이를 가상히 여겨 史官에게 넘겨 그들 노래를 수록하게 하였다.

*〈遠夷樂德歌詩〉- 朱輔

原文

大漢是治(堤官隗構) 與天合意(魏冒逾糟).
吏譯平端(罔驛劉脾) 不從我來(旁莫支留).
聞風向化(征衣隨旅) 所見奇異(知唐桑艾).
多賜繒布(邪毘緂補) 甘美酒食(推潭仆遠).
昌樂肉飛(拓拒蘇便) 屈申悉備(局後仍離).
蠻夷貧薄(僂讓龍洞) 無所報嗣(莫支度由).
願主長壽(陽雒僧鱗) 子孫昌熾(莫稚角存).

| **註釋** | ㅇ〈遠夷樂德歌詩〉 - 이 詩 3편은 《東觀漢記》에 수록된 것이다. 莋都夷(작도이)가 그들 현지어로 노래한 뜻을 통역하고 그를 운문에 맞춰 개작한 것을 수록하였다. 大漢是治(堤官隗構)에서 '大漢是治'는 改作한 뜻이고, (堤官隗構)는 그들 가사를 음역하여 이기한 것이다. 범엽은 《東觀漢記》의 것을 그대로 옮겨왔다. ( )의 말은 國譯할 수 없다.

【國譯】

〈遠夷가 德化를 즐기는 노래〉

위대한 漢朝의 바른 통치는 하늘의 뜻 그대로네.
관리의 점잖고 공평한 말은 우리를 닮지 않았네.
正風과 교화를 따르니 보는 모두가 신기하다네.
비단과 옷감도 많이 좋은 술과 음식을 내리셨네.
신나게 즐기고 기뻐 춤추며 굽히고 펴며 즐기네.
변방의 가난한 우리 무엇을 보답하고 받들겠나?
바라오니 천자께서 장수하시고 자손 번창하소서.

＊〈遠夷慕德歌詩〉 - 朱輔

原文

蠻夷所處(僂讓皮尼) 日入之部(且交陵悟).
慕義向化(繩動隨旅) 歸日出主(路旦揀雒).
聖德深恩(聖德渡諾) 與人富厚(魏菌度洗).
冬多霜雪(綜邪流藩) 夏多和雨(莋邪尋螺).

寒溫時適(藐潯漚漓) 部人多有(菌補邪推).
涉危歷險(辟危歸險) 不遠萬里(莫受萬柳).
去俗歸德(術疊附德) 心歸慈母(仍路孳摸).

| 註釋 | ㅇ寒溫時適 – 寒暑(한서)가 계절에 맞다.

[國譯]

〈遠夷가 德化를 흠모하는 노래〉

蠻夷(만이)가 사는 곳은 해가 지는 곳이네요.

德義(덕의)를 흠모하여 동쪽 천자께 귀의합니다.

聖德(성덕)의 크신 은혜로 백성은 부유 후덕하네요.

冬節(동절)에 많은 눈이 여름엔 비가 많이 오네요.

때맞춰 춥고 따스하니 많은 백성이 모여 사네요.

가파르고 험한 길 지나 만 리 길을 머다 아니하고.

험한 땅을 떠나 덕화를 찾았으니 어미 품에 왔네요.

*〈遠夷懷德歌〉 - 朱輔

原文

荒服之外(荒服之儀) 土地墝埆(犁籍憐憐).
食肉衣皮(阻蘇邪犁) 不見鹽穀(莫碭粗沐).
吏譯傳風(罔譯傳微) 大漢安樂(是漢夜拒).
攜負歸仁(蹤優路仁) 觸冒險陜(雷折險龍).

高山岐峻(倫狼藏幢) 緣崖磻石(扶路側祿).
木薄發家(息落服淫) 百宿到洛(理歷髭雒).
父子同賜(捕蘱菌毘) 懷抱匹帛(懷稿匹漏).
傳告種人(傳室呼敇) 長願臣僕(陵陽臣僕).

| 註釋 | ㅇ土地墝埆 - 墝埆(요각)은 땅이 메마르다. 墝는 메마른 땅 요. 埆은 메마를 각. ㅇ攜負歸仁 - 攜는 끌 휴. 손에 지니다. 携의 本字. 負는 등에 지다.

[國譯]

〈遠夷가 德化를 그리워하는 노래〉

荒服(황복)의 머나먼 곳은 土地도 척박합니다.

날고기 먹고 가죽 옷에 소금과 곡물도 없습니다.

역관이 전하는 소문에 大漢은 安樂한 세상입니다.

끌며 업고서 좁고 험한 길을 仁德 따라 왔습니다.

높고 가파른 산, 천길 벼랑, 자갈밭을 지났습니다.

낙엽 지는 고향 떠나 석 달 걸려 낙양에 왔습니다.

父子가 함께 은덕을 입어 비단도 가슴에 품었습니다.

부족 사람에 알려서 臣民이 되기를 간절히 바랍니다.

原文

肅宗初, 輔坐事免. 是時郡尉府舍皆有雕飾, 畫山神海靈, 奇禽異獸, 以眩耀之, 夷人益畏憚焉. 和帝永元十二年, 旄牛徼外白狼,樓薄蠻夷王唐繒等, 遂率種人十七萬口, 歸義內屬. 詔賜金印紫綬, 小豪錢帛各有差.

| 註釋 | ㅇ眩耀 – 광채에 눈이 부시다. 眩은 아찔한 현. 耀는 빛날 요.

【國譯】

肅宗(장제) 초기에, 朱輔(주보)는 업무상 법을 어겨 면직되었다. 그 때 都尉府 건물에 여러 장식이 많았는데 산신과 바다의 신, 기이한 새나 짐승을 그려 눈이 부실 정도였고, 그래서 서남이들은 더욱 두려워하였다.

和帝 永元 12년(서기 100), 旄牛縣(모우현) 국경 밖의 白狼(백랑)과 樓薄(누박)의 蠻夷 王인 唐繒(당증) 등이 종족 사람 17만 명을 거느리고 귀의하여 복속했다. 조서로 金印紫綬를 하사하였고 작은 우두머리들에게는 금전과 비단을 차이 나게 하사하였다.

原文

安帝永初元年, 蜀郡三襄種夷與徼外汚衍種並兵三千餘人反叛, 攻蠶陵城, 殺長吏. 二年, 靑衣道夷邑長令田, 與徼外三種夷三十一萬口, 齎黃金, 旄牛毦, 擧土內屬. 安帝增令田爵號爲奉通邑君.

延光二年春, 旄牛夷叛, 攻零關, 殺長吏, 益州刺史張喬與西部都尉擊破之. 於是分置蜀郡屬國都尉, 領四縣如太守.

桓帝永壽二年, 蜀郡夷叛, 殺略吏民. 延熹二年, 蜀郡三襄夷寇蠶陵, 殺長吏. 四年, 犍爲屬國夷寇郡界, 益州刺史山昱擊破之, 斬首千四百級, 餘皆解散. 靈帝時, 以蜀郡屬國爲漢嘉郡.

| 註釋 | ㅇ蠶陵(잠릉) - 蜀郡의 현명. ㅇ靑衣道夷邑長令田 - 靑衣道는 행정구역 명칭. 道는 縣級 행정단위. 한인과 만이의 혼합거주 지역. 令田(영전)은 인명. 令이 성씨. ㅇ旄牛毦 - 旄牛는 긴 털을 가진 소. 야크. 毦는 깃털 장식 이. ㅇ漢嘉郡 - 영제 光和 원년(서기 188)에 설치했다가 中平 5년(서기 188)에 다시 蜀郡屬國으로 되돌렸다.

[國譯]

安帝 永初 원년(서기 107), 蜀郡의 三襄(삼양) 부족의 서남이와 국경 밖 汚衍(오연) 부족의 서남이가 함께 군사 3천여 명으로 반기를 들고 蠶陵(잠릉) 縣城을 공격하여 관리를 죽였다. (永初) 2년에는, 靑衣道의 서남이의 우두머리인 令田(영전)과 국경 밖 三種夷 31만 명이 황금을 싸들고 旄牛(모우)의 깃털 장식을 앞세우고 땅을 들어 귀속하였다. 安帝는 令田의 爵號를 奉通邑君으로 올려주었다.

(安帝) 延光 2년(서기 123) 봄, 旄牛縣(모우현)의 서남이가 반기를 들고 (월수군) 零關縣(영관현)을 공격하여 관리를 살해하자, 益州刺史 張喬(장교)와 (蜀郡) 西部 都尉가 그들을 격파하였다. 이에 蜀郡屬國都尉를 별도로 설치하여 4개 현을 太守처럼 통치케 하였다.

桓帝 永壽 2년(서기 156), 蜀郡의 서남이들이 반기를 들고 관리와 백성을 죽이고 노략질하였다. (桓帝) 延熹(연희) 2년(서기 159), 촉군의 三襄夷(삼양이)가 蠶陵縣(잠릉현)을 노략질하고 관리를 죽였다. 4년, 犍爲屬國(건위속국)의 서남이들이 군내를 노략질하자 益州刺史

인 山昱(산욱)이 격파하고 1,400여 명을 참수하자 나머지는 모두 흩어졌다. 靈帝 때는 蜀郡屬國에 漢嘉郡(한가군)을 신설했다.

原文

冉駹夷者, 武帝所開, 元鼎六年, 以爲汶山郡. 至地節三年, 夷人以立郡賦重, 宣帝乃省並蜀郡爲北部都尉. 其山有六夷七羌九氐, 各有部落. 其王侯頗知文書, 而法嚴重. 貴婦人, 黨母族. 死則燒其屍. 土氣多寒, 在盛夏冰猶不釋, 故夷人冬則避寒, 入蜀爲傭, 夏則違暑, 反其邑. 衆皆依山居止, 累石爲室, 高者至十餘丈, 爲邛籠. 又土地剛鹵, 不生穀粟麻菽, 唯以麥爲資, 而宜畜牧. 有旄牛, 無角, 一名童牛, 肉重千斤, 毛可爲毦. 出名馬. 有靈羊, 可療毒. 又有食藥鹿, 鹿麑有胎者. 其腸中糞亦療毒疾. 又有五角羊,麝香,輕毛毼雞,牲牲. 其人能作旄氈,班罽,青頓,毞毲,羊羧之屬. 特多雜藥. 地有鹹土, 煮以爲鹽. 麡羊牛馬, 食之皆肥.

其西又有三河,槃于虜, 北有黃石,北地,盧水胡, 其表乃爲徼外. 靈帝時, 復分蜀郡北部爲汶山郡云.

| 註釋 | ○冉駹夷(염방이) – 종족 이름. 冉은 나아갈 염. 駹은 얼굴이 흰 검은 말 방. ○汶山郡(문산군) – 汶江(문강) 유역(今 四川省 서북부 일원, 阿壩藏族羌族自治州)에 해당. ○邛籠(공롱) – 邛은 언덕 공. 籠은 대나무 그릇 롱. ○土地剛鹵 – 剛은 토질이 단단하다. 鹵는 소금 로. 소금기가 있다. ○旄牛(모우) – 야크(Yak). 야크는 본래 뿔이 있으나 뿔이 없다는 것은 어

린 야크를 지칭했을 것이다. ㅇ輕毛髦雞 – 髦은 모직물 갈. ㅇ牲牲(생생) – 동물 이름. 생김새 미상. ㅇ毞毲 – 毞毲(비탈)은 모직물의 한 종류. 毞는 털로 짠 베 비. 毲은 모직물 탈.

[國譯]

冉駹夷(염방이)는 武帝 때 개척된 곳에 사는 서남이인데, (武帝) 元鼎 6년(前 111)에 汶山郡(문산군)을 설치했었다. (宣帝) 地節 3년(前 67), 夷人들은 郡이 설치되어 賦稅가 무겁다 생각하자, 宣帝는 문산군을 폐지하고 蜀郡의 北部都尉에 합병시켰다. 그곳 산간에는 6종의 서남이(六夷)와 7종의 강족(七羌), 9종의 저족(九氐)이 각각 부락을 이루어 거주하였다. 그곳 王侯는 상당히 유식하여 문서를 알고 法 집행이 엄중하였다. 婦人을 귀하게 대접하여 모계 중심이었다. 사람이 죽으면 시신을 소각했다. 그 지역의 기후는 매우 추워 한여름에도 얼음이 풀리지 않기에 그곳 서남이들은 겨울이면 추위를 피해 蜀에 들어와 고용살이를 하였고, 여름에는 더위를 피하여 본 마을로 돌아갔다. 그들은 모두 산에 의지하여 살면서 돌을 쌓아 집을 지었는데, 높은 집은 10여 丈이나 되었고 邛籠(공롱)이라고 불렀다. 또 토질은 단단하고 소금기가 있어 알곡(穀粟, 조)이나 삼(麻), 콩(菽) 농사가 되지 않고, 겨우 보리(麥)를 먹고 살며 목축은 가능했다. 그 들 땅의 旄牛(모우)는 뿔이 없으면 童牛(동우)라고도 하는데, (성장하면) 그 체중이 1천 근이 되며 그 털로 모직물을 짰다. 名馬도 산출되었다. 靈羊(영양)이 있는데 解毒할 수 있었다. 또 약초를 먹고 자란 사슴(食藥鹿)의 태(胎) 속에 자라는 새끼의 내장 속에 든 똥은 毒疾(독질)을 치료할 수 있었다. 또 뿔이 다섯 갈래인 양(五角羊), 사향노루(麝香), 털이 가벼운 갈계(輕毛髦雞), 牲牲(생생) 등이 있다. 그 사람들은 旄氈(모전, 모직 양탄자), 班罽(반계, 모직물), 青頓(청돈), 毞毲(비탈), 羊羧(양쵀) 등을 제조하였다. 여러 가지 약이 많았다. 짠 흙을 달여서(끓여 졸이다) 소금을 만들었다. 사슴(麢, 제), 양(羊), 소나 말을 식용하여 그들은 모두 뚱뚱하였다.

冉駹夷(염방이)가 사는 서쪽에 또 三河(삼하), 槃于(반우)의 이민족이 살고, 그 북방에는 黃石(황석), 北地(북지), 盧水胡(노수호)와 같은 胡人이 살았는데, 그들 거주지를 지나면 국경 밖이다. 靈帝 때 蜀郡의 北部에 汶山郡을 설치했었다.

原文

白馬氐者, 武帝元鼎六年開, 分廣漢西部, 合以爲武都. 土地險阻, 有麻田, 出名馬,牛,羊,漆,蜜. 氐人勇戇抵冒, 貪貨死利. 居於河池, 一名仇池, 方百頃, 四面斗絶. 數爲邊寇, 郡縣討之, 則依固自守. 元封三年, 氐人反叛, 遣兵破之, 分徙酒泉郡. 昭帝元鳳元年, 氐人復叛, 遣執金吾馬適建,龍頟侯韓增,大鴻臚田廣明, 將三輔,太常徒討破之.

及王莽簒亂, 氐人亦叛. 建武初, 氐人悉附隴蜀, 及隗囂滅, 其酋豪乃背公孫述降漢. 隴西太守馬援上復其王侯君長, 賜以印綬. 後囂族人隗茂反, 殺武都太守. 氐人大豪齊鍾留爲種類所敬信, 威服諸豪, 與郡丞孔奮擊茂, 破斬之. 後亦時爲寇盜, 郡縣討破之.

| 註釋 | ㅇ白馬氐(백마저) – 白馬(백마)는 부족 이름. 冉駹國(염방국) 동북

에 白馬國(백마국)이 있었다. 氐族은 古代 중국 서북부 소수 민족의 하나 今 陝西省, 甘肅省, 四川省의 접경 지역이 주 활동 무대. 匈奴, 鮮卑, 氐(저), 羯(갈), 羌(강)의 5胡의 하나. ㅇ武都郡 – 治所는 下辨縣, 今 甘肅省 남부 隴南市 관할 成縣. ㅇ馬適建(마적건) – 馬適(마적)은 複姓. ㅇ龍額侯 韓增(한증) – 韓王信의 玄孫, 韓頹當의 曾孫, 龍額侯 韓說의 아들. ㅇ太常徒討破之 – 太常은 종묘 제사를 관장하고 황릉과 황릉을 중심으로 설치된 陵縣의 행정을 총괄하였다. 능현에 소속된 죄수를 군사로 동원할 수 있었다. ㅇ悉附隴蜀 – 隴西를 근거로 후한에 맞서려 했던 隗囂(외효)와 蜀을 근거로 독립 세력을 형성했던 公孫述(공손술).

【國譯】

白馬氐(백마저)는 武帝 元鼎 6년에 개척된 곳에 사는 氐族으로 廣漢郡 西部都尉의 지역과 합하여 武都郡이 되었다. 지세는 아주 험준하고 麻田이 있으며, 名馬, 牛, 羊, 漆(칠, 옻), 蜜(밀, 꿀)이 산출된다. 氐人(저인)은 용감, 단순, 과감, 무모한 성격에 재물을 탐하며 죽더라도 이득을 추구한다. 河池(하지)란 곳에 사는데, 거기를 一名 仇池(구지)라 하며, 사방이 1백 頃(경) 정도로 四面이 두절되었다. 그들은 자주 변경을 침략했고 군현에서 그들을 토벌하면 험고한 곳에 의지하여 방어하였다.

(武帝) 元封 3년(前 108), 저족이 반란을 일으키자 군사를 보내 격파한 뒤에 그 무리를 酒泉郡으로 이주시켰다. 昭帝 元鳳 원년(前 80), 氐人이 다시 반기를 들자 執金吾인 馬適建(마적건), 龍額侯 韓增(한증), 大鴻臚 田廣明(전광명) 등을 보내 三輔 지역의 군사와 太常이 관리하는 죄수들을 동원하여 격파하였다.

왕망이 찬위하자 저족도 반기를 들었다. (光武帝) 建武 초에, 氐人은 모두 隴西의 隗囂(외효)와 蜀의 公孫述(공손술)에 의부했었는데,

외효가 패망하자 저족의 추장들은 公孫述을 버리고 後漢에 귀부하였다. 隴西 太守인 馬援(마원)이 상주하여 그들 王侯나 君長의 지위를 회복시켜주고 인수를 하사하였다. 뒷날 외효의 일족인 隗茂(외무)가 반기를 들며 武都 太守를 살해하였다. 氐人의 大豪인 齊鍾留(제종류)는 종족 내부에서 존경과 신임을 받고 있었는데 위엄으로 여러 우두머리를 굴복시켰고, 郡丞인 孔奮(공분)과 함께 외무를 격파 참수하였다. 뒷날 저인들이 때때로 노략질을 하면 군과 현에서 저족을 토벌 격파하였다.

原文

論曰, 漢氏征伐戎狄, 有事邊遠, 蓋亦與王業而終始矣. 至於傾沒疆垂, 喪師敗將者, 不出時歲, 卒能開四夷之境, 款殊俗之附. 若乃文約之所沾漸, 風聲之所周流, 幾將日所出入處也. 著自山經,水志者, 亦略及焉. 雖服叛難常, 威澤時曠, 及其化行. 則緩耳雕脚之倫, 獸居鳥語之類, 莫不舉種盡落, 回面而請吏, 陵海越障, 累譯以內屬焉. 故其錄名中郎,校尉之署, 編數都護,部守之曹, 動以數百萬計. 若乃藏山隱海之靈物, 沈沙棲陸之瑋寶, 莫不呈表怪麗, 雕被宮幄焉. 又其賨幏火毳,馴禽封獸之賦, 軨積於內府, 夷歌巴舞, 殊音異節之技, 列倡於外門. 豈柔服之道, 必足於斯? 然亦云致遠者矣. 蠻夷雖附阻巖谷, 而類有土居, 連涉荊,交之區, 布護巴,庸之外, 不可量極. 然其凶勇狡算, 薄於羌狄, 故陵暴之害, 不能深也. 西南之徼, 尤爲劣焉. 故關守永昌, 肇自遠離, 啓土立人, 至今成都焉.

| 註釋 | ㅇ征伐戎狄 – 西戎(서융)과 北狄(북적)을 정벌하다. ㅇ瑋寶 – 보배. 瑋는 옥 이름 위. ㅇ賓幏火毳 – 이민족이 바치는 가는 베의 옷감이나 불어타지 않는다는 천. 賓은 공물 종. 幏는 가는 베 가. 毳는 솜털 취. ㅇ巴, 庸之外 – 巴郡(파군)과 上庸(今 湖北省 서북단의 十堰市 관할 竹山縣)의 밖. 그 서쪽 밖의 지역은 漢人과 夷人이 혼거하였다. ㅇ永昌 – 永昌郡. 치소는 不韋縣, 今 雲南省 중서부 保山市. 益州郡 서부. 永昌郡이 후한 서남부의 끝이었다. 지금의 미얀마 북부지역을 포함하였다.

[國譯]

范曄(범엽)의 史論 : 漢朝에서 西戎(서융)과 北狄(북적)을 정벌하고 먼 변방을 원정한 것은 제왕의 치적으로 시작되었고 또 그렇게 끝이 났다. 변방에서 반란이 일어나 강역을 상실하거나 군사를 잃고 장수가 패전하더라도 일 년을 넘기지 않아 결국 四夷의 땅을 차지하고 다른 풍속을 가진 자들의 투항을 받았다. 문서의 약조가 이루어지고 풍속이 점차 전파되었으며 교화의 효과가 확산되는 것은 해가 뜨고 지는 곳이라면 어디서든 마찬가지였다.

그동안 山水에 관한 기록은 소략하지만 변방에 관한 기록이 있었다. 비록 종속과 배반이 무상하더라도 위엄과 은택은 날로 넓어지면서 교화가 이루어졌다. 그리하여 귀를 늘리거나 다리에 문신하는 자들이나 짐승처럼 굴속에 살거나 알지 못하는 말을 지껄이는 자들도 온 종족을 들어 중국을 흠모하며 관리를 보내달라고 청하지 않는 자가 없었기에 산이나 바다의 장애물을 극복하고 여러 통역을 거쳐 가면서 歸附가 진행되었다. 그리하여 (흉노) 중랑장이나 (戊己) 교위의 이름이 남게 되고 都護나 자사, 태수에 편성된 민호의 숫자는 수백만으로 계산되었다.

그리고 깊은 산이나 바다에 있는 신령한 물건이나 모래와 땅속에 숨겨졌던 보물일지라도 그 괴이하고 아름다운 모습을 드러내지 않거나 궁전을 장식하지 않은 것이 없었다. 또 이민족이 바치는 가는 베의 옷감이나 불에 타지 않는다는 천. 길들여진 새(馴禽, 앵무새)나 산처럼 큰 짐승(封獸, 코끼리) 같은 헌상품은 궁내의 창고에 겹겹으로 쌓였고, 만이들의 노래나 巴蜀 땅의 춤 등, 특별한 음률이나 기예가 궁성 외문에서 공연되었다. 그러니 柔和의 방법으로 복속시킨 결과가 어찌 이보다 더 만족스러울 수가 있겠는가? 그래서 이러한 교화는 원방을 불러들이는 것이라고 말할 수 있다.

만이가 비록 깊은 산속에 산다 하더라도 대부분은 정착생활을 하고 있으며, 荊州와 交趾 지역과 연결이 되고, 巴郡과 上庸(상용)의 밖이니 그 끝을 헤아릴 수가 없다.

그러나 (西南夷가) 그 사나운 기질이나 용맹, 교활함이나 계산이 羌族이나 北狄(흉노)만 못하기에 西南夷에 의한 피해는 그리 심각하지 않았다. 서남쪽 국경 밖 夷人은 (武力이) 더욱 약했다. 그래서 永昌郡에 관문을 세웠지만 거기서 더 먼 곳까지도 땅을 개간하고 백성이 나가서 살아 지금까지 도시가 이루어질 수 있었다.

原文

贊曰, 百蠻蠢居, 仞彼方徼. 鏤體卉衣, 憑深阻峭. 亦有別夷, 屯彼蜀表. 參差聚落, 紆餘岐道. 往化旣孚, 改襟輸寶. 俾建永昌, 同編億兆.

| 註釋 | ○百蠻蠢居 - 百蠻은 모든 蠻夷. 蠢은 꿈틀거릴 준. ○仞彼方徼 - 仞은 잴 인. 채우다. 方徼는 사방의 외진 곳. ○鏤體卉衣 - 문신을 하고 풀잎으로 옷을 대신하다. 鏤는 새길 루(누). ○紆餘岐道 - (周) 岐山(기산) 가는 길로 모여들다. 紆는 굽을 우. 감돌다.

【國譯】

贊曰,

모든 만이가 벌레처럼 사방 외진 곳에 모여 사니
문신에 풀 옷을 입고 깊고 험한 곳에 숨었도다.
서로 다른 여러 종족이 蜀 땅 밖에 모여 살았으나
여러 외진 마을에서 岐山에 모이듯 中華에 귀의했다.
믿음으로 교화되어 옷을 바꿔입고 보물을 가져왔다.
永昌郡을 설치하니 억조창생이 한 백성이로다.

87 西羌傳
〔서강전〕

原文

西羌之本, 出自三苗, 姜姓之別也. 其國近南嶽. 及舜流四凶, 徙之三危, 河關之西南羌地是也. 濱於賜支, 至乎河首, 緜地千里. 賜支者, 〈禹貢〉所謂析支者也. 南接蜀,漢徼外蠻夷, 西北接鄯善,車師諸國.

所居無常, 依隨水草. 地少五穀, 以產牧爲業. 其俗氏族無定, 或以父名母姓爲種號. 十二世後, 相與婚姻, 父沒則妻後母, 兄亡則納釐嫂, 故國無鰥寡, 種類繁熾. 不立君臣, 無相長一, 强則分種爲酋豪, 弱則爲人附落, 更相抄暴, 以力爲雄. 殺人償死, 無它禁令.

其兵長在山谷, 短於平地, 不能持久, 而果於觸突, 以戰死爲吉利, 病終爲不祥. 堪耐寒苦, 同之禽獸. 雖婦人產子, 亦不避風雪. 性堅剛勇猛, 得西方金行之氣焉.

| **註釋** | ○西羌 – 中國(華夏族, 漢族)의 서쪽(今 山西, 陝西, 甘肅省 일대)에서 牧羊을 생업으로 살아가는 종족의 총칭. 그들 자신은 '爾瑪(이마)'라 호칭. 羌은 他稱이고, 羊을 토템(圖騰)으로 하는 '西戎牧羊人' 이다. 상고 시대에 古羌(고강) 또는 羌戎(강융)으로도 불렸다. 현대의 羌族(강족), 藏族(장족)의 선조이다. 전한 武帝 때 護羌校尉를 설치하여 羌族에 관한 여러 일을 주관케 하였고, 후한에서도 光武帝 때 隴西郡 令居縣에 護羌校尉府를 설치했는데 수시로 철폐와 설치가 반복되었다. 《史記》와 《漢書》에는 羌族을 입전하지 않았다. 《後漢書》의 〈西羌傳〉은 강족의 역사와 漢族과의 관계, 생활방식, 풍속 등을 상세히 서술하였다. ○三苗(삼묘) – 씨족 부락 이름, 長江의 洞庭湖 일대에 거주했다. ○姜姓(강성) – 炎帝 神農氏의 姓. 姜水에 거주했기에 姓으로 삼았다. ○四凶 – 共工, 驩兜(환두), 三苗, 鯀(곤)을 지칭. ○三危 – 山名. 敦煌郡에 소재한다는 주석, 今 甘肅省 일대. ○河關(하관) – 隴西郡의 현명. 今 靑海省 동부 黃南藏族自治州의 首府인 同仁縣. 甘肅省 남서부와 접경. ○或以父名母姓爲種號 – 모친의 성을 부족명으로 정하지만 각종 기록에는 거주 지역 이름을 따르는 경우도 많았다. 그래서 강족의 명칭이 1백여 개나 된다. ○兄亡則納釐嫂 – 釐는 과부리. 과부가 된 계모를 아들이, 동생이 과부 형수를 아내로 맞이하는 결혼 형태를 收繼婚(수계혼)이라 하는데 匈奴, 烏孫, 烏桓, 鮮卑族에서 공통적으로 행해졌다.

[國譯]

西羌族(서강족)의 근본은 (堯舜 시기의) 三苗(삼묘)에서 시작되었으며, 姜姓(강성)의 일부이다. 그 나라는 南嶽(衡山)에 가까웠다. 舜(순)이 四凶(사흉)을 방출할 때, 그들을 三危山(삼위산, 敦煌郡 소재)으로 내쫓았는데 河關縣(하관현)의 서남쪽 羌族이 살던 곳이 바로 거기이다. 그곳은 賜支(사지)란 곳에서 黃河의 상류까지 1천여 리나 이어졌다. 賜支(사지)란《尙書》〈禹貢〉에서 말하는 析支(석지)란 곳이다. 賜支(사지)는 남으로는 蜀郡과 廣漢郡 경계 밖의 蠻夷(만이)와 접했고, 서북으로는 (西域의) 鄯善(선선)과 車師(거사) 등 여러 나라와 접했다.

서강족의 거처는 정해진 곳이 없고 水草를 따라 이동했다. 그 땅에는 오곡이 부족하며 목축을 본업으로 하였다. 그들 습속에 정해진 氏族이 없으며 부친의 이름이나 모친의 姓으로 종족의 이름을 지었다. 12世가 지나면 서로 혼인할 수 있고, 부친이 죽으면 계모를 (자식이) 아내로 삼으며, 형이 죽으면 그 과부 형수를 아내로 받아들이기에 그 나라에는 홀아비나 과부가 없어 그 종족이 많이 늘어났다. 君臣관계가 없었고 서로 우두머리가 되려 하지 않았으며, 강한 부족은 종족을 나눠 酋豪(추호)가 되었고, 약하면 다른 종족에 붙어 지냈으며, 부족 간 서로 약탈하거나 폭행을 자행했고 힘으로 강자를 정했다. 살인자는 죽였지만 다른 금령은 없었다.

그들 군사는 山谷의 싸움에는 우수했지만 平地에서는 약했으며, 지구전에는 약했지만 돌격전에는 과감하였고, 戰死를 아주 길하다고 여겼으며, 병으로 죽는 것을 상서롭지 못하다고 생각하였다. 추위와 고통을 잘 참고 견디니 짐승과도 같았다. 여인이 아이를 낳더라도 바람이나 눈을 피하지 않았다. 천성이 굳세고 강하며, 용맹하고 사나웠으니 서방 金行의 기운 그대로였다.

原文

王政修則賓服，德教失則寇亂．昔夏后氏太康失國，四夷背叛. 及后相卽位, 乃征畎夷, 七年然後來賓. 至於后泄, 始加爵命, 由是服從. 后桀之亂, 畎夷入居邠,岐之間, 成湯旣興, 伐而攘之. 及殷室中衰, 諸夷皆叛. 至於武丁, 征西戎,鬼方, 三年乃克. 故其詩曰, '自彼氐羌, 莫敢不來王'.

| **註釋** | ㅇ夏后太康失國 – 夏나라의 3代 왕 太康(태강)은 주색에 탐닉했고 사냥 나갔다가 동이족 羿(예, 활의 명수)에 의해 쫓겨났다. ㅇ后相卽位 – 夏의 5代 王. ㅇ畎夷(견이) – 周代의 犬戎(견융). ㅇ后泄(후설) – 夏의 10代 王. ㅇ武丁(무정) – 殷 23대 왕. 傅說(부열)을 등용하여 殷의 중흥을 이룩했다(武丁中興). ㅇ鬼方(귀방) – 今 陝西省 서북부, 山西省 북부와 內蒙古 서부에 있었던 북방 유목 민족의 하나. ㅇ故其詩曰 –《詩, 商頌 殷武》.

[國譯]

(중국의) 王政이 잘 이뤄지면 손님으로 찾아가 복속하지만, 德政과 교화가 실패했다면 노략질과 분란을 일으켰다. 옛날 夏后氏(하후씨)의 太康(태강)이 失國하자 四夷가 배반하였다. 뒷날 后相(후상)이 즉위하고 畎夷(견이, 犬戎)를 정벌했는데, (西羌은) 7년이 지나 입조하였다. 后泄(후설)에 이르러 西羌에게 처음으로 작위를 하사하자, 그때부터는 (夏에) 복속하였다. 后桀(후걸, 桀王)의 혼란한 시대에 畎夷(견이)가 邠(빈)과 岐(기) 사이에 들어와 살았는데, 成湯(성탕, 殷의 건국자, 湯王)은 건국한 뒤에 (견이를) 정벌하여 물리쳤다. 殷 왕실이 중간에 쇠약해지자 주변 夷人이 모두 반기를 들었다. 武丁(무정)이 西戎(서융)과 鬼方(귀방)을 3년 만에 정벌하였다. 그래서《詩》에서는 '저 氐(저)와 羌(강)이 왕을 섬기러 오지 않는 이가 없다.' 고 하였다.

原文

及武乙暴虐, 犬戎寇邊, 周古公逾梁山而避於岐下. 及子季歷, 遂伐西落鬼戎. 太丁之時, 季歷復伐燕京之戎, 戎人大敗周師. 後二年, 周人克余無之戎, 於是太丁命季歷爲牧師. 自是之後, 更伐始呼,翳徒之戎, 皆克之. 乃文王爲西伯, 西有昆夷之患, 北有獫狁之難, 遂攘戎狄而戍之, 莫不賓服. 乃率西戎, 征殷之叛國以事紂.

| **註釋** | ○周古公逾梁山而避於岐下 – 周 古公亶父(고공단보, 文王의 祖父)가 梁山(양산, 好畤縣 소재)을 넘어 岐山(右扶風 소재) 아래로 피난했다. 岐山은, 今 陝西省 寶雞市 관할 岐山縣 소재. ○西落鬼戎(서락귀융) – 西周의 서쪽에 있던 西戎의 무리. ○燕京之戎 – 燕京의 西戎. 燕京(연경)은, 今 山西省의 산 이름. ○牧師 – 牧地를 관리하는 직책. ○獫狁(험윤) – 견융, 서융으로도 불림. 今 陝西省, 甘肅省, 內蒙古 일대에서 활동.

[國譯]

(殷 28代) 武乙(무을)이 포악하자, 犬戎(견융)족이 변경을 침략하였고, 周 古公亶父(고공단보)는 梁山(양산)을 넘어 岐山(기산) 아래로 피난했다. (古公亶父의) 아들 季歷(계력, 文王의 父)은 마침내 西落鬼戎(서락귀융)을 정벌하였다.

(殷 29代) 太丁(태정) 시대에 계력은 다시 燕京山의 西戎을 공격했지만, 계력의 周 군사는 戎人(융인)에게 대패하였다. 그 2년 뒤에 周의 군사가 余無(여무)의 융인을 이기자, 이에 太丁은 季歷 계력을 牧師(목사)로 삼았다. 다시 始呼(시호)와 翳徒(예도)의 융적과 싸워 모두 이겼다. 이어 文王(문왕)이 西伯(서백)이 되었을 때 서쪽으로 昆夷(곤

이)의 환란이, 북쪽으로는 獫狁(험윤)의 있었지만 (문왕은) 戎狄(융적)을 모두 물리치고 그곳을 지키니 賓服하지 않는 이가 없었다. 이에 (문왕은) 서융을 이끌고 殷에 반기를 든 세력을 정벌하였고, (殷의) 紂王(주왕)을 섬겼다.

原文

及武王伐商, 羌,髳率師會於牧野. 至穆王時, 戎狄不貢, 王乃西征犬戎, 獲其五王, 又得四白鹿, 四白狼, 王遂遷戎于太原.

夷王衰弱, 荒服不朝, 乃命虢公率六師伐太原之戎, 至於兪泉, 獲馬千匹. 厲王無道, 戎狄寇掠, 乃入犬丘, 殺秦仲之族. 王命伐戎, 不克.

及宣王立四年, 使秦仲伐戎, 爲戎所殺. 王乃召秦仲子莊公, 與兵七千人伐戎, 破之, 由是少卻. 後二十七年, 王遣兵伐太原戎, 不克. 後五年, 王伐條戎,奔戎, 王師敗績. 後二年, 晉人敗北戎於汾隰, 戎人滅姜侯之邑. 明年, 王征申戎, 破之.

後十年, 幽王命伯士伐六濟之戎, 軍敗, 伯士死焉. 其年, 戎圍犬丘, 虜秦襄公之兄伯父. 時幽王昏虐, 四夷交侵, 遂廢申后而立褒姒. 申侯怒, 與戎寇周, 殺幽王於酈山, 周乃東遷洛邑, 秦襄公攻戎救周. 後二年, 邢侯大破北戎.

| 註釋 | ㅇ髳率師會於牧野 – 髳는 다팔머리 무, 오랑캐 이름 무. 蠻族의 한 갈래. 牧野(목야)는 무왕과 紂王이 일전을 벌린 곳. 今 河南省 북부 新鄕市. 河水 이북. ㅇ犬丘(견구) – 漢 右扶風의 치소인 槐里縣, 今 陝西省 咸陽市 관할 興平市. ㅇ褒姒(포사) – 褒(포, 國名)에서 바친 姒氏의 여인. 유왕이 포사를 웃게 하려고 거짓 봉화를 올렸다. ㅇ驪山(여산) – 今 陝西省 西安市 臨潼區에 위치, 秦嶺山脈의 일부. 海拔 1302m. ㅇ邢侯(형후) – 邢의 제후. 邢은 지금의 河北省 남부 邢台市(형태시).

【國譯】

(周) 武王이 商(상)을 칠 때, 羌(강)과 髳(무) 族도 군사를 이끌고 牧野(목야)에 모였다. (周 6代) 穆王(목왕) 때에 戎狄이 입공하지 않자, 목왕은 서쪽으로 가서 犬戎(견융)과 싸워 그 5명의 왕을 사로잡았으며, 白鹿 4마리와 白狼(백랑, 흰 여우) 4마리를 획득했으며 마침내 戎人을 太原(태원)으로 몰아내었다.

(周 10代) 夷王(이왕) 때 나라가 쇠약하자 荒服(황복, 九州의 밖)에 사는 夷人이 입조하지 않자, (夷王은) 虢公(괵공)으로 하여금 六師(六軍)를 이끌고 太原(태원)의 戎人을 정벌케 하였는데, 兪泉(유천, 今 山西省 일대)에서 말 1천 필을 획득하였다. (周 11代) 厲王(여왕)이 無道하자, 戎狄(융적)이 침입하여 노략질을 하였는데, 犬丘(견구)란 곳까지 쳐들어와 秦仲(진중, 제후 秦嬴)의 일족을 살해하였다. 여왕이 戎人을 정벌케 하였지만 이기지 못했다.

(周 12代) 宣王(선왕, 재위 前 823 – 789년)이 즉위한 지 4년, 秦仲(진중)이 戎人을 정벌했지만 도리어 융인에게 피살되었다. 이에 선왕은 진중의 아들 (秦의) 莊公(장공)은 7천여 군사를 거느리고 융인을 격파하였는데, 이로부터 융인은 점차 물러났고 그 27년 뒤에 선왕은

군사를 보내 太原의 융인을 정벌케 하였으나 이기지 못했다. 그 5년 뒤에 선왕은 條戎(조융)과 奔戎(분융)을 정벌했지만 패전했다. 그 2년 뒤 晉(진)의 군사가 융인을 汾水(분수)의 습지에서 물리치자, 융인은 姜侯(강후)의 읍락을 공격하여 없애버렸다. 다음 해에 선왕은 申戎(신융)을 격파하였다.

그 10년 뒤 (周 13代) 幽王(유왕)은 伯士(백사)에게 명하여 六濟(육제)의 융인을 공격케 하였지만 패전했고 백사는 전사하였다. 그해에 犬戎(견융)이 犬丘(견구)를 포위하고, 秦 襄公(양공)의 兄인 伯父(백보)를 사로잡았다. 그때 유왕은 어리석으면서도 잔학하여 四夷가 가 번갈아 침략했는데, 유왕은 마침내 申后(신후)를 폐하고 褒姒(포사)를 왕후로 삼았다. 이에 申侯(신후)가 노하여 융인을 데리고 周를 공격하여 幽王을 酈山(여산)에서 죽였는데, 이에 周는 洛邑(낙읍)으로 천도하였으며(東周, 春秋시대의 시작), 秦 襄公(양공)이 융인을 공격하여 周를 구원하였다. 그 2년 뒤에 邢侯(형후)가 北戎(북융)을 대파하였다.

原文

及平王之末, 周遂陵遲, 戎逼諸夏, 自隴山以東, 及乎伊, 洛, 往往有戎. 於是渭首有狄,貆,邽,冀之戎, 涇北有義渠之戎, 洛川有大荔之戎, 渭南有驪戎, 伊,洛間有楊拒,泉皐之戎, 潁首以西有蠻氏之戎. 當春秋時, 間在中國, 與諸夏盟會. 魯莊公伐秦, 取邽,冀之戎. 後十餘歲, 晉滅驪戎. 是時, 伊,洛戎强, 東侵曹,魯. 後十九年, 遂入王城.

於是秦,晉伐戎以救周. 後二年, 又寇京師, 齊桓公徵諸侯戍周. 後九年, 陸渾戎自瓜州遷于伊川, 允姓戎遷於渭汭, 東及轘轅. 在河南山北者號曰陰戎, 陰戎之種遂以滋廣. 晉文公欲修霸業, 乃賂戎狄通道, 以匡王室. 秦穆公得戎人由余, 遂霸西戎, 開地千里. 及晉悼公, 又使魏絳和諸戎, 復修霸業.

是時, 楚,晉强盛, 威服諸戎, 陸渾,伊,洛,陰戎事晉, 而蠻氏從楚. 後陸渾叛晉, 晉令荀吳滅之. 後四十四年, 楚執蠻氏而盡囚其人. 是時義渠,大荔最强, 築城數十, 皆自稱王.

| 註釋 | ㅇ隴山 - 今 陝西省 서부와 甘肅省 경계를 이루는 산맥. 渭水와 涇水(경수)의 분수령. ㅇ伊洛 - 伊水(이수)와 洛水(낙수), 모두 河南省 지역에서 河水에 합류한다. ㅇ轘轅(환원) - 轘轅山(환원산)은 洛陽市 동남 소재. ㅇ秦 穆公(목공, 재위 前 659 - 621) - 百里奚(백리해)를 등용하여 秦의 왕권을 강화하였고, 국제적 지위를 높였다.

[國譯]

(幽王의 아들) 平王 말기에, 周가 쇠퇴하자 戎人(융인)이 諸夏(中國)를 침략하여 隴山의 동쪽에서부터 伊水(이수)와 洛水(낙수)까지 융인의 모습을 가끔 볼 수 있었다. 이에 渭水(위수)의 상류에는 狄縣(적현), 豲縣(환현), 邽縣(규현), 冀縣(기현)의 융인이 있었고, 涇水(경수) 북쪽으로는 義渠(의거)의 융인이 있었으며, 洛川(낙천, 洛水)에는 大荔(대려)의 융인이, 渭水(위수)의 남쪽에는 驪戎(여융)이 伊水와 洛水 일대에는 楊拒(양거)와 泉皐(천고)의 융인이, 潁水(영수) 상류 서쪽으로는 蠻氏(만씨)의 융인들이 있었다.

春秋시대에는 중국에 혼재하면서 중원의 제후들과 盟會(會盟)도 했다. 魯 莊公(장공)은 秦을 정벌하고 규현과 기현의 융인을 흡수하였다. 그 10여 년 뒤에 晉나라가 驪戎(여융)을 합병하였다. 이때 이수와 낙수 일대의 융인이 강성하여 동족으로는 曹(조)와 魯(노)까지 침략하였다. 그 19년 뒤에 결국은 (周의) 王城까지 침략한 적도 있었다.

이에 秦(진)과 晉(진)이 융인을 정벌하여 東周를 구하였다. 그 2년 뒤에 또 京師를 노략질하자, 齊(제)의 桓公(환공)이 諸侯를 불러 모아 東周를 지켜주었다. 그 9년 뒤에 陸渾(육혼)의 융인이 瓜州(과주)로부터 伊川(이천)으로 이동했고, 允姓(윤성)의 융인은 渭水(위수)와 汭水(예수) 일대로 이동해 들어와 동쪽으로 轘轅山(환원산)에 이르렀다. 河南山의 북쪽에 있는 자를 陰戎(음융)이라고 하는데, 음융의 종족들은 점차 넓게 퍼져나갔다.

晉 文公은 패업을 이루고자 戎狄(융적)에게 뇌물을 주고 왕래하면서 周 왕실을 바로잡았다. 秦 穆公(목공)은 戎人인 由余(유여)를 등용하여 西戎의 패권을 장악했고 나라의 영역을 1천 리나 늘였다. 晉 悼公(도공, 前 572-558년 재위)은 또 魏絳(위강)을 시켜 여러 융인과 화해하면서 다시 霸業(패업)을 회복하였다.

이때 楚와 晉이 강성하여 여러 융인들을 위엄으로 굴복시켰는데, 陸渾(육혼), 伊水(이수), 洛水(낙수), 陰戎(음융) 등은 晉을 섬겼고 蠻氏(만씨)의 융인은 楚에 복종했었다. 뒷날 陸渾(육혼)은 晉에 반기를 들었고, 晉은 (大夫) 荀吳(순오)를 시켜 육혼을 멸망케 하였다. 그 44년 뒤 楚는 蠻氏(만씨)를 사로잡아 그 종족을 유폐시켰다. 이 무렵 義渠(의거)와 大牖(대려)의 융인이 가장 강했는데, 수십 곳에 축성한 뒤 모두 稱王했다.

原文

至周貞王八年, 秦厲公滅大荔, 取其地. 趙亦滅代戎, 卽北戎也. 韓,魏復共稍並伊,洛,陰戎, 滅之. 其遺脫者皆逃走, 西逾汧,隴. 自是中國無戎寇, 唯餘義渠種焉.

至貞王二十五年, 秦伐義渠, 虜其王. 後十四年, 義渠侵秦至渭陰. 後百許年, 義渠敗秦師於洛. 後四年, 義渠國亂, 秦惠王遣庶長操將兵定之, 義渠遂臣於秦. 後八年, 秦伐義渠, 取郁郅. 後二年, 義渠敗秦師於李伯. 明年, 秦伐義渠, 取徒涇二十五城.

及昭王立, 義渠王朝秦, 遂與昭王母宣太后通, 生二子. 至王赧四十三年, 宣太后誘殺義渠王於甘泉宮, 因起兵滅之, 始置隴西,北地,上郡焉.

戎本無君長, 夏后氏末及商周之際, 或從侯伯征伐有功, 天子爵之, 以爲藩服. 春秋時, 陸渾,蠻氏戎稱子. 戰國世, 大荔,義渠稱王. 及其衰亡, 余種皆反舊爲酋豪云.

| 註釋 | ○周 貞王 – 貞定王(재위 前 469 – 441년). ○庶長操 – 庶長은 秦나라 백성의 작위 이름. 操는 人名.

[國譯]

至 周 貞王 8년에, 秦 厲公(여공, 재위 前 477 – 443년)은 大臚(대려)의 융인을 멸하고 그 땅을 차지하였다. 趙 역시 代戎(대융)을 멸망시키니 곧 北戎(북융)이었다. 韓(한)과 魏(위)는 합세하여 점차적으로 伊水와 洛水, 陰戎의 융인을 병합하거나 멸망시켰다. 융인 중에 탈출한 자

는 모두 서쪽으로 汧山(견산)과 隴山(농산)을 넘어 도주하였다. 이로써 中國에서 융인의 노략질이 없었는데, 오직 義渠(의거) 種의 융인만 남았다.

(周) 貞王 25년에, 秦은 의거를 정벌하고 그 왕을 사로잡았다. 그 14년 뒤에 義渠는 秦에 침입하여 渭陰(위음)에 이르렀다. 그 후 1백년 뒤에 의거는 秦의 군사를 洛水에게 물리쳤다. 그 4년 뒤에 義渠國이 혼란해지자, 秦 惠王(혜왕)은 庶長(서장)인 操(조)를 보내 의거국을 평정케 하자 의거는 마침내 秦에 稱臣하였다. 그 8년 뒤, 秦은 義渠를 공격하여 郁郅(욱질)의 땅을 차지하였다. 그 2년 뒤에 義渠는 秦의 군사를 李伯(이백)이란 곳에서 물리쳤다. 그 明年에, 秦은 義渠를 정벌하여 徒涇(도경)의 25개 성을 차지하였다.

秦 昭王(소왕, 재위 前 306－251년)의 즉위한 뒤에 義渠王은 秦에 入朝하였는데 나중에 昭王의 母后인 宣太后(선태후)와 私通하여 두 아들을 낳았다. (周) 赧王(난왕) 43년(前 272), 선태후는 義渠王을 甘泉宮(감천궁)으로 유인하여 살해하였는데, 이를 이용하여 秦은 군사를 동원하여 의거를 멸망시키고 처음으로 隴西, 北地, 上郡 등을 설치하였다.

서융은 본래 君長이 없었는데, 夏后氏(夏朝) 말기에서 商과 周朝 시절에 侯伯(諸侯)의 정벌에 따라가 공을 세우게 되고 (周) 천자가 작위를 수여하며 藩國을 삼았다. 春秋 시대에 이르러 陸渾(육혼), 蠻氏(만씨)의 융인은 子爵을 칭했다. 戰國시대에 大朧(대려)와 義渠(의거)는 稱王했다. 융인의 쇠망에 따라 나머지 종족들은 모두 본래대로 酋豪(추호)라 하였다.

原文

羌無弋爰劍者, 秦厲公時爲秦所拘執, 以爲奴隸. 不知爰劍何戎之别也. 後得亡歸, 而秦人追之急, 藏於巖穴中得免. 羌人云爰劍初藏穴中, 秦人焚之, 有景象如虎, 爲其蔽火, 得以不死. 既出, 又與劓女遇於野, 遂成夫婦. 女恥其狀, 被髮覆面, 羌人因以爲俗, 遂俱亡入三河間. 諸羌見爰劍被焚不死, 怪其神, 共畏事之, 推以爲豪. 河湟間少五穀, 多禽獸, 以射獵爲事, 爰劍教之田畜, 遂見敬信, 廬落種人依之者日益衆. 羌人謂奴爲無弋, 以爰劍嘗爲奴隸, 故因名之. 其後世世爲豪.

| 註釋 | ㅇ有景象如虎 - 景象(영상)은 影像(영상). 景은 볕 경. 그림자 영. ㅇ劓女 - 劓는 코 벨 의. 코 베는 형벌을 받은 여인. ㅇ謂奴爲無弋 - 弋은 주살 익.

[國譯]

羌族 無弋爰劍(무익원검)이란 자는 秦 厲公(여공, 재위 前 477 - 443년) 때 秦의 포로가 되어 노예가 되었다. 爰劍(원검)이 강족의 어느 종족인가는 알 수 없었다. 원검이 도망치자 秦나라 사람들이 급박하게 추격했는데 원검은 巖穴(암혈)에 숨어 벗어날 수 있었다. 羌人이 하는 이야기로는 원검이 바위 굴에 숨었을 때 秦人이 굴속에 불을 질렀지만 호랑이 그림자 같은 것이 나타나 불을 막아주어 죽지 않았다고 한다.

무사히 도망친 원검은 들에서 형벌로 코가 잘린 여인을 만나 부부가 되었다. 여인은 자신의 추한 얼굴을 가리려고 머리를 풀어헤쳐 얼굴을 가렸는데, 이는 강족의 습속이 되었고 함께 도망쳐 三河가 있는 지역으로 숨었다. 강족은 여러 사람은 원검이 불속에서도 죽지 않았다며 그 神靈을 이상히 여겨 두려워 섬기면서 酋豪(추호, 추장)로 추대하였다. 河水와 湟水(황수) 지역은 오곡이 거의 나지 않고 짐승이 많아 사냥을 생업으로 살고 있었는데, 원검은 그들에게 농사와 목축을 가르쳐 존경과 신임을 받았는데 廬落種(여락종)의 강족으로 원검에게 의지하는 자가 날마다 많아졌다. 羌人들은 노예를 無弋(무익)이라 하는데 원검이 일찍이 노예였기 때문에 그렇게 불렀다. 원검의 후손은 대대로 추호(추장)가 되었다.

原文

至爰劍曾孫忍時, 秦獻公初立, 欲復穆公之跡, 兵臨渭首, 滅狄豲戎. 忍季父卬畏秦之威, 將其種人附落而南, 出賜支河曲西數千里, 與衆羌絶遠, 不復交通. 其後子孫分別, 各自爲種, 任隨所之. 或爲氂牛種, 越巂羌是也, 或爲白馬種, 廣漢羌是也, 或爲參狼種, 武都羌是也.

忍及弟舞獨留湟中, 並多娶妻婦. 忍生九子爲九種, 舞生十七子爲十七種, 羌之興盛, 從此起矣.

| **註釋** | ○賜支河曲 – 賜支河, 今 青海省의 동부 河南蒙古族自治縣의 黃河 지류. ○湟中(황중) – 今 青海省 동부 湟水 유역. 今 青海省 湟水(황수) 양안. 羌族, 漢人, 月氏族이 잡거하는 지역. 湟水(河)는 一名 西寧河, 黃河

상류의 큰 지류. 青海省 祁連산맥에서 발원하여 東流하여 西寧盆地 湟源, 西寧市, 樂都를 지나 代通河와 합류한 뒤 甘肅省 蘭州市에서 황하에 합류한다.

[國譯]

無弋爰劍(무익원검)의 증손인 忍(인)에 이르러, 秦 獻公(헌공, 재위 前 384-362)이 즉위하면서 穆公(목공)의 치적을 재현하고자 군사를 渭水(위수)의 상류로 보내 狄貆戎(적환융)을 없애버렸다. 忍(인)의 작은 아버지인 卬(앙)은 秦의 강한 군사가 두려워 그 부족 마을 사람을 데리고 남하하여 賜支河曲(사지하곡)의 서쪽으로 수천 리를 이동하여 여러 羌族을 멀리 떠나 다시는 왕래하지 않았다. 그 후 그 자손들이 나눠지며 각자 부족을 이루어 가고 싶은 대로 떠나갔다. 그리하여 氂牛(이우)의 羌族, 越巂(월수)의 강족은 이들의 후손이며, 白馬羌(백마강), 廣漢羌(광한강)도 이들이며, 혹은 參狼羌(삼랑강), 武都羌(무도강)이 그 후손이다.

忍(인)과 그 동생 舞(무)만은 홀로 湟中(황중)에 남아 많은 여인을 맞이하였다. 忍(인)은 9명의 아들을 낳아 9개 부족으로 성장하였고, 舞(무)는 아들 17명을 낳아 17개 부족이 되었는데 羌族의 흥성은 이 때부터였다.

原文

及忍子研立, 時秦孝公雄强, 威服羌戎. 孝公使太子駟率戎狄九十二國朝周顯王. 研至豪健, 故羌中號其後爲研種. 及秦始皇時, 務並六國, 以諸侯爲事, 兵不西行, 故種人得以繁息. 秦旣兼天下, 使蒙恬將兵略地, 西逐諸戎, 北卻衆狄, 築長城以界之, 衆羌不服南度.

| 註釋 | ○秦 孝公(효공) - 재위 前 361-338. 咸陽으로 천도했고 商鞅(상앙)을 등용하여 新法으로 富國自强을 이룩했다. ○蒙恬(몽염, ?-前 210) - 몽염의 조부 驁(오), 부 武(무)는 秦의 장군으로 공을 세웠다. 6국을 멸한 뒤 대군을 이끌고 황하 북쪽 내몽고 河套(하투) 일대에 34개 현을 설치하였다.

【國譯】

忍(인)의 아들 研(연)이 자립했을 때는 秦 孝公(효공)이 강대하여 위세로 羌族을 굴복시켰다. 孝公은 太子 駟(사)에게 戎狄 92개 부족을 거느리고 周 顯王(현왕, 재위 前 369 - 321년)에게 입조토록 했다. 研(연)은 아주 강성하였기에 羌族은 그 후손을 研羌(연강)이라고 불렀다. 秦始皇이 6국을 병합하는데 힘쓰고 제후국과의 관계에 전념하여 그 군사가 서쪽으로 진출하지 않아 강족은 번성할 수 있었다. 秦이 천하통일을 이룬 뒤에 蒙恬(몽염)을 보내 군사를 거느리고 땅을 넓히며, 서쪽으로는 여러 戎人(융인)을 축출하고, 북쪽으로는 많은 狄人(적인)을 물리치며 長城을 쌓아 경계로 삼자 많은 강족은 不服하여 남으로 내려왔다.

原文

至於漢興, 匈奴冒頓兵强, 破東胡, 走月氏, 威震百蠻, 臣服諸羌. 景帝時, 研種留何率種人求守隴西塞, 於是徙留何等於狄道,安故, 至臨洮,氐道,羌道縣.

及武帝征伐四夷, 開地廣境, 北卻匈奴, 西逐諸羌, 乃度河,湟, 築令居塞,初開河西, 列置四郡, 通道玉門, 隔絶羌胡, 使南北不得交關. 於是障塞亭燧出長城外數千里. 時先零羌與封養牢姐種解仇結盟, 與匈奴通, 合兵十餘萬, 共攻令居,安故, 遂圍枹罕. 漢遣將軍李息,郎中令徐自爲將兵十萬人擊平之.

始置護羌校尉, 持節統領焉. 羌乃去湟中, 依西海,鹽池左右. 漢遂因山爲塞, 河西地空, 稍徙人以實之.

| 註釋 | ㅇ冒頓 – 冒頓(묵독, 묵돌. 묵특, ? – 前 174)은 흉노 최고 통치자인 單于(선우)의 이름. 冒頓은 (mò dú 墨毒)이라는 音讀에 의거 우리말은 '묵독' 으로 표기한다. 자신의 아버지(頭曼)를 쏴 죽이고 선우의 자리에 올랐다. 漢 고조를 白登山에서 포위하여 곤경에 빠트렸던 인물. ㅇ東胡 – 춘추전국시대에 강성했던 북방 유목 민족. 흉노(胡)의 동쪽에 위치했기에 東胡라 하였다. 남쪽으로 燕과 접경. 烏桓, 鮮卑族 등은 모두 東胡의 갈래이다. ㅇ狄道(적도) – 隴西郡의 치소, 今 甘肅省 남부 定西市 관할 臨洮縣. 道는 행정구역 명칭. 縣級. 漢人과 이민족의 혼합 거주 지역. ㅇ臨洮 – 隴西郡 臨洮縣, 今 甘肅省 定西市 관할 岷縣(민현). ㅇ列置四郡 – 酒泉, 武威, 張液. 敦煌의 4개 郡. ㅇ玉門關 – 今 甘肅省 서쪽 敦煌市 서북 약 90km에 옛 遺址가 남아있다. ㅇ先零羌(선련강) – 羌族의 한 갈래. 零은 종족 이름 련. 비가 조용히 내릴 령.

[國譯]

漢의 건국 즈음에 匈奴(흉노)의 冒頓(묵독)의 군사가 강성하여 東

胡族(동호족)을 격파하고, 月氏族(월지족)을 본거지에서 방출하여 모든 만이들 사이에 위세를 떨쳤다가 모든 羌族도 흉노에 臣服하였다. 景帝 때, 研種(연종)인 留何(유하)가 종족을 거느리고 들어와 隴西의 변경을 지키겠다가 요청하자 유하 등을 狄道(적도)와 安故縣(안고현)에서 臨洮(임조), 氐道(저도), 羌道縣(강도현)으로 이주케 했다.

武帝는 四夷를 정벌하여 국토를 크게 넓혔는데 북쪽으로는 흉노를 물리치고, 서쪽으로는 여러 羌族을 방축하였으며 河水와 湟水(황수)를 건너 令居縣(영거현)에 요새를 쌓았으며 河西(하서) 일대를 개척하고 (河西) 4군을 설치하여 玉門關의 길을 열어 강족과 흉노의 왕래를 끊어서 (이민족) 남북 간의 교통을 막았다. 이어 障(장, 소규모성), 塞(새), 亭(정), 燧(烽燧, 봉수)가 장성을 따라 수천 개소가 설치되었다. 그때 先零羌(선련강)이 封養牢姐(봉양뇌자)의 부족과 원수 관계를 청산하고 동맹을 맺고 흉노와 왕래하며 合兵 10여만 명으로 令居, 安故縣 등을 공격하고 枹罕縣(포한현, 부한현)을 포위하였다. 漢에서는 將軍 李息(이식), 郎中令 徐自爲(서자위)를 보내 10만 군사를 거느리고 공격 평정케 하였다.

이에 처음으로 護羌校尉를 설치하고 부절을 주어 군사를 거느리게 하였다. 羌族은 이에 湟中(황중)의 땅을 떠나 西海郡과 鹽池(염지)를 근거로 삼았다. 漢은 산을 따라 요새를 짓게 되자 河西의 땅이 공지가 되었으나 차츰 백성을 옮겨 살게 하였다.

原文

至宣帝時, 遣光祿大夫義渠安國䖍行諸羌, 其先零種豪言, "願得度湟水, 逐人所不田處以爲畜牧." 安國以事奏聞,後將軍趙充國以爲不可聽. 後因緣前言, 遂度湟水, 郡縣不能禁.

至元康三年, 先零乃與諸羌大共盟誓, 將欲寇邊. 帝聞, 復使安國將兵觀之. 安國至, 召先零豪四十餘人斬之, 因放兵擊其種, 斬首千餘級. 於是諸羌怨怒, 遂寇金城. 乃遣趙充國與諸將將兵六萬人擊破平之.

至研十三世孫燒當立. 元帝時, 彡姐等七種羌寇隴西, 遣右將軍馮奉世擊破降之. 從爰劍種五世至研, 研最豪健, 自後以研爲種號. 十三世至燒當, 復豪健, 其子孫更以燒當爲種號. 自彡姐羌降之後數十年, 四夷賓服, 邊塞無事.

至王莽輔政, 欲燿威德, 以懷遠爲名, 乃令譯諷旨諸羌, 使共獻西海之地, 初開以爲郡, 築五縣, 邊海亭燧相望焉.

| **註釋** | ㅇ義渠安國(의거안국) - 義渠는 복성. ㅇ覘行 - 면밀히 살펴보다. 覘은 엿볼 점(첨). ㅇ湟水(河) - 일명 西寧河, 黃河 상류의 최대 지류. 青海省 祁連산맥에서 발원하여 東流하여 西寧盆地를 지나 代通河와 합류한 뒤 甘肅省에서 황하에 합류한다. ㅇ趙充國(조충국) - 《漢書》 69권, 〈趙充國辛慶忌傳〉에 立傳. ㅇ彡姐(삼저) - 人名. 彡은 터럭 삼. 姐는 누이 저. ㅇ馮奉世(풍봉세) - 《漢書》 79권, 〈馮奉世傳〉에 立傳. ㅇ西海 - 일명, 青湖. 鮮海, 青海省 青藏高原의 東北部, 중국 최대 짠물 호수 물이 흘러들어 오기만 하는 호수. 본래는 張掖居延屬國. 前漢 居延城이 張掖都尉의 治所였다. 왕망 때 서해군을 설치했으나 후한에서는 폐군되었다. 後漢 安帝 때 張掖都尉 관할 지역을 張掖居延屬國이라 했는데 사실은 1개 현만 다스리는 군사요충지였다. 順帝 永和 5년(서기 140) 민호가 1500호 정도였다. 獻帝때 장액거연속국을 西海郡으로 개칭, 치소는 居延縣이었다. 今 內蒙古

서남부 阿拉善盟 관할 額濟納旗.

[國譯]

宣帝(선제, 재위 前 73-49) 때, 光祿大夫 義渠安國(의거안국)를 보내 여러 강족을 사찰케 하였는데 그 先零羌(선련강)의 족장이 말했다. "湟水(황수)를 건너 농사를 짓지 않는 땅에 들어가 목축을 하고 싶습니다."

의거안국이 이를 상주하였지만 後將軍 趙充國(조충국)은 허락할 수 없다고 말했다. 뒷날 이 때문에 강족은 황수를 건너 이주했는데 이를 나라에서 막을 수가 없었다. (宣帝) 元康 3년(前 63) 선련강과 여러 강족들이 함께 변경을 침략하자고 맹서하였다. 선제가 이를 알고서는 다시 의거안국을 보내 군사를 거느리고 대비케 하였다. 안국이 현지에 부임하여 선련강의 족장 40여 명을 참수하고 군사를 풀어 그들 종족을 공격하여 1천여 명을 죽였다. 이에 여러 강족은 분노하여 金城郡을 노략질하였다. 조정에 군사를 주어 적을 공격 평정하였다.

研(연)의 13世孫인 燒當(소당)이 자립하였다. 元帝 때, 彡姐(삼저) 등 七種의 강족이 隴西郡을 노략질하자, 조정에서는 右將軍 馮奉世(풍봉세)를 보내 격파하여 항복케 하였다. 無弋爰劍(무익원검)의 부족은 5世에 研(연)에 이르러, 研(연)이 강성하여 研(연)으로 종족명을 삼았었다. 研(연)의 13世인 燒當(소당)이 다시 강대해지자 그 자손은 다시 燒當(소당)으로 부족 이름을 삼았다. 彡姐羌(삼저강)이 투항한 뒤 수십 년간은 四夷가 賓服하며 변경이 무사하였다.

王莽(왕망)이 국정을 보좌할 무렵에 왕망은 威德을 자랑하고, 원방의 四夷를 안무했다는 명성을 얻으려고 여러 강족에게 통역을 보내 넌지시 그들이 西海(青海) 주변의 땅을 헌상케 하였는데, 거기에 처음으로 西海郡과 5개 현을 설치하였고, 青海 주변에 초소와 봉수대가 줄지어 만들어졌다.

原文

滇良者, 燒當之玄孫也. 時王莽末, 四夷內侵, 及莽敗, 衆羌遂還據西海爲寇. 更始,赤眉之際, 羌遂放縱, 寇金城,隴西. 隗囂雖擁兵而不能討之, 乃就慰納, 因發其衆與漢相拒.

建武九年, 隗囂死, 司徒掾班彪上言, "今涼州部皆有降羌, 羌胡被髮左衽, 而與漢人雜處, 習俗旣異, 言語不通. 數爲小吏黠人所見侵奪, 窮恚無聊, 故致反叛. 夫蠻夷寇亂, 皆爲此也. 舊制, 益州部署蠻夷騎都尉, 幽州部署領烏桓校尉, 涼州部署護羌校尉, 皆持節領護, 理其怨結, 歲時循行, 問所疾苦. 又數遣使驛通動靜, 使塞外羌夷爲吏耳目, 州郡因此可得儆備. 今宜復如舊, 以明威防."

光武從之, 卽以牛邯爲護羌校尉, 持節如舊. 及邯卒而職省. 十年, 先零豪與諸種相結, 復寇金城,隴西, 遣中郎將來歙等擊之, 大破. 事已具〈歙傳〉. 十一年夏, 先零種復寇臨洮, 隴西太守馬援破降之. 後悉歸服, 徙置天水,隴西,扶風三郡. 明年, 武都參狼羌反, 援又破降之. 事已具〈援傳〉.

| **註釋** | ㅇ隗囂(隗躢, 외효, ?-33) - 왕망 말기, 今 甘肅省 동부 일대에 웅거. 隗는 험할 외. 성씨. 囂는 떠드는 소리 효. 13권, 〈隗囂公孫述列傳〉에

입전. ㅇ班彪(반표) - 班固, 班超, 班昭의 부친. 40권, 상하 〈班彪列傳〉에는 班彪(반표)와 아들 班固을 입전. 47권, 〈班梁列傳〉에는 班超와 아들 班勇을 입전했다. 班昭는 〈列女傳〉에 입전했다. ㅇ護羌校尉(호강교위) - 강족을 통치, 경계하기 위한 직책. 질록 比二千石. 長史, 司馬, 主簿, 從事 등의 속관을 거느렸다. ㅇ來歙(내흡) - 來歙(내흡)은 광무제에게 끝까지 신의를 지킨 개국공신으로 15권, 〈李王鄧來列傳〉에 立傳했다. ㅇ馬援 - 24권, 〈馬援列傳〉에 立傳.

[國譯]

滇良(전량)이란 자는 燒當(소당)의 玄孫이다. 왕망 말기에 四夷가 변경을 침략했고 왕망이 패망하자 여러 羌族들이 다시 西海郡을 에워싸고 노략질하였다. 更始帝가 재위하고 赤眉(적미) 무리가 횡행할 때, 강족도 방종하여 金城郡과 隴西郡을 노략질하였다.

隗囂(외효)는 병력을 거느렸지만 강족을 토벌하지는 못하고, 오히려 그들을 달래면서 그들을 군사로 징발하여 漢에 항거하였다.

建武 9년(서기 33), 외효가 병사하자 司徒掾(사도연)인 班彪(반표)가 건의하였다.

"지금 涼州刺史部 관내에는 투항한 羌族이 거주하고 있는데, 강족은 머리를 산발하고 옷깃을 왼편으로 여미며, 漢人과 혼거하면서도 습속은 다르고 말도 통하지 않습니다. 그래서 늘 교활한 小吏에게 침탈당하여 분노하지만 어찌할 방법이 없어 나중에는 반기를 들게 됩니다. 대체로 蠻夷의 노략질이나 반란은 모두 이 때문입니다. 옛 제도에 의하면, 益州자사부에는 蠻夷騎都尉(만이기도위)를, 幽州자사부 관내에는 烏桓校尉(오환교위)를, 涼州 자사부 관내에는 護羌校尉(호강교위)를 설치하고 부절을 주어 만이들을 통솔하거나 그들의 억울한 일을 다스리며, 세시에 맞춰 순시하면서 그 고통을 묻기도 하였습니다. 또 사자나 역관을 자주 파견하여 만이의 동정을 사찰하거나 변경 밖 강족을 우리 관리의 耳目으로 만들어서 州郡에서는 그들에 대한 대비를 할 수 있었습니다. 이제 옛 제도를 다시 복구하여 위엄과 방비를 분명히 해야 할 것입니다."

광무제는 반표의 건의를 받아들여 즉시 牛邯(우한)을 護羌校尉에 임명하고 옛처럼 부절을 하사하였다. 그러다가 우한이 죽자 호강교위직을 폐지하였다.

건무 10년, 선련강의 족장 여러 명이 서로 연결하여 다시 金城郡과 隴西郡을 노략질하자, 中郎將 來歙(내흡)을 보내 공격하여 대파하였다. 이는 〈來歙傳〉에 기록하였다. (建武) 11년 여름, 선련강이 다시 臨洮縣(임조현)을 노략질하자, 隴西太守인 馬援(마원)이 이들을 격파 투항케 하였다. 뒷날 모든 강족이 투항 굴복하자, 그들을 天水, 隴西, 右扶風의 3개 군에 분산 이주시켰다. 다음 해 武都郡의 參狼羌(삼랑강)이 반기를 들자, 마원이 다시 격파하였다. 이는 〈馬援列傳〉에 기록했다.

原文

自燒當至滇良, 世居河北大允谷, 種小人貧. 而先零,卑湳並皆强富, 數侵犯之. 滇良父子積見陵易, 憤怒, 而素有恩信於種中, 於是集會附落及諸雜種, 乃從大榆入, 掩擊先零, 卑湳, 大破之, 殺三千人, 掠取財畜, 奪居其地大榆中, 由是始强.

| 註釋 | ㅇ大允谷 – 今 青海省 동부 海南藏族自治州 貴德縣 서북 황하

북안.

[國譯]

燒當(소당) 때부터 滇良(전량)까지 대대로 河水 북쪽 大允谷(대윤곡)에 거주했는데 종족은 소수이고 가난하였다. 先零羌과 卑湳羌(비남강)은 모두 강대 부유하였는데 자주 전량을 침범하였다. 전량 父子는 그동안 모멸을 당하며 분노하였는데 평소에 종족들에게 은애를 베풀고 신임을 얻은 뒤 다른 부락이나 여러 종국의 지원을 받아 大榆谷(대유곡)이란 곳에서 선련족과 비남족을 기습 공격하여 대파하고 3천여 명을 죽였으며 그들의 재물을 노략 탈취하며 근거지 대유곡을 빼앗었는데 이때부터 전량의 부족이 강성해졌다.

原文

滇良子滇吾立. 中元元年, 武都參狼羌反, 殺略吏人, 太守與戰不勝, 隴西太守劉盱遣從事辛都,監軍掾李苞, 將五千人赴武都, 與羌戰, 斬其酋豪, 首虜千餘人. 時, 武都兵亦更破之, 斬首千餘級, 餘悉降. 時滇吾附落轉盛, 常雄諸羌, 每欲侵邊者, 滇吾轉教以方略, 爲其渠帥.

二年秋, 燒當羌滇吾與弟滇岸率步騎五千寇隴西塞, 劉盱遣兵於枹罕擊之, 不能克, 又戰於允街, 爲羌所敗, 殺五百餘人. 於是守塞諸羌皆復相率爲寇. 遣謁者張鴻領諸郡兵擊之, 戰於允吾,唐谷, 軍敗, 鴻及隴西長史田颯皆沒. 又天水兵爲牢姐種所敗於白石, 死者千餘人.

| 註釋 | ○武都 – 郡名. 治所는 下辨縣, 今 甘肅省 남서부 隴南市 관할 成縣. ○白石 – 金城郡의 현명. 今 甘肅省 남부 臨夏回族自治州의 중심인 臨夏市.

[國譯]

滇良(전량)의 아들 滇吾(전오)가 즉위하였다. (광무제) 中元 원년(서기 56), 武都郡의 參狼羌(삼랑강)이 반란을 일으켜 관리와 백성을 죽이고 잡아갔는데, 무도군 태수가 그들과 싸웠으나 이기지 못하자, 隴西 태수 劉盱(유우)는 從事인 辛都(신도)와 監軍掾인 李苞(이포)를 보내 군사 5千을 거느리고 무도군에 가서 강족과 싸워 삼랑강의 우두머리를 죽이고 1천여 명을 죽이거나 포로로 잡았다. 그때 武都郡의 군사도 역시 강족을 격파하며 1천여 명을 죽이자 나머지는 모두 투항하였다.

이때 滇吾(전오)를 따르는 마을이 점차 강성하여 여러 羌族의 최강자가 되었고, 변경을 침범하려는 강족은 매번 전오로부터 방략을 지시받으니 자연히 그들의 우두머리가 되었다.

(中元) 2년 가을, 燒當羌(소당강)의 滇吾(전오)와 그 동생 滇岸(전안)은 보병과 기병 5천 명을 거느리고 隴西郡의 변경을 노략질했는데, (태수) 劉盱(유우)는 군사를 枹罕(포한) 縣에 보내 공격케 하였지만 이기지 못했고, 또 (金城郡의) 允街縣(윤가현)에서도 강족에게 패배하여 군사 5백여 명이 전사했다. 이에 변경을 수비하던 강족들은 모두 서로를 이끌며 노략질을 하였다. (조정에서는) 謁者 張鴻(장홍)을 보내 각 郡의 군사를 거느리고 공격케 하여 (金城郡의) 允吾(윤오)와 唐谷(당곡)현에서 싸웠지만 패전하였고 장홍과 隴西郡 長史인 田颯(전삽)도 전사하였다. 또 天水郡의 군사도 牢姐(뇌저) 부족에게 (金城

郡) 白石縣(백석현)에서 패전했는데 1천여 명이 전사했다.

原文

時, 燒何豪有婦人比銅鉗者, 年百餘歲, 多智算, 爲種人所信向, 皆從取計策. 時爲盧水胡所擊, 比銅鉗乃將其衆來依郡縣. 種人頗有犯法者, 臨羌長收繫比銅鉗, 而誅殺其種六七百人. 顯宗憐之, 乃下詔曰,

「昔桓公伐戎而無仁惠. 故《春秋》貶曰, '齊人'. 今國家無德, 恩不及遠, 羸弱何辜, 而當並命! 夫長平之暴, 非帝者之功, 咎由太守長吏妄加殘戮. 比銅鉗尙生者, 所在致醫藥養視, 令招其種人, 若欲歸故地者, 厚遣送之. 其小種若束手自詣, 欲效功者, 皆除其罪. 若有逆謀, 爲吏所捕, 而獄狀未斷, 悉以賜有功者.」

| **註釋** | ㅇ臨羌(임강) - 金城郡의 현명. 今 靑海省 동북부 西寧市 관할 湟源縣. 후한 護羌校尉部가 있던 곳. ㅇ悉以賜有功者 - 아직 판결 받지 않은 자는 나중에 죽이지 말고 유공자에서 노비로 하사하라는 뜻.

[國譯]

時, 燒何羌(소하강)의 酋豪(추호, 酋長)에게 比銅鉗(비동겸)이란 부인이 있었는데, 나이가 1백여 세에 지모가 많아 종족의 신임을 받았고 모두가 그 부인의 계책을 따랐다. 그때 盧水(노수)에 사는 흉노족의 공격을 받자, 비동겸은 그 무리를 이끌고 (漢의) 郡縣에 들어와서 의

지하였다. 그러나 그 강족들 사이에 범법자가 있어 (金城郡) 臨羌(임강) 縣長이 비동겸을 잡아 가두었고 그 종족 6, 7백 명을 죽여버렸다. 顯宗(明帝)은 이를 가엽게 여겨 조서를 내렸다.

「옛날 (帝) 桓公(환공)이 戎人(융인)을 정벌하면서 仁愛롭지 못했다. 그래서 《春秋》에서는 '齊人' 이라고 폄하하였다. 지금 나라에서 덕을 베풀지 못하고 은택을 멀리까지 펴지 못하는데, 약한 자가 무슨 죄가 있어 목숨을 버려야 하는가! (전국시대 秦과 趙의) 長平戰에서 (秦의) 폭거는 제왕의 공로가 아닌 것처럼, (이번 일은) 太守와 長吏가 함부로 잔혹한 살육을 한 것이다. 비동겸이 아직 살아있다면 현재 머무는 곳에서 치료하고 돌봐줄 것이며, 그 부족을 불러 옛 근거지로 돌아가겠다면 후한 예물을 주어 보내도록 하라. 그 작은 부족들이 병기를 버리고 스스로 찾아와 나라에 공을 세우고자 한다면 이전의 죄를 사면하라. 만약 역모가 있어 관리에게 체포된 자라면 죄상이 아직 판결되지 않았어도 유공자에게 하사토록 하라.」

原文

永平元年, 復遣中郞將竇固,捕虜將軍馬武等擊滇吾於西邯, 大破之. 事已具武等傳. 滇吾遠引去, 餘悉散降, 徙七千口置三輔. 以謁者竇林領護羌校尉, 居狄道. 林爲諸羌所信, 而滇岸遂詣林降. 林爲下吏所欺, 謬奏上滇岸以爲大豪, 承制封爲歸義侯, 加號漢大都尉.

明年, 滇吾復降, 林復奏其第一豪, 與俱詣闕獻見. 帝怪一種兩豪, 疑其非實, 以事詰林. 林辭窘, 乃僞對曰, "滇岸卽滇吾, 隴西語不正耳." 帝窮驗知之, 怒而免林官. 會涼州刺史又奏林臧罪, 遂下獄死.

謁者郭襄代領校尉事, 到隴西, 聞涼州羌盛, 還詣闕, 抵罪, 於是復省校尉官. 滇吾子東吾立, 以父降漢, 乃入居塞內, 謹愿自守. 而諸弟迷吾等數爲寇盜.

| 註釋 | ○竇固(두고) - 23권, 〈竇融列傳〉 立傳. ○馬武(마무) - 雲臺二十八將의 한 사람. 22권, 〈朱景王杜馬劉傳堅馬列傳〉에 立傳. ○領 - 겸임. 兼攝.

[國譯]

(明帝) 永平 원년(서기 58), 中郎將 竇固(두고)와 捕虜將軍 馬武(마무) 등을 다시 파견하여 滇吾(전오)의 강족을 西邯(서한)이란 강에서 대파하였다. 이는 이미 〈馬武列傳〉에 기록했다. 전오는 부족을 이끌고 멀리 떠나갔고 나머지는 흩어지거나 투항하였는데 그 무리 7천여 명을 三輔 지역으로 이주시켰다. 謁者인 竇林(두림)을 겸임 護羌校尉(호강교위)에 임명하여 狄道縣에 주둔케 했다. 두림이 강족의 민심을 얻자 滇岸(전안)은 두림을 찾아와 투항하였다. 두림은 속관의 말에 속아 전안을 종족의 대 추장이라고 잘못 상주하였는데, 조정에서는 制書를 내려 전안을 歸義侯에 봉했고 漢大都尉라는 직함을 추가로 내렸다.

다음 해, 滇吾(전오)가 투항하자 두림은 그가 대 추장이라고 또 상주하면서 함께 입궐하여 황제를 알현하였다. 明帝는 한 부족에 추장이 2명인 것을 이상히 여겨 사실이 아닐 것이라 의심하며 두림을 힐책하였다. 두림은 답이 막히자 거짓으로 대답하였다.

"전안이 바로 전오인데 隴西의 말이 바르지 못해서 그렇습니다."

명제는 끝까지 조사하여 사실을 알자 화를 내며 두림을 면관시켰다. 마침 涼州 자사가 두림의 착복 죄를 보고하자 두림은 하옥되었다가 죽었다.

謁者 郭襄(곽양)이 호강교위직을 겸임 받아 隴西郡에 부임하였으나 涼州 일대의 강족의 강성함을 듣고 그대로 궁궐로 돌아와 처벌을 받았으며 이후 호강교위직을 폐지하였다.

滇吾(전오)의 아들 東吾(동오)가 계승하였는데 父가 漢에 투항하였기에 漢의 국경 수비를 자원하였다. 그러나 다른 동생 迷吾(미오) 등은 국경을 자주 노략질하였다.

原文

肅宗建初元年, 安夷縣吏略妻卑湳種羌婦, 吏爲其夫所殺, 安夷長宗延追之出塞, 種人恐見誅, 遂共殺延, 而與勒姐及吾良二種相結爲寇. 隴西太守孫純遣從事李睦及金城兵會和羅谷, 與卑湳等戰, 斬首虜數百人. 復拜故度遼將軍吳棠領護羌校尉, 居安夷.

二年夏, 迷吾遂與諸衆聚兵, 欲叛出塞. 金城太守郝崇追之, 戰於荔谷, 崇兵大敗, 崇輕騎得脫, 死者二千餘人. 於是諸種及屬國盧水胡悉與相應, 吳棠不能制, 坐徵免. 武威太守傅育代爲校尉, 移居臨羌. 迷吾又與封養種豪布橋等五萬餘人共寇隴西,漢陽, 於是遣行車騎將軍馬防, 長水校尉耿恭副, 討破之. 於是臨洮,索西,迷吾等悉降. 防乃築索西城,徙隴西南部都尉戍之, 悉復諸亭候.

至元和三年, 迷吾復與弟號吾諸雜種反叛. 秋, 號吾先輕入寇隴西界, 郡督烽掾李章追之, 生得號吾. 將詣郡, 號吾曰, "獨殺我, 無損於羌. 誠得生歸, 必悉罷兵, 不復犯塞."

隴西太守張紆權宜放遣, 羌卽爲解散, 各歸故地. 迷吾退居河北歸義城. 傅育不欲失信伐之, 乃募人鬪諸羌胡, 羌胡不肯, 遂復叛出塞, 更依迷吾.

| **註釋** | ㅇ安夷縣 - 호강교위 주둔지. 今 靑海省 동부 海東市 平安區. ㅇ屬國 - 漢에 투항하여 부족 고유의 습속이나 명칭을 유지하며 거주하는 이민족 집단. 前漢에서는 安定, 上郡, 天水, 五原, 西河郡 등 여러 군에 속국을 설치했었다. 속국도위가 행정을 담당. 이들을 관리하는 국가 업무는 典屬國이 담당했다. 後漢에서는 張掖屬國, 張掖居延屬國, 蜀郡屬國(漢嘉郡), 犍爲屬國(朱提郡), 遼東屬國 등이 있었다. ㅇ行車騎將軍 馬防 - 行은 代行, 攝行(섭행). 본직을 갖고 다른 일을 겸행. 하급 관직의 관리가 상급 관직을 임시 대행할 경우에 行~이라고 한다. 行大司馬. 行中郎將事, 行車騎將軍事 등이 그 예이다. 마방은 城門校尉였다. 馬防은 24권, 〈馬援列傳〉에 立傳. ㅇ長水校尉 - 장안 주둔 8校尉 중 하나. 흉노족 출신 기병을 통솔. 校尉는 장군 아래 직위, 단위 부대를 校라 하고 一校의 지휘관이 교위이다. 後漢에서는 5교위를 두었는데 질록은 比二千石. 교위 아래에 丞과 司馬 등 속관을 두었다.

[國譯]

肅宗(章帝) 建初 원년(서기 76), (金城郡) 安夷縣 현리가 卑湳(비남) 강족의 여인을 약탈해 아내로 삼았는데, 현리가 그 남편에게 살해되자 安夷 縣長인 宗延(종연)이 국경을 넘어 추격하자, 부족 사람들은 주살당할 것이 두려워 함께 종연을 살해하고서 勒姐(늑저) 및 吾良(오량)의 두 강족과 함께 노략질을 하였다. 隴西 태수인 孫純(손순)은 從事인 李睦(이목) 및 金城郡의 병력과 함께 和羅谷(화라곡)에서 모여 비남 강족 등과 싸워 적 수백 명을 죽였다. 조정에서 다시 예전 度遼將軍(도료장군)이었던 吳棠(오당)를 護羌校尉를 겸직케 하여 安夷縣에 주둔케 하였다.

(建初) 2년 여름, 迷吾(미오)는 마침내 다른 부족과 함께 군사를 모아 반기를 들고 국경 넘어 도주하려고 했다. 金城 태수인 郝崇(학숭)이 추격하여 荔谷(여곡)에서 싸웠으나 학숭의 군사가 대패하였는데, 학숭은 單騎로 탈출했지만 2천여 명이 전사했다. 이에 서강의 여러 종족과 屬國에 거주하는 盧水(노수)의 흉노까지 함께 호응하자, 吳棠(오당)은 이들을 제압하지 못하여 조정에 불려가서 면직되었다.

武威郡 태수인 傅育(부육)이 후임 호강교위가 되었는데 臨羌縣(임강현)으로 옮겨 주둔하였다. 迷吾(미오)는 또 封養(봉양) 부족의 추장인 布橋(포교) 등과 결탁하여 군사 5만여 명을 이끌고 함께 隴西郡과 漢陽郡을 노략질했는데, 이에 조정에서는 車騎將軍 대행 馬防(마방)과 長水(장수) 校尉인 耿恭(경공)을 그 副職으로 임명하며 강족을 토벌케 하였다. 이에 臨洮縣(임조현)과 索西(색서)의 강족과 迷吾(미오) 등이 모두 투항하였다. 마방 등은 바로 索西城(색서성)을 축조하고 隴西郡 南部都尉를 옮겨와 방어하게 하면서 모든 감시 초소를 복원하였다.

(章帝) 元和 3년(서기 86), 미오는 다시 그 동생 號吾(호오) 및 다른 여러 부족과 함께 반란을 일으켰다. 가을에, 호오가 먼저 隴西郡을 노략질하였는데 농서군의 督烽掾(독봉연)인 李章(이장)이 적을 추

격하여 호오를 생포하였다. 호오를 郡으로 압송하려는데 호오가 말했다.

"나 하나를 죽여도 강족에게는 손실이 없다. 내가 살아 돌아갈 수만 있다면 틀림없이 군사를 해산시켜 다시는 국경을 침범하지 않게 하겠다."

隴西太守인 張紆(장우)가 자의로 돌려보내주었는데 강족은 즉시 해산하여 각자의 연고지로 돌아갔다. 迷吾(미오)는 물러나 황하 북쪽의 歸義城(귀의성)에 거주했다. 傅育(부육)은 약속을 어겨 강족 정벌을 원치 않았지만, (유사시) 강족과 싸울 (국내 거주 강족의) 군사를 모집하였으나 강족들이 호응하지 않고 국경을 넘어 도주하여 다시 미오에게 의지하였다.

原文

章和元年, 育上請發隴西,張掖,酒泉各五千人, 諸郡太守將之, 育自領漢陽,金城五千人, 合二萬兵, 與諸郡剋期擊之, 令隴西兵據河南, 張掖,酒泉兵遮其西. 並未及會, 育軍獨進. 迷吾聞之, 徙廬落去, 育選精騎三千窮追之, 夜至建威南三兜谷, 去虜數里, 須旦擊之, 不設備. 迷吾乃伏兵三百人, 夜突育營. 營中驚壞散走, 育下馬手戰, 殺十餘人而死, 死者八百八十人. 及諸郡兵到, 羌遂引去.

育, 北地人也. 顯宗初, 爲臨羌長, 與捕虜將軍馬武等擊羌滇吾, 功冠諸軍, 及在武威, 威聲聞於匈奴. 食祿數十年, 秩奉盡贍給知友, 妻子不免操井臼. 肅宗下詔追褒美之. 封其子穀爲明進侯, 七百戶. 以隴西太守張紆代爲校尉, 將萬人屯臨羌.

| 註釋 | ㅇ北地郡 - 治所는 富平縣, 今 寧夏回族自治區 북부, 黃河 東岸의 吳忠市.

[國譯]

(章帝) 章和 원년, 傅育(부육)은 상서하여 隴西郡, 張掖郡, 酒泉郡에서 각 5천 군사를 징발하여 각 군의 태수가 거느리고, 자신은 漢陽郡과 金城郡에서 동원한 5천 명의 군사를 거느려 도합 2만 명으로 각 군 태수와 함께 날짜를 정하여 강족을 정벌하기로 하였는데, 隴西郡의 군사는 河水의 남쪽을 막고 장액군과 酒泉郡의 병력은 그 서쪽을 차단하기로 하였다. 그러나 군사가 다 모이지도 않았을 때 부육의 군사가 홀로 진격하였다.

강족의 迷吾(미오)는 이를 알고서 집과 마을을 옮겨버리자, 부육은 3천 기병을 거느리고 강족을 추격하여 밤에 적과 불과 몇 리 떨어진 (武都郡) 建威縣의 남쪽 三兜谷(삼두곡)에 주둔하고 날이 밝기를 기다려 공격할 계획으로 (적의 기습을) 대비하지 않았다. 미오는 바로 복병 3백 명으로 밤에 부육의 진영을 돌격해 들어갔다. 부육의 진영에서는 놀라 무너져 도주하였는데, 부육은 말에서 내려 육박전으로 10여 명을 죽였지만 전사했고 880여 명이 전사하였다. 여러 군의 군사가 진격하자 강족은 후퇴하였다.

부육은 본래 北地郡 사람이었다. 顯宗(明帝) 초에, (金城郡) 臨羌(임강) 縣長으로 捕虜將軍 馬武(마무) 등과 함께 강족 滇吾(진오)를 토벌할 때 그 공이 모든 軍 중에서 제일이었고, 武威郡(무위군)에 재직할 때는 威名이 흉노족에게도 알려졌다. 수십 년간 녹봉을 받았지만 녹봉은 아는 친우들 살림에 보태주었기에 부육의 처자는 직접 물을 긷고 방아를 찧어야 했다. 장제가 조서를 내려 부육을 포상 칭찬하였다. 부육의 아들 傅毅(부의)를 明進侯로 봉했고 식읍은 7백 호였다. 隴西太守 張紆(장우)가 후임 교위가 되어 1만 군사를 거느리고 臨羌縣에 주둔하였다.

原文

迷吾旣殺傅育, 狃忕邊利. 章和元年, 復與諸種步騎七千人入金城塞. 張紆遣從事司馬防將千餘騎及金城兵會戰於木乘谷, 迷吾兵敗走, 因譯使欲降, 紆納之. 遂將種人詣臨羌縣, 紆設兵大會, 施毒酒中, 羌飮醉, 紆因自擊, 伏兵起, 誅殺酋豪八百餘人. 斬迷吾等五人頭, 以祭育冢. 復放兵擊在山谷間者, 斬首四百餘人, 得生口二千餘人.

迷吾子迷唐及其種人向塞號哭, 與燒何,當煎,當闐等相結, 以子女及金銀娉納諸種, 解仇交質, 將五千人寇隴西塞, 太守寇盱與戰於白石, 迷唐不利, 引還大,小楡谷, 北招屬國諸胡, 會集附落, 種衆熾盛, 張紆不能討.

永元元年, 紆坐徵, 以張掖太守鄧訓代爲校尉, 稍以賞賂離間之, 由是諸種少解.

| 註釋 | ㅇ狃忕邊利 – 변방의 노략질에 익숙하다. 버릇처럼 되었다. 狃

는 익숙할 뉴(유), 탐할 뉴. 狃習(유습)은 익숙하다. 忕는 사치할 태. 익숙하다. 邊利는 변방의 노략질. ㅇ鄧訓(등훈) - 和熹鄧皇后의 生父. 16권, 〈鄧寇列傳〉 立傳.

[國譯]

迷吾(미오)는 傅育(부육)을 죽인 뒤에 변방 노략질에 익숙하였다. (장제) 章和 원년(서기 87), 미오는 또다시 여러 강족과 함께 보병과 기병 7천 명을 거느리고 金城郡의 경계를 침입하였다. 張紆(장우)는 從事인 司馬防(사마방)에게 1천여 기병을 거느리고 금성군의 군사와 함께 강족과 木乘谷(목승곡)이란 곳에서 싸웠는데, 미오의 군사는 패주하였는데, 미오가 통역을 보내 투항을 요청하자, 장우가 수락하였다.

미오가 종족을 거느리고 臨羌縣(임강현)에 도착했고, 장우는 군사를 정렬시킨 뒤 술에 독약을 풀어 대접했는데, 강족이 마시고 취하자 장우는 강족을 공격하여 우두머리 급 8백여 명을 죽여버렸다. 그리고 미오 등 5인의 머리를 잘라 부육의 무덤에 제사를 지냈다. 그리고 다시 군사를 풀어 산 계곡에 있던 강족 4백여 명을 죽이고 2천여 명을 노비로 잡았다.

迷吾의 아들 迷唐(미당)과 그 종족은 금성군을 바라보며 통곡하였고, 서로 결혼케 하며, 燒何(소하), 當煎(당전), 當闐(당전) 등의 강족과 결탁하면서 子女를 결혼으로 보내고 금은을 폐백으로 주어 원한을 풀고 인질을 교환하면서 五千의 군사로 隴西郡의 변경을 공략하여 농서태수 寇盱(구우)와 白石縣(백석현)에서 싸웠는데, 迷唐(미당)은 불리하여 무리를 거느리고 大, 小 榆谷(유곡)으로 돌아온 뒤에, 북으로는 각 속국에 거주하는 흉노를 초치하고, 다른 강족들을 자신의 부락으로 불러 모으자 강족의 기세가 매우 강성해져서 (호강교위인) 장우는 토벌할 수가 없었다.

(和帝) 永元 원년(서기 89), 장우는 법을 어겨 소환되었고, 장액군 太守인 鄧訓(등훈)이 호강교위가 되었는데, 등훈이 뇌물과 賞으로 강족을 이간시키자 이후 여러 강족은 점차 결속이 해체되었다.

原文

東吾子東號立. 是時, 號吾將其種人降. 校尉鄧訓遣兵擊迷唐, 迷唐去大,小榆谷, 徙居頗岩谷.

和帝永元四年, 訓病卒, 蜀郡太守聶尙代爲校尉. 尙見前人累征不克, 欲以文德服之, 乃遣驛使招呼迷唐, 使還居大,小榆谷. 迷唐旣還, 遣祖母卑缺詣尙, 尙自送至塞下, 爲設祖道, 令譯田汜等五人護送至廬落. 迷唐因而反叛, 遂與諸種共生屠裂汜等, 以血盟詛, 復寇金城塞.

五年, 尙坐徵免, 居延都尉貫友代爲校尉. 友以迷唐難用德懷, 終於叛亂, 乃遣驛使搆離諸種, 誘以財貨, 由是解散. 友乃遣兵出塞, 攻迷唐於大,小榆穀, 獲首虜八百餘人, 收麥數萬斛, 遂夾逢留大河築城塢, 作大航, 造河橋, 欲度兵擊迷唐. 迷唐乃率部落遠依賜支河曲.

至八年, 友病卒, 漢陽太守史充代爲校尉. 充至, 遂發湟中羌胡出塞擊迷唐, 而羌迎敗充兵, 殺數百人. 明年, 充坐徵, 代郡太守吳祉代爲校尉. 其秋, 迷唐率八千人寇隴西,殺數百人, 乘勝深入, 脅塞內諸種羌共爲寇盜, 衆羌復悉與相應, 合步騎三萬人, 擊破隴西兵, 殺大夏長. 遣行征西將軍劉尙,越騎校尉趙代副, 將北軍五營,黎陽,雍營,三輔積射及邊兵羌胡三萬人討之. 尙屯狄道, 代屯枹罕. 尙遣司馬寇盱監諸郡兵, 四面並會. 迷唐懼, 棄老弱, 奔入臨洮南. 尙等追至高山. 迷唐窮迫, 率其精强大戰. 盱斬虜千餘人, 得牛馬羊萬餘頭. 迷唐引去. 漢兵死傷亦多, 不能復追, 乃還入塞. 明年, 尙,代並坐畏懦徵下獄, 免. 謁者王信領尙營屯枹罕, 謁者耿譚領代營屯白石. 譚乃設購賞, 諸種頗來內附. 迷唐恐, 乃請降. 信,譚遂受降罷兵, 遣迷唐詣闕. 其餘種人不滿二千, 飢窘不立, 入居金城. 和帝令迷唐將其種人還大,小榆穀. 迷唐以爲漢作河橋, 兵來無常, 故地不可復居, 辭以種人飢餓, 不肯遠出. 吳祉等乃多賜迷唐金,帛, 令糴穀市畜, 促使出塞, 種人更懷猜驚.

十二年, 遂復背叛, 乃脅將湟中諸胡, 寇抄而去. 王信,耿譚,吳祉皆坐徵, 以酒泉太守周鮪代爲校尉. 明年, 迷唐復還賜支河曲.

| 註釋 | ○爲設祖道 – 祖祭를 지낸 뒤의 송별연을 베풀다. 祖祭는 먼 길 떠나는 사람의 一路平安을 기원하는 일종의 路祭. 共公氏의 아들 修(수)는 먼 곳 여행을 즐겨 배나 수레, 사람의 발길이 닿는 모든 곳을 가보았다. 때문에 祖神으로 모셔진다. 祖는 徂(갈 조), 길 제사 지낼 조, 行路神 조. ○居延都尉 – 居延은 張掖郡(장액군)의 현명. 今 內蒙古自治區 阿拉善盟 額濟納旗 북부. 前漢의 居延城은 張掖都尉의 治所. 後漢 安帝時에 張掖都尉의

관할 지역을 張掖居延屬國이라 했다. 漢代 居延澤은 늪지, 호수. 唐代 이후로는 '居延海' 로 불렀다. 지금은 지도에서 사라진 호수이다. ○逢留大河(봉류대하) – 今 青海省 동부 海南藏族自治州 貴德縣 부근의 황하. ○城塢(성오) – 城砦(성채). 작은 성. 塢는 둑 오. 마을. ○大夏 – 今 甘肅省 중부 臨夏回族自治州 廣河縣. ○黎陽(여양) – 幽州, 冀州, 并州 일대 상비군의 군영. 謁者 1인이 관리. 黎陽(여양)은 冀州 관할 魏郡의 縣名. 今 河南省 북부 옛 黃河의 북안, 鶴壁市 관할 濬縣. ○雍營(옹영) – 前漢의 三輔(삼보)에는 각각 都尉를 설치했었다. 후한에서는 이들 삼보에 도위를 두지 않았었다. 그러다가 이때 삼보가 涼州의 강족과 가깝기 때문에 前代 황릉을 수비할 목적으로 京兆虎牙都尉와 右扶風都尉를 설치했다. 경조호아도위는 흔히 장안도위라 불렀고, 右扶風都尉는 雍縣(옹현, 今 陝西省 寶雞市 鳳翔縣)에 있었기에 雍營(옹영)이라 불렀다.

[國譯]

東吾(동오)의 아들 東號(동호)가 酋豪가 되었다. 이때 號吾(호오)는 그 부족을 데리고 투항하였다. 護羌校尉 鄧訓(등훈)은 군사를 보내 迷唐(미당)을 공격하자, 미당은 大, 小榆谷(대, 소유곡)을 떠나 頗岩谷(파암곡)으로 이주하였다.

和帝 永元 4년(서기 92), 등훈이 병사하고, 蜀郡太守 聶尙(섭상)이 후임 호강교위가 되었다. 섭상은 앞서 호강교위들이 여러 번 강족을 토벌하였으나 이기지 못한 것을 보고 文德으로 굴복시키려고 驛使(譯使)를 보내 미당을 초치하고 그들로 하여금 대, 소유곡으로 돌아가 살게 하였다. 미당이 대, 소유곡으로 돌아온 뒤, 祖母 卑缺(비결)을 섭상에게 보내 알현케 하자, 섭상은 친히 경계까지 나와 친히 배웅하고 무사 여행을 빌어주는 祖祭를 지내며, 역관 田汜(전사) 등 5인을 시켜 그 마을까지 호송케 하였다. 미당은 조모가 돌아오자, 이

를 계기로 다른 부족과 함께 전사들을 찢어 죽여 그 피로 저주의 맹서를 하고 다시 金城郡의 요새를 공격하였다.

(永元) 5년, 섭상은 법을 어겨 소환당하여 면직되었고, 居延(거연) 都尉인 貫友(관우)가 후임 호강교위가 되었다. 관우는 미당은 덕으로 회유하여도 끝내 반란을 일으켰다고 생각하여 驛使(譯使)를 보내 강족 종족들을 이간시키며 재물로 유인하자 강족이 분열되었다. 이에 관우는 군사를 변경 밖에 보내 미당의 대, 소유곡을 공격하여 8백여 명을 포로로 잡거나 참수하고 보리(麥) 수만 斛(곡)을 노획하였으며, 마침내 逢留大河(봉류대하)를 끼고 성채를 축성하고, 큰 배를 제조하며 강에 다리를 가설하여 군사를 건너보내 미당을 공격할 계획이었다. 그러자 미당은 마을 종족을 거느리고 賜支河曲(사지하곡)으로 옮겨가서 근거지로 삼았다.

(永元) 8년, 관우가 병으로 죽자, 漢陽太守 史充(사충)이 후임 호강교위가 되었다. 사충은 부임하자, 湟中(황중)의 강족과 흉노를 동원하여 국경을 넘어 미당을 공격하였는데 강족은 사충의 군사와 맞싸워 패퇴시키며 수백 명을 죽였다. 그 다음 해 사충은 법을 어겨 소환되었고, 代郡 太守인 吳祉(오지)가 후임 호강교위가 되었다. 그해 가을에 미당은 8천여 군사를 거느리고 隴西郡을 노략질하며 수백 명을 죽이고 승세를 타서 깊이 진격하면서 농서군 관내의 여러 강족들과 함께 노략질을 하자, 모든 강족들이 호응하여 보병과 기병이 3만 명으로 늘어나 농서군의 군사를 격파하고 (隴西郡) 大夏縣(대하현) 縣長을 죽였다.

(조정에서는) 征西將軍 代行 劉尙(유상)을 보내고 越騎校尉 趙代(조대)를 副職으로 임명하여 (낙양) 北軍 五營의 군사와 黎陽(여양)과 雍營(옹영)의 군사, 三輔(삼보)의 積射(적사, 弓手) 및 변방의 강족과 흉

노병 등 3만 명을 보내 토벌케 하였다. 유상은 狄道縣(적도현)에 주둔하였고 趙代(조대)는 枹罕縣(포한현)에 주둔하였다. 유상은 司馬인 寇盱(구우)를 보내 여러 郡에서 징발한 군사를 감독케 하며, 사방에서 동시에 모여 공격토록 하였다. 미당은 관군이 두려워 노약자를 버리고 臨洮(임조)현 남쪽으로 이동하였다. 유상은 강족을 추격하여 큰 산에 이르렀다. 미당은 추격을 겁내 결국 그 정병을 거느리고 크게 싸웠다. 구우는 적 1천여 명을 죽이고 牛, 馬, 양 1만여 마리를 노획하였다. 미당은 도주하였다. 漢의 군사도 사상자가 많아 다시 추격할 수가 없어 국경 안으로 회군하였다.

다음 해 유상과 조대는 적을 두려워하며 겁을 먹고 공격하지 못한 죄로 소환당해 옥에 갇혔다가 면직되었다. 알자인 王信(왕신)이 유상의 군영을 지휘하며 포한현에 주둔하였고, 알자인 耿譚(경담)은 조대의 군영을 거느리고 白石縣에 주둔하였다. 경담은 적의 목에 현상금을 걸자 여러 부족이 찾아와 내부하였다. 미당은 두려워 투항을 청했다. 왕신과 경담이 투항을 받아주고 군대를 해산하였으며 미당을 궁궐에 압송하였다. 미당의 남은 종족은 2천 명도 되지 않았고 기아와 힘이 부쳐 자립할 수도 없어서 金城郡으로 이주하였다.

和帝는 미당에게 그 종족을 거느리고 大, 小楡谷(대, 소유곡)에 돌아가게 하였다. 그러나 미당은 漢이 황하에 다리를 놓아 군사가 언제든지 들어올 수 있어 그 땅에서 다시 살 수 없을 것이라 생각하여 종족이 굶주려 멀리 갈 수 없다며 사양하였다. 吳祉(오지) 등은 이에 많은 금은이나 비단을 주어 시장에서 곡식을 사서 국경 밖으로 나가라고 재촉하자, 강족은 더욱 의심하며 경계하였다.

(永元) 12년(서기 100), 미당은 결국 다시 배반하며 湟中(황중)의 여러 흉노족을 협박하여 함께 노략질을 하고 떠나갔다. 王信, 耿譚

(경담), 吳祉(오지) 등은 모두 이와 연관하여 소환당하였고, 酒泉 太守 周鮪(주유)가 후임 호강교위가 되었다. 다음 해 미당은 다시 賜支河曲으로 되돌아갔다.

原文

初, 累姐種附漢, 迷唐怨之, 遂擊殺其酋豪, 由是與諸種爲仇, 黨援益疏. 其秋, 迷唐復將兵向塞, 周鮪與金城太守侯霸, 及諸郡兵,屬國湟中月氏諸胡,隴西牢姐羌, 合三萬人, 出塞至允川, 與迷唐戰.

周鮪還營自守, 唯侯霸兵陷陣, 斬首四百餘級. 羌衆折傷, 種人瓦解, 降者六千餘口, 分徙漢陽,安定,隴西. 迷唐遂弱, 其種衆不滿千人, 遠逾賜支河首, 依發羌居. 明年, 周鮪坐畏懦徵, 侯霸代爲校尉. 安定降羌燒何種脅諸羌數百人反叛, 郡兵擊滅之, 悉沒入弱口爲奴婢.

| 註釋 | ㅇ侯霸(후패) – 26권, 〈伏侯宋蔡馮趙牟韋列傳〉에 立傳.

[國譯]

그전에, 累姐(누저)의 羌族이 漢에 의지하자, 迷唐(미당)은 누저족을 원망하며 누저를 공격하여 그 酋豪(추호, 酋長)를 공격 살해했는데, 이 때문에 미당은 다른 종족과 원수가 되어 강족의 도움은 더욱 소원해졌다. 그 해 가을에 미당은 다시 군사를 거느리고 요새를 공격하자 周鮪(주유)와 金城郡 太守 侯霸(후패)는 여러 군의 군사와 속국 湟中(황중)의 月氏(월지) 등 여러 만이와 隴西郡의 牢姐羌(뇌저강) 등 3만을 거느리고 국경을 나와 允川(윤천)이란 곳에서 미당의 군사와 싸웠다.

주유는 자기 군영만을 지켰고 오직 후패만이 적진을 함락시킨 뒤 적 4백여 명을 참수하였다. 羌族은 세력이 크게 꺾여 종족은 와해되었고 투항자가 6천여 명이나 되었다. 이들을 漢陽, 安定, 隴西郡으로 분산 이주시켰다. 미당은 약해졌고 그 부족은 1천 명도 되지 않아 멀리 賜支河 상류를 지나 發羌(발강)이란 곳에 거처했다. 다음 해 주유는 적이 두려워 겁을 먹었다는 이유로 소환되었고 후패가 후임 호강교위가 되었다. 安定郡의 투항한 강족 燒何(소하) 부족은 다른 강족 수백 명을 협박하여 반란을 일으켰지만 郡兵이 공격하며 없애 버렸고, 약한 자는 모두 노비로 몰입되었다.

原文

時, 西海及大,小楡谷左右無復羌寇. 隃麋相曹鳳上言, 「西戎爲害, 前世所患, 臣不能紀古, 且以近事言之. 自建武以來, 其犯法者, 常從燒當種起. 所以然者, 以其居大,小楡谷, 土地肥美, 又近塞內, 諸種易以爲非, 難以攻伐. 南得鍾存以廣其衆, 北阻大河因以爲固, 又有西海魚鹽之利, 緣山濱水, 以廣田蓄, 故能强大, 常雄諸種, 恃其權勇, 招誘羌胡. 今者衰困, 黨援壞沮, 親屬離叛, 餘勝兵者不過數百, 亡逃棲竄, 遠依發羌. 臣愚以爲宜及此時, 建復西海郡縣, 規固二楡, 廣設屯田, 隔塞羌胡交關之路, 遏絶狂狡窺欲之源.

又殖穀富邊, 省委輸之役, 國家可以無西方之憂.」

於是拜鳳爲金城西部都尉, 將徙士屯龍耆. 後金城長史上官鴻上開置歸義,建威屯田二十七部, 侯霸復上置東西邯屯田五部, 增留,逢二部, 帝皆從之. 列屯夾河, 合三十四部. 其功垂立. 至永初中, 諸羌叛. 乃罷. 迷唐失衆, 病死. 有一子來隆, 戶不滿數十.

| 註釋 | ○隃麋(유미) - 右扶風 소속 侯國, 隃는 넘을 유. 麋는 큰 사슴 미. ○屯田 - 군량을 자급과 적의 내침에 대비하기 위한 兵農을 겸하는 부대. 漢은 이미 文帝 때부터 둔전을 시행했었다. ○東,西邯 - 邯(한)은 水名.

【國譯】

그 무렵 西海郡과 大, 小楡谷(대, 소유곡) 부근에는 강족의 노략질이 없었다. 隃麋(유미) 相인 曹鳳(조봉)이 건의했다.

「西戎의 해악은 前世에서도 우환이었으니, 臣은 옛일을 모르기에 일단 근래의 일로 말씀드리겠습니다. 建武 이래로 그 범법자는 늘 燒當羌을 따랐습니다. 그들은 大, 小楡谷(대, 소유곡)에 근거를 두었는데 거기는 땅이 비옥하고, 또 우리 변경에 가까워 여러 강족의 노략질은 쉽고 우리가 정벌하기는 어려운 곳입니다. 南으로는 鍾存(종존) 강족을 차지하여 땅을 넓혔고, 북으로는 험난한 河水가 방어에 유리하며, 西海(靑海)에서 魚鹽(어염)의 이익을 취할 수 있고 산과 강을 따라 농사와 목축으로 강성할 수 있었기에 늘 여러 강족의 패자가 되었고 勇猛을 믿고 다른 강족을 회유할 수 있었습니다. 지금 소당강은 쇠약, 곤궁하고 다른 부족의 지원이 붕괴되었으며 親屬도 흩어져서 싸울 수 있는 자가 불과 수백에 불과하며, 멀리 도망하여 發

羌(발광)이란 곳에 의지하고 있습니다. 臣의 우견이지만 이때를 이용하여 다시 西海에 郡縣을 설치하고 大, 小榆谷(대, 소유곡)을 봉쇄 감시하고 屯田을 여러 곳에 설치하여 강족의 왕래 통로를 막고 狂暴 교활한 자들을 감시하며 그 근원을 감시해야 합니다. 또 (屯田을 통하여) 농사를 짓고 변방 백성의 살림을 넉넉하게 하며 군량 수송비용을 줄인다면 나라에서는 서방에 대한 우려가 없어질 것입니다.」

이에 조종에서는 조봉을 金城郡 西部都尉로 임명하고 군사를 이동시켜 龍耆(용기)에 주둔케 하였다. 뒷날 金城郡 長史인 上官鴻(상관홍)은 歸義(귀의)와 建威(건위)의 屯田軍 27개소를 설치하였고, 侯霸(후패)도 또 상서하여 東, 西 邯水(한수)에 둔전 5개 부대를 설치한 뒤에, 또 留部(유부)와 逢部(봉부)의 2개 부대를 더 늘리겠다고 건의하였는데 和帝는 모두 수용하였다. 그래서 河水를 끼고 도합 34개의 둔전 부대가 설치되었다. 그에 따른 효과가 나타났다. 그러나 安帝 永初 연간(서기 107 - 113)에 여러 강족이 반란을 일으키자, 둔전을 폐지하였다.

迷唐(미당)은 무리를 잃고 병사하였다. 來隆(내융)이라는 아들이 있었는데 불과 수십 호에 불과하였다.

原文

東號子麻奴立. 初隨父降, 居安定. 時, 諸降羌布在郡縣, 皆爲吏人豪右所徭役, 積以愁怨. 安帝永初元年夏, 遣騎都尉王弘發金城,隴西,漢陽羌數百千騎征西域, 弘迫促發遣, 群羌懼遠屯不還, 行到酒泉, 多有散叛. 諸郡各發兵徼遮, 或覆其廬落. 於是勒姐,當煎大豪東岸等愈驚, 遂同時奔潰.

麻奴兄弟因此遂與種人俱西出塞.

| 註釋 | ㅇ安定 - 郡名. 治所는 臨涇縣(임경현), 今 甘肅省 동부 慶陽市 관할 鎭原縣.

[國譯]

東號(동호)의 아들 麻奴(마노)가 酋豪(추호)가 되었다. 처음에 부친을 따라 漢에 투항했었기에 安定郡에 머물고 있었다. 그때, 투항한 여러 강족은 군현 곳곳에 살고 있었는데 관리나 호족을 위해 노역에 종사했기에 걱정과 원한이 많았다.

安帝 永初 원년(서기 107) 여름, 騎都尉 王弘(왕홍)을 보내 金城, 隴西, 漢陽郡에 거주하는 강족 수백에서 1천 기를 징발하여 西域 원정에 동원케 하였는데, 왕홍이 징발을 독촉하자 강족 무리들은 멀리 원정에 나갔다가 돌아올 수 없다고 두려워하다가 酒泉郡에 이르자 도망치는 자가 많았다. 여러 군에서는 군사를 동원하여 도주를 차단하거나 때로는 강족의 마을을 없애기도 하였다. 이에 勒姐(늑저), 當煎(당전)의 大豪인 東岸(동안) 등은 더욱 경악하며, 마침내 한꺼번에 달아나 버렸다. 마노 형제는 이 기회를 타서 부족과 함께 서쪽 국경을 넘어 도망쳤다.

原文

先零別種滇零與鍾羌諸種大爲寇掠, 斷隴道. 時羌歸附旣久, 無復器甲, 或持竹竿木枝以代戈矛, 或負板案以爲楯, 或執銅鏡以象兵, 郡縣畏懦不能制. 冬, 遣車騎將軍鄧騭, 征西校尉任尙副, 將五營及三河,三輔,汝南,南陽,潁川,太原,上黨兵合五萬人, 屯漢陽.

明年春, 諸郡兵未及至, 鍾羌數千人先擊敗騭軍於冀西, 殺千餘人. 校尉侯霸坐衆羌反叛徵免, 以西域都護段禧代爲校尉. 其冬, 騭使任尙及從事中郎司馬鈞率諸郡兵與滇零等數萬人戰於平襄, 尙軍大敗, 死者八千餘人.

於是滇零等自稱 '天子' 於北地, 招集武都,參狼,上郡,西河諸雜種, 衆遂大盛, 東犯趙,魏, 南入益州, 殺漢中太守董炳, 遂寇抄三輔, 斷隴道.

湟中諸縣, 粟石萬錢, 百姓死亡, 不可勝數. 朝廷不能制, 而轉運難劇, 遂詔騭還師, 留任尙屯漢陽, 爲諸軍節度. 朝廷以鄧太后故, 迎拜騭爲大將軍, 封任尙樂亭侯, 食邑三百戶.

| **註釋** | ㅇ鄧騭(등즐) – 인명. 鄧訓(등훈)의 아들. 和帝 등황후의 친오빠. 騭은 오를 즐, 수말 즐. 말의 수컷. 16권, 〈鄧寇列傳〉에 입전. ㅇ三河 – 河內郡, 河東郡, 河南尹의 三郡. ㅇ三輔 – 司隷校尉部의 右扶風, 左馮翊, 京兆尹의 관할 지역. ㅇ冀西 – 冀縣 서쪽. 冀縣은 天水郡(和帝 永元 17년에 漢陽郡으로 개명)의 治所, 今 甘肅省 天水市 관할 甘谷縣. ㅇ平襄 – 天水郡(漢陽郡)의 현명. 今 甘肅省 남부 定西市 관할 通渭縣. ㅇ北地 – 군명. 치소는 富平縣, 今 寧夏回族自治區 북부, 黃河 東岸의 吳忠市. ㅇ趙,魏 – 趙國(치소는 邯鄲縣)과 魏郡(治所 鄴縣). ㅇ漢中 – 郡名, 治所는 南鄭縣, 今 陝西省 남부 漢中市.

[國譯]

先零羌(선련강)의 別種인 滇零羌(전련강)과 鍾羌(종강)의 여러 부족이 대규모로 노략질을 하며 隴西로 통하는 길을 차단하였다. 그때 강족은 (漢에) 오래전에 귀부하였기에 무기나 갑옷이 없었는데, 어떤 자는 대나무나 나뭇가지로 창을 대신하였고, 널판이나 밥상으로 방패를 대신했으며 구리거울을 무기처럼 사용했는데, 군현에서는 그들을 두려워하며 통제하지 못했다. 겨울에, 車騎將軍 鄧騭(등즐)을 보내 征西校尉 任尙(임상)을 副將으로 삼아 (北軍의) 五營과 三河, 三輔, 汝南, 南陽, 潁川, 太原, 上黨郡에서 징발한 5만 군사를 거느리고 漢陽郡에 주둔케 하였다.

다음 해 봄, 여러 군에서 징발한 군사가 도착하지 않았을 때, 鍾羌(종강) 수천 명이 먼저 등즐의 부대를 冀縣 서쪽에서 공격하여 1천여 명을 죽였다. 校尉인 侯霸(후패)는 여러 강족의 반란에 책임이 있다 하여 소환되어 면직되었고, 西域都護인 段禧(단희)가 후임 護羌校尉가 되었다. 그해 겨울, 등즐은 任尙(임상)과 從事인 中郎 司馬鈞(사마균)을 시켜 여러 군에서 징발한 군사를 거느리고 滇零羌(전련강) 등 수만 명과 平襄(평양)에서 싸웠지만 임상의 군사가 대패하였고 죽은 자가 8천여 명이나 되었다.

이에 滇零(전련) 등은 北地郡에서 천자를 자칭하면서 武都郡의 參狼族(삼랑족)과 上郡과 西河 일대의 여러 강족을 불러 모으면서 그 무리가 크게 강성하여 동쪽으로는 趙國와 魏郡 일대까지, 남으로는 益州郡 지역까지 침입하여 漢中郡 太守 董炳(동병)을 살해하고 마침내는 三輔 지역을 노략질하며 隴西郡으로 통하는 길을 끊었다.

그렇게 되자 湟中(황중) 일대의 여러 현에서는 곡물 1石의 가격이 1만 전이나 되어 굶어 죽은 백성은 이루 다 셀 수가 없었다. 조정에서는 강족을 제압하지 못하고 轉運(전운)도 매우 어려워 결국 등즐의 군사를 돌아오게 하였고, 任尙을 남겨 漢陽郡에 주둔하면서 모든 군사를 통제케 하였다. 조정에서는 鄧太后 때문에 등즐을 맞이하여 大將軍에 봉하였고, 任尙을 樂亭侯에 봉했는데 食邑은 3백 호였다.

原文

三年春, 復遣騎都尉任仁督諸郡屯兵救三輔. 仁戰每不利, 衆羌乘勝, 漢兵數挫. 當煎,勒姐種攻沒破羌縣, 鍾羌又沒臨洮縣, 生得隴西南部都尉.

明年春, 滇零遣人寇褒中, 燔燒郵亭, 大掠百姓. 於是, 漢中太守鄭勤移屯褒中. 軍營久出無功, 有廢農桑, 乃詔任尙將吏兵還屯長安, 罷遣南陽,潁川,汝南吏士, 置京兆虎牙都尉於長安, 扶風都尉於雍, 如西京三輔都尉故事. 時, 羌復攻褒中, 鄭勤欲擊之. 主簿段崇諫, 以爲虜乘勝, 鋒不可當, 宜堅守待之. 勤不從, 出戰, 大敗, 死者三千餘人, 段崇及門下史王宗,原展以身捍刃, 與勤俱死. 於是徙金城郡居襄武. 任仁戰累敗, 而兵士放縱, 檻車徵詣廷尉詔獄死. 段禧病卒, 復以前校尉侯霸代之, 遂移居張掖.

五年春, 任尙坐無功徵免. 羌遂入寇河東, 至河內, 百姓相驚, 多奔南度河. 使北軍中候朱寵將五營士屯孟津, 詔魏郡,趙國,常山,中山繕作塢候六百一十六所.

| **註釋** | ○臨洮(임조) – 隴西郡 臨洮縣, 今 甘肅省 定西市 관할 岷縣(민

현). ㅇ褒中(포중) - 漢中郡의 縣名. 今 陝西省 漢中市 서북 褒城鎭(포성진). ㅇ襄武 - 金城郡의 治所는 允吾縣, 今 甘肅省 臨夏回族自治州 永靖縣, 襄武縣은 隴西郡의 현명. 今 甘肅省 定西市 隴西縣. ㅇ孟津 - 今 河南省 洛陽市 북쪽의 孟津縣. 중요한 교통 요지.

[國譯]

(安帝 永初) 3년(서기 109) 봄, 다시 騎都尉 任仁(임인)을 파견하여 여러 군의 둔병을 감독케 하며 三輔 지역을 지키게 하였다. 그러나 임인은 싸울 때마다 불리했고 강족의 군사는 승세를 탔고 漢兵은 여러 번 좌절했다. 當煎(당전), 勒姐(늑저) 부족은 (金城郡) 破羌縣을 함락시켰고, 鍾羌(종강)은 또 (隴西郡) 臨洮縣(임조현)을 점거하면서 隴西 南部都尉를 생포하였다.

다음 해 봄, (강족의) 滇零(전련)은 무리를 보내 (漢中郡) 褒中縣(포중현)을 노략질하며 郵亭(우정)을 불사르고 많은 백성을 잡아갔다. 이에 漢中郡 太守 鄭勤(정근)은 褒中縣으로 이동 주둔하였다. 軍營은 오랫동안 나와 있으면서 공을 세우지도 못했고 농사도 지을 수가 없자, 任尙(임상)에게 명하여 長安에 주둔케 하였고 南陽, 潁川, 汝南郡에서 징발한 관리와 백성을 돌려보냈으며, 京兆虎牙都尉를 長安에 설치하고, 右扶風 都尉를 雍縣(옹현)에 설치하여 西京(前漢)의 三輔都尉와 같은 임무를 수행케 하였다.

그때 강족이 다시 포중현을 공격하자, (漢中郡 태수) 정근이 강족과 싸우려 했다. 그러나 主簿 段崇(단숭)은 적이 승세를 타고 있어 그 예봉을 당할 수 없으니 굳게 수비하면서 때를 기다려야 한다고 제지하였다. 그러나 정근은 따르지 않고 나가 싸우다가 대패했고 3천여 명이 전사했는데 단숭과 門下史인 王宗(왕종)과 原展(원전)은 정근을 지키려 몸으로 칼을 막다가 함께 죽었다. 이때 金城郡은 (隴西郡) 襄武縣으로 치소를 옮겼다. (騎都尉) 任仁(임인)은 여러 번 패전했고 그 군사도 군기가 없어 임인은 (소환당해) 檻車(함거)에 실려 낙양의 廷尉 詔獄에서 옥사하였다. 段禧(단희)가 병사하자 전임 호강교위였던 侯霸(후패)가 후임이 되었는데 호강교위 치소를 張掖郡(장액군)으로 이동하였다.

(永初) 5년 봄, 任尙(임상)은 공적이 없어 소환, 면직되었다. 강족이 마침내 河東郡을 노략질하고 河內郡까지 들어오자, 백성은 모두 놀라 남으로 하수를 건넜다. (조정은) 北軍中候인 朱寵(주총)에게 명하여 (北軍) 五營의 군사를 거느리고 孟津(맹진)현에 주둔케 하였고, 조서로 魏郡, 趙國, 常山郡, 中山郡 일대에 경비초소 616개소를 보수정비하게 하였다.

原文

羌旣轉盛, 而二千石,令,長多內郡人, 並無守戰意, 皆爭上徙郡縣, 以避寇難. 朝廷從之, 遂移隴西徙襄武, 安定徙美陽, 北地徙池陽, 上郡徙衙. 百姓戀土, 不樂去舊, 遂乃刈其禾稼, 發徹室屋, 夷營壁, 破積聚. 時連旱蝗饑荒, 而驅蹙劫略, 流離分散, 隨道死亡, 或棄捐老弱, 或爲人僕妾, 喪其太半.

復以任尙爲侍御史, 擊衆羌於上黨羊頭山, 破之, 誘殺降者二百餘人, 乃罷孟津屯. 其秋, 漢陽人杜琦及弟季貢,同郡王信等與羌通謀, 聚衆入上邽城, 琦自稱安漢將軍. 於是詔購募得琦首者, 封列侯, 賜錢百萬, 羌胡斬琦者賜金百斤, 銀二百斤. 漢陽太守趙博遣刺客杜習刺殺琦, 封習討姦侯, 賜錢百萬. 而杜季貢,王信等將其衆據樗泉營. 侍御史唐喜領諸郡兵討破之, 斬王信等六百餘級, 沒入妻子五百餘人, 收金銀彩帛一億已上. 杜季貢亡從滇零.

六年, 任尙復坐徵免. 滇零死, 子零昌代立, 年尙幼少, 同種狼莫爲其計策, 以杜季貢爲將軍, 別居丁奚城. 七年夏, 騎都尉馬賢與侯霸掩擊零昌別部牢羌於安定, 首虜千人, 得驢,騾,駱駝,馬,牛,羊二萬餘頭, 以畀得者.

| 註釋 | ㅇ多內郡人 – 국경에 위치한 군을 外郡이라 하고, 이민족과 접하지 않는 군은 內郡이라 구분했다. ㅇ北地徙池陽 – 北地는 군명. 池陽縣은 今 陝西省 咸陽市 관할 涇陽縣(경양현). ㅇ上郡徙衙 – 上郡의 치소는 治所 膚施縣, 今 陝西省 북부 榆林市(유림시). (左馮翊의) 衙縣(아현)은 今 陝西省 북부 延安市 黃龍縣. ㅇ以畀得者 – 畀는 줄 비. 넘겨주다.

[國譯]

羌族이 이렇게 강성하자 郡의 태수(二千石)나 현령, 縣長은 內郡 출신이 많아 싸우려는 의욕은 없고 치소를 옮겨 외적을 피할 생각을 했다. 조정에서도 이를 인정하여 隴西郡은 (농서군 내) 襄武縣으로, 安定郡은 (右扶風의) 美陽縣으로, 北地郡은 (左馮翊의) 池陽縣으로, 上郡은 (左馮翊의) 衙縣(아현)으로 옮겼다. 그러나 백성은 토지에 미련이 있어 살던 곳을 떠나려 하지 않자 결국 심어놓은 작물을 베어 버리거나 집을 부수고 방어벽도 허물었으며 비축했던 물자도 없애 버렸다. 그때 연이어 날이 가물고 황충의 피해도 있어 흉년으로 굶주렸는데, 강제로 내몰리고 약탈당하며 길에서 흩어지고 죽어나갔으며, 어떤 자는 노인과 어린아이를 버리거나 남이 하인이나 첩이 되니 백성의 절반을 잃었다.

(조정에서는) 다시 任尙(임상)을 侍御史에 임명하였는데, 임상은 강족과 上黨郡 羊頭山에서 싸워 격파하고 투항자 2백여 명을 유인하여 죽였으며 孟津의 주둔군을 해산하였다.

그 해 가을에 漢陽郡 사람 杜琦(두기) 및 그 동생 季貢(계공), 같은 군의 王信(왕신) 등은 강족과 왕래하고 모의하여 많은 사람을 모아 (漢陽郡의) 上邽城(상규성)을 점거한 뒤에, 두기는 安漢將軍을 자칭하였다. 이에 (조정에서는) 조서를 내려 조기의 수급을 가져오는 자를 열후로 봉하고 금전 백만을 지급하겠다고 했으며, 강족이 두기의 머리를 잘라오면 황금 1백 근과 은 2백 근을 준다고 공표하였다. 이에 한양 태수 趙博(조박)은 자객 杜習(두습)을 보내 두기를 척살했는데 두습은 討姦侯가 되었고 금전 백만을 받았다. 두계공과 왕신 등은 그 무리를 거느리고 樗泉營(저천영)에 머물렀다. 侍御史인 唐喜(당희)는 여러 군의 군사를 거느리고 공격, 격파하고 왕신 등 6백여 명을 죽이고 그 처자 5백여 명을 노비로 몰입하고 금은과 비단 등 1억 전 이상을 몰수하였다. 두계공은 강족 滇零(전련)에게로 도망쳤다.

(安帝 永初) 6년(서기 112), 任尙(임상)은 법을 어겨 소환 면직되었다. 전련이 죽자 아들 零昌(영창)이 대를 이었는데 同種인 狼莫(낭막)이 방책을 건의하여 두계공을 장군으로 삼아 丁奚城(정해성)에 머물게 했다. 7년 여름, 騎都尉인 馬賢(마현)과 侯霸(후패)가 零昌 別部인 牢羌(뇌강)을 安定郡에서 기습 공격하여 1천 명을 포로로 잡거나 죽이고 강족의 나귀나 노새, 駱駝(낙타), 소와 말, 양 등 2만여 마리를 노획하여 그것을 노획한 병사의 소유로 주었다.

原文

元初元年春, 遣兵屯河內, 通谷衝要三十三所, 皆爲塢壁, 設鳴鼓. 零昌遣兵寇雍城, 又號多與當煎,勒姐大豪共脅諸種, 分兵抄掠武都, 漢中. 巴郡板楯蠻將兵救之, 漢中五官掾程信率壯士與蠻共擊破之. 號多退走, 還斷隴道, 與零昌通謀.

侯霸,馬賢將湟中吏人及降羌胡於枹罕擊之, 斬首二百餘級. 涼州刺史皮楊擊羌於狄道, 大敗, 死者八百餘人, 楊坐徵免. 侯霸病卒, 漢陽太守龐參代爲校尉. 參以恩信招誘之.

| **註釋** | ㅇ塢壁(오벽) – 웅벽. 塢는 성채 오. 둑. 통행을 차단할 수 있는 시설.

[國譯]

(安帝) 元初 원년(서기 114) 봄, 군사를 보내 河內郡에 주둔케 했고, 계곡으로 통하는 요충지 33개소에 웅벽을 세우고 북을 설치했다. (羌族) 零昌(연창)이 군사를 보내 (右扶風 都尉의 군영)인 雍縣(옹현) 군영을 공격케 했고, 또 號多(호다)와 當煎(당전), 勒姐(늑저) 부족의 추장과 함께 다른 부족을 협박하여 군사를 나눠 武都郡과 漢中郡을 노략질하였다. 巴郡(파군)의 (西南夷) 板楯蠻(판순만)이 군사를 거느리고 漢軍을 구원하자, 漢中郡의 五官掾 程信(정신)은 장사를 거느리고 판순만과 함께 강족을 격파하였다. 號多(호다)는 퇴주하면서 隴西로 통하는 도로를 차단하여 (강족) 零昌(연창)과 협력하였다.

侯霸(후패)와 馬賢(마현)은 湟中(황중)의 관리와 백성, 투항한 강족과 함께 枹罕縣(포한현)에서 호다 무리를 공격하여 2백여 명을 죽였다. 涼州 자사인 皮楊(피양)은 강족을 狄道縣(적도현)에서 공격하였지만 대패하였고 8백여 명이 전사하였기에 피양은 소환당해 면직되었다. 후패가 병으로 죽자, 漢陽 태수인 龐參(방참)이 후임 호강교위가 되었다. 방참은 은애를 베풀고 신의로 강족을 회유하였다.

原文

二年春, 號多等率衆七千餘人詣參降, 遣詣闕, 賜號多侯印綬遣之. 參始還居令居, 通河西道. 而零昌種衆復分寇益州, 遣中郎將尹就將南陽兵, 因發益部諸郡屯兵擊零昌黨呂叔都等. 至秋, 蜀人陳省,羅橫應募, 刺殺叔都, 皆封侯,賜錢.

又使屯騎校尉班雄屯三輔, 遣左馮翊司馬鈞行征西將軍, 督右扶風仲光,安定太守杜恢,北地太守盛包,京兆虎牙都尉耿溥,右扶風都尉皇甫旗等, 合八千餘人, 又龐參將羌胡兵七千餘人, 與鈞分道, 並北擊零昌. 參兵至勇士東, 爲杜季貢所敗, 於是引退. 鈞等獨進, 攻拔丁奚城, 大克獲. 杜季貢率衆僞逃. 鈞令光,恢,包等收羌禾稼, 光等違鈞節度, 散兵深入, 羌乃設伏要擊之. 鈞在城中, 怒而不救, 光等並沒, 死者三千餘人. 鈞乃遁還, 坐徵自殺. 龐參以失期軍敗抵罪, 以馬賢代領校尉事.

後遣任尙爲中郎將, 將羽林,緹騎,五營子弟三千五百人, 代班雄屯三輔. 尙臨行, 懷令虞詡說尙曰, "使君頻奉國命,討逐寇賊, 三州屯兵二十餘萬入, 棄農桑, 疲苦傜役, 而未有功效, 勞費日滋. 若此出不克, 誠爲使君危之." 尙曰, "憂惶久矣, 不知所如."

詡曰, "兵法, 弱不攻强, 走不逐飛, 自然之勢也. 今虜皆馬騎, 日行數百, 來如風雨, 去如絶弦. 以步追之, 勢不相及, 所以曠而無功也. 爲使君計者, 莫如罷諸郡兵, 各令出錢數千, 二十人共市一馬, 如此, 可舍甲胄, 馳輕兵, 以萬騎之衆, 逐數千之虜, 追尾掩截, 其道自窮. 便人利事, 大功立矣."

尙大喜, 卽上言用其計. 乃遣輕騎抄擊杜季貢於丁奚城, 斬首四百餘級, 獲牛,馬,羊數千頭.

| **註釋** | ㅇ屯騎校尉 – 宿衛兵 지휘, 一人, 比二千石. 속관으로 司馬 一人, 千石. ㅇ至勇士東 – 勇士는 天水郡의 현명. ㅇ緹騎(제기) – 적황색 복장을 執禁吾 휘하 병력으로 집금오의 의장대 역할을 하는 騎士였다(200인). 緹는 붉은 비단 제. ㅇ五營子弟 – 營士. 수도 방위를 담당하는 北軍 5校尉(단위부대인 校의 지휘관, 屯騎, 越騎, 步兵, 長水, 射聲校尉) 영내의 軍士. ㅇ虞詡(우후) – 강직한 유생이었지만 전략적 판단에도 뛰어나 무공을 세우기도 했다. 58권, 〈虞傅蓋臧列傳〉에 立傳. ㅇ追尾掩截 – 적을 행적을 찾아 무찌르다. 尾는 찾다. 尋也. 掩截(엄절)은 잘라버리다.

[國譯]

(安帝 元初) 2년(서기 115) 봄, (羌族) 號多(호다) 등은 무리 7천여 명을 거느리고 龐參(방참)에게 찾아와 투항했는데, 방참이 이들을 조정에 보내자, 조정에서는 호다에게 인수를 내려주고 돌려보냈다. 이에 방참은 돌아와 (金城郡) 令居縣에 거처하게 했는데 이로써 河西

4郡으로 통하는 길이 열렸다. (羌族) 零昌(연창) 부족의 무리가 다시 무리를 나눠 益州 자사부 지역을 노략질하자, 中郞將 尹就(윤취)에게 南陽의 군사를 거느리고, 익주자사부 여러 군의 둔병을 징발하여 零昌(연창)의 무리인 呂叔都(여숙도) 등을 공격하였다. 가을에는 蜀人 陳省(진성), 羅橫(나횡) 등이 자원하여 여숙도를 척살하자 모두 제후가 되었고 금전을 하사받았다.

또 屯騎校尉 班雄(반웅)을 三輔에 주둔케 하고, 左馮翊 司馬鈞(사마균)을 征西將軍 대행으로 삼아 右扶風인 仲光(중광), 安定太守인 杜恢(두회), 北地太守인 盛包(포성), 京兆虎牙都尉인 耿溥(경부), 右扶風都尉인 皇甫旗(황보기) 등이 총 8천여 명을 거느렸으며, 또 龐參(방참)은 강족으로 구성된 군사 7천여 명을 거느리고서, 司馬鈞(사마균)과 다른 길로 북쪽으로 진격하여 零昌(연창)을 공격했다. 방참의 군사는 (天水郡) 勇士縣 동쪽에 와서 杜季貢(두계공)에게 패전한 뒤에 물러났다. 사마균 등은 홀로 진격하여 (두계공의) 丁奚城(정해성)을 공격하여 크게 이겼다. 이에 두계공은 무리를 이끌고 거짓으로 도망쳤다.

사마균은 仲光(중광), 杜恢(두회), 盛包(포성) 등에게 강족의 보리농사를 수확하게 하였는데, 이들은 사마균의 지시를 어기고 군사를 흩어 깊이 들어갔다가 매복했던 강족의 기습 공격을 받았다. 사마균은 성 안에 있었지만 화가 나서 구원하지 않았고, 중광 등은 모두 전몰했고 전사자가 3천여 명이나 되었다. 사마균은 본영으로 돌아와서 패전한 죄에 걸려 소환을 당하자 자살하였다. 방참은 약속 기일을 지키지 못해 패전에 이르게 한 죄로 벌을 받게 되자, 馬賢(마현)이 호강교위직을 대행하였다.

(조정에서는) 뒤에 任尙(임상)을 中郞將으로 승진시켜 파견하여

羽林軍, 緹騎(제기), (北軍) 五營의 자제 3,500여 명을 통솔하여 班雄(반웅)의 후임으로 三輔에 주둔케 하였다. 임상이 출발하려고 하자, 懷縣 현령인 虞詡(우후)가 임상을 설득하였다.

"使君께서 여러 번 國命을 받아 노략질하는 도적을 토벌하였지만, 三州 일대에 주둔한 군사 20여만 명은 農桑을 버려두고 요역에 시달렸지만 아직도 전투를 끝내지 못하고 비용만 나날이 증가하고 있습니다. 이번에 출전하더라도 이기지 못한다면 사군에게도 어려운 일이 닥칠 수 있습니다." 그러자 임상이 말했다.

"근심하고 두려워한지 오래나 어찌할 바를 모르겠습니다."

이에 우후가 말했다.

"兵法에 弱軍으로 强軍을 공격할 수 없고 날아가는 것을 달려 쫓아가지 못하는 것은 자연의 형세라고 하였습니다. 지금 羌族은 모두 기마병이라서 하루에도 수백 리를 갈 수 있으니 마치 비바람처럼 왔다가 줄이 끊어지듯 사라져버립니다. 그러니 보병으로 추격해봐야 따라갈 수가 없고 헛수고에 아무런 공도 없습니다. 使君을 위한 계책이라면 여러 군에서 차출한 보병을 혁파하는 대신 각자 수천 전을 거두면 20명이 말을 한 마리씩 살 수 있으며 갑옷이나 투구도 버려두고 경무장의 1만 기병이면 강족의 수천 기병을 축출할 수 있으며, 적의 기병을 찾아내는 대로 잘라버리면 그들 세력은 저절로 다할 것입니다. 병사에게 편하고 이로운 일이라면 큰 공을 세울 수 있습니다."

임상은 크게 기뻐하며 그 계책을 상주하였다. 그리고 경기병으로 정해성에서 두계공을 공격하여 4백여 명을 죽이고 그들의 소와 말 수천 마리를 노획하였다.

原文

明年夏, 度遼將軍鄧遵, 率南單于及左鹿蠡王須沈萬騎, 擊零昌於靈州, 斬首八百餘級. 封須沈爲破虜侯, 金印紫綬, 賜金,帛各有差. 任尙遣兵擊破先零羌於丁奚城. 秋, 築馮翊北界候塢五百所. 任尙又遣假司馬募陷陳士, 擊零昌於北地, 殺其妻子, 得牛,馬,羊二萬頭, 燒其廬落, 斬首七百餘級, 得僭號文書及所沒諸將印綬.

| **註釋** | ○度遼將軍 – 遼東과 遼西郡 북방의 외적을 방어할 목적 설치한 직책. ○左鹿蠡王(좌녹리왕, 音 鹿离 lùlí) – 흉노의 관직명. 漢 제후와는 성격이 다른 흉노의 족장급이다.

[國譯]

明年(安帝 元初 3년) 여름, 度遼將軍 鄧遵(등준)은 南單于(남선우) 및 左鹿蠡王(좌녹리왕) 須沈(수침)의 1만 기병으로 강족 零昌(연창)을 靈州(영주)에서 격파하고 8백여 명을 죽였다. 수침은 破虜侯가 되어 金印紫綬를 받았고 황금과 비단 등을 차등 있게 나눠받았다. 任尙은 군사를 보내 先零羌(선련강)을 丁奚城(정해성)에서 격파하였다. 가을에 左馮翊의 북쪽 지역에 초소와 장벽을 5백여 곳에 설치하였다. 任尙은 또 假司馬를 보내 적진을 돌격할 용사를 모집케 하여 零昌(연창)을 北地郡에서 격파하고 그 妻子를 죽였고, 牛馬와 羊 2만여 마리를 노획하고 그 마을을 불태우고 7백여 명을 죽였으며 참칭했던 문서를 노획하고 전사한 여러 장수의 인수를 회수하였다.

原文

四年春, 尙遣當闐種羌楡鬼等五人刺殺杜季貢, 封楡鬼爲破羌侯. 其夏, 尹就以不能定益州, 坐徵抵罪. 以益州刺史張喬領尹就軍屯, 招誘叛羌, 稍稍降散.

秋, 任尙復募效功種號封刺殺零昌, 封號封爲羌王. 冬, 任尙將諸郡兵與馬賢並進北地擊狼莫, 賢先至安定靑石岸, 狼莫逆擊, 敗之. 會尙兵到高平, 因合勢俱進. 狼莫等引退, 乃轉營迫之.

至北地, 相持六十餘日, 戰於富平上河, 大破之, 斬首五千級還, 得所略人男女千餘人, 牛,馬,驢,羊,駱駝十餘萬頭. 狼莫逃走, 於是西河虔人種羌萬一千口詣鄧遵降.

| **註釋** | ㅇ富平 – 縣名. 북지군의 치소, 今 寧夏回族自治區 북부, 黃河東岸의 吳忠市.

[國譯]

(安帝 元初) 4년(서기 117) 봄, 任尙은 當闐種羌(당전종강) 楡鬼(유귀) 등 5명을 보내 杜季貢(두계공)을 척살했는데, 유귀는 破羌侯에 봉해졌다. 그 여름, 尹就(윤취)는 益州를 안정시키지 못했기에 소환되어 형벌을 받았다. 益州刺史 張喬(장교)는 윤취의 부대를 인수 주둔하면서 반기를 든 자들을 회유하자 강족은 차차 투항하고 해산하였다.

가을에, 임상은 다시 效功種 號封(호봉)을 불러 회유하여 零昌(연창)을 척살케 했는데, 호봉은 羌王에 봉해졌다. 겨울에, 임상은 여러 군의 군사를 거느리고 馬賢(마현)과 함께 진격하여 北地郡에서 狼莫

(낭막)을 공격하였는데, 마현은 앞서 安定郡의 青石岸(청석안)에 이르러 낭막의 역습을 받아 패전하였다. 이때 임상의 군사는 高平(고평)에서 마현의 군사와 합세하여 함께 진격하였다. 낭막 등이 물러나자 임상은 군영을 옮겨가며 추격하였다.

北地郡에 이르러 서로 60여 일을 대치하다가 富平縣 上河에서 접전하여 적을 대파하였고 5천여 명을 죽이고 회군했는데, 그간 납치되었던 남녀 1천여 명을 데려왔고 우마와 나귀, 양과 낙타 등 10여 만 마리를 노획하였다. 낭막은 도주하였는데, 이에 西河 일대의 虔人種(건인종) 강족 1만 1천여 명은 모두 등준을 찾아와 투항하였다.

原文

五年, 鄧遵募上郡全無種羌雕何等刺殺狼莫, 賜雕何爲羌侯, 封遵武陽侯, 三千戶. 遵以太后從弟故, 爵封優大.

任尙與遵爭功, 又詐增首級, 受賕枉法, 臧千萬已上, 檻車徵棄市, 沒入田盧奴婢財物. 自零昌,狼莫死後, 諸羌瓦解, 三輔,益州無復寇儆.

自羌叛十餘年間, 兵連師老, 不暫寧息. 軍旅之費, 轉運委輸, 用二百四十餘億, 府帑空竭. 延及內郡, 邊民死者不可勝數, 幷,涼二州, 遂至虛耗.

六年春, 勒姐種與隴西種羌號良等通謀欲反, 馬賢逆擊之於安故, 斬號良及種人數百級, 皆降散.

| **註釋** | ㅇ寇儆(구경) – 寇는 노략질할 구. 儆은 경계할 경(警). 위급한

일. ㅇ府帑空竭 - 府는 창고. 帑은 금고 탕. 처자 노. ㅇ幷,涼二州 - 幷州刺史部는 上黨郡, 太原郡, 上郡, 西河郡, 五原郡, 雲中郡, 定襄郡, 雁(鴈)門郡, 朔方郡 등을 관할하였다. 涼州刺史部는 隴西郡, 漢陽郡, 武都郡, 安定郡, 北地郡, 武威郡, 張掖郡, 酒泉郡, 敦煌郡, 張掖屬國, 張掖居延屬國을 관할하였다.

[國譯]

(安帝 元初) 5년(서기 118), 鄧遵(등준)이 上郡의 全無種羌 雕何(조화) 등을 불러 狼莫(낭막)을 척살케 하였는데, 조하는 羌侯가 되었고 등준은 武陽侯가 되었는데 식읍은 3천 호였다. 등준은 鄧太后의 사촌 동생이라서 작위를 우대하였다.

任尙(임상)은 등준과 공적을 경쟁하면서 참수한 적의 숫자를 늘려서 보고했고 뇌물을 받았으며, 법을 어기면서 1천만 전 이상을 착복하였기에 檻車(함거)로 소환되었다가 棄市되었으며 토지와 노비 재물 등은 모두 몰수당했다. 零昌(연창)과 狼莫(낭막)이 죽은 뒤 여러 강족은 와해되었고 三輔와 益州 일대에 다시는 노략질과 비상상황이 없었다.

강족이 반란을 일으켰던 10여 년간에 계속 군사를 동원하였고 병사는 노쇠하였지만 잠시도 쉴 겨를이 없었다. 군사비 지출과 군량의 수송에 연 240억이 소요되면서 국고는 바닥이 났다. 그 피해는 內郡에도 파급되었으며 변방 백성으로 죽은 자는 셀 수도 없었다. 幷州와 涼州는 완전히 텅 비었다.

6년 봄, 勒姐種(늑저종)과 隴西種羌(농서종강)의 號良(호량) 등이 서로 내통하며 모반을 계획했으나 馬賢(마현) 등이 이들을 安故(안고)에서 미리 격파하면서 호량과 그 부족 수백 명을 죽이자 모두 투항하거나 흩어졌다.

原文

永寧元年春, 上郡沈氐種羌五千餘人復寇張掖. 其夏, 馬賢將萬人擊之. 初戰失利, 死者數百人. 明日復戰, 破之, 斬首千八百級, 獲生口千餘人, 馬,牛,羊以萬數, 餘虜悉降. 時當煎種大豪飢五等, 以賢兵在張掖, 乃乘虛寇金城. 賢還軍追之出塞, 斬首數千級而還. 燒當,燒何種聞賢軍還, 率三千餘人復寇張掖, 殺長吏. 初, 飢五同種大豪盧忽,忍良等千餘戶別留允街, 而首施兩端.

建光元年春, 馬賢率兵召盧忽斬之, 因放兵擊其種人, 首虜二千餘人, 掠馬,牛,羊十萬頭, 忍良等皆亡出塞. 璽書封賢安亭侯, 食邑千戶. 忍良等以麻奴兄弟本燒當世嫡. 而賢撫恤不至, 常有怨心.

秋, 遂相結共脅將諸種步騎三千人寇湟中, 攻金城諸縣. 賢將先零種赴擊之, 戰於牧苑, 兵敗, 死者四百餘人. 麻奴等又敗武威,張掖郡兵於令居, 因脅將先零,沈氐諸種四千餘戶, 緣山西走, 寇武威. 賢追到鸞鳥, 招引之. 諸種降者數千, 麻奴南還湟中.

| **註釋** | ○馬賢(마현, ?-141년) - 護羌校尉로 큰 공을 세웠다. 馬援(마원)의 손자 항렬. 馬續(마속)의 동생. 후한 馬氏의 융성은 50권, 〈馬融列傳〉 참고. ○首施兩端 - 首鼠兩端(수서양단), 쥐가 쥐구멍에서 머리만 내 놓고 양

쪽을 살피다.

[國譯]

(安帝) 永寧 원년(서기 120) 봄, 上郡의 沈氐羌(침저강) 5천여 명이 다시 張掖郡(장액군)을 노략질했다. 그 해 여름에, 馬賢(마현)은 1만 군사를 거느리고 공격했다 첫 전투는 불리하여 수백 명이 전사하였다. 다음 날 다시 싸워 적을 격파하고 1천8백 명을 참수하고 노비 1천여 명, 우마와 양을 수만 마리를 노획하자 나머지는 모두 투항하였다. 그때 當煎(당전) 부족의 추장(大豪) 飢五(기오) 등은 마현이 장액군에 있다는 것을 알고 빈틈을 노려 金城郡을 노략질하였다. 마현은 군사를 돌려 강족을 추격하여 국경을 넘어 수천 명을 죽이고 돌아왔다. 燒當羌(소당강)과 燒何羌(소하강)은 마현의 군사가 돌아간 것을 알고 3천여 명을 거느리고 다시 장액군에 침입하여 官長을 살해했다. 그전에 飢五(기오)와 同種인 추장 盧怱(노총)과 忍良(인량) 등의 1천여 호는 (金城郡의) 允街(윤가)현에 살면서 양쪽 눈치를 보고 있었다.

(安帝) 建光 원년(서기 121) 봄, 마현은 군사를 거느리고 盧怱(노총)을 불러 참수한 뒤, 군사를 풀어 그 종족을 공격하여 2천 명을 참수하거나 포로로 잡고 우마와 양 10여만 두를 노획하자, 인량 등은 모두 국경을 넘어 도주하였다. 조정에서는 璽書(새서)를 내려 마현을 安亭侯에 봉했는데 식읍은 1천 호였다. 인량 등은 麻奴(마노) 형제가 본래 燒當羌(소당강)의 적통이었지만 마현이 마노 형제를 위무하지 않는다 생각하여 늘 원한을 품고 있었다.

가을에, 결국 인량과 마노 등은 서로 결합하고 다른 부족을 위협하여 보병과 기병 3천 병력으로 湟中(황중)을 침략하고, 이어 금성군의 여러 현을 노략질하였다. 마현은 먼저 先零羌(선령강)을 시켜 그들을 공격케 하여 牧苑(목원)에서 싸웠으나 패전하였고 4백여 명이 전사하였다. 마노 등은 또 무위군과 장액군의 군사를 令居縣(영거현)에서 패퇴시킨 뒤에 선련강과 沈氐羌(침저강) 등 수천 호를 협박하여 함께 산을 타고 서쪽으로 진격하여 무위군을 노략질하였다. 마현은 강족을 추격하여 (무위군) 鸞鳥縣(난조현)에서 강족을 회유하였다. 여러 강족 중 수천 명이 투항하자, 마노는 남쪽 湟中(황중)으로 돌아갔다.

原文

延光元年春, 賢追到湟中, 麻奴出塞度河. 賢復追擊, 戰破之, 種衆散遁, 詣涼州刺史宗漢降. 麻奴等孤弱飢困, 其年冬, 將種衆三千餘戶詣漢陽太守耿種降. 安帝假金印紫綬, 賜金銀彩繒各有差.

是歲, 虔人種羌與上郡胡反, 攻穀羅城. 度遼將軍耿夔將諸郡兵及烏桓騎赴, 擊破之. 三年秋, 隴西郡始還狄道焉. 麻奴弟犀苦立.

| **註釋** | ㅇ假金印紫綬 - 假는 빌리다. 임시로 주다.

[國譯]

(안제) 延光 원년(서기 122) 봄, 마현은 강족을 湟中(황중)까지 추격하자, 마노는 변경을 벗어나 河水를 건너 도주했다. 馬賢(마현)이 다시 추격하고 싸워 격파하자 부족 무리는 흩어져 도망했다가 涼州

刺史 宗漢(종한)에게 투항하였다. 마노 등은 고립되고 기아와 곤궁으로 고생하다가 그해 겨울 무리 3천여 호를 거느리고 漢陽太守 耿種(경종)을 찾아가서 투항하였다. 安帝는 金印紫綬를 내려주고 金銀과 채색 비단을 그들에게 차등을 두어 하사하였다.

이 해에 虔人羌(건인강)과 上郡의 흉노족이 반란을 일으켜 穀羅城(곡라성)을 공격하였다. 度遼將軍 耿夔(경기)는 여러 군의 군사 및 烏桓(오환)의 기병을 거느리고 공격하여 격하였다. (延光) 3年 가을, 隴西郡은 원래 치소인 狄道(적도)로 되돌아갔다. 마노의 동생 犀苦(서고)가 자립하였다.

原文

順帝永建元年, 隴西鍾羌反. 校尉馬賢將七千餘人擊之, 戰於臨洮, 斬首千餘級, 皆率種人降. 進封賢都鄕侯, 自是涼州無事.

至四年, 尙書僕射虞詡上疏曰,

「臣聞子孫以奉祖爲孝, 君上以安民爲明, 此高宗,周宣所以上配湯,武也. 〈禹貢〉 雍州之域, 厥田惟上. 且沃野千里, 穀稼殷積, 又有龜茲鹽池, 以爲民利. 水草豐美, 土宜產牧, 牛馬銜尾, 群羊塞道. 北阻山河, 乘阨據險. 因渠以漑, 水舂河漕. 用功省少, 而軍糧饒足. 故孝武皇帝及光武築朔方, 開西河, 置上郡, 皆爲此也. 而遭元元無妄之災, 衆羌內潰, 郡縣兵荒, 二十餘年. 夫棄沃壤之饒, 損自然之財, 不可謂利. 離河山之阻, 守無險之處, 難以爲固. 今三郡未復, 園陵單外, 而公卿選懦, 容頭過身, 張解設難, 但計所費, 不圖其安. 宜開聖德, 考行所長.」

書奏, 帝乃復三郡. 使謁者郭璜督促徙者, 各歸舊縣, 繕城郭, 置候驛. 旣而激河浚渠, 爲屯田, 省內郡費歲一億計. 遂令安定, 北地, 上郡及隴西, 金城常儲穀粟, 令周數年.

| 註釋 | ㅇ〈禹貢〉 - 《尙書 夏書 禹貢》. ㅇ雍州(옹주) - 〈禹貢〉 9州의 하나. 중국 關中과 서북부 전부를 지칭. ㅇ龜茲(구자) - 上郡의 龜茲縣(구자현). 서역의 龜茲國(구자국)이 아님. ㅇ遭元元無妄之災 - 遭는 당하다. 만나다. 元元은 백성. 無妄之災는 無望之災. 所望할 것도 없는 재해. 큰 재해. ㅇ園陵單外 - 前漢 역대 황제의 능. 單外는 고립되다. 안전하지 않다. 전한의 11陵은 高祖의 長陵, 惠帝의 安陵, 文帝의 霸陵(패릉), 景帝의 陽陵, 武帝의 茂陵(무릉), 昭帝의 平陵, 宣帝의 杜陵, 元帝의 渭陵, 成帝의 延陵, 哀帝의 義陵, 平帝의 康陵이다. ㅇ選懦 - 겁먹고 나약하다. 選은 겁내다 망설이다. 懦는 나약할 나. ㅇ容頭過身 - 되는 대로 살아가다.

【國譯】

順帝 永建 원년(서기 126), 隴西郡의 鍾羌(종강)이 반기를 들었다. 護羌校尉 馬賢은 7천여 기병을 거느리고 종강을 공격하여 臨洮縣(임조현)에서 싸웠는데, 모든 부족을 이끌고 투항하였다. 마현은 都鄕侯로 승급하였고 이후 涼州 일대는 무사했다.

(永建) 4년, 상서복야인 虞詡(우후)가 상소하였다.

「臣이 알기로, 子孫은 조상을 받드는 것이 효도이고 군주는 백성을 편안케 하는 것이 明德을 행하는 것이니, 이 때문에 (商) 高宗과 周 宣王은 湯王과 武王을 배향하였습니다. 〈禹貢〉에 雍州(옹주) 지역의 토질은 上이라 하였습니다. 또 (關中은) 沃野 千里에 곡물이 넉넉하게 쌓인 곳이며, 또 龜茲(구자) 지역에는 鹽池(염지)가 있어 백성에게 이득을 줍니다. 옹주지역은 水草가 풍성하고 토지는 목축에 적합하여 소와 말이 줄을 짓고 양떼가 길을 막습니다. 북쪽으로는 큰 산과 河水가 있어 좁다랗고 험준한 지형으로 막혀있습니다. 도랑을 내어 물을 대고 물레방아를 이용하고 강으로 운송합니다. 적은 힘으로 큰 효과를 거둘 수 있고 군량이 넉넉한 곳입니다. 때문에 孝武皇帝와 光武帝는 朔方郡을 설치하였고 西河郡을 개척하였으며, 上郡을 설치한 것도 모두 이 때문이었습니다. 그러나 백성들이 뜻밖의 재난을 당하였고 강족은 나라 안을 궤멸시켰으며 군현이 전쟁으로 황폐해지기 20여 년입니다. 그래서 비옥한 땅의 풍요를 버리고 자연의 재물을 잃는다면 利가 아닙니다. 산하의 험고함을 버리고 험고하지 않은 곳을 방어한다면 튼튼하다고 할 수 없는 것입니다. 지금 三郡이 아직 복구되지 않고 (역대 황제의) 園陵은 고립되었으며, 公卿은 나약하여 되는 대로 살아가며, 변명만 늘어놓고 남과 따지기만 하고 비용이 많이 든다면서 안전을 도모하지 않습니다. 응당 성덕을 널리 펴고 좋은 방책을 찾아 행해야 합니다.」

상서가 들어가자, 順帝는 三郡(朔方郡, 西河郡, 上郡)을 복원하였다. 謁者인 郭璜(곽황)을 시켜 옮겨갈 사람들을 독촉하여 각각 옛 현으로 돌아가게 했고 성곽을 수리하였으며 초소와 역을 설치하였다. 이어 물을 끌어들이고 수로를 설치했으며 둔전을 실시하여 內郡에 비하여 1년에 1억을 절약할 수 있었다. 마침내 安定, 北地, 上郡 및 隴西, 金城郡에는 늘 몇 년을 지탱할 정도의 곡식이 비축되었다.

原文

馬賢以犀苦兄弟數背叛, 因繫質於令居. 其冬, 賢坐徵免, 右扶風韓皓代爲校尉. 明年, 犀苦詣皓, 自言求歸故地. 皓復不遣, 因轉湟中屯田, 置兩河間, 以逼群羌. 皓復坐徵, 張掖太守馬續代爲校尉.

兩河間羌以屯田近之, 恐必見圖, 乃解仇詛盟, 各自儆備. 續欲先示恩信, 乃上移屯田還湟中, 羌意乃安.

至陽嘉元年, 以湟中地廣, 更增置屯田五部, 並爲十部. 二年夏, 復置隴西南部都尉如舊制.

| **註釋** | ○馬續(마속) - 馬援(마원)의 侄孫(질손), 馬融(마융)의 형. 《九章算術》에도 능했으며, 班固가 완성하지 못한 《漢書》의 〈八表〉를 班昭(曹大家)가 완성할 때, 馬續은 〈天文志〉를 완성하였다. ○隴西 南部都尉 - 치소는 隴西郡 臨洮縣.

[國譯]

馬賢은 犀苦(서고) 형제가 자주 배반하기에 인질을 令居縣에 잡아 두었다. 그해 겨울 마현은 법을 어겨 소환되어 면직되었고 右扶風 韓皓(한호)가 후임 교위가 되었다. 다음 해, 서고는 한호를 찾아가 옛 땅으로 돌려보내달라고 말하였다. 한호는 역시 보내주지 않았고 湟中 땅의 둔전을 두 강 사이로 옮겨 여러 강족을 강하게 압박하였다. 한호도 법을 어겨 소환되었고 張掖太守 馬續(마속)이 후임 교위가 되었다.

양쪽 강 사이의 강족은 둔전이 그들 가까이에 설치되자 틀림없이 자신들에게 어떤 시도가 있을 것이라 생각하여 서로 간의 원한을 풀고 동맹을 맺으며 각자 위기에 대비하였다. 그러나 마속은 먼저 강족에 대한 은애를 베풀고 신의를 보여주고자 상서하여 둔전을 전과 같이 湟中(황중)으로 환원하자 강족은 안심하였다.

(順帝) 陽嘉 원년(서기 132), 湟中의 토지가 광대하여 5部의 둔전을 10부로 늘렸다. (陽嘉) 2년 여름, 隴西 南部都尉을 옛 제도에 의거 다시 설치하였다.

原文

三年, 鍾羌良封等復寇隴西,漢陽, 詔拜前校尉馬賢爲謁者, 鎭撫諸種. 馬續遣兵擊良封, 斬首數百級.

四年, 馬賢亦發隴西吏士及羌胡兵擊殺良封, 斬首千八百級, 獲馬,牛,羊五萬餘頭. 良封親屬並詣賢降. 賢復進擊鍾羌且昌, 且昌等率諸種十餘萬詣涼州刺史降. 永和元年, 馬續遷度遼將軍, 復以馬賢代爲校尉.

初, 武都塞上白馬羌攻破屯官, 反叛連年. 二年春, 廣漢屬國都尉擊破之, 斬首六百餘級, 馬賢又擊斬其渠帥飢指累祖等三百級, 於是隴右復平. 明年冬, 燒當種那離等三千餘騎寇金城塞, 馬賢將兵赴擊, 斬首四百餘級, 獲馬千四百匹. 那離等復西招羌胡, 殺傷吏民.

| **註釋** | ○廣漢屬國 – 治所 陰平道, 今 甘肅省 隴南市 관할 文縣. 廣漢郡 북부를 통치.

[國譯]

(順帝 陽嘉) 3년(서기 134), 鍾羌인 良封(양봉) 등이 다시 隴西와 漢陽郡을 노략질하자, 조서를 내려 전 호강교위였던 馬賢을 謁者에 임명하여 여러 강족을 진무케 하였다. 馬續(마속)은 군사를 내어 양봉을 공격하여 수백 명을 죽였다.

4년, 마현도 隴西의 관리와 사졸 및 강족의 군사를 동원하여 양봉을 공격 살해하고 1천 8백여 명을 참수하였으며 우마와 양 등 5만여두를 노획하였다. 이에 양봉의 친속들은 모두 마현을 찾아와 투항하였다. 마현이 다시 鐘羌(종강)의 且昌(차창)을 토벌하니, 차창 등은 여러 종족 10여만 명을 이끌고 涼州 자사를 찾아가 투항하였다. (順帝) 永和 원년(서기 136), 마속은 度遼將軍으로 승진하였고 마현은 후임 호강교위가 되었다.

그전에 武都郡의 변방에 白馬羌이 屯田官을 공격하는 등 해마다 반기를 들었다. (永和) 2년 봄, 廣漢 屬國 都尉가 강족을 토벌하여 6백여 명을 참수했고 마현도 강족을 공격하여 그 우두머리인 飢指累祖(기지노조) 등 3백여 명을 죽이자 隴右(隴西)는 다시 평온하였다. 다음 해 겨울, 燒當羌(소당강)의 那離(나리) 등 3천여 기병이 金城郡의 변경을 노략질하자, 馬賢은 군사를 거느리고 토벌하여 4백여 명을 참수하고 말 1,400필을 노획하였다. 나리 등은 다시 서쪽의 강족을 끌어들여 관리와 백성을 살상케 했다.

原文

四年, 馬賢將湟中義從兵及羌胡萬餘騎掩擊那離等, 斬之, 獲首虜千二百餘級, 得馬,騾,羊十萬餘頭. 徵賢爲弘農太守, 以來機爲幷州刺史, 劉秉爲涼州刺史, 並當之職. 大將軍梁商謂機等曰, "戎狄荒服, 蠻夷要服, 言其荒忽無常. 而統領之道, 亦無常法, 臨事制宜, 略依其俗. 今三君素性疾惡, 欲分明白黑. 孔子曰, '人而不仁, 疾之已甚, 亂也.' 況戎狄乎! 其務安羌胡, 防其大故, 忍其小過."

機等天性虐刻, 遂不能從. 到州之日, 多所擾發.

| **註釋** | ㅇ湟中義從兵 – 湟中(황중)의 강족으로 漢에 투항한 군사. ㅇ大將軍梁商 – 梁商(양상)은 선량하고 겸소한 도덕군자였는데, 梁商(양상)의 딸 瑩(영)이 桓帝의 梁皇后이다. 梁太后 부친 梁商이 죽자 아들 梁冀(양기)가 대장군이 되어 質帝를 독살하고(서기 146년) 桓帝를 옹립했다. 34권, 〈梁統列傳〉에 立傳. ㅇ人而不仁 ~ – 「子曰, "好勇疾貧, 亂也. 人而不仁, 疾之已甚, 亂也."」《論語 泰伯》.

[國譯]

(順帝 永和) 4년(서기 139), 馬賢은 湟中(황중)의 강족 義從兵(志願兵과 강족의 일반 기병 등 1만 명을 거느리고 燒當羌(소당강)의 那離(나리) 등을 기습 공격하여 1,200명을 죽이거나 생포하였고 말과 나귀 양 등 10여만 마리 가축을 획득하였다.

(조정에서는) 馬賢을 불러들여 弘農太守에 임용했고 來機(내기)를 幷州刺史, 劉秉(유병)을 涼州(양주) 자사에 임용하였는데 이들은 임지로 출발하려 했다. 大將軍 梁商(양상)이 내기 등에게 말했다.

"戎狄(융적)은 荒服(황복)의 더 먼 땅에 살고, 南蠻과 西南夷는 要服(요복)에 사는데 황복이란 말은 그 땅이 황홀하여 일정하지 않다는 뜻이요. 그런 사람들을 거느리는데 일정한 법도는 없고 사안에 따라 적당한 조치를 취하되 대체적으로 그들 습속을 따라야 합니다. 지금 당신들 3인의 평소에 악행을 미워하고 흑백을 분명히 가리려는 성격입니다. 孔子도 '사람이 어질지 않으면 그 병폐가 심하여 혼란할 것이라.' 고 하였소. 융적들에게는 더 말할 것이 없소. 강족들을 안정시키는데 힘써 큰 사고를 예방하고 작을 잘못은 참아 넘기기를 바랄뿐이요."

그러나 내기 등은 각박한 천성이라서 그 말을 따르지 못했다. 부임하는 날 여러 곳에서 소요가 있었다.

原文

五年夏, 且凍,傅難種羌等遂反叛, 攻金城, 與西塞及湟中雜種羌胡大寇三輔, 殺害長吏. 機,秉並坐徵. 於是發京師近郡及諸州兵討之, 拜馬賢爲征西將軍, 以騎都尉耿叔副, 將左右羽林,五校士及諸州郡兵十萬人屯漢陽. 又於扶風,漢陽,隴道作塢壁三百所, 置屯兵, 以保聚百姓. 且凍分遣種人寇武都, 燒隴關, 掠苑馬.

六年春, 馬賢將五六千騎擊之. 到射姑山, 賢軍敗, 賢及二子皆戰歿. 順帝愍之, 賜布三千匹, 穀千斛, 封賢孫光爲舞陽亭侯, 租入歲百萬. 遣侍御史督錄征西營兵, 存恤死傷.

| **註釋** | ㅇ羽林 – 황제 宿衛와 시종을 담당하는 護衛軍인 羽林騎士. 질록 3백석. 羽林의 左, 右騎를 羽林左監(800명 지휘)과 右監(900명 지휘, 질록 6百石)이 각각 감독 지휘했다. 전한 武帝는 건원 3년(前 138)에 隴西,

天水, 安定, 北地, 上郡, 西河郡의 良家 자제를 선발하여 建章宮을 수비하는 기병부대를 만들었다. 이것이 羽林軍의 시작이다. ㅇ隴道 – 隴西로 통하는 길.

[國譯]

(順帝 永和) 5년(서기 140), 且凍(차동), 傅難羌(부난강) 등이 마침내 반기를 들고 金城郡을 공격하였고, 西塞(서새) 및 湟中(황중) 지역의 여러 강족과 함께 三輔 지역을 대대적으로 노략질하며 官長을 죽였다. 이에 (并州刺史) 來機(내기)와 (涼州刺史) 劉秉(유병)은 이 일로 소환되었다. 이에 京師 근처 郡과 각 자사부의 병력을 징발하여 강족을 토벌하였는데, 馬賢은 征西將軍의 직책을 제수 받았고 騎都尉 耿叔(경숙)은 副將이 되어 左右 羽林軍, 五校의 사졸 및 여러 군의 군사 총 10만을 지휘하여 漢陽郡에 주둔하였다. 또 右扶風, 漢陽郡 및 隴西郡의 각 道(행정단위)에 방어벽 3백 개소를 설치하고 둔병을 배치하였으며 백성을 불러들였다. (羌族의) 차동은 부족을 나눠 武都郡을 노략질하고 隴關(농관, 大震關)을 불태우며 牧馬場의 말을 약탈하였다.

(順帝 永和) 6년(서기 141), 봄, 馬賢은 5, 6천 기병으로 그들을 타격하였다. 射姑山(야고산)에 이르러 마현의 군사는 패전하였고 마현과 두 아들은 모두 전사하였다. 順帝는 이를 불쌍히 여겨 布 3천 필과 곡식 1천 斛(곡)을 하사하고, 마현의 손자 馬光(마광)을 舞陽亭侯에 봉하였는데 조세 수입이 1년에 백만 전이었다. 侍御史를 보내 征西將軍의 군영을 감독하고 전사자와 부상자를 돌보게 하였다.

原文

於是東西羌遂大合. 罕唐種三千餘騎寇隴西, 又燒園陵, 掠關中, 殺傷長吏. 郃陽令任頵追擊, 戰死. 遣中郎將龐浚募勇士千五百人頓美陽, 爲涼州援. 武威太守趙沖追擊鞏唐羌, 斬首四百餘級, 得馬,牛,羊,驢萬八千餘頭, 羌二千餘人降. 詔沖督河西四郡兵爲節度. 罕種羌千餘寇北地, 北地太守賈福與趙沖擊之, 不利. 秋, 諸種八九千騎寇武威, 涼部震恐. 於是復徙安定居扶風, 北地居馮翊, 遣行車騎將軍執金吾張喬將左右羽林,五校士及河內,南陽,汝南兵萬五千屯三輔.

漢安元年, 以趙沖爲護羌校尉. 沖招懷叛羌, 罕種乃率邑落五千餘戶詣沖降. 於是罷張喬軍屯. 唯燒何種三千餘落據參䜌北界.

三年夏, 趙沖與漢陽太守張貢掩擊之, 斬首千五百級, 得牛,羊,驢十八萬頭. 冬, 沖擊諸種, 斬首四千餘級. 詔沖一子爲郎. 沖復追擊於阿陽, 斬首八百級. 於是諸種前後三萬餘戶詣涼州刺史降.

| 註釋 | ㅇ關中 – 函谷關(今 河南省 三門峽市 관할 靈寶市 동북)은 關東에서 關中에 들어가는 요해처이다. 동 函谷關, 남 武關, 서 散關, 북 蕭關(소관)으로 둘러싸인 땅을 關中이라 한다. ㅇ任頵(임균) – 인명. 頵은 머리가 클 균. ㅇ美陽 – 右扶風의 縣名. 今 陝西省 咸陽市 관할 武功縣.

【國譯】

이에 東西의 羌族이 마침내 하나로 합쳐졌다. 鞏唐羌(공당강) 부족 3천여 기병이 隴西郡을 노략질하고 園陵을 불태웠으며 關中 땅을 노략질하고 長吏를 살상했다. (左馮翊) 郃陽(흡양) 현령인 任頵(임균)이 추격하다가 전사했다. (조정에서는) 中郎將 龐浚(방준)을 보내 勇士 1,500명을 모집하여 (右扶風) 美陽縣에 주둔하며 涼州 일원을 구원케 하였다. 武威太守 趙沖(조충)은 공당 강족을 추격하여 4백여 명을 죽이고 우마와 양 나귀 등 1만 8천 마리를 노획하자 강족 2천여 명이 투항하였다. 조서로 조충에게 河西 4군의 군사를 총 지휘하게 하였다. 罕種羌(한종강) 1천여 명이 北地郡을 노략질하자 北地太守 賈福(가복)과 조충이 공격하였지만 이기지 못했다. 가을에, 여러 강족의 8, 9천 기병이 武威郡을 노략질하자 涼州 일대가 두려워 떨었다. 이에 다시 安定군을 右扶風으로, 北地郡을 左馮翊으로 옮겼고, 行車騎將軍 執金吾 張喬(장교)를 보내 左, 右羽林軍과 (北軍) 五校의 사졸 및 河內, 南陽, 汝南郡에서 차출한 병력 총 1만 5천 명을 三輔 지역에 주둔시켰다.

(順帝) 漢安 元年(서기 142), 趙沖(조충)은 護羌校尉가 되었다. 趙沖이 반기를 든 강족을 초치 회유하자, 罕種羌(한종강)은 邑落 5천여 호를 인솔하고 趙沖에게 투항하였다. 이에 張喬 휘하의 주둔군을 해산하였다. 오직 燒何羌(소하강) 3천여 명은 (安定郡) 參䜌縣(참련현)의 북쪽 지역에 별도로 머물렀다.

(漢安) 3년 여름, 조충과 漢陽太守 張貢(장공)이 소하강을 기습 공격하여 1천5백 명을 참수하고 소와 양, 나귀 등 18만 마리를 노획하였다. 겨울에도 조충이 여러 강족을 공격하여 4천여 명을 참수하였다. 조서로 조충의 한 아들을 낭관으로 임용했다. 조충은 다시 강족

을 (漢陽郡) 阿陽縣에서 공격하여 8백여 명을 죽였다. 이에 여러 강족은 전후로 3만여 호가 양주 자사를 찾아와 투항하였다.

原文

建康元年春, 護羌從事馬玄遂爲諸羌所誘, 將羌衆亡出塞. 領護羌校尉衛瑤追擊玄等, 斬首八百餘級, 得牛,馬,羊二十餘萬頭. 趙沖復追叛羌到武威鸇陰河. 軍度未竟, 所將降胡六百餘人叛走, 沖將數百人追之, 遇羌伏兵, 與戰歿. 沖雖身死, 而前後多所斬獲, 羌由是衰耗.

永嘉元年, 封沖子愷義陽亭侯. 以漢陽太守張貢代爲校尉. 左馮翊梁並稍以恩信招誘之, 於是離湳,狐奴等五萬餘戶詣並降, 隴右復平. 並, 大將軍冀之宗人. 封爲鄠侯, 邑二千戶.

自永和羌叛, 至乎是歲, 十餘年間, 費用八十餘億. 諸將多斷盜牢稟, 私自潤入, 皆以珍寶貨賂左右, 上下放縱, 不恤軍事, 士卒不得其死者, 白骨相望於野.

| **註釋** | ㅇ領護羌校尉 – 호강교위 겸임. ㅇ鸇陰河 – 鸇陰(전음)은 安定郡의 현명. 鸇은 새매 전. ㅇ左馮翊梁並 – 左馮翊은 행정구역 고유 명칭(郡級)이면서 그곳 행정관의 관직명이다. 지역의 의미이면 밑줄을 그었지만 관직으로 사용되면 밑줄을 긋지 않았다. 右扶風, 京兆尹, 河南尹도 동일. ㅇ斷盜牢稟 – 斷盜는 무단으로 도둑질을 하다. 牢稟(뇌름)은 軍糧.

[國譯]

(順帝) 建康 원년(서기 144) 봄, 護羌從事인 馬玄(마현)은 강족의 유혹에 넘어가 강족의 무리를 이끌고 변경 밖으로 달아났다. 護羌校尉 겸임인 衛瑤(위요)가 馬玄 등을 추격하여 8백여 명을 죽이고 우마와 양 등 20여 만 마리를 노획하였다. 趙沖(조충)도 반란을 일으킨 강족을 武威郡 鸇陰河(전음하)까지 추격하였다. 조충의 군사가 모두 건너기도 전에 조충이 거느렸던 강족 6백여 명이 반기를 들고 도주하자 주충은 군사 수백 명을 거느리고 추격하였는데 그 중간에 강족의 복병을 만나 싸우다가 조충은 전사하였다. 조충이 전사하였지만 그동안 죽이거나 노획한 강족이 많아 강족은 이때부터 쇠퇴하였다.

(冲帝) 永嘉 원년(서기 145)에, 조충의 아들 趙愷(조개)를 義陽亭侯에 봉했다. 漢陽太守 張貢(장공)이 후임 호강교위가 되었다. 左馮翊인 梁並(양병)이 강족들을 恩義로 회유하자 離湳(이남), 狐奴(호노) 등 5만여 호가 양병을 찾아와 투항하였고 隴右(隴西郡)는 다시 평온하였다. 양병은 대장군 梁冀의 일족이었다. 鄠侯(호우)에 봉해졌는데 식읍은 2천 호였다.

(順帝) 永和 연간(서기 136-141)에, 강족의 반란 이후 이때까지 10여 년간에 비용이 80억 전 정도였다. 여러 장수들은 군량 도둑질에 전념하여 은밀히 착복하였고 진기한 보화로 황제 측근에 뇌물을 쓰며, 상하가 모두 방종하며 군사 업무에 마음 쓰지 않았기에 사졸이 죽어도 그 시신을 거두지 않아 들판에는 백골이 그대로 널려 있었다.

原文

桓帝建和二年, 白馬羌寇廣漢屬國, 殺長吏. 是時西羌及湟中胡復畔爲寇, 益州刺史率板楯蠻討破之, 斬首招降二十萬人.

永壽元年, 校尉張貢卒, 以前南陽太守第五訪代爲校尉, 甚有威惠, 西垂無事. 延熹二年, 訪卒, 以中郎將段熲代爲校尉. 時燒當八種寇隴右, 熲擊大破之. 四年, 零吾復與先零及上郡沈氐,牢姐諸種並力寇幷,涼及三輔. 會段熲坐事徵, 以濟南相胡閎代爲校尉. 閎無威略, 羌遂陸梁, 覆沒營塢, 寇患轉盛, 中郎將皇甫規擊破之.

五年, 沈氐諸種復寇張掖,酒泉, 皇甫規招之, 皆降. 事已具〈規傳〉. 鳥吾種復寇漢陽, 隴西,金城諸郡兵共擊破之, 各還降附. 至冬, 滇那等五六千人復攻武威,張掖,酒泉, 燒民廬舍. 六年, 隴西太守孫羌擊破之, 斬首溺死三千餘人. 胡閎疾, 復以段熲爲校尉.

|註釋| ㅇ第五訪 – 第五는 복성. ㅇ陸梁 – 제멋대로 구는 모양, 어지럽게 달아나는 모양. 陸은 뛰어다닐 육(륙). ㅇ中郎將 皇甫規(황보규) – 65권, 〈皇甫張段列傳〉 立傳. 段熲(단경)도 같이 입전. ㅇ孫羌(손강) – 孫堅(손견, 155 – 191)의 형. 孫策과 孫權의 큰아버지.

[國譯]

桓帝 建和 2년(서기 148), 白馬羌(백마강)이 廣漢屬國을 노략질하며 長吏를 살해했다. 이때 西羌 및 湟中의 강족들이 다시 반기를 들고 노략질을 하자, 益州刺史가 板楯蠻(판순만)을 거느리고 토벌하여 참수한 자나 투항한 자가 20만 명이었다.

(桓帝) 永壽 원년(서기 155), 호강교위 張貢(장공)이 죽었다. 이에 전임 南陽太守 第五訪(제오방)이 호강교위가 되었는데 매우 위엄이 있고 인자하여 서쪽 국경이 무사하였다.

(桓帝) 延熹 2년(서기 159), 제오방이 죽자 中郎將 段熲(단경)이 후임 교위가 되었다. 그때 燒當羌(소당강) 8부족이 隴右 일대를 노략질하자, 단경이 공격하여 대파하였다.

(桓帝) 延熹 4년에 零吾羌(영오강)이 다시 先零羌(선련강) 및 上郡의 沈氐(침저), 牢姐羌(뇌저강) 등 여러 부족과 함께 幷州, 涼州 및 三輔 지역을 노략질하였다. 이때 단경은 업무상 과실로 소환당하고 濟南相이던 胡閎(호굉)이 후임 교위가 되었다. 호굉은 권위나 책략도 없어 강족이 멋대로 날뛰면서 다시 군영이나 방어시설을 뒤엎어 강족에 대한 걱정이 매우 컸었는데 中郎將 皇甫規(황보규)가 강족을 격파하였다.

(桓帝) 延熹 5년(서기 162), 沈氐羌(침저강) 여러 부족이 다시 張掖郡과 酒泉郡을 노략질하자, 황보규가 이들을 회유하자 이들은 모두 투항하였다. 이는 〈皇甫規列傳〉에 입전했다. 鳥吾羌(조오강) 부족이 다시 漢陽郡을 노략질하자, 隴西郡, 金城郡 등 여러 군의 군사를 동원하여 격파하였고 항복한 자들을 거느리고 돌아왔다. 겨울이 되자 滇那羌(전나강) 등 5, 6천 명이 다시 武威, 張掖, 酒泉郡에 침입하여 백성의 가옥을 불살랐다.

6년에, 隴西 태수 孫羌(손강)이 강족을 격파했는데 3천여 명이 참수되거나 익사하였다. 호굉이 병이 들자 段熲(단경)이 다시 교위가 되었다.

原文

永康元年, 東羌岸尾等脅同種連寇三輔, 中郎將張奐追, 破斬之, 事已具〈奐傳〉. 當煎羌寇武威, 破羌將軍段熲復破滅之, 餘悉降散. 事已具〈熲傳〉.

靈帝建寧三年, 燒當羌奉使貢獻. 中平元年, 北地降羌先零種因黃巾大亂, 乃與湟中羌,義從胡北宮伯玉等反, 寇隴右. 事已見〈董卓傳〉. 興平元年, 馮翊降羌反, 寇諸縣, 郭汜,樊稠擊破之, 斬首數千級.

| 註釋 | ㅇ張奐(장환) - 문무를 겸비하고 무관으로 입신출세하였고 환관에게 시달렸다. 65권, 〈皇甫張段列傳〉에 立傳. ㅇ北宮伯玉 - 北宮伯玉(북궁백옥, ? - 186년)은 인명. 義從胡의 우두머리. 본래 月氏族. 나중에 韓遂(한수)에게 피살.

[國譯]

(桓帝) 永康 원년(서기 167), 東羌(동강)의 岸尾(안미) 등이 동종을 협박, 연계하여 三輔 지역을 공격하자 中郞將 張奐(장환)이 추격하여 격파 참수하였는데, 이는 〈張奐傳〉에 기록했다. 當煎羌(당전강)이 武威郡을 노략질하자, 破羌將軍 段熲(단경)이 다시 격파하여 없애버렸고 나머지는 투항하거나 흩어졌다. 이 모두 〈段熲傳〉에 기록했다.

靈帝 建寧 3년(서기 170), 燒當羌(소당강)이 사자를 보내 토산품을 바쳤다. (靈帝) 中平 원년(서기 184), 北地郡의 투항한 先零羌(선련강)족이 黃巾大亂을 계기로 湟中羌(황중강)과 義從胡인 北宮伯玉(북궁백옥) 등과 연결하여 반기를 들고 隴右 일대를 노략질하였다. 이는 〈董卓傳〉에 있다.

(獻帝) 興平 원년(서기 194), 左馮翊의 투항한 강족이 반기를 들고 여러 현을 노략질하였는데 郭汜(곽사)와 樊稠(번조) 등이 격파하고 수천 명을 죽였다.

原文

自爰劍後, 子孫支分, 凡百五十種. 其九種在賜支河首以西, 及在蜀,漢徼北, 前史不載口數. 唯參狼在武都, 勝兵數千人. 其五十二種衰少, 不能自立, 分散爲附落, 或絶滅無後, 或引而遠去. 其八十九種, 唯鍾最强, 勝兵十餘萬. 其餘大者萬餘人, 小者數千人, 更相抄盜, 盛衰無常, 無慮順帝時勝兵合可二十萬人. 發羌,唐旄等絶遠, 未嘗往來. 氂牛,白馬羌在蜀,漢, 其種別名號, 皆不可紀知也.

建武十三年, 廣漢塞外白馬羌豪樓登等率種人五千餘戶內屬, 光武封樓登爲歸義君長. 至和帝永元六年, 蜀郡徼外大牂夷種羌豪造頭等率種人五十餘萬口內屬, 拜造頭爲邑君長, 賜印綬.

至安帝永初元年, 蜀郡徼外羌龍橋等六種萬七千二百八十口內屬. 明年, 蜀郡徼外羌薄申等八種三萬六千九百口復舉土內屬. 冬, 廣漢塞外參狼種羌二千四百口復來內屬. 桓帝建和二年, 白馬羌千餘人寇廣漢屬國, 殺長吏, 益州刺史率板楯蠻討破之.

| **註釋** | ㅇ勝兵 - 士卒. 병기를 들고 싸울 수 있는 사람.

[國譯]

無弋爰劍(무익원검) 이후 자손들의 분파는 150種(부족)이나 된다. 그중 9종은 賜支河(사지하) 상류의 서쪽이나 蜀郡이나 廣漢郡 북쪽에 있었는데, 이전의 史書에는 인구수 기록이 없었다. 다만 參狼羌(삼랑강)은 武都郡에 있었는데 군졸이 될 만한 자가 수천 명이었다. 강족 중 52종은 쇠락하여 자립할 수 없어 흩어져 다른 마을에 의지하거나 끊기어 후손이 없거나 아니면 멀리 가버렸다. 나머지 89부족 중에 鍾羌(종강)이 가장 막강하였는데 병졸이 10여만 명이었다. 그 나머지는 큰 부족이 수만 명, 작은 부족은 수천 명 정도였는데 서로 빼앗고 훔쳐서 성쇠가 무상하였지만, 하여튼 順帝 무렵에 병졸이 20만 정도였다. 發羌(발강)이나 唐旄羌(당모강) 등은 아주 먼 곳에 있어 漢에 왕래하지 않았다. 氂牛羌(이우강)이나 白馬羌(백마강)은 蜀과 廣漢郡 지역이라서 그 부족별 갈래나 명칭은 다 기록하여 알 수가 없을 정도였다.

建武 13년(서기 37), 廣漢郡 경계 밖의 白馬羌(백마강)의 酋豪인 樓登(누등) 등은 부족 5천여 호를 거느리고 漢에 來附하였는데 광무제는 樓登(누등)을 歸義君長(귀의군장)에 봉하였다. 和帝 永元 6년(서기 94)에 蜀郡 경계 밖의 大牂夷種羌(대장이종강)의 추장인 造頭(조두) 등은 부족 50여만 명을 거느리고 귀부하였는데 조두는 邑君長이 되었고 인수를 하사받았다.

安帝 永初 원년(서기 107)에, 蜀郡 영역 밖 강족인 龍橋(용교) 등 6부족 17,280명이 귀부하였다. 다음 해 蜀郡 밖의 강족인 薄申(박신) 등 8부족 36,900명이 다시 그들 땅을 들어 귀부하였다. 겨울에, 廣漢

郡 경계 밖의 參狼種羌(삼랑종강) 2,400명이 귀부하였다. 桓帝 建和 2년(서기 148), 白馬羌(백마강) 1천여 명이 廣漢屬國을 노략질하고 관리를 죽이자 益州刺史가 板楯蠻(판순만)을 거느리고 격파하였다.

原文

湟中月氏胡, 其先大月氏之別也, 舊在張掖,酒泉地. 月氏王爲匈奴冒頓所殺, 餘種分散, 西逾蔥領. 其羸弱者南入山阻, 依諸羌居止, 遂與共婚姻. 及驃騎將軍霍去病破匈奴, 取西河地, 開湟中, 於是月氏來降, 與漢人錯居. 雖依附縣官, 而首施兩端. 其從漢兵戰鬪, 隨勢强弱. 被服飲食言語略與羌同, 亦以父名母姓爲種. 其大種有七, 勝兵合九千餘人, 分在湟中及令居. 又數百戶在張掖, 號曰義從胡. 中平元年, 與北宮伯玉等反, 殺護羌校尉泠徵,金城太守陳懿, 遂寇亂隴右焉.

| **註釋** | ○月氏胡 – 月氏(월지, yuèzhī)는 甘肅省 일대에서 유목생활을 하던 티베트 계통의 부족. 흉노의 공격을 받아 서쪽으로 이동하여 伊犁河(이리하) 지역으로 이동한 월지는 大月氏, 甘肅省과 青海省 일대에 남은 월지족은 小月氏라 칭한다. 胡는 이민족을 지칭. 五胡는 匈奴, 鮮卑, 羌, 氐, 羯族(갈족)을 의미. 때로는 흉노만을 지칭(匈奴的別稱). 古文에서는 외국인이라는 뜻으로 쓰인다. ○蔥領(총령, 葱嶺) – 帕米爾(파미르) 高原. ○霍去病(곽거병) –《漢書》55권,〈衛青霍去病傳〉立傳. ○雖依附縣官 – 縣官은 나라. 관청. 때로는 황제를 지칭. ○令居 – 金城郡 縣名.

[國譯]

湟中(황중)의 月氏胡(월지호)의 선조는 大月氏의 갈래였는데 예부터 지금의 張掖郡과 酒泉郡 일대에 살고 있었다. 月氏 王이 匈奴 冒頓(묵독) 선우에게 피살된 뒤에 나머지 부족이 분산되어 서쪽으로는 葱領(葱嶺, 파미르 고원)을 넘어갔다. 그들 중 약한 자들은 남쪽 산간으로 들어가 羌族에 의지하며 살면서 그들과 결혼하였다. 驃騎將軍 霍去病(곽거병)이 匈奴를 격파하여 西河의 땅을 차지하고 또 湟中(황중)을 개척하자, 月氏族은 투항하였고 漢人과 섞여 살았다. 비록 나라에 협조는 하였지만 늘 首鼠兩端(수서양단)의 입장을 취했다. 漢의 군사를 따라 전투에 참여도 했지만 강약의 형세에 따랐다. 그들의 의복이나 음식 언어는 대체로 강족과 비슷하며 父名 또는 母姓으로 종족 이름을 삼았다. 월지족 중 7개의 큰 부족이 있었고 군졸이 될 만한 자가 9천여 명이었으며 湟中縣이나 (金城郡) 令居縣에 거주했다. 또 장액군에 사는 수백 호의 월지족은 義從胡(의종호)라고 불렀다. (靈帝) 中平 元年(서기 184), 北宮伯玉(북궁백옥) 등이 반기를 들고 護羌校尉 泠徵(냉징)과 金城太守 陳懿(진의)을 죽이며, 隴右 일대를 노략질했다.

原文

論曰, 羌戎之患, 自三代尙矣. 漢世方之匈奴, 頗爲衰寡, 而中興以後, 邊難漸大. 朝規失綏御之和, 戎師騫然諾之信. 其內屬者, 或倥偬之豪右之手, 或屈折於奴僕之勤. 塞候時淸, 則憤怒而思禍, 桴革暫動, 則屬鞬以鳥驚. 故永初之間, 群種蜂起. 遂解仇嫌, 結盟詛, 招引山豪, 轉相嘯聚, 揭木爲兵, 負柴爲械. 轂馬揚埃, 陸梁於三輔, 建號稱制, 恣睢於北地. 東犯趙,魏之郊, 南入漢,蜀之鄙, 塞湟中, 斷隴道, 燒陵園, 剽城市, 傷敗踵系, 羽書日聞. 并,涼之士, 特衝殘斃, 壯悍則委身於兵場, 女婦則徽纆而爲虜, 發冢露胔, 死生塗炭.

自西戎作逆, 未有陵斥上國若斯其熾也. 和熹以女君親政, 威不外接. 朝議憚兵力之損, 情存苟安. 或以邊州難援, 宜見捐棄, 或懼疽食浸淫, 莫知所限. 謀夫回遑, 猛士疑慮, 遂徙西河四郡之人, 雜寓關右之縣. 發屋伐樹, 塞其戀土之心, 燔破貲積, 以防顧還之思. 於是諸將鄧騭,任尙,馬賢,皇甫規,張奐之徒, 爭設雄規, 更奉征討之命, 徵兵會衆, 以圖其隙. 馳騁東西, 奔救首尾, 搖動數州之境, 日耗千金之資. 至於假人增賦, 借奉侯王, 引金錢縑彩之珍, 徵糧粟鹽鐵之積. 所以賂遺購賞, 轉輸勞來之費, 前後數十巨萬. 或梟克酋健, 摧破附落, 降俘載路, 牛羊滿山.

軍書未奏其利害, 而離叛之狀已言矣. 故得不酬失, 功不半勞. 暴露師徒, 連年而無所勝. 官人屈竭, 烈士憤喪. 段熲受事, 專掌軍任, 資山西之猛性, 練戎俗之態情, 窮武思盡飆銳以事之. 被羽前登, 身當百死之陣, 蒙沒冰雪, 經履千折之道. 始殄西種, 卒定東寇.

若乃陷擊之所殲傷, 追走之所崩籍, 頭顱斷落於萬丈之山, 支革判解於重崖之上, 不可校計. 其能穿竄草石, 自脫於鋒鏃者, 百不一二. 而張奐盛稱 '戎狄一氣所生, 不宜誅盡, 流血汚野, 傷和致妖'. 是何言之迂乎! 羌雖外患, 實深內疾, 若攻之不根, 是養疾痾於心腹也.

惜哉! 寇敵略定矣, 而漢祚亦衰焉. 嗚呼! 昔先王疆理九土, 判別畿荒, 知夷貊殊性, 難以道御, 故斥遠諸華, 薄其貢職, 唯與辭要而已. 若二漢御戎之方, 失其本矣. 何則? 先零侵境, 趙充國遷之內地, 煎當作寇, 馬文淵徙之三輔. 貪其暫安之勢, 信其馴服之情, 計日用之權宜, 忘經世之遠略, 豈夫識微者之爲乎? 故微子垂泣於象箸, 辛有浩嘆於伊川也.

| 註釋 | ○或倥傯之豪右之手 – 倥傯은 매우 힘들다. 고생하다. 倥은 어리석을 공. 고생하다. 傯은 바쁠 총. 힘들다. 豪右은 大家. 勢族. ○桴革暫動 – 桴革은 북을 치다. 전쟁이 일어나다. 桴는 북채 부. 뗏목. 革은 갑옷. ○屬鞬以鳥驚 – 화살통을 준비하면서 새가 놀란 듯 허둥대다. 鞬은 화살통 건. 활과 화살을 넣어 등에 지는 것. ○頭顱斷落 – 頭顱는 머리뼈. 해골. 顱는 머리뼈 로. ○支革判解~ – 支는 四肢(사지), 革은 피부(皮也). ○養疾痾於心腹也 – 疾痾는 질병. 痾는 병 아. 앓다. 心腹은 심장과 배(腹). ○微子垂泣於象箸 – 紂王이 상아 젓가락(象箸)을 사용하는 것을 보고 앞으로는 무소뿔이나 玉으로 만들 술잔을 사용할 것이고, 그렇게 되면 사치가 끝이 없을 것이라며 紂王의 伯父인 箕子(기자)는 눈물을 흘렸다. 여기서 微子(미자)라고 한 것은 분명한 착오라는 주석이 있다. 微子(미자)는 殷 紂王의 庶兄. ○辛有浩嘆於伊川也 – 周 平王이 東遷한 뒤에 大夫 辛有(신유)는 伊川(이천)에서 만이들이 머리를 풀어헤치고 하늘에서 제사하는 것을 보고 앞으로 백 년 안에 융적이 이 땅에 들어올 것이라고 탄식하였다.

[國譯]

范曄(범엽)의 史論 : 羌族의 患難은 三代부터였으니 매우 오래되었다. 漢世에 흉노의 세력은 점점 쇠약하고 (인구도) 감소하여 中興 이후로는 변방에서 더 커질 수가 없었다. 조정의 정책은 백성을 편안하게 통치하는 방법을 버렸고 장수들은 이미 허락한 신의에 대한 믿음을 버렸다. 투항하여 귀부한 자들은 大家에 눌려 힘들게 고생하거나 허리를 굽혀 노비처럼 일만 해야 했다. 변경의 상황은 한때는 그런대로 괜찮았지만 (羌族은) 분노하면서 분란을 생각하였으며, 전쟁이 일단 발발하면 준비를 하면서 놀란 새처럼 허둥대었다. 그래서 (安帝) 永初 연간에 여러 羌族이 벌떼처럼 일어났다. (강족은) 원한과 미움을 풀고 동맹으로 다짐하였고 산속의 강한 부족을 불러왔으며, 서로 휘파람을 불어 모여들고 나무를 깎아 무기를 만들었으며, 나무토막을 쌓아 성채를 만들었다. 수레와 말을 달려 흙먼지를 일으키고 三輔지역에서 멋대로 날뛰었으며, 자칭 황제를 칭하거나 北地郡에서 거만하게 중원을 노려보았다. 동쪽으로는 趙國과 魏郡의 경계까지 침입하였고, 남쪽으로는 廣漢郡과 蜀郡의 바깥 땅에 들어갔으며, 湟中(황중) 땅을 차지하고서 隴山 서쪽으로 통하는 길을 막았고 황제들의 園陵을 불살랐으며, 城市를 노략질하였기에 부상자는 끊임없이 이어졌고 위급을 알리는 羽書는 날마다 보고되었다. 并州와 涼州의 壯士는 강족과 맞싸우다 죽어갔으며, 건장하고 힘센 사나이는 戰場에 몸을 맡겨야 했고, 여인들은 밧줄에 묶여가는 포로가 되었으며, 무덤은 파헤쳐져서 시신이 뒹굴었고, 죽거나 사는 것 자체가 말 못할 고생이었다.

西戎(羌族)이 반역한 이후, 上國(中國)이 이처럼 심하게 능멸되고 밀려난 적이 없었다. 和熹鄧太后가 女君으로 親政하면서 그 권위는 외부에 통하지 않았다. 조정의 의논은 군사력의 손실을 꺼려 그저 어떻게든 안정만을 바랬다. 혹시 변방의 州郡을 구원하기 어렵다면 포기해야 한다고 말했으며, 나쁜 종기가 살을 파고 들어가는 것을 걱정하면서도 그 끝이 어딘가를 아는 이 없었다. 책략을 세워야 할 사람은 둘러대기만 했고, 猛將은 의심과 걱정만 하였기에 결국 西河 四郡의 백성을 함곡관 서쪽의 여러 현에 옮겨 살아야 했다. 집을 부수고 나무를 베어 옛 땅에 연연하려는 마음을 틀어막았고, 모아둔 재물을 불태워 고향을 그리는 생각을 없애려 했다. 이에, 예를 들면 鄧騭(등즐), 任尙(임상), 馬賢(마현), 皇甫規(황보규), 張奐(장환) 같은 여러 장수들은 원대한 계획을 설명하여 원정 명령만을 기다리면서 군사를 모으고 새로운 복수를 도모하였다. 그리하여 동서로 내달리고 분주히 首尾를 돌보며, 여러 州郡을 뒤흔들며 하루에도 千金의 군비를 소모하였다. 백성들에게 더 많은 賦稅를 징수하면서 제후와 왕의 이름을 빌렸고 금은이나 비단과 같은 물건을 거둬들였으며, 비축된 군량과 소금이나 쇠붙이를 징발하였다. 황제 측근에게 뇌물을 주어야 했고 상금을 내걸었으며, 또 물자 수송비 등으로 전후 수십만 전을 지출하였다. 때로는 추장을 목을 매어달고 강족 마을을 파괴하였으며, 포로가 길을 메웠고 우마와 羊이 산을 덮기도 했다.

군사 보고 문서에는 비용의 이해득실을 논하지 않았으며, 민심의 이반 상황만을 보고하였다. 그래서 원정으로 얻는 이득은 지출에 상응하지 못했고 공적은 수고의 절반도 되지 않았다. 군사의 움직임은 사전에 누설되었기에 몇 년이 지나도 승리를 거두지 못했다. 관리는 죽어나갔고 烈士도 울분 속에 죽었다. 段熲(단경)은 책임을 받자, 군사의 모든 것을 주관하면서 山西 출신 맹장의 천성을 발휘하였는데, 강족의 습속을 잘 알고 있기에 무예와 방책을 다 동원하여 전쟁을 수행하려고 했다. 화살을 뚫고 앞서 공격하고, 백 번이라도 죽을 수 있는 적진의 앞에 나섰으며, 눈보라를 무릅쓰고 구불구불한 逆境을 혼자 걸었다.

강족을 거의 다 없앴으며 마침내는 동쪽의 도적 무리도 평정하였다. 죽거나 다쳐 구덩이 속에 굴러 떨어지거나 추격하다가 패하여 도망친 자, 높이를 알 수 없는 산에서 굴러 떨어진 해골이나 사지가 찢기고 피부가 갈라진 채 높은 벼랑에서 굴러 떨어진 자는 이루 다 셀 수도 없었다. 풀숲이나 돌 틈에 숨어서 창칼이나 화살을 피할 수 있었던 자는 백 명에 하나나 둘도 안 되었다. 그래도 張奐(장환)은 '戎狄(羌族)도 역시 하늘로부터 하나의 氣를 받아 생겨난 종족이니 모두 다 죽이는 것을 옳지 않다. 비록 유혈로 들을 적시더라도 화기를 상하면 재앙을 불러온다.' 고 강력히 주장하였다. 그러나 이는 얼마나 사리를 모르는 말인가! 강족이 비록 外患(외환)이라고 하지만 실제로는 심각한 내부의 질환이니, 만약 그 근본을 치료하지 않는다면 그것은 가슴과 뱃속에 병을 키우는 것과 같은 것이다.

애석하도다! 寇敵(구적, 羌族)의 노략질은 대략 평정되었지만 漢朝의 天運도 역시 쇠퇴하였다. 嗚呼(오호)라! 옛 先王은 九州(九土)를 다스리면서 京畿(경기)와 四夷가 사는 荒地(황지)를 구분했던 것은 夷貊(이맥, 四夷)의 천성이 中原과 달라 거느리기가 어렵다는 것을 알았기 때문이며, 그래서 中華의 땅에서 먼 곳에 저들끼리 살게 두고, 부세도 가볍게 해주며, 다만 말로만 복속을 요구했던 것이다.

前漢과 後漢의 戎狄을 제어하는 방법도 그 근본이 잘못되었고 할 수 있다. 왜 그러한가? 先零羌(선련강)이 국경을 침략했을 때 趙充國(조충국)은 그들을 內地로 이주시켰고, 煎當羌(전당강)이 노략질을 할 때 馬文淵(馬援, 前 14－서기 49)은 그들을 三輔의 땅으로 옮겨 살게 하였다. 이는 한때의 안정만을 추구한 것이며 그들이 馴致(순치)되고 복종할 것이라 믿고 단기간의 편의만을 계산한 것이며, 經世의 원대한 方略을 잊은 것이니, 어찌 미미한 조짐을 보고 (장래를) 미리 인지한 것이라 할 수 하겠는가? 그래서 微子(미자)는 상아 젓가락을 보고 눈물을 흘렸고 (周 大夫) 辛有(신유)는 伊川(이천)에서 (융적의 침입이 있을 것이라고) 탄식했었다.

原文

贊曰, 金行氣剛, 播生西羌. 氐豪分種, 遂用殷强. 虔劉隴北, 假僭涇陽. 朝勞內謀, 兵憊外攘.

| 註釋 | ○虔劉隴北 – 虔劉(건류)는 모조리 죽여 해치다. 빼앗고 죽이다. 虔은 정성 건. 죽이다. 빼앗다. 劉는 죽일 류. 성씨. 隴北은 隴山 북쪽. ○假僭涇陽 – 假僭은 僭號하다. 稱帝하다. 涇陽(경양)은 安定郡의 현명. ○兵憊外攘 – 憊는 고달플 비. 攘은 물리칠 양.

[國譯]

贊曰,

金行의 氣運이 剛烈하여 西羌族을 널리 퍼트렸다.
氐羌의 酋豪는 分族했고 마침내 은근히 강성했다.
隴山의 북쪽서 살육하고 涇陽(경양)에서 칭제했다.
朝廷의 책략은 헛일이고 지친 군사로 겨우 물리쳤다.

88 西域傳
〔서역전〕

原文

武帝時, 西域內屬, 有三十六國. 漢爲置使者,校尉領護之. 宣帝改曰都護. 元帝又置戊己二校尉, 屯田於車師前王庭. 哀,平間, 自相分割, 爲五十五國. 王莽簒位, 貶易侯王, 由是西域怨叛, 與中國遂絶, 並復役屬匈奴. 匈奴斂稅重刻, 諸國不堪命, 建武中, 皆遣使求內屬, 願請都護. 光武以天下初定, 未遑外事, 竟不許之.

會匈奴衰弱, 莎車王賢誅滅諸國. 賢死之後, 遂更相攻伐. 小宛,精絶,戎盧,且末爲鄯善所並. 渠勒,皮山爲于窴所統, 悉有其地. 郁立,單桓,孤胡,烏貪訾離爲車師所滅. 後其國並復立.

永平中, 北虜乃脅諸國共寇河西郡縣, 城門晝閉. 十六年, 明帝乃命將帥北征匈奴, 取伊吾盧地, 置宜禾都尉以屯田,遂通西域, 于竇諸國皆遣子入侍. 西域自絶六十五載, 乃復通焉. 明年, 始置都護,戊己校尉. 及明帝崩, 焉耆,龜茲攻沒都護陳睦, 悉覆其衆, 匈奴,車師圍戊己校尉.

| 註釋 | ㅇ〈西域傳〉 - 《史記 大宛列傳》의 내용은 《漢書 張騫李廣利傳》에 수록하였고, 《漢書 西域傳》은 班固가 새로 지었다. 《漢書 西域傳》 상권에는 28국, 하권에 25국, 총 53국에 대하여 국명과 거리, 호구, 군사, 관제, 물산 등을 설명하였다. 《後漢書 西域傳》은 《漢書 西域傳》 이후의 변화와 후한과의 관계를 중점적으로 기록하였다. 范曄(범엽)이 활용한 자료는 반초의 아들 班勇이 서역에서 보고들은 傳聞과, 지금은 실전된 《魏略》을 범엽이 활용했다고 학계에서는 인정하고 있다. 범엽의 본 〈서역전〉은 좁은 의미의 서역 이외, 곧 大月氏나 大秦國, 身毒 등 파미르 고원 서쪽에 관한 기록이 크게 많아진 것도 하나의 특징이라 할 수 있다. ㅇ西域 - 西域의 域은 國과 상통한다. 漢代의 서역은 玉門關과 陽關 서쪽 지역을 지칭하는데, 협의의 서역은 西域都護府의 관할 지역이고, 廣義의 서역은 협의의 서역과 연관 있는 지역을 모두 포함한다. 서역의 지리적 정의는, 남쪽은 昆侖(곤륜, 쿤룬)산맥, 북쪽은 天山산맥에 둘러싸인 지역이다. 중앙부에는 타림(塔里木) 盆地(분지)를 흐르는 타림강(塔里木河)이 있다. 敦煌(돈황)에서 파미르 고원까지 실제 직선거리는 1,700km이고, 타클라마칸 사막의 남북은 약 500km 정도이다. 今 甘肅省 敦煌市의 서북쪽에 玉門關이 있어 天山北路로 이어지고 敦煌市의 서남쪽에 있는 陽關(양관)은 천산남로로 이어졌다. 서역의 서쪽 끝은 葱嶺(총령, 帕米爾 Pamir, 파미르 고원)과 喀喇昆侖(카라쿤룬) 산맥 서부의 산악지대이다. 카라쿤룬 산맥은 中國과 塔吉克斯坦(타지키스탄), 阿富汗(아프가니스탄)에 걸쳐 북남으로 이어진 대 산맥인데 그 대부분은 타지키스탄 영역이다. 喜馬拉雅山(히말라야 산맥)과 興都庫什(힌두쿠스) 산맥 등 여러 산맥과 연결되기에 아시아의 척추라고도 부른다. ㅇ西域

內屬 – 內屬은 외국에서 찾아와서 신하로 복속하다. 이는 정치 외교적인 행위이다. ○都護(도호) – 직명. 都는 모두, 합치다, 거느리다. 宣帝 神爵 2년(前 60년)에 鄭吉(정길)이 최초의 西域都護가 되어 前 48년까지 재직했다. 都護는 加官이었으나 나중에 정식 관직이 되었다. 질록은 (比)二千石. 前漢의 西域都護府의 소재지는 烏壘城(오루성, 今 新疆維吾爾自治區 중앙부의 巴音郭楞蒙古自治州 관할 庫爾勒市의 서쪽 輪台)에 있었다. 속관으로는 副校尉, 丞, 司馬, 候, 千人 등이 있고 屯田 담당 校尉인 戊己校尉(무기교위)를 지휘했다. 前漢의 서역 경영은 張騫(장건), 常惠(상혜), 鄭吉, 陳湯(진탕) 등의 노력과 경영으로 흉노를 서역에서 축출했다. 후한에서는 班超(반초) 등이 서역도호를 역임했다. 서역도호부 위치는 龜茲國 它乾城(今 新疆省 중앙부 阿克蘇地區의 庫車縣, 상세 위치는 미상). 安帝 때(서기 123년) 서역도호를 西域長史라 개칭했다. ○莎車王賢 – 莎車國(사차국) 王인 賢(현). 賢은 중국식 이름. 그들 명칭의 音譯이 아니다. ○小宛(소원) – 大宛國의 경우 宛은 나라 이름 원. 굽을 완. 영어로는 Ferghana. 國都는 貴山城. 汗血馬산지. 무제 때 복속, 宣帝 이후 서역도호부에 속했다. 今 중앙아시아의 키르키즈스탄에 해당한다. 小宛은 '소원' 으로 표기. ○鄯善(선선) – 본래 樓蘭(누란)이라 하였는데, 국도는 扜泥城(우니성)이다. ○車師國(거사국) – 車師前國, 당시 도읍은 交河城, 今 新疆省 북동부의 吐魯番市 서쪽. ○伊吾盧(이오려) – 伊吾로 간칭. 今 新疆維吾爾自治區 동부의 哈密市 서쪽 伊州區에 해당. ○戊己校尉 – 戊己(무기)는 十干의 戊와 己로 중앙에 해당한다. 중앙은 土, 곧 황색. 이는 漢을 상징하고 흉노(北)를 제압한다는 뜻으로 택한 이름. 무기교위는 屯田校尉의 개칭. 戊校尉와 己校尉의 합칭. 서역도호의 속관으로 屯田(둔전)을 관장했다.

[國譯]

武帝(재위, 前 140 – 87년) 때, 西域(서역)에서 신하로 복속한 나라가 36국이었다. 漢에서는 使者校尉(사자교위)를 배치하여 그 지역을 관할하고 보호하였다. 宣帝(재위 前 73 – 49년)는 都護(도호)로 고쳤다. 元帝 때는(재위 前 48 – 33년), 戊(무)와 己(기) 2校尉를 두고, 車師前王國의 땅에서 둔전케 하였다. 哀帝와 平帝 연간에 서역의 여러 나라는 서로 분할되어 55國이나 되었다. 王莽이 簒位(찬위)하고 서역 여러 나라의 왕호를 侯王으로 폄하하자, 이 때문에 서역 국가들의 반감을 사서 중국과의 관계가 단절되었고, 서역 모두가 다시 匈奴에 복속했다. 흉노는 賦稅가 무겁고 각박하여 서역 여러 나라가 견디질 못하고, (光武帝) 建武 연간(건무 21년)에, 각각 사신을 보내 內屬하겠다면서 都護府의 설치를 청원하였다. 그러나 광무제는 천하를 겨우 평정한 뒤라서 외부지역을 돌볼만한 경황이 없어 끝내 수락하지 못했다.

마침 匈奴는 쇠약하였는데, 莎車國(사차국) 王인 賢(현)이 여러 나라를 멸하고 병합하였다. 賢(현)이 죽은 뒤에 서역 여러 나라는 서로 정벌하였다. 그리하여 小宛(소원), 精絶(정절), 戎廬(융려), 且末(차말)은 鄯善(선선)에 병합되었다. 渠勒(거륵), 皮山國(피산국)은 于寘國(우전국)에 통합되어 그 땅을 차지하였다. 郁立(욱립), 單桓(단환), 孤胡(고호), 烏貪訾離(오탐자리) 등은 車師國(거사국)에게 멸망되었다. 그 나라들은 나중에 모두 다시 세워졌다.

(明帝) 永平 연간(서기 58 – 75년)에, 北虜(북로, 흉노)가 서역 여러 나라를 협박하고 河西郡과 縣을 침략하여 낮에도 성문을 닫아야만 했다. 永平 16년(서기 73), 明帝는 장수에게 북쪽으로 匈奴를 정벌케 하여 伊吾盧(이오려)의 땅을 차지하고, 宜禾都尉(의화도위)를 설치하여 屯田케 하면서 비로소 西域과의 길이 열렸고, 于寘國(우전국) 등 여러 나라에서 아들을 보내 입시케 하였다. 西域과 단절된 지 65년 만에 다시 왕래하게 되었다. 다음 해에 처음 서역도호와 戊己校

尉를 설치하였다. 明帝가 붕어하자, 焉耆(언기), 龜茲國(구자국)이 서역도호 陳睦(진목)을 공격 살해하고 그 군사도 전부 살해하였으며, 흉노와 車師國은 戊己校尉를 포위하였다.

原文

建初元年春, 酒泉太守段彭大破車師於交河城. 章帝不欲疲敝中國以事夷狄, 乃迎還戊己校尉, 不復遣都護. 二年, 復罷屯田伊吾, 匈奴因遣兵守伊吾地. 時軍司馬班超留于窴, 綏集諸國. 和帝永元元年, 大將軍竇憲大破匈奴. 二年, 憲因遣副校尉閻槃將二千餘騎掩擊伊吾, 破之.

三年, 班超遂定西域, 因以超爲都護, 居龜茲. 復置戊己校尉, 領兵五百人, 居車師前部高昌壁. 又置戊部候, 居車師後部候城, 相去五百里.

六年, 班超復擊破焉耆, 於是五十餘國悉納質內屬. 其條支,安息諸國至於海瀕四萬里外, 皆重譯貢獻. 九年, 班超遣掾甘英窮臨西海而還. 皆前世所不至,《山經》所未詳, 莫不備其風土, 傳其珍怪焉. 於是遠國蒙奇,兜勒皆來歸服, 遣使貢獻.

| 註釋 | ㅇ段彭(단팽) - 인명. 段이 성씨. ㅇ班超(반초, 서기 32 - 102년) - 반초는 讀書人이 軍旅에 투신하는 '投筆從戎' 어원이며 본보기였다. 반표는 자신의 큰 뜻을 비웃는 사람들에게 '小子安知壯士志哉!' 라고 말했으며, 서역에 파견되자 '호랑이 굴에 들어가야 호랑이 새끼를 잡을 수 있

다.(不入虎穴, 不得虎子.)' 고 하면서 강한 의지를 실천하였다. 반초는 본국의 물자나 병력 지원 없이 서역 50여 국을 완전 평정하여 제후의 반열에 올랐다. 늙은 반초는 귀국하고 싶다는 글을 올렸고, 여동생 班昭(반소) 역시 가슴을 울리는 절절한 상소를 올렸다. 반초는 서역에서 31년을 머물렀다. (和帝 永元) 14년(서기 102) 8월에 낙양에 도착하여 9월에 죽으니 71세였다. 그의 큰 뜻에 지략과 충성심은 武人의 표본이며 중국인의 존경을 받을 만 했다. 47권, 〈班梁列傳〉 立傳. ○于窴(우전) - 于闐(우전), 또는 于寘(우치). 西域의 王國 이름. 今 新疆省의 서남부 和田市 일대. ○竇憲(두헌) - 竇憲의 여동생이 章帝의 황후가 되었고, 章帝 붕어 이후, 어린 和帝를 대신하여 臨朝聽政하자, 두헌 형제는 막강한 권한을 행사하였지만 인격적 바탕이 없어 결국 모반죄로 그 영화는 끝을 보았다. 23권, 〈竇融列傳〉 立傳. ○龜茲國(구자국, Qiūcí) - 前 3세기에서 14세기까지 존속한 서역의 綠洲(녹주, Oasis) 국가. 丘慈, 邱慈, 歸茲로도 표기. 今 新疆省 서부 阿克蘇市와 巴音郭楞蒙古自治州 일대에 해당. 뒷날 唐의 安西都護府가 있던 곳. ○車師 - 車師(거사)는 西域의 성곽 국가 이름. 姑師(고사)로도 표기. 지금 新疆省의 奇臺, 哈密, 吐魯番, 烏魯木齊 일대. 국도는 交河城, 今 新疆省 吐魯番(투루판) 서북 雅爾湖 서쪽. 前國(前部)과 後國(後部)로 나뉘져 있다. ○高昌壁 - 西域의 城 이름. 今 新疆省 북동부 吐魯番(투르판)市 동남, 高昌城 터. ○焉耆(언기) - 서역의 국가 이름. 國都는 員渠城, 今 新疆省 중앙 庫爾勒市 동북 焉耆回族自治縣. ○甘英(감영) - 班超의 명을 받아 大秦(Rome羅馬帝國)에 사신으로 다녀왔다. 龜茲(今 新疆 庫車)를 출발하여 條支(조지)와 安息(파르치아 波斯帕提亞 王國, 今 이란伊朗) 등을 거쳐 安息 西界의 西海(지중해) 연안까지 갔다가 돌아왔다. 로마제국까지 가는 것에는 실패했다. ○蒙奇(몽기), 兜勒(구륵) - 이름과 위치 미상.

【國譯】

(章帝) 建初 원년(서기 76) 봄, 酒泉郡 태수 段彭(단팽)이 車師國

(거사국)을 交河城(교하성)에서 대파하였다. 章帝는 夷狄(이적)의 일로 중국을 피폐하게 할 수 없다 하여 무기교위를 소환하였고 서역도호를 다시 파견하지 않았다.

(建初) 2년, 다시 伊吾盧(이오려)의 둔전도 폐지하자 흉노는 군사를 보내 이오려의 땅을 차지하였다. 그때 軍 司馬인 班超(반초)는 于窴(우전)에 머물고 있으며 여러 나라를 안무하고 규합하였다.

和帝 永元 원년(서기 89), 大將軍 竇憲(두헌)이 흉노를 대파하였다. 2년, 두헌은 겸해서 副校尉인 閻槃(염반)에게 2천 기병을 거느리고 이오려의 땅을 기습하여 흉노를 격파하였다.

3년에, 반초가 서역을 평정하자 반초를 서역도호에 임명하여 龜玆(구자)에 주둔하게 하였다. (和帝는) 다시 戊己校尉를 설치하여 군사 5백 명을 거느리고 車師前部(車師前國)의 高昌城에 주둔케 하였다. 또 戊部候(무부후)를 설치하여 車師後部 候城(후성)에 주둔하게 하였는데 서로 5백 리 떨어져 있었다.

(永元) 6년(서기 94), 반초가 다시 焉耆(언기)를 격파하자 이에 서역 50여 국가에서 모두 인질을 보내며 臣屬하였다. 그중 條支(조지)와 安息(안식) 등 여러 나라는 바닷가에서 4만여 리나 떨어진 나라들인데 이중의 통역을 보내가며 토산물을 바쳤다.

(永元) 9년(서기 97), 반초는 掾吏(연리)인 甘英(감영)을 西海(지중해의 동쪽)까지 다녀오게 하였다. 이는 전 시대에 가보지 못한 곳으로《山海經》에서도 상세하지 않은 곳인데, 그 풍토에 관하여 설명하지 않은 것이 없을 정도로 자세하게 그 진기한 여러 사실을 전해주었다. 이에 蒙奇(몽기), 兜勒(구륵) 등의 나라에서도 중국을 찾아와 복속하며 토산물을 바쳤다.

原文

及孝和晏駕, 西域背畔. 安帝永初元年, 頻攻圍都護任尙, 段禧等, 朝廷以其險遠, 難相應赴, 詔罷都護. 自此遂棄西域. 北匈奴卽復收屬諸國, 共爲邊寇十餘歲. 敦煌太守曹宗患其暴害, 元初六年, 乃上遣行長史索班, 將千餘人屯依吾, 以招撫之. 於是車師前王及鄯善王來降.

數月, 北匈奴復率車師後部王共攻沒班等, 遂擊走其前王. 鄯善逼急, 求救於曹宗. 宗因此請出兵擊匈奴, 報索班之恥, 復欲進取西域. 鄧太后不許, 但令置護西域副校尉, 居敦煌, 復部營兵三百人, 羈縻而已. 其後北虜連與車師入寇河西, 朝廷不能禁, 議者因欲閉玉門,陽關, 以絶其患.

| **註釋** | ㅇ孝和晏駕 – 和帝의 붕어(서기 106년). 晏駕(안가)는 황제의 죽음, 완곡한 표현, 晏은 늦을 안. ㅇ都護 任尙,段禧 – 任尙(임상)은 반표가 귀국한 뒤에 서역도호가 되었다. 段禧(단희)는 임상의 후임으로 도호가 되었다. ㅇ玉門,陽關 – 甘肅省 敦煌市의 서북쪽에 玉門關이 있어 天山北路로 이어지고, 敦煌市의 서남쪽에 있는 陽關(양관)은 天山南路로 이어졌다.

[國譯]

孝和帝가 붕어하자 서역 여러 나라가 배반하였다. 安帝 永初 원년(서기 107), 서역국가가 都護 任尙(임상)과 段禧(단희) 등을 자주 공격하였는데, 조정에서는 그 지역이 험하고 멀어 구원하기도 어렵다 하여 조서로 서역도호를 폐지하였다. 이후로 서역을 포기하였다. 北匈奴는 즉시 서역 여러 나라를 차지하였고 이후 10여 년간 漢의 변방을 노략질하였다. 敦煌 태수인 曹宗(조종)은 흉노의 흉포한 폐해를 걱정하여 (安帝) 元初 6년(서기 119)에 상서하여 長史 대행인 索班(삭반)에게 군사 1천여 명을 거느리고 依吾(의오)에 둔전하며 서역의 국가를 초치 위무하였다. 이에 車師前王 및 鄯善王이 歸降하였다.

몇 달 뒤에 北匈奴가 다시 車師後部의 王과 함께 삭반을 공격하여 죽인 다음 車師前部의 왕을 공격하여 축출하였다. 鄯善(선선) 왕이 급히 돈황 태수 曹宗(조종)에게 구원을 요청하였다. 조종은 조정에 출병하여 흉노를 공격하고 삭반이 당한 치욕을 갚고 더 나아가 서역을 차겠다고 상서하였다. 그러나 鄧太后는 허락하지 않았고 다만 敦煌에 護西域副校尉를 설치하고 교위부에 군사 3백 명을 두어 서역 여러 나라를 통제하게 하였다. 그 뒤에 북흉노와 거사국의 연속하여 河西지역을 노략질하였는데 조정에서는 금할 수가 없었으며, 論者들은 玉門關과 陽關을 폐지하여 그 환난을 막아야 한다고 주장하였다.

原文

延光二年, 敦煌太守張璫上書陳三策, 以爲"北虜呼衍王常展轉蒲類,秦海之間, 專制西域, 共爲寇抄. 今以酒泉屬國吏士二千餘人集崑崙塞, 先擊呼衍王, 絶其根本, 因發鄯善兵五千人脅車師後部, 此上計也. 若不能出兵, 可置軍司馬, 將士五百人, 四郡供其梨牛,穀食, 出據柳中, 此中計也. 如又不能, 則宜棄交河城, 收鄯善等悉使入塞, 此下計也."

朝廷下其議. 尙書陳忠上疏曰,

| 註釋 | ㅇ呼衍王 - 북 흉노의 首長. 이는 呼衍(호연)은 흉노의 대표적 귀족 성씨. 그 귀족 성씨의 우두머리. 左, 右賢王은 관직명. ㅇ蒲類海 - 今 新疆維吾爾自治區 북동부 哈密市 巴里坤自治縣의 巴里坤湖(파리곤호, 동서 9km 남북 13km의 타원형 호수). ㅇ崑崙塞(곤륜새) - 敦煌郡 廣至縣의 요새. ㅇ四郡 - 河西 四郡, 酒泉, 武威, 張液. 敦煌의 4개 郡. ㅇ柳中(유중) - 서역의 지명. 鄯善國의 서쪽, 高昌壁의 동쪽. 今 투루판시의 동남. 서기 123년 이후 西域長史의 소재지.

[國譯]

(安帝) 延光 2년(서기 123), 敦煌 태수인 張璫(장당)이 상서하여 三策을 건의하였다. "흉노의 呼衍王(호연왕)은 늘 蒲類海(포류해)와 秦海(진해, 大秦國 서쪽, 위치 미상) 사이를 돌면서 서역 여러 나라를 제재하며 함께 노략질을 하고 있습니다. 지금 酒泉屬國의 吏士 2천여 명을 崑崙塞(곤륜새)에 배치했다가 먼저 호연왕을 공격하여 그 근본을 잘라버리고, 이어 鄯善의 군사 5천 명을 동원하여 車師後部를 공격한다면 이것이 上計입니다. 만약 출병할 수 없다면 (서역에) 軍司馬를 보내 장졸 5백여 명을 거느리고 (河西) 四郡에서 쟁기나 소 곡식을 준비하여 柳中(유중)에 屯田케 하는 것이 中計입니다. 만약 그것도 불가능하다면 응당 交河城을 버리고 鄯善王 등 모두를 국경 안으로 불러들여야 하는데, 이것은 下計입니다."

조정에서는 이를 논의하였는데 그때 尙書 陳忠(진충)이 상소하였다.

原文

「臣聞八蠻之寇, 莫甚北虜. 漢興, 高祖窘平城之圍, 太宗屈供奉之恥. 故孝武憤怒, 深惟久長之計, 命遣虎臣, 浮河絶漠, 窮破虜庭. 當斯之役, 黔首隕於狼望之北, 財幣縻於盧山之壑, 府庫單竭, 杼柚空虛, 算至舟車, 貲及六畜. 夫豈不懷, 慮久故也. 遂開河西四郡, 以隔絶南羌, 收三十六國, 斷匈奴右臂. 是以單于孤特, 鼠竄遠藏. 至於宣,元之世, 遂備蕃臣, 關徼不閉, 羽檄不行. 由此察之, 戎狄可以威服, 難以化狎.

西域內附日久, 區區東望扣關者數矣, 此其不樂匈奴慕漢之效也. 今北虜已破車師, 勢必南攻鄯善, 棄而不救, 則諸國從矣. 若然, 則虜財賄益增, 膽勢益殖, 威臨南羌, 與之交連. 如此, 河西四郡危矣. 河西既危, 不得不救, 則百倍之役興, 不訾之費發矣.

議者但念西域絶遠, 恤之煩費, 不見先世苦心勤勞之意也. 方今邊境守御之具不精, 內郡武衛之備不修, 敦煌孤危, 遠來告急. 復不輔助. 內無以慰勞吏民, 外無以威示百蠻. 蹙國減土, 經有明誡. 臣以爲敦煌宜置校尉, 案舊增四郡屯兵, 以西撫諸國. 庶足折衝萬里, 震怖匈奴.」

| **註釋** | ㅇ平城之圍 – 平城은 鴈門郡의 현명. 今 山西省 大同市 동북. 서기 前 200년, 高祖가 흉노에게 포위되어 7일간 풍전등화의 위기를 겪으며 고생했다. ㅇ隕於狼望之北 – 隕은 죽다. 떨어질 운. 狼望(낭망)은 흉노 땅의 지명. ㅇ杼柚空虛 – 杼는 베틀의 북 저. 柚는 바디 유. 베틀의 부속

물. 나라의 생산이 중단될 정도라는 뜻. ○算至舟車 - 算은 세금 부과의 단위. 수레와 선박의 숫자를 세어 부과한다는 뜻. ○蕃臣 - 諸侯. 宣帝 때 중 흉노는 남북 흉노로 갈라진다. 呼韓邪單于(호한야선우, 재위 前 58 - 31)는 前 51년에 장안에 와서 선우로서 최초로 中原의 황제(宣帝)를 알현했다. 元帝 마지막 해인 竟寧 원년(前 33년)에 또 한 번 장안에 와서 和親하고 유명한 王昭君(왕소군)을 데리고 돌아갔다.

[國譯]

「臣이 알기로, 八方 蠻夷(만이)의 침략 중에 北虜(흉노)의 노략질이 가장 심합니다. 漢이 건국되면서 高祖께서는 平城에서 흉노에게 포위를 당하였고, 太宗(文帝)께서는 흉노에게 자세를 낮추고 물자를 공급해주는 치욕을 겪으셨습니다. 그래서 孝武帝께서는 분노하며 장구한 대책을 마련하여 虎臣(武臣)에게 명령하시어 河水를 건너고 사막을 가로질러 흉노 직할지를 완전히 격파하셨습니다. 이러한 戰役에 黔首(검수, 백성)는 狼望(낭망)의 북쪽에서 죽어갔으며, 재물은 盧山(노산)의 골짜기를 메울 정도라서 나라의 창고가 완전히 비었고, 베틀에 사람이 없고, 배와 수레는 물론 六畜에 대해서도 세금을 징수하였습니다. 그 당시에 나라의 안전을 위한 장구한 대책을 마련하며 어찌 이를 계산하지 않았겠습니까? 마침내 河西 四郡을 개척하여 남쪽의 羌族을 (흉노와) 격리시켰으며, (서역) 36국을 장악하여 흉노의 오른쪽 팔을 잘라버렸습니다. 그래서 흉노 單于(선우)는 고립되었고 쥐새끼처럼 멀리 숨어버렸습니다. 宣帝와 元帝 시대에는 흉노 선우가 우리의 蕃臣이 되어 관문을 닫지 않았으며 군사 긴급 문서도 오가지 않았습니다. 이를 본다면, 戎狄(융적)은 위세로 굴복시켜야 하지 교화하여 친하게 지낼 수 없습니다.

西域이 內附한 지가 오래 되었고 진심으로 동쪽을 바라보며 관문을 찾아오는 자가 많은 것은, 그들이 흉노를 흠모하지 않고 우리 漢을 흠모한다는 뚜렷한 증거입니다. 지금 北虜(匈奴)가 이미 車師國을 격파하였으니 틀림없이 그 세력이 남으로 鄯善國을 향할 것인데, 우리가 선선국을 버려두고 구원하지 않는다면 서역의 다른 나라도 흉노를 따라갈 것입니다. 만약 그렇게 되면 흉노의 재물은 날마다 늘어날 것이며 담력은 더욱 커져서 위세를 부리며 남쪽 羌族과 왕래하며 협력할 것입니다. 그렇게 되면 河西 四郡이 위기에 처하게 됩니다. 河西가 위태로우면 부득불 구원하지 않을 수 없고, 지금보다 백배나 많은 노력을 해야 하고 셀 수도 없는 비용 지출이 발생할 것입니다.

論者들은 다만 서역이 아주 멀고 많은 비용 부담을 걱정하지만 이는 先代의 苦心과 애쓴 뜻을 생각 못하는 것입니다. 지금 변방을 방어할 시설도 충분하지 못하고 內郡에서도 전쟁을 지원할 준비가 없다면, 돈황이 고립되고 위급해져서 머지않아 위급한 상황이 닥칠 것입니다. 그때 가서는 다시 도울 방법도 없습니다. 안으로는 관리와 백성을 위무하면서 밖으로는 모든 蠻夷(만이)들에게 위엄을 보여야 할 것입니다. 국세가 움츠려들고 강역이 줄어드는 것에 대해서는 經典에서도 분명히 훈계가 있습니다. 臣의 생각으로는, 응당 敦煌에 교위를 배치하고 전례에 따라 四郡에 屯兵하며 서쪽으로 서역 여러 나라를 慰撫(위무)해야 합니다. 그리하여 일만 리 먼 곳까지 통솔하면서 흉노가 두려워 떨게 해야 합니다.」

原文

帝納之, 乃以班勇爲西域長史, 將馳刑士五百人, 西屯柳中. 勇遂破平車師. 自建武至於延光, 西域三絶三通.

順帝永建二年, 勇復擊降焉耆. 於是龜茲,疏勒,于窴,莎車等十七國皆來服從, 而烏孫, 蔥領已西遂絶. 六年, 帝以伊吾舊膏腴之地, 傍近西域, 匈奴資之, 以爲抄暴, 復令開設屯田, 如永元時事, 置伊吾司馬一人. 自陽嘉以後, 朝威稍損, 諸國驕放, 轉相陵伐. 元嘉二年, 長史王敬爲于窴所沒. 永興元年, 車師後王復反攻屯營. 雖有降首, 曾莫懲革, 自此浸以疏慢矣. 班固記諸國風土人俗, 皆已詳備《前書》. 今撰建武以後其事異於先者, 以爲〈西域傳〉, 皆安帝末班勇所記云.

| 註釋 | ㅇ班勇爲西域長史 – 班勇(반용)은 班超의 막내아들. 논쟁을 통해 서역에 군사를 보내야 한다고 설득하였고, 順帝 때 일시나마 서역을 지배하에 두었으나, 결국 하옥되었다가 면직되었다. 47권, 〈班梁列傳〉에 立傳. 長史는 丞相, 太尉, 公, 將軍, 太守의 속관, 질록 6백석~1천석. 西域長史는 西域都護의 代稱.

[國譯]

安帝는 尙書 陳忠(진충)의 상소를 채택하여 班勇(반용)을 서역장사로 임명하였고 형벌 집행을 유예시킨 자 5백 명을 거느리고 서쪽으로 진출하여 柳中(유중)에 주둔하였다. 반용은 마침내 車師國을 공격 평정하였다. 建武에서 (安帝) 延光 연간(서기 122 – 124년)에 이르기까지 서역은 3번 단절되었다가 3번 개통되었다. 順帝 永建 2년(서기 127), 반용은 다시 3焉耆國(언기국)을 공격, 복속시켰다. 이에 龜茲,

疏勒(소륵), 于寘(우전), 莎車(사차) 등 17개 국이 모두 와서 복종하였으나 烏孫(오손)과 蔥領(총령, 葱嶺) 서쪽 지역과는 단절되었다.

(永建) 6년(서기 131년), 순제는 伊吾(이오)가 예부터 비옥한 땅이며 서역에 근접한 지역으로 흉노가 여기를 바탕으로 포악한 노략질을 하였다고 생각하여 다시 (和帝) 永元 연간과 같이 둔전을 해야 한다며 伊吾(이오)에 司馬 1인을 배치하였다.

(順帝) 陽嘉(양가, 132 - 135년) 이후, 조정의 권위는 점차 약해지고 서역 여러 나라는 교만 방자하여 서로를 침략 정벌하였다. (桓帝) 元嘉 2년(서기 152), 長史인 王敬(왕경)이 于寘國에게 살해되었다. (桓帝) 永興 원년(153년), 車師後王이 다시 반기를 들어 둔전 군영을 공격하였다. 그들이 비록 굴복하였지만 그들을 엄히 징계하고 고치지 못했기에 이후로 침탈하여 관계는 소원하고 경시되었다.

班固(반고)는 서역 여러 나라의 풍토와 민속을 이미 《漢書 西域傳》에 상세히 기록하였다. 여기서는 建武 이후 그 사적이 《漢書》와 다른 것을 〈西域傳〉으로 엮었는데 모두가 安帝 말기에 班勇(반용)이 기록한 것이다.

原文

西域內屬諸國, 東西六千餘里, 南北千餘里, 東極玉門,陽關, 西至蔥領. 其東北與匈奴,烏孫相接. 南北有大山, 中央有河. 其南山東出金城, 與漢南山屬焉. 其河有兩源, 一出蔥領東流, 一出于寘南山下北流, 與蔥領河合, 東注蒲昌海. 蒲昌海一名鹽澤, 去玉門三百餘里.

| 註釋 | ○蔥領 – 蔥嶺. 蔥은 파 총. 그 산 정상에 파가 자란다 하여 이름이 되었다고 한다. 領은 嶺. ○蒲昌海(포창해) – 今 新疆省 중동부 塔里木(타림) 盆地 동쪽, 羅布泊(롭 노르, Lop Nor). 1928년 측량에 의하면, 鹽湖(염호)로 호수 면적이 3100㎢나 되어 青海省의 青海湖보다 약간 작았으나 1962년에 완전 고갈되어 지금 통용되는 중국 지도에는 호수로 나타나 있지 않다. 곧 호수는 사라졌고 지명만 남았다.

[國譯]

西域에 있으면서 臣屬한 여러 나라는 동서가 6천여 리 남북 1천여 리 사이에 있는데 동쪽 끝은 玉門關과 陽關이고, 서쪽은 蔥領(총령)이다. 서역의 동북은 匈奴 및 烏孫(오손)과 접했다. 남북에 각각 큰 산맥이 있고 중앙에는 강이 있다. 서역 남쪽 산맥의 동쪽에서는 金城郡으로 갈 수 있어 漢의 南山(秦嶺山脈)에 이어진다. 그 강은 두 곳에서 발원하는데, 하나는 총령에서 발원하여 동쪽으로 흐르고, 다른 하나는 于窴(우전)의 南山에서 발원하여 북쪽으로 흘러 총령의 강과 합류하여 동쪽 蒲昌海(포창해)로 들어간다. 蒲昌海는 一名 鹽澤(염택)이라 하는데 玉門關에서 3백여 리 떨어진 곳이다.

原文

自敦煌西出玉門,陽關, 涉鄯善, 北通伊吾千餘里, 自伊吾北通車師前部高昌壁千二百里, 自高昌壁北通後部金滿城五百里. 此其西域之門戶也, 故戊己校尉更互屯焉. 伊吾地宜五穀,桑麻,蒲萄. 其北又有柳中, 皆膏腴之地. 故漢常與匈奴爭車師,伊吾, 以制西域焉.

| 註釋 | ㅇ其北又有柳中 -《中國歷史地圖集》第2冊에 의하면, 伊吾(이오)에서 柳中(유중)은 북쪽이 아니라 서쪽이다.

[國譯]

敦煌郡에서 서쪽으로 가면 玉門關과 陽關을 나가 鄯善을 지나 북쪽 1천여 리에 伊吾와 통하고, 이오에서 북쪽으로 車師前部의 高昌壁 따지는 1천 2백 리이며, 고창벽에서 북쪽 車師後部 金滿城(금만성)까지는 5백 리이다. 이곳이 서역으로 들어갈 수 있는 문호이다. 그래서 戊己校尉가 교대로 주둔하였다. 伊吾(이오)의 땅은 五穀과 桑麻, 蒲萄(포도)의 재배에 적합하였다. 그 북쪽에 柳中이 있어 모두 비옥한 땅이다. 그래서 漢은 늘 匈奴와 車師와 伊吾를 놓고 싸웠는데, 여기서 서역을 제압할 수 있기 때문이었다.

原文

自鄯善逾蔥領出西諸國, 有兩道. 傍南山北, 波河西行至莎車, 爲南道. 南道西逾蔥領, 則出大月氏,安息之國也. 自車師前王庭隨北山, 陂河西行至疏勒, 爲北道. 北道西逾蔥領, 出大宛,康居,奄蔡焉. 出玉門, 經鄯善,且末,精絶三千餘里至拘彌.

| 註釋 | ㅇ波河西行～ - 波河는 循河, 沿河, 강을 따라가다. ㅇ莎車(사차) - 국명. 국도는 莎車城, 今 新疆省 서쪽 끝 喀什市(카시시) 관할의 莎車縣. ㅇ爲南道 - 天山南路. ㅇ大月氏 - 古 부족명, 국명. ㅇ安息 - 안식국, 柏提亞(파르티아, 波斯) 왕국, 기원 전 3세기경에 독립국가로 발전한 이

란(伊朗) 지방의 고대왕국. ㅇ車師前王廷 – 車師前國의 도읍. 王廷은 國都. 당시 이름은 交河城, 今 新疆省 吐魯番市 서쪽. ㅇ疏勒(소륵) – 고 왕국 이름. 국도는 疏勒城(소륵성), 今 新疆省 서쪽 끝의 喀什市(카시시). ㅇ大宛(대원) – 宛은 나라 이름 원. 굽을 완. 國都는 貴山城. 汗血馬산지. 무제 때 복속, 宣帝 이후 서역도호부에 속했다. 今 중앙아시아의 키르키즈스탄에 해당. ㅇ康居 – 지금의 중앙아시아 哈薩克斯坦(카자흐스탄), 영어로는 Sogdiana. 大宛(대원)의 서북에 있던 나라. ㅇ奄蔡焉 – 奄蔡(엄채)는 서역의 국명. 焉은 이에 언. 종결 어미.

[國譯]

鄯善(선선)에서 蔥領을 넘어가면 서쪽 여러 나라에 갈 수 있는데 길이 두 갈래이다. 南山(곤륜산)의 북쪽으로 강을 따라 서쪽으로 가면 莎車(사차)에 이르는 길이 南道(天山南路)이다. 南道로 서쪽의 蔥嶺(총령)을 넘으면 大月氏(대월지)와 安息國(안식국)에 이른다. 車師前國의 王廷(都邑)에서 北山을 따라 강을 따라 서쪽으로 가면 疏勒(소륵)에 이르는 길이 北道(天山北路)이고, 北道의 서쪽으로 총령을 넘으면 大宛(대원)과 康居(강거)와 奄蔡(엄채)이다.

玉門關을 나가 鄯善, 且末(차말), 精絶(정절) 등 3천여 리를 가면 拘彌國(구미국)이 있다.

❶ 拘彌國

原文

拘彌國, 居寧彌城, 去長史所居柳中四千九百里, 去洛陽萬二千八百里. 領戶二千一百七十三, 口七千二百五十一, 勝兵千七百六十人.

順帝永建四年, 于窴王放前殺拘彌王興, 自立其子爲拘彌王, 而遣使者貢獻於漢. 敦煌太守徐由上求討之, 帝赦于窴罪, 令歸拘彌國, 放前不肯. 陽嘉元年, 徐由遣疏勒王臣槃發二萬人擊于窴, 破之, 斬首數百級, 放兵大掠, 更立興宗人成國爲拘彌王而還. 至靈帝熹平四年, 于窴王安國攻拘彌, 大破之, 殺其王, 死者甚衆. 戊己校尉,西域長史各發兵輔立拘彌侍子定興爲王. 時人衆裁有千口. 其國西接于窴三百九十里.

| 註釋 | ㅇ拘彌國(구미국) - 《漢書 西域傳》에서는 扜彌國(우미국). 천산남로 중간에 위치. 今 新疆省 중남부 于田市 북쪽.

【國譯】

拘彌國(구미국)의 都邑(居所)은 寧彌城(영미성)인데 西域長史 소재지인 柳中(유중)에서 4,900리, 洛陽에서는 12,800리이다. 거느린 民戶는 2,173戶이고, 인구는 7,251명이며 군졸은 1,760명이다.

順帝 永建 4년(서기 129년), 于窴王(우전왕) 放前(방전)이 拘彌王 興(홍)을 살해하고 마음대로 자기 아들을 구미왕으로 세우고 사자를 보내 漢에 토산물을 바쳤다. 敦煌 태수인 徐由(서유)가 우전왕을 토벌해야 한다고 주청하였으나, 순제는 우전왕의 죄를 사면하고 구미국을 돌려주라고 하였지만 放前(방전)은 따르지 않았다. (順帝) 陽嘉元年(서기 132), 서유는 疏勒王(소륵왕) 臣槃(신반)을 보내 2만 군사

를 동원하여 于寘國을 격파하고 3백여 명을 참수하고 군사를 풀어 크게 약탈한 다음에 다시 구미왕 興(흥)의 宗人인 成國(성국)을 拘彌王왕으로 세우고 돌아갔다. 靈帝 熹平 4年(서기 175), 우전왕 安國(안국)이 拘彌國을 공격하여 구미국 왕을 죽였는데 그때 죽은 사람이 매우 많았다. 戊己校尉와 西域長史가 각각 군대를 동원하여 拘彌王의 侍子인 定興(정흥)을 왕으로 옹립하였다. 그때 구미국의 인구는 대략 1천 명이었다. 그 나라의 서쪽 390리에 于寘國(우전국)이 있다.

❷ 于寘國

原文

于寘國, 居西城, 去長史所居五千三百里, 去洛陽萬一千七百里. 領戶三萬二千, 口八萬三千, 勝兵三萬餘人.

建武末, 莎車王賢强盛, 攻並于寘, 徙其王兪林爲驪歸王. 明帝永平中, 于寘將休莫霸反莎車, 自立爲于寘王. 休莫霸死, 兄子廣德立, 後遂滅莎車, 其國轉盛. 從精絶西北至疏勒十三國皆服從. 而鄯善王亦始强盛. 自是南道自蔥領以東, 唯此二國爲大.

| 註釋 | ○于寘國 – 寘은 메울 전. 가득 차다. 闐과 通. 《漢書 西域傳》에서는 于闐國, 今 新疆維吾爾自治區 서남부 和田地區(和田市) 부근. 실크로드의 주요 도시.

[國譯]

于窴國(우전국)의 도읍은 西城(서성)인데 西域長史 소재지에서 5,300리이고 낙양에서는 11,700리이다. 호구는 32,000호이고, 인구는 83,000명이고, 군사는 3만여 명이다.

建武 말기에, 莎車王(사차왕) 賢(현)이 강성하여 우전국을 공격 병합한 뒤에 우전국 왕 兪林(유림)을 驪歸王(여소왕)으로 삼았다. 明帝 永平 연간에, 우전국의 장수 休莫霸(휴막패)가 사차국에 반기를 들고 우전왕으로 자립하였다. 휴막패가 죽자 형의 아들인 廣德(광덕)이 즉위하였는데 나중에 사차국을 멸망시키고 우전국이 번영하였다. 精絶國(정절국) 서북에서 疏勒(소륵)에 이르기까지 13개 국이 모두 우전국에 복속하였다. 그 무렵 鄯善王도 마찬가지로 번성하였다. 그래서 천산남로의 葱嶺(총령) 동쪽에서는 이 두 나라가 큰 나라였다.

原文

順帝永建六年, 于窴王放前遣侍子詣闕貢獻. 元嘉元年, 長史趙評在于窴病癰死, 評子迎喪, 道經拘彌. 拘彌王成國與于窴王建素有隙, 乃語評子云, "于窴王令胡醫持毒藥著創中, 故致死耳." 評子信之, 還入塞, 以告敦煌太守馬達. 明年, 以王敬代爲長史, 達令敬隱核其事. 敬先過拘彌, 成國復說云, "于窴國人慾以我爲王, 今可因此罪誅建, 于窴必服矣."

敬貪立功名, 且受成國之說, 前到于窴, 設供具請建, 而陰圖之. 或以敬謀告建, 建不信, 曰, "我無罪, 王長史何爲欲殺我?" 旦日, 建從官屬數十人詣敬. 坐定, 建起行酒, 敬叱左右執之, 吏士並無殺建意, 官屬悉得突走. 時成國主簿秦牧隨敬在會, 持刀出曰, "大事已定, 何爲復疑?" 卽前斬建. 于竇侯將輸僰等遂會兵攻敬, 敬持建頭上樓宣告曰, "天子使我誅建耳." 于竇侯將遂焚營舍, 燒殺吏士, 上樓斬敬, 懸首於市. 輸僰欲自立爲王, 國人殺之, 而立建子安國焉.

馬達聞之, 欲將諸郡兵出塞擊于竇, 桓帝不聽, 徵達還, 而以宋亮代爲敦煌太守. 亮到, 開募于竇, 令自斬輸僰. 時輸僰死已經月. 乃斷死人頭送敦煌, 而不言其狀. 亮後知其詐, 而竟不能出兵, 于竇恃此遂驕.

自于竇經皮山, 至西夜,子合,德若焉.

| 註釋 | ㅇ病癰死 – 惡瘡(악창)으로 병사하다. 癰은 악창 옹.

[國譯]

順帝 永建 6년(서기 131), 우전왕 放前(방전)이 아들을 낙양 궁궐로 보내 토산물을 헌상했다. (桓帝) 元嘉 원년(서기 151), 西域長史 趙評(조평)이 우전국에서 惡瘡(악창)으로 병사했는데, 조평의 아들이 운구하는 길에 拘彌國(구미국)을 지나왔다. 구미왕 成國(성국)과 우전왕 建(건)은 평소에 사이가 나빴는데 구미왕이 조평의 아들에게 "우전왕이 그들 의원에게 말해 독약을 종기가 난 상처에 바르게 하여 죽게 했다."고 말했다. 조평의 아들은 그 말을 믿고 국경에 들어와 돈황태수 馬達(마달)에게 말했다.

다음 해, 王敬(왕경)이 후임 서역장사가 되었고, 마달은 왕경에게 그 사건을 은밀히 조사해보라고 지시하였다. 왕경이 먼저 구미국을 지나갈 때, 구미국 왕 성국이 다시 "우전국 사람이 나를 자기들의 왕으로 모시려 하는데, 이번에 조평을 죽인 죄로 우전왕 建(건)을 죽인다면 우전국은 틀림없이 복속할 것입니다."라고 말했다.

왕경은 功名을 탐하는 사람이라 일단 성국의 말을 믿고, 우전국에 들어가서 연회에 필요한 여러 준비를 다 마치고서, 왕 建(건)을 초청하여 몰래 죽이려고 했다. 어떤 사람이 왕경의 음모를 建에게 말해 주었지만 建은 믿지 않으면서 말했다.

"나는 아무 죄도 없는데, 王 長史가 무엇 때문에 나를 죽이려 하겠는가?"

다음 날 建은 수행 관원 수십 명을 데리고 왕경을 방문하였다. 자리를 정해 앉은 다음 建이 일어나 술을 권하자, 왕경은 측근을 시켜 建을 잡으라고 하였지만, 建을 죽일 마음이 없는 관리들은 모두 뛰어 달아났다.

그때 (구미왕) 成國(성국)의 主簿인 秦牧(진목)이 왕경을 수행하여 모임에 참석했다가 칼을 빼들고 일어나 말했다. "大事는 이미 끝이 났는데 무엇을 망설이는가?" 그러면서 즉시 우전왕 建을 죽였다.

우전국의 제후이며 장군인 輸僰(수북) 등은 군사를 모아 왕경을 공격하자, 왕경은 建의 잘린 머리를 들고 누각에 올라 여러 사람에게 말했다.

"天子께서 나를 시켜 建을 죽이게 했다."

그러나 우전국의 侯將인 수북은 군영 건물에 불을 질러 관리들을 태워 죽이고 누각에 올라와 왕경의 목은 베어 왕경의 수급을 거리에 매달았다. 수북은 자립하여 왕이 되려 했지만 우전국 사람들이 죽여

버렸고, 建의 아들 安國을 왕으로 옹립하였다.

(돈황 태수) 馬達(마달)은 이 소식을 듣고 여러 郡에서 차출한 군사를 거느리고 출경하여 우전국을 정벌코자 하였으나 桓帝는 수락치 않으면서 마달을 조정에 소환하고 宋亮(송량)을 후임 돈황 태수에 임명하였다. 송량은 돈황에 부임하여 우전국에 수북을 참수하라고 공개적으로 요청하였다. 그러나 수북이 죽은 지 한 달이나 지난 뒤였다. 이에 수북 시신의 머리를 잘라 돈황으로 보내왔지만 이전 상황을 설명하지는 않았다. 송량은 뒷날 그 거짓임을 알았지만 끝내 출병할 수가 없었고 우전국은 이때부터 교만해졌다.

우전국에서 皮山國(피산국)을 지나면 西夜(서야), 子合(자합), 德若(덕약) 나라가 있다.

❸ 西夜, 子合國

原文

西夜國, 一名漂沙, 去洛陽萬四千四百里. 戶二千五百, 口萬餘, 勝兵三千人. 地生白草, 有毒, 國人煎以爲藥, 傅箭鏃, 所中卽死. 《漢書》中誤云西夜,子合是一國, 今各自有王.

子合國, 居呼鞬谷. 去疏勒千里. 領戶三百五十, 口四千, 勝兵千人.

| **註釋** | ㅇ西夜國 – 국명. 今 新疆維吾爾 자치구 서쪽 끝 喀什市(카시시)

葉城縣 남쪽. 《漢書 西域傳》에서 서야국은 羌族(강족)이나 氐族(저족)의 遊牧國(유목국)이라고 했다. 이런 나라를 行國(행국)이라고 한다. 행국은 이동하는 나라이기에 성곽이 없다. 行國의 상대적 개념은 城郭(성곽) 국가인데, 농사를 짓고 성곽을 갖춘 나라이다. 성곽국가는 오아시스를 근거지로 정주 생활을 하는 국가이다.

[國譯]

西夜國(서야국)은, 一名 漂沙(표사)로 洛陽에서 14,400리이다. 民戶는 2,500호이고, 인구는 1만여 명, 군사는 3천 명 정도이다. 그 땅에는 독성이 있는 白草가 있는데 그 사람들은 이를 달여(煎) 독약을 만들어 화살촉에 바르는데 화살에 맞으면 바로 죽었다. 《漢書》에서는 西夜와 子合國이 一國이라 하였는데, 지금은 각자 왕이 있다.

子合國(자합국)의 도읍은 呼鞬谷(호건곡)이다. 疏勒(소륵)에서 1천리 떨어진 곳인데 호구는 350호에, 인구는 4천 명이며 군사는 1천 명이다.

❹ 德若國

原文

德若國, 領戶百餘, 口六百七十, 勝兵三百五十人. 東去長史居三千五百三十里, 去洛陽萬二千一百五十里, 與子合相接. 其俗皆同.

自皮山西南經烏秅, 涉懸度, 歷罽賓, 六十餘日行至烏弋山離國, 地方數千里, 時改名排持. 復西南馬行百餘日至條支.

| 註釋 | ㅇ皮山 – 국명. 今 新疆省 서남부의 和田市 皮山縣 부근. ㅇ烏秅(오차) – 서역의 나라 이름, 지금 新疆省 서남부 喀什市 莎車縣 서남. 秅는 벼 사백 단 차, 나라이름 차. ㅇ懸度 – 줄을 매어 건너가다. 懸은 매달 현. 度는 渡. ㅇ罽賓(계빈) – 나라 이름. 罽는 물고기 그물 계. 융단(絨緞). 모직물. ㅇ烏弋山離(오익산리) – 국명. Alexandria(알렉산드리아)의 음역. 마케도니아 알렉산더 대왕의 페르시아 원정 이후 곳곳에 건립한 도시.

[國譯]

德若國(덕약국)의 民戶는 1백여 호로 인구는 670명이고, 군사는 350명이다 서역장사의 소재지에서 3,530리이고, 낙양에서는 12,150리로 子合國과 연접했다. 그들 풍속은 모두 같다.

皮山國(피산국) 서남쪽으로 가면 烏秅國(오차국)이 있고, 줄에 매달려 계곡을 건너면(懸度) 罽賓國(계빈국)인데, 거기서 60여 일을 나아가면 烏弋山離國(오익산리국)인데 땅이 사방 수천 리이며 그 무렵에 排持(배지)라고 개명했다. 다시 서남으로 말을 타고 1백여 일을 지나면 條支國(조지국)이 있다.

❺ 條支國

原文

條支國城在山上, 周回四十餘里. 臨西海, 海水曲環其南及東北, 三面路絶, 唯西北隅通陸道. 土地暑濕, 出師子,犀牛,封牛,孔雀,大雀. 大雀其卵如甕.

轉北而東, 復馬行六十餘日至安息. 後役屬條支, 爲置大將, 臨領諸小城焉.

| **註釋** | ㅇ條支(조지) - 中東 伊拉克(이라크, Iraq) 지역의 국가. ㅇ封牛 - 목덜미에 살이 솟아오른 소. ㅇ大雀 - 駝鳥(타조)로 추정.

[國譯]

條支國(조지국)의 都城은 산 위에 있는데 그 주위가 40여 리나 된다. 西海에 임했는데 海水가 그 나라의 남쪽과 동북을 감싸고 있어 3면이 단절되었고, 오직 서북쪽으로만 육로가 통한다. 토지는 덥고 습하며 그 땅에서 師子(獅子), 犀牛(서우, 물소), 封牛(봉우), 孔雀(공작), 大雀이 있는데, 대작은 그 알이 항아리만 하다.

거기서 방향을 바꿔 북으로 가다가 동쪽으로 말을 타고 60여 일을 더 나아가면 安息國에 이른다. 뒷날 條支國을 복속시켜 대장을 두고 여러 작은 성을 다스리게 했다.

❻ 安息國

原文

安息國, 居和櫝城, 去洛陽二萬五千里. 北與康居接, 南與烏弋山離接. 地方數千里, 小城數百, 戶口勝兵最爲殷盛. 其東界木鹿城, 號爲小安息, 去洛陽二萬里.

章帝章和元年, 遣使獻師子,符拔. 符拔形似麟而無角. 和帝永元九年, 都護班超遣甘英使大秦, 抵條支. 臨大海欲度,而安息西界船人謂英曰, "海水廣大, 往來者逢善風三月乃得度, 若遇遲風, 亦有二歲者, 故入海人皆齎三歲糧. 海中善使人思土戀慕, 數有死亡者."

英聞之乃止. 十三年, 安息王滿屈復獻師子及條支大鳥, 時謂之安息雀.

自安息西行三千四百里至阿蠻國. 從阿蠻西行三千六百里至斯賓國. 從斯賓南行度河, 又西南至于羅國九百六十里, 安息西界極矣. 自此南乘海, 乃通大秦. 其土多海西珍奇異物焉.

| **註釋** | ㅇ安息國(안식국) - 서기 前 247 - 서기 224년에 존재했던 帕提亞(Parthian) 帝國, 옛 波斯(페르시아) 지역, 지금 이란(伊朗) 북동부에서 전성기에 유프라테스, 티그리스 강 유역을 지배했던 나라. ㅇ居和櫝城 - 《漢書 西域傳》에서는 국도가 番兜城(번두성)으로 기록되었다. ㅇ康居(강거) - 지금의 중앙아시아 哈薩克斯坦(카자흐스탄) 지역에 있던 나라. 大宛(대원)의 서북에 있던 나라. 영어로는 Sogdiana. ㅇ符拔(부발) - 桃拔, 영양, 뿔이 하나 또는 둘인 경우도 있다고 한다.

[國譯]

安息國(안식국)의 도성은 和櫝城(화독성)인데, 洛陽에서 25,000리 떨어졌다. 북쪽으로는 康居(강거)와 접했고, 남으로는 烏弋山離國(오익산리국)에 접경했다. 땅이 사방 수천 리이며, 작은 도성이 수백 개이며 호구와 군사가 가장 번성하고 강한 나라이다. 그 동쪽은 木鹿城인데 小安息이라고 부르는데 洛陽에서 2만 리이다.

章帝 章和 원년(서기 87), 사신을 보내 사자와 符拔(부발)을 보냈

다. 부발은 모양은 기린과 비슷하나 뿔이 없다. 和帝 永元 9년(서기 97), 都護인 班超가 甘英(감영)을 大秦國에 사신으로 보내 감영이 條支에 도착했다. 큰 바다에 와서 바다를 건너려 하자 安息國 서쪽 당의 船人이 감영에게 '바다가 광대하여 왕래하는 사람들이 善風(順風)을 만나면 3개월이면 건널 수 있지만, 만약 遲風(지풍, 무풍 또는 역풍)을 만나면 3년도 걸릴 수 있어 바다에 나가는 사람은 모두 3년 치 식량을 준비하며 바다에 익숙한 사람도 육지가 그리워 죽음에 이르는 사람이 많다.' 고 말했다. 감영은 그 말을 듣고 중지했다.

(永元) 13년, 安息王 滿屈(만굴)이 사자 및 條支國의 大鳥(駝鳥, 타조)를 보내 왔는데 그때 사람들이 이를 安息雀(안식작)이라고 불렀다.

안식국에서 서쪽으로 3,400리를 가면 阿蠻國(아만국)이 있다. 아만국에서 서쪽으로 3,600리를 가면 斯賓國(사빈국)에 이르고, 사빈국에서 남쪽으로 강을 건너 다시 서남쪽으로 나가면 960리 되는 곳에 于羅國(우라국)이 있는데 그곳이 안식국의 서쪽 끝이다. 거기서 남쪽으로 바다를 건너면 大秦國(대진국)에 갈 수 있다. 대진국은 바다 서쪽으로 진기하고 기이한 물건이 많다.

❼ 大秦國

原文

大秦國, 一名犂鞬, 以在海西, 亦云海西國. 地方數千里, 有四百餘城. 小國役屬者數十. 以石爲城郭. 列置郵亭, 皆堊墍之. 有松柏諸木百草. 人俗力田作, 多種樹蠶桑. 皆髡頭而衣文繡, 乘輜輧白蓋小車, 出入擊鼓, 建旌旗幡幟.

所居城邑, 周圜百餘里. 城中有五宮, 相去各十里. 宮室皆以水精爲柱, 食器亦然. 其王日游一宮, 聽事五日而後遍. 常使一人持囊隨王車, 人有言事者, 卽以書投囊中, 王室宮發省, 理其枉直. 各有官曹文書. 置三十六將, 皆會議國事. 其王無有常人. 皆簡立賢者. 國中災異及風雨不時, 輒廢而更立, 受放者甘黜不怨. 其人民皆長大平正, 有類中國, 故謂之大秦.

| 註釋 | ㅇ大秦國 - Rome의 동방 영토. 여기서는 이탈리아의 로마에 대한 傳聞을 기록했다. ㅇ一名犁鞬 - 犁鞬(이건)은 犁軒(이간)으로도 표기. 羅馬(Rome, 大秦國)의 음역. ㅇ皆堊墍之 - 堊은 白土 악. 석회, 회칠을 하다. 墍는 벽을 칠할 기. 맥질하다. ㅇ髡頭 - 髡은 머리 깎을 곤. 머리카락을 기르지 않는다는 뜻.

【國譯】

大秦國(대진국)은, 一名 犁鞬(이건)인데 바다 서쪽에 있어 海西國이라고도 한다. 국토가 사방 수천 리이며 4백여 개의 城이 있다. 小國으로 (대진국)에 복속한 곳이 수십 곳이다(로마제국의 屬州를 의미). 돌로 성곽을 만들었고 곳곳에 郵亭(우정)을 설치했으며, 집은 모두 흰색 칠을 하였다. 松柏 등 여러 수목과 百草가 자란다. 풍속은 농사에 열심이며 나무를 심고 뽕나무와 양잠을 한다. 모두 머리를 자주 깎고 수놓은 옷을 입으며 흰 천의 덮개가 있는 작은 수레를 타는데, 출입하면서 북을 치며 여러 깃발을 세운다.

도성은 주위가 1백여 리나 된다. 城 안에 5개의 궁이 있고, 서로

10여 리 정도 떨어져 있다. 모든 궁궐은 水精(水晶) 기둥이며 食器 또한 그러하다. 그 왕은 날마다 1궁을 순행하는데 정사를 돌보는 5일이면 순행을 마치게 된다. 1인이 왕의 수레를 늘 수행하며 정사에 관하여 말을 하는 자가 있으면 기록하여 주머니 속에 넣었다가 왕의 궁전에 와서 꺼내서 그 옳고 그름을 판단한다. 각 부서마다 문서를 관장한다. 36명의 장수가 있는데 모두 모여 국사를 논의한다. 그 왕은 정해진 사람이 아니다. 모두가 賢者를 골라 내세운다. 나라에 災異나 예상치 못한 風雨가 있으면, 곧 왕을 폐하고 다른 사람을 세우는데, 내쫓긴 사람은 좋아하며 축출된 것을 원망하지 않는다. 그곳 백성은 長大하고 공평 정직한 것이 중국과 닮았기에 大秦(큰 秦, China)라고 하였다.

原文

土多金銀奇寶, 有夜光璧,明月珠,駭雞犀,珊瑚,虎魄,琉璃,琅玕,朱丹,青碧. 刺金縷繡, 織成金縷罽,雜色綾. 作黃金塗,火浣布. 又有細布, 或言水羊毳, 野蠶繭所作也. 合會諸香,煎其汁以爲蘇合. 凡外國諸珍異皆出焉.

以金銀爲錢, 銀錢十當金錢一. 與安息,天竺交市于海中,利有十倍. 其人質直, 市無二價. 穀食常賤, 國用富饒. 鄰國使到其界首者, 乘驛詣王都, 至則給以金錢. 其王常欲通使於漢, 而安息欲以漢繒彩與之交市, 故遮閡不得自達. 至桓帝延熹九年, 大秦王安敦遣使自日南徼外獻象牙,犀角,玳瑁, 始乃一通焉. 其所表貢, 並無珍異, 疑傳者過焉.

| **註釋** | ㅇ野蠶繭所作也 – 野蠶(야잠)은 야생 누에. 繭은 고치 견. 누에 고치. ㅇ大秦王 安敦(안돈) – Antoninus Pius(안토니우스 피우스, 재위 138 – 161년), 곧 로마 五賢帝 중 4번째 황제를 지칭하는지, 아니면 그 다음의 哲人王帝로 유명한 마르쿠스 아우렐리우스(정식명, Marcus Aurelius Antoninus Augustus, 재위 161 – 180년)인지는 명확하지 않다.

[國譯]

그 땅에서는 金銀이나 기이한 보물이 많으니 夜光璧(야광 玉), 明月珠(夜光珠의 일종), 駭雞犀(해계서, 未詳), 珊瑚(산호), 虎魄(호백, 琥珀), 琉璃(유리), 琅玕(낭간, ruby의 일종?), 朱丹(주단, 朱砂), 青碧(청벽, 孔雀石) 등이 나온다. 금실로 수를 놓아 금실 옷과 雜色 비단을 짠다. 黃金塗(황금 칠을 한 직물)와 불로 빨래를 하는 火浣市(화안포, 일종의 석면으로 짠 옷?)이 있다. 또 細布가 나오는데, 이를 水羊毳(수양취, 海西布)라고도 하는데 야생누에(山누에) 고치로 만든 것이다. 여러 향료를 모아 그 액즙을 달이면(煎) 蘇合(소합, 고체 향료)이 된다. 모든 외국의 진기한 보물이 그곳에서 나온다.

金이나 銀으로 돈을 만드는데 은전 10개가 금전 하나와 같다. 安息國이나 天竺國(천축국)과 바다에서 교역을 하는데 10배의 이득을 얻는다. 그 사람들은 질박 정직하며 거래에 두 값(二價)이 없다. 곡식이 늘 남아돌고 國用은 넉넉하다. 외국 사자가 그 나라에 들어가게 되면 역마를 이용하여 왕도에 들어갈 수 있고 도착하면 금전을 지급해 준다. 그 왕은 늘 漢과 통상을 원했는데, 안식국은 漢의 채색 비단을 그들과 거래하고자 해도 대진국에서 왕래를 막고 차단하여 직접 올 수가 없었다.

桓帝 延熹 9년(서기 166)에, 大秦王 安敦(안돈)이 보낸 사신이 日

南郡(今 월남국 중부지방)의 와서 象牙와 犀角(서각), 玳瑁(대모)를 헌상하면서 비로소 처음 왕래하였는데, 그가 바친 헌상품은 특별한 것이 없어 대진국에 관한 傳聞이 지나친 것이 아닌가 의심이 든다.

原文

或云其國西有弱水,流沙, 近西王母所居處, 幾於日所入也.《漢書》云‘從條支西行二百餘日, 近日所入’, 則與今書異矣. 前世漢使皆自烏弋以還, 莫有至條支者也. 又云‘從安息陸道繞海北行出海西至大秦, 人庶連屬, 十里一亭, 三十里一置, 終無盜賊寇警. 而道多猛虎,師子, 遮害行旅, 不百餘人齎兵器, 輒爲所食’. 又言‘有飛橋數百里可度海北諸國’. 所生奇異玉石諸物, 譎怪多不經, 故不記云.

| 註釋 | ㅇ弱水,流沙 – 崑崙山(곤륜산), 또는 대진국에 있다는 호수. 약수는 기러기 털도 가라앉는다고 한다. 실제 그런 곳이 있다면 流砂 지역일 것이다. ㅇ西王母 – 神話 속의 女神. 때로는 미인의 모습으로, 아니면 괴수로 그려진다.

[國譯]

또 어떤 사람은 그 나라 서쪽에 弱水(약수)와 流沙(유사)가 있는데, 西王母가 거처하는 곳에 가깝고 거의 해가 지는 곳이라고 하였다. 《漢書》에서는 ‘條支國에서 서쪽으로 2백여 일을 나아가면 해가 지는 곳에 가깝다.’ 고 하였는데, 이는 지금의 책(今書,《魏略》)과는 다르다. 前世에 漢의 사자는 오익산리까지만 갔다가 돌아왔기에 조지국에 가 본 사람이 없었다. 또 (今書에는) '安息國에서 육로로 바다를 돌아 북쪽으로 가면 대진국에 이를 수 있는데 사람들의 왕래가 이어졌고 10리마다 1亭이 있고 30리에 一置(驛)가 있으며 아무런 도적이 없어 경비하지 않는다. 다만 길에 맹호나 사자가 많아 여행자를 괴롭히기에 1백여 명이 모여 兵器를 준비하지 않는다면 잡아먹힌다.' 고 하였다. 또 '飛橋(비교, 구름다리)가 곳곳에 수백 리나 연결되어 바다 북쪽 여러 나라로 갈 수 있다.' 고 하였다. 그곳에서 나온다는 기이한 옥석이나 여러 물건은 거짓이나 괴이한 내용으로 正常이 아니기에 여기에는 적지 않는다.

❽ 大月氏國

原文

大月氏國, 居藍氏城, 西接安息, 四十九日行, 東去長史所居六千五百三十七里, 去洛陽萬六千三百七十里. 戶十萬, 口四十萬, 勝兵十餘萬人.

初, 月氏爲匈奴所滅, 遂遷於大夏, 分其國爲休密, 雙靡, 貴霜, 肸頓, 都密, 凡五部翕侯. 後百餘歲, 貴霜翕侯丘就卻攻滅四翕侯, 自立爲王, 國號貴霜. 侵安息. 取高附地. 又滅濮達, 罽賓, 悉有其國. 丘就卻年八十餘死, 子閻膏珍代爲王. 復滅天竺, 置將一人監領之. 月氏自此之後, 最爲富盛, 諸國稱之, 皆曰貴霜王. 漢本其故號, 言大月氏云.

| 註釋 | ㅇ月氏(월지, yuèzhī)는 甘肅省 일대에서 유목생활을 하던 티베트 계통의 부족. 흉노의 공격을 받아 서쪽 伊犁河(이리하) 지역으로 이동한 월지는 大月氏, 甘肅省과 靑海省 일대에 남은 월지족은 小月氏라 칭한다. 大月氏는 실크로드의 서쪽 끝에서 동서 무역으로 번성하였다. 大月氏國(대월지국)은 전한 시기에도 서역도호부에 복속하지 않았다. ㅇ藍氏城(남씨성) – 《漢書》에는 監氏城(감씨성). 古城名. 阿富汗(아프가니스탄) 북부 지역. ㅇ大夏(대하) – 今 阿富汗伊斯坦(아프가니스탄) 북부에 있던 나라. 영어로는 Bactria(巴克特里亞). 월지는 멀리 이동하여 大宛(대원)을 지나 서쪽으로 진출하여 대하를 치고 신하로 거느렸으며, 嬀水(규수) 북쪽에 王庭을 두었다. 大夏는 본래 대군장이 없고 성읍에 따라 곳곳에 작은 족장이 있었으며, 백성들은 전투를 두려워하였기에 월지족이 이주하면서 이들을 모두 굴복시켜 거느렸다. 이들은 漢의 사자에게도 식량을 공급했다. 대하에는 5명의 翕侯(흡후, 화합할 흡)가 있었는데, 그 5흡후가 그대로 대월지에 복속하였다. ㅇ貴霜(귀상, 쿠샨 왕조) – 인더스 강 유역 전체를 차지하고 지금의 인디아와 아프가니스탄을 중심으로 서기 1 - 3세기에 걸쳐 대제국을 이룩했다. 그 최전성기는 서기 105년에서 250년이었다. 그 영역은 북쪽으로는 裡海(카스피해)에 달했다. 건국자는 丘就卻(구취각, Kujula Kasasa, 서기 30 - 80년 재위), 아들 閻膏珍(염고진, Vima Kadphises) 때부터 본격적으로 발전했다. 간다라 미술이 발전한 곳이 귀상왕조이고 간다라 미술은 우리나라 불상조각에도 영향을 끼쳤다. ㅇ翕侯(흡후) – 토착 세력가. 歙侯(흡후)와 同. ㅇ高附 – 今 아프가니스탄 수도 喀布爾(카불, Kabul)로 추정.

[國譯]

大月氏國(대월지국) 도읍은 藍氏城(남씨성)이고, 서쪽은 安息국과 접했는데 가는데 49일이 걸리며, 서역장사 소재지에서 6,537리 거리이며 낙양에서는 16,370리이다. 10만 호에 인구는 40만이고, 군사는 10만 명이었다.

그전에 月氏(월지)가 흉노에게 멸망한 뒤 결국 大夏(대하)로 옮겨 왔는데 그 나라를 休密(휴밀), 雙靡(쌍미), 貴霜(귀상), 肹頓(힐돈), 都密(도밀)로 나누어 모두 5부 翕侯(흡후)를 두었다. 그 1백여 년 후에 貴霜(귀상) 흡후인 丘就卻(구취각)은 다른 4명의 흡후를 공격하여 멸망시키고 자립하여 왕이 되어 나라 이름을 貴霜(귀상)이라고 하였다. 귀상국은 안식국에도 침략하여 高附(고부, 카불)의 땅을 차지하였다. 또 濮達(복달)과 罽賓國(계빈국)을 멸망시켜 모두 차지하였다. 구취각은 80여세에 사망하였는데 아들 閻膏珍(염고진)이 대를 이어 왕이 되었다. 염고진은 다시 천축국을 멸망시키고 장군 1명을 두어 통솔케 하였다. 월지는 이후로 강장부유하고 강성하였고 다른 모든 나라에서 부러워하며 모두 貴霜王이라고 불렀다. 그러나 漢은 그 본래의 옛 호칭으로 대월지라 하였다.

❾ 高附國

原文

高附國, 在大月氏西南, 亦大國也. 其俗似天竺, 而弱, 易服. 善賈販, 內富於財. 所屬無常, 天竺,罽賓,安息三國强則得之, 弱則失之, 而未嘗屬月氏.《漢書》以爲五翕侯數, 非其實也. 後屬安息. 及月氏破安息, 始得高附.

| **註釋** | ㅇ天竺國(천축국) - 身毒國(견독국), 印度. 印度河(Sindhu, 인더스강)의 음역. 身은 나라 이름 견. 몸 신. ㅇ罽賓國 - 계빈국. 罽는 고기 그

물 계. 융단. 인도 북부 興都庫什山(힌두쿠시 산맥) 이남, 克什米爾(카시미르) 일대의 국가로 추정. 국도는 循鮮城(순선성), 脩鮮으로도 표기.

[國譯]

高附國(고부국)은 大月氏國의 서남에 있으며 역시 큰 나라이다. 그 풍속은 天竺國(천축국)과 비슷하나 국력이 약하여 쉽게 복속 당했다. 장사나 판매를 잘하여 내부적으로 부유하였다. 일정하게 복속한 나라는 없었으니 천축국이나 罽賓(계빈), 安息(안식)의 삼국 중 강한 나라가 고부국을 차지하고 국력이 약하면 잃었으나 월지국에 복속된 적은 없었다. 《漢書》에서는 5翕侯(흡후)에 포함되었지만 사실이 아니었다. 뒷날 안식국에도 복속했었다. 월지는 안식국을 격파하고서 처음으로 고부국을 차지했다.

⑩ 天竺國

原文

天竺國, 一名身毒, 在月氏之東南數千里. 俗與月氏同, 而卑濕暑熱. 其國臨大水. 乘象而戰. 其人弱於月氏, 修浮圖道, 不殺伐, 遂以成俗. 從月氏,高附國以西, 南至西海, 東至磐起國, 皆身毒之地. 身毒有別城數百, 城置長. 別國數十, 國置王. 雖各小異, 而俱以身毒爲名, 其時皆屬月氏. 月氏殺其王而置將, 令統其人. 土出象,犀,玳瑁,金,銀,銅,鐵,鉛,錫, 西與大秦通, 有大秦珍物. 又有細布,好毾㲪,諸香,石蜜,胡椒,薑,黑鹽.

| 註釋 | ㅇ修浮圖道 - 浮圖(부도)는 梵文 Buddha의 音譯. 깨닫다(budh, 覺)에 과거형 어미(ta)가 붙어 '이미 깨우친(已經覺醒)' 의 뜻. 佛을 佛徒, 浮陀, 浮圖, 浮, 佛圖 등으로 음역. ㅇ磐起國(반기국) - 미얀마(버마) 일대로 추정.

[國譯]

天竺國(천축국)은, 一名 身毒(견독)으로 대월지의 동남쪽 수천 리 되는 곳에 있다. 그 풍속은 월지국과 비슷하나 땅이 낮고 습하며 몹시 덥다. 그 나라는 大水(인더스강) 가에 있으며 월지족보다 유약하며 浮圖道(부도도, 佛道)를 신봉하여 살생하지 않는 것이 습속이 되었다. 월지나 高附國의 서쪽에서 남으로 가면 서해이고, 동쪽으로 가면 磐起國(반기국)인데 모두가 견독의 땅이다. 견독에는 수백 개의 개별적인 성이 있으며 성에는 각각 長이 있고, 작은 나라들도 수십 개가 있는데 나라마다 왕이 있다. 비록 조금씩은 다르지만 모두 身毒이라 불렀으며 그때 모두 월지국에 속했다. 월지가 그 왕을 죽이고 장수를 두어 그 백성을 통할하였다. 그 땅에서는 象(코끼리), 犀(서, 무소), 玳瑁(대모), 金, 銀, 銅, 鐵, 鉛, 錫(주석)이 산출되며 서쪽으로 大秦과도 교통하여 대진의 진기한 물건도 있다. 또 細布나 좋은 毾㲪(탑구, 모직물, 양탄자), 여러 종류의 香, 石蜜(석밀, 꿀), 胡椒(호초), 薑(강, 생강), 黑鹽(흑염) 등이 나온다.

原文

和帝時, 數遣使貢獻, 後西域反畔, 乃絶. 至桓帝延熹二年,四年, 頻從日南徼外來獻.

世傳明帝夢見金人, 長大, 頂有光明, 以問群臣. 或曰, "西方有神, 名曰佛, 其形長丈六尺而黃金色." 帝於是遣使天竺, 問佛道法, 遂於中國圖畫形象焉. 楚王英始信其術, 中國因此頗有奉其道者. 後桓帝好神, 數祀浮圖,老子, 百姓稍有奉者, 後遂轉盛.

| **註釋** | ㅇ불교 전래 – 明帝 永平 10년(서기 67), 明帝가 金人을 꿈에 본 뒤에 당시 천축국에 사자를 보냈고 迦葉摩騰(가섭마등)과 竺法蘭(축법란)의 두 고승이 佛像과 불경을 백마에 싣고 洛陽에 들어왔는데, 명제는 자신의 피서 行宮을 精舍로 내주어 僧人이 머물게 하였고 그들이《四十二章經》을 번역케 하였다. 그곳이 곧 지금의 낙양 白馬寺이다. 중국에서는 서기 67년에 불교가 전래되었고, 白馬寺를 중국의 첫 번째 사찰로 인정하고 있다.

[國譯]

和帝 때 身毒(견독)에서는 자주 사자를 보내 토산물을 헌상하였지만 서역이 반기를 든 이후에는 단절되었다. 桓帝 延熹 2년(서기 159), 4년에 여러 번 日南郡으로 와서 토산품을 헌상하였다.

세상에 알려지기로는, 明帝가 꿈에 長大하고 머리에 光明이 있는 金人을 꿈꾸고 나서 여러 신하에게 물었다. 어떤 자가 "西方에 佛(부처)이라는 1장 6척이나 되는 장대한 몸에 황금색인 神靈이 있다."고 말하였다. 명제가 이에 사자를 천축국에 보내 부처의 도법을 묻게 하였는데 나중에 그 형상을 그린 그림이 전해졌다. 楚王 劉英(유영)이 그 술법을 신봉하였는데 이후 中國에도 그 도를 따르는 자가 제법 많아졌다. 뒷날 桓帝는 神靈을 좋아하여 浮圖(부도, 부처)나 老子를 자주 제사하였는데 백성 중에 점차 신봉하는 자가 생겨났고 뒤에 크게 성했다.

⑪ 東離國 外

原文

東離國, 居沙奇城, 在天竺東南三千餘里, 大國也. 其土氣,物類與天竺同. 列城數十, 皆稱王. 大月氏伐之, 遂臣服焉. 男女皆長八尺, 而怯弱. 乘象,駱駝, 往來鄰國. 有寇, 乘象以戰.

栗弋國, 屬康居. 出名馬,牛,羊,蒲萄,衆果, 其土水美, 故蒲萄酒特有名焉.

嚴國, 在奄蔡北, 屬康居, 出鼠皮以輸之.

奄蔡國, 改名阿蘭聊國, 居地城, 屬康居. 土氣溫和, 多楨松,白草. 民俗衣服與康居同.

| 註釋 | ㅇ東離國 – 南印度의 국명. ㅇ奄蔡國(엄채국) – 康居國 서북 2천 리쯤에 있는 나라. 今 鹹海(함해, 아랄해)와 裏海(카스피해) 주변 초원 지대에 있던 나라. 카스피해는 아시아와 유럽의 경계. 러시아, 아제르바이잔, 이란, 투르크메니스탄, 카자흐스탄에 둘러싸였다. ㅇ白草 –가을이 되면

잎이 흰색으로 변하는데 가축의 사료로 이용된다. 苜蓿(목숙)도 가축사료용 풀로 널리 알려졌다.

[國譯]

東離國(동리국)의 도읍은 沙奇城(사기성)인데 천축국 동남 3천여 리 되는 곳에 있는 大國이다. 그 土氣나 物類는 천축국과 같다. 수십 개의 성으로 있는데 모두 왕을 칭한다. 대월지가 정복하자 결국 신속하였다. 남녀의 신장이 모두 8척이나 되지만 겁이 많고 나약하다. 코끼리나 낙타를 타고 이웃나라에 왕래한다. 적이 침입하면 코끼리를 타고 싸운다.

栗弋國(율익국)은 康居(강거)에 복속하였는데 名馬, 牛, 羊, 蒲萄(포도)와 여러 과일이 나온다. 그 토양과 물이 좋아서 포도주가 특히 유명하다.

嚴國(엄국)은 奄蔡國(엄채국)의 북쪽에 있는데, 康居國에 복속하였고 좋은 鼠皮(서피)가 나와 수출한다.

奄蔡國(엄채국)은 阿蘭聊國(아란료국)으로 개명하였는데 도읍은 地城(지성)이고 康居國에 복속하였다. 土氣가 온화하고 楨松(정송, 상록교목의 일종)과 白草가 나온다. 민속과 의복은 강거국과 비슷하다.

⑫ 莎車國

原文

莎車國, 西經蒲犂,無雷至大月氏, 東去洛陽萬九百五十里. 匈奴單于因王莽之亂, 略有西域, 唯莎車王延最强, 不肯附屬. 元帝時, 嘗爲侍子, 長於京師, 慕樂中國, 亦復參其典法. 常敕諸子, 當世奉漢家, 不可負也. 天鳳五年, 延死, 謚忠武王, 子康代立.

光武初, 康率傍國拒匈奴, 擁衛故都護吏士妻子千餘口, 檄書河西, 問中國動靜, 自陳思慕漢家. 建武五年, 河西大將軍竇融乃承制立康爲漢莎車建功懷德王,西域大都尉, 五十五國皆屬焉.

| 註釋 | ㅇ莎車國 – 국명. 국도는 莎車城, 今 新疆省 서쪽 끝 喀什市(카시시) 莎車縣.

[國譯]

莎車國(사차국)에서 서쪽으로 蒲犁國(포리국)과 無雷國(무뢰국)을 지나면 大月氏國에 이르는데, 동쪽으로 낙양까지는 10,950리이다. 흉노 선우가 왕망의 혼란을 이용하여 서역을 평정하였는데, 오직 莎車王 延(연)은 가장 강하여 흉노에 귀부하지 않았다. 延(연)은 그전 元帝 때, 侍子로 장안에 와서 京師에서 성장하며 중국을 흠모하였고 제도와 법률을 많이 배워갔다. 여러 아들을 훈계하여 늘 漢家를 섬기게 하였다. (王莽) 天鳳 5년(서기 18)에 延(연)이 죽었는데, 시호는 忠武王이었고 아들 康(강)이 대를 이었다.

光武 初에, 康(강)은 주변 나라를 이끌고 흉노에 항거하였으며, 옛 도호부의 관리의 처자 1천여 명을 지켜주면서 河西에 檄書(격서)를 보내 중국의 동정을 물으면서 자신의 漢室을 흠모하는 정을 말하였다. 建武 5년(서기 29)에, 河西 大將軍 竇融(두융)은 광무제의 명을 받아 康(강)을 漢莎車建功懷德王 겸 西域大都尉에 임명하자 55개국

이 모두 康(강)에게 복속하였다.

原文

九年, 康死, 諡宣成王. 弟賢代立, 攻破拘彌,西夜國, 皆殺其王, 而立其兄康兩子爲拘彌,西夜王. 十四年, 賢與鄯善王安並遣使詣闕貢獻, 於是西域始通. 蔥領以東諸國皆屬賢.

十七年, 賢復遣使奉獻, 請都護. 天子以問大司空竇融, 以爲賢父子兄弟相約事漢, 款誠又至, 宜加號位以鎭安之. 帝乃因其使, 賜賢西域都護印綬, 及車旗黃金錦繡. 敦煌太守裴遵上言, "夷狄不可假以大權, 又令諸國失望." 詔書收還都護印綬, 更賜賢以漢大將軍印綬. 其使不肯易, 遵迫奪之, 賢由是始恨. 而猶詐稱大都護, 移書諸國, 諸國悉服屬焉, 號賢爲單于. 賢浸以驕橫, 重求賦稅, 數攻龜茲諸國, 諸國愁懼.

| 註釋 | ㅇ大司空 竇融(두융) - 광무제의 공신이었고 다른 공신과 달리 관직을 오래 담당하였는데, 이는 두융의 특별한 처세술이었다. 두융의 증손인 竇憲의 여동생이 章帝의 황후가 되었다. 건무 27년부터는 관직명에 '大' 를 생략하고 사공이라 칭했다.

[國譯]

(建武) 9년, 사차왕 康(강)이 죽었는데, 시호는 宣成王(선성왕)이었다. 동생인 賢(현)이 뒤를 이었고, 拘彌國(구미국)과 西夜國(서야국)을

공격하여 그 왕들을 죽이고 형의 두 아들을 구미왕과 서야왕으로 즉위시켰다. (建武) 14년(서기 38) 賢(현)과 鄯善王(선선왕) 安(안)이 함께 사자를 보내 궁궐에 와서 토산물을 바쳤는데, 이로써 서역과 처음으로 길이 트였다. 蔥領(총령) 동쪽의 여러 나라는 모두 賢(현)에게 복속했다.

(建武) 17년, 賢(현)이 다시 사신을 보내 토산물을 헌상하고 서역도호부 설치를 요청하였다. 광무제가 이를 大司空 竇融(두융)에게 물었는데, 두융은 賢(현)의 父子 兄弟가 漢을 섬기기로 서로 약속하였고, 그 충성심도 돈독하니 높은 지위의 호칭을 하사하여 서역을 진무케 해야 한다고 대답하였다. 광무제는 이에 賢(현)에게 西域都護의 인수를 하사하였고 황금으로 수를 놓은 비단으로 만든 車旗를 하사하였다. 그러나 敦煌太守 裴遵(배준)은 "이적에게 (서역 통치의) 대권을 부여한다면 다른 여러 나라가 실망할 것이라."고 건의하였다. 이에 조서를 내려 서역도호의 인수를 회수하고 賢(현)에게 漢大將軍의 인수를 다시 하사하였다. 그러자 賢(현)의 사자는 인수를 바꾸려 하지 않자, 배준이 거의 협박으로 빼앗았는데, 이 때문에 賢(현)은 원한을 품었다. 그러면서도 賢은 자신이 대도호라고 서역에서 사칭하였고 여러 나라에 문서를 보내자 다른 나라가 모두 복속하였고, 심지어 賢을 선우라 호칭하였다. 賢은 점차 멋대로 교만하였고 부세를 무겁게 징수했으며, 龜茲(구자)의 여러 나라를 공격하자 많은 나라가 근심 속에 두려워하였다.

原文

二十一年冬, 車師前王,鄯善,焉耆等十八國俱遣子入侍,獻其珍寶. 及得見, 皆流涕稽首, 願得都護. 天子以中國初定, 北邊未服, 皆還其侍子, 厚賞賜之. 是時賢自負兵强, 欲併兼西域, 攻擊益甚. 諸國聞都護不出, 而侍子皆還, 大憂恐, 乃與敦煌太守檄, 願留侍子以示莎車, 言侍子見留, 都護尋出, 冀且息其兵. 裴遵以狀聞, 天子許之. 二十二年, 賢知都護不至, 遂遺鄯善王安書, 令絶通漢道. 安不納而殺其使. 賢大怒, 發兵攻鄯善. 安迎戰, 兵敗, 亡入山中. 賢殺略千餘人而去. 其冬, 賢復攻殺龜茲王, 遂兼其國. 鄯善,焉耆諸國侍子久留敦煌, 愁思, 皆亡歸. 鄯善王上書, 願復遣子入侍, 更請都護. 都護不出, 誠迫於匈奴. 天子報曰, "今使者大兵未能得出, 如諸國力不從心, 東西南北自在也." 於是鄯善, 車師復附匈奴, 而賢益橫.

| 註釋 | ㅇ二十一年冬 – 가을, 鮮卑(선비)가 遼東郡(요동군)을 침략하자 遼東太守 祭肜(제융)이 적을 대파하였다. 겨울 10월, 伏波將軍 馬援(마원)을 보내 변경을 넘어가 烏桓族(오환족)을 공격했으나 이기지 못했다. 흉노가 上谷郡과 中山國을 침략했다.

[國譯]

(建武) 21년(서기 45), 車師前王과 鄯善(선선), 焉耆(언기) 등 18개국이 모두 아들을 보내 入侍케 하고 珍寶를 헌상하였다. 황제가 그들을 알현하자 시자들은 모두 눈물을 흘리며 고개를 숙여 서역도호 파견을 원했다. 광무제는 중국이 이제 겨우 안정되었지만 북방이 아직 복속하지 않는다면서 모든 시자들을 돌려보내면서 후한 상을 하

사하였다.

이때 사차국의 賢(현)은 강한 군사력을 믿고 서역을 완전히 겸병하려고 주변에 대한 공격을 더욱 강화했다. 서역 여러 나라는 서역도호가 설치되지 않고 侍子들도 모두 돌려보냈다는 것을 알고 크게 두려워하면서, 바로 돈황 태수에게 檄書를 보내 侍子를 머물게 하고, 서역도호를 곧 파견할 것이라는 뜻을 사차왕에게 알리고, 그렇게 하여 사차국의 공격을 멈추게 하려는 뜻이었다고 말했다. 이에 배준은 이를 조정에 보고했고, 광무제는 서역 여러 나라의 뜻을 받아들였다.

建武 22년에, 賢(현)은 都護가 오지 않는다는 것을 알고 이웃 鄯善王(선선왕) 安(안)에게 국서를 보내 漢과의 왕래를 끊으라고 말했다. 그러나 安은 받아들이지 않고 사차국의 사자를 죽여버렸다. 賢은 대노하면서 군사를 내어 선선을 공격하였다. 安은 적을 맞아 싸웠지만 패전하며 산중으로 도망하였다. 賢은 1천여 명을 죽이거나 잡아갔다.

그해 겨울, 다시 龜茲王(구자왕)을 공격 살해하고 그 나라를 병합하였다. 선선과 焉耆(언기) 등 여러 나라의 시자들은 오랫동안 敦煌郡에 머물다가 걱정 속에 모두 도망쳐 귀국하였다. 선선왕은 다시 아들을 보내 입시하겠다면서 도호의 파견을 다시 요청하였고, 도호가 파견되지 않으면 정말로 흉노의 압박을 받게 될 것이라고 말했다.

이에 광무제는 "지금은 사자와 大軍을 보낼 수가 없으니, 여러 나라가 외세를 막을 수가 없다면 동서남북 어디든 자유롭게 처신하라."고 회답하였다.

이에 鄯善과 車師國은 다시 흉노에 귀부하였고 賢은 더욱 날뛰었다.

原文

嬀塞王自以國遠, 遂殺賢使者, 賢擊滅之, 立其國貴人駟鞬爲嬀塞王. 賢又自立其子則羅爲龜兹王. 賢以則羅年少, 乃分龜兹爲烏壘國, 徙駟鞬爲烏壘王, 又更以貴人爲嬀塞王. 數歲, 龜兹國人共殺則羅,駟鞬, 而遣使匈奴, 更請立王. 匈奴立龜兹貴人身毒爲龜兹王, 龜兹由是屬匈奴.

| **註釋** | ㅇ嬀塞王 – 嬀는 강 이름 규. 嬀水(규수)는 힌두쿠시 산맥에서 발원하여 중앙아시아의 鹹海(함해, Aral Sea, 아랄해)로 흘러들어가는 阿姆河(아무르강). 塞(새)는 중앙아시아 伊犁(이리)강 유역의 이란계 유목민족(Saka족, 스키타이족).

[國譯]

嬀塞王(규새왕)은 그 나라가 (사차국에서) 멀리 떨어졌다 하여 (사차왕) 賢(현)의 사자를 죽여버리자, 賢은 규새왕을 공격하여 멸망시키고 규새국의 귀족 駟鞬(사건)을 규새왕으로 세웠다. 賢은 또 그의 아들 則羅(칙라)를 龜兹王으로 세웠다. 賢는 칙라가 어리다 하여 구자국을 분할하여 烏壘國(오루국)을 만들어 사건을 오루왕으로 삼고, 다른 귀족을 규새왕으로 삼았다가 몇 년 뒤 龜兹國人들 함께 칙라와 사건을 죽이고 흉노에 사자를 보내 다른 왕을 세워달라고 하였다. 흉노는 즉시 구자의 貴人 身毒을 龜兹王으로 세웠는데, 구자는 이때부터 흉노에 복속하였다.

原文

賢以大宛貢稅減少, 自將諸國兵數萬人攻大宛, 大宛王延留迎降, 賢因將還國, 徙拘彌王橋塞提爲大宛王. 而康居數攻之, 橋塞提在國歲餘, 亡歸, 賢復以爲拘彌王, 而遣延留還大宛, 使貢獻如常. 賢又徙于窴王兪林爲驪歸王, 立其弟位侍爲于窴王. 歲餘, 賢疑諸國欲畔, 召位侍及拘彌,姑墨,子合王, 盡殺之, 不復置王, 但遣將鎭守其國. 位侍子戎亡降漢. 封爲守節侯.

| 註釋 | ㅇ子合王(자합왕) – 西夜國(서야국, 今 新疆維吾爾 자치구 喀什市 葉城縣 남쪽)의 왕을 子合王(자합왕)이라고 부르고, 왕도는 呼犍谷(호건곡)이다.

[國譯]

賢(현)은 大宛國(대원국)의 貢稅가 줄었다며 직접 여러 나라의 군사 수만 명을 거느리고 大宛을 공격했고, 大宛王 延留(연류)는 적이 들어오자 투항하였는데, 賢은 연류를 데리고 환국하면서 拘彌王 橋塞提(교새제)를 大宛王으로 세웠다.

그리고 康居國을 여러 차례 원정하였는데 교새제는 대원국에 1년 남짓 있다가 도망쳐 자기 나라로 돌아가자, 賢은 다시 교새제를 구미왕으로 세우고 연류를 대원국에 돌려보내면서 貢賦를 이전처럼 바치게 하였다. 賢은 또 于窴王 兪林(유림)을 驪歸(여귀)의 왕으로 삼고 그 동생 位侍(위시)를 우전왕으로 앉혔다. 1년 남짓에 賢은 여러 나라들이 반기를 들려 한다는 것을 의심하며 位侍 및 拘彌, 姑墨, 子合의 왕들을 모두 살해하고 다시는 왕을 두지 않고 장군을 보내 그 나라들을 진수하게 하였다. 位侍(위시)의 아들 戎(융)은 망명하여 漢에 투항하였다. 漢은 융을 守節侯에 봉했다.

原文

莎車將君得在于窴暴虐, 百姓患之. 明帝永平三年, 其大人都末出城, 見野豕, 欲射之. 豕乃言曰, "無射我, 我乃爲汝殺君得." 都末因此卽與兄弟共殺君得. 而大人休莫霸復與漢人韓融等殺都末兄弟, 自立爲于窴王, 復與拘彌國人攻殺莎車將在皮山者, 引兵歸. 於是賢遣其太子,國相, 將諸國兵二萬人擊休莫霸, 霸迎與戰, 莎車兵敗走, 殺萬餘人. 賢復發諸國數萬人, 自將擊休莫霸, 霸復破之, 斬殺過半, 賢脫身走歸國. 休莫霸進圍莎車, 中流矢死, 兵乃退.

| **註釋** | ○大人 - 귀족. ○皮山 - 국명. 今 新疆省 서남부의 和田市 皮山縣 부근.

[國譯]

莎車의 장수인 君得(군득)은 우전국에 있으면서 포학하였기에 백성은 걱정이 많았다. 明帝 永平 3년(서기 60), 우전국 大人인 都末(도말)이 出城하여 멧돼지를 보고 활로 쏘려고 하였다. 그러자 멧돼지가 말했다. "나를 쏘지 마시오. 내가 당신들을 위해 군득을 죽일 것이요." 도말은 이에 곧 형제들과 공모하여 함께 군득을 죽였다. 또 우전국 大人인 休莫霸(휴막패)는 다시 漢人 韓融(한융) 등과 함께 도말 형제를 죽이고 우전왕으로 자립하였고, 이어 구미국 사람들과 함께 皮山國(피산국)에 있는 莎車의 장수를 죽이고 군사를 거느리고 돌아왔다. 그러자 사차국왕 賢은 그 太子와 國相에서 여러 나라에서 차출한 군사 2만 명을 주어 휴막패를 공격케 하였고, 휴막패는 맞아 싸워 사차의 군사를 패퇴시키며 패주병을 추격하여 1만여 명을 죽였다.

이에 賢은 다시 여러 나라의 군사 수만 명을 동원하여 직접 거느리고 휴막패를 공격하였는데, 휴막패는 다시 賢의 군사를 격퇴하고 그 절반을 참살하자, 賢은 겨우 몸을 빼내 귀국하였다. 휴막패는 사차국을 포위 공격하다가 流矢에 맞아 죽었고 군사는 철수하였다.

原文

于窴國相蘇楡勒等共立休莫霸兄子廣德爲王. 匈奴與龜茲諸國共攻莎車, 不能下. 廣德承莎車之敝, 使弟輔國侯仁將兵攻賢. 賢連被兵革, 乃遣使與廣德和. 先是廣德父拘在莎車數歲, 於是賢歸其父, 而以女妻之, 結爲昆弟, 廣德引兵去. 明年, 莎車相且運等患賢驕暴, 密謀反城降于窴. 于窴王廣德乃將諸國兵三萬人攻莎車. 賢城守, 使使謂廣德曰, "我還汝父, 與汝婦, 汝來擊我, 何爲?" 廣德曰, "王, 我婦父也, 久不相見, 願各從兩人會城外結盟." 賢以問且運, 且運曰, "廣德女婿, 至親, 宜出見之." 賢乃輕出, 廣德遂執賢. 而且運等因內于窴兵, 虜賢妻子而並其國. 鎖賢將歸, 歲餘殺之.

| 註釋 | ㅇ輔國侯 -《漢書 西域傳》에 의하면, 우전국에는 輔國侯(보국후), 좌우 將軍, 좌우 騎君(기군), 동서의 城長, 역관이 각 1명씩이라고 기록했다.

[國譯]

우전국의 相인 蘇楡勒(소유륵) 등은 함께 휴막패 형의 아들인 廣德(광덕)을 王으로 세웠다. 흉노와 龜茲國 등 여러 나라도 함께 사차국을 공격하였지만 함락시키지는 못했다. 광덕은 사차국의 쇠약을 틈타 동생인 輔國侯 仁(인)에게 군사를 거느리고 賢을 공격케 하였다. 賢은 계속되는 전투에 지쳐 사자를 보내 광덕에게 강화를 제안하였다. 이에 앞서 廣德의 부친은 사차국에 여러 해 동안 갇혀 있었는데, 賢은 광덕의 부친을 돌려보내고 또 자기 딸을 광덕에게 아내로 보내주면서 형제의 맹약을 체결하자 광덕은 군사를 거느리고 돌아갔다.

명년에, 사차국 相인 且運(차운) 등이 賢의 교만과 포악을 걱정하여 반기를 들어 우전국에 투항하기로 비밀리에 모의하였다. 우전왕 광덕은 이에 여러 나라에서 동원한 군사 3만 명을 거느리고 사차국을 공격하였다. 賢은 성을 지키면서 사자를 보내 광덕에게 말했다.

"나는 너의 부친도 돌려보냈고 딸을 아내로 주었는데도, 왜 나를 공격하는가?"

그러자 광덕이 말했다. "王은 내 아내의 부친이나 오랫동안 만나지 못했으니 시종 두 사람씩만 데리고 城外에서 다시 동맹을 체결합니다."

賢은 이를 且運(차운)에게 물었는데, 차운이 말했다.

"廣德은 사위라서 至親이니 의당 나가서 만나십시오."

賢은 이에 가벼이 출성하였고 광덕은 賢을 사로잡았다. 그러면서 차운 등이 우전의 군사를 불러들이고 賢의 妻子를 사로잡아 함께 우전으로 데려갔다. 사슬에 묶인 賢은 우전국에 끌려갔는데 1년 뒤에 죽여버렸다.

原文

匈奴聞廣德滅莎車, 遣五將發焉耆,尉黎,龜茲十五國兵三萬餘人圍于竇, 廣德乞降, 以其太子爲質, 約歲給罽絮. 冬, 匈奴復遣兵將賢質子不居徵立爲莎車王, 廣德又攻殺之, 更立其弟齊黎爲莎車王, 章帝元和三年也. 時, 長史班超發諸國兵擊莎車, 大破之, 由是遂降漢. 事已具〈班超傳〉.

莎車東北至疏勒.

| **註釋** | ○焉耆 – 今 新疆省 중앙 庫爾勒市 동북 焉耆回族自治縣 일대. ○尉黎(위려, 尉犁城) – 今 新疆省 중앙부 庫爾勒市 남쪽 尉犁縣(위리현). ○罽絮 – 罽는 융단 계. 絮는 솜 서.

[國譯]

匈奴는 광덕이 사차국을 멸망시킨 것을 알고, 5將에게 焉耆(언기), 尉黎(위려), 구자국 등 15개국에서 동원한 3만여 군사를 주어 우전국을 포위케 하자, 광덕은 투항하면서 태자를 인질로 보내고 해마다 융단과 솜을 바치기로 약속하였다. 겨울에, 匈奴는 다시 장수를 보내 賢의 質子인 不居徵(불거징)을 莎車王으로 즉위시키자, 廣德은 다시 공격하여 살해하고 다시 자신의 동생 齊黎(제려)를 사차왕으로 즉위시켰는데 이때가 章帝 元和 3년(서기 86)이었다. 그때 長史인 班超(반초)는 諸國의 군사를 거느리고 사차국을 공격하여 대파하자 사차국은 마침내 漢에 투항하였다. 이는 〈班超傳〉에 모두 기록했다.

사차국의 동북쪽에 疏勒(소륵)이 있다.

⑬ 疏勒國

原文

疏勒國, 去長史所居五千里, 去洛陽萬三百里. 領戶二萬一千, 勝兵三萬餘人.

明帝永平十六年, 龜茲王建攻殺疏勒王成, 自以龜茲左侯兜題爲疏勒王. 冬, 漢遣軍司馬班超劫縛兜題, 而立成之兄子忠爲疏勒王. 忠後反畔, 超擊斬之. 事已具〈班超傳〉.

| **註釋** | ㅇ疏勒國(소륵국) - 이란계 유목 민족(Saka족, 스키타이족)의 나라, 국도는 疏勒城(소륵성). 今 新疆省 서남부 서쪽 맨 끝의 도시인 喀什市(카시시). 帕米爾(파미르) 고원과 塔里木(타림) 분지의 연결 지점. ㅇ〈班超傳〉 - 47권, 〈班梁列傳〉에 立傳.

[國譯]

疏勒國(소륵국)은 西域長史 소재지에서 5천 리 거리이며 낙양에서는 10,300리이다. 民戶는 21,000호이며, 군사는 3만여 명이었다.

明帝 永平 16년(서기 73), 龜茲王 建(건)이 소륵왕 成(성)을 공격 살해한 뒤에, 마음대로 龜茲 左侯인 兜題(두제)를 소륵왕으로 세웠다. 겨울에, 漢은 軍 司馬인 반초를 보내 두제를 협박 체포한 뒤에 成의 조카 忠(충)을 소륵왕으로 내세웠다. 뒷날 忠이 배반하자 반초는 공격하여 죽여버렸다. 이는 〈班超傳〉에 기록했다.

原文

安帝元初中, 疏勒王安國以舅臣磐有罪, 徙於月氏. 月氏王親愛之. 後安國死, 無子, 母持國政, 與國人共立臣磐同產弟子遺腹爲疏勒王. 臣磐聞之, 請月氏王曰, "安國無子, 種人微弱, 若立母氏, 我乃遺腹叔父也, 我當爲王." 月氏乃遣兵送還疏勒. 國人素敬愛臣磐, 又畏憚月氏, 卽共奪遺腹印綬, 迎臣磐立爲王, 更以遺腹爲磐稿城侯. 後莎車連畔于窴, 屬疏勒, 疏勒以强, 故得與龜茲,于窴爲敵國焉.

| 註釋 | ㅇ爲敵國焉 – 敵은 대등하다. 상대가 될 만하다.

[國譯]

安帝 元初 연간에(서기 114 – 119), 疏勒王 安國(안국)의 장인 臣磐(신반)이 죄를 짓고 월지국으로 쫓겨 왔다. 月氏王은 신반을 친애하였다. 뒷날 安國이 죽었는데, 아들이 없어 안국의 모친이 국정을 장악하였는데, 國人과 함께 신반의 동복형제의 아들인 遺腹(유복)을 소륵왕으로 세웠다. 신반이 이 소식을 듣고 월지왕에게 말했다.

"安國이 無子하고 종족도 미약하니, 만약 모친의 씨족을 세운다면 유복의 숙부인 내가 응당 왕이 되어야 합니다."

월지는 이에 군사와 함께 신반을 소륵국으로 돌려보냈다. 나라 사람들은 평소에 신반을 경애하였고, 또 월지국이 두려워 즉시 유복의 인수를 회수한 뒤에, 신반을 영입하여 왕으로 세웠고, 유복은 다시 磐稿城侯(반고성후)가 되었다. 뒷날 사차국이 우전국에 반기를 들고 소륵에 복속하였는데, 소륵국이 강성해지면서 구자국이나 우전국의 상대가 될 만했다.

原文

順帝永建二年, 臣磐遣使奉獻, 帝拜臣磐爲漢大都尉, 兄子臣勳爲守國司馬. 五年, 臣磐遣侍子與大宛,莎車使俱詣闕貢獻. 陽嘉二年, 臣磐復獻師子,封牛. 至靈帝建寧元年, 疏勒王漢大都尉於獵中爲其季父和得所射殺, 和得自立爲王. 三年, 涼州刺史孟佗遣從事任涉將敦煌兵五百人, 與戊司馬曹寬,西域長史張晏, 將焉耆,龜茲,車師前後部, 合三萬餘人, 討疏勒, 攻楨中城, 四十餘日不能下, 引去. 其後疏勒王連相殺害, 朝廷亦不能禁.

東北經尉頭,溫宿,姑墨,龜茲至焉耆.

| **註釋** | ○封牛 - 목덜미에 살이 솟아오른 소. ○尉頭 - 국명. 今 新疆省 서부 克孜勒蘇柯爾克孜 자치주 관할의 阿合奇縣 일대. ○溫宿 - 국명. 今 新疆維吾爾 자치구 중서부 阿克蘇市 서쪽의 烏什縣. ○姑墨國 - 姑默,

亟墨, 今 新疆省 중서부 阿克蘇市 일대. 왕도는 南城(남성).

[國譯]

順帝 永建 2년(서기 127), (소륵국왕) 臣磐(신반)은 사신을 보내 토산물을 헌상하였는데, 순제는 신반에게 漢大都尉를 제수하였고, 조카 臣勳(신훈)에게는 守國司馬를 제수하였다. (永建) 5년, 신반이 侍子를 보내면서 大宛(대원), 莎車國(사차국)과 함께 궁궐에 와 공물을 헌상하였다. (順帝) 陽嘉 2년(서기 133), 신반이 다시 獅子와 封牛(봉우)를 바쳤다.

靈帝 建寧 원년(서기 168), 疏勒王 漢大都尉가 사냥을 하던 중 季父 和得(화득)의 화살을 맞아 죽자, 화득이 自立하여 왕이 되었다. 3년, 涼州 자사인 孟佗(맹타)가 從事 任涉(임섭)을 보내 敦煌郡의 군사 5백 명을 거느리고, (戊己校尉의) 戊(무) 司馬인 曹寬(조관), 西域長史 張晏(장안)과 함께 焉耆, 龜茲, 車師前後部의 군사 등 총 3만여 명을 동원하여 소륵국 楨中城(정중성)을 40여 일 공격하였지만 함락시키지 못하고 군사를 철수하였다. 그 뒤로 疏勒王이 연이어 살해되었지만 조정에서도 어찌하지 못했다.

동북쪽으로 尉頭(위두), 溫宿(온숙), 姑墨(고묵), 龜茲國(구자국)을 지나가면 焉耆國이 있다.

⑭ 焉耆國

原文

焉耆國王居南河城, 北去長史所居八百里, 東去洛陽八千二百里. 戶萬五千, 口五萬二千, 勝兵二萬餘人. 其國四面有大山, 與龜茲相連, 道險阸, 易守. 有海水曲入四山之內, 周匝其城三十餘里.

| **註釋** | ㅇ南河城 -《漢書 西域傳》에는 員渠城, 今 新疆省 중앙 庫爾勒市 동북 焉耆回族自治縣. ㅇ有海水曲入~ - 今 庫爾勒市 동북 博斯滕湖(보스텅호). ㅇ周匝其城 - 周匝은 둘레, 주위. 匝은 돌 잡. 에워싸다.

[國譯]

焉耆國(언기국)의 도성은 南河城인데, 북쪽 西域長史 소재지까지는 8백 리이고, 동쪽으로 낙양까지는 8,200里이다. 민호는 1만5천 호, 인구는 52,000여 명, 군사는 2만여 명이다. 언기국의 사방에 큰 산이 있고, 구자국과 연접하였지만 길이 험고하여 방어가 쉽다. 海水(湖水)가 사방의 산 안쪽까지 들어왔다. 그 성 주변 30리를 감싸고 있다.

原文

永平末, 焉耆與龜茲共攻沒都護陳睦,副校尉郭恂, 殺吏士二千餘人. 至永元六年, 都護班超發諸國兵討焉耆,危須,尉黎,山國, 遂斬焉耆,尉黎二王首, 傳送京師, 縣蠻夷邸. 超乃立焉耆左候元孟爲王, 尉黎,危須,山國皆更立其王. 至安帝時, 西域背畔.

延光中, 超子勇爲西域長史, 復討定諸國. 元孟與尉黎,危須不降. 永建二年, 勇與敦煌太守張朗擊破之, 元孟乃遣子詣闕貢獻.

| **註釋** | ㅇ危須(위수) – 국명. 국도는 危須城, 今 新疆省 중앙부 焉耆縣의 동북 烏什塔拉 부근. ㅇ尉黎(위려) – 국도는 尉黎城, 今 新疆省 焉耆 서남 紫泥泉(자니천). ㅇ山國(산국) – 今 新疆省 吐魯番 분지 南 庫魯克塔 산맥에 위치했던 나라. 墨山國의 약칭으로 보는 학자도 있다. 皮山國이 아님.

[國譯]

(明帝) 永平末, 焉耆國과 龜茲國이 함께 공격하여 서역도호 陳睦(진목)과 副校尉 郭恂(곽순) 및 관리와 백성 2천여 명을 살해하였다. (和帝) 永元 6년(서기 94), 西域都護인 班超가 서역 여러 나라의 군사를 동원하여 焉耆, 危須(위수), 尉黎(위려), 山國(산국)을 정벌하고, 마침내 언기국과 위려국 왕의 목을 잘라 경사로 보내 蠻夷의 저택이 있는 거리에 매달았다. 반초는 이어 焉耆 左候 元孟(원맹)을 왕으로 앉히고, 尉黎, 危須, 山國의 왕도 모두 교체하였다. 安帝 延光 연간(서기 132 – 134)에, 반초의 아들 班勇은 西域長史가 되어 다시 여러 나라를 평정하였다. 元孟과 위려, 위수는 굴복하지 않았다. (順帝) 永建 2년(서기 127), 반용과 돈황태수 張朗(장랑)이 이들을 격파하자, 원맹은 곧 아들을 낙양에 보내 공물을 바쳤다.

⑮ 蒲類國

原文

蒲類國, 居天山西疏榆谷, 東南去長史所居千二百九十里, 去洛陽萬四百九十里. 戶八百餘, 口二千餘, 勝兵七百餘人. 廬帳而居, 逐水草, 頗知田作. 有牛,馬,駱駝,羊畜. 能作弓矢. 國出好馬.

蒲類本大國也, 前西域屬匈奴, 而其王得罪單于, 單于怒, 徙蒲類人六千餘口, 內之匈奴右部阿惡地, 因號曰阿惡國. 南去車師後部馬行九十餘日. 人口貧羸, 逃亡山谷間, 故留爲國云.

| 註釋 | ○蒲類國 – 今 新疆省 북동부의 哈密(합밀, Hāmì)市의 북서쪽 巴里坤哈薩克自治縣 일대. 蒲類後國도 있었다.

[國譯]

蒲類國(포류국)의 도성은 天山 서쪽 疏榆谷(소유곡)인데, 동남쪽 서역장사 소재지까지는 1,290리이고, 낙양까지는 14,490리이다. 민호는 8백 호에 인구는 2천여 명이며, 군사는 7백여 명이다. 천막을 치고 살며 물과 풀을 따라 다니지만 농사를 지을 줄도 알았다. 소와 말, 駱駝(낙타), 羊같은 가축이 있다. 활과 화살을 잘 만든다. 그 나라에는 좋은 말이 많다.

포류국은 본래 큰 나라였는데 서역이 흉노의 지배하에 있을 때, 그 왕이 흉노 선우에게 득죄했고, 선우는 화를 내며 포류국의 백성 6천여 명을 흉노 右部의 阿惡(아악)이란 곳으로 데려가 버렸는데, 아악국이라고 부르기도 했다. 남쪽으로 車師後部까지는 말로 90일을 가야 한다. 백성이 적고 가난한데다가 산속에 도망가서 살기에 그냥 나라로 불러준다.

⑯ 移支國 外

原文

移支國, 居蒲類地. 戶千餘, 口三千餘, 勝兵千餘人. 其人勇猛敢戰, 以寇抄爲事. 皆被髮, 隨畜逐水草, 不知田作. 所出皆與蒲類同.

東且彌國, 東去長史所居八百里, 去洛陽九千二百五十里. 戶三千餘, 口五千餘, 勝兵二千餘人. 廬帳居, 逐水草, 頗田作. 其所出有亦與蒲類同. 所居無常.

| **註釋** | ㅇ移支國 – 古稱 蒲類海, 今 新疆省 동북부 巴里坤哈薩克自治縣 부근에 있던 나라. ㅇ東且彌國 –《漢書 西域傳》에는 東, 西 且彌國이 나온다. 今 新疆維吾爾自治區의 首府인 烏魯木齊(우루무치)市 동남.

[國譯]

移支國(이지국)은 蒲類국 땅에 있는데 1천여 호에 인구는 3천여 명이고, 군사는 1천여 명이다. 그 사람들은 용맹하여 전투에 능하고 노략질이 본업이다. 모두 머리를 산발하고 가축과 함께 물과 풀을 따라다니며 농사를 짓지 않는다. 산출은 대개 蒲類國과 같다.

東且彌國(동차미국)에서 동쪽으로 서역장사 소재지까지는 8백 리인데 낙양까지는 9,250리이다. 호구는 3천 호이며, 인구는 5천여 명이고, 군사는 2천여 명이다. 천막을 치고 살며 水草를 따라 다니며 농사도 많이 짓는다. 그곳 산물은 포류국과 비슷하다. 사는 곳은 일정하지 않다.

⑰ 車師前國

原文

車師前王居交河城. 河水分流繞城, 故號交河. 去長史所居柳中八十里, 東去洛陽九千一百二十里. 領戶千五百餘, 口四千餘, 勝兵二千人.

後王居務塗谷, 去長史所居五百里, 去洛陽九千六百二十里. 領戶四千餘, 口萬五千餘, 勝兵三千餘人. 前後部及東且彌,卑陸,蒲類,移支, 是爲車師六國, 北與匈奴接, 前部西通焉耆北道, 後部西通烏孫.

| 註釋 | ㅇ交河城 – 兜訾城(두자성), 今 新疆維吾爾自治區 북부 吐魯番市의 서쪽. 白楊河와 阿拉沟河의 합류지점. 車師後國의 도성은 務塗谷(무도곡), 今 新疆省 북부 昌吉市 관할의 奇臺縣과 吉木薩爾縣 일대.(吐魯番市의 북쪽). 車師前國과 後國은 宣帝(前 63년) 때 前, 後國으로 분열. 거사전국은 前漢 시절 戊己校尉(무기교위)를 설치하여 屯田하던 곳. ㅇ卑陸(비륙) – 今 新疆省 중앙부 烏魯木齊市 북쪽 阜康市(부강시)에 소재, 도읍은 乾當谷. 卑陸後國도 있었다.

[國譯]

車師前國(거사전국)의 왕도는 交河城이다. 河水가 갈라져 흐르면서 성을 감싸고 있어 交河라고 하였다. 서역장사 소재지 柳中까지는 80리이고, 동쪽으로 낙양까지는 9,120리이다. 민호는 500여 호에, 인구는 4천여 명, 군사는 2천 명이었다.

後王의 도읍은 務塗谷(무도곡)인데 서역장사 소재지까지는 5백 리이고 낙양에서는 9,620리이다. 민호는 4천여 호에, 인구는 1만 5천, 군사는 3천여 명이다. 前後部 및 東且彌(동차미), 卑陸(비륙), 蒲類(포류), 移支國(이지국)을 車師六國이라 하는데, 북으로는 흉노와 접했고, 거사 前部의 서쪽으로는 焉耆의 북도로 통하고, 後部에서는 서쪽으로 烏孫(오손)과 통한다.

原文

建武二十一年, 與鄯善,焉耆遣子入侍, 光武遣還之, 乃附屬匈奴. 明帝永平十六年, 漢取伊吾盧, 通西域, 車師始復內屬. 匈奴遣兵擊之, 復降北虜.

和帝永元二年, 大將軍竇憲破北匈奴, 車師震慴, 前後王各遣子奉貢入侍, 並賜印綬金帛. 八年, 戊己校尉索頵欲廢後部王涿鞮, 立破虜侯細緻. 涿鞮忿前王尉卑大賣己, 因反擊尉卑大, 獲其妻子.

明年, 漢遣將兵長史王林, 發涼州六郡兵及羌胡二萬餘人, 以討涿鞮, 獲首虜千餘人. 涿鞮入北匈奴, 漢軍追擊, 斬之, 立涿鞮弟農奇爲王. 至永寧元年, 後王軍就及母沙麻反畔, 殺後部司馬及敦煌行事. 至安帝延光四年, 長史班勇擊軍就, 大破, 斬之.

| **註釋** | ㅇ索頵(삭군) – 인명. 索은 성 삭, 줄 삭. 頵은 머리가 클 균. ㅇ敦煌行事 – 관직명. 敦煌行長事의 간칭.

[國譯]

建武 21년(서기 45년), 鄯善(선선), 焉耆國(언기국)과 함께 아들을 보내 入侍케 하였는데, 光武帝는 侍子를 돌려보내자 거사국은 匈奴에 복속했다. 明帝 永平 16년(서기 73), 漢이 伊吾盧(이오려)를 점령하고 서역과 통하게 되자 거사국은 비로소 다시 漢에 內屬하였다. 그러자 흉노가 군사를 보내 거사국을 공격하자 다시 흉노에 복속하였다.

和帝 永元 2년(서기 90)에, 大將軍 竇憲(두헌)이 北匈奴를 격파하자, 거사는 두려워 떨면서 前王과 後王이 각자 아들을 보내 공물을 바치고 입시케 하였는데, 조정에서는 인수와 금과 비단을 하사하였다. (永元) 8년, 戊己校尉인 索頵(삭군)이 後部 王 涿鞮(탁제)를 폐위시키고 破虜侯인 細緻(세치)를 옹립했다. 이에 탁제는 거사전왕 尉卑大(위비대)가 자신을 이용했다며 분노하면서 위비대의 처자를 사로잡았다.

다음 해 漢은 長史 王林(왕림)을 보내 涼州 六郡에서 징발한 군사 및 羌族의 군사 등 2만여 명을 거느리고, 탁제를 정벌케 하여 1천여 명을 죽였다. 이에 탁제는 北匈奴로 도주하였는데, 漢軍은 추격하여 탁제를 죽이고 택제의 동생 農奇(농기)를 왕으로 세웠다. 그리하여 (安帝) 永寧 元年(서기 120), 車師 後王인 軍就(군취) 및 그 모친 沙麻(사마)가 반기를 들고 車師後部의 司馬 및 敦煌行長事인 索頵(삭군)을 죽였다. 安帝 延光 4년(서기 125)에야 西域長史인 班勇(반용)이 군취를 공격 대파하여 죽여 버렸다.

原文

順帝永建元年, 勇率後王農奇子加特奴及八滑等, 發精兵擊北虜呼衍王, 破之. 勇於是上立加特奴爲後王, 八滑爲後部親漢侯. 陽嘉三年夏, 車師後部司馬率加特奴等千五百人, 掩擊北匈奴於閶吾陸谷, 壞其廬落, 斬數百級, 獲單于母,季母及婦女數百人, 牛,羊十餘萬頭, 車千餘兩, 兵器什物甚衆. 四年春, 北匈奴呼衍王率兵侵後部, 帝以車師六國接近北虜, 爲西域蔽扞, 乃令敦煌太守發諸國兵, 及玉門關候, 伊吾司馬, 合六千三百騎救之, 掩擊北虜於勒山, 漢軍不利. 秋, 呼衍王復將二千人攻後部, 破之.

桓帝元嘉元年, 呼衍王將三千餘騎寇伊吾, 伊吾司馬毛愷遣吏兵五百人於蒲類海東與呼衍王戰, 悉爲所沒, 呼衍王遂攻伊吾屯城. 夏, 遣敦煌太守司馬達將敦煌,酒泉, 張掖屬國吏士四千餘人救之, 出塞至蒲類海, 呼衍王聞而引去, 漢軍無功而還.

| **註釋** | ㅇ西域蔽扞 - 蔽는 덮을 폐. 扞은 막을 한. 방어막. ㅇ勒山(늑산) - 위치 미상.

[國譯]

順帝 永建 원년(서기 126), 班勇은 거사후왕 農奇(농기)의 아들 加特奴(가특노)와 八滑(팔활) 등을 거느리고 精兵을 동원하여 북 흉노의 呼衍王(호연왕)을 격파하였다. 반용은 이에 상서하여 가특노를 거사후왕으로 세우고, 팔활을 거사후부의 親漢侯로 삼았다.

(順帝) 陽嘉 3년(서기 134) 여름, 거사후부의 司馬가 가특노 등 1,500을 이끌고 북흉노를 閶吾陸谷(창오륙곡)에게 습격하여 그들 천막을 부수고 수백 명을 죽였으며, 單于의 모친과 작은어머니 및 부녀자 수백 명을 사로잡았으며, 소와 양 10여만 마리와 수레 1천여 대, 다수의 병기와 집기 등을 노획하였다.

(順帝) 陽嘉 4년 봄, 北匈奴의 호연왕이 군사를 거느리고 거사후부를 침략하였는데, 순제는 車師六國이 북흉노와 근접했고 서역의 울타리(방어막)라 생각하고 敦煌太守에게 명하여 여러 나라의 군사를 징발하고 玉門關候, 伊吾(이오) 司馬 등 총 6,300 기병으로 구원케 하여 흉노를 勒山(늑산)이란 곳에서 공격하였지만 이기지 못했다. 그해 가을에, 호연왕이 다시 2천 기병으로 거사후부를 공격하여 격파하였다.

桓帝 元嘉 원년(서기 151), 呼衍王이 3천 기병을 거느리고 伊吾(이오)를 노략질하자, 伊吾司馬인 毛愷(모개)가 군리와 사졸 500인을 보내 蒲類海 동쪽에서 호연왕과 싸웠으나 모두가 전사하였고 호연왕은 伊吾의 屯田 城을 점거하였다. 여름에, 敦煌太守 司馬達(사마달)이 敦煌, 酒泉, 張掖屬國의 군리와 사졸 4천여 명을 거느리고 구원코자 국경 밖에 출동하여 포류해까지 갔으나 호연왕이 정보를 알고 퇴각하여 漢軍은 아무런 성과도 없이 돌아왔다.

原文

永興元年, 車師後部王阿羅多與戊部候嚴皓不相得, 遂忿戾反畔, 攻圍漢屯田且固城, 殺傷吏士. 後部候炭遮領餘人畔阿羅多, 詣漢吏降. 阿羅多迫急, 將其母妻子, 從百餘騎亡走北匈奴中，敦煌太守宋亮上立後部故王軍就質子卑君爲後部王. 後阿羅多復從匈奴中還，與卑君爭國，頗收其國人. 戊校尉閻詳慮其招引北虜，將亂西域，乃開信告示，許復爲王，阿羅多乃詣詳降. 於是收奪所賜卑君印綬，更立阿羅多爲王，仍將卑君還敦煌，以後部人三百帳別屬役之，食其稅. 帳者，猶中國之戶數也.

| 註釋 | ○三百帳別屬役之 - 帳은 서역의 民戶를 세는 단위. 중국의 3백 호와 같음.

[國譯]

永興 원년(서기 153), 車師後部의 王 阿羅多(아라다)와 漢 戊部候인 嚴皓(엄호)의 사이가 벌어졌는데 阿羅多(아라다)가 화를 내며 반기를 들고 漢의 屯田 且固城(차고성)을 습격하여 군리와 사졸을 살해하였다. 거사후부의 候인 炭遮(탄차)는 나머지 사람들을 이끌고 아라다에 반기를 들고 漢의 관리를 찾아와 투항하였다. 그러나 아라다가 급박하게 추격하자, 아라다는 母와 妻子를 거느리고 자신을 따르는 1백여 기병과 함께 북흉노의 땅으로 도주하였다. 敦煌太守 宋亮(송량)은 조정에 상서하여 거사후부의 전 왕이었던 軍就(군취)의 質子 卑君(비군)을 거사후부의 왕으로 세웠다. 뒷날 아라다가 다시 匈奴에서 돌아와 卑君(비군)과 나라를 놓고 다투면서 거사후국 사람 다수를 끌어들였다. 戊校尉인 閻詳(염상)은 아라다가 흉노 세력을 끌어들여 서역을 혼란케 할 수도 있다고 걱정하여 서신을 보내 아라다에게 왕위 복귀를 허락하겠다고 말하자, 아라다는 염상을 찾아와 투항하였다. 이에 이미 비군에게 주었던 인수를 빼앗고 다시 아라다를

왕으로 세우고 비군을 다시 敦煌으로 돌려보내려 하자, 거사후부의 백성 3백여 호가 바치는 부세를 비군에게 녹봉으로 주었다. 三百帳의 帳(장, 軍幕, 천막)은 中國의 戶數와 같다.

原文

論曰, 西域風土之載, 前古未聞也. 漢世張騫懷致遠之略, 班超奮封侯之志, 終能立功西遐, 羈服外域. 自兵威之所肅服, 財賂之所懷誘, 莫不獻方奇, 納愛質, 露頂肘行, 東向而朝天子. 故設戊己之官, 分任其事, 建都護之帥, 總領其權. 先馴則賞籯金以賜龜綬, 後服則繫頭顙而釁北闕. 立屯田於膏腴之野, 列郵置於要害之路. 馳命走驛, 不絶於時月, 商胡販客, 日款於塞下.

其後甘英乃抵條支而歷安息, 臨西海以望大秦, 拒玉門, 陽關者四萬餘里, 靡不周盡焉. 若其境俗性智之優薄, 産載物類之區品, 川河領障之基源, 氣節涼暑之通隔, 梯山棧谷, 繩行沙度之道, 身熱首痛,風災鬼難之域, 莫不備寫情形, 審求根實.

至於佛道神化, 興自身毒, 而二漢方志, 莫有稱焉. 張騫但著地多暑濕, 乘象而戰, 班勇雖列其奉浮圖, 不殺伐, 而精文善法,導達之功, 靡所傳述. 余聞之後說也, 其國則殷乎中土, 玉燭和氣. 靈聖之所降集, 賢懿之所挺生, 神跡詭怪, 則理絶人區, 感驗明顯, 則事出天外. 而騫,超無聞者, 豈其道閉往運, 數開叔葉乎? 不然, 何誣異之甚也!

漢自楚英始盛齋戒之祀, 桓帝又修華蓋之飾. 將微義未譯, 而但神明之邪? 詳其淸心釋累之訓, 空有兼遣之宗, 道書之流也. 且好仁惡殺, 蠲敝崇善, 所以賢達君子多愛其法焉. 然好大不經, 奇譎無已, 雖鄒衍談天之辯, 莊周蝸角之論, 尙未足以槪其萬一. 又精靈起滅, 因報相尋. 若曉而昧者, 故通人多惑焉. 蓋導俗無方, 適物異會, 取諸同歸, 措夫疑說, 則大道通矣.

| 註釋 | ㅇ張騫(장건, 前 164?-114) – 제일 먼저 눈을 떠 세계를 보았던 중국인(第一個睜眼看世界的中國人). ㅇ班超奮封侯之志 – 班超(32–102년)는 "大丈夫가 특별한 志略이 없다면(大丈夫無它志略), 차라리 傅介子(부개자)나 張騫(장건)을 본받아 이역에서 공을 세워(猶當效傅介子,張騫立功異域), 봉후가 되어야 하거늘(以取封侯), 어찌 이리 오랫동안 붓과 벼루와 씨름을 해야겠는가?(安能久事筆硏閒乎?)" 라고 말했다. ㅇ賞籯金以賜龜綬 – 籯은 대바구니 영. 龜는 직인. 綬는 인수. ㅇ甘英(감영, ?-?) – 和帝永元 9년(서기 97)에, 반초의 명을 받아 大秦에 파견되었던 사람. Rome에 간다는 목표를 달성하지는 못했다. 감영으로서는 安息國 상인들의 항해에 관한 과장된 설명을 합리적으로 판단할 능력이 없었을 것이다. ㅇ至於佛道神化 – 後漢과 西域의 교류에 관한 총괄적인 범엽의 논평 중 특히 佛道에 관한 언급을 했다는 것은 매우 특이하다.《後漢書》에서 유독 여기에만 불교에 관한 언급이 있다. 범엽의 부친 范泰(355–428)는 南朝 劉宋(건국자 劉裕, 420–479 존속)의 개국공신(諡曰宣侯)이었는데, 범엽은 범태의 4子였다. 범태는 박학하였고 문장에 능했으며《古今善言》24편과 문집을 남겼다. 범태는 만년에, 집안에 祇洹精舍(기원정사)를 짓고 佛敎를 독실하

며 믿었다. 범엽은 분명 부친의 영향을 받았을 것이다. 《宋書》 60권 〈范泰列傳〉 참고. ㅇ二漢方志 - 전한 司馬遷의 《史記》와 후한 班固의 《漢書》의 기록. ㅇ數開叔葉 - 叔葉은 末世. 叔世. 이때 叔은 끝 숙. ㅇ鄒衍(추연) - 陰陽家의 대표. 陰陽五行說, 五德終始說을 주장. ㅇ莊周蝸角之論 - 莊周(莊子)의 우화. 달팽이의 양쪽 뿔에 매달린 나라들이 대군을 동원하여 5일 동안 전쟁을 했다는 이야기. 鄒衍(추연)의 談天은 큰 것을 말한 것이고, 장자의 蝸角(와각) 논쟁은 작은 것을 언급한 예.

【國譯】

范曄(범엽)의 史論 : 예전에는 西域의 風土에 관한 기록이 없었다. 漢代에, 張騫(장건)은 遠方을 모두 포용하려는 大略을 품었고, 班超(반초)는 제후가 되려는 뜻으로 분발하였기에 결국 먼 서쪽 땅에서 공을 세웠고 이역을 복속시킬 수 있었다. (그런 일은) 군사력으로 이민족을 복속시킬 수도 있고 재물로 회유할 수도 있었는데, (漢에 들어와) 진기한 토산품을 바치지 않는 자가 없었으며, 사랑하는 아들을 인질로 보내었고, 노숙을 하거나 팔과 무릎으로 기어서 중국에 들어와 天子에게 조공을 하였다. 그래서 (漢에서는) 둔전을 하는 관리를 두어(設戊己之官), 그런 업무를 분담하게 하였고, 서역을 지키는 도호를 임명하여 그 권한을 위임하였다. 그리하여 서역도호에게 먼저 고분고분하면 상으로 많은 황금과 직인과 인수를 받았지만, 나중에 복속하면 밧줄에 목을 매어 끌려와 北闕에서 처형되었다. 기름진 땅에 屯田官을 두었고, 요해지에는 郵驛(우역)을 설치하였다. 명령을 전달하는 역마의 이어달리기는 어느 시절이든 그치지 않았고, 胡商과 販客은 매일 국경 관문을 두드렸다.

그 뒤에 甘英(감영)은 條支國(조지국)에서 安息國까지, 거기 西海(서해)에서 大秦을 바라보았으니, 玉門關과 陽關을 나서서 4만여 리 떨어진 곳까지 발길이 두루 닿지 않은 곳이 없었다. 그런 사람들이 통과했던 지역의 풍속, 습성, 지식의 우열과 생산되는 여러 가지 산물, 하천과 산맥의 시작이나 여러 가지 춥고 더운 기후의 차이, 사다리로 산을 오르고, 잔도로 계곡을 지나며, 밧줄에 매달려 계곡을 넘거나 사막을 통과하기, 身熱과 고생스런 두통, 폭풍과 귀신이 나타나는 지역을 기록하지 않은 것이 없었고, 또 합리적 근거에 의한 기록이었다.

佛道와 神異한 敎化에 관하여 말한다면, 身毒(견독, 印度)에서 비롯되었지만 전, 후한의 기록에 불도에 관한 내용이 없었다. 張騫은 그가 다녀왔던 곳의 기후와 코끼리를 타고 싸운다는 傳聞을 기록하였을 뿐이고, 班勇(반용)은 비록 그들이 浮圖를 신봉하며 殺人을 하지 않는다는 것을 기록했지만, 그 佛經의 精文이나 善法, 그리고 道를 깨우치려는 노력에 대해서는 기록한 것이 없다.

내가(范曄) 들은 것은 그 후대 사람들이 말한 것이지만, 그 나라(身毒)는 中土(中國)에 비하여 부유하고, 사계절이 온화하며(玉燭) 和氣가 있다고 하였다. 그리하여 (浮圖로) 靈聖이 모이고 현명하고 아름다운 일도 일어나며, 기이한 신령의 자취는 인간세상과는 확연히 다르며, 감응하는 효험과 뚜렷한 현상은 우리가 전혀 생각하지 못하는 것이라고 하였다. 그러나 장건이나 반초가 이런 浮圖에 관하여 들은 바가 없는 것은, 어찌 正道가 막히고 시운이 없으며 말세가 시작되었기 때문이라고 할 수 있겠는가? 그렇지 않다면 그 시대에 관한 이상한 차이가 어찌 이리 심하겠는가!

漢에서는 楚王 劉英(유영)이 浮圖를 모시기 시작하였으며, 桓帝도 浮圖를 화려하게 꾸미려 하였다. 그 精微한 뜻이 아직 알려지지도 않았는데, 그렇다면 (그런 숭배나 꾸밈이) 어찌 神明한 邪術이 아니겠는가? (佛道의) 마음을 깨끗하게 해주고 마음의 괴로움을 풀어준다는 가르침을 살펴보면 空과 有의 모두 모아놓은 그 宗旨는 道家와 같은 유파라 할 수 있다. 다만 베풀기를 좋아하고(好仁) 살생을 미워하며, 욕망을 없애고 선행을 강조하기에 현명하고 사리에 통달한 군자라 할지라도 그 불법을 좋아하는 사람들이 많았을 것이다.

그러나 (佛經을 말하는 사람들이) 과장을 좋아하고 비합리적이며 기이하고 믿을 수 없는 이야기가 끝이 없으니, 아마 하늘을 논한 鄒衍(추연)의 변설이나 莊周(장주)의 달팽이 뿔 위의 논쟁은 (佛道의 기괴한 내용에 비하면) 아마 그 하나만도 못할 것이다. 또 영혼의 생성이나 소멸, 이어지는 因果應報에 관한 주장은 다 깨우친 것 같기도 하고, 또는 우매한 것도 같아 사리에 통달한 사람도 많이 빠져들었다. 대체로 세속을 깨우치는 데는 일정한 방도가 없고 사물에 따라 가며 다른 방법을 찾더라도 결국은 한 곳으로 모일 것이니, 하여튼 의심스런 주장을 따르지 않는다면 大道에 통할 것이다.

原文

贊曰, 逷矣西胡, 天之外區. 土物琛麗, 人性淫虛. 不率華禮, 莫有典書. 若微神道, 何恤何拘!

| 註釋 | ㅇ逷矣西胡 - 逷은 멀 적. 멀다. 西胡는 서역의 胡人. ㅇ土物琛麗 - 琛은 보배 침. 麗는 아름다울 려.

[國譯]

贊曰,

멀고도 멀도다! 西域 胡人의 땅, 하늘의 밖이로다.
기이한 토산물 귀하며 아름답고, 멋대로 사는 사람들.
中華의 예법을 따르지 않으며, 성인 가르침도 없도다.
浮圖의 교훈도 없었다면 어찌 베풀고 自制를 알리오?

89 南匈奴列傳
〔남흉노열전〕

原文

南匈奴醢落尸逐鞮單于比者, 呼韓邪單于之孫, 烏珠留若鞮單于之子也. 自呼韓邪後, 諸子以次立, 至比季父孝單于輿時, 以比爲右薁鞬日逐王, 部領南邊及烏桓.

| 註釋 | ㅇ〈南匈奴列傳〉 – 司馬遷의 《史記》 110권이 〈匈奴列傳〉이다. 班固의 《漢書 匈奴傳》은 上, 下卷으로 타 외국전에 비하여 그 내용이 상세하고 방대한 분량이다. 《漢書》는 남북 흉노의 구분이 없다. 흉노는 呼韓邪單于(호한야선우, 재위 前 58–31) 때, 흉노는 선우가 남북으로 갈라진다(前 51년). 북흉노는 서쪽으로 옮겨가 서역을 압박하고 서역도호의 군사와 싸워 거의 패망 일보 직전까지 갔었다. 대신 남선우는 漢과 적극 교류하며 入朝하였으며, 후한 내내 漢의 도움을 받으면서 비교적 우호 관계를 유지했다. 《東觀記》에는 〈匈奴南單于列傳〉이 있었는데 范曄이 單于 二字를 삭제하고 〈南匈奴列傳〉을 편찬했다. ㅇ匈奴 – 전국시대 이후 漢 주변 이민

족 중 가장 강력했으며 유목국가를 건설하고 발전하면서 중국에 큰 영향을 끼쳤다. 漢의 군사와 외교는 사실상 흉노에 대한 정벌과 화친의 방책이었다. 漢의 흉노에 대한 대원칙은 羈縻政策(기미정책)이라 할 수 있다. 흉노는 수초를 따라 옮겨 다니기에 성곽과 집이나 농사짓는 땅은 없지만, 그래도 각자의 땅(목초지)을 갖고 있었다. 문서가 없어 언어로 약속을 하였다. 어린아이도 양을 타며 활로 새나 들쥐를 사냥하고 좀 자라면 여우나 토끼를 사냥하여 고기를 먹었고, 壯士가 되어 彎弓(만궁)을 당길 수 있으면 모두 기병이 되었다. 그 풍속에 여유가 있으면 목축과 짐승 사냥으로 살아가지만, 위기에 처하면 모두가 전투를 익혀 남을 침략하는 것이 그들의 습성이었다. 그들의 주된 무기는 활과 화살이지만 근접해서는 칼과 창을 사용했다. 우세하면 진격하고 불리하면 후퇴하였는데 도주를 부끄러워하지 않았다. 이득이 있다면 예의를 따지지 않았다. 군왕 이하 모두가 육식을 하였고 그 가죽으로 옷을 지었으며, 외투를 담요(이불)로 덮었다. 힘센 자는 좋은 음식을 먹고 늙은 자는 남은 음식을 먹었다. 힘센 것을 귀히 여기고 노약자를 천대하였다. 부친이 죽으며 그 후처를 아내로 삼았으며, 형제가 죽으면 그 아내들을 데리고 살았다. ㅇ醢落尸逐鞮單于比(해락시축제선우비) – 일명 呼韓邪單于. 祖父의 칭호를 그대로 답습. 재위 48년 – 56년. 후한에 귀부한 남흉노의 첫 번째 선우. 比가 이름. ㅇ呼韓邪單于之孫 – 頭曼(두만, 재위 ? – 前 209년)이 흉노족을 통일한 최초 선우이고, 그 아들이 冒頓(墨毒) 선우이다. 呼韓邪單于〔이름은 稽侯狦(계후산)〕는 묵독선우의 8대 손이다. 王昭君을 데려간 선우. ㅇ烏珠留若鞮單于(오주류약제선우, 재위 前 8 – 서기 13년) – 若鞮는 흉노 말로 '孝'를 의미. 漢 황제의 시호에 孝를 붙이는 것은 先代 황제의 뜻을 잘 이어가라는 의미. 흉노는 復珠累單于 이후 그 칭호에 '若鞮'를 붙였는데 남흉노의 比 이후 간략히 '鞮'만 붙였다. ㅇ至比季父孝單于輿時 – 孝單于輿는 呼都而尸道皐若鞮單于(재위 서기 18 – 46년). 輿(여)는 이름. ㅇ右薁鞬日逐王 – 右는 흉노 관직에서 左右, 곧 담당 지역의 동서를 의미. 薁鞬(욱건)은 관직명. 《漢書》에서는 '奧鞬(오건)'

으로 표기. 日逐王은 관직명. 左賢王보다 하위직. ㅇ烏桓 – 一名, 烏丸(오환). 북방 유목민족의 하나. 후한에서는 투항한 烏桓族(오환족)을 上谷, 魚陽, 右北平, 遼西郡 일대에 거주케 하였는데, 이들을 통제 감시하는 교위로 護烏桓校尉를 설치했다. 질록 比二千石.

[國譯]

南匈奴의 醢落尸逐鞮單于 比(해락시축제선우 비)는 呼韓邪單于(호한사선우)의 손자이며, 烏珠留若鞮單于(오주류약제선우)의 아들이다. 呼韓邪(호한야)선우 이후, 여러 아들이 순차적으로 즉위하였는데, 比(비)의 季父인 孝單于(효선우) 輿(여) 때에 比는 右薁鞬日逐王(우욱건일축왕)이 되어 흉노의 남쪽 영역과 烏桓(오환)족을 통솔하였다.

原文

建武初, 彭寵反畔於漁陽, 單于與共連兵, 因復權立盧芳, 使入居五原. 光武初, 方平諸夏, 未遑外事. 至六年, 始令歸德侯劉颯使匈奴, 匈奴亦遣使來獻, 漢復令中郎將韓統報命, 賂遺金幣, 以通舊好. 而單于驕踞, 自比冒頓, 對使者辭語悖慢, 帝待之如初. 初, 使命常通, 而匈奴數與盧芳共侵北邊. 九年, 遣大司馬吳漢等擊之. 經歲無功, 而匈奴轉盛, 抄暴日增.

十三年, 遂寇河東, 州郡不能禁. 於是漸徙幽,幷邊人於常山關,居庸關已東, 匈奴左部遂復轉居塞內. 朝廷患之, 增緣邊兵郡數千人, 大築亭候, 修烽火. 匈奴聞漢購求盧芳, 貪得財帛, 乃遣芳還降, 望得其賞. 而芳以自歸爲功, 不稱匈奴所遣, 單于復恥言其計, 故賞遂不行. 由是大恨, 入寇尤深.

二十年, 遂至上黨,扶風,天水. 二十一年冬, 復寇上谷,中山, 殺略抄掠甚衆, 北邊無復寧歲.

| 註釋 | ㅇ彭寵反畔於漁陽 – 彭寵(팽총, ?-29년) – 新朝에서 후한 초기 武將, 지방 할거세력의 하나. 漁陽 태수였다가 광무제에게 반기를 들었다. 漁陽은 군명. 치소는 今 北京市 동북의 密雲區. 12권, 〈王劉張李彭盧列傳〉에 立傳. ㅇ盧芳(노방) – 安定郡 三水縣 사람, 왕망 말기에 바로 三水屬國의 羌族(강족)과 함께 거병하였다. 更始帝는 장안에서 노방을 불렀고, 노방은 騎都尉가 되어 安定郡 서쪽 지역을 鎭撫(진무)하였다. 건무 13년, 五原郡에서 흉노 땅으로 도주하였다가 다시 돌아오는 등 반복이 무상했다. 建武 17년(서기 41)에 다시 흉노 땅으로 도주하여 그곳에서 병사했다. 12권, 〈王劉張李彭盧列傳〉에 입전. ㅇ五原 – 幷州 관할 군명. 治所는 九原縣, 今 內蒙古 包頭市(黃河 북안). ㅇ歸德侯劉颯 – 颯은 바람소리 삽. ㅇ冒頓(묵독, 묵돌. 묵특, ?-前 174) – 흉노 최고 통치자인 單于(선우)의 이름. 冒頓은 'mò dú 墨毒' 이라는 한자 音讀이 있어, 우리말은 '묵독' 으로 표기한다. 冒은 선우 이름 묵. 탐할 모. 頓은 흉노왕 이름 돌. 조아릴 돈. 묵독은 부친 頭曼單于(두만선우)를 죽이고 자립하였다. 漢 건국 후 高祖를 平城에서 포위하여 곤욕을 치르게 했던 선우이다. ㅇ大司馬吳漢 – 군사적으로 가장 화려한 전공을 세운 광무제의 개국공신은 吳漢(오한)이다. 오한은 정직, 결단력에 질박하며 말수가 적은 충직한 신하였다. 雲臺 28功臣의 2번째, 18권, 〈吳蓋陳臧列傳〉 立傳. ㅇ常山關 – 당시 代郡의 관문명. 今 河北省 保定市 관할 唐縣 소재. ㅇ居庸關 – 上谷郡의 居庸關. 長城의 關門으로 유명. 부근 八達嶺 長城과 함께 北京의 중요한 방어시설. 북경 서북방 60km에 소재.

[國譯]

建武 초에, 彭寵(팽총)이 漁陽郡에서 광무제에게 반역할 때, 單于인 輿(여)는 (팽총과) 함께 군사를 연합하였는데, 그러면서 임시적으로 盧芳(노방)을 내세워 五原郡에 들어가 세력을 펴게 하였다. 光武 초기에 겨우 중원의 세력을 평정하였기에 이민족을 상대할 겨를이 없었다. (建武) 6년(서기 30)에 이르러 歸德侯인 劉颯(유립)을 처음으로 흉노에 사신으로 보냈는데, 흉노 역시 사신을 보내 토산물을 헌상하자, 漢에서는 다시 使匈奴中郎將 韓統(한통)을 답방하게 하면서 황금과 비단 등을 보내주며 옛날처럼(前漢 宣,元帝) 우호적으로 통교하였다. 그러나 선우는 교만하게 대우하며 자신을 冒頓(묵독)선우에 비기면서 (漢의) 사자에 대한 언사가 매우 버릇없고 거만하였지만 광무제는 한결같이 대접하였다. 그전에도 사신이 왕래하면서도 흉노는 여러 번 盧芳(노방)과 함께 북방 변경을 노략질하였다. (建武) 9년에, 大司馬 吳漢(오한) 등이 흉노를 공경했다. 1년이 지나도록 戰果가 없었고 흉노는 오히려 더 강해졌으며 노략질은 날로 더했다.

(建武) 13년(서기 37), 흉노가 河東郡을 노략질하였지만 州郡에서는 막을 수가 없었다. 이에 幽州(유주)와 幷州(병주) 관할 백성을 常山關과 居庸關 동족으로 이주시켜야만 했고 匈奴의 左部는 마침내 塞內(새내, 국경의 안쪽)까지 들어와 거주하였다. 조정에서는 이를 걱정하여 변방 군현에 수천 명씩을 동원하여 감시 초소를 세우고 봉화시설을 정비하였다. 흉노는 漢에서 많은 상금을 걸고 노방을 잡으려는 것을 알고 재물과 비단을 탐내어 노방을 돌려보내 투항케하여 현상금을 차지할 계획이만 노방은 스스로 귀부했으며 흉노가 보낸 것이 아니라고 하여 흉노에게 시상을 하지 않았다. 이 때문에 흉노

는 크게 분하게 생각하여 변방에 대한 노략질은 더욱 심해졌다.

(建武) 20년(서기 44년), 흉노는 마침내 上黨郡, 右扶風, 天水郡까지 들어와 노략질을 했다. 21년 겨울, 다시 上谷郡, 中山郡에 침입하여 많은 사람을 살해하고 잡아가니 북방이 평안한 날이 없었다.

原文

初, 單于弟右谷蠡王伊屠知牙師以次當爲左賢王. 左賢王卽是單于儲副. 單于欲傳其子, 遂殺知牙師. 知牙師者, 王昭君之子也. 昭君字嬙, 南郡人也. 初, 元帝時, 以良家子選入掖庭. 時, 呼韓邪來朝, 帝敕以宮女五人賜之. 昭君入宮數歲, 不得見御, 積悲怨, 乃請掖庭令求行. 呼韓邪臨辭大會, 帝召五女以示之. 昭君豐容靚飾, 光明漢宮, 顧景裴回, 竦動左右. 帝見大驚, 意欲留之, 而難於失信, 遂與匈奴. 生二子. 及呼韓邪死, 其前閼氏子代立, 欲妻之, 昭君上書求歸, 成帝竦令從胡俗, 遂復爲後單于閼氏焉.

| **註釋** | ㅇ右谷蠡王(우녹리왕) - 谷音 鹿. 谷蠡, 音 鹿离(녹리, lùlí). 흉노 벼슬 이름(匈奴藩王號) 록. 나라 이름 욕(土谷渾). 골짜기 곡. 흉노 單于 아래의 관직으로는 左,右賢王, 左,右谷蠡王(좌우녹리왕), 左,右大將, 左,右大都尉, 左,右大當戶, 左,右骨都侯가 있었다. ㅇ王昭君(왕소군) - 이름은 王牆(왕장), 王嬙(왕장)으로도 표기. 흉노에서의 공식 칭호는 寧胡閼氏(영호연지)라고 불렸는데, 아들 伊屠智牙師(이도지아사)를 낳았고, 이도지아사는 뒷날 右日逐王(우일축왕)이 되었다. 호한야선우는 재위 28년인 成帝 建始 2년에 죽었다. 당나라 시절에도 왕소군은 詩의 단골소재였다. 화공이 왕소군의

모습을 이상하게 그려 바쳐 흉노에 보내졌다는 이야기는 元曲 작가 馬致遠의 〈漢宮秋〉에 각색된 이야기이다. 왕소군의 무덤을 青塚(청총)이라 하는데 塞外 지역에서 다른 풀이 모두 하얗게 죽어도 왕소군 무덤의 풀은 늘 파랗다고 하였다. 青塚은 內蒙古 呼和浩特市 玉泉區 남쪽 呼和浩特市 박물관 경내에 있다. 왕소군이 漢을 그리워 한 情은 '胡地無花草 春來不似春. 自然衣帶緩 非是爲腰身'의 名句로 표현된다〔唐 東方虬(동방규)의 〈昭君怨〉〕. ㅇ良家子 – 七科謫(칠과적)에 속하지 않는 사람. 관리가 되는데 신분적 장애가 없는 사람. ㅇ閼氏(烟支, 연지, yānzhī) – 흉노 통치자인 單于의 正妻에 대한 칭호. 선우의 생모는 母閼氏라고 한다. 閼은 흉노 왕비 연, 가로막을 알. 氏는 支. 燕支, 燕脂로도 표기. 본래 여인의 화장품, 아내라는 뜻으로도 사용.

【國譯】

그전에, 單于의 동생인 右谷蠡王(우녹리왕) 伊屠知牙師(이도지아사)는 순차로 볼 때 左賢王(좌현왕)이 되어야 했다. 左賢王은 곧 선우 다음 자리이다. 선우는 아들에게 전위하려고 나중에 이도지아사를 죽여버렸다. 이도지아사는 王昭君(왕소군)이 낳은 아들이다. 왕소군의 字는 嬙(장)으로 南郡 사람이었다. 그전에 元帝 때 왕소군은 良家子로 뽑혀 掖庭(액정, 궁궐)에 들어왔다. 그때(元帝) 호한야선우가 來朝하였는데 원제는 宮女 5명을 하사하였다. 소군은 입궁하고 몇 년 동안 황제를 모시지 못하여 서글픈 원망이 가득했기에 액정령에게 자원했었다. 호한야선우가 돌아가기 전 연회에서 원제는 다섯 궁인을 불러 보여주었다. 왕소군은 풍만한 용모에 곱게 치장을 하여 漢宮에서도 광채가 났고 이리저리 걷고 돌아볼 때 측근들도 놀라지 않을 수 없었다. 원제가 보고서는 왕소군을 남겨두고 싶었지만 실언을 할 수 없어 흉노 선우에게 보내야만 했다. 왕소군은 흉노 땅에서 아들

2명을 낳았다. 호한야선우가 죽자(前 31년), 前 연지 소생의 아들이 선우에 오른 뒤, 왕소군을 아내로 삼으려 하자(收繼婚), 왕소군은 (漢에) 상서하여 돌아오고자 했으나, 成帝는 흉노의 풍습을 따르라고 하여 왕소군은 후계 선우의 연지가 되었다.

原文

比見知牙師被誅, 出怨言曰, "以兄弟言之, 右谷蠡王次當立, 以子言之, 我前單于長子, 我當立." 遂內懷猜懼, 庭會稀闊. 單于疑之, 乃遣兩骨都侯監領比所部兵. 二十二年, 單于輿死, 子左賢王烏達鞮侯立爲單于. 復死, 弟左賢王蒲奴立爲單于. 比不得立, 旣懷憤恨. 而匈奴中連年旱蝗, 赤地數千里, 草木盡枯, 人畜飢疫, 死耗太半. 單于畏漢乘其敝, 乃遣使詣漁陽求和親.

於是遣中郎將李茂報命. 而比密遣漢人郭衡奉匈奴地圖, 二十三年, 詣西河太守求內附. 兩骨都侯頗覺其意, 會五月龍祠, 因白單于, 言薁鞬日逐夙來欲爲不善, 若不誅, 且亂國. 時, 比弟漸將王在單于帳下, 聞之, 馳以報比. 比懼, 遂斂所主南邊八部衆四五萬人, 待兩骨都侯還, 欲殺之. 骨都侯且到, 知其謀, 皆輕騎亡去, 以告單于. 單于遣萬騎擊之, 見比衆盛, 不敢進而還.

| 註釋 | ㅇ庭會稀闊 – 유목국가인 흉노에게는 수도가 없다. 대신 선우의 직할지를 單于庭이라 하였다. 선우정의 龍城에서는 정월과 5월, 8월에

정기 제천행사를 개최했다. ㅇ骨都侯(골도후) – 흉노의 관직명. 輔政之身. 漢의 大夫 역할을 수행했다고 보면 된다. ㅇ烏達鞮侯(오달제후) – 즉위 1년도 되지 않아 죽었다. ㅇ死耗太半 – 太半은 3분의 2. ㅇ中郎將 – 使匈奴中郎將의 간칭. 이후에 나오는 中郎將은 모두 使匈奴中郎將이다. 전한 武帝 때부터 중랑장을 흉노에 사신으로 보냈는데, 이것이 정례가 되어 사흉노중랑장이라는 명칭이 사용되었다. 후한에서는 질록 비이천석의 使匈奴中郎將을 설치하여 幷州(병주) 일대의 南匈奴를 관할, 보호케 하였다. 주둔지는 西河郡 美稷縣(今 內蒙古 鄂爾多斯市 관할 準格爾旗 서북)이었다. ㅇ漸將王(점장왕) – 흉노 관직명.

[國譯]

比(비)는 이도지아사가 주살되자 불만을 터트렸다.

"兄弟로 (선우 계승을) 말한다면 右谷蠡王(우녹리왕)이 순차에 의거 선우가 되어야 하고, 선우의 아들로 말한다면 나는 이전 선우의 長子이니 내가 당연히 선우가 되어야 한다."

이에 比는 시기심과 두려움이 있어 單于庭의 집회에 빠지는 일도 있었다. 선우는 比를 의심하여 두 사람의 骨都侯(골도후)를 보내 比가 거느린 군사를 감시케 하였다.

(건무) 22년(서기 46년), 선우 輿(여)가 죽자 그 아들인 左賢王 烏達鞮侯(오달제후)가 선우로 즉위하였다. 즉위하여 곧 죽자, 동생인 左賢王 蒲奴(포노)가 즉위하여 선우가 되었다. 比는 선우가 될 수 없자 격분하며 한을 품었다. 그런데 흉노 땅에 연이어 가뭄과 황충으로 아무 남은 것이 없는 땅이 수천 리였으며, 초목이 말라죽고 사람과 가축이 굶주리며 병들어 3분의 2가 죽어 없어졌다. 선우는 漢이 흉노의 피폐를 틈타 공격할까 두려워 사자를 漁陽郡에 보내 和親을 요구했다. 조정에서는 中郎將인 李茂(이무)를 보내 답방케 하였다.

이에 比는 비밀리에 漢人 郭衡(곽형)에게 匈奴 地圖를 주어 보냈다.

(建武) 23년(서기 47), 比는 西河 太守를 찾아와 내부하겠다는 뜻을 밝혔다. 두 사람의 골도후도 比의 뜻을 간파하고, 5월 龍祠의 大會에서 이를 선우에게 보고하며 薁鞬日逐王(욱건일축왕) 比가 근래에 반역하려 하니 만약 죽이지 않으면 나라가 어지러울 것이라고 말했다. 이때 比의 동생 漸將王(점장왕)은 선우의 휘장 안에 있다가 이런 말을 듣고 比에게 알렸다. 比는 두려워 결국 관할 지역인 흉노 남쪽의 八部의 무리 4, 5만 명을 데리고 2명의 골도후가 돌아오기를 기다려 죽이려 했다. 골도후가 막 도착하여 比의 모의를 알아채고 輕騎로 도주하여 선우에게 알렸다. 單于는 1만 기병을 보내 比를 공격하려 했지만 比의 군사가 많은 것을 보고 공격하지 못하고 되돌아갔다.

原文

二十四年春, 八部大人共議立比爲呼韓邪單于, 以其大父嘗依漢得安, 故欲襲其號. 於是款五原塞, 願永爲藩蔽, 扞御北虜. 帝用五官中郎將耿國議, 乃許之. 其冬, 比自立爲呼韓邪單于.

二十五年春, 遣弟左賢王莫將兵萬餘人擊北單于弟薁鞬左賢王, 生獲之. 又破北單于帳下, 並得其衆, 合萬餘人, 馬七千匹,牛羊萬頭. 北單于震怖, 卻地千里. 初, 帝造戰車, 可駕數牛, 上作樓櫓, 置於塞上, 以拒匈奴. 時人見者或相謂曰, '讖言漢九世當卻北狄地千里, 豈謂此邪?" 及是, 果拓地焉. 北部薁鞬骨都侯與右骨都侯率衆三萬餘人來歸南單于, 南單于復遣使詣闕, 奉藩稱臣, 獻國珍寶, 求使者監護, 遣侍子, 修舊約.

| 註釋 | ㅇ大人 - 족장, 우두머리 격. 渠帥(거수). ㅇ五原 - 郡名. 治所는 九原縣, 今 內蒙古 包頭市(黃河 북안). ㅇ五官中郎將耿國議 - 光祿勳(中二千石, 皇帝 宿衛와 宮殿門戶 경비의 총책)의 속관으로 질록 比二千石의 五官中郎將, 左,右中郎將, 虎賁中郎將, 羽林中郎將 등을 두었다. 五官中郎將의 속관으로는 五官中郎(比六百石). 五官侍郎(比四百石), 五官郎中(比三百石) 등이 있었는데, 정원은 없고 황제 호위와 궁궐 경비를 담당하였다. 耿弇(경엄)은 타고난 장수였고, 그 아버지와 아들 6형제 모두가 광무제의 충직한 신하였다. 경엄의 아우 耿國(경국)은 흉노와의 통교를 주창했다. 19권, 〈耿弇列傳〉 立傳.

[國譯]

(建武) 24년(서기 48) 봄, 八部의 大人이 함께 의논하여 比를 呼韓邪單于(호한야선우)로 즉위시키기로 하였는데, 이는 比의 大父(祖父)가 일찍이 漢에 의지하여 안정을 얻었다 하여 그 칭호를 그대로 이어받기로 하였다. 이에 五原郡의 국경에 와서 오래도록 (漢의) 울타리가 되어 北虜(北匈奴)를 막겠다고 하였다. 광무제는 五官中郎將인 耿國(경국)과 협의한 뒤에 허락하였다. 그해 겨울 比는 자립하여 呼韓邪單于(호한야선우)가 되었다.

25년 봄, 호한야선우는 동생 左賢王 莫(막)을 보내 1만여 군사를 거느리고 北單于의 동생 薁鞬左賢王(욱건좌현왕)을 공격 생포하였다. 또 北單于의 휘하 군사를 격파하여 그 무리 일만여 명을 합쳤고 말 7천 필, 牛羊 1만 마리를 노획하였다. 이에 북선우는 두려워 떨며 1천 리를 후퇴하였다.

그전에 광무제는 소 몇 마리가 끄는 戰車(전거)를 만들었는데 윗부분에 망루를 만들어서 변경에 배치하여 흉노를 막게 하였다. 그때 사람들은 흉노가 물러난 것을 보고 말했다.

'讖言에 漢 九世에 틀림없이 北狄(북적)이 그 땅 1천 리를 퇴각한다고 하였는데, 이를 두고 말한 것이 아니겠는가?'

이때 漢은 영역을 늘렸다.

북흉노의 薁鞬骨都侯(욱건골도후)와 右骨都侯는 무리 3만여 명을 거느리고 남선우에게 귀부하였고, 남선우는 다시 조정에 사자를 보내어 藩臣(번신)을 칭하면서 나라의 보물을 헌상하였으며 (조정에서) 사자를 보내 자신을 감호해준다면 옛날의 약조대로 侍子(시자)를 보내겠다고 하였다.

原文

二十六年, 遣中郞將段郴,副校尉王郁使南單于, 立其庭, 去五原西部塞八十里. 單于乃延迎使者. 使者曰, "單于當伏拜受詔." 單于顧望有頃, 乃伏稱臣. 拜訖, 令譯曉使者曰, "單于新立, 誠慚於左右, 願使者衆中無相屈折也." 骨都侯等見, 皆泣下. 郴等反命, 詔乃聽南單于入居雲中. 遣使上書, 獻駱駝二頭, 文馬十匹. 夏, 南單于所獲北虜薁鞬左賢王將其衆及南部五骨都侯合三萬餘人畔歸, 去北庭三百餘里, 共立薁鞬左賢王爲單于. 月餘日, 更相攻擊, 五骨都侯皆死, 左賢王遂自殺, 諸骨都侯子各擁兵自守.

秋, 南單于遣子入侍, 奉奏詣闕. 詔賜單于冠帶,衣裳,黃金璽,盭緺綬, 安車羽蓋, 華藻駕駟, 寶劍弓箭, 黑節三, 駙馬二, 黃金,錦繡,繒布萬匹, 絮萬斤, 樂器鼓車, 棨戟甲兵, 飮食什器. 又轉河東米糒二萬五千斛. 牛,羊三萬六千頭, 以贍給之. 令中郎將置安集掾史將弛刑五十人, 持兵弩隨單于所處, 參辭訟, 察動靜.

單于歲盡輒遣使奉奏, 送侍子入朝, 中郎將從事一人將領詣闕. 漢遣謁者送前侍子還單于庭, 交會道路.

元正朝賀, 拜祠陵廟畢, 漢乃遣單于使, 令謁者將送, 賜彩繒千匹, 錦四端, 金十斤, 太官御食醬及橙,橘,龍眼,荔支. 賜單于母及諸閼氏,單于子及左右賢王,左右谷蠡王,骨都侯有功善有, 繒彩合萬匹. 歲以爲常.

| 註釋 | ㅇ中郞將 段郴 – 〈光武帝紀〉(下), 建武 26년 기사에 '中郞將 段郴(단침)을 보내 南單于에게 국새와 인수를 전달하고 雲中郡에 들어와 살게 하였으며, 使匈奴中郞將을 처음 설치하여 군사를 거느리고 선우를 보호하게 하였다. 남선우는 아들을 보내 입시케 하였는데 상주하는 글을 가지고 황궁에 왔다.' 고 하였다. ㅇ盭緺綬 – 초록색 인수. 盭는 초록색 려, 어그러질 려. 緺는 인끈 왜. 綬는 인끈 수. ㅇ錦四端 – 1端(단)은 20尺, 後漢代 1척은 23.75cm. 따라서 1端은 475cm.

[國譯]

(建武) 26년, 中郞將 段郴(단침)과 副校尉 王郁(왕욱)을 南單于에게 보내 그 왕정을 五原郡 서쪽 경계 밖 80리에 설치하게 하였다. 선

우는 광무제의 사자를 맞이하였다. 사자가 말했다. "單于는 응당 엎드려 조서를 받으시오." 선우는 주위를 둘러보며 망설이다가 엎드려 稱臣하였다. 배례를 마친 뒤에 통역을 시켜 사자에게 말했다.

"單于로 新立했다지만 좌우를 보기가 참으로 민망하니, 앞으로는 여러 사람 앞에서 허리를 굽히는 일이 없도록 사자께서 조치해 주시오."

남선우의 골도후 등이 이를 보고서는 모두 눈물을 흘렸다. 단침 등이 돌아와 복명하자 조서로 남선우가 雲中郡에 거처하도록 허락하였다. 남선우의 사자가 상서하면서 駱駝(낙타) 2마리와 무늬 있는 말 10필을 바쳤다.

여름에, 남선우가 생포한 북선우의 薁鞬左賢王(욱건좌현왕)이 그 무리와 5명 골도후의 군사 등 합계 3만 명이 남선우를 배반하고 자기 땅으로 귀환하다가 북흉노의 왕정 3백여 리를 못가서 욱건좌현왕을 선우로 옹립하였다. 한 달 남짓 자기들끼리 서로 싸웠는데 5골도후는 모두 피살되었고 욱건좌현왕은 자살하였는데, 여러 골도후의 아들들은 각자 군대를 거느리고 자신을 방어하였다.

가을에, 남선우가 (漢에) 입시하려고 아들을 보내 국서를 가지고 궁궐에 왔다. 조서로 선우의 冠帶와 衣裳, 黃金 國璽, 초록색 인끈,安車의 새의 깃 장식 덮개, 장식을 한 말 4마리, 寶劍과 활과 화살, 검은색 신표가 있는 화살 3개, 2마리의 곁 말(駙馬), 黃金, 수놓은 비단, 흰 비단 1만 필, 솜 1만근, 樂器와 북을 얹은 수레(鼓車), 창(棨戟 계극)과 갑옷과 병기, 음식 그릇 등을 하사하였다. 또 河東郡에서 껍질을 벗긴 곡식(米)과 말린 식량(糒, 전투 시 먹을 수 있는 말린 밥) 2만 5천 斛(곡)을 수송케 하였다. 또 牛와 羊 3만 6천 마리도 공급하였다. 그리고 中郎將에게 명하여 安集掾史(안집연사)를 시켜 형 집행을 연기한 죄수 50명을 보내고 병기를 소지하고서 선우가 머무는 곳을 호위케 하였으며, 그들의 송사에 참여하며 동정을 살피게 하였다.

선우는 연말이 되면 사신을 보내 국서를 올리거나 시자를 입조시켰고 중랑장의 종사 1인을 따라 궁궐에 들어갔다. 漢에서는 謁者(알자)를 보내 전임 시자를 單于庭(선우정)까지 돌아갈 수 있도록 호송하였는데 (오가는) 시자가 길에서 만나기도 하였다.

새해 元日에는 입조하여 하례하였고 능묘 제사에도 참여하였는데 한에서는 선우의 사신이 돌아갈 때 알자를 시켜 전송케 하면서 채색 비단 1천 필을 하사하였고, 좋은 비단 四端, 金 10근, 太官이 황제 식사에 쓰는 醬(장)이나 橙(등, 귤 종류), 橘(귤), 龍眼(용안, 과일 이름), 荔支(여지) 등도 보내주었다. 또 선우의 모친이나 여러 閼氏(연지), 선우의 아들이나 左, 右賢王, 左, 右谷蠡王(녹리왕), 骨都侯(골도후)로 공이나 선행이 있는 자에게도 채색 비단 1만 필을 하사하였다. 이는 해마다 늘 같았다.

原文

匈奴俗, 歲有三龍祠, 常以正月,五月,九月戊日祭天神. 南單于旣內附, 兼祠漢帝, 因會諸部議國事, 走馬及駱駝爲樂. 其大臣貴者左賢王, 次左谷蠡王, 次右賢王, 次右谷蠡王, 謂之四角. 次左右日逐王, 次左右溫禺鞮王, 次左右漸將王, 是爲六角. 皆單于子弟, 次第當爲單于者也. 異姓大臣, 左右骨都侯, 次左右尸逐骨都侯, 其餘日逐,且渠,當戶諸官號, 各以權力優劣,部衆多少爲高下次第焉. 單于姓虛連題. 異姓有呼衍氏,須卜氏,丘林氏,蘭氏四姓, 爲國中名族, 常與單于婚姻. 呼衍氏爲左, 蘭氏,須卜氏爲右, 主斷獄聽訟, 當決輕重, 口白單于, 無文書簿領焉.

| **註釋** | ㅇ左賢王 - 《漢書》에 의하면, 左右賢王 이하 當戶까지 大者는 1만 기, 소자는 수천 기병을 거느렸는데 모두 24將이었고 통칭 '萬騎'라 불렀다. 24將은 그 아래에 다시 千長, 百長, 什長, 裨小王, 相, 封都尉, 當戶 등을 거느렸다. ㅇ次左谷蠡王 ~ - 남북 흉노 분열 전에 모든 관직의 左는 東方, 곧 몽고의 동방을, 右는 서방을 지배하였고, 선우의 王庭은 漢의 代郡과 雲中郡 북부 일대였다. 유목민들은 해와 달이 뜨는 동방을 서방보다 높였다. 左右賢王과 左右谷蠡王이 대국이었다. ㅇ單于姓虛連題 - 《漢書 匈奴傳》에는 선우의 성은 攣鞮氏(연제씨)라고 하였다. 그 나라에서는 선우를 부를 때 "撐犁孤塗單于(탱리고도선우)"라 한다. 흉노에서는 하늘을 '撐犁(탱리)', 아들을 '孤塗(고도)'라고 하였는데, 單于(선우)란 광대한 모양으로 그 모습이 하늘과 같이 광대하다는 뜻이다. 흉노는 현명(賢)한 것을 '屠耆(도기)'라 하였기에 태자를 左屠耆王이라고 하였다. ㅇ異姓有呼衍氏 ~ - 모든 大臣은 세습직이었다. 《漢書》에서는 呼衍氏(호연씨), 蘭氏(난씨), 須卜氏(수복씨)의 三姓 귀족이 있다고 하였다.

[國譯]

匈奴의 習俗에 해마다 세 번 龍祠를 지내는데, 늘 正月과 五月, 그리고 九月의 戊日(무일)에 天神께 제사를 올렸다. 南單于가 漢 內附한 뒤로는 漢帝도 같이 제사하면서 諸部가 모여 國事를 의논하고 말 달리기나 낙타 달리기 시합을 하면서 즐기었다.

그 대신 중 고귀한 자로 左賢王이 있고 다음에 左谷蠡王(좌녹리왕), 그 다음에 右賢王, 또 그 다음에 次右谷蠡王이 있었는데 일들을

四角이라고 하였다. 그 다음 계급으로 左右의 日逐王(일축왕), 다음으로 左右의 溫禺鞮王(온우제왕), 그 다음에 左右의 漸將王(점장왕)이 있는데, 이를 六角이라고 하였다. 모두 선우의 자제로 다음 기회에 單于가 될 수 있는 자였다.

異姓의 大臣으로는 左右의 骨都侯, 다음에 左右의 尸逐骨都侯(시축골도후)가 있고, 그 밖에 日逐, 且渠(차거), 當戶의 여러 관직 호칭이 있는데, 각각 권력의 우열이나 部衆의 多少에 의해 高下에 순서가 있었다. 單于의 姓은 虛連題(허연제)이다. 異姓으로는 呼衍氏(호연씨), 須卜氏(수복씨), 丘林氏(구림씨), 蘭氏(난씨)의 四姓이 있는데, 이들은 나라의 名族으로 늘 單于와 혼인하였다. 호연씨는 左, 난씨와 수복씨는 右를 담당하며 斷獄과 聽訟을 담당하였고 죄의 경중을 결정하여 선우에게 구두로 보고하였으며 문서나 장부 기록은 없었다.

原文

冬, 前畔五骨都侯子復將其衆三千人歸南部, 北單于使騎追擊, 悉獲其衆. 南單于遣兵拒之, 逆戰不利. 於是復詔單于徙居西河美稷, 因使中郎將段郴及副校尉王郁留西河擁護之, 爲設官府,從事,掾史. 令西河長史歲將騎二千,弛刑五百人, 助中郎將衛護單于, 冬屯夏罷. 自後以爲常, 及悉復緣邊八郡.

| 註釋 | ○西河美稷 – 西河郡 美稷縣, 今 內蒙古 鄂爾多斯市 관할 準格爾旗 서북. ○始置使匈奴中郎將 – 전한 무제 때부터 중랑장을 흉노에 사

신으로 보냈는데, 이것이 정례가 되어 使匈奴中郎將이라는 명칭이 사용되었다. 후한에서는 질록 비이천석의 使匈奴中郎將을 설치하여 幷州(병주) 일대의 南匈奴를 관할, 보호케 하였다. 주둔지는 西河郡 美稷縣이었다.

[國譯]

(건무 26년) 겨울, 앞서 반기를 들었던 5骨都侯의 아들들이 다시 그 무리 3천여 명을 거느리고 남흉노로 귀부하려 하자, 北單于가 기병을 거느리고 추격하여 그 무리를 모두 포획하였다. 이에 남선우가 군사를 보내 이를 막으려고 적을 맞아 싸웠지만 이기지 못했다.

이에 (조정에서는) 다시 조서를 내려 남선우를 西河郡 美稷縣으로 옮겨 거처하게 하였으며, 겸해서 使匈奴中郎將 段郴(단침) 및 副校尉 王郁(왕욱)을 西河郡에서 선우를 보호하게 하였는데 官府를 설치하고 從事와 掾史를 거느렸다. 西河長史에게 명하여 해마다 기병 2천과 형 집행 정지한 죄수 5백 명을 거느리고 사흉노중랑장을 도와 선우를 보호하게 하였는데 겨울에 주둔하였다가 여름에는 부대를 해산하였다. 이후 이것이 상례가 되어 서북 변방 8개 군에서도 마찬가지로 시행하였다.

原文

南單于旣居西河, 亦列置諸部王, 助爲扞戍. 使韓氏骨都侯屯北地, 右賢王屯朔方, 當于骨都侯屯五原, 呼衍骨都侯屯雲中, 郞氏骨都侯屯定襄, 左南將軍屯雁門, 栗籍骨都侯屯代郡, 皆領部衆爲郡縣偵羅耳目. 北單于惶恐, 頗還所略漢人, 以示善意. 抄兵每到南部下, 還過亭候, 輒謝曰, "自擊亡虜薁鞬日逐耳, 非敢犯漢人也."

| 註釋 | ㅇ偵羅耳目 – 偵은 偵察(정찰)하다. 偵은 정탐할 정. 羅는 巡邏(순라). 耳目은 정보원.

[國譯]

南單于는 西河郡에 거처하면서 (흉노) 여러 部王을 배치하여 적을 방어하는데 도움을 주었다. 韓氏骨都侯를 北地郡에 주둔시켰고, 右賢王은 朔方郡에, 當于骨都侯는 五原郡, 呼衍骨都侯는 雲中郡, 郎氏骨都侯는 定襄郡, 左南將軍은 雁門郡에, 栗籍骨都侯는 代郡에 주둔케 하였는데 모두 그 部衆을 거느리고 郡縣에서 정탐과 순라의 耳目 역할을 담당하였다.

北單于는 이러한 조치가 두려워 그전에 납치한 漢人을 돌려보내는 등 선의를 베풀었다. 북흉노의 초병들은 남흉노 영역의 초소 곁을 지나면서 겸손하게 말하였다.

"우리가 쳐서 없애려는 것은 薁鞬日逐王 뿐이며 漢人을 침범하려는 뜻은 없다."

原文

二十七年, 北單于遂遣使詣武威求和親, 天子召公卿廷議, 不決. 皇太子言曰, "南單于新附, 北虜懼於見伐, 故傾耳而聽, 爭欲歸義耳. 今未能出兵, 而反交通北虜, 臣恐南單于將有二心, 北虜降者且不復來矣."

帝然之, 告武威太守勿受其使.

二十八年, 北匈奴復遣使詣闕, 貢馬及裘, 更乞和親, 並請音樂, 又求率西域諸國胡客與俱獻見. 帝下三府議酬答之宜. 司徒掾班彪奏曰,

| 註釋 | ㅇ司徒掾班彪 – 三府(太尉, 司徒, 司空府) 중 司徒府의 掾吏(연리). 掾(도울 연)은 질록 1천석의 고급 관리였다. 掾은 한 업무 부서(曹)의 우두머리(課長이나 係長). 班彪(반표, 서기 3–54년)가 전한의 역사 기록《漢書》편찬을 시작했으나 완성하지 못하고 죽자, 아들 班固가 계승했고, 결국 반고의 여동생 班昭와 馬續(마속)에 의해 완성된다.

[國譯]

(建武) 27年(서기 51), 北單于가 사자를 武威郡에 보내 화친을 요구하자, 광무제는 조서로 공경을 소집하여 논의케 하였지만 결론이 나지 않았다. 이에 皇太子(뒷날 明帝)가 말했다.

"南單于가 최근 우리에게 귀부하자, 북흉노는 공격당할 것이 두려워서 귀를 기울이며 歸義하려는 것입니다. 지금 우리가 출병할 수가 없는데, 만약 북흉노와 왕래하게 되면, 제 생각으로는 남선우가 二心은 품을 것이고 또 북흉노 중 투항자는 다시 오지 않을 것입니다."

광무제는 그 말을 옳다고 여겨 武威郡 태수에게 사자를 받아들이지 말라고 지시하였다.

28년, 북흉노가 다시 사자를 궁궐에 보내 말과 갖옷을 헌상하고 다시 화친을 애걸하며 (漢의) 악기 하사를 요청하였고, 또 서역의 여러 사람들을 데리고 올 것이니 황제 알현을 허락해 달라고 애걸하였다. 이에 광무제는 삼공부에서 적당한 답변을 논의하라고 지시했다. 司徒掾(사도연)인 班彪(반표)가 상주하였다.

原文

「臣聞孝宣皇帝敕邊守尉曰, '匈奴大國, 多變詐. 交接得其情, 則卻敵折衝, 應對入其數, 則反爲輕欺.' 今北匈奴見南單于來附, 懼謀其國, 故數乞和親, 又遠驅牛,馬與漢合市, 重遣名王, 多所貢獻. 斯皆外示富强, 以相欺誕也. 臣見其獻益重, 知其國益虛, 歸親愈數, 爲懼愈多. 然今旣未獲助南, 則亦不宜絶北, 羈縻之義, 禮無不答. 謂可頗加賞賜, 略與所獻相當, 明加曉告以前世呼韓邪,郅支行事.」

| **註釋** | ㅇ守尉 – 太守와 郡의 都尉. ㅇ合市 – 互市(호시). 국경에서의 교역. ㅇ靶麋之義 – 靶는 고삐 파, 麋는 고삐 미. 가축에게 고삐를 매어 통제하다. 羈縻(기미)政策. 羈縻는 굴레와 고삐. 중국이 주변 소수민족을 대하는 외교 방책의 대 원칙. ㅇ呼韓邪,郅支 – 呼韓邪單于(호한야선우, 재위, 前 58 – 31년)는 宣帝에 입조하고 칭신하여 위기에서 자신과 종족을 보전하였지만, 郅支單于(질지선우, 호한야선우의 형, 서흉노)는 서역에서 漢의 사신을 죽였다가 서역도호 甘延壽(감연수)와 陳湯(진탕)이 서역제국의 군사와 함께 공격하여 질지선우를 죽여 그 수급을 장안에 보냈다.

[國譯]

「臣이 알고 있는 바, 孝宣皇帝께서는 邊郡의 太守와 都尉를 훈계하시면서 '흉노는 땅덩이가 큰 나라이지만 변심과 거짓이 많다. 그들과 관계에서 그들 형편을 알아야 적을 이겨 물리칠 수 있지만, 그 술수에 걸려들면 도리에 무시당하고 기만당하게 된다.' 고 하셨습니다. 지금 북흉노는 남선우가 우리에게 來附한 것을 보고 자신이 침략당할까 두려워하기에 자주 화친을 요구하면서, 멀리까지 소와 말을 몰고와 우리와 交易(合市)하려 하며, 대신을 여러 번 보내 이런저런 물건을 헌상하였습니다. 이는 모두가 외면으로는 부강하다는 내보이면서 속이려는 거짓입니다. 臣이 볼 때 그들이 헌상하는 물건이 많아질수록 그 나라가 점차 더 비었고, 친교하려고 애쓸수록 그들의 두려움이 크다는 것을 알 수 있습니다. 그렇지만 지금 이미 남흉노의 조력을 아직 얻지 못한 상태이기에 북흉노와 단절하는 것도 옳지 못하며, 羈縻(기미)의 大義로서도 답서를 보내지 않는 것 또한 예의가 아닙니다. 될 수 있으면 저들이 헌상하는 만큼 자주 많이 하사하되, 예전 呼韓邪單于(호한야선우)와 郅支單于(질지선우)의 과거 행적을 분명히 깨우쳐 주어야 합니다.」

原文

「報答之辭, 令必有適, 今立稿草並上, 曰, '單于不忘漢恩, 追念先祖舊約, 欲修和親, 以輔身安國, 計議甚高, 爲單于嘉之. 往者, 匈奴數有乖亂, 呼韓邪,郅支自相讎隙, 並蒙孝宣皇帝垂恩救護, 故各遣侍子稱藩保塞. 其後郅支忿戾, 自絶皇澤, 而呼韓附親, 忠孝彌著. 及漢滅郅支, 遂保國傳嗣, 子孫相繼. 今南單于攜衆南向, 款塞歸命. 自以呼韓嫡長, 次第當立, 而侵奪失職, 猜疑相背, 數請兵將, 歸掃北庭,策謀紛紜, 無所不至. 惟念斯言不可獨聽, 又以北單于比年貢獻, 欲修和親, 故拒而未許, 將以成單于忠孝之義. 漢秉威信, 總率萬國, 日月所照, 皆爲臣妾. 殊俗百蠻, 義無親疏, 服順者褒賞, 畔逆者誅罰, 善惡之效, 呼韓,郅支是也. 今單于欲修和親, 款誠已達, 何嫌而欲率西域諸國俱來獻見? 西域國屬匈奴, 與屬漢何異? 單于數連兵亂, 國內虛耗, 貢物裁以通禮, 何必獻馬裘? 今齎雜繒五百匹, 弓鞬韥丸一, 矢四發, 遣遺單于. 又賜獻馬左骨都侯,右谷蠡王雜繒各四百匹, 斬馬劍各一. 單于前言先帝時所賜呼韓邪竽,瑟,空侯皆敗, 願復裁賜. 念單于國尙未安, 方厲武節, 以戰攻爲務, 竽瑟之用, 不如良弓利劍, 故未以齎. 朕不愛小物, 於單于便宜所欲, 遣驛以聞.'」

帝悉納從之. 二十九年, 賜南單于羊數萬頭. 三十一年, 北匈奴復遣使如前, 乃璽書報答, 賜以彩繒, 不遣使者.

| **註釋** | ㅇ臣妾 – 臣下로서 服屬하고 받든다는 뜻. ㅇ貢物裁以通禮 – 裁은 재량하다. 才와 通. ㅇ弓鞬韥丸一, 矢四發 – 弓鞬은 활과 활집(鞬). 鞬은 활통 건, 韥丸은 화살통. 韥은 화살집 독. 矢는 12개가 1發. 四發이면 48개.

[國譯]

「저들에게 통보하는 국서의 내용도 필히 이런 事理에 맞아야 하기에 아래와 같이 초안을 작성하였습니다.

'單于가 漢恩을 不忘하고, 先祖의 舊約을 追念하며, 和親를 이뤄

輔身하고 安國하려는 계산은 옳은 방책이기에 單于를 가상히 여기노라. 往者에 匈奴에서 자주 분란이 일어나 呼韓邪(호한야)와 郅支(질지)가 서로 원수로 벌어졌지만, 둘 다 孝宣皇帝의 垂恩과 救護를 입었기에 둘 다 侍子를 보내고 稱藩하며 울타리가 되었다. 그러나 뒤에 질지는 분노와 패악으로 황제 은택을 스스로 끊었고, 呼韓邪는 附親하였으니 호한야의 忠孝는 더욱 아름다웠다. 우리가 질지를 응징하였고, (남선우는) 保國하고 傳嗣하며 子孫이 相繼하였다. 이번에 南單于는 무리를 데리고 南向하여 관문을 두드리며 귀부하였다. 呼韓邪 比는 옛 呼韓邪單于의 嫡長子이니, 次第에 즉위해야 했으나 자리를 侵奪당하고 失職하였기에 猜忌(시기)와 疑心(의심)에 相背하여 군사를 거느려 北庭을 歸掃하겠다고 누차 요청하였고, 그 策謀도 여러 가지로 매우 많았었다. 그러나 짐은 그 한쪽 말만 들어서는 안 되며, 또 北單于가 해마다 貢獻하면서 和親하려 하니 (호한야 比의) 북벌 요청을 거절하고 허락지 않았으니, (北)單于는 忠孝의 大義를 실천하기 바란다.

漢은 威嚴과 信義로 萬國을 統率하니, 日月이 所照하는 곳 모두가 臣服하고 있다. 百蠻이 殊俗하더라도 大義에 親疏가 없으며, 服順者는 褒賞하고 畔逆者(반역자)는 誅罰하나니, 善惡의 效果는 呼韓邪와 郅支(질지)와 같을 것이다. 今에 單于가 和親을 바라는데 그 뜻을 이미 表達되었거늘, 무엇을 걱정하여 西域 諸國을 인솔하고 와서 헌상하고 알현코자 하는가? 西域國이 匈奴에 속했다면, 漢에 속한 것과 무엇이 다르겠는가? 그간 單于는 해마다 兵亂을 당하여 國內가 虛耗(허모)하였으니, 貢物도 예에 맞으면 될 뿐인데 하필 馬와 짐의 裘(갖옷)까지 헌상하는가?

이번에 雜繒(각종 비단) 5백 필, 활과 활집, 화살통과 화살 4發을 선우에게 하사한다. 또 獻馬한 左骨都侯, 右谷蠡王(좌녹리왕)에게는 여러 비단 4백 필을, 그리고 斬馬劍(참마검)을 각각 한 자루씩 하사한다. 單于는 앞서 先帝時에 呼韓邪에게 하사한 竽(피리 우), 瑟(큰 거문고 슬), 空侯(공후)가 모두 부서졌다면서 다시 하사해달라고 하였다. 지금 單于의 國家가 아직 안정되지 않았고 한창 무예의 정비에 힘쓰며 攻戰에만 힘쓰고 있다는 것을 생각할 때, 피리나 거문고는 良弓이나 利劍만 못할 것이기에 보내지 않는다. 짐이 사소한 물건이 아까워서가 아니라, 선우가 응당 필요하고 갖고자 하는 것을 보내줄 뿐이로다.'」

광무제는 모두 받아들이고 따랐다.

(건무) 29년(서기 53)에, 南單于에게 羊 수만 마리를 하사하였다. 31년, 北匈奴가 다시 전과 같이 사자를 보내오자 국서로 답장하고 채색 비단을 하사하였지만 사자를 보내지는 않았다.

原文

單于比立九年薨, 中郎將段郴將兵赴吊, 祭以酒米, 分兵衛護之. 比弟左賢王莫立, 帝遣使者齎璽書鎭慰, 拜授璽綬, 遺冠幘, 絳單衣三襲, 童子佩刀,緄帶各一, 又賜繒彩四千匹, 令賞賜諸王,骨都侯已下. 其後單于薨, 弔祭慰賜, 以此爲常.

| 註釋 | ㅇ九年薨 – 薨은 죽을 훙. 제후의 죽음.

[國譯]

單于 比(비)가 즉위 9년에 죽자(서기 56년), 中郎將 段郴(단침)을

보내 군사를 거느리고 가서 조문하였고 술과 알곡으로 제사를 올리고 군사를 나눠 호위하였다. 比의 동생 左賢王 莫(막)이 즉위하자, 광무제는 使者에게 국서를 보내 진무하고 격려하며, 인수를 하사하였고 冠과 幘(책, 巾), 붉은 單衣 3벌, 童子 佩刀(패도), 緄帶(곤대) 각 1벌을 하사하였고, 또 채색 비단 4천 필을 보내 여러 王과 骨都侯 이하에게 나눠주게 하였다. 이후로 선우가 죽으면 조문과 제사 위문과 하사품은 늘 이와 같이 하였다.

原文

丘浮尤鞮單于莫, 中元元年立, 一年薨, 弟汗立.

伊伐於慮鞮單于汗, 中元二年立. 永平二年, 北匈奴護于丘率衆千餘人來降. 南部單于汗立二年薨, 單于比之子適立.

醓僮尸逐侯鞮單于適, 永平二年立. 五年冬, 北匈奴六七千騎入於五原塞, 遂寇雲中, 至原陽. 南單于擊卻之, 西河長史馬襄赴救, 虜乃引去.

單于適立四年薨, 單于莫子蘇立, 是爲丘除車林鞮單于. 數月復薨, 單于適之弟長立.

| **註釋** | ○ 醓僮尸逐侯鞮單于適(혜동시축후제선우적) – 醓는 식초 혜. 僮은 아니 동. 尸는 주검 시.

[國譯]

丘浮尤鞮單于莫(구부우제선우막)이 中元 원년(서기 56)에 즉위하여 1년 만에 죽고 동생 汗(한)이 즉위하였다.

伊伐於慮鞮單于汗(이벌어려제선우한)이 中元 2년에 즉위했다. (明帝) 永平 2년(서기 59)에, 北匈奴 護于丘(호우구)가 무리 1천여 명을 거느리고 투항해왔다. 南部 선우 汗(한)이 즉위 2년에 죽자, 선우 比(비)의 아들 適(적)이 즉위했다.

醢僮尸逐侯鞮單于適(혜동시축후제선우적)이 永平 2년에 즉위했다. 5년 겨울, 北匈奴의 기병 6, 7천 명이 五原郡 변경에 침입하여 나중에는 雲中郡을 노략질하고 (雲中郡) 原陽縣까지 들어왔다. 南單于가 이들을 공격하여 물리쳤고 西河郡 長史인 馬襄(마양)이 구원에 나서자 북흉노는 퇴각하였다.

單于 適(적)이 즉위 4년에 죽고, 單于 莫(막)의 아들 蘇(소)가 즉위하니, 이가 丘除車林鞮單于(구제차림제선우)이다. 몇 달 만에 다시 죽자 선우 適(적)의 아우 長(장)이 즉위하였다.

原文

胡邪尸逐侯鞮單于長, 永平六年立. 時北匈奴猶盛, 數寇邊, 朝廷以爲憂. 會北單于欲合市, 遣使求和親, 顯宗冀其交通, 不復爲寇, 乃許之.

八年, 遣越騎司馬鄭衆北使報命, 而南部須卜骨都侯等知漢與北虜交使, 懷嫌怨欲畔, 密因北使, 令遣兵迎之. 鄭衆出塞, 疑有異, 伺候果得須卜使人, 乃上言宜更置大將, 以防二虜交通. 由是始置度遼營, 以中郎將吳棠行度遼將軍事, 副校尉來苗,左校尉閻章,右校尉張國將黎陽虎牙營士, 屯五原曼柏. 又遣騎都尉秦彭將兵屯美稷.

其年秋, 北虜果遣二千騎候望朔方, 作馬革船, 欲度迎南部畔者, 以漢有備, 乃引去. 復數寇抄邊郡, 焚燒城邑, 殺略甚衆, 河西城門晝閉, 帝患之.

| **註釋** | ㅇ鄭衆(정중) – 36권, 〈鄭范陳賈張列傳〉 立傳. ㅇ黎陽(여양) 虎牙營 – 幽州, 冀州, 幷州 일대 상비군의 군영. 謁者 1인이 관리. 黎陽(여양)은 冀州 관할 魏郡의 縣名. 今 河南省 북부 옛 黃河의 북안, 鶴壁市 관할 濬縣(준현)에 위치. ㅇ曼柏縣 – 五原郡의 현명. 度遼將軍의 군영이 설치된 곳. 今 內蒙古自治州 서남부 鄂爾多斯市 관할 準格爾旗. ㅇ美稷 – 西河郡 美稷縣, 今 內蒙古 鄂爾多斯市 관할 準格爾旗 서북.

[國譯]

胡邪尸逐侯鞮單于長(호사시축후제선우장)이 (明帝) 永平 6년(서기 63)에 즉위하였다. 그때도 北匈奴는 여전히 강성하여 자주 변방 군현을 침략했고, 조정에서는 이를 걱정하였다. 그 후 北單于가 合市(互市)를 원하면서 사자를 보내 화친을 요구하자, 明帝는 교역을 하게 되면 다시는 침략하지 않을 것이라 생각하여 허락하였다.

(永平) 8년, 越騎司馬인 鄭衆(정중)을 북흉노에 사신으로 보냈는데, 南匈奴의 須卜骨都侯(수복골도후) 등은 漢이 북흉노와 사절을 교환하는 것을 알고 불평과 원망을 품고서 배반하려고 몰래 북흉노에 사자를 보내 군사로 자신들을 영입해달라고 요구하였다. 鄭衆은 국경 밖에서 이상함을 느끼고 사찰하다가 수복골도후의 使人을 체포

하였고, 이어 조정에 大將을 배치하여 남북 흉노 간의 왕래를 차단해야 한다고 건의하였다. 이에 조정에서는 度遼營(도료영)을 설치하여 中郎將 吳棠(오당)을 度遼將軍 업무를 대행케 하고, 副校尉인 來苗(내묘), 左校尉인 閻章(염장), 右校尉 張國(장국)에게는 黎陽(여양) 虎牙營의 군사를 거느리고 五原郡 曼柏縣(만백현)에 주둔하게 하였다. 또 騎都尉 秦彭(진팽)을 보내 군사를 거느리고 (西河郡) 美稷縣(미직현)에 주둔하게 하였다.

그해 가을, 북흉노는 예상대로 2천 기병을 거느리고 朔方郡(삭방군) 일대를 염탐하며 말가죽으로 배를 만들어 강을 건너 남흉노의 배반자를 맞이하려고 하였지만 漢이 잘 대비하고 있어 그대로 철수하였다. 북흉노는 다시 북방 군현을 노략질하면서 성읍을 불사르며 살육과 약탈을 자행하였기에 河西에서는 낮에도 성문을 폐쇄해야만 했다. 명제는 이를 걱정하였다.

原文

十六年, 乃大發緣邊兵, 遣諸將四道出塞, 北征匈奴. 南單于遣左賢王信隨太僕祭肜及吳棠出朔方高闕, 攻皐林溫禺犢王於涿邪山. 虜聞漢兵來, 悉度漠去. 肜,棠坐不至涿邪山免, 以騎都尉來苗行度遼將軍. 其年, 北匈奴入雲中, 遂至漁陽, 太守廉范擊卻之. 詔遣使者高弘發三郡兵追之, 無所得.

| **註釋** | ㅇ祭肜(제융) – 20권, 〈銚期王霸祭遵列傳〉에 立傳. ㅇ涿邪山(탁야산) – 今 몽고국 고비 사막의 산 이름. 高闕塞(고궐새)에서 1천여 리 북쪽이라는 주석이 있다. ㅇ太守 廉范(염범) – 31권, 〈郭杜孔張廉王蘇羊賈

陸列傳〉立傳. 나중에 蜀郡 태수 역임.

[國譯]

(明帝 永平) 16년(서기 73), 변방 郡의 병력을 크게 동원하여 여러 장군이 4갈래로 국경을 넘어 북으로 흉노를 원정케 하였다. 南單于는 左賢王 信(신)에게 太僕인 祭肜(제융)과 吳棠(오당)을 수행하여 朔方郡의 高闕(고궐)에서 출발하여 皐林溫禺犢王(고림온우독왕)의 군사를 涿邪山(탁야산)에서 공격케 하였다. 북흉노는 漢의 군사가 진격하는 것을 알고 모두 사막을 건너 도주하였다. 제융과 오당은 탁야산에도 가지 못한 죄로 면직되었고 騎都尉 來苗(내묘)가 度遼將軍職을 대행하였다. 그 해에 北匈奴는 雲中郡에 침입하여 漁陽郡까지 노략질했는데 太守 廉范(염범)이 적을 물리쳤다. 조서로 사자 高弘(고홍)을 보내 三郡의 군사를 징발하여 추격케 했으나 아무 소득이 없었다.

原文

建初元年, 來苗遷濟陰太守, 以征西將軍耿秉行度遼將軍. 時皐林溫禺犢王復將衆還居涿邪山, 南單于聞知, 遣輕騎與緣邊郡及烏桓兵出塞擊之, 斬首數百級, 降者三四千人. 其年, 南部苦蝗, 大飢, 肅宗稟給其貧人三萬餘口.

七年, 耿秉遷執金吾, 以張掖太守鄧鴻行度遼將軍. 八年, 北匈奴三木樓訾大人稽留斯等, 率三萬八千人,馬二萬匹, 牛,羊十餘萬, 款五原塞降.

| **註釋** | ㅇ耿秉(경병) - 19권, 〈耿弇列傳〉에 立傳. ㅇ執金吾(집금오) - 秦의 中尉를 武帝 때 執金吾로 개칭. 吾는 禦(막을 어)의 뜻. 兵器를 들고 非常에 대비한다는 뜻. 질록 中二千石. 궁성 외곽 경계, 수재나 화재 등 돌발 사태 대비, 황제가 행차할 때 집금오 병력(緹騎 2백 인)이 의장대 역할. 집금오의 副職은 丞 一人, 比千石.

[國譯]

(肅宗) 建初 원년(서기 76), 來苗(내묘)는 濟陰郡 태수로 승진했고, 征西將軍 耿秉(경병)이 度遼將軍 대행이 되었다. 그 무렵 (북흉노의) 皐林溫禺犢王(고림온우독왕)이 군사를 거느리고 돌아왔다가 涿邪山(탁야산)으로 돌아가려 했는데, 南單于가 이를 알고 경기병과 연변 군에서 차출한 병력과 烏桓族의 군사를 거느리고 出境하여 격파하고 수백 명을 죽이자 투항한 자가 3, 4천 명이 되었다. 그 해에 남흉노 지역에 황충 피해가 심하여 크게 굶주리자 肅宗(章帝)는 그 빈민 3만여 명의 식량을 공급하였다.

(建初) 7년, 경병은 執金吾로 승진하고 張掖太守(장액태수) 鄧鴻(등온)이 度遼將軍 대행이 되었다. 8년, 北匈奴의 三木樓訾(삼목루자)의 大人인 稽留斯(계류사) 등이 무리 3만 8천 명과 말 2만 필, 牛와 羊 10여만 마리를 가지고 五原郡 국경에 와서 투항하였다.

原文

元和元年, 武威太守孟雲上言北單于復願與吏人合市, 詔書聽雲遣驛使迎呼慰納之. 北單于乃遣大且渠伊莫訾王等, 驅牛,馬萬餘頭來與漢賈客交易. 諸王大人或前至, 所在郡縣爲設官邸, 賞賜待遇之. 南單于聞, 乃遣輕騎出上郡, 遮略生口, 抄掠牛,馬, 驅還入塞.

二年正月, 北匈奴大人車利,涿兵等亡來入塞, 凡七十三輩. 時北虜衰耗, 黨衆離畔, 南部攻其前, 丁零寇其後, 鮮卑擊其左, 西域侵其右, 不復自立, 乃遠引而去.

單于長立二十三年薨, 單于汗之子宣立.

| **註釋** | ㅇ大且渠 伊莫訾王 – 大且渠는 흉노 관직명. 伊莫訾王은 伊莫訾 부락의 우두머리. ㅇ丁零(정령, Dīnglíng) – 前 3세기에서 서기 5세기에 걸쳐 貝加爾湖(바이칼호) 남방 蒙古 高原 북부, 남 西伯利亞(시베리아)에서 활동했던 突厥(돌궐)계 유목민. 匈奴의 별종이라는 주석도 있다. 丁令으로도 표기.

[國譯]

(章帝) 元和 元年(서기 84), 武威太守 孟雲(맹운)이 北單于가 다시 吏人과 合市(互市)을 원하고 있다고 보고하자, 맹운에게 조서를 내려 驛使를 보내 맞이하고 위로하며 교역을 허용하라고 지시하였다. 北單于는 大且渠(대차거)인 伊莫訾王(이막자왕) 등을 보내 소와 말 1만여 마리를 몰고 들어와 漢의 상인과 교역하였다. (북흉노) 여러 王의 大人이 혹 들어오게 되면 소재지의 군현에서는 관저를 마련해 주사 하사품을 내리면서 대우하였다. 남선우가 이를 알고서는 경기병을 上郡에 보내어 길을 막고 노예(生口)를 약탈하거나 소와 말을 탈취하여 몰아오기도 하였다.

2년 정월, 北匈奴의 大人인 車利(거리), 涿兵(탁병) 등이 도망쳐 나와 귀순하였는데 이런 일이 73건이나 있었다. 그때 북흉노는 쇠퇴하여 무리들이 흩어지고 남흉노는 앞(南)에서, 丁零(정령)은 뒤에서, 선비족은 左(東)에서 서역은 오른쪽(西)에서 침입하여 더 이상 자립할 수 없어 무리를 이끌고 멀리 이동하였다.

單于 長(장)이 즉위 23년에 죽었고, 單于 汗(한)의 아들 宣(선)이 즉위하였다.

原文

伊屠於閭鞮單于宣, 元和二年立. 其歲, 單于遣兵千餘人獵至涿邪山, 卒與北虜溫禺犢王遇, 因戰, 獲其首級而還. 冬, 孟雲上言, "北虜以前旣和親, 而南部復往抄掠, 北單于謂漢欺之, 謀欲犯塞, 謂宜還南所掠生口, 以慰安其意." 肅宗從太僕袁安議, 許之. 乃下詔曰,

「昔獫狁,獯粥之敵中國, 其所由來尙矣. 往者雖有和親之名, 終無絲髮之效. 墝埆之人, 屢嬰塗炭. 父戰於前, 子死於後. 弱女乘於亭障, 孤兒號於道路. 老母寡妻設虛祭, 飮泣淚, 想望歸魂於沙漠之表, 豈不哀哉!

傳曰, '江海所以能長百川者, 以其下之也.' 少加屈下, 尙何足病? 況今與匈奴君臣分定, 辭順約明, 貢獻累至, 豈宜違信, 自受其曲? 其敕度遼及領中郎將龐奮倍雇南部所得生口, 以還北虜. 其南部斬首獲生, 計功受賞如常科.」

於是南單于復令薁鞮日逐王師子將輕騎數千出塞掩擊北虜, 復斬獲千人. 北虜衆以南部爲漢所厚, 又聞取降者歲數千人.

| 註釋 | ㅇ袁安(원안) – 汝南 袁氏로 후한의 名門世族이었다. 원안은 楚王 劉英의 반역 사건을 다스리며 은덕을 베풀었고 그 때문에 그 후손이 번성했다고 한다. 《三國演義》에 등장하는 後漢 말 袁紹(원소)와 袁術(원술)은 袁安의 玄孫이었다. 45권, 〈袁張韓周列傳〉 立傳. ㅇ墝埆之人 – 墝埆(요각)은 메마른 땅. 險地. ㅇ江海~ –「江海之所以能爲百谷王者, 以其善下之, 故能爲百谷王.~」《老子道德經》 66장.

[國譯]

伊屠於閭鞮單于 宣(이도어려제선우 선)은 元和 2년(서기 85)에 즉위했다. 그 해에 南單于는 군사 1천여 명을 데리고 涿邪山(탁야산)에서 사냥을 했는데 북흉노의 溫禺犢王(온우독왕)과 조우하여 전투를 벌여 그 머리를 잘라서 돌아왔다. 겨울에, (武威太守) 孟雲(맹운)이 보고하였다.

"북흉노는 이전에 우리와 和親하였지만 남선우가 자주 노략질을 한다면서, 북선우는 漢이 북흉노를 속였다고 생각하여 (漢을) 노략질할 계획이며, 남선우가 잡아간 포로들을 돌려주어 자기들을 위로해주야 한다고 말하였습니다."

그러자 肅宗(章帝)은 太僕 袁安(원안)과 협의한 뒤에 허락하였다. 그리고 조서를 내렸다.

「옛날에 (周代의) 獫狁(험윤, 흉노를 지칭), (堯帝의) 獯粥(훈육, 흉노)이 중국을 적대시하였으니 그 유래는 아주 오래되었다. 옛날에 和親의 명분을 내세웠지만 끝내 아무런 실효도 없었다. 변방 험한 땅에 사는 사람들은(흉노), 자주 塗炭(도탄)에 빠진다. 그래서 아비가 전투에 참여하여 싸울 때 자식은 뒤에서 죽고, 연약한 어미가 변방의 장애물을 넘는 동안에 고아는 길에서 통곡하였다. 老母나 과부가 시신도 못 찾은 제사를 지내고 눈물을 흘리면서 혼령이라도 사막의 끝에서 돌아오기만을 기다리니 어찌 슬프지 않겠는가!

경전에서 '江海가 百川의 제일이 된 것은 낮은 곳에 있기 때문이라.' 고 하였다. 우리가 조금 양보한다 하여 무엇이 나쁘겠는가? 하물며, 지금 匈奴와도 君臣 관계가 정해졌고 언사 또한 온순 분명하며 여러 번 토산물을 헌상하였는데, 어찌 신의를 저버리고 스스로 허물을 뒤집어써야 하겠는가? 度遼將軍과 使匈奴中郎將 龐奮(방분)에게 지시하여 남흉노에서 잡아간 노비를 두 배로 따져 사들여 북흉노에게 돌려주기 바란다. 南部에서 참수하거나 생포한 포로의 숫자에 대해서는 그 공로를 계산하여 평소처럼 시상토록 하라.」

이에 남선우는 다시 薁鞬日逐王(욱건일축왕) 師子(사자)에게 지시하여 경기병 수천을 거느리고 국경을 나가 북흉노를 공격하여 다시 1천여 명을 죽이거나 생포하였다. 북흉노는 남흉노가 漢에서 厚待를 받는다고 생각했으며, 소문을 듣고 투항하는 자가 해마다 수천 명이나 되었다.

原文

章和元年, 鮮卑入左地擊北匈奴, 大破之, 斬優留單于, 取其匈奴皮而還. 北庭大亂, 屈蘭,儲卑,胡都須等五十八部, 口二十萬, 勝兵八千人, 詣雲中,五原,朔方,北地降.

單于宣立三年薨, 單于長之弟屯屠何立.

休蘭尸逐侯鞮單于屯屠何, 章和二年立. 時北虜大亂, 加以飢蝗, 降者前後而至. 南單于將並北庭, 會肅宗崩, 竇太后臨朝. 其年七月, 單于上言,

| 註釋 | ㅇ鮮卑 – 선비족은 東胡族의 한 갈래. 북방 유목민족인 東胡族은 鮮卑와 烏桓(오환)으로 분리되었다. 後漢 시대에는 흉노의 지배하에 있었다. 鮮卑의 명칭은 鮮卑山에서 유래. 지금의 내몽고자치주 북쪽 지역과 몽골국에서 주로 거주했다. 북흉노가 서쪽으로 빠져나간 자리를 선비족이 차지. 후한 말부터 강성해졌다. 西晋 멸망 후 匈奴, 鮮卑, 氐(저), 羯(갈), 羌(강)의 5胡16國時代(304 – 439)가 이어진다.

【國譯】

(章帝) 章和 원년(서기 87), 鮮卑(선비)가 북흉노의 左地를 공격하여 북흉노를 대파하고 優留單于(우류선우)를 죽이고 匈奴人의 가죽을 벗겨 돌아갔다. 북흉노의 王庭이 大亂에 빠지자, 屈蘭(굴란), 儲卑(저비), 胡都須(호도수) 등 58개 부족, 인구 20만, 군사 8천 명이 漢의 雲中郡, 五原郡, 朔方郡, 北地郡 등을 찾아와 투항하였다.

單于 宣(선)이 재위 3년에 죽었는데, 單于 長(장)의 동생인 屯屠何(둔도하)가 즉위하였다.

休蘭尸逐侯鞮單于屯屠何(휴란시축후제선우 둔도하)는 章和 2년에 즉위하였다.

그 무렵 북흉노는 큰 혼란에 빠진데다가 굶주림에 황충의 폐해도 있어 투항자가 줄을 이었다. 南單于는 북흉노의 王庭을 병합하려고 했는데, 마침 肅宗(章帝)이 붕어했고 竇太后가 臨朝했다. 그해 7월 남선우가 상서하였다.

原文

「臣累世蒙恩, 不可勝數. 孝章皇帝聖思遠慮, 遂欲見成就, 故令烏桓,鮮卑討北虜, 斬單于首級, 破壞其國. 今所新降虛渠等詣臣自言, '去歲三月中發虜庭, 北單于創刈南兵, 又畏丁令,鮮卑,遁逃遠去, 依安侯河西.

今年正月, 骨都侯等復共立單于異母兄右賢王爲單于, 其人以兄弟爭立, 並各離散.' 臣與諸王骨都侯及新降渠帥雜議方略, 皆曰宜及北虜分爭, 出兵討伐, 破北成南, 並爲一國, 令漢家長無北念. 又今月八日, 新降右須日逐鮮堂輕從虜庭遠來詣臣, 言北虜諸部多欲內顧, 但恥自發遣, 故未有至者. 若出兵奔擊, 必有響應. 今年不往, 恐復并壹.

臣伏念先父歸漢以來, 被蒙覆載, 嚴塞明侯, 大兵擁護, 積四十年. 臣等生長漢地, 開口仰食, 歲時賞賜, 動輒億萬, 雖垂拱安枕, 慚無報效之地. 願發國中及諸部故胡,新降精兵, 遣左谷蠡王師子,左呼衍日逐王須訾將萬騎出朔方, 左賢王安國,右大且渠王交勒蘇將萬騎出居延, 期十二月同會虜地. 臣將餘兵萬人屯五原,朔方塞, 以爲拒守.

臣素愚淺, 又兵衆單少, 不足以防內外. 願遣執金吾耿秉, 度遼將軍鄧鴻及西河,雲中,五原,朔方,上郡太守並力而北, 令北地,安定太守各屯要害, 冀因聖帝威神, 一舉平定. 臣國成敗, 要在今年. 已敕諸部嚴兵馬, 訖九月龍祠, 悉集河上. 唯陛下裁哀省察!」

| **註釋** | ㅇ居延(거연) – 張掖郡(장액군)의 현명. 今 內蒙古自治區 阿拉善盟 額濟納旗 북부. 前漢의 居延城은 張掖都尉의 治所. 後漢 安帝 때, 張掖

都尉의 관할 지역을 張掖居延屬國이라 했다. 漢代 居延澤은 늪지, 호수. 唐代 이후로는 '居延海'로 불렸다. 지금은 지도에서 사라진 호수이다.

[國譯]

「臣이 累世에 걸쳐 大恩을 입은 것은 이루 다 셀 수도 없습니다. 孝章皇帝의 聖思와 遠慮가 이제 결실을 맺을 때가 되어 烏桓(오환)과 鮮卑(선비)가 北虜를 토벌하여 北單于의 머리를 자르고 나라를 파괴하였습니다. 지금 얼마 전에 투항한 虛渠(허거) 등이 臣을 찾아와 말했습니다. '작년 3월에, 북흉노의 王庭이 짓밟힐 때 北單于는 남흉노에 혼이 났고, 또 丁令(정령)과 鮮卑(선비)가 두려워 떨며 도주하여 安侯河(안후하)의 서쪽으로 피신하였습니다.

금년 정월, 骨都侯 등이 다시 單于의 異母 소생 兄인 右賢王을 單于로 추대하였는데 그 사람들 형제가 서로 선우가 되려고 다투기에 모두가 흩어졌습니다.' 이에 臣은 諸王의 骨都侯 및 새로 투항해 온 渠帥(거수)들과 여러 방략을 함께 논의하였는데, 모두가 응당 북흉노의 분쟁을 틈타 출병 토벌하여 북쪽을 격파하여 우리 남과 합쳐 한 나라가 되어야 漢의 북방에 대한 오랜 걱정을 없애주어야 한다고 말했습니다. 또 이달 8일에, 새로 투항한 右須卜(우수복) 日逐王(일축왕)인 鮮堂輕(선당경)은 멀리 북흉노 王庭에서 臣을 찾아온 사람인데, 北虜의 諸部에서 다수가 내부하기를 원하고 있지만 스스로 찾아오기가 부끄러워서 찾아오지 못한다고 하였습니다. 그러나 만약 우리가 출병하여 북흉노를 공격한다면 틀림없이 내응할 것입니다. 금년에 우리가 출병하지 않는다면 흉노 통합은 아마 어려울 것입니다.

臣이 생각할 때 先父께서 歸漢 이래로 큰 은덕을 입었기에 국경을 엄히 방비하며 漢軍을 옹호한 지 40년이 되었습니다. 臣 등은 漢

地에서 낳고 자랐으며 입만 벌려 먹으면서 세시에 맞춰 내려주신 상이 억만 전은 될 것이니, 지금 우리가 편히 누워 자더라도 보답할 여지가 없어 부끄러울 뿐입니다. 바라건대, 나라 안 (南匈奴) 여러 부족의 군사와 새로 투항한 精兵을 동원하여 左谷蠡王(좌녹리왕) 師子(사자)와 左呼衍日逐王(좌호연 일축왕) 須訾(수자)가 각각 1만여 기병을 거느리고 朔方郡에서 출발하고, 左賢王 安國(안국), 右大且渠王(우대차거왕) 交勒蘇(교륵소)는 1만 기병을 거느리고 居延(거연)에서 출병하되, 12월에 북흉노의 王庭에 모이기로 기약할 것입니다. 臣은 1만 병력을 거느리고 五原郡과 朔方郡의 요새에서 (불의의) 외적에 방비할 것입니다.

신은 평소에 우둔하고 천박하며 또 거느린 군사도 많지 않아 내외를 방비하기에 부족합니다. 그러나 執金吾인 耿秉(경병), 度遼將軍 鄧鴻(등홍) 및 西河, 雲中, 五原, 朔方, 上郡이 태수와 협력하여 북진하고, 北地, 安定 太守로 하여금 주요 거점에 주둔한다면 聖帝의 위엄과 神明으로 北虜를 일거에 평정할 것입니다. 臣國의 成敗는 꼭 금년에 달렸습니다. 이미 여러 부족에게 병마를 엄히 조련할 것과 九月 龍祠에 모두 모이도록 지시하였습니다. 폐하께서는 불쌍히 굽어보시고 성찰해주시길 바랍니다!」

原文

太后以示耿秉. 秉上言, “昔武帝單極天下, 欲臣虜匈奴, 未遇天時, 事逐無成, 宣帝之世, 會呼韓來降, 故邊人獲安, 中外爲一, 生人休息, 六十餘年. 及王莽簒位, 變更其號, 耗擾不止, 單于乃畔. 光武受命, 復懷納之, 緣邊壞郡得以還復. 烏桓,鮮卑, 咸脅歸義. 威鎭四夷, 其效如此. 今幸遭天授, 北虜分爭, 以夷伐夷, 國家之利, 宜可聽許."

秉因自陳受恩, 分當出命效用. 太后從之.

| 註釋 | ㅇ變更其號 - 漢 宣帝 때 흉노 선우에게 준 印文은 '匈奴單于璽' 라 하여 '漢' 字가 없었지만 왕망은 인수를 '新匈奴單于章' 로 고쳤다. 이는 璽의 격을 낮춘 것이라 하여 흉노가 반발하였다.

[國譯]

鄧太后이 이를 耿秉(경병)에게 보여주었다. 이에 경병이 말했다.

"옛날 무제께서는 천하를 통일하여 오랑캐 흉노를 臣屬시키려 했으나 천시를 만나지 못하여 노력했어도 이루지 못했고, 宣帝 시대에는 呼韓邪單于(호한야선우)가 투항하면서 변방 백성은 안정되었고 안과 밖이 하나가 되었으며 백성이 휴식한 지 60여 년이 되었습니다. 왕망이 찬위한 뒤에 흉노 인수의 호칭을 변경하며 흉노 괴롭히기를 멈추지 않아 선우가 배반하였습니다. 光武께서 受命하시고 다시 흉노를 포용하였기에 연변의 피폐된 군현을 다시 복구할 수 있었습니다. 烏桓(오환)과 鮮卑(선비)가 모두 위협을 느껴 (漢에) 귀의하였습니다. 나라의 위엄을 사방에 떨치는 효과가 이와 같습니다. 지금 다행히 하늘에서 기회를 주신 것이니, 北虜의 분쟁을 이용하여 우리는 夷狄으로 이적을 정벌하는 것이 국익이 될 것이니 응당 허락하셔야 합니다."

그러면서 경병은 황실에서 받은 은혜를 받은 만큼 응당 명을 받아 목숨을 바치겠다고 말했다. 두태후는 경병의 말을 따랐다.

原文

永元元年, 以秉爲征西將軍, 與車騎將軍竇憲率騎八千, 與度遼兵及南單于衆三萬騎, 出朔方擊北虜, 大破之. 北單于奔走, 首虜二十餘萬人. 事已具〈竇憲傳〉.

二年春, 鄧鴻遷大鴻臚, 以定襄太守皇甫棱行度遼將軍. 南單于復上求滅北庭, 於是遣左谷蠡王師子等將左右部八千騎出雞鹿塞, 中郎將耿譚遣從事將護之. 至涿邪山, 乃留輜重, 分爲二部, 各引輕兵兩道襲之. 左部北過西海至河雲北, 右部從匈奴河水西繞天山, 南度甘微河, 二軍俱會, 夜圍北單于. 單于大驚, 率精兵千餘人合戰. 單于被創, 墮馬復上, 將輕騎數十遁走, 僅而免脫. 得其玉璽, 獲閼氏及男女五人, 斬首八千級, 生虜數千口而還.

是時南部連克獲納降, 黨衆最盛, 領戶三萬四千, 口二十三萬七千三百, 勝兵五萬一百七十. 故事, 中郎將置從事二人, 耿譚以新降者多, 上增從事十二人.

| 註釋 | ㅇ車騎將軍竇憲 – 무관직에서 최고위 大將軍 다음이 驃騎將軍(표기장군)이고, 그 다음이 車騎將軍이었고, 거기장군 다음 지위가 衛將軍이며 그 다음에 일반 장군이다. 거기장군은 정치 상황에 따라 三公보다 높거나 낮았다. 竇憲(두헌)은 章帝 두황후의 오빠 23권, 〈竇融列傳〉 立傳.

[國譯]

(和帝) 永元 원년(서기 89), 耿秉(경병)을 征西將軍에 임명하여 車騎將軍 竇憲(두헌)과 함께 8천 기병을 거느리고 度遼將軍의 병력 및

南單于의 3만 기병 등이 朔方郡에서 출정하여 북흉노를 공격 대파하였다. 북선우는 도주하였고 20여만 명을 참수하거나 포로로 잡았다. 이는 〈竇憲傳〉에 모두 기록했다.

(永元) 2년 봄, 鄧鴻(등홍)은 大鴻臚(대홍려)로 승진하였고, 定襄太守 皇甫棱(황보릉)이 度遼將軍 대행이 되었다. 南單于는 다시 북흉노 왕정을 없애겠다고 상주하고서 左谷蠡王(좌녹리왕) 師子(사자) 등에게 左右部 8천 기병을 주어 雞鹿塞(계록새)에서 출발시켰는데, 中郎將 耿譚(경담)이 從事를 보내 師子(사자)를 보호케 하였다. (사자가) 涿邪山(탁야산)에 이르러 치중 부대를 남겨두고 二部로 나누어 각자 경기병으로 양쪽에서 북선우를 공격하였다. 左部는 북쪽으로 西海를 지나 河雲(하운)에서 북으로 공격하였고, 右部는 匈奴河水에서 서쪽으로 天山을 에워싸고 진격하여 남쪽의 甘微河(감미하)를 지나 二軍이 함께 만나 밤에 北單于를 포위하였다. 北單于는 大驚하여 精兵 1천여 명을 거느리고 어울려 싸웠다. 북선우는 상처를 입고 낙마했다가 다시 말을 타고 수십 경기병을 거느리고 겨우 벗어날 수 있었다. 대군은 북선우의 玉璽를 습득했고 閼氏(연지) 및 아들 딸 5명을 생포하였으며, 8천여 명을 죽이고 수천 명 포로를 잡아가지고 돌아왔다.

이때 南선우는 연속 승리하였고 투항자를 계속 받아들여 그 무리가 가장 융성하였으니 통치하는 호수가 3만 4천, 인구가 237,300명이었으며, 군사가 50,170명이었다. 이전에는 使匈奴中郎將은 2인의 從事를 두었지만 耿譚(경담)은 새로 투항하는 자가 많아 종사를 12명이나 두었다.

原文

三年, 北單于復爲右校尉耿夔所破, 逃亡不知所在. 其弟右谷蠡王於除鞬自立爲單于, 將右溫禺鞬王,骨都侯已下衆數千人, 止蒲類海, 遣使款塞. 大將軍竇憲上書, 立於除鞬爲北單于, 朝廷從之. 四年, 遣耿夔卽授璽綬, 賜玉劍四具, 羽蓋一駟, 使中郞將任尙持節衛護屯伊吾, 如南單于故事. 方欲輔歸北庭, 會竇憲被誅. 五年, 於除鞬自畔還北, 帝遣將兵長史王輔以千餘騎與任尙共追, 誘將還斬之. 破滅其衆.

| 註釋 | ㅇ耿夔(경기) – 耿秉의 弟, 19권, 〈耿弇列傳〉에 立傳. ㅇ蒲類海(포류해) – 今 新疆維吾爾自治區 북동부 哈密市 巴里坤自治縣의 巴里坤湖(동서 9km 남북 13km의 타원형 호수). ㅇ於除鞬(어제건) – 재위 91 – 93년.

[國譯]

(永元) 3년, 北單于는 또 右校尉 耿夔(경기)에게 격파 당하였는데 도주하여 그 소재를 알 수 없었다. 그 동생 右谷蠡王(우녹리왕) 於除鞬(어제건)이 자립하여 선우가 되었는데, 右溫禺鞬王(우온우건왕)과 骨都侯 이하 무리 수천 명을 거느리고 (서역의) 蒲類海(포류해) 주변에 머물면서 사자를 漢의 국경에 보냈다. 大將軍 竇憲(두헌)은 於除鞬(어제건)을 北單于로 세우겠다고 상서하였고 조정은 그 말에 따랐다.

4년, 耿夔(경기)를 보내 (북흉노에게) 국새와 인수를 수여하고 玉劍 4자루와 깃털장식 덮개가 있는 4마리 말이 끌 수 있는 수레를 하사하였으며, 中郞將 任尙(임상)이 부절을 가지고 선우를 호위하면서 伊吾(이오)에 주둔케 하였는데, 이는 남선우의 전례와 같았다. 북선우를 도와 北庭으로 돌아가려 할 즈음에 竇憲은 주살되었다.

5년(서기 93)에, 어제건은 반기를 들고 북으로 되돌아가자, 和帝는 將兵長史 王輔(왕보)를 시켜 1천여 기병을 거느리고 임상과 함께 추격케 했는데, 어제건을 유인하여 죽여 버리고 그 무리를 없애버렸다.

原文

單于屯屠何立六年薨, 單于宣弟安國立.

單于安國, 永遠五年立. 安國初爲左賢王而無稱譽. 左谷蠡王師子素勇黠多知, 前單于宣及屯屠何皆愛其氣決, 故數遣將兵出塞, 掩擊北庭, 還受賞賜, 天子亦加殊異. 是以國中盡敬師子, 而不附安國. 安國由是疾師子, 欲殺之. 其諸新降胡初在塞外, 數爲師子所驅掠, 皆多怨之. 安國因是委計降者, 與同謀議. 安國旣立爲單于, 師子以次轉爲左賢王, 覺單于與新降者有謀, 乃別居五原界. 單于每龍會議事, 師子輒稱病不往. 皇甫棱知之, 亦擁護不遣, 單于懷憤益甚.

| **註釋** | ○屯屠何(둔도하) - 休蘭尸逐侯鞮單于(휴란시축후제선우), 章和 2년(서기 88)에 즉위하였다. ○單于 宣(선) - 伊屠於閭鞮單于 宣(이도어려제선우 선)은 元和 2년(서기 85)에 즉위, 재위 85 - 88년. ○單于宣弟安國立 - 9대 남선우. 재위 93 - 94년.

[國譯]

單于 屯屠何(둔도하)가 재위 6년에 죽자(서기 93), 單于 宣(선)의

동생인 安國이 즉위하였다. 單于 安國은 永遠 5년(서기 93)에 즉위하였다. 安國은 그전에 左賢王이었지만 아무런 칭송도 없었다.

左谷蠡王(좌녹리왕) 師子(사자)는 평소에 용감하고 영리하며 지혜도 많아 前單于 宣 및 屯屠何도 모두 그의 기개를 좋아하였고, 師子는 군사를 거느리고 자주 국경을 나가 북흉노를 공격했으며 돌아와 상을 받았기에 和帝 역시 특별히 대우하였다. 이 때문에 많은 남흉노가 師子를 존경하였지만, 安國을 따르는 사람은 없었다. 安國은 이 때문에 師子를 질시하며 죽이려 했다.

북흉노에서 남흉노로 투항한 자들은 처음에 塞外에 살았는데 師子에게 자주 약탈을 당했기에 많은 사람들이 원망하고 있었다. 安國은 이를 이용하여 새로 투항해온 자들과 함께 모의하였다. 安國이 單于로 즉위하자, 師子는 순차에 의거 左賢王이 되었고 單于와 최근 투항자들이 모의가 있었던 것을 알고 五原郡 경내에 별거하였다. 單于가 龍會에서 국사를 의논할 때도, 師子는 병을 핑계로 참가하지 않았다. (行度遼將軍) 皇甫棱(황보릉)은 이런 내용을 알고 師子를 감싸며 보내지 않았는데, 單于(安國)의 의심과 분노는 날마다 심해졌다.

原文

六年春, 皇甫棱免, 以執金吾朱徽行度遼將軍. 時單于與中郎將杜崇不相平, 乃上書告崇, 崇諷西河太守令斷單于章, 無由自聞. 而崇因與朱徽上言,

「南單于安國疏遠故胡, 親近新降, 欲殺左賢王師子及左臺且渠劉利等. 又右部降者謀共迫脅安國, 起兵背畔, 諸西

河,上郡,安定爲之儌備.」

和帝下公卿議, 皆以爲“蠻夷反覆, 雖難測知, 然大兵聚會, 必未敢動搖. 今宜遣有方略使者之單于庭, 與杜崇,朱徽及西河太守並力, 觀其動靜. 如無它變, 可令崇等就安國會其左右大臣, 責其部衆橫暴爲邊害者, 共平罪誅. 若不從命, 令爲權時方略, 事畢之後, 裁行客賜, 亦足以威示百蠻”. 帝從之. 於是徽,崇遂發兵造其庭. 安國夜聞漢軍至, 大驚, 棄帳而去, 因擧兵及將新降者欲誅師子. 師子先知, 乃悉將廬落入曼柏城. 安國追到城下, 門閉不得入. 朱徽遣吏曉譬和之, 安國不聽. 城既不下, 乃引兵屯五原. 崇,徽因發諸郡騎追赴之急, 衆皆大恐, 安國舅骨都侯喜爲等慮並被誅, 乃格殺安國.

安國立一年, 單于適之子師子立.

| 註釋 | ㅇ師子(사자) – 흉노 人名. 醢僮尸逐侯鞮單于 適(혜동시축후제선우 적, 재위 58 – 63)의 아들.

【國譯】

(和帝 永元) 6년(서기 94) 봄, 皇甫棱(황보릉)이 면직되자 執金吾인 朱徽(주휘)가 度遼將軍 대행이 되었다. 그때 선우인 安國과 中郎將 杜崇(두숭)은 사이가 나빴는데 안국이 上書하여 두숭을 고발하자, 두숭은 西河太守에게 선우의 상서를 들어가지 못하게 하였기에 보고되지는 않았다. 그러면서 두숭은 주휘와 함께 상서하였다.

「南單于 安國은 옛 남흉노와 소원하고 최근 투항한 흉노와는 가깝게 지내면서 左賢王 師子 및 左臺且渠 劉利(유리) 등을 죽일 계획을 갖고 있습니다. 또 右部(西部)에 사는 투항자들은 안국을 협박, 배반을 꾀하니 西河, 上郡, 安定郡에서는 이에 대비해야 합니다.」

和帝는 이를 公卿에게 협의케 하였는데 모두가 말했다.

"蠻夷의 배반은 예측할 수도 없지만 대군이 집합하게 되면 틀림없이 함부로 움직이지는 못할 것입니다. 지금 方略이 뛰어난 使者를 單于庭에 보내어 杜崇과 朱徽 및 西河 태수 등과 함께 그 동정을 살피는 것이 좋을 것입니다. 만약 다른 변고가 없다면 두숭 등이 安國과 그 측근들을 모아서 그 무리가 변경에서 포악하게 해악을 끼친 사실을 문책하고 죄에 따라 형벌을 내려야 할 것입니다. 만약 安國이 따르지 않는다면, 그때 상황에 따라 처리하되 사태가 수습된 뒤라도 흉노에게 내리는 하사품을 조절하여 모든 만이들에게 조정의 권위를 보여 주어야 합니다."

和帝는 논의에 따랐다. 이에 주휘와 두숭은 군사를 거느리고 單于의 직할지에 진격하였다. 安國은 밤에 漢軍의 도착 소식을 듣고 大驚하여 천막을 버리고 도망쳐 최근 투항자들과 함께 師子를 죽이려 했다. 師子는 이를 미리 알고서 무리를 거느리고 五原郡 曼柏縣(만백현) 城으로 이동하였다. 安國은 성에 도착했지만 성문이 닫혀 들어갈 수 없었다. 朱徽(주휘)는 사자를 보내 安國을 설득하였지만 安國은 따르지 않았다. 安國은 성에 들어갈 수가 없자 군사를 거느리고 五原郡에 주둔하였다. 두숭과 주휘가 이에 여러 군의 군사를 동원하여 安國을 공격하자, 그 무리는 크게 두려워 떨었고 安國의 장인인 骨都侯 喜爲(희위) 등은 모두가 죽게 될 것이 두려워 安國을 格殺하였다. 安國은 즉위 1년에 죽었고, 單于 適(적)의 아들 師子(사자)가 즉위했다.

原文

亭獨尸逐侯鞮單于師子, 永元六年立. 降胡五六百人夜襲師子, 安集掾王恬將衛護士與戰, 破之. 於是新降胡遂相驚動, 十五部二十餘萬人皆反畔, 脅立前單于屯屠何子薁鞬日逐王逢侯爲單于, 遂殺略吏人, 燔燒郵亭廬帳, 將車重向朔方, 欲度漠北. 於是遣行車騎將軍鄧鴻,越騎校尉馮柱,行度遼將軍朱徽將左右羽林,北軍五校士及郡國積射,緣邊兵, 烏桓校尉任尙將烏桓,鮮卑, 合四萬人討之.

時南單于及中郎將杜崇屯牧師城, 逢侯將萬餘騎攻圍之, 未下. 冬, 鄧鴻等至美稷, 逢侯乃乘冰度隘, 向滿夷谷. 南單于遣子將萬騎, 及杜崇所領四千騎, 與鄧鴻等追擊逢侯於大城塞, 斬首三千餘級, 得生口及降者萬餘人. 馮柱復分兵追擊其別部, 斬首四千餘級. 任尙率鮮卑大都護蘇拔廆,烏桓大人勿柯八千騎, 要擊逢侯於滿夷谷, 復大破之. 前後凡斬萬七千餘級. 逢侯遂率衆出塞, 漢兵不能追. 七年正月, 軍還.

| **註釋** | ㅇ亭獨尸逐侯鞮單于 師子 – 10대 남선우, 재위 94 – 98. 1대 남선우 比의 손자. 4대 선우 敵의 아들. ㅇ薁鞬日逐王 逢侯(봉후) – 북흉노의 마지막 선우(재위, 서기 94 – 118년). 이후 북흉노의 世系 未詳. ㅇ積射 – 丙種의 하나로, 적의 자취(積은 跡)를 추격하여 사격하는 병과. 저격수의 일종. ㅇ牧師城 – 내몽고의 지명. ㅇ美稷 – 西河郡 美稷縣, 今 內蒙古 鄂爾多斯市 관할 準格爾旗 서북.

【國譯】

亭獨尸逐侯鞮單于 師子(정독시축후제단우 사자)는 永元 6년(서기 94)에 즉위하였다. (북흉노에서) 투항했던 5, 6백 명이 밤에 師子를 공격했는데, 安集掾인 王恬(왕염)이 호위 군사를 거느리고 그들과 싸워 격파하였다. 이에 최근 투항했던 흉노들이 놀라 15部 20여만 명이 모두 반기를 들었고, 前 單于 屯屠何(둔도하)의 아들 薁鞬日逐王 逢侯(봉후)를 강요하여 單于로 옹립하면서 관리와 백성을 죽이고 郵亭이나 주거 천막을 불사른 뒤, 수레와 장비들을 가지고 朔方郡을 거쳐 사막을 건너가려고 했다.

이에 조정에서는 車騎將軍 직무대행인 鄧鴻(등홍), 越騎校尉 馮柱(풍주), 度遼將軍 대행인 朱徽(주휘)를 파견하여 左右 羽林과 北軍 五校의 군사 및 郡國의 積射兵, 국경 수비병, 烏桓校尉 任尙(임상)이 거느린 오환과 선비의 군사 등 총 4만 명이 봉후를 토벌하려고 출동하였다.

그때 南單于 및 中郎將 杜崇(두숭)은 牧師城(목사성)에 주둔하였고, 逢侯(봉후)는 1만여 기병을 거느리고 목사성을 포위 공격하였으나 함락시키지는 못했다. 겨울에, 등홍 등이 (西河郡) 美稷縣에 주둔하고 있었는데, 봉후는 얼음이 얼자 험한 지형을 넘어 滿夷谷(만이곡)이란 곳으로 진격하였다. 南單于는 아들에게 기병 1만과 두숭의 관할이던 4천 기병을 거느리게 하고 등홍 등과 함께 大城塞(대성새)란 곳에서 봉후를 공격하여 3천여 명을 참수하고 노비 및 투항 자 1만여 명을 사로잡았다. (월기교위) 馮柱(풍주)는 다시 군사를 나눠 봉후의 別部를 공격하여 4천여 명을 죽였다. 任尙(임상)은 鮮卑大都護 蘇拔廆(소발외), 烏桓族(오환족)의 대인 勿柯(물가)의 8천 기병을 거느리고 봉후를 滿夷谷(만이곡)에서 또 대파하였다. 봉후를 토벌한 전후로 1만 7천여 명을 죽였다. 봉후는 결국 무리를 거느리고 국경을 벗어났고 漢의 군사는 추격할 수 없었다. (永元) 7년 정월에, 漢軍은 귀환했다.

原文

馮柱將虎牙營留屯五原, 罷遣鮮卑,烏桓,羌胡兵,封蘇拔廆爲率衆王, 又賜金,帛. 鄧鴻還京師, 坐逗留失利, 下獄死. 後帝知朱徽,杜崇失胡和, 又禁其上書, 以致反畔, 皆徵下獄死, 以雁門太守龐奮行度遼將軍. 逢侯於塞外分爲二部, 自領右部, 屯涿邪山下. 左部屯朔方西北, 相去數百里.

八年冬, 左部胡自相疑畔, 還入朔方塞, 龐奮迎受, 慰納之. 其勝兵四千人, 弱小萬餘口, 悉降, 以分處北邊諸郡.

南單于以其右溫禺犢王烏居戰始與安國同謀, 欲考問之. 烏居戰將數千人遂復反畔, 出塞外山谷間, 爲吏民害. 秋, 龐奮,馮柱與諸郡兵擊烏居戰, 其衆降, 於是徙烏居戰衆及諸還降者二萬餘人於安定,北地. 馮柱還, 遷將作大匠. 逢侯部衆飢窮, 又爲鮮卑所擊, 無所歸, 竄逃入塞者駱驛不絶.

| 註釋 | ㅇ虎牙營 – 黎陽(여양) 虎牙營, 幽州, 冀州, 幷州 일대 상비군의 군영. 본영은 魏郡에 위치. 그 군사를 거느려 서쪽 幷州 관내 五原郡로 이동시켰다는 뜻.

[國譯]

馮柱(풍주)는 虎牙營(호아영)의 군사를 거느리고 五原郡에 주둔하였는데, 鮮卑와 烏桓, 羌胡의 군사는 본영으로 돌려보냈고, 蘇拔廆(소발외)는 率衆王이 되었으며, 또 황금과 비단을 하사받았다. 鄧鴻(등홍)은 京師로 돌아왔지만 일부러 진격을 지체하여 失利했다는 죄로 하옥되었다가 죽었다. 뒷날 和帝는 朱徽(주휘)와 杜崇(두숭)이 남선우와 사이가 안 좋았고, 남선우(安國)의 상서를 막아 결국 반란을 일으키게 되었다 하여 모두 하옥했다가 처형했으며, 雁門太守인 龐奮(방분)은 度遼將軍 대행이 되었다.

(북흉노) 逢侯(봉후)는 국경 밖에서 북흉노를 二部로 나누어 자신은 右部를 거느리고 (몽골국) 涿邪山(탁야산)에 주둔하였다. 左部는 朔方郡 西北에 두었는데 서로 간 거리가 수백 리였다.

(永元) 8년(서기 96) 겨울, 左部의 흉노가 서로를 의심하며 반기를 들고 삭방군의 국경을 넘어 투항하자 (行度遼將軍) 龐奮(방분)은 그들을 위무하고 받아들였다. 그들 중 군사가 약 4천 명이었고 弱小者는 1만여 명이었는데 모두가 투항해오자 그들을 북방의 여러 군에 분산시켰다.

南單于는 그중 右溫禺犢王(우온우독왕, 관직명)인 烏居戰(오거전)이 처음에 安國 單于와 同謀하였다 하여 오거전을 고문하려고 하였다. 그러자 오거전이 수천 명을 거느리고 다시 반기를 들고 국경을 벗어나 山谷에서 지내며 백성들에게 해악을 저질렀다. 가을에, 방분과 풍주 및 여러 郡에서 징발한 군사가 烏居戰을 공격하자 그 무리는 투항하였는데, 오거전의 무리와 돌아와 투항한 자들 2만여 명을 安定郡과 北地郡에 분산시켰다.

풍주는 임무를 마치고 돌아와 將作大匠으로 승진하였다. 逢侯의 무리는 굶주림에 고생하고, 또 鮮卑의 침입을 받아 의지할 곳이 없어 국경 안으로 숨어드는 자가 끊이지 않았다.

原文

單于師子立四年薨, 單于長之子檀立.

萬氏尸逐鞮單于檀, 永元十年立. 十二年, 龐奮遷河南尹, 以朔方太守王彪行度遼將軍. 南單于比歲遣兵擊逢侯, 多所虜獲, 收還生口前後以千數, 逢侯轉困迫. 十六年, 北單于遣使詣闕貢獻, 願和親, 修呼韓邪故約. 和帝以其舊禮不備, 未許之, 而厚加賞賜, 不答其使.

元興元年, 重遣使詣敦煌貢獻, 辭以國貧未能備禮, 願請大使, 當遣子入侍. 時鄧太后臨朝, 亦不答其使, 但加賜而已.

| **註釋** | ㅇ單于 長(장) – 胡邪尸逐侯鞮單于長(호야시축후제선우장), (明帝) 永平 6년(서기 63)에 즉위했었다. ㅇ萬氏尸逐鞮單于檀(만씨시축제선우단) – 재위 98-124년.

[國譯]

南單于 師子(사자)는 재위 4년에 죽었고, 單于 長(장)의 아들 檀(단)이 즉위했다.

萬氏尸逐鞮單于 檀(만씨시축제선우 단)은 (和帝) 永元 10년(서기 98)에 즉위했다. (永元) 12년, 龐奮(방분)은 河南尹으로 승진하였고,

朔方太守인 王彪(왕표)가 度遼將軍 대행이 되었다. 南單于는 해마다 군사를 보내 (북선우) 逢侯(봉후)를 공격하여 포로를 많이 잡았고, 노획한 노비들은 전후 수천 명이나 되었기에 봉후는 곤궁 속에 쫓기는 상황이었다.

(永元) 16년(서기 104)에, 북선우 봉후는 사자를 낙양에 보내 공물을 바치고 화친을 원하면서 呼韓邪單于의 옛 약조를 따르겠다고 하였다. 和帝는 그 예를 다 갖추지 못했다며 화친을 허락하지는 않았지만 후한 상을 내렸고 사자를 보내겠다고 말하지는 않았다.

(和帝) 元興 원년(서기 105), 봉후는 敦煌으로 거듭 사자를 보내 공물을 바치면서 나라가 가난하여 예를 제대로 갖추지 못했다면서 사신의 보내달라고 요청하며 아들을 보내 입시시키겠다고 하였다. 그때 鄧太后가 臨朝했는데, 역시 사자를 보내지는 않고 하사품만 더 주었다.

原文

永初三年夏, 漢人韓琮隨南單于入朝, 旣還, 說南單于云, “關東水潦, 人民飢餓死盡, 可擊也.” 單于信其言, 遂起兵反畔, 攻中郎將耿種於美稷. 秋, 王彪卒. 冬, 遣行車騎將軍何熙,副中郎將龐雄擊之.

四年春, 檀遣千餘騎寇常山,中山, 以西域校尉梁慬行度遼將軍, 與遼東太守耿夔擊破之. 事已具〈慬〉,〈夔傳〉. 單于見諸軍並進, 大恐怖, 顧讓韓琮曰, “汝言漢人死盡, 今是何等人也?”

乃遣使乞降, 許之. 單于脫帽徒跣, 對龐雄等拜, 陳道死罪. 於是赦之, 遇待如初, 乃還所抄漢民男女及羌所略轉賣入匈奴中者, 合萬餘人. 五年, 梁慬免, 以雲中太守耿夔行度遼將軍.

| 註釋 | ○關東水潦 – 潦는 큰 비 료. ○〈慬〉,〈夔傳〉 – 47권, 〈班梁列傳〉과 19권, 〈耿弇列傳〉에 立傳.

[國譯]

(安帝) 永初 3년(서기 109), 漢人 韓琮(한종)은 南單于를 수행하여 入朝하고 돌아가서는 南單于를 설득하였다. "關東의 水害로 백성이 굶주려 다 죽어가니 공격할 만합니다." 南單于는 그 말을 믿고 기병하여 반기를 들고 中郎將 耿種(경종)을 美稷縣에서 공격하였다. 가을에, (度遼將軍 대행) 王彪(왕표)가 죽었다. 겨울에, 車騎將軍 대행 何熙(하희), 副中郎將 龐雄(방웅)이 남선우를 반격하였다.

(永初) 4년 봄, 선우 檀(단)이 1천여 기병을 보내 常山郡과 中山國을 공격하자, 西域校尉인 梁慬(양근)이 度遼將軍 대행으로 遼東太守 耿夔(경기) 등이 격파하였다. 이는 〈梁慬傳〉과 〈耿夔傳〉에 실려 있다. 선우는 漢의 군사가 계속 들어오는 것을 보고 한종을 돌아보며 문책했다.

"너는 漢人이 죽고 없다고 했는데, 지금 이 사람들은 무엇인가?"

선우 檀(단)이 사자를 보내 투항을 신청하자 허락하였다. 單于는 모자와 신발을 벗고 龐雄(방웅)에게 절을 올리며 죽을죄를 지었다고 말했다. 이에 사면하고 전처럼 대우하였으며 남흉노에 잡혀간 漢人 남녀와 羌族에게 잡혀 흉노에게 팔린 사람 1만여 명을 모두 돌려보냈다. (永初) 5년, 양근이 면직되자 雲中太守인 耿夔(경기)가 度遼將軍 대행이 되었다.

原文

元初元年, 夔免, 以烏桓校尉鄧遵爲度遼將軍. 遵, 皇太后之從弟, 故始爲眞將軍焉.

四年, 逢侯爲鮮卑所破, 部衆分散, 皆歸北虜. 五年春, 逢侯將百餘騎亡還, 詣朔方塞降, 鄧遵奏徙逢侯於潁川郡.

建光元年, 鄧遵免, 復以耿夔代爲度遼將軍. 時鮮卑寇邊, 夔與溫禺犢王呼尤徽將新降者連年出塞, 討擊鮮卑. 還, 復各令屯列衝要. 而耿夔徵發煩劇, 新降者皆悉恨謀畔.

| 註釋 | ○詣朔方塞降 – 朔方郡 치소는 臨戎縣(임융현), 今 內蒙古自治區 黃河 북안 巴彦淖爾市 서남부의 磴口縣(등구현). 이로써 북선우 世系는 단절되었다. 逢侯가 옮겨간 潁川郡은 洛陽의 동쪽이다. 潁川郡 治所는 陽翟縣(양책현), 今 河南省 중부 許昌市 관할의 禹州市.

[國譯]

(安帝) 元初 원년(서기 114), 耿夔(경기)가 면직되자 烏桓校尉 鄧遵(등준)이 度遼將軍이 되었다. 등준은 皇太后의 從弟라서 처음으로 정식 度遼將軍이 되었다.

(元初) 4년, (북선우) 逢侯(봉후)가 선비족에게 격파당하고 무리는 분산하여 北虜(선비족)에게 끌려갔다. 5년(서기 118) 봄에, 봉후는

무리 1백여 명을 거느리고 도망쳐 나와 朔方郡 변경에 와서 투항하자 등준은 상주하여 봉후를 (내륙) 潁川郡(영천군)으로 이주케 했다.

(安帝) 建光 원년(서기 121), 등준이 면직되다 다시 耿夔(경기)가 후임 度遼將軍이 되었다. 그때 선비족이 국경을 노략질하자, 경기는 (남흉노의) 溫禺犢王(온우독왕)인 呼尤徽(호우징)과 최근에 투항한 자들을 거느리고 국경을 나가 선비족을 토벌하였다. 경기는 돌아와 각 요충지에 군사를 주둔케 하였다. 그러나 경기는 징발이 매우 많아 새로 투항해온 자들은 원한을 품고 모반을 계획했다.

原文

單于檀立二十七年薨, 弟拔立. 耿夔復免, 以太原太守法度代爲將軍.

烏稽侯尸逐鞮單于拔. 延光三年立. 夏, 新降一部大人阿族等遂反畔, 脅呼尤徽欲與俱去. 呼尤徽曰, "我老矣, 受漢家恩, 寧死不能相隨!"

衆欲殺之, 有救者, 得免. 阿族等遂將妻子輜重亡去, 中郎將馬翼遣兵與胡騎追擊, 破之, 斬首及自投河死者殆盡, 獲馬,牛,羊萬餘頭. 冬, 法度卒.

四年, 漢陽太守傅衆代爲將軍. 其冬, 傅衆復卒. 永建元年, 以遼東太守龐參代爲將軍.

| **註釋** | ○烏稽侯尸逐鞮單于拔(오계후시축제선우발) - 남선우 12대. 재위 124 - 128년. ○(延光) 四年 - 安帝가 붕어하고 少帝가 즉위한 서기 125

년. 같은 해 順帝가 즉위하였다. 새 연호가 없는 해이다.

【國譯】

單于 檀(단)은 재위 27년에 죽고 동생 拔(발)이 즉위했다. 耿夔(경기)는 다시 면직되었고, 太原太守 法度(법도)가 후임 度遼將軍이 되었다.

烏稽侯尸逐鞮單于拔(오계후시축제선우발). (安帝) 延光 3년(서기 124)에 즉위했다. 여름에, 최근 투항한 일부 중 大人 阿族(아족) 등이 반기를 들면서 (남흉노의 溫禺犢王) 呼尤徽(호우휘)에게 함께 떠나자고 설득하였다. 그러나 호우휘가 말했다.

"나는 늙었고 漢室의 은덕을 입었으니 죽을지언정 따라갈 수 없다."

여러 사람이 호우휘를 죽이려 했지만 제지하는 사람이 있어 죽음은 면했다. 아족 등은 처자와 주요 물자를 가지고 도주하였는데, 중랑장 馬翼(마익)은 군사를 보내 다른 흉노 기병과 함께 추격 격파하였는데, 죽은 자나 물에 익사한 자가 절반이었고 牛馬나 羊 1만여 마리를 노획하였다. 겨울에, 法度가 죽었다.

(延光) 4년(서기 125), 漢陽太守 傅衆(부중)이 후임 도료장군이 되었다. 그해 겨울에 부중도 죽었다. (順帝) 永建 원년(서기 126), 遼東太守 龐參(방참)이 후임 도료장군이 되었다.

【原文】

先是, 朔方以西障塞多不修復, 鮮卑因此數寇南部, 殺漸將王. 單于憂恐, 上言求復障塞, 順帝從之. 乃遣黎陽營兵出屯中山北界, 增置緣邊諸郡兵, 列屯塞下, 敎習戰射.

單于拔立四年薨, 弟休利立.

去特若尸逐就單于休利, 永建三年立. 四年, 龐參遷大鴻臚, 以東平相宋漢代爲度遼將軍.

陽嘉 二年, 漢遷太僕, 以烏桓校尉耿曄代爲度遼將軍. 永和元年, 曄病徵, 以護羌校尉馬續代爲度遼將軍.

| 註釋 | ㅇ(左右) 漸將王 – 흉노 관직명. ㅇ去特若尸逐就單于休利(거특약시축취선우휴리) – 재위, 서기 128 – 140년. ㅇ龐參(방참) – 羌族의 반기와 노략질에 백성이 고생하는 것을 보고 서쪽 영역을 포기하자고 건의했다. 나중에 태위를 역임하였다. 51권, 〈李陳龐陳橋列傳〉에 立傳.

【國譯】

이보다 앞서, 朔方郡 서남쪽의 방어시설은 보수나 복구가 제대로 되지 않아 선비족들이 여러 번 朔方郡 남쪽을 노략질하였고 (남흉노)의 漸將王(점장왕)을 죽이기도 했다. 單于는 걱정되며 두려워 방어 성벽을 수리해야 한다고 주청하였고, 順帝는 수락하였다. 이어 黎陽 軍營의 군사를 내어 中山國 北界에 주둔케 했고, 연변 모든 郡의 군사를 국경 요새 근처로 이동 배치하고 전투와 사격을 강습케 하였다.

單于 拔(발)은 재위 4년에 죽었고, 동생 休利(휴리)가 즉위하였다.

去特若尸逐就單于 休利(거특약시축취선우 휴리)는 (順帝) 永建 3년(서기 128)에 즉위하였다. (永建) 4년에, 龐參(방참)은 大鴻臚로 승진하였고, 東平國 相인 宋漢(송한)이 후임 度遼將軍이 되었다.

(順帝) 陽嘉 2년(서기 133), 송한은 太僕으로 승진했고, 烏桓校尉

耿曄(경엽)이 후임 度遼將軍이 되었다. (順帝) 永和 원년(서기), 경엽이 병약하여 조정에 불려 들어가자, 護羌校尉인 馬續(마속)이 후임 度遼將軍이 되었다.

原文

五年夏, 南匈奴左部句龍王吾斯,車紐等背叛, 率三千餘騎寇西河, 因復招誘右賢王, 合七八千騎圍美稷, 殺朔方,代郡長史. 馬續與中郎將梁並,烏桓校尉王元, 發緣邊兵及烏桓,鮮卑,羌胡, 合二萬餘人, 掩擊破之. 吾斯等遂更屯聚, 攻沒城邑. 天子遣使責讓單于, 開以恩義, 令相招降. 單于本不豫謀, 乃脫帽避帳, 詣並謝罪. 並以病徵, 五原太守陳龜代爲中郎將. 龜以單于不能制下, 逼迫之, 單于及其弟左賢王皆自殺.

單于休利立十三年. 龜又欲徙單于近親於內郡, 而降者遂更狐疑. 龜坐下獄免. 大將軍梁商以羌胡新反, 黨衆初合, 難以兵服, 宜用招降, 乃上表曰,

「匈奴寇畔, 自知罪極. 窮鳥困獸, 皆知救死, 況種類繁熾, 不可單盡. 今轉運日增, 三軍疲苦, 虛內給外, 非中國之利. 竊見度遼將軍馬續素有謀謨, 且典邊日久, 深曉兵要, 每得續書, 與臣策合. 宜令續深溝高壁, 以恩信招降, 宣示購賞, 明其期約. 如此, 則醜類可服, 國家無事矣.」

帝從之, 乃詔續招降畔虜. 商又移書續等曰,

「中國安寧, 忘戰日久. 良騎野合, 交鋒接矢, 決勝當時, 戎狄之所長, 而中國之所短也. 强弩乘城, 堅營固守, 以待其衰, 中國之所長, 而戎狄之所短也. 宜務先所長, 以觀其變, 設購開賞, 宣示反悔, 勿貪小功, 以亂大謀.」

續及諸郡並各遵行. 於是右賢王部抑鞮等萬三千口詣續降.

| 註釋 | ○句龍王 - 흉노 관직명. ○醜類可服 - 醜類는 다수의 사람. 그 같은 무리. 醜는 等也. 무리 추. 同類.

[國譯]

(順帝 永和) 5년(서기 140), 南匈奴 左部 句龍王 吾斯(오사), 車紐(거뉴) 등이 배반하며, 3천여 기병을 거느리고 西河郡을 노략질하면서 右賢王을 불러들여 7, 8천 기병으로 美稷縣을 포위했으며, 朔方郡과 代郡 일대의 官長이나 관리를 살해했다. (도료장군) 馬續(마속)과 中郞將 梁並(양병), 烏桓校尉 王元(왕원) 등은 이웃 郡의 군사와 烏桓, 鮮卑, 羌胡 등 2만여 명을 거느리고 반기를 든 흉노를 기습 격파하였다. 吾斯(오사) 등은 다시 무리를 모아 城邑을 공격, 점령하였다. 順帝는 사자를 보내 선우를 강하게 문책하면서 (선우가) 恩義로 무리를 회유하라고 명령하였다. 선우는 본래 예상치 못했던 일이라서 곧 脫帽(탈모)하고 천막에서 나와 梁並(양병)을 찾아가 사죄하였다. 양병은 病弱으로 조정에 소환되었고, 五原郡 太守 陳龜(진귀)가 후임 중랑장이 되었다. 진귀는 선우가 아랫사람들을 통제하지 못했다고 선우를 핍박하자 선우와 그 동생인 左賢王은 모두 자살하였다.

선우 休利는 13년을 재위했다. 진귀는 또 선우의 근친을 內郡으로 이주시키려 했는데 투항한 흉노들은 더욱 漢에 반감을 가졌다. 진귀는 업무상 잘못으로 하옥, 면직되었다.

大將軍 梁商(양상)은 羌族이 최근 반란을 일으켰는데, 羌族과 흉노 무리가 결합한다면 군사적으로 진압이 어렵다 생각하여 응당 흉노를 회유해야 한다며 表文을 올렸다.

「흉노의 노략질과 반란은 그들도 큰 죄라는 것을 알고 있습니다. 궁지에 물린 새나 짐승도 죽음에서 벗어날 방법을 찾는데, 하물며 크게 번성한 종류는 죽여 없앨 수도 없습니다. 지금 군량 수송은 나날이 늘어나야 하기에 三軍은 크게 고생하면서 內郡의 물자를 外郡에 공급해야 하니, 이는 중국에 도움이 되지 않습니다. 臣이 볼 때 度遼將軍 馬續(마속)은 평소에 지모가 뛰어나며 변방의 군사업무를 처리한지 오래라서 군사의 요점을 잘 알고 있으며 마속의 보고를 받을 때마다 臣의 방책과 같다는 생각을 하였습니다. 의당 마속에게 깊은 도랑과 높은 방벽으로 지키면서 은택과 신의로 저들을 회유하며 상을 후히 베풀고 기약을 분명히 하라고 지시하여야 합니다. 이렇게 대처한다면 그 무리를 복속시킬 수 있고 나라가 무사할 것입니다.」

순제는 그 말에 따라 마속에게 반란을 일으킨 흉노들을 회유하라고 명령했다. 梁商은 또 마속 등에게 서신을 보냈다.

「中國이 평안하여 전쟁을 잊은 지 오래 되었소. 뛰어난 기병이 야전에서 어울려 교전하여 결판을 내야 한다면 戎狄(융적)의 장점은 우리의 단점일 것입니다. 그러나 강력한 쇠뇌와 성벽을 타고 넘기고 견고한 방벽에서 수비하면서 적이 지치기를 기다리는 것은 우리의 장점이면서 융적에게는 단점일 것이요. 응당 우리의 장점을 적극 활용하고 사태의 변화를 살피면서 큰 상을 내걸으며 반란이 이롭지 못한 것을 널리 알리되, 小功을 탐하면 큰 일이 어렵다는 사실에 유념하시오.」

마속과 여러 郡에서 각각 이를 실천하였다. 이에 右賢王은 抑鞮(억제) 등 그 무리 1만 3천 명을 거느리고 마속을 찾아와 투항하였다.

原文

秋, 句龍吾斯等立句龍王車紐爲單于. 東引烏桓, 西收羌戎及諸胡等數萬人, 攻破京兆虎牙營, 殺上郡都尉及軍司馬, 遂寇掠幷,涼,幽,冀四州. 乃徙西河治離石, 上郡治夏陽, 朔方治五原.

冬, 遣中郞將張耽將幽州烏桓諸郡營兵, 擊畔虜車紐等, 戰於馬邑, 斬首三千級, 獲生口及兵器,牛,羊甚衆. 車紐等將諸豪帥骨都侯乞降, 而吾斯猶率其部曲與烏桓寇抄.

六年春, 馬續率鮮卑五千騎到谷城擊之, 斬首數百級. 張耽性勇銳, 而善撫士卒, 軍中皆爲用命. 遂繩索相懸, 上通天山, 大破烏桓, 悉斬其渠帥, 還得漢民, 獲其畜生財物. 夏, 馬續復免, 以城門校尉吳武代爲將軍.

| **註釋** | ㅇ車紐(거뉴) – 인명, 겸 부족명. ㅇ馬邑 – 雁門郡의 현 이름. 今 山西省 북부 朔州市. ㅇ天山 – 天山은, 今 新疆省 烏魯木齊와 哈密市 중간의 산. 白山 또는 雪山으로 통칭. 내몽고의 祁連山도 天山이라 한다. 여기서는 幷州의 雁門郡 일대에서 가까운 내몽고의 祁連山으로 보아야 한다.

[國譯]

(永和 5년, 서기 140) 가을에, 句龍(部族名)의 吾斯(오사) 등이 句龍王 車紐(거뉴)를 單于로 옹립했다. (거뉴는) 동쪽으로 烏桓(오환)을, 서쪽에서 羌族 및 여러 흉노 등 수만 명을 불러들여 京兆의 虎牙營(호아영, 長安都尉)을 공격하였고, 上郡 都尉 및 軍司馬 등을 죽이고, 이어 幷州, 涼州, 幽州, 冀州 일대를 노략질하였다. 이에 西河郡의 治所를 離石縣으로, 上郡의 치소를 夏陽縣으로, 朔方郡 치소를 五原郡 역으로 옮겼다.

겨울에, 中郎將 張耽(장탐)에게 幽州 일대의 烏桓兵과 여러 군영의 군사를 주어 반란을 일으킨 거뉴 등을 공격하였는데, (雁門郡) 馬邑에서 싸워 3천여 명을 참수하고 노비 및 병기, 우마와 양을 많이 노획하였다. 車紐 등은 여러 우두머리와 骨都侯 등을 거느리고 투항하였는데, 吾斯(오사)는 그래도 무리를 거느리고 오환족과 함께 노략질을 계속하였다.

(永和) 6년 봄, 馬續(마속)은 선비족의 5천 기병을 거느리고 谷城(곡성)에서 오사를 공격하여 수백 명을 죽였다. 張耽(장탐)은 성질이 용감하고 결단력이 있으면서도 사졸을 잘 위무하였기에 사졸 모두가 명령을 잘 따랐다. 마침내 밧줄에 몸을 묶어 내리면서 天山을 넘어 오환족을 대파하고 그 우두머리를 모조리 죽였고 (납치된) 漢人들을 데려왔고 가축과 재물을 노획하였다. 여름에, 마속이 다시 면직되자 城門校尉인 吳武(오무)가 후임 度遼將軍이 되었다.

原文

漢安元年秋, 吾斯與薁鞬臺耆, 且渠伯德等復掠幷部.

呼蘭若尸逐就單于兜樓儲先在京師, 漢安二年立之. 天子臨軒, 大鴻臚持節拜授璽綬, 引上殿. 賜青蓋駕駟,鼓車,安車,駙馬騎,玉具刀劍,什物, 給彩布二千匹. 賜單于閼氏以下金錦錯雜具, 軿車馬二乘. 遣行中郎將持節護送單于歸南庭. 詔太常,大鴻臚與諸國侍子於廣陽城門外祖會, 饗賜作樂, 角牴百戲. 順帝幸胡桃宮臨觀之.

冬, 中郎將馬寔募刺殺句龍吾斯, 送首洛陽. 建康元年, 進擊餘黨, 斬首千二百級. 烏桓七十萬餘口皆詣寔降, 車重, 牛,羊, 不可勝數.

單于兜樓儲立五年薨.

| 註釋 | ㅇ安車 – 앉아서 타는 수레. ㅇ二乘 – 말 4마리. 乘은 짝(2마리).

[國譯]

漢安 원년 가을, 吾斯(오사)와 薁鞮(욱제)인 臺耆(대기), 또 且渠(차거)인 伯德(백덕) 등이 다시 幷州刺史部 일대를 노략질하였다.

呼蘭若尸逐就單于 兜樓儲(호란약시축취선우 두루저)는 이전부터 京師(낙양)에 있다가 (順帝) 漢安 2년(서기 143)에 즉위하였다. 천자가 뜨락까지 나와 맞이하였고, 大鴻臚가 부절을 갖고 가서 국새와 인수를 전달했으며 전각 안으로 안내하였다. 青蓋(청개)가 있는 수레와 말 4마리, 鼓車, 安車, 駙馬騎(곁말), 玉장식 刀劍, 여러 가지 집기를 하사하였고, 비단과 옷감 2천 필을 내주었다. 單于의 閼氏(연지) 이하에게는 금과 비단, 여러 가지 살림도구와 작은 수레〔軿車(병거)〕,

말 4마리를 하사하였다. 中郎將 대행에게 부절을 주어 보내서 선우를 호송하여 南 單于庭으로 돌아가게 했다. 太常과 大鴻臚, 그리고 여러 나라에서 온 侍子들이 廣陽城 門 밖의 祖會에 참석케 하였으며, 연회에서는 풍악을 연주케 하고 角抵戲 등 여러 놀이를 공연케 하였다. 順帝는 胡桃宮에 행차하여 관람하였다.

겨울에, 中郎將 馬寔(마식)은 자객을 모집해서 句龍의 吾斯(오사)를 죽여 그 수급을 낙양에 보냈다. (順帝) 建康 원년(서기 144), (오사의) 잔당을 공격하여 1,200여 명을 죽였다. 오환족 70여만 명은 모두 마식의 군영에 와서 투항하였는데, 노획한 치중과 소와 양은 이루 다 셀 수가 없었다.

單于 兜樓儲(두루저)는 재위 5년에 죽었다.

原文

伊陵尸逐就單于居車兒, 建和元年立. 至永壽元年, 匈奴左薁鞬臺耆,且渠伯德等復畔, 寇抄美稷,安定, 屬國都尉張奐擊破降之. 事已具〈奐傳〉.

延熹元年, 南單于諸部並畔, 遂與烏桓,鮮卑寇緣邊九郡, 以張奐爲北中郎將討之, 單于諸部悉降. 奐以單于不能統理國事, 乃拘之, 上立左谷蠡王. 桓帝詔曰,

「《春秋》大居正, 居車兒一心向化, 何罪而黜! 其遣還庭.」

單于居車兒立二十五年薨, 子某立.

| 註釋 | ㅇ伊陵尸逐就單于 居車兒(이릉시축취선우 거거아) – 16대 南單于,

재위 147-172년. 先代 미상. ㅇ張奐(장환) - 문무 겸비한 인재, 무관으로 입신출세, 또 환관에게 시달렸다. 經學의 기초가 탄탄했기에 끝까지 정도를 지켰고 담담한 유언을 남기고 죽었다. 65권, 〈皇甫張段列傳〉에 立傳. ㅇ子某立 - 某는 기록이 없어 아들 이름을 알 수 없다는 뜻.

【國譯】

伊陵尸逐就單于 居車兒(이릉시축취선우 거거아)는 (桓帝) 建和 원년(서기 147)에 즉위하였다. (桓帝) 永壽 원년(서기 155), 匈奴 左薁鞬(좌욱제, 관직명) 臺耆(대기, 人名)와 且渠(차거)인 伯德(백덕) 등이 다시 배반하여 西河郡 美稷縣(미직현)과 安定郡(안정군)을 노략질하였는데 安定屬國都尉인 張奐(장환)이 격파하여 항복케 하였다. 이는 〈張奐傳〉에 기록했다.

(桓帝) 延熹 원년, 南單于의 여러 부족이 한꺼번에 반기를 들고 오환, 선비족과 함께 국경 지역 9개 군을 노략질하자, 장환을 北中郞將으로 임명하여 토벌케 하였는데 선우의 여러 부족이 모두 투항하였다. 장환은 남선우 居車兒가 국사를 이끌 능력이 없다 하여 잡아놓고서 左谷蠡王왕을 선우로 옹립하겠다고 상주하였다. 이에 환제가 조서를 내렸다.

「《春秋》에서도 크고 바르게 살라고 하였거늘 居車兒가 한마음으로 따르는데 무슨 죄로 쫓아내겠는가! 그냥 선우의 庭으로 돌려보내라.」

單于 居車兒는 재위 25년에 죽었고, 아들이 계승하였다.

原文

屠特若尸逐就單于某, 熹平元年立. 六年, 單于與中郞將臧旻出雁門擊鮮卑檀石槐, 大敗而還. 是歲, 單于薨, 子呼徵立.

單于呼徵, 光和元年立. 二年, 中郞將張脩與單于不相能, 脩擅斬之, 更立右賢王羌渠爲單于. 脩以不先請而擅誅殺, 檻車徵詣廷尉抵罪.

| 註釋 | ○屠特若尸逐就單于某(도특약시축취선우모) – 17대 남선우, 재위 172 – 177년. ○抵罪 – 抵는 至也. 해당하다. '殺人者死' 에 해당한다. 罪는 형벌. 형벌을 받다.

【國譯】

屠特若尸逐就單于 某(도특약시축취선우 모)는 (靈帝) 熹平 원년(서기 172)에 즉위하였다. (熹平) 6년(서기 177), 單于와 中郞將 臧旻(장민)은 雁門郡에서 鮮卑 檀石槐(단석괴)를 공격했으나 大敗해 돌아왔다. 이 해에, 單于가 죽고, 아들 呼徵(호징)이 즉위하였다.

單于 呼徵(호징)은 (靈帝) 光和 원년(서기 178)에 즉위하였다. (光和) 2년, 中郞將 張脩(장수)는 單于와 사이가 안 좋아서 장수는 멋대로 선우를 죽이고 다시 右賢王 羌渠(강거)를 單于로 세웠다. 장수는 조정에 상주하지 않고 마음대로 주살하였다 하여 함거에 실려 정위에게 소환되어 처형되었다.

原文

單于羌渠, 光和二年立. 中平四年, 前中山太守張純反畔, 遂率鮮卑寇邊郡. 靈帝詔發南匈奴兵, 配幽州牧劉虞討之. 單于遣左賢王將騎詣幽州. 國人恐單于發兵無已, 五年, 右部醯落與休著各胡白馬銅等十餘萬人反, 攻殺單于.

單于羌渠立十年, 子右賢王於扶羅立.

| **註釋** | ○單于 羌渠(강거) – 남선우 19대. 재위 179 – 188년. ○中平 四년 – 靈帝 中平 元年(서기 184)년에 유명한 黃巾賊 난이 일어났다. ○劉虞(유우) – 종실의 일원이었고, 유능하고 인자한 지방관으로 이민족에게도 관대하였다. 73권, 〈劉虞公孫瓚陶謙列傳〉 立傳.

[國譯]

單于 羌渠(강거)는 (靈帝) 光和 2년(서기 179)에 즉위하였다. (靈帝) 中平 4년(서기 187), 前 中山郡 太守 張純(장순)이 반역하면서 선비족을 끌어들여 변방 군현을 노략질하였다. 靈帝는 조서로 南匈奴의 군사를 동원케 하여 幽州牧 劉虞(유우)에 배속시켜 토벌케 하였다. 單于는 左賢王에게 기병을 거느리고 幽州에 출동하게 하였다.

흉노인들은 선우의 군사 동원이 끝이 없을 것이라 걱정하였는데, (中平) 5년에, 右部 醯落(혜락)과 休著各胡(휴저각호)의 白馬銅(백마동) 등 10여만 명과 함께 반기를 들고 흉노를 공격하여 살해하였다. 선우 羌渠(강거)는 10년 재위했고, 아들 右賢王 於扶羅(어부라)가 즉위하였다.

原文

持至尸逐侯單于於扶羅, 中平五年立. 國人殺其父者遂畔, 共立須卜骨都侯爲單于, 而於扶羅詣闕自訟. 會靈帝崩, 天下大亂, 單于將數千騎與白波賊合兵寇河內諸郡. 時民皆保聚, 抄掠無利, 而兵遂挫傷. 復欲歸國, 國人不受, 乃止河東. 須卜骨都侯爲單于一年而死, 南庭遂虛其位, 以老王行國事. 單于於扶羅立七年死, 弟呼廚泉立.

| 註釋 | ㅇ持至尸逐侯單于於扶羅(지지시축후선우 어부라) – 남선우 20대. 재위 188 – 195년. 5胡16國 시대의 前趙를 건국한 劉淵(유연, 재위 304 – 310. 光文帝)의 祖父. ㅇ白波賊 – 홍건적 잔당인 郭泰가 西河郡 白波谷이란 곳을 근거로, 당시 太原郡과 河東郡에서 활동했던 세력. 백파적의 우두머리의 한 사람이었던 韓暹(한섬)은 뒷날 靈帝의 부름에 응해 장군이 되었다.

[國譯]

持至尸逐侯單于 於扶羅(지지시축후선우 어부라)는 (靈帝) 中平 5년에 즉위하였다. 남흉노 사람(國人) 중 어부라의 부친을 살해한 자들이 반기를 들고 함께 須卜骨都侯를 선우로 내세웠다. 이에 어부라는 영제에게 나아가 자신을 직접 변호하였다.

그러나 마침 영제가 붕어하고 천하가 크게 혼란하자, 선우 어부라는 직접 수천 기병을 거느리고 白波賊(백파적)과 함께 河內郡 등 여러 군을 노략질하였다. 그 시기에 백성들은 모두 자체적으로 자신을 지켜 노략질에서 얻는 것이 많지 않아 결국 세력이 꺾여 해산되었다. 어부라는 흉노로 돌아가려고 했지만, 흉노 사람들이 받아들이지 않자 그대로 河東郡에 머물렀다. 須卜(수복) 骨都侯가 선우를 칭한 지 1년 만에 죽어, 선우 자리가 空位인 채 老王(元老)이 國事를 주관하였다. 單于 어부라가 재위 7년에 죽자, 동생 呼廚泉(호주천)이 즉위하였다.

原文

單于呼廚泉, 興平二年立. 以兄被逐, 不得歸國, 數爲鮮卑所抄. 建安元年, 獻帝自長安東歸, 右賢王去卑與白波賊帥韓暹等待衛天子, 拒擊李傕,郭汜. 及車駕還洛陽, 又徙遷許, 然後歸國. 二十一年, 單于來朝, 曹操因留於鄴, 而遣去卑歸監其國焉.

| **註釋** | ㅇ呼廚泉 – 남흉노의 마지막 선우. 재위 195 – 216년. 廚는 부엌 주. ㅇ鄴(업) – 縣名. 魏郡의 치소, 今 河北省 邯鄲市 남쪽 臨漳縣. 제후국 魏國의 도읍, 曹操의 근거지. 河南省 접경.

[國譯]

單于 呼廚泉(호주천)은 (獻帝) 興平 2년(서기 195)에 즉위했다. 형이 축출된 상태로 귀국하지 못했기에 선비족의 노략질을 자주 당했다. (獻帝) 建安 원년(서기 196), 獻帝가 長安에서 낙양으로 환도할 때, 右賢王 去卑(거비)와 白波賊의 우두머리 韓暹(한섬) 등은 천자를 호위하며 李傕(이각)과 郭汜(곽사) 등의 추격을 막았다. 천자가 낙양으로 돌아왔고, 또 許都로 천도한 뒤에야 호주천은 본국으로 돌아갈 수 있었다.

(建安) 21년(서기 216)년, 선우로서 입조하자 曹操(조조)는 호주천을 鄴縣에 머물게 하고, 去卑(거비)를 귀국시켜 單于 庭을 감독케 하였다.

原文

論曰, 漢初遭冒頓凶黠, 種衆强熾. 高祖威加四海, 而窘平城之圍. 太宗政鄰刑措, 不雪憤辱之恥. 逮孝武亟興邊略, 有志匈奴, 赫然命將, 戎旗星屬, 候列郊甸, 火通甘泉, 而猶鳴鏑揚塵, 出入畿內, 至於窮竭武力, 單用天財, 曆紀歲以攘之. 寇雖頗折, 而漢之疲耗略相當矣.

宣帝值虜庭分爭, 呼韓邪來臣, 乃權納懷柔, 因爲邊衛, 罷關徼之儆, 息兵民之勞. 龍駕帝服, 鳴鐘傳鼓於淸渭之上, 南面而朝單于, 朔,易無復匹馬之蹤, 六十餘年矣. 後王莽陵篡, 猶動戎夷, 續以更始之亂, 方夏幅裂. 自是匈奴得志, 狼心復生, 乘間侵佚, 害流傍境.

及中興之初, 更通舊好, 報命連屬, 金幣載道, 而單于驕踞益橫, 內暴滋深. 世祖以用事諸華, 未遑沙塞之外, 忍愧思難, 徒報謝而已. 因徙幽,幷之民, 增邊屯之卒. 及關東稍定, 隴,蜀已淸, 其猛夫扞將, 莫不頓足攘手, 爭言衛,霍之事. 帝方厭兵, 閒修文政, 未之許也. 其後匈奴爭立, 日逐來奔, 願修呼韓之好, 以御北狄之中, 奉藩稱臣, 永爲外扞.

天子總攬群策, 和而納焉. 乃詔有司, 開北鄙, 擇肥美之地, 量水草以處之. 馳中郎之使, 盡法度以臨之. 制衣裳, 備文物, 加璽紱之綬, 正單于之名. 於是匈奴分破, 始有南北二庭焉. 讎釁旣深, 互同便隙, 控弦抗戈, 覘望風塵, 雲屯鳥散, 更相馳突. 至於陷潰創傷者, 靡歲或寧, 而漢之塞地晏然矣. 後亦頗爲出師, 並兵窮討, 命竇憲,耿夔之徒, 前後並進, 皆用果譎, 設奇數, 異道同會, 究掩其窟穴, 躡北追奔三千餘里. 遂破龍祠, 焚罽幕, 坑十角, 梏閼氏, 銘功封石, 倡呼而還.

單于震慴, 屛氣蒙氈, 遁走於烏孫之地, 而漠北空矣. 若因其時勢, 及其虛曠, 還南虜於陰山, 歸西河於內地, 上申光武權宜之略, 下防戎羯亂華之變. 使耿國之算不謬於當世, 袁安之議見從於後王, 平易正直, 若此其弘也. 而竇憲矜三捷之效, 忽經世之規, 狼戾不端, 專行威惠. 遂復更立北虜, 反其故庭, 並恩兩護, 以私己福, 棄蔑天公, 坐樹大鯁.

永言前載, 何恨憤之深乎! 自後經綸失方, 畔服不一, 其爲疢毒, 胡可單言! 降及後世, 玩爲常俗, 終於呑噬神鄕, 丘墟帝宅.

嗚呼! 千里之差, 興自毫端, 失得之源, 百世不磨矣.

| **註釋** | ㅇ論曰 – 范曄(범엽)은 〈南匈奴列傳〉의 序論부분에서 흉노의 역사를 개관하였고, 끝 부분 史論에서 後漢이 분열된 남북 흉노를 통제하는데 실패한 원인을 논술하고 있다. 범엽은 〈循吏列傳〉 이후 각 〈傳〉마다 序와 論을 편찬했는데, 사실 범엽 자신의 말대로 '천하의 奇作' 이라 할 만한 내용이나 문학적으로 우수한 부분도 있지만, 〈南匈奴列傳〉의 史論은

《漢書 匈奴傳》 말미에 있는 班固의 〈羈縻論(기미론)〉과 비견할 만하지만, 그렇다고 우수하다고 단언할 수는 없는 것 같다. ㅇ冒頓 - '墨毒' 이라는 音讀에 의거 우리말은 '묵독' 으로 표기한다. ㅇ窘平城之圍 - 窘은 막힐 군. 前 200년, 고조는 韓王信을 토벌하러 출정했다가 平城縣(今 山西省 북쪽 大同市 동북) 白登山에서 흉노에 포위되어 7일간 완전 고립무원에 군량도 없는 절체절명의 위기에 처했었다. 陳平의 秘計로 탈출하였다. ㅇ戎旗星屬 - 戎旗(융기)는 軍旗. 星屬은 별처럼 늘어섰다. 별처럼 많았다. ㅇ單用天財 - 單은 다하다(盡也). 天財는 천하의 재물. ㅇ值虜庭分爭 - 宣帝 때는 5명의 單于가 각축하였는데 呼韓邪單于(호한야선우)가 漢에 귀부하였고, 한은 呼韓邪單于를 적극 후원하였다. ㅇ鳴鐘傳鼓於淸渭之上 - 호한야선우가 입조했을 때(宣帝 甘露 2년, 前 52년), 선제는 선우의 숙소가 있는 곳에 행차하였고, 백관과 모든 만이의 시자와 백성들은 渭水의 다리에서 황제 만세를 열창하였다. ㅇ方夏幅裂 - 夏는 諸夏, 중원. 중국. 幅裂(폭렬)은 천이 찢기듯 분열하다. ㅇ中興之初 - 光武中興의 초기. ㅇ驕踞益橫 - 驕踞는 교만하게 걸터앉다. 益橫은 더욱 횡행하다. ㅇ未遑沙塞之外 - 遑은 허둥거릴 황. 겨를(暇也), 틈. ㅇ忍愧思難 - 愧는 부끄러워할 괴. 모욕. 思難은 흉노와 싸워야 할 경우 백성이 겪어야 할 어려움을 생각하다. ㅇ幽,幷之民 - 幽州는 지금 北京市 일원, 중국의 동북방. 幷州는 지금 陝西省 북부나 山西省 북부 일원, 당시 漢의 최전방이었다. ㅇ隴,蜀已淸 - 隴西 일대에 세력을 심어 광무제에 반기를 들었던 隗囂(외효)와 蜀郡 일대를 근거로 칭제하며 후한에 항거했던 公孫述의 난이 진압되었다(건원 12년. 서기 36). ㅇ衛,霍之事 - 衛靑(위청)과 霍去病(곽거병)의 흉노원정. ㅇ讎釁既深 - 원한이 깊어지다. 讎는 원수 수. 釁은 틈 흔. ㅇ躡北追奔三千餘里 - 躡은 밟을 섭. 축출하다. ㅇ焚罽幕 - 짐승 털로 만든 천막을 불태우다. 罽는 융단 계. 모직물. 양탄자. ㅇ坑十角 - 그들 부족장 세력을 구덩이에 쓸어 넣다. 흉노 單于하의 대족장급 4角과 차하의 세력인 6角의 합칭. ㅇ戎羯亂華之變 - 戎은 서북방의 이민족에 대한 총칭. 羯은 구체적으로 흉노 계통의 羯族(갈족)이 있지만, 여기서는 북방 흉노를 지칭. ㅇ袁安(원안) – 45권, 〈袁張韓周列傳〉에 立傳. ㅇ其爲疢毒 – 疢毒(진독)은 당장은 기분에 좋으나 몸에는 해가 되는 것. 疢은 열병 진.

【國譯】

范曄의 史論 : 漢初에 흉악 교활한 흉노 冒頓(묵독)은 그 종족이 강성하였다. 高祖는 四海에 위세를 떨쳤지만 平城에서 흉노에 포위되는 곤욕을 치렀다. 太宗(文帝)은 그 정사가 온건하고 형벌에 의한 정치를 펴지 않았지만 (고조가 겪은) 분한 치욕을 설욕하지 못했다. 孝武帝는 변방을 자주 경략하며 匈奴를 칠 뜻을 세우고, 혁혁한 장수들에게 정벌을 명하니, 軍旗가 하늘의 별처럼 많았고 장안의 교외에도 초소를 설치하였으며, 烽燧(봉수)의 횃불은 甘泉宮에서도 보였다. 그들의 소리 나는 화살이 날아오고 흙먼지를 일으키는 흉노를 長安에서 가까운 近畿(근기)에서도 볼 수 있었는데, 조정에서는 있는 힘을 다 들였고 천하의 재물을 다 소진해가면서 오랜 세월이 지나서야 물리칠 수 있었다. 흉노의 기세를 꺾었지만, 漢도 상당히 피폐하고 국력은 거의 탈진하였다.

宣帝 때는 흉노의 분쟁시대를 만나 呼韓邪單于(호한야선우)가 臣屬하자 우선적으로 그들을 회유하여 국경 밖을 방어케 하면서 관문이나 변경의 경계를 풀고 군사와 백성은 휴식할 수 있었다. 선제는 龍駕와 帝服으로 (흉노선우를 위하여) 渭水에서 예악을 연주하고 南面하여 單于의 朝賀를 받았는데, 朔方郡이나 易水(역수)에서는 더 이상 말을 달리는 흉노를 볼 수 없게 된 것이 거의 60여 년이었다. 뒷날 왕망이 漢을 침탈한 이후, 戎夷(융이)의 반감을 사서 그들을 준동하게 하였고, 이어 更始(경시)의 혼란 시대를 겪으면서 중국은 갈

기갈기 분열하였으니, 이 때문에 흉노는 뜻을 펼 수 있었다. 승냥이 같은 악한 마음이 다시 일어나 틈을 보아 침략하며 변방에 해악을 끼치기 시작했다.

中興의 초기에는 다시 옛 우호적 관계를 수복하려 사자들이 자주 왕래하면서 황금이나 비단 같은 예물을 실은 수레가 줄을 이었지만, 單于는 교만 방자했으며 漢 使者에 대한 폭거는 더욱 심하였다.

世祖(光武帝)는 중국 내부의 일 때문에 사막 밖 변방에 마음 쓸 겨를이 없었기에 분노를 참아가며 난국을 생각하여 다만 좋은 말로 응답하였다. 그러면서 幽州와 幷州의 백성으로 변경 주둔의 군졸을 보충하였다. 關東이 점차 안정되고 隴西와 蜀郡 일대가 淸淨하자, 용맹한 장수들은 손발을 묶어둘 수 없다면서 衛靑(위청)과 霍去病(곽거병)의 행적을 성취하고자 했다. 光武帝는 그간의 전쟁에 염증을 느껴 한가한 겨를에 文治를 생각하였기에 허락하지 않았다. 그 뒤로 흉노에 선우 자리를 둘러싼 다툼이 일어났고 日逐王이 투항하고 옛 呼韓邪單于(호한야선우)의 우호관계를 희망하며 漢과 흉노의 분쟁을 막고 藩臣(번신)으로서 臣屬하여 영원히 외적 방어를 自任하였다.

天子께서는 많은 방책을 總攬(총람)하며 和合의 뜻으로 받아들였다. 그러면서 담당 관리에 명하여 북방으로 영역을 확대하며 肥美한 땅을 선택하고 水草가 좋은 땅에 거처하게 하였다. 그리고 使匈奴中郎將을 사자로 보내 법도에 의거 그들을 관리 보호하였다. 선우의 의상을 제정하고 문물을 정비케 하였으며 印璽(인새)와 印綬(인수)를 하사하여 선우의 명분을 바로잡았다.

이에 흉노는 분열되어 南北의 두 王庭이 형성되었다. 원한이 깊어졌고, 상대의 약점을 보아 활을 쏘고 창으로 찌르면서 틈을 타서 공격하였고 구름처럼 모여들었다가 새처럼 흩어지며 서로 치고 싸웠다. 흉노끼리는 무너져 전투에 패하고 부상당하더라도 혹 평안한 시간을 가질 수 없었지만 漢의 변경은 평온하였다.

뒷날 여러 번 出師하여 (투항한) 흉노와 합세하여 북흉노를 원정하면서 竇憲(두헌)이나 耿夔(경기) 같은 장수들이 전후로 흉노 땅에 진격하여 과감한 공격이나 때로는 譎計(휼계)를 쓰고 기발한 작전을 펼 인재를 한데 모아 결국 그들의 소굴을 급습하고 북흉노를 북쪽으로 3천 리나 짓밟아 쫓아내었다. 그리하여 흉노의 天祭터 龍祠(용사)를 파괴하고 가죽 천막을 불태웠으며, 대 족장급 세력자인 十角(십각)을 구덩이에 쓸어 넣고, 閼氏(연지)를 생포하며 그 공적을 돌에 새기고 만세를 부르며 돌아왔다.

單于는 두려워 떨었으며, 숨을 죽인 채 모포를 뒤집어쓰고 烏孫(오손)의 땅으로 숨어들어가자 사막의 서북은 空地가 되었다. 만약 그때 형세를 보아 南匈奴를 陰山(음산)으로 돌려보내고 西河의 땅을 漢의 內地로 확보했다면, 위로는 光武帝가 선택해야 했던 당시의 방략을 실현할 수 있고, 아래로는 戎狄이 중화의 땅을 어지럽히는 사태를 막을 수 있었다.

그 당시 거기에 남선우를 세워야 한다는 耿國(경국)의 계산이 틀리지 않았고, 북선우를 세워서는 안 된다는 袁安(원안)의 의견이 後王(和帝)에게 채택되었다면, 평이하면서도 곧고 바른 정책이 지금은 큰 효과를 거두었을 것이다.

그런데 竇憲(두헌)은 3번의 원정 승리로 자만하여 經世의 규범을 무시하면서 흉악을 바로잡지 않고 (흉노에게) 위엄과 은택을 멋대로 베풀었다. 그리하여 북선우를 부활시켜 그들을 옛 王庭으로 돌려보냈는데, 남북 양쪽에 은혜를 베풀고 보호한다며 사익을 생각하였으니 천하의 公議를 버리고 무시하여 앉아서 큰 가시나무를 심었다.

(큰 재앙을 키웠다.)

옛일을 말하자면, 원한과 울분이 이보다 더 심하겠는가! 이후 경륜을 바른 방향을 잃었고 배반과 복종은 반복되며 그 병폐와 해독을 어찌 다 말하랴! 후세에 이르러 그들이 중국의 습속을 알고 끝내 新鄕(中國)을 씹어 먹어 황제의 땅을 폐허로 만들었다.

嗚呼라! 千里의 차이는 털끝만한 차이에서 시작되고, 得失의 근원은 백 세가 지난다 하여 닳아 없어지지 않는다.

原文

贊曰, 匈奴既分, 羽書稀聞. 野心難悔, 終亦紛紜.

| **註釋** | ㅇ羽書 – 새의 깃을 꽂아 표시한 격문. 긴급을 알리는 문서. 羽檄(우격)과 同. ㅇ終亦紛紜 – 紛紜(분운)은 분열되어 어지러운 모양. 紜은 어지러울 운.

[國譯]

贊曰,

흉노의 남북 분열 이후에 羽書도 거의 볼 수 없었다.

야심을 바로 고칠 수 없어 끝내 또 분란으로 끝났다.

90 烏桓鮮卑列傳
〔오환,선비열전〕

❶ 烏桓

原文

烏桓者, 本東胡也. 漢初, 匈奴冒頓滅其國, 餘類保烏桓山, 因以爲號焉. 俗善騎射, 弋獵禽獸爲事. 隨水草放牧, 居無常處. 以穹廬爲舍, 東開向日. 食肉飮酪, 以毛毳爲衣. 貴少而賤老, 其性悍塞. 怒則殺父兄, 而終不害其母, 以母有族類, 父兄無相仇報敵也.

有勇健能理決鬪訟者, 推爲大人, 無世業相繼. 邑落各有小帥, 數百千落自爲一部. 大人有所召呼, 時刻木爲信, 雖無文字, 而部衆不敢違犯. 氏姓無常, 以大人健者名字爲姓. 大人以下, 各自蓄牧營産, 不相徭役.

其嫁娶則先略女通情, 或半歲百日, 然後送牛,馬,羊畜, 以爲娉幣. 婿隨妻還家, 妻家無尊卑, 旦旦拜之, 而不拜其父母. 爲妻家僕役, 一二年間, 妻家乃厚遣送女, 居處財物一皆爲辦. 其俗妻後母, 報寡嫂, 死則歸其故夫.

計謀從用婦人, 唯鬪戰之事乃自決之. 父子男女, 相對踞蹲. 以髡頭爲輕便. 婦人至嫁時乃養髮, 分爲髻, 著句決, 飾以金碧, 猶中國有簂步搖. 婦人能刺韋作文繡, 織氀毼. 男子能作弓矢鞍勒, 鍛金鐵爲兵器. 其土地宜穄及東牆. 東牆似蓬草, 實如穄子, 至十月而熟. 見鳥獸孕乳, 以別四節.

| **註釋** | ㅇ烏桓 – 烏丸, 古丸, 北方民族 중 하나. 본래 東胡族, 匈奴의 한 갈래, 漢代에는 漁陽郡, 右北平郡, 遼西郡의 북쪽이 주 활동 지역. 晉 陳壽 作《三國志 魏書》30권이 〈烏丸鮮卑東夷傳〉이다.《後漢書 烏桓鮮卑列傳》은 陳壽(진수)의《三國志 魏書 烏丸鮮卑東夷傳》보다 1백 년 뒤에 이루어졌기에《三國志》의 내용을 바탕으로 약간의 차이가 있다. ㅇ烏桓山(오환산) – 今 內蒙古自治區 동부, 遼寧省 서남부와 접경한 赤峰市 관할 阿魯科爾沁旗 이북에 소재. 곧 興安嶺 산맥 중부. ㅇ以穹廬爲舍 – 둥근 모양의 이동식 천막이 집이다. 穹은 하늘 궁. 천막 윗부분이 둥근 아치형이란 뜻, 廬는 오두막집 려. ㅇ毛毳爲衣 – 毛毳(모취)를 옷으로 입다. 毳는 솜털 취. 모직물. ㅇ報寡嫂 – 報는 아랫사람이 윗사람과의 간음을 의미한다. 報는 치붙을 보(下淫上). 부친의 후처나 죽은 형의 아내를 데리고 산다는 것은 과부의 생계와 안전을 보장하는 의미가 있다. 또 여자가 다른 부족 사람과 재혼하면 그간의 재산을 가지고 가기에 재산상의 손실을 막는 효과가 있다. 이러한 收繼婚(수계혼)은 흉노나 다른 유목민들에게 공통적인 풍습이었다. ㅇ相對踞蹲 – 踞는 웅크릴 거. 蹲은 웅크릴 준. ㅇ有簂步搖 – 우리나라의 옛날 족두리와 같은 장식이라고 생각할 수 있다. 簂는 머리

꾸미개 궤. 步搖(보요)는 걷는 대로 흔들린다는 뜻. ㅇ織㲣毼 – 모직물로 옷감을 짜다. 㲣는 모직물 루, 毼은 모직물 갈. ㅇ宜穄及東牆 – 穄는 검은 기장 제. 東牆(동장)은 작물 이름.

[國譯]

烏桓(오환)은 본래 東胡族이었다. 漢 初에, 匈奴 冒頓單于(묵독선우)가 그 나라를 멸망시키자 남은 무리들은 烏桓山(오환산)을 지키면서 살았기에 부족 이름이 되었다. 그들 습속은 騎射(기사)에 능하고 새나 짐승 사냥을 주업으로 하였다. 水草를 따라 放牧하며 일정한 거처가 없고 이동식 천막이 집인데, 해를 향해 동쪽으로 문을 내었다. 肉食을 하고 진한 동물의 젖인 酪(락)을 마시며 짐승 털가죽을 입었다. 오환족은 젊은이를 귀하게 여기고 늙은이를 천시했으며, 그 성질이 흉악하고 폐쇄적이었다. 화가 나면 아버지나 형도 죽였지만 그 모친은 끝까지 해치지 않았는데, 모친은 그 친정의 일족이 있지만, (자신의) 父兄을 죽이더라도 복수를 할 사람이 없기 때문이었다.

용감하고 건장하며 결투를 판단하고 조정할 수 있는 사람을 大人으로 추대하였는데, 세습하는 직위는 없었다, 읍락마다 작은 우두머리가 있고 수백 내지 1천 개의 천막(落)이 한 부족을 형성하였다. 大人의 부름이 있으면 내용을 나무에 그어 신표로 삼았고, 문자가 없어도 어기거나 범하는 자가 없었다. 성씨는 일정하지 않았으니 건강한 대인의 이름을 성으로 삼았다. 大人 이하 모두가 자기 가축을 길러 생활하였는데, 강제로 동원하여 일을 시키지 않았다.

결혼은 우선 여자를 데려다가 通情을 하고 반년이나 1백 일이 지나면 소나 말, 양 등의 가축을 결혼 예물로 보냈다. 사위는 아내를 따라 처가로 가는데, 처가에서는 존비가 없이 모두가 아침마다 절을 하지만 그 부모에게는 절을 올리지 않았다. 사위는 처가의 노비처럼 일을 하는데 1, 2년 뒤에 처가에서 후한 재물과 함께 딸을 보내면서 생활에 필요한 모든 재물을 다 준비해 주었다. 그들 습속에 後母(부친의 후처)를 아내로 삼고 과부가 된 형수를 데리고 살다가, (여인이) 죽으면 옛 남편의 무덤에 같이 묻어주었다.

모든 일의 결정은 婦人의 뜻을 따랐지만, 다만 전투에 관한 일은 스스로 결정하였다. 父子나 男女는 서로 대면할 때 무릎을 세우고 웅크려 앉았다. 머리를 깎는 것이 경쾌하고 편리하다고 생각했다. 婦人은 시집갈 때까지 머리를 길렀다가 양쪽으로 나누어 쪽을 지어 틀어 올리고 고리로 묶었으며 황색과 청색의 여러 장식을 꾸몄는데, 中國人의 머리꾸미개와 비슷하였다. 부인들은 손질한 가죽에 무늬로 수를 놓고 모직물로 옷감을 짤 줄 알았다. 남자는 활과 화살과 안장을 만들고 금이나 쇠를 단련하여 병기를 만들 수 있었다. 그들의 토지는 기장이나 東牆(동장) 농사에 적합하였다. 동장은 쑥(蓬草)과 비슷하나 그 열매는 기장과 비슷하고 10월에 익었다. 새나 짐승이 새끼를 낳고 기르는 것으로 사계절을 구별하였다.

原文

俗貴兵死, 斂屍以棺, 有哭泣之哀, 至葬則歌舞相送. 肥養一犬, 以彩繩纓牽, 並取死者所乘馬衣物, 皆燒而送之, 言以屬累犬, 使護死者神靈歸赤山. 赤山在遼東西北數千里, 如中國人死者魂神歸岱山也. 敬鬼神, 祠天地,日月,星辰,山川及先大人有健名者. 祠用牛,羊, 畢皆燒之. 其約法, 違大人言者, 罪至死, 若相賊殺者, 令部落自相報, 不止, 詣大人告之, 聽出馬,牛,羊以贖死. 其自殺父兄則無罪, 若亡畔爲大人所捕者, 邑落不得受之, 皆徙逐於雍狂之地, 沙漠之中. 其土多蝮蛇, 在丁令西南, 烏孫東北焉.

| 註釋 | ㅇ言以屬累犬 – 屬累는 付託하다. 屬은 이을 촉, 부탁할 촉(囑也). 무리 속. ㅇ岱山 – 泰山. 대산은 天帝의 孫으로 만물의 사생을 주관하였다. 동쪽은 모든 생명이 시작하는 곳이라서 인간을 수명을 주관하여 불러들인다고 생각하였다. ㅇ部落 – 部는 一家의 집단이고, 落은 한 가족의 천막인데 戶를 세는 단위라고 하였다. ㅇ皆徙逐於雍狂之地 – 徙逐(사축)은 쫓아버리다. 雍狂은 지명으로 쓰였는데 구체적 어느 한 곳이 아니라 거칠고 몹쓸 땅이라는 뜻이다. ㅇ丁令 – 前 3세기에서 서기 5세기에 걸쳐 貝加爾湖(바이칼호) 남방 蒙古 高原 북부, 南 西伯利亞(시베리아)에서 활동했던 突厥(돌궐)계 유목민. 匈奴의 별종이라는 주석도 있다. 丁靈(정령, Dīnglíng)으로도 표기.

【國譯】

그 습속에 전투 중 죽는 것을 귀하게 여기며 시신을 收殮(수렴)하여 入棺하고 슬피 통곡하지만, 장례에는 노래 부르고 춤을 추었다. 개를 한 마리 살찌게 키워서 여러 가지 색으로 꼬아 만든 밧줄로 끌고 가서 亡者가 타던 말이나 옷을 함께 태워 장례하였는데, 이는 개에게 죽은 자의 神靈을 赤山(적산)까지 보호하라는 부탁의 뜻이다. 赤山은 遼東 서북 수천 리 되는 곳에 있는데, 중국인들이 死者의 혼령이 岱山(대산, 泰山)에 간다는 생각과 같았다. 귀신을 공경하고, 天地와 日月, 星辰(성신)과 山川 및 先大人으로 유명한 사람을 제사하였다. 제사에는 牛와 羊을 바쳤는데, 제사를 마치면 모두 태워버렸다.

그들의 約法에 大人의 말을 어긴 자는 죽이고, 만약 남을 해치거나 죽인 자는 그 (피해자의) 部落에서 報復(보복)하게 하였는데, 보복을 그치지 않으면 大人에게 말한 뒤, 허락을 받아 말이나 소와 양으로 죽음을 속죄하였다. 자신의 부친이나 형제를 죽이면 무죄이나, 만약 죄를 짓고 도망하였다가 大人에게 붙잡힌 자는 邑落에서 받아들여지지 못하면 모두 사막 가운데 있는 雍狂(옹광)의 땅으로 축출하였다. 그런 땅은 殺母蛇(살모사)나 뱀이 많고 丁令의 서남쪽, 烏孫의 동북쪽에 있다고 생각하였다.

原文

烏桓自爲冒頓所破, 衆遂孤弱, 常臣伏匈奴, 歲輸牛,馬,羊皮, 過時不具, 輒沒其妻子.

及武帝遣驃騎將軍霍去病擊破匈奴左地, 因徙烏桓於上谷,漁陽,右北平,遼西,遼東五郡塞外, 爲漢偵察匈奴動靜. 其大人歲一朝見, 於是始置護烏桓校尉, 秩二千石, 擁節監領之, 使不得與匈奴交通.

| **註釋** | ㅇ護烏桓校尉 – 후한에서의 질록은 비이천석이었다. 선비족에 대한 관리와 통제도 오환교위의 권한이었다. 강족을 통제하기 위한 護羌校尉도 있었다. 무관 지휘관으로 將軍 – 中郞將 – 校尉의 三級이 있는데, 단위 부대를 校라 하고 一校의 지휘관이 校尉이다. 長水와 射聲校尉 등 중앙 8교위는 무제 때 처음 설치. 後漢에서는 중앙군에 5교위를 두었다. 후한에서 질록은 比二千石. 교위 아래에 丞과 司馬 등 속관을 두었다.

[國譯]

烏桓(오환)은 冒頓(묵독) 선우에게 나라가 격파되어 그 무리가 고립되고 약했기에 늘 흉노에게 臣伏하여 해마다 소나 말, 양가죽을 바쳤는데 제때에 다 못 바치면 처자를 몰수당했다.

武帝는 驃騎將軍 霍去病(곽거병)을 보내어 匈奴의 左地(동쪽 땅)를 공격하여 격파하고, 오환족을 上谷, 漁陽, 右北平, 遼西, 遼東의 5郡 塞外(새외)로 옮겨 살게 하였는데, 漢을 위하여 흉노의 동정을 정탐하였다. 오환의 大人은 1년에 한 번 입조하였으며 護烏桓校尉를 새로 설치하였는데, 질록은 2千石이었고 부절을 받아 오환족을 거느리며 흉노와 왕래하지 못하게 단속하였다.

原文

昭帝時, 烏桓漸强, 乃發匈奴單于冢墓, 以報冒頓之怨. 匈奴大怒, 乃東擊破烏桓. 大將軍霍光聞之, 因遣度遼將軍范明友將二萬騎出遼東邀匈奴, 而虜已引去. 明友乘烏桓新敗, 遂進擊之, 斬首六千餘級, 獲其三王首而還. 由是烏桓復寇幽州, 明友輒破之. 宣帝時, 乃稍保塞降附.

| 註釋 | ○范明友(범명우, ?-前 66) - 昭帝 때 무신. 霍光(곽광)의 사위. 烏桓族을 격퇴하여 平陵侯에 봉해졌다.

[國譯]

昭帝 때, 烏桓(오환)이 점차 강성하여 匈奴 單于의 무덤을 발굴하여 (오환 나라를 멸망시켰던) 冒頓(묵독) 선우에 대한 원한을 앙갚음

했다. 흉노가 大怒하며 東으로 진출하여 오환족을 격파하였다. 大將軍 霍光(곽광, ? - 前 68년)이 알고서는 度遼將軍인 范明友(범명우)를 보내 2만 기병을 거느리고 遼東郡에서 출발하여 匈奴를 격파하였고 포로를 잡아왔다. 범명우는 최근 패망한 오환도 정벌하여 6천여 명을 죽였으며, 그들 3왕을 죽이고 귀환하였다. 이 때문에 오환은 다시 幽州 지역을 공략하였지만 매번 범명우에게 격파 당하였다. (烏桓은) 宣帝 때 북방을 방어하며 漢에 귀부했다.

原文

及王莽簒位, 欲擊匈奴, 興十二部軍, 使東域將嚴尤領烏桓,丁令兵屯代郡, 皆質其妻子於郡縣. 烏桓不便水土, 懼久屯不休, 數求謁去. 莽不肯遣, 遂自亡畔, 還爲抄盜, 而諸郡盡殺其質, 由是結怨於莽. 匈奴因誘其豪帥以爲吏, 餘者皆羈縻屬之.

| 註釋 | ㅇ嚴尤(엄우) – 왕망의 주요 신하. 뒷날 경시제에 투항, 주살되었다.

[國譯]

王莽(왕망)이 찬위하고서 匈奴를 격파하려고 12部의 대군을 징발하면서 東域將인 嚴尤(엄우)에게 오환과 丁令(정령)의 군사를 거느리고 代郡에 주둔케 하였고, 그 군사의 처자를 군현에 인질로 잡아두었다. 烏桓은 水土에 적응하지 못했고 오래 주둔, 복무하는 것이 두려워 여러 번 돌아가겠다고 요청하였다. 그러나 왕망이 보내주지 않자, 오환은 모두 도망치며 반기를 들고 돌아와 노략질을 하였는데, 이에 각 군에서는 오환의 인질들을 모두 살해하자 이 때문에 왕망에 원한을 품었다. 이에 흉노는 오환족의 우두머리들을 불러 관리로 삼으면서 이런 관리를 통해 나머지를 통제하며 예속케 하였다.

原文

光武初, 烏桓與匈奴連兵爲寇, 代郡以東尤被其害. 居止近塞, 朝發穹廬, 暮至城郭, 五郡民庶, 家受其辜, 至於郡縣損壞, 百姓流亡. 其在上谷塞外白山者, 最爲强富.

建武二十一年, 遣伏波將軍馬援將三千騎出五阮關掩擊之. 烏桓逆知, 悉相率逃走, 追斬百級而還. 烏桓復尾擊援後, 援遂晨夜奔歸, 比入塞, 馬死者千餘匹.

| **註釋** | ㅇ上谷 – 治所는 沮陽縣, 今 河北省 북부 張家口市 관할 懷來縣. ㅇ白山 – 今 河北省 張家口市 서북방에 있는 산으로 추정. ㅇ馬援 – 24권, 〈馬援列傳〉에 입전.

[國譯]

光武 初에, 烏桓과 匈奴가 연합하여 침략했는데, 代郡 동쪽의 피해가 특히 심했다. 오환은 국경 근처 머물다가 아침에 천막에서 출발하면 저녁에 성곽에 도착하였는데, 5개 郡 백성이 그 고통을 당했고 군현이 파괴되었으며 백성이 流亡했다. 오환 부족 중에서 上谷 경계 밖의 白山(백산)이란 부족이 가장 부강했다.

建武 21년(서기 45), 伏波將軍 馬援(마원)이 3천 기병을 거느리고 (代郡의) 五阮關(오완관)을 출발하여 오환족을 급습하였다. 오환족이 이를 미리 알고 모두를 인솔하여 도주하였기에 추격하여 겨우 1백여 명을 죽이고 돌아왔다. 오환족이 다시 마원의 후미를 공격해서 밤새 달려 돌아와 요새에 돌아왔는데 말 1천여 마리를 잃었다.

原文

二十二年, 匈奴國亂, 烏桓乘弱擊破之, 匈奴轉北徙數千里, 漠南地空, 帝乃以幣帛賂烏桓. 二十五年, 遼西烏桓大人赦旦等九百二十二人率衆向化, 詣闕朝貢, 獻奴婢,牛,馬及弓,虎豹貂皮.

是時, 四夷朝賀, 絡驛而至, 天子乃命大會勞饗, 賜以珍寶. 烏桓或願留宿衛, 於是封其渠帥爲侯王君長者八十一人, 皆居塞內, 布於緣邊諸郡, 令招來種人, 給其衣食, 遂爲漢偵候, 助擊匈奴,鮮卑. 時, 司徒掾班彪上言,

「烏桓天性輕黠, 好爲寇賊, 若久放縱而無總領者, 必復侵掠居人, 但委主降掾史, 恐非所能制. 臣愚以爲宜復置烏桓校尉, 誠有益於附集, 省國家之邊慮.」

帝從之, 於是始復置校尉於上谷甯城, 開營府, 並領鮮卑, 賞賜質子, 歲時互市焉.

| 註釋 | ㅇ主降掾史 – 투항하는 이민족을 관리하는 직책. 임시로 설치한 부서. 主降掾史 ㅇ甯縣 – 寧縣, 今 河北省 북부 張家口市 萬全區.

【國譯】

(建武) 22년(서기 46), 匈奴 국내가 혼란에 빠지자 烏桓은 흉노의 약세를 기회로 공격 격파하였고, 흉노는 북쪽으로 수천 리를 물러났다. 고비(戈壁) 사막 남쪽 땅에 사람이 없자, 광무제는 오환족에서 비단을 예물로 보내주었다. 25년에, 遼西郡 북쪽 烏桓大人 赦旦(사단) 등 922명이 무리를 이끌고 귀화하면서 궁궐에 와서 조공하고 노비와 우마 및 활과, 虎, 豹(표범 표), 貂(담비 초) 가죽을 헌상하였다.

이 무렵, 四夷들이 朝賀하면서 끊임없이 낙양에 들어왔는데, 天子는 큰 잔치를 열어 위로하고 여러 珍寶를 하사하였다. 오환족 중에서 남아 宿衛를 원하는 자가 있어 그 우두머리 81인을 侯王이나 君長으로 삼아 국경 내에 거주하게 하였는데, 이들이 국경 지역 여러 군에 분포되어 부족들을 불러오면 그들 衣食을 공급하면서 漢을 위한 염탐꾼(偵候)으로 삼았고 흉노나 선비를 공격할 때 돕게 하였다. 이때 司徒掾인 班彪(반표)가 건의하였다.

「烏桓은 天性이 경박하면서도 교활하며 노략질을 좋아하기에 만약 오래 방임하면서 단속하지 않으면 틀림없이 다시 백성을 해칠 것이니, 그들을 만약 主降掾史에게만 맡겨둔다면 혹 통제를 못할 수도 있습니다. 臣의 우견으로는 다시 烏桓校尉를 설치한다면 투항자를 관리하는데 도움이 되고 나라 변경의 우환을 줄일 수 있을 것입니다.」

광무제는 그 의견에 따라 오환교위를 上谷郡 甯縣(영현)에 보내 군영을 설치하고 선비족까지 통솔하며, 質子에게 상을 내리고, 歲時에는 互市(合市)를 개설하였다.

原文

及明,章,和三世, 皆保塞無事. 安帝永初三年夏, 漁陽烏桓與右北平胡千餘寇代郡,上谷. 秋, 雁門烏桓率衆王無何, 與鮮卑大人丘倫等, 及南匈奴骨都侯, 合七千騎寇五原, 與太守戰於九原高渠谷. 漢兵大敗, 殺郡長吏. 乃遣車騎將軍何熙,度遼將軍梁慬等擊, 大破之. 無何乞降, 鮮卑走還塞外. 是後烏桓稍復親附, 拜其大人戎朱廆爲親漢都尉.

| 註釋 | ㅇ漁陽, 右北平 - 郡名. 漁陽郡 治所는 漁陽縣, 今 北京市 동북부 密雲區. 右北平郡 治所는 土垠縣(토은현), 今 河北省 북동부 唐山市 豊潤區.

[國譯]

明帝, 章帝, 和帝 三世에 걸쳐 국경이 무사했다. 安帝 永初 3년(서기 109) 여름, 漁陽郡 북쪽 오환과 右北平郡의 오환족 1천여 명이 代郡과 上谷郡을 노략질하였다. 가을에는, 雁門郡의 오환족 率衆王 無何(무하)와 鮮卑大人 丘倫(구륜) 등, 또 南匈奴 骨都侯 등 7천여 명이 五原郡을 노략질하자 오원태수가 이들과 (五原郡) 九原縣 高渠谷(고거곡)에서 싸웠다. 漢兵이 대패했고, 郡의 長吏를 살해했다.

조정에서는 車騎將軍 何熙(하희), 度遼將軍 梁慬(양근) 등을 보냈고 적을 공격하여 대파하였다. 無何(무하) 등이 투항했고 선비족은 국경 밖으로 도주하였다. 이후 오환족은 차츰 다시 漢에 親附하였는데 그 大人 戎朱廆(융주외)를 親漢都尉에 임용했다.

原文

順帝陽嘉四年冬, 烏桓寇雲中, 遮截道上商賈車牛千餘兩, 度遼將軍耿曄率二千餘人追擊, 不利, 又戰於沙南, 斬首五百級. 烏桓遂圍曄於蘭池城, 於是發積射士二千人, 度遼營千人, 配上郡屯, 以討烏桓, 烏桓乃退.

永和五年, 烏桓大人阿堅,羌渠等與南匈奴左部句龍吾斯反畔, 中郎將張耽擊破斬之, 餘衆悉降. 桓帝永壽中, 朔方烏桓與休著屠各並畔, 中郎將張奐擊平之.

延熹九年夏, 烏桓復與鮮卑及南匈奴寇緣邊九郡, 俱反, 張奐討之, 皆出塞去.

| **註釋** | ○遮截道上商賈 – 遮截(차절)은 막고 끊다. 商賈는 行商과 坐賈(좌고). ○張奐(장환) – 65권, 〈皇甫張段列傳〉에 立傳.

[國譯]

順帝 陽嘉 4年(서기 135) 겨울, 오환족이 雲中郡을 노략질하면서 길을 막고 행상과 좌고의 수레 수천 량을 길에 잡아놓자, 度遼將軍 耿曄(경엽)이 2천여 군사를 거느리고 추격하였으나 이기지 못했고, 다시 (雲中郡) 沙南縣에서 싸워 5백여 명을 죽였다. 烏桓이 마침내 경엽을 蘭池(난지)의 城에서 포위하자, 경엽은 積射士 2천 명을 징발하고, 度遼軍營 1천 명을 上郡에 배치 주둔케 하여 오환족을 토벌하자 오환족은 그때야 퇴각하였다.

(順帝) 永和 5년(서기 140), 오환족 大人 阿堅(아견)과 羌渠(강거) 등이 南匈奴 左部의 句龍 吾斯(오사)와 반란을 일으키자, 中郎將 張耽(장탐)이 이들을 격파 참수하자 나머지 무리는 모두 투항하였다.

桓帝 永壽 연간(서기 155 - 157)에는, 朔方郡 烏桓族과 休著屠各(휴저도각)이 함께 반역하자, 中郎將 張奐(장환)이 공격 격파하였다.

(桓帝) 延熹 9년(서기 166) 여름에는 오환과 선비족, 南匈奴가 변경 9개 군을 노략질하며 함께 반란을 일으키자 張奐(장환)이 토벌하니 모두 국경 넘어 도주하였다.

原文

靈帝初, 烏桓大人上谷有難樓者, 衆九千餘落, 遼西有丘力居者, 衆五千餘落, 皆自稱王, 又遼東蘇僕延, 衆千餘落, 自稱峭王, 右北平烏延, 衆八百餘落, 自稱汗魯王, 並勇健而多計策.

中平四年, 前中山太守張純畔, 入丘力居衆中, 自號彌天安定王, 遂爲諸郡烏桓元帥, 寇掠青,徐,幽,冀四州. 五年, 以劉虞爲幽州牧, 虞購募斬純首, 北州乃定.

| 註釋 | ㅇ州牧 – 후한 13부 자사부의 刺史에게 점차 행정 권한이 강화되어 靈帝 中平 5년 이후 주목으로 개칭하면서 감찰과 행정, 군권의 권한이 강화된 일급 행정기관이 되어 산하의 여러 郡(太守)을 지휘 감독하였다.

[國譯]

靈帝 초에 오환족 大人으로 上谷郡에 難樓(난루)란 자가 있어 무리 9천여 落(戶)을 거느렸고, 遼西郡에는 丘力居(구력거)란 자가 무리 5千餘 落(戶)을 거느리며 왕을 자칭하였고, 또 遼東郡에 蘇僕延

(소복연)은 무리 1천여 落(戶)을 거느리면서 峭王(초왕)을 자칭했으며, 右北平郡의 烏延(오연)은 무리 1백여 落(락)을 거느리고서 汗魯王(한로왕)을 자칭하였는데 모두 용감하고 계책이 많았다.

(靈帝) 中平 4년(서기 147), 전임 中山太守 張純(장순)이 반역하며 丘力居(구력거)의 무리에 들어가서 彌天安定王(미천안전왕)을 자칭하다가 마침 여러 군에 있는 오환족의 원수가 되어 青州, 徐州, 幽州, 冀州 일대를 노략질하였다. (中平) 5년, 劉虞(유우)가 幽州牧(유주목)이 되어 장순의 목을 현상금을 걸어 죽이니 북방 여러 州牧이 안정되었다.

原文

獻帝初平中, 丘力居死, 子樓班年少, 從子蹋頓有武略, 代立, 總攝三部, 衆皆從其號令. 建安初, 冀州牧袁紹與前將軍公孫瓚相持不決, 蹋頓遣使詣紹求和親, 遂遣兵助擊瓚, 破之. 紹矯制賜蹋頓,難樓,蘇僕延,烏延等, 皆以單于印綬. 後難樓,蘇僕延率其部衆奉樓班爲單于, 蹋頓爲王, 然蹋頓猶秉計策.

廣陽人閻柔, 少沒烏桓,鮮卑中, 爲其種人所歸信, 柔乃因鮮卑衆, 殺烏桓校尉邢擧而代之. 袁紹因寵慰柔, 以安北邊. 及紹子尙敗, 奔蹋頓. 時, 幽,冀吏人奔烏桓者十萬餘戶, 尙欲憑其兵力, 復圖中國.

會曹操平河北, 閻柔率鮮卑,烏桓歸附, 操卽以柔爲校尉. 建安十二年, 曹操自征烏桓, 大破蹋頓於柳城, 斬之, 首虜二十餘萬人. 袁尙與樓班,烏延等皆走遼東, 遼東太守公孫康並斬送之. 其餘衆萬餘落, 悉徙居中國云.

| 註釋 | ㅇ袁紹(원소) - 本初(袁紹)가 명문거족의 후손이라 하지만 생김새만 그럴싸했지 無謀한 사람이었다. 公孫瓚(공손찬)을 겨우 이겼는데, 그것은 공손찬이 스스로 붕괴되었기 때문이다. 원소가 田豐(전풍)이나 沮授(저수) 아니면 許攸(허유)의 계책을 단 하나라도 채택했다면 원소는 패망하지 않았을 것이다. 참말로 어리석은 원소였다. 袁譚은 장자였지만 막내 袁尙이 후계자가 되자 형제간에 싸웠다. 원담은 조조에게 의존했지만 원담, 원희, 원상 모두 망하면서 원씨의 영화는 물거품이 되었다. 74권, 〈袁紹劉表列傳〉 立傳. ㅇ廣陽郡 - 治所는 薊縣(계현), 今 天津市 북부 薊州區(계주구, 薊縣). 幽州刺史部의 治所.

【國譯】

獻帝 初平 연간(서기 190 - 193)에, 丘力居(구력거)가 죽자, 아들 樓班(누반)은 어려서 조카인 蹋頓(답돈)이 무예와 전략이 뛰어나 뒤를 이어서 3郡의 부족을 거느리자 모두가 답돈의 명령에 복종하였다. 建安 초에, 冀州牧인 袁紹(원소)와 前將軍 公孫瓚(공손찬)은 서로 대결하며 결판이 나지 않았는데, 蹋頓(답돈)은 원소에게 사자를 보내 화친을 요구하면서 군사를 보내 공손찬 토벌에 협력하여 공손찬을 격파하였다. 원소는 거짓 황제의 制書를 만들어 蹋頓(답돈), 難樓(난루), 蘇僕延(소복연), 烏延(오연) 등에게 모두 單于의 인수를 하사하였다. 뒷날 난루, 소복연은 그 무리를 거느리고 樓班(누반)을 單于로, 답돈을 王으로 받들었지만 답돈이 계책을 주도하였다.

廣陽郡 사람 閻柔(염유)는 어려서 오환과 선비족에 잡혀가 살면서

그들의 신임을 얻고 있었는데, 염유는 선비족의 무리를 거느리고 烏桓校尉 邢擧(형거)를 살해하고 자신이 그 자리를 차지하였다. 원소는 이 때문에 염유를 총애하고 위무하여 북변을 안정시켰다. 그러나 원소 및 원소의 아들 袁尙(원상)은 패망하였고 원상은 도망쳐 답돈에게 의지하였다. 그 무렵 幽州와 冀州 일대의 관리나 백성으로 오환족 지역으로 도망한 자가 10여만 호나 되었고, 원상은 이들을 군사로 삼아 중국을 다시 도모하려 했다.

그 무렵 曹操(조조)가 河北을 평정하자, 염유는 선비족과 오환족을 거느리고 歸附하였는데 조조는 즉시 염유를 교위로 삼았다. 建安 12년, 조조는 직접 오환족을 원정하면서 답돈을 (遼西郡) 柳城(우성)이란 곳에서 참수하고 20여만 명을 참수하거나 포로로 잡았다.

원상과 누반, 오연 등은 모두 遼東郡으로 도망하였는데, 遼東太守인 公孫康(공손강)이 이들을 모두 죽여 수급을 許都에 헌상하였다. 그 나머지 무리 1만여 落(戶)은 모두 漢의 여러 군현에 분산 이주시켰다.

❷ 鮮卑

原文

鮮卑者, 亦東胡之支也, 別依鮮卑山, 故因號焉. 其言語習俗與烏桓同. 唯婚姻先髡頭, 以季春月大會於饒樂水上, 飲讌畢, 然後配合. 又禽獸異於中國者, 野馬,原羊,角端牛, 以角爲弓, 俗謂之角端弓者. 又有貂,豽,鼲子, 皮毛柔蝡, 故天下以爲名裘.

| 註釋 | ㅇ鮮卑 - 鮮卑 中國 北方 遊牧民族인 東胡의 한 갈래. 漢初에 그 부족이 匈奴의 東進에 밀려 冒頓單于(묵독선우)에게 격파된 뒤에 烏桓山과 鮮卑山에 각각 의거하였는데, 거기서 오환과 선비의 명칭이 유래되었다고 한다. 선비족의 주 활동 무대는, 今 내몽고의 동부 지역이었다. 鮮卑山의 위치는 미상이나 대체로 大興安嶺의 북쪽으로 추정하고 있다. '西伯利亞(시베리아)' 의 명칭도 '鮮卑利亞' 에서 유래되었다는 주장도 있다. 선비족은 5호16국 시대부터 크게 융성하였는데 慕容氏의 前燕, 後燕이 있고 拓拔氏(탁발씨)의 北魏(북위)가 모두 선비족이 세운 나라였다. ㅇ柔蝡(유연) - 柔는 부드러울 유, 蝡은 굼틀거릴 연.

[國譯]

鮮卑族(선비족)은, 東胡族의 갈래로 일부가 鮮卑山에 의지하여 부족 이름이 되었다. 그 언어와 습속은 오환과 같다. 다만 혼인할 때는 먼저 머리를 깎고 季春月(三月)에 饒樂水(요락수)에서 잔치를 마친 뒤에 서로 짝을 지었다. 또 중국과 다른 짐승으로는 野馬와 原羊, 角端牛(각단우, 소의 일종)가 있는데, 그 뿔로 활을 만들면 보통 角端弓이라 하였다. 또 貂(담비 초), 豽(짐승 이름 놜, 원숭이 일종), 鼲子(혼자, 다람쥐의 일종)가 있는데, 그 모피는 부드럽고 연하여 天下에서 제일 좋은 갖옷(裘, 갖옷 구)이라고 한다.

原文

<u>漢</u>初, 亦爲<u>冒頓</u>所破, 遠竄<u>遼東</u>塞外, 與<u>烏桓</u>相接, 未常通

中國焉. 光武初, 匈奴强盛, 率鮮卑與烏桓寇抄北邊, 殺略吏人, 無有寧歲. 建武二十一年, 鮮卑與匈奴入遼東, 遼東太守祭肜擊破之, 斬獲殆盡, 事已具〈肜傳〉, 由是震怖. 及南單于附漢, 北虜孤弱, 二十五年, 鮮卑始通驛使.

其後都護偏何等詣祭肜求自效功, 因令擊北匈奴左伊育訾部, 斬首二千餘級. 其後偏何連歲出兵擊北虜, 還輒持首級詣遼東受賞賜. 三十年, 鮮卑大人於仇賁,滿頭等率種人詣闕朝賀, 慕義內屬. 帝封於仇賁爲王, 滿頭爲侯. 時漁陽赤山烏桓歆志賁等數寇上谷.

永平元年, 祭肜復賂偏何擊歆志賁, 破斬之, 於是鮮卑大人皆來歸附, 並詣遼東受賞賜, 青,徐二州給錢歲二億七千萬爲常. 明,章二世, 保塞無事.

| **註釋** | ○〈祭肜傳〉 – 20권, 〈銚期王霸祭遵列傳〉.

[國譯]

前漢 初에, 선비족도 마찬가지로 흉노 冒頓(묵독) 선우에게 격파되어 멀리 遼東郡 塞外(새외)에 도망쳐 숨었고 오환과 연접해 있으면서 중국과는 왕래하지 않았다.

光武 初에는, 흉노가 강성하여 선비족과 오환족을 거느리고 중국 북쪽 변방을 노략질하며 관리와 백성을 죽이고 잡아가서 평온한 해가 없었다. 建武 21년(서기 45), 선비족과 흉노족이 요동군에 침입하였는데 요동 태수 祭肜(제융)이 적을 격파하여 대부분을 죽이거나 생포하였는데, 이는 〈祭肜傳〉에 있고, 이로부터 선비족은 두려워

떨었다. 南單于가 漢에 귀부하면서 北虜는 고립되고 약해졌고, 建武 25년(서기 49)에 선비는 처음으로 중국에 역관과 사자를 보냈다.

그 뒤 鮮卑都護 偏何(편하) 등이 제융을 찾아와 흉노 토벌에 협력하겠다 하면서 北匈奴 左伊育訾部(좌이육자부)를 공격하여 3천여 명을 참수하였다. 그 뒤로도 편하는 해마다 출병하여 북흉노를 공격하고서는 돌아올 때마다 북흉노의 수급을 갖고 와서 요동태수부에 와서 상금을 받아갔다. (建武) 30년(서기 54)에는 鮮卑大人 於仇賁(어구분)과 滿頭(만두) 등이 무리를 거느리고 궁궐에 가서 朝賀하고 漢의 大義를 흠모하여 內屬(내속)하였다. 광무제는 어구분을 王에, 만두를 제후에 봉했다. 그 무렵 漁陽郡의 赤山 烏桓 歆志賁(흠지분) 등은 자주 上谷郡을 노략질하였다.

(明帝) 永平 원년(서기 58), 제융은 다시 偏何(편하)에게 재물을 주어 흠지분을 공격케 했는데, 편하가 흠지분을 참수하자 이에 선비족 大人은 모두 내부하였고 모두 요동태수부에 와서 상을 받아가니 靑州, 徐州에서는 해마다 2억 7천만 전을 지급하는 것이 상례처럼 되었다. 명제와 장제 재위 중에는 변경을 잘 지켜 아무 일도 없었다.

原文

和帝永元中, 大將軍竇憲遣右校尉耿夔擊破匈奴, 北單于逃走, 鮮卑因此轉徙據其地. 匈奴餘種留者尙有十餘萬落, 皆自號鮮卑, 鮮卑由此漸盛. 九年, 遼東鮮卑攻肥如縣, 太守祭參坐沮敗, 下獄死. 十三年, 遼東鮮卑寇右北平, 因入漁陽, 漁陽太守擊破之.

延平元年, 鮮卑復寇漁陽, 太守張顯率數百人出塞追之. 兵馬掾嚴授諫曰, "前道險阻, 賊勢難量, 宜且結營, 先令輕騎偵視之." 顯意甚銳, 怒欲斬之. 因復進兵, 遇虜伏發, 士卒悉走, 唯授力戰, 身被十創, 手殺數人而死. 顯中流矢, 主簿衛福,功曹徐咸皆自投赴顯, 俱歿於陣. 鄧太后策書褒嘆, 賜顯錢六十萬, 以家二人爲郞, 授,福,咸各錢十萬, 除一子爲郞.

| 註釋 | ㅇ坐沮敗 – 용기가 없어 패전한 죄에 해당하다. 沮는 沮喪(저상). 士氣를 잃다. 겁을 먹다.

【國譯】

和帝 永元 연간에, 大將軍 竇憲(두헌)이 右校尉 耿夔(경기) 등을 보내 흉노를 격파하자, 北單于는 도주하였고 선비족은 그때에 북흉노의 옛 땅에 들어가 차지하였다. 흉노의 남은 종족이 그래도 10여만 落(戶)이나 되었는데, 그들이 모두 선비족이라고 자처하였고, 선비는 이때부터 점차 강성해졌다. (永元) 9년, 遼東郡 밖 선비족이 (遼西郡) 肥如縣(비여현)을 침공하자, 太守 祭參(제참)은 겁을 먹어 패전한 죄에 걸려 하옥되었다가 죽었다. (永元) 13년(서기 101), 遼東郡 선비족이 右北平郡을 노략질하고 연이어 漁陽郡에 침입하였는데 漁陽太守가 적들을 격파하였다.

(殤帝) 延平 元年(서기 106), 鮮卑가 다시 漁陽郡에 침입하자 太守 張顯(장현) 등이 군사 수백 명을 거느리고 국경을 넘어 추격하였다. 그때 兵馬掾인 嚴授(엄수)가 제지하며 말했다.

"前道가 매우 험난하고 적의 형세를 헤아릴 수 없으니 일단 군영을 설치하고 먼저 경기병을 보내 정탐해야 합니다."

그러나 장현의 의기가 한참 올라 화를 내며 엄수를 참하려고 했다. 그리고 다시 진격하였는데 적의 복병이 튀어나오자 士卒은 모두 도주하였으나 오직 엄수가 힘써 싸워 몸에 10여 군데 상처를 입으면서 직접 여러 명을 죽이고 엄수는 전사했다. 장현이 流矢에 맞자 主簿 衛福(위복), 功曹 徐咸(서함)이 함께 몸을 던져 장현을 보호했으나 이들도 모두 전사했다. 鄧太后는 策書를 내려 포상하고 찬탄하면서 장현에게 금전 60만을 하사하고 그 집안사람 2명을 낭관에 임용하였고 엄수, 위복, 서함에게도 각 금전 10만을 하사하고 아들 1명에게 낭관을 제수하였다.

原文

安帝永初中, 鮮卑大人燕荔陽詣闕朝賀, 鄧太后賜燕荔陽王印綬, 赤車參駕, 令止烏桓校尉所居甯城下, 通胡市, 因築南北兩部質館. 鮮卑邑落百二十部, 各遣入質. 是後或降或畔, 與匈奴,烏桓更相攻擊.

| **註釋** | ㅇ質館 – 투항하거나 보내오는 質子를 관리하기 위한 건물.

[國譯]

安帝 永初 연간에(서기 107 – 113), 선비족 大人 燕荔陽(연려양)이 궁궐에 와서 입조하례하자, 鄧太后는 연려양에게 왕의 인수와 곁말이 딸린 赤車를 하사하였고, 烏桓校尉가 근무하는 甯城(영성) 부근에

거처하면서 胡市(互市)를 열게 하였으며, (영성) 남북 양쪽에 선비족의 투항자를 받기 위한 質館(질관)을 신축케 하였다. 鮮卑 邑落 120개 部에서 각각 質子를 보내왔다. 이후로 선비족은 歸降하면서도 때로는 반기를 들었고, 흉노 또는 오환족과 합세하여 서로를 공격했다.

原文

元初二年秋, 遼東鮮卑圍無慮縣, 州郡合兵, 固保清野, 鮮卑無所得. 復攻扶黎營, 殺長吏. 四年, 遼西鮮卑連休等遂燒塞門, 寇百姓. 烏桓大人於秩居等與連休有宿怨, 共郡兵奔擊, 大破之, 斬首千三百級, 悉獲其生口,牛,馬,財物.

五年秋, 代郡鮮卑萬餘騎遂穿塞入寇, 分攻城邑, 燒官寺, 殺長吏而去. 乃發緣邊甲卒,黎陽營兵, 屯上谷以備之. 冬, 鮮卑入上谷, 攻居庸關, 復發緣邊諸郡,黎陽營兵,積射士步騎二萬人, 屯列衝要.

六年秋, 鮮卑入馬城塞, 殺長吏. 度遼將軍鄧遵發積射士三千人, 及中郎將馬續率南單于, 與遼西,右北平兵馬會, 出塞追擊鮮卑, 大破之, 獲生口及牛,羊,財物甚衆. 又發積射士三千人, 馬三千匹, 詣度遼營屯守.

| **註釋** | ㅇ無慮縣 – 遼東郡의 현명. 今 遼寧省 서남부 錦州市 관할 北鎮市. ㅇ固保清野 – 清野는 농촌의 농가나 곡물을 미리 옮겨 약탈을 철저히 방비하다. ㅇ扶黎營(부려영) – 본기에는 夫犁營, 遼東屬國의 扶黎(부려)현

의 군영, 今 遼寧省 錦州市 관할 北鎭市 서쪽. ㅇ居庸關(거용관) - 上谷郡의 居庸關. 長城의 關門으로 유명. 부근 八達嶺 長城과 함께 北京의 중요한 방어시설. 北京市 서북방 60km에 소재. ㅇ黎陽營 - 幽州, 冀州, 幷州 일대 상비군의 군영. 謁者 1인이 관리. 黎陽(여양)은 冀州 관할 魏郡의 縣名. 今 河南省 북부 옛 黃河의 북안, 鶴壁市 관할 濬縣.

[國譯]

(安帝) 元初 2년(서기 115) 가을, 遼東의 선비족이 (遼東郡) 無慮縣(무려현)을 포위하였는데 幽州와 요동군의 연합군사가 淸野를 잘하여 선비족이 노략질할 것이 없었다. 선비족이 다시 扶黎營(부려영)을 공격하여 관리를 죽였다. (元初) 4년, 遼西郡 밖의 선비족 連休(연휴) 등이 국경 관문을 불사르고 백성을 잡아갔다. 오환족 大人 於秩居(어질거) 등은 連休(연휴)에게 묵은 원한이 있어 郡兵과 함께 연휴를 공격하여 대파하였고, 1,300여 명을 참수하였고 그들의 노비와 牛, 馬, 재물을 노획하였다.

5년 가을, 代郡의 선비족 1만 기병이 국경을 부수고 침입하여 여러 군데서 성읍을 공격하고 관청을 불태웠으며 관리를 죽이고 도주하였다. 이에 연변 군현의 甲卒과 黎陽(여양) 병영의 군사를 징발하여 上谷郡에 주둔케 하여 대비했다. 겨울, 선비족이 上谷郡에 침입하여 居庸關(거용관)을 공격하자, 연변 여러 군의 군사와 黎陽營의 군사, 積射士와 步騎 등 2만 명을 요충지에 배치하였다.

6년 가을, 선비족이 馬城縣(마성현) 요새를 습격하여 현령과 관리를 죽였다. 度遼將軍 鄧遵(등준)이 積射士 3천 명을 징발하여 中郎將 馬續(마속)과 함께 南單于의 군사를 거느리고, 遼西郡, 右北平郡의 군사와 합세하여 국경을 나가 선비를 추격하여 대파하고 生口 및 牛, 羊, 財物을 매우 많이 노획하였다. 또 積射士 3천 명과 馬 3천 필로 度遼將軍의 군영에 주둔 수비하게 하였다.

原文

永寧元年, 遼西鮮卑大人烏倫,其至鞬率衆詣鄧遵降, 奉貢獻. 詔封烏倫爲率衆王, 其至鞬爲率衆侯, 賜彩繒各有差.

建光元年秋, 其至鞬復畔, 寇居庸, 雲中太守成嚴擊之, 兵敗, 功曹楊穆以身捍嚴, 與俱戰歿. 鮮卑於是圍烏桓校尉徐常於馬城. 度遼將軍耿夔與幽州刺史龐參發廣陽,漁陽,涿郡甲卒, 分爲兩道救之, 常夜得潛出, 與夔等並力並進, 攻賊圍, 解之. 鮮卑既累殺郡守, 膽意轉盛, 控弦數萬騎.

延光元年冬, 復寇雁門,定襄, 遂攻太原, 掠殺百姓.

二年冬, 其至鞬自將萬餘騎入東領候, 分爲數道, 攻南匈奴於曼柏, 薁鞬日逐王戰死, 殺千餘人. 三年秋, 復寇高柳, 擊破南匈奴, 殺漸將王.

| 註釋 | ㅇ曼柏縣 – 五原郡의 현명. 度遼將軍의 군영이 설치된 곳, 今 內蒙古自治州 서남부 鄂爾多斯市 관할 準格爾旗. 內蒙古, 山西, 陝西省의 접경. ㅇ高柳縣 – 代郡의 현명. 今 山西省 북부 大同市 관할 陽高縣.

[國譯]

(安帝) 永寧 원년(서기 120), 遼西郡 밖 선비족 大人 烏倫(오륜)과 其至鞬(기지건)은 무리를 거느리고 (度遼將軍) 鄧遵(등준)을 찾아와 歸降하며 공물을 헌상했다. 조서로 오륜을 率衆王에, 기지건을 率衆

侯에 봉하고 채색 비단을 차등을 두어 하사했다.

(安帝) 建光 원년(서기 121) 가을, 기지건이 다시 배반하면서 居庸縣(거용현)을 노략질하자 雲中太守인 成嚴(성엄)이 공격하였지만 군사가 패전하였고, 功曹 楊穆(양목)이 몸으로 성엄을 막아주었지만 성엄과 함께 전사하였다. 선비족은 이에 烏桓校尉 徐常(서상)을 馬城縣에서 포위하였다. 度遼將軍 耿夔(경기)와 幽州刺史 龐參(방참)이 廣陽, 漁陽, 涿郡(탁군)의 甲卒(精兵)을 징발하여 兩道로 나눠 구원케 하였는데, 서상은 밤에 몰래 탈출하여 경기 등과 함께 진격하여 적을 포위 공격하여 포위를 풀었다. 선비족은 그동안 여러 번 군수(태수)를 죽여 한창 기세가 올랐으며 기병 궁수가 수만 명이나 되었다.

(安帝) 延光 元年(서기 122) 겨울, 선비족이 또다시 雁門郡(안문군), 定襄郡(정양군)에 이어 太原郡을 공격하며 백성을 죽이고 노략질하였다.

(延光) 2년 겨울, 기지건은 1만 기병을 직접 거느리고 東領(동령)의 감시초소(候)에 침입하고서 여러 갈래 길을 나눠 남흉노를 (五原郡) 曼柏縣(만백현)에서 공격하여 薁鞬日逐王(욱건일축왕)을 죽이고 1천여 명을 죽였다. 3년 가을에, 다시 (代郡) 高柳縣을 노략질하고 南匈奴의 군사를 격파하고 漸將王(점장왕, 관직명)을 죽였다.

原文

順帝永建元年秋, 鮮卑其至鞬寇代郡, 太守李超戰死. 明年春, 中郎將張國遣從事將南單于兵步騎萬餘人出塞, 擊破之, 獲其資重二千餘種. 時, 遼東鮮卑六千餘騎亦寇遼東玄菟, 烏桓校尉耿曄發緣邊諸郡兵及烏桓率衆王出塞擊之, 斬首數百級, 大獲其生口,牛,馬,什物, 鮮卑乃率種衆三萬人詣遼東乞降. 三年, 四年, 鮮卑頻寇漁陽,朔方.

六年秋, 耿曄遣司馬將胡兵數千人, 出塞擊破之. 冬, 漁陽太守又遣烏桓兵擊之, 斬首八百級, 獲牛,馬,生口. 烏桓豪人扶漱官勇健, 每與鮮卑戰, 輒陷敵, 詔賜號 '率衆君'.

| 註釋 | ㅇ玄菟(현도) – 郡名. 무제 때 처음 설치된 玄菟郡(현도군)은 압록강 중류지역이었으나 고구려의 저항으로 북쪽으로 여러 차례 쫓겨 갔다. 後漢의 玄菟郡(치소는 高句麗縣, 今 遼寧省 중북부의 審陽市 동쪽. 安帝 때 군과 현을 함께 이동시켰다)은 요동군의 북쪽에 자리 잡고 6개 현을 관할하였다.

[國譯]

順帝 永建 원년(서기 126), 선비족 其至鞬(기지건)이 代郡을 침입했는데 太守 李超(이초)가 전사했다. 다음 해 봄, 中郎將 張國(장국)이 從事를 시켜 南單于의 보병과 기병 1만여 명을 거느리고 국경을 넘어 선비족을 격파하고 그 치중물자 2천여 종을 노획하였다. 그때 遼東郡 밖 선비족 6천여 기병이 요동군과 玄菟郡(현도군)을 노략질하자, 烏桓校尉 耿曄(경엽)이 연변 여러 郡의 군사와 烏桓 率衆王의 군사를 징발하여 국경을 넘어 공격 격파하면서 수백 명을 참수하였고, 그들 노비와 우마, 기물을 노획하자 선비족은 그 무리 3만 명을 거느리고 遼東郡에 와서 투항하였다. (永建) 3년, 4년에도 선비족은 漁陽郡과 朔方郡을 노략질하였다.

(永建) 6년(서기 131) 가을, 耿曄(경엽)은 司馬를 보내 남흉노 군

사 수천 명을 거느리고 국경을 나가 선비족을 격파하였다. 겨울, 漁陽太守는 또 烏桓兵을 보내 선비족을 격파하여 무리 8백여 명을 죽이고 牛馬와 生口를 노획하였다. 烏桓의 豪人인 扶漱官(부수관)은 용감하고 힘이 세어 선비족과 싸울 때마다 적을 격파하였기에 조서로 '率衆君' 이라는 칭호를 하사받았다.

原文

陽嘉元年冬, 耿曄遣烏桓親漢都尉戎朱廆率衆王侯咄歸等, 出塞抄擊鮮卑, 大斬獲而還, 賜咄歸等已下爲率衆王,侯,長, 賜彩繒各有差. 鮮卑後寇遼東屬國, 於是耿曄乃移屯遼東無慮城拒之.

二年春, 匈奴中郎將趙稠遣從事將南匈奴骨都侯夫沈等, 出塞擊鮮卑, 破之, 斬獲甚衆, 詔賜夫沈金印紫綬及縑彩各有差. 秋, 鮮卑穿塞入馬城, 代郡太守擊之, 不能克. 後其至鞬死, 鮮卑抄盜差稀.

| **註釋** | ㅇ遼東屬國 – 치소는 昌遼縣, 今 遼寧省 서남 錦州市 관할 義縣. 관할 영역은 遼寧省 大淩河 중하류 일대.

[國譯]

(順帝) 陽嘉 원년(서기 132) 겨울, (烏桓校尉) 耿曄(경엽)은 烏桓族 親漢都尉 戎朱廆(융주외)에게 率衆王 侯咄歸(후돌귀) 등을 거느리고 국경을 넘어 선비족을 공격케 하여 크게 이기고 돌아왔는데, 후돌귀

이하 여러 사람에게 率衆王, 率衆侯, 率衆長의 지위를 하사하고 채색 비단을 차등을 두어 하사하였다. 선비족이 뒷날 遼東屬國을 노략질하자, 耿曄은 遼東 無慮縣 현서에 주둔하며 적을 맞아 싸웠다.

(陽嘉) 2년 봄, 匈奴中郎將 趙稠(조주)가 從事를 보내 南匈奴 骨都侯 夫沈(부침) 등을 거느리고 국경을 나가 선비족을 공격 격파하여 참수하거나 노획한 물자가 매우 많았는데, 조서로 夫沈(부침)에게 金印紫綬를 하사하고 縑彩(겸채, 합사비단)을 차등 있게 하사하였다. 가을에, 선비족이 馬城縣에 침입하자 代郡太守가 공격하였으나 이기지 못했다. 뒷날 其至鞬이 죽자 鮮卑의 노략질도 차츰 줄어들었다.

原文

桓帝時, 鮮卑檀石槐者, 其父投鹿侯, 初從匈奴軍三年, 其妻在家生子. 投鹿侯歸, 怪欲殺之. 妻言嘗晝行, 聞雷震, 仰天視而雹入其口, 因呑之, 遂姙身, 十月而産, 此子必有奇異, 且宜長視. 投鹿侯不聽, 遂棄之. 妻私語家令收養焉, 名檀石槐. 年十四五, 勇健有智略. 異部大人抄取其外家牛, 羊, 檀石槐單騎追擊之, 所向無前, 悉還得所亡者, 由是部落畏服. 乃施法禁, 平曲直, 無敢犯者, 遂推以爲大人. 檀石槐乃立庭於彈汗山歠仇水上, 去高柳北三百餘里, 兵馬甚盛, 東西部大人皆歸焉. 因南抄緣邊, 北拒丁零, 東卻夫餘, 西擊烏孫, 盡據匈奴故地, 東西萬四千餘里, 南北七千餘里, 網羅山川水澤鹽池.

| 註釋 | ㅇ檀石槐(단석괴, 서기 136 – 181) – 鮮卑 首領의 한 사람. ㅇ彈汗山(탄한산) – 今 河北省 서북부 張家口市 관할 尙義縣 소재. 내몽고 자치주와 접경.

【國譯】

桓帝(환제) 때, 鮮卑族의 檀石槐(단석괴)란 자는 그 부친이 投鹿侯(투록후)인데, 남흉노의 군사를 3년간 따라다녔고 그 처는 집에 있으면서 아들을 낳았다. 투록후가 집에 돌아와 불길하다 생각하여 아들을 죽이려 했다. 그러자 아내는 낮에 길을 가는데 천둥소리를 듣고 하늘을 올려 보았는데 우박이 입으로 들어가 삼켰고, 그대로 임신이 되어 열 달을 지나 출산하였다며 이 아이가 아주 기특하니 키워야 한다고 말했다. 투록후는 허락지 않고 아이를 내다버렸다. 아내는 몰래 친정에 말해 거두어 기르게 하였고, 이름을 檀石槐(단석괴)라고 하였다.

단석괴가 14, 5세가 되었는데 용감하고 건장했으며 지략이 뛰어났다. 異部의 大人이 그 외가의 소와 양을 빼앗아가자, 단석괴가 단기로 추격하니 대적할 자가 없었고, 잃은 것을 모두 찾아오자, 部落에서 두려워 복종하였다. 단석괴가 法禁을 시행하며 옳고 그름을 바르게 평결하니, 법을 어기는 자가 없어 결국 추대를 받아 大人이 되었다.

단석괴는 이에 彈汗山(탄한산) 아래 歠仇水(철구수) 가에 거소를 정했는데, 그곳은 (代郡) 高柳縣에서 북쪽 3백여 리 떨어진 곳으로 兵馬가 아주 융성하여 동서의 大人이 모두 찾아와 귀의하였다. 단석괴는 남으로는 漢의 변경을 노략질하고, 북으로는 (유목민족) 丁零(정령)에 항거하였으며, 동쪽으로는 夫餘(부여)를 물리쳤고, 서쪽으로는 오손을 공격하여 匈奴의 故地를 거의 다 차지하였는데, 이는 남북 7천 리에 걸쳐 모든 산천과 水澤과 鹽池를 포함하는 땅이었다.

原文

永壽二年秋, 檀石槐遂將三四千騎寇雲中. 延熹元年, 鮮卑寇北邊. 冬, 使匈奴中郎將張奐率南單于出塞擊之, 斬首二百級. 二年, 復入雁門, 殺數百人, 大抄掠而去. 六年夏, 千餘騎寇遼東屬國. 九年夏, 遂分騎數萬人入緣邊九郡, 並殺掠吏人. 於是復遣張奐擊之, 鮮卑乃出塞去. 朝廷積患之而不能制, 遂遣使持印綬封檀石槐爲王, 欲與和親. 檀石槐不肯受, 而寇抄滋甚. 乃自分其地爲三部, 從右北平以東至遼東, 接夫餘,濊貊二十餘邑爲東部, 從右北平以西至上谷十餘邑爲中部, 從上谷以西至敦煌,烏孫二十餘邑爲西部. 各置大人主領之, 皆屬檀石槐.

| 註釋 | ㅇ右北平 - 郡名. 治所는 土垠縣(토은현), 今 河北省 북동부 唐山市 豐潤區.

[國譯]

(桓帝) 永壽 2년(서기 156) 가을, 檀石槐(단석괴)는 3, 4천 기병을 거느리고 雲中郡을 노략질하였다. (桓帝) 延熹 원년(서기 158), 鮮卑가 북방 변경을 노략질하였다. 겨울에, 使匈奴中郎將 張奐(장환)이 南單于의 군사를 거느리고 국경을 넘어 공격하여 2백여 명을 죽

였다. (延熹) 2년, 다시 雁門郡에 침입하여 수백 명을 죽이고 크게 노략질을 하고 떠나버렸다. (延熹) 6년(서기 163) 여름, 선비족 1천여 기병이 遼東屬國을 노략질하였다. (延熹) 9년 여름, 드디어 수만 기병을 나누어 국경 지역 9개 군을 노략질하면서 관리와 백성을 죽이거나 잡아갔다. 이에 다시 장환을 보내 공격하자 선비족은 국경을 넘어 돌아갔다.

조정에서는 환난이 많았지만 제압할 방법이 없어 결국 사자를 보내 인수를 갖고 가서 檀石槐(단석괴)를 王으로 봉하며 화친하려 했다. 그러나 단석괴는 받으려 하지 않았고, 노략질은 더욱 심해졌다. 그리고 단석괴는 자기 영역을 3부로 나누었는데, 右北平郡의 동쪽으로 요동군 지역에서 夫餘와 濊貊(예맥)까지 20여 읍을 東部로, 右北平郡의 서쪽으로 上谷郡 지역까지 10여 읍은 中部로, 그리고 上谷郡 지역 서쪽으로 敦煌郡과 烏孫(오손)에 이르는 20여 읍은 西部라 하였다. 단석괴는 각 부에 大人을 두어 거느리게 하였지만, 모두 단석괴에 직속되었다.

原文

靈帝立, 幽,并,涼三州緣邊諸郡無歲不被鮮卑寇抄, 殺略不可勝數. 熹平三年冬, 鮮卑入北地, 太守夏育率休著屠各追擊破之. 遷育爲護烏桓校尉.

五年, 鮮卑寇幽州. 六年夏, 鮮卑寇三邊. 秋, 夏育上言, 「鮮卑寇邊, 自春以來, 三十餘發, 請征幽州諸郡兵出塞擊之, 一冬二春, 必能禽滅.」 朝廷未許.

先是, 護羌校尉田晏坐事論刑被原, 欲立功自效, 乃請中常侍王甫求得爲將, 甫因此議遣兵, 與育並力討賊. 帝乃拜晏爲破鮮卑中郞將. 大臣多有不同, 乃召百官議朝堂. 議郞蔡邕議曰,

| 註釋 | ㅇ中常侍 – 환관, 황제 측근에서 시중, 고문 응대, 내궁에 출입. 無 定員, 질록 千石. 나중에는 比二千石으로 증액. 《三國演義》에 나오는 十常侍는 張讓, 段珪, 趙忠, 封諝(봉서), 曹節, 侯覽, 蹇碩(건석), 程曠, 夏惲(하운), 郭勝 등이다. ㅇ王甫 – 환관으로 十常侍는 아니지만 그 폐해가 많았다. 유명한 酷吏 陽球(양구)가 司隸校尉가 되자 왕보를 잡아 하옥했고, 왕보는 혹독한 고문을 받아 옥사하였다. 王甫의 養子 王吉(왕길)은 정말 가혹한 혹리였는데, 沛國相으로 5년간 재직하며 약 1만 명을 죽였다. 양구가 왕보를 죽일 때 왕길도 같이 죽였다. ㅇ蔡邕(채옹) – 蔡邕(채옹)은 才學을 겸비한 명사였다. 靈帝에게 수차 바른 상소를 올렸지만 환관의 질시를 받아 변방으로 강제 이주되었다가 다시 강남 일대에서 12년을 숨어살아야 했다. 나중에 董卓의 인정을 받았지만 동탁이 피살된 뒤 옥사했다. 채옹은 음악적 재능도 뛰어난 천재였다. 60권, 〈馬融蔡邕列傳〉 立傳.

【國譯】

靈帝(재위, 서기 168 - 188)가 즉위한 뒤로, 幽州, 幷州, 涼州의 변경에 연한 모든 郡이 선비족의 노략질을 당하지 않은 때가 없었으니 그들의 살인과 약탈은 이루 다 말할 수도 없었다. (靈帝) 熹平 3년(174) 겨울, 鮮卑가 北地郡에 침입하자, 太守인 夏育(하육)이 (남흉노) 休著屠各(휴저도각)의 군사를 이끌고 추격하여 격파하였다. 하육은 護烏桓校尉오 승진하였다.

(熹平) 5년, 선비족이 幽州(유주) 일대를 노략질했다. 6년 여름, 鮮卑가 북, 동, 서쪽에서 침입하였다. 가을에, 夏育이 상서하였다.

「선비족이 변경 노략질을 봄부터 30여 차례입니다. 幽州 각 군의 군사를 동원을 주청하오니 겨울 한 철과 봄 두 철이면 틀림없이 잡아 없앨 수 있습니다.」

그러나 조정에서는 허락하지 않았다.

이에 앞서, 護羌校尉 田晏(전안)이 죄에 연루되었지만 형 집행을 사면 받았었다. 전안은 공을 세워 자신을 알리고자 中常侍인 王甫(왕보)를 통하여 장수가 되려고 하자, 왕보는 군사 파견을 논의하는 자리에서 전안이 하육을 도와 선비족을 토벌할 수 있게 해달라고 말했다. 영제는 전안을 破鮮卑中郞將에 임명하였다. 많은 대신들이 이에 반대하자, 영제는 조정에서 백관을 소집하였다. 이에 議郞 蔡邕(채옹)이 건의하였다.

原文

「《書》戒猾夏, 《易》伐鬼方, 周有獫狁,蠻荊之師, 漢有闐顏,瀚海之事. 征討殊類, 所由尙矣. 然而時有同異, 勢有可否, 故謀有得失, 事有成敗, 不可齊也.

武帝情存遠略, 志辟四方, 南誅百越, 北討强胡, 西伐大宛, 東並朝鮮. 因文,景之蓄, 借天下之饒, 數十年間, 官民俱匱. 乃興鹽鐵酒榷之利, 設告緡重稅之令. 民不堪命, 起爲盜賊, 關東紛擾, 道路不通. 繡衣直指之使, 奮鈇鉞而並出. 旣而覺悟, 乃息兵罷役, 封丞相爲富民侯. 故主父偃曰, '夫務戰勝, 窮武事, 未有不悔者也.' 夫以世宗神武, 將相良猛, 財賦充實, 所拓廣遠, 猶有悔焉. 況今人財並乏, 事劣昔時乎!」

| 註釋 | ㅇ《書》戒猾夏 - 《書》는 《書經》. 猾은 어지럽히다(亂也). 夏는 夏 왕조. ㅇ《易》伐鬼方 - 《易》은 水(☵)火(☲) 旣濟. 〈旣濟卦〉의 九三 爻辭(효사). 鬼方은 遠方. 小蠻夷 거주지. ㅇ蠻荊之師 - 蠻荊(만형)은 荊楚. 長江 일대. ㅇ闐顔,瀚海 - 闐顔(전안)은 무제 때, 대장군 衛靑(위청)이 흉노를 격파한 산. 瀚海(한해)는 곽거병이 흉노를 격파한 산. 바다가 아님. 사막이나 큰 산악의 평원도 海라고 불렀다. ㅇ鹽鐵酒榷之利 - 무제 때 원정에 따른 재원조달을 위해 소금과 철, 술을 전매하였다. 榷은 외나무다리 각. 전매하다. 도리하다. ㅇ告緡重稅之令 - 상인의 은익 재산을 고발하는 자에게 몰수한 재산의 절반을 상으로 주는 법령이 告緡令(고민령)이다. 告는 신고, 密告. 緡은 돈 꿰미 민. ㅇ繡衣直指之使 - 繡衣直指之使는 불법을 암행 감찰하고 현지에서 즉결 처분을 할 수 있는 황제의 특사. ㅇ奮鈇鉞而並出 - 鈇鉞(부월)은 도끼. 황제 특명에 의한 즉결 처분 권한을 상징. ㅇ主父偃(주보언, ?-前 126년) - 推恩令을 건의 시행하여 제후의 세력을 약화시켰다. 主父(주보)는 복성.

[國譯]

「《書經》에서는 夏를 혼란케 한 蠻夷를 경계하였고, 《易》에서는 鬼方(遠方)을 정벌했다고 했으며, 周에는 獫狁(험윤) 族이 있었고, 荊楚(형초)의 蠻夷를 정벌하였으며, 漢에서는 闐顔山(전안산)과 瀚海(한해)에서 흉노를 원정하였습니다. 다른 이민족에 대한 정벌은 그 유래가 오래되었습니다. 그러나 시대가 같지 않고, 형세에 有不利가 있었으며, 방책에는 장단점이, 大事에는 성패가 있어 똑같이 생각할 수는 없습니다.

武帝는 가슴에 원대한 지략과 사방 영토 확장의 뜻이 있어, 남으로는 百越을 주살하였고, 北으로는 강한 흉노를 정벌했으며, 서쪽으로는 大宛(대원)에 사자를 보내고, 동쪽으로 朝鮮을 병합하였습니다. 이런 원정에 文帝와 景帝 시대의 비축분 외에도 천하의 풍요를 다 동원했으며 수십 년간에 걸쳐 나라와 백성 모두를 궁핍하게 하였습니다. 그래서 소금과 철과 술을 專賣하는 이익을 독점하였고, (상인이나 부호의) 은익재산을 신고하게 하는 告緡令(고민령)과 각종 重稅의 법령을 시행하였습니다. 백성은 중세의 명령을 견딜 수 없어 봉기하여 도적이 되자, 關東이 소란해지고 道路도 不通하였습니다. 이에 황제는 斧鉞(부월)을 가진 繡衣直指使(수의직지사)를 지방에 파견하였습니다. 얼마 뒤에 (원정과 여러 조치의 폐단을) 상황을 파악하고 원정을 중지했고 부역 동원을 그만두었으며 富民侯(車千秋)를 승상에 등용하였습니다. 그래서 主父偃(주보언)은 '勝戰하려고 武事에 전념하고서 (나중에) 후회하지 않는 사람이 없었습니다.' 라고 말했습니다. 世宗(武帝)의 神武에 용맹하고 유능한 將相이 있었고, 財賦가 충실하여 광대한 지역을 개척하였어도 후회를 하였습니다. 하물며 지금처럼 인재와 재물이 모두가 궁핍하고 사정이 옛만 못하니 더 말할 수 있겠습니까!」

原文

「自匈奴遁逃, 鮮卑强盛, 據其故地, 稱兵十萬, 才力勁健, 意智益生. 加以關塞不嚴, 禁網多漏, 精金良鐵, 皆爲賊有, 漢人逋逃, 爲之謀主, 兵利馬疾, 過於匈奴. 昔段熲良將, 習兵善戰, 有事西羌, 猶十餘年. 今育,晏才策, 未必過熲, 鮮卑種衆, 不弱於曩時. 而虛計二載, 自許有成, 若禍結兵連, 豈得中休? 當復徵發衆人, 轉運無已. 是爲耗竭諸夏, 並力蠻夷. 夫邊垂之患, 手足之蚧搔, 中國之困, 胸背之瘭疽. 方今郡縣盜賊尙不能禁, 況此醜虜而可伏乎!」

| 註釋 | ○段熲(단경) – 65권, 〈皇甫張段列傳〉에 立傳. ○手足之蚧搔 – 지엽적인 문제라는 뜻. 蚧은 옴 개. 疥(옴 개)와 同. 搔는 긁을 소. 가려움증. ○胸背之瘭疽 – 瘭는 종기 표. 고질적 악성 腫氣(종기). 疽는 등창 저.

【國譯】

「匈奴가 달아나 숨어버리자, 鮮卑族이 강성해져서 흉노의 옛 땅을 차지하였고 10만 대군을 자칭하며, 재주와 능력이 많고, 용감 건장하며 의기와 지략도 더 늘었습니다. 거기에 우리 관문과 요새의 방비도 엄하지 않았고 禁令의 법망도 허술하였으며, 좋은 금이나 철의 생산이 만이의 차지가 되었고, 漢人이 蠻夷의 땅으로 도주하여 그들의 策士가 되었으며, 그들의 병기와 마필도 옛 흉노보다도 더 좋아졌습니다.

옛날에 段熲(단경) 같은 良將은 군사업무에 밝고 善戰하였는데도 西羌 평정에 10여 년이 걸렸습니다. 지금 하육과 전안의 재능과 책략은 단경보다 우수하지도 않으며, 선비족은 그 숫자도 많으며 옛날처럼 허약하지도 않습니다. 그런데도 2년 동안의 성과 없는 방책을 성과가 크다고 생각하니, 만약 전쟁이 일어나 계속될 경우에는 중간에 어찌 중지할 수 있겠습니까? 응당 많은 군사를 동원해야 하고 군량 轉運을 그만둘 수도 없을 것입니다. 이는 중국의 국부를 소모하여 고갈시키는 것이며, 만이에게 힘을 보태주는 것입니다. 대체로 변방의 재난은 손발의 옴이나 가려움증과 같고, 中國의 피폐는 가슴과 등의 악성 종기입니다. 지금 郡縣의 도적도 금압하지 못하거늘, 하물며 선비족 같은 惡種을 어찌 굴복시키겠습니까?」

原文

「昔高祖忍平城之恥, 呂后棄慢書之詬, 方之於今, 何者爲甚? 天設山河, 秦築長城, 漢起塞垣, 所以別內外, 異殊俗也. 苟無蹙國內侮之患則可矣, 豈與蟲蟻狡寇計爭往來哉! 雖或破之, 豈可殄盡, 而方令本朝爲之旰食乎!」

| **註釋** | ○呂后棄慢書之詬 – 흉노 冒頓單于(묵독선우)는 呂后에게 서로 혼자라서 외로우니 결혼하는 것이 좋지 않겠느냐는 조롱의 국서를 보내왔고 정벌로 응징해야 한다는 논의가 있었지만 현실적으로 불가능하여 그냥 무시하였다. ○旰食(간식) – 정사에 바빠 밥을 늦게 먹다. 旰은 해질 간(한). 盱(해돋을 우)가 아님.

[國譯]

「옛날 高祖께서는 平城의 치욕을 삼으셨고, 呂后께서는 (흉노 선우가) 보낸 국서의 조롱을 무시하였는데, 지금에 비하여 어느 쪽이 더 심하겠습니까? 하늘이 山河를 배치한 뒤로, 秦은 長城을 축조하였는데, 漢이 요새를 구축하여 內外를 구분한 것은 풍속을 달리하려는 뜻입니다. 나라를 위축시키는 재난만 없다면 정말 그대로 괜찮은 것이거늘, 어찌 벌레나 개미같이 미미하고 교활한 적과 계교를 다투며 왕래해야 하겠습니까? 비록 만이를 격파한들 어찌 다 없앨 수 있으며, 그런 일로 우리 조정이 바빠서 식사를 제때에 못해서야 되겠습니까!」

原文

「夫專勝者未必克, 挾疑者未必敗. 衆所謂危, 聖人不任, 朝議不嫌, 明主不行也. 昔淮南王安諫伐越曰, '天子之兵, 有徵無戰. 言其莫敢校也. 如使越人蒙死以逆執事廝輿之卒, 有一不備而歸者, 雖得越王之首, 而猶爲大漢羞之.' 而欲以齊民易醜虜, 皇威辱外夷, 就如其言, 猶已危矣, 況乎得失不可量邪! 昔珠崖郡反, 孝元皇帝納賈捐之言, 而下詔曰, '珠崖背畔, 今議者或曰可討, 或曰棄之. 朕日夜惟思, 羞威不行, 則欲誅之, 通於時變, 復憂萬民. 夫萬民之飢與遠蠻之不可討, 何者爲大? 宗廟之祭, 凶年猶有不備, 況避不嫌之辱哉! 今關東大困, 無以相贍, 又當動兵, 非但勞民而已. 其罷珠崖郡.'

此元帝所以發德音也. 夫恤民救急, 雖成郡列縣, 尙猶避之, 況障塞之外, 未嘗爲民居者乎! 守邊之術, 李牧善其略, 保塞之論, 嚴尤申其要. 遺業猶在, 文章具存. 循二子之策, 守先帝之規, 臣曰可矣.」

| **註釋** | ㅇ淮南王安 – 淮南王 劉安, 高祖의 아들, 劉長의 아들이니 고조의 손자이다. 무제 때 반역을 계획했으나 탄로 나서 자살하였다. 《淮南子》

의 저자. ○昔珠崖郡反 - 今 중국 海南省(海南島)에 무제 때 珠崖郡(주애군)을 설치했지만 원주민의 반란이 계속되자 폐군하였다. ○賈捐之(가연지) - 賈誼(가의)의 증손. ○李牧善其略 - 李牧(이목)은 전국시대 말기 趙의 良將. 흉노의 침입에 될 수 있는 한 전투를 피했다. ○嚴尤(엄우) - 왕망의 무장. 30만 대군을 동원한 흉노 원정에 반대하였다.

【國譯】

「대체로 늘 이긴다 하여 끝까지 이기지는 못하고, 승부를 의심했다하여 꼭 패망하는 것은 아닙니다. 많은 사람이 위태롭다고 말하면 聖人일지라도 일을 맡기지 않고, 朝議의 반대가 없어도 明主는 실행하지 않을 수 있습니다. 옛날(前漢)의 淮南王 劉安(유안)은 (武帝의) 越國 정벌을 제지하면서 말했습니다.

'天子의 군사는 징벌을 하지만 전투는 없어야 합니다. 이는 만이와 강약을 겨룰 수 없다는 뜻입니다. 만약 越人이 죽기를 작정하고 천자의 군사를 맞아 싸워, 단 한 사람이라도 죽어 돌아가지 못하는 자가 있다면, 비록 越王의 목을 얻었다 하더라도 大漢의 수치가 될 수 있습니다.'

폐하의 모두 소중한 백성을 추악한 이민족과 바꾸려 한다면 皇威가 外夷에게 욕을 당하는 것입니다. 상황이 그러하다면 이미 위태로운 것인데, 하물며 득실을 헤아릴 수 없다면 어찌 하시겠습니까! 옛날 珠崖郡(주애군)에서 반기를 들자, 孝元皇帝께서는 賈捐之(가연지)의 건의를 받아들여 조서를 내렸습니다.

'珠崖郡이 배반하였는데, 지금 議者는 토벌해야 한다 하고 어떤 자는 폐군해야 한다고 말한다. 짐은 밤낮으로 생각해보니 황제의 위엄이 행해질 수 없는 것을 수치로 여겨 그들을 주살하고 싶지만 時

變을 고려해야 하고 만백성을 걱정해야 할 것이다. 지금 백성의 굶주림과 遠地의 만이 토벌과 어느 쪽이 더 중대하겠는가? 宗廟의 祭物도 흉년에도 모두를 다 갖추지 않거늘, 하물며 누구나 피하고 싶은 치욕을 피할 수 있다면 어찌 하겠는가! 지금 關東에 큰 흉년이 들어 서로를 구제할 수도 없는데 또 군사를 동원해야 한다면 이는 백성들만 고생시킬 뿐이다. 珠崖郡를 廢郡(폐군)토록 하라.'

이는 元帝께서 德音을 선포하신 것입니다. 백성을 긍휼히 여기고 위급한 자를 구원해야 한다면 비록 있는 郡과 縣이라도 버려야 하거늘, 하물며 국경 밖 우리 백성이 없는 곳이라면 응당 버려야 합니다. 변경을 지키는 방법이라면 李牧(이목)이 책략이 옳았으며, 국경을 지키는 의론이라면 嚴尤(엄우)가 그 요점을 잘 파악했습니다. 그런 遺業(유업)은 아직 남아 있고 문장도 남아 있습니다. 夏育과 田晏 두 사람의 방책을 따르면서도 先帝의 법규를 지킬 수 있다면 臣은 可하다고 하겠습니다.」

原文

帝不從, 遂遣夏育出高柳, 田晏出雲中, 匈奴中郎將臧旻率南單于出雁門, 各將萬騎, 三道出塞二千餘里. 檀石槐命三部大人各帥衆逆戰, 育等大敗, 喪其節傳輜重, 各將數十騎奔還, 死者十七八. 三將檻車徵下獄, 贖爲庶人.

冬, 鮮卑寇遼西. 光和元年冬, 又寇酒泉, 緣邊莫不被毒. 種衆日多, 田畜射獵不足給食, 檀石槐乃自徇行, 見烏侯秦水廣從數百里, 水停不流, 其中有魚, 不能得之. 聞倭人善網捕, 於是東擊倭人國, 得千餘家, 徙置秦水上. 令捕魚以助糧食.

| **註釋** | ㅇ烏侯秦水 – 今 내몽고 동부의 遼河의 지류로 추정. ㅇ倭人善網捕 – 바다 건너 왜인국일 수 없다. 《三國志》의 기록대로 汙人(오인), 汙人國이 그래도 합리적이다.

[國譯]

靈帝는 蔡邕(채옹)의 건의를 받아들이지 않고 마침내 夏育을 (代郡의) 高柳縣에서, 田晏(전안)은 雲中郡에서, 匈奴中郎將 臧旻(장민)은 남선우의 군사를 이끌고 雁門郡에서 각각 1만 기병을 거느리고 三道로 국경 넘어 2천 리를 진격하였다. 단석괴는 3部의 大人에게 각각 군사를 거느리고 맞아 싸우게 하였는데, 하육 등은 大敗하면서, 符節과 傳書와 輜重(치중)을 모두 잃고 겨우 수십 기병만을 거느리고 돌아왔는데 死者가 10에 7, 8이었다. 장수 3인은 檻車(함거)에 실려 와서 하옥되었다가 속전을 내고 서인이 되었다.

겨울에, 선비족이 요서군을 노략질하였다. (靈帝) 光和 원년(서기 178) 겨울, 또 酒泉郡을 노략질하였는데, 연변에 혹독한 폐해를 당하지 않은 곳이 없었다.

선비족은 그 종족이 크게 불어나 목축과 사냥으로는 식량을 공급할 수 없었는데 단석괴는 직접 각지를 순행하다가 烏侯秦水(오후진수) 늪지대의 넓이가 수백 리이고, 물이 멈춰 흐르지 않으나 그 안에 물고기가 있어도 잡을 방법이 없다는 것을 알았다. 이에 倭人(汙人)이 물고기 그물로 고기를 잘 잡는다는 말을 듣고 東쪽으로 倭人國(汙人國)을 정벌하여 1천여 가구를 데려다가 秦水(진수) 일대에 살게 했다. 그리하여 물고기를 잡아 양식에 보태게 하였다.

原文

光和中, 檀石槐死, 時年四十五, 子和連代立. 和連才力不及父, 亦數爲寇抄, 性貪淫, 斷法不平, 衆畔者半. 後出攻北地, 廉人善弩射者射中和連, 卽死. 其子騫曼年小, 兄子魁頭立. 後騫曼長大, 與魁頭爭國, 衆遂離散. 魁頭死, 弟步度根立. 自檀石槐後, 諸大人遂世相傳襲.

| **註釋** | ㅇ諸大人遂世相傳襲 – 大人은 세습하지 않았는데 이제 세습했다는 뜻. 檀石槐부터 王朝의 세습이 이루어졌다는 뜻.

[國譯]

(靈帝) 光和 연간에(서기 178 – 183), 단석괴가 죽었는데 그때 45세였는데 아들 和連(화련)이 뒤를 이어 즉위했다. 화련의 재능과 능력은 부친만 못했지만 자주 노략질을 하였고 천성적으로 탐욕이 많았으며, 법 집행이 공평치 못했기에 무리 중 절반이 반기를 들었다. 뒷날 北地郡을 노략질할 때, (北地郡) 廉縣(염현)에 쇠뇌를 잘 쏘는 사람이 있어 화련을 맞추자 즉사하였다. 그 아들 騫曼(건만)은 나이가 어려 형의 아들인 魁頭(괴두)가 즉위하였다. 뒷날 건만이 장성하여 괴두와 권력싸움을 벌여 무리는 흩어졌다. 魁頭가 죽자, 동생 步度根(보도근)이 즉위했다. 단석괴 이후 여러 大人들도 대를 이어 세습하였다.

原文

論曰, 四夷之暴, 其勢互强矣. 匈奴熾於隆漢, 西羌猛於中興. 而靈,獻之間, 二虜迭盛. 石槐驍猛, 盡有單于之地, 蹋頓凶桀, 公據遼西之土. 其陵跨中國, 結患生人者, 靡世而寧焉. 然制御上略, 歷世無聞, 周,漢之策, 僅得中下. 將天之冥數, 以至於是乎?

| 註釋 | ㅇ僅得中下 – 僅은 겨우 근. 中下는 中策이나 下策. 천자의 나라가 만이들과 싸운다는 자체가 벌써 상책이 될 수 없다는 뜻.

[國譯]

范曄(범엽)의 史論 : 四夷의 난폭한 세력은 차례대로 강성하였다. 匈奴는 漢의 융성기에 강대했고, 西羌은 (후한)의 中興期에 막강했었다. 靈帝와 獻帝 무렵에는 烏桓과 鮮卑가 차례로 극성했다. 檀石槐(단석괴)의 사나운 용맹으로 옛 單于의 땅을 모두 차지하였고, (烏桓의) 蹋頓(답돈)은 遼西의 땅을 공식적으로 차지하였다. 그들은 중국을 짓밟았고 백성들의 환난이었기에 하루라도 평안한 날이 없었다. 그러나 이런 만이를 제어할 좋은 책략은 오래도록 들은 바 없었으니, 周와 漢의 방책은 겨우 中策이나 下策이었다. 앞으로 하늘의 名數가 어찌 이렇게 되었는가?

原文

贊曰, 二虜首施, 鯁我北垂. 道暢則馴, 時薄先離.

| **註釋** | ㅇ二虜首施 – 二虜는 烏桓과 鮮卑. 首施는 首鼠兩端의 뜻. ㅇ鯁我北垂 – 鯁은 생선 뼈 경. 장애.

【國譯】

贊曰,

오환과 선비족은 눈치를 보며 우리 북변의 장애물이었다.

왕도가 행해지면 순종하다가 쇠약하면 먼저 배반하였다.

부록

1. 《後漢書》 수록 名文 목록
2. 〈獄中與諸甥姪書〉 – 范曄
   〈獄中與諸甥姪書〉
3. 《後漢書》 〈八十列傳〉 立傳 人物

[부록 1]

1.《後漢書》 수록 名文 목록

1. 高彪(고표) — 〈箴文〉 9권, 557p.
2. 杜篤(두독) — 〈論都賦〉 9권, 459p.
3. 杜詩(두시) — 〈乞退郡疏〉 4권, 515p.
4. 馬融(마융) — 〈廣成頌〉 7권, 472p.
5. 班固(반고) — 〈兩都賦〉 5권, 447p.
6. 班固(반고) — 〈典引篇〉 5권, 498p.
7. 班昭(반소) — 〈女誡〉 10권, 181p.
8. 邊讓(변양) — 〈章華賦〉 9권, 538p.
9. 傅毅(부의) — 〈迪志詩〉 9권, 483p.
10. 荀悅(순열) — 〈申鑒〉 8권, 34p.
11. 王符(왕부) — 〈貴忠篇〉 6권, 434p.
12. 王符(왕부) — 〈浮侈篇〉 6권, 439p.
13. 王符(왕부) — 〈實貢篇〉 6권, 449p.
14. 王符(왕부) — 〈愛日篇〉 6권, 452p.
15. 王符(왕부) — 〈述赦篇〉 6권, 458p.
16. 劉梁(유량) — 〈辯和同之論〉 9권, 529p.
17. 張衡(장형) — 〈思玄賦〉 7권, 426.
18. 張衡(장형) — 〈應閒〉 7권, 398p.
19. 趙壹(조일) — 〈窮鳥賦〉 9권, 515p.
20. 趙壹(조일) — 〈刺世疾邪賦〉 9권, 516p.

21. 朱穆(주목) — 〈崇厚論〉 6권, 101p.

22. 仲長統(중장통) — 〈理亂篇〉 6권, 470p.

23. 仲長統(중장통) — 〈法誡篇〉 6권, 494p.

24. 仲長統(중장통) — 〈損益篇〉 6권, 479p.

25. 蔡琰(채염) — 〈悲憤詩〉 10권, 224p.

26. 蔡邕(채옹) — 〈封事 七條〉 7권, 531p.

27. 蔡邕(채옹) — 〈釋誨〉 7권, 508p.

28. 崔琦(최기) — 〈外戚箴〉 9권, 502p.

29. 崔寔(최식) — 〈政論〉 7권, 52p.

30. 崔駰(최인) — 〈達旨〉 7권, 22p.

31. 崔篆(최전) — 〈慰志〉 7권, 16p.

32. 馮衍(풍연) — 〈顯志〉 4권, 336p.

〈獄中與諸甥姪書〉 - 范曄

《史記》에는 〈太史公自序〉가 있다. 〈太史公自序〉는 司馬遷(사마천) 가문의 유래와 六家의 학문에 대한 太史公 司馬談의 견해와, 司馬談이 《춘추》 이후 5백 년의 시점에서 역사를 정리 평가하려 했던 유언을 설명했으며, 부친의 유언을 실천하겠다고 다짐한 사마천의 각오 등을 수록했다. 〈太史公自序〉에는 《史記》 130권의 내용에 대한 간략한 소개한 〈列傳〉에 인물에 대한 立傳 이유를 설명하였는데, 독자는 이를 통해서 사마천의 역사인식과 서술 의도, 그리고 입전한 인물의 대략을 파악할 수 있다.

그리고 사마천은 우인에게 보낸 〈報任少卿書〉[1]에서 자신은 《사기》 저술을 통하여 '天人之際를 탐구하고, 古今之變에 달통하며, 一家之言을 완성코자 한다.' 고 말하였다. 또 궁형 이후 집필 과정과 종료 이후 자신의 심경을 정말로 피를 토하듯 서술했다. 역자도 젊은 날 이 글을 읽고 감동했던 기억이 새롭다.

班固의 《漢書》에도 〈敍傳〉(上, 下)가 있다. 〈敍傳〉(上) 에서 자신 가문을 장황하게 설명하였는데, 이는 《史記 太史公自序》의 모방이라 할

1 〈報任少卿書〉 - 班固의 《漢書 司馬遷傳》에 수록되었다. 그 서신에서 사마천은 '가령, 내가 법에 걸려 죽음을 당하더라도 九牛에서 一毛가 없어진 것과 같을 것이니 땅강아지나 개미와 무엇이 다르겠습니까! 그리고 世人들은 절개를 지켜 죽은 사람과는 비교도 하지 않으면서 어쩔 수 없이 큰 죄를 짓고 자결도 하지 못하고 지내다가 겨우 죽었다고 생각할 것입니다. 왜 그렇겠습니까? 평소 하는 일과 처지가 그러했기 때문일 것입니다. 사람은 한번 죽지만(人固有一死), 태산보다 무거운 죽음도 있고(死有重於泰山), 기러기 털보다 가벼운 죽음도 있는데(或輕於鴻毛), 이는 왜 죽게 되었느냐에 따라 다른 것입니다.' 라고 말했다.

수 있다. 특히 부친 班彪(반표)에 관한 상세한 기록과 함께 班彪의 〈王命論〉 전문을 수록하였다. 반고는 가상 인물과의 대담 형식의 글인 〈答賓戲〉를 통하여 자신의 《한서》 저술의 의도를 분명히 밝혔다. 이 글은 마치 司馬遷의 〈報任少卿書〉와 같은 의미를 갖는다.

반고는 〈敍傳〉(下)에서 '《漢書》 1백 권은 황제 12紀를 순서대로 서술하고 官司를 나열하였으며, 侯王의 책봉을 정리했고 天地의 표준을 설명하였으며, 陰陽을 통합하고 원시 이래 일월과 성신의 운행을 확대하여 추산하였으며, 지리와 지역을 분할 설명하였고 疆土를 연구 정리하였으며, 人倫의 뿌리와 근원을 밝히고 萬方을 포괄하여 설명하였다. 《六經》과 도덕의 체계를 밝혀 성과를 엮었고, 모든 인물의 성과와 자취를 종합하여 篇章을 撰述하였다. 高雅한 典故를 모두 포함하고 고금의 세상사를 관통하였으니 모든 문자가 情密하고 典雅하며 학술의 叢林을 생각했다. 이에 〈敍傳〉 第七十을 서술했다.' 라고 하면서 《한서》 1백 권의 체제를 요약했다.

이처럼 《史記》와 《漢書》, 곧 司馬遷과 班固는 〈太史公自序〉와 〈序傳〉를 통하여 저자의 의도와 서술 내용을 요약 파악할 수 있어 후학들의 학습에 큰 도움을 주고 있다.

그러나 范曄(범엽, 398-445)의 《後漢書》에는 저자 자신에 관한 자료나 저술 목적. 저술 체제에 관한 내용을 알 수 있는 자료가 없다.

범엽에 관해서는 沈約(심약, 441-513)의[2] 《宋書》 列傳에 입전된 자료

2 沈約(심약, 441-513) - 字 休文, 南朝 史學者 겸 문인. 특히 시 문학이론으로 '四聲八病' 은 유명하다. 심약은 미남자였고 '沈郎瘦腰(심랑수요)' 라는 말이 있다.

를 통해 알 수 있다. 범엽의 부친 范泰(범태)는 劉宋의 개국공신으로 《宋書》60권에 立傳되었다. 범엽은 69권에 입전되었는데, 법엽의 〈獄中與諸甥姪書〉라는 짧은 서신이 실려 있다.

〈獄中與諸甥姪書〉는 범엽이 처형되기 전에 생질들에게 보낸 서신으로 사실적인 내용이라고 할 수 있다. 이 서신에서 범엽의 자신의《後漢書》가 다른 사람들에게 어떻게 인식되고 얼마나 널리 퍼질 수 있을까를 걱정하고 있다. 이 서신에는 범엽의 문장과 문학에 대한 기본 인식과 평소 생활의 志趣,《後漢書》의 저술과《漢書》와 비교에 대한 범엽의 자부심 등이 생생하게 서술되었다. 이를 통하여《後漢書》 저술 의도를 알 수 있어 여기에 原文을 附記하고 註釋하였다.

〈獄中與諸甥姪書〉

-〈옥중에서 여러 甥姪(생질)에게 주는 글〉-

原文

「吾狂釁覆滅, 豈復可言, 汝等皆當以罪人棄之. 然平生行己任懷, 猶應可尋. 至於能不, 意中所解, 汝等或不悉知.

吾少懶學問, 晩成人, 年三十許, 政始有向耳. 自爾以來, 轉爲心化, 推老將至者, 亦當未已也. 往往有微解, 言乃不能自盡. 爲性不尋注書, 心氣惡, 小苦思, 便憒悶, 口機又不調利, 以此無談功. 至於所通解處, 皆自得之於胸懷耳. 文章轉進, 但才少思難, 所以每於操筆, 其所成篇, 殆無全稱者.」

│註釋│ ○狂釁覆滅 – 狂妄한 반역으로 멸망하다. 釁은 피바를 흔. 흠결. 범엽은 劉義康(유의강, 409-451, 武帝 劉劉의 皇子)의 반역사건에 연루되어 처형되었다. 이 서신은 처형되기 얼마 전에 쓰였는지 알 수 없지만 옥중에서 쓴 편지이니 그 진심의 표출이었다. 覆滅은 패망하다. 몰락하다. ○少懶學問 – 懶는 게으를 라. 이는 범엽의 謙辭이다. 범엽은 박학하고 文才가 뛰어났으며 隸書(예서)에 능했고 특히 音律에 정통했다. ○亦當未已也 – 범엽은 宣城太守로 재직하면서《후한서》편찬에 뜻을 두고 방대한 자료를 섭렵하였다. ○便憒悶 – 깊이 고민하다. 憒는 心亂할 궤. 悶은 번민할 민.

[國譯]

「내가 미친 짓으로 패망을 자초하였으니 무슨 말을 하겠느냐만, 너희들도 응당 나를 죄인으로 이미 마음속에서는 버렸을 것이다. 그러나 내가 평생 했던 일이나 좋아한 것은 그래도 탐구할만한 것이 있을 것이다. 그중에도 성패와 得失이나 내가 마음으로 추구한 것을 너희들은 잘 알 수 없을 것이다.

나는 젊어 학문에 게을렀고 늦게야 사람 노릇을 했지만, 30이나 되어서 겨우 학문에 마음을 두었다. 그런 이후로 서서히 학문에 마음을 쓰며 늘그막에도 학문을 그만두지 않았다. 독서 중에 심오 미묘한 뜻을 이해하게 되면 (그 기쁨을) 말로 다 표현할 수가 없었다.

나의 성격이 깊은 뜻이나 前人의 주석을 파고드는 것을 좋아하지 않았고, 마음을 다해 생각하거나 지칠 때까지 번민하지 않았으며, 또 말재주도 없어 특별한 성공은 없었다. 독서 중에 이해가 확실한 곳에서는 스스로 와 닿는 것이 가슴에 가득한 것 같았다. 그 뒤로 문장이 조금씩 나아졌지만 그래도 재주가 부족하고 文思가 게을러 붓을 잡아 한 편을 완성하더라도 언제나 마음에 들지 않았고 부족하다는 생각뿐이었다.」

原文

「常恥作文士. 文患其事盡於形, 情急於藻, 義牽其旨, 韻移其意. 雖時有能者, 大較多不免此累, 政可類工巧圖繢, 竟無得也. 常謂情志所託, 故當以意爲主, 以文傳意. 以意爲主, 則其旨必見, 以文傳意, 則其詞不流. 然後抽其芬芳, 振其金石耳. 此中情性旨趣, 千條百品, 屈曲有成理. 自謂頗識其數, 嘗爲人言, 多不能賞, 意或異故也.」

| **註釋** | ㅇ辭藻(사조) - 詩文의 아름다운 문채. 문장의 修飾(수식). 詞藻와 同. ㅇ政可類工巧圖繢 - 政은 어조사 정. 正(어조사 정)과 通. 方才(겨우). 앞 문단의 '政始有向耳'의 政도 마찬가지로 '政治, 政事'의 뜻은 없다. 아랫사람에게 주는 서간문이니 구어체 문장이다. 圖繢(도궤)는 그림으로 그려내다. 수놓다. ㅇ則其詞不流 - 流는 流亡, 유실되다. 문장을 지은 사

람이 뜻이 불명확하고 내용이 공허하지 않을 것이라는 뜻. ㅇ然後抽其芬芳 – 抽는 빼낼 추. 여기서는 발산하다. 芬芳(분방)은 아름다운 향기. 芬은 향기로울 분. ㅇ千條百品 – 千態萬象.

[國譯]

「나는 文士로서 늘 부끄러웠다. 문장을 지으면서 두려워할 것은 내용이 형식의 구애를 받아 형식화 되거나, 辭藻(사조, 文彩)에 치중하여 情感에 충실하지 못하며, 語義에 의거 本旨(본지)가 변질되거나, 韻律(운율) 때문에 그 본뜻이 달라지는 것이다. 문장에 유능하다는 사람도 대체로 이런 병폐에서 벗어나기 어려우니 그림으로 아주 정확하게 그려낼지라도 감동을 주지 못하는 것과 매우 비슷하다. 때문에 나는 늘 문장에는 정감이 살아 있어야 하고, 文意 전달이 爲主여야 하며, 詞意로 心意를 전달할 수 있어야 한다고 생각하였다. 文意가 중심이 된다면 主旨는 결코 流失되지 않을 것이다. 그런 뒤에야 아름다운 香氣를 발산하고 金石과 같은 소리가 날 것이다. 문장 속의 情誼(정의)와 旨趣(妙味)는 그야말로 다양한 내용에 婉轉(완전)한 변화가 있으면서도 道理가 확실할 것이다. 나는 문장의 이런 속성을 이해했고 여러 사람에게 늘 이를 말하였지만 대부분 이해하지 못했는데, 이는 문장에 대한 견해가 다르기 때문이다.」

原文

「性別宮商, 識淸濁, 斯自然也. 觀古今文人, 多不全了此處, 縱有會此者, 不必從根本中來. 言之皆有實證, 非爲空談. 年少中, 謝莊最有其分, 手筆差易, 文不拘韻故也.

吾思乃無定方, 特能濟難適輕重, 所禀之分, 猶當未盡. 但多公家之言, 少於事外遠致, 以此爲恨, 亦由無意於文名故也. 本未關史書, 政恒覺其不可解耳.」

| 註釋 | ㅇ 縱有會此者 – 縱은 가령, 설령. ㅇ謝莊(사장, 421–466) – 字는 希逸, 陳郡 謝氏. 南朝 宋의 고관, 문장가, 賦의 작가. 대표작 〈月賦〉. ㅇ政恒覺其不可解耳 – 문장은 내 생각대로 표현할 수 있지만, 政事는 늘 뜻대로 되지 않기 때문에 이해할 수 없는 일이라고 생각했을 것이다.

[國譯]

「(사람은) 천성적으로 音調의 宮(궁)과 商(상)을 구별하고, 音의 淸과 濁을 아는데, 이는 自然이다. 古今의 文人을 볼 때, 이런 도리가 不明하고, 설령 이를 이해했어도 그 근본을 터득하지 못한 사람이 많다. 이 말은 모두 사실이며 空談이 아니다. 젊은 사람 중에는 謝莊(사장)이 가장 특출하며 문장도 우수한데, 이는 韻(운)에 구애받지 않기 때문이다.

나의 생각은 일정한 틀이 없고 분방하나니, 이는 특히 難易(난이)와 輕重(경중)을 적절히 배합할 수 있고, 타고난 天禀(천품)이 바닥나지 않았기 때문이다. 다만, 나는 평소에 公文을 많이 작성해야 했고, 世外의 高遠한 意趣를 表達할 수 있는 글을 지을 기회가 적었던 것이 恨이 되지만, 이 또한 文名을 얻으려 생각하지 않았기 때문이다. 본래 나는 史書에 관심이 없었는데, 이는 政事란 이해할 수 없다고 생각했기 때문이다.」

原文

「旣造《後漢》, 轉得統緖, 詳觀古今著述及評論, 殆少可意者. 班氏最有高名, 旣任情無例, 不可甲乙辨. 後贊於理近無所得, 唯志可推耳. 博贍不可及之, 整理未必愧也. 吾雜傳論, 皆有精意深旨, 旣有裁味, 故約其詞句.

至於〈循吏〉以下及〈六夷〉諸序論, 筆勢縱放, 實天下之奇作. 其中合者, 往往不減〈過秦〉篇. 嘗共比方班氏所作, 非但不愧之而已. 欲遍作諸志, 前漢所有者悉令備. 雖事不必多, 且使見文得盡. 又欲因事就卷內發論, 以正一代得失, 意復未果. 贊自是吾文之傑思, 殆無一字空設, 奇變不窮, 同合異體, 乃自不知所以稱之. 此書行, 故應有賞音者. 紀, 傳例爲擧其大略耳, 諸細意甚多. 自古體大而思精, 未有此也. 恐世人不能盡之, 多貴古賤今, 所以稱情狂言耳.」

| **註釋** | ㅇ班氏最有高名 – 班固의 천재성을 范曄도 인정한 것 같다. ㅇ不可甲乙辨 – 갑론을박은 불가하다. ㅇ〈六夷〉諸序論 – 〈六夷〉는 6편

의 外國傳, 곧 〈東夷列傳〉, 〈南蠻西南夷列傳〉, 〈西羌傳〉, 〈西域傳〉, 〈南匈奴列傳〉, 〈烏桓鮮卑列傳〉. 序論은 각 권 첫 부분의 서론과 권말의 史論.
○往往不減〈過秦〉篇 – 司馬遷은 《史記 秦本紀》에 賈誼(가의)의 〈過秦論〉을 옮겨 사론을 대신했다. 그만큼 賈誼의 논설은 명문이고 秦의 멸망 원인을 명확하게 파악했다는 뜻이다. 범엽의 이런 비교는 충만한 자신감의 표현이지만 後人들의 평가는 이에 못 미치는 것 같다.

[國譯]

「《後漢書》를 집필하면서 頭緖(두서)를 확실히 하고, 고금의 저술과 평론을 상세히 읽었지만 내 마음에 드는 것은 거의 없었다. 班氏(班固)가 가장 高名하나, (그의 史筆은) 자기 마음에 따랐고 體例(체례)가 없어 條理를 세우기 어렵지만, 그렇다고 갑론을박은 어려울 것이다. (《漢書》 각 卷) 뒤에 있는 贊(찬)은 事理에 특별한 것이 없지만 그래도 그 뜻은 높았다. 廣博하고 자료가 풍부한 면에서는 (나의 《後漢書》가) 그에 미치지 못할 수 있지만, 條理를 따진다면 부족한 것이 없을 것이다. 내 《後漢書》의 立傳과 史論은 精意와 深旨를 갖추었고, 잘 다듬은〔剪裁(전재)〕 맛이 있으며 詞句가 簡略(간략)하다.

〈循吏傳〉 이하 〈六夷傳〉의 여러 序文과 史論은 筆勢가 자유분방하니 사실 천하의 奇作이다. 그중 가장 마음에 드는 것은 (賈誼의) 〈過秦論〉에 비해서도 손색이 없다고 생각한다. 일찍이 (《後漢書》와) 班固(《漢書》)와 비교하여도 모자라지 않을 것이다. 나는 《漢書》에 있는 것과 같은 여러 〈志(지)〉를 갖추려고 생각했었다.

史書의 記事가 꼭 많아야만 좋은 것이 아니고, 그 문장이 뜻을 다 갖추어야 할 것이다. 또 記事에 따라 卷內에서 發論하여 일대의 得失을 바로잡을 수 있어야 하는데 모두 다 그렇지는 못했다. (《後漢書》 각 卷 말의) 贊(찬)은 내 문장의 걸출한 작품으로 단 한 글자라도 그냥 들어간 것은 없으며, 기이한 변화가 무궁하며, 동일한 듯 같으면서도 다르니, 이에 대하여 어떤 평가가 있을지는 모르겠다. 此書(後漢書)가 세상에 알려지면 분명 칭송의 평가가 있을 것이다. 紀와 傳의 事例는 그 大略을 열거했을 뿐이나 그 細意는 아주 많다. 자고로 체제가 방대하면서도 사려가 이처럼 깊은 책은 일찍이 없었다. 아마 世人의 대부분이 이를 잘 아지 못하고 옛 저술만 높이 평가하고 지금의 저술을 낮게 평가하기에, 나의 이런 뜻을 狂言처럼 생각할 것이다.」

原文

「吾於音樂, 聽功不及自揮, 但所精非雅聲, 爲可恨. 然至於一絶處, 亦復何異邪! 其中體趣, 言之不盡, 弦外之意, 虛響之音, 不知所從而來. 雖少許處, 而旨態無極. 亦嘗以授人, 士庶中未有一毫似者. 此永不傳矣.

吾書雖小小有意, 筆勢不快, 餘竟不成就, 每愧此名.」

| **註釋** | ㅇ吾於音樂 – 범엽의 음악적 재능은 당시 사람들도 모두 인정하였다. 〈范曄傳〉의 '曄長不滿七尺, 肥黑, 禿眉鬚. 善彈琵琶, 能爲新聲.

上欲聞之, 屢諷以微旨, 曄僞若不曉, 終不肯爲上彈. 上嘗宴飮歡適, 謂曄曰, "我欲歌, 卿可彈." 曄乃奉旨. 上歌旣畢, 曄亦止弦.' 참고. ○弦外之意 - 絃外之意. ○吾書雖小小有意 - 범엽은 당대의 명필이었다. 범엽은 香에도 조예가 깊어 〈和香方〉이라는 글을 지어 香을 인품처럼 분류하여 설명하였다.

[國譯]

「나는 음악에서 잘 듣는 것은 직접 연주만 못하고, 음률에 정통했어도 그 연주가 좋지 않은 것은 매우 한스러운 일이라고 생각한다. 그러나 어떤 절대적인 단계에 오르면 무슨 차이가 있겠는가! 나의 탄금은 하나의 취미이지만, 이는 말로 다 표현할 수 없으며, 연주에 함축된 心意와 소리 밖의 소리가 어디서 오는 지는 설명하기 어렵다. 비록 내가 조금 낫다지만 그 뜻은 무궁하다. 나의 이런 심경을 다른 사람에게 알려주었지만 士人이든 衆人이든 털끝만큼도 이해하지 못하니, 이는 영원히 전해지지 않을 것이다.

나의 書法도 조금은 볼만하지만 筆勢가 강하지 못하고, 그 나머지는 성취하지 못하였으니 나의 명성에는 부끄러울 뿐이다.」

[부록 3]

3.《後漢書》〈八十列傳〉立傳 人物[3]

-譯者의 自序-

後漢의 정치 상황은 儒家에서 말하는 태평성대라 할 수는 없다. 백성들의 생활이 안정되었던 昇平(승평)의 시기는 겨우 明帝와 章帝 시절이었다. 특히 和帝와 安帝, 順帝 시기에 외척의 득세와 桓帝와 靈帝 시대의 환관의 발호로 후한은 거의 멸망에 이르렀고, 獻帝 시절은 겨우 생명 연장 장치로 목숨만 유지하는 중환자와 다름없었다.

그러나 후한 시대는 前漢代에 비해 전반적으로 문화의 수준이 크게 높아졌다. 그리고 前漢에 비해 지방 경제의 발전과 함께 개발이 촉진되었다. 그러면서 문화의 주인공으로서 서민의 참여가 크게 늘었다.

《後漢書》 열전 80권에 수록한 인물이 전대에 비해 크게 늘어난 것은 바로 이런 근거라 할 수 있다. 특히 76권, 〈循吏列傳〉부터 시작하여, 〈儒林列傳〉, 〈文苑列傳〉, 〈獨行列傳〉, 〈方術列傳〉, 〈逸民列傳〉과 84권, 〈列女傳〉에 이르는 여러 類傳을 통하며 상층문화의 지방 확산과 하층 기반문화의 융성을 짐작할 수 있다. 《후한서》의 이러한 유전은 《史記》나 《漢書》의 列傳보다 《후한서》의 가치를 더 높였다고 볼 수 있다.

《後漢書》에는 《史記》나 《漢書》처럼 立傳한 인물에 대한 평가나 소개가 없기에, 필자는 독자의 이해를 돕고자 列傳 80권에 입전한 인물에 대하여 역자 나름대로 다음에 소개하였다.

3 《후한서》 수록 인물의 목록은 판본에 따라 차이가 많다. 본서에서는 中華書局《後漢書》의 목록을 준용하였다.

11卷, 〈劉玄劉盆子列傳〉 – 劉玄, 劉盆子.

❖ 更始帝 劉玄과 赤眉軍에 의거 황제가 된 劉盆子(유분자)의 열전이다. 光武帝의 族兄인 劉玄은 인물이나 식견이 처음부터 너무 작은 그릇으로 나약했지만 황제로 옹립되었다. 적미군은 그 무리 중 劉氏를 골라 세운 뒤 제비뽑기로 15살 유분자를 황제로 옹립했다. 적미군에게 그렇게 옹립된 황제의 존재 의의는 무엇이겠는가? 그런 사람들이 무슨 일을 하겠는가? 경시제가 죽은 뒤 그 가족과, 그리고 광무제에게 투항한 유분자는 모두 광무제의 보호를 받아 생을 마쳤다.

12권, 〈王劉張李彭盧列傳〉 – 王昌, 劉永, 龐萌, 張步, 王閎, 李憲, 彭寵, 盧芳.

❖ 후한이 성립되는 과정에서 혼란을 틈타 황족을 사칭하거나 무지한 백성을 현혹시켜, 또는 도적의 무리로 한때 세력을 잡았던 사람들의 起身과 榮辱을 기록했다.

王昌(王郎)은 한때 光武에 맞섰으나 여러 번 패전한 뒤 밤에 도망하다가 길에서 죽었다. 劉永(유영)은 更始帝가 패망한 뒤에 천자를 자칭하였다. 龐萌(방맹)은 혼란한 세태에 아무런 능력이나 바탕도 없이 무리를 모아 광무제에 맞서다 죽었다. 다른 자들도 대개 이런 꼴이었다. 張步(장보)는 東部 연해의 무장이었고, 王閎(왕굉)은 王莽(왕망)의 사촌형제였으며, 李憲(이헌)은 나중에 천자를 자칭했다. 이들 중 광무제에 강하게 맞섰던 자는 개국 공신 吳漢의 우인이었던 彭寵(팽총)이었는데 그는 노비의 손에 죽었다. 盧芳(노방)은 漢을 배반하고 흉노와 연결되어 반복이 무상했는데 결국 흉노 땅에서 병사했다.

13권, 〈隗囂公孫述列傳〉 – 隗囂(외효), 公孫述.

✣ 隗囂(외효)는 겨우 天水郡과 隴西郡을 바탕으로 한 때 세력을 폈으나 그 지도자로서의 위상을 죽는 날까지 유지하지도 못했다. 외효는 바탕이 유생이었지만 경시제를 찾아가 섬기고 나중에 광무제를 섬기었는데, 광무제의 특별한 예우를 받고서도 끝내 반역했고, 공손술에 굴복했다가 죽은 것은 현실 상황과 돌아가는 정세를 파악할만한 능력이 결여되었고 인물을 보는 안목이 없었기 때문이다.

公孫述(?-36년)이 황제를 칭하면서 12년을 益州(巴蜀) 일원을 차지하고 군림했는데(國號 成家), 그럴 수 있었던 것은 시대의 혼란 상황과 蜀이라는 지역적 偏在 때문에 처음부터 광무제가 置之度外(치지도외)했기 때문이었다. 지도자로서의 능력이나 그릇, 그리고 새로운 이념의 제시라는 측면에서 주목할 만한 것이 없었다. 建武 12년, 장군 吳漢(오한)의 공격을 받아 멸망했다.

14권, 〈宗室四王三侯列傳〉 – 齊武王 劉縯, 北海靖王 劉興, 趙孝王 劉良, 城陽恭王 劉祉, 泗水王 劉歙, 安成孝侯 劉賜, 成武孝侯 劉順, 順陽懷侯 劉嘉.

✣ 광무제의 친형제, 그리고 일족의 형제와 그 후손에 관한 기록이다. 光武帝의 큰 형(劉縯, 字 伯升)과 그 아들들, 일찍 죽은 작은 형의 아들, 叔父와 族兄들에 관한 열전이다. 광무제의 큰형 劉縯(유연)은 광무제에 앞서 봉기하고 적극적인 활동을 하였지만 更始帝라는 작은 그릇을 섬기다가 갑자기 처형당했다. 어이없는 죽음이었다. 소인은 자신의 작은 그릇으로 끝나지 않고 큰 그릇을 해친다. 그래서 소인을 조심

해야 한다. 北海國 靖王(정왕) 興(흥)은 광무제 작은형의 아들이고, 趙孝王 劉良(유량)은 光武帝의 숙부로 부친을 일찍 여윈 광무 형제를 양육했었다.

15권, 〈李王鄧來列傳〉 - 李通, 王常, 鄧晨, 來歙(내흡). (曾孫)來歷.

❖ 광무제를 적극 도왔던 개국공신들의 열전이다. 李通(이통)은 布衣의 신분으로 대의를 제창하였고 광무제를 도와 대업을 성취케 하였으며, 또 광무제 여동생 寧平公主와 결혼하였기에 광무제가 특별히 친애하고 존중하였다. 王常(왕상)은 왕망 말기 下江兵에서 입신했는데 광무에게 처음부터 충성을 다했다. 鄧晨(등신)은 光武의 작은누나인 元(원)과 결혼했는데 광무제가 기병하고 小長安이란 곳에서 패전할 때, 광무제의 작은형과 작은누나가 피살되었다. 등신은 광무의 대업을 믿고 따랐으며, 여러 지방관을 역임하며 훌륭한 치적을 거두었다. 來歙(내흡)은 光武帝의 祖姑(왕고모)의 아들이었는데 光武帝가 아주 공경하며 따랐다. 내흡은 광무제를 위하여 외효를 설득하는 어려운 일을 맡았는데 끝까지 신의를 지켰다. 외효가 망한 뒤 공손술이 보낸 자객이 내흡을 찔렀고, 내흡은 마지막 표문을 써 올리고 절명했다. 그 손자 來歷도 끝까지 安帝의 廢太子(順帝)를 옹호하며 信義와 正道를 지켰다.

16권, 〈鄧寇列傳〉 - 鄧禹, (子) 鄧訓, (孫) 鄧騭(등즐). 寇恂(구순), (曾孫) 寇榮.

❖ 鄧禹는 24세에 大司徒로, 光武 군사의 전반을 지휘했으며 성공과

실패의 과정에서 군신의 신뢰관계는 여전히 똑같았다. 鄧訓은 이민족을 잘 다스렸고, 등훈의 아들 鄧騭(등즐)은 和熹鄧皇后의 오빠였지만 외척 몰락의 전례를 거울삼아 처신을 바로했지만 鄧太后가 붕어하자마자 궁녀의 무고 한마디에 온 집안과 평생의 치적이 일순간에 모두 수포로 돌아갔다. 寇恂(구순)은 光武帝에게 蕭何(소하)와 같았다. 그 曾孫 寇榮(구영)은 아무 치적도 없는데, 立傳한 것은 寇榮 자신의 억울함을 상소한 글이 아주 뛰어난 名文章이기에 그 全文을 수록했을 것이다.

17권, 〈馮岑賈列傳〉 – 馮異(풍이), 岑彭(잠팽), 賈復(가복).

✣ 광무제를 도운 개국공신의 열전이다. 馮夷(풍이)와 광무제는 서로를 무한 신뢰하였는데, 경황 속에 콩죽(豆粥)을 쑤어 올렸고, 콩죽으로 飢寒을 이겨낸 광무제는 뒷날까지 그 은공을 잊지 않았다. 岑彭(잠팽)은 野戰 사령관으로 큰 공을 세웠지만 하필 彭亡이란 곳에서 자객에게 당했다. 賈復(가복)은 많은 공을 세우고서도 전혀 자랑하지 않는 미덕이 있었기에 황제의 절대적인 신임을 받았고 물러난 자리도 깨끗했다. 이들의 공통된 특징은 공을 자랑하지 않았기에 광무제의 절대적인 신임을 받았다.

18권, 〈吳蓋陳臧列傳〉 – 吳漢, 蓋延, 陳俊, 臧宮.

✣ 군사적으로 가장 화려한 전공을 세운 개국공신은 吳漢(오한)이다. 오한은 정직, 결단력에 질박하며 말수가 적은 충직한 신하였다. 蓋延(개연)과 陳俊(진준), 臧宮(장궁)과 역시 큰 기백의 雄才로 성실하였기에 모두가 성공한 무장이었다. 광무제는 이 과정에서 국가의 근본을 확립

하려 애쓰면서 흉노를 자극하지 않았고, 내부 할거 세력들을 진압하고 마침내 건국에 성공할 수 있었다. 건국은 전쟁을 피하면서 안정을 되찾는 과정이었고, 광무제의 뜻은 원대하였기에 여러 무장의 충성을 끌어낼 수 있었다.

19권, 〈耿弇列傳〉 – 耿弇(경엄), (弟) 耿國, (國의 子) 耿秉, (秉의 弟) 耿夔(경기), (耿國의 姪) 耿恭(경공).

❖ 耿弇(경엄)은 타고난 장수였고, 그 아버지와 아들 6형제 모두가 광무제의 충직한 신하였다. 경엄은 齊 지역을 평정했지만 그의 공적은 거기서 끝이었다. 耿國(경국)은 흉노와의 통교를 주창했고, 경국의 아들 耿秉(경병)과 耿夔(경기)는 흉노 원정에 공을 세웠다. 耿恭(경공)은 서역의 戊己校尉로 근무하며 흉노의 침입에 끝까지 항거하며 굴복하지 않았으니, 蘇武(소무)와 같은 기개가 있었고 생명보다 중한 의리를 지켰다. 응당 높은 작위를 받아야만 했으나 경공은 끝내 감옥에 갇혀야만 했다.

20권, 〈銚期王霸祭遵列傳〉 – 銚期(요기), 王霸, 祭遵(제준), (從弟) 祭肜(제융).

❖ 銚期(요기)는 신의를 중시하였기에 光武帝가 진심으로 아낀 무장이며 개국공신이었다. 王霸(왕패) 또한 화려한 戰功보다는 그 衷心(충심, 忠心과는 다름)에 광무제가 감동하였다. 上谷郡 변방에만 20여 년을 근무했으니 불만이 터질 것인데도 왕패는 끝까지 나라에 충성을 다했다. 祭遵(제준) 역시 그러하여 광무제는 그가 죽었을 때 눈물을 많이 흘렸다. 主君과 신하의 이런 믿음의 바탕이 무엇이겠는가? 祭肜(제융)의 武

德은 굳세고 올곧았으며 그 행실은 안온 장중하였다. 제융이 遼東에 근무하자 변방에 북소리가 들리지 않고 성벽과 보루의 봉화도 꺼지기 30년에 가까웠다. 이것이 곧 仁道의 실현이 아니겠는가? 그러나 단 한 번의 실수로 격한 울분에 죽었으니 애석할 뿐이다.

21권, 〈任李萬邳劉耿列傳〉 – 任光, (子) 任隗(임외), 李忠, 萬脩, 邳彤(비동), 劉植, 耿純.

✣ 광무제의 개국을 도왔던 초기 여러 공신에 대한 열전이다. 任光과 任隗(임외) 父子는 光武에 충직했고 正道로 국정을 이끌었다. 李忠은 처음부터 光武를 따르며 충성했고 백성에 선정을 베풀었다. 邳彤(비동)은 광무의 군사가 미약하고 위기에 처했을 때 여러 사람과 논의하면서 광무가 한단을 중심으로 세력을 키워야 한다고 적극 주장하였고 광무가 따랐다. 이 주장은 '말 한마디로 나라를 일으킬 수 있다.〔一言而興邦〕'는 공자의 말을 실제로 입증하였다. 耿純(경순)은 무장으로 또 東郡 태수가 되어 文治로도 크게 성공하였다. 雲臺二十八將의 한 사람이다.

22권, 〈朱景王杜馬劉傅堅馬列傳〉 – 朱祐, 景丹, 王梁, 杜茂, 馬成, 劉隆, 傅俊, 堅鐔(견심), 馬武.

✣ 朱祐(주우)는 본래 광무제의 知人이었고 충성을 다했다. 景丹은 병중에도 광무제의 명을 받아 부임 10일 만에 병사했다. 王梁은 (河內郡) 野王縣令에서 일약 대사공으로 발탁되었는데, 이는 〈赤伏符〉의 해석에 따른 결과였으나 바로 이런 것이 관운이었다.

여기까지가 광무제의 개국 공신에 대한 열전이다.

건국은 집을 짓는 것과 원리는 같지만 그 운영의 실제는 훨씬 복잡하며 정치력이 있어야 한다. 집을 짓는데 큰 목재만 필요한 것은 아니다. 크고 작은 목재가 다 쓰임이 있는 것처럼 後漢 中興에는 여러 공신들이 크고 작은 공헌을 다했다.

광무제는 공신에게 관용과 함께 좋은 예우를 해줬지만 관직을 맡기지는 않았다. 비록 鄧禹(등우)나 寇恂(구순) 같은 최고의 공신이나, 耿弇(경엄)이나 賈復(가복) 같이 큰 공적을 남긴 장수라도 그 封地는 前漢에 비해 아주 작았고, 特進이나 奉朝請(봉조청) 같은 명예만을 수여했을 뿐이었다. 광무제가 공신에게 정사를 맡기고 그 치적에 대하여 원칙을 적용했다면, 옛 恩義(은의)를 훼손하게 되고 인정에 끌리면 法禁을 무너트리게 된다. 광무제는 공신에게 높은 지위와 후한 예우로 자신과 생사고락을 같이 한 공신을 지켜주었다. 그러면서 戰功이 없는 유능한 관리를 대거 등용하면서 엄격한 법 적용으로 관직의 책임을 묻고 독려하였다. 이런 점에서 본다면, 광무제의 정치적 감각과 지도력은 高祖(劉邦)보다 한 수 위였다고 인정해야 한다.

22권에 말에는, 명제 때 광무 개국공신 28인의 명단이 있고 그들 초상화를 雲臺에 그렸다고 하였다. 28장의 명단 서열이, 곧 공신의 서열이라고 볼 수 있다. 그러나 馬援(마원)은 개국에 크게 이바지 하였지만 馬皇后의 친정아버지라 하여 28將에 들어가지 않았다. 이는 明帝의 選定이 그만큼 愼重했다는 뜻이다.

23권, 〈竇融列傳〉 – 竇融(두융), (弟 子) 竇固, (曾孫) 竇憲, (玄孫) 竇章.

✣ 竇融(두융)은 (前漢) 文帝 竇皇后 동생의 후손으로 왕망과 更始帝

를 거쳐 서쪽 변방에서 입신하였다. 광무제의 공신이었고 다른 공신과 달리 관직을 오래 담당하였는데, 이는 두융의 특별한 처세술이었다. 두융의 증손인 竇憲의 여동생이 章帝의 황후가 되었고 章帝 붕어 이후 어린 和帝를 대신하여 臨朝聽政하자 두헌 형제는 막강한 권한을 행사하였지만 인격적 바탕이 없어 결국 모반죄로 그 영화는 끝을 보았다.

24권, 〈馬援列傳〉 – 馬援. (子) 馬廖(마료), (子) 馬防, (兄子) 馬嚴, (族孫) 馬棱(마릉).

✣ 馬援은 '丈夫爲志에 窮當益堅하고 老當益壯해야 한다.'는 유명한 말을, 그리고 '守錢虜(수전노)', '井底蛙(정저와)' 라는 말을 남겼다. '우물 안 개구리' – 이보다 더 신랄한 비판이 또 있을까? '刻鵠不成尙類鶩이나 畫虎不成反類狗라.'는 말은 정말 가슴에 와닿는다.

마원은 타인에게 재앙(禍)을 조심하라 훈계하였지만 자신은 참소를 벗어나지 못했다. 功名을 이룬 사람에게는 언제나 참소가 따르지 않는가? 私利가 없다면 꾸미는 일은 매우 지혜롭고, 자신이 관계되지 않는 경우에 大義의 결단은 틀림없이 엄격하다. 주변의 사물을 보는 지혜로 자신의 문제를 통찰하고, 또 다른 사람에게도 그렇게 베푼다면 그것이 바로 관용(恕)이니 자신의 정황을 바로 볼 수 있다면 그 또한 총명한 지혜일 것이다. 그의 인품은 그의 막내딸 明德馬皇后에게 전해졌다.

25권, 〈卓魯魏劉列傳〉 – 卓茂, 魯恭, (弟) 魯丕(노비). 魏霸, 劉寬.

✣ 卓茂(탁무)는 늙은 현령이었지만 蝗蟲(황충)도 그 縣은 침범하지 않

았다. 광무제가 太傅로 초빙했던 사람이었다. 魯恭(노공)도 현령으로 선정을 베풀어 어린아이와 날짐승에게도 감화했다는 그 기록을 다 믿을 수는 없지만 君子임에는 틀림없었다. 魯丕(노비)는 선량한 관리이면서 동시에 교육과 학문을 진흥시킨 사람이었다. 劉寬(유관)과 魏霸(위패)는 경학을 바탕으로 성실한 성품에 治民에도 관대 온화한 모범 관리였다. 유관은 늘 술에 취해 있었고 씻기를 싫어하여 俗諺이 만들어질 정도였다니 옆사람에게 분명 민폐가 많았을 것이다.

26권, 〈伏侯宋蔡馮趙牟韋列傳〉 – 伏湛(복침, 伏沈), (子) 伏隆. 侯霸, 宋弘, (族孫) 宋漢. 蔡茂, 郭賀, 馮勤, 趙憙, 牟融(모융), 韋彪(위표). (族子) 韋義.

❖ 伏湛(복침, 伏沈)은 《濟詩》를 전한 伏生의 후손이었다. 광무제는 정벌을 나갈 때마다 복침에게 낙양을 진무하며 모든 업무를 총괄케 하였고, 복침은 建武 3년(서기 27년)에 大司徒가 되었다. 그 아들 伏隆(복륭)은 광무제를 위해 반적의 유인을 뿌리치고 순국하는 지조를 지켰다. 宋弘은 '糟糠之妻不下堂(조강지처불하당)' 이라면서 貧妻를 위한 사나이의 節操를 가졌다. 이것이 시류에 부침하지 않는 대인의 풍모가 아니겠는가? 馮勤(풍근)과 趙憙(조희)는 그야말로 성실하였기에 司徒나 太尉가 되었고 광무제의 절대적인 신임을 받았다. 韋彪(위표)는 대를 이은 승상과 대사마의 후손으로 효자이며 경학에 바탕을 건의로 황제의 신임을 받았다.

식견이 원대한 사람은 목전의 이익에 뜻을 두지 않고, 도덕심이 깊은 사람의 공적과 영향이 원대한 것은 志士와 仁人이 根本의 실천을 지향하기 때문이다.

27권, 〈宣張二王杜郭吳承鄭趙列傳〉 – 宣秉, 張湛, 王丹, 王良, 杜林, 郭丹, 吳良, 承宮, 鄭均, 趙典.

❖ 여기에는 학문을 바탕으로 지조를 지켰고, 성실하고 모범적으로 관직을 마친 사람들을 입전하였다. 같은 말이라도 어떤 사람의 말에 믿음이 가는 것은 신의가 있기 때문이며, 같은 명령인데도 잘 지켜지는 것은 진정성이 그 명령에 들어있기 때문이다. 역자의 좁은 소견이겠지만, 이들은 그 당시 학문을 한 사람으로서 관직이 아니면 생계수단이 없는데, 州郡에서 또는 三公이 불러 벼슬을 주겠다고 하여도 응하지 않으면서 명성(몸값)을 높인 다음에, 결국은 관직생활에서 또 다른 이름을 얻었다는 느낌을 받았다. 돼지를 키우다가 남들이 하는 공부를 부러워했고, 그러다가 고생을 하며 《春秋》를 전공하여 마을에서 강학했던 承宮(승궁)이 기억에 남는다.

28권, 〈桓譚馮衍列傳〉(上)(下) – 桓譚, 馮衍(풍연), (下) – 馮衍의 (子) 馮豹.

❖ 박학하고 多才多藝했으나 광무제에게 귀에 거슬리는 상소를 해서 미운털이 박혀 불운한 종말을 맞이한 桓譚(환담), 그리고 9세에 詩經을 외웠지만 小官으로 지내며 뜻을 펴지 못한 馮衍(풍연)의 생애를 입전하였다. 풍연은 그저 머리가 좋은 수재였지만 그 좋은 머리를 현실에서 선용하지 못했다. 풍연이 다른 이에게 보낸 서신도 그 사람이 박학하다는 것을 알겠지만 현실과 동 떨어진 공론이었다. '백성에게 베풀어 인심을 얻어라!' 이런 말은 누구나 다할 수 있는 말이다. 일개 郡을 차지한 무장에게 얼마나 절실하게 전해지겠는가? 그저 空論이었다. 풍연의

賦 〈顯志〉는 漢賦의 특성이 잘 나타나 있지만 역시 空想을 통한 遊仙과 역사적 인물을 등장시켜 자신의 불우를 서술했다.

29권, 〈申屠剛鮑永郅惲列傳〉 – 申屠剛, 鮑永, (子) 鮑昱. 郅惲(질운), (子) 郅壽.

❖ 申屠剛(신도강)은 강직하게 極諫(극간)한 사람이었다. 그러했기에 낮은 관직으로 끝났다. 鮑永(포영)은 왕망의 신하되기를 거부했고 경시제에게 충성을 다했다. 옛 주군에게 의리를 지켰으니, 이로써 새 주군을 섬길 만하였다. 옛 군사를 거느려 그로 인해 신임 받는 것을 부끄럽게 생각했으니 이로써 더 큰 신임을 얻을 수 있었고, 광무제를 정직한 충성으로 섬겼고 아들 鮑昱(포욱) 역시 그러했다. 郅惲(질운)은 영재였지만 너무 올곧은 직언으로 배척되었기에 결국 큰일을 하지 못하고 저술만 남겼다.

30권, 〈蘇竟楊厚列傳〉(上)(下) – 蘇竟, 楊厚. 〈郎顗襄楷列傳〉(下) – 郎顗(낭의), 襄楷(양해).

❖ 30권은 천문역법이나 도참사상에 관한 인물을 입전하였다. 지금의 일반 상식으로도 도저히 이해가 되지 않는 황당한 천문 현상과 인간과의 관계를 장황하게 설명하고 있다. 蘇竟은 그 사람의 편지 한 통이 입전 내용의 전부이다. 楊厚(양후)는 "금년 여름날이 많이 한랭할 것이고 질병과 蝗蟲(황충)의 폐해가 있을 것이라." 고 상주하였는데 다행히 적중하였다. 그러나 이런 예언은 적중하지 못할 경우가 대부분이다. 郎顗(낭의)의 상서는 천문 현상을 빌어 또 《易》 緯書의 내용을 근거로 善

政을 상소하였지만 지금의 과학으로 보면 공론일 뿐이다. 그리고 상서의 결과가 어떻다는 언급도 없다. 襄楷(양해)는 桓帝에 충언을 했지만 결국 2년간 변방에서 보초를 서는 형을 받았다. "天文과 歷數나 陰陽과 占卜은 지금도 필요하고 중요한 일이다."라고 張衡(장형)도 말했다. 천문 현상과 인간사를 연결 지어야 한다는 근거도 없지만, 그런 학문의 폐단은 鬼神의 일을 즐겨 말하기에 君子는 거기에 專心하지 않았다.

31권, 〈郭杜孔張廉王蘇羊賈陸列傳〉 – 郭伋, 杜詩, 孔奮, 張堪(장감), 廉范(염범), 王堂, 蘇章, (族孫) 蘇不韋. 羊續, 賈琮, 陸康.

✣ 郭伋(곽급)은 지방 순시 중에 어린아이들과의 약속을 지켰으니 당시로서는 대단한 일이었다. 杜詩(두시)는 수력으로 움직이는 送風機를 발명했고 虎符제도를 부활케 하였다. 孔奮(공분)은 처자식의 생명을 돌보지 않고 충성했다. 張堪(장감)은 財物 앞에서 私利를 얻으려 하지 않았고, 蜀郡 태수 廉範(염범)은 成都 백성이 밤에 불을 켜고 일을 할 수 있게 하여 칭송을 들었으니, 이들은 남을 도왔지만 그 시혜의 보답을 생각하지 않았다. 이들은 의기와 氣概(기개)로도 유명하였다. 巴郡太守 王堂(왕당)의 善政에 백성은 生祠(산 사람의 사당)를 세웠다. 蘇不韋(소불위)의 복수를 통해 당시 사회풍조의 일면을 볼 수 있다. 羊續(양속)은 청렴한 관리였고, 賈琮(가종)은 交阯刺史로 폐습을 바로잡고 선정을 베풀어 백성의 칭송을 들었다.

32권, 〈樊宏陰識列傳〉 – 樊宏(번굉), (子) 樊儵(번조). (族曾孫) 樊準. 陰識, (弟) 陰興.

❖ 광무제의 外家와 妻家 인물들의 열전이다. 권문세족은 쉽게 전복되고 황후 문중도 자주 멸망했지만, 樊氏(번씨)와 陰氏는 비교적 무탈하게 제후의 지위를 누렸다. 광무제의 외조부 樊重(번중)은 '君子之富' 를 이루었고, 光武帝의 외숙인 樊宏(번굉)은 겸손한 도덕군자였다. 光烈陰皇后(光武帝의 陰麗華)의 친정 형제인 陰識(음식)과 陰興(음흥)은 부귀와 영화를 적극 사양하면서 겸양했기에 그 당대는 물론 그 다음 세대까지 화를 입지 않았다. 《易》의 '亢龍有悔(항룡유회)' 의 哲理를 깨닫고 실천한 형제였다.

33권, 〈朱馮虞鄭周列傳〉 – 朱浮, 馮魴, 虞延, 鄭弘, 周章.

❖ 光武帝나 明帝는 공경의 직무를 직접 챙기면서 결과에 따라 三公을 문책하거나 卿相을 탄핵하였는데, 公卿은 실수하거나 禮를 챙기지 못하면 심하게 질책당하거나 파면, 또는 굴욕을 당해야만 했다. 朱浮(주부)는 황제의 가혹한 사찰과 서두르는 폐단을 시정토록 상소하였다. 鄭弘은 국가 개혁을 위한 여러 건의를 하고 실천하였다. 周章(주장)은 능력도 덕행도 없으면서 安帝와 鄧太后를 폐위하려는 음모를 꾸미다가 패망하였다. 성공하면 혁명이고 실패하면 반역이라지만 주장의 어설픈 시도는 그의 안목이나 사명감 그 어느 것도 갖추지 못한 상황에서 한낱 작은 그릇의 허망한 꿈이었다. 그래서 孟子는 '만약 伊尹(이윤)과 같은 마음이라면 可하지만, 伊尹과 같은 마음이 없다면 簒逆(찬역)이다.' 라고 말했다. 범엽의 史論은 정곡을 찔렀다.

34권, 〈梁統列傳〉 – 梁統, (子) 松, (子) 梁竦(양송), (曾孫) 梁商, (玄孫) 梁冀.

❖ 梁統(양통)은 법치주의자로 적절한 형벌 정책을 주장하였다. 梁蜙(양송)은 큰 뜻을 품었지만 불우했고, 그 딸이 章帝의 후궁으로 和帝를 생산했지만 그 때문에 집안은 처참하게 붕괴되었다. 비록 나중에 원한이 풀리고 명예를 누렸지만 당사자의 원통은 말하기도 어려웠을 것이다. 梁商(양상)은 선량하고 검소한 도덕군자였지만 그 아들 梁冀(양기)는 악독포악한데다가 권력까지 휘둘렀으니 그 폐해는 이루 다 말할 수 없었다. 양기와 그 아내 孫壽(손수)의 사치와 방종과 향락, 악행과 포악에 대한 상세한 묘사는 인간의 어리석음이 어느 정도인가를 설명하고 있다. 결국 이 모두는 나라의 종말을 예고하는 말기적 현상의 한 단면이었다.

35권, 〈張曹鄭列傳〉 – 張純, (子) 張奮, 曹褒(조포), 鄭玄.

❖ 張純(장순)은 張湯(장탕)의 후손으로 張安世 이후 어려운 시기에도 제후의 신분을 잘 이어왔다. 장순과 아들 張奮(장분)은 漢代의 제례 제정에 힘썼다. 曹褒(조포)는 새로운 예악의 제정을 위해 노력했지만 章帝의 붕어로 결국 모두 수포로 돌아갔다. 경학자 鄭玄(정현)은 後漢 말기 난세에 오로지 학문의 등불을 밝히려 애를 썼던 사람이다. 그의 명성은 그가 벼슬길을 기웃거리지 않았고 학문의 길만을 걸었기에 얻은 명성이니, 그의 경력 자체가 당시로서는 특이하고 또 어려운 일이었다.

36권, 〈鄭范陳賈張列傳〉 – 鄭興, (子) 鄭衆, 范升, 陳元, 賈逵(가규), 張霸, (子) 張楷, (楷子) 張陵, (棱弟) 張玄.

✤ 광무제는 겨우 나라를 건국하고 지방을 미처 다 평정하지도 못한 상황에서도 학문을 바탕으로 정치를 하였다. 광무제에게 《春秋》 박사를 설치해야 한다는 상소를 하고, 이를 신하에게 토론케 하였고 그에 따른 상소나 논쟁은 학문의 중요성을 반증하고 있다. 賈誼(가의)의 후손인 賈逵(가규)는 화려한 학문적 업적을 쌓은 천재이다.

37권, 〈桓榮丁鴻列傳〉 – 桓榮, (子) 桓郁(환욱), (郁子) 桓焉(환언), (焉孫) 桓典, (郁孫) 桓鸞(환난), (鸞子) 桓曄, (郁曾孫) 桓彬, 丁鴻.

✤ 桓榮(환영)은 어려운 역경에서도 학문을 쉬지 않았다. 역경을 딛고 이기며 학문과 講學을 계속하기가 쉬운 일이겠는가? 환영은 60세가 넘어 관직에 나가 광무제의 박사가 되었다. 광무제 太子少傅로 太子(明帝)에 학문을 교수하고 보도하였다. 태자의 사부로, 직무는 물론 인격적 감화가 있었기에 명제 즉위 전후 최고의 예우를 받았다. 환영이 죽었을 때 명제는 상복을 입었다. 君臣 관계 이전에 師弟의 모범적인 훈육과 존경을 보여주었다. 진정한 스승이며 훌륭한 제자였다. 환영의 아들 桓郁(환욱)은 명제의 태자(章帝)와 뒷날 桓帝에게 講學하였으니 대를 이어 가문의 영광이었다. 환영의 제자인 丁鴻(정홍)은 白虎觀에서 《五經》의 同異를 정리하여 경학 연구에 도움을 주었다.

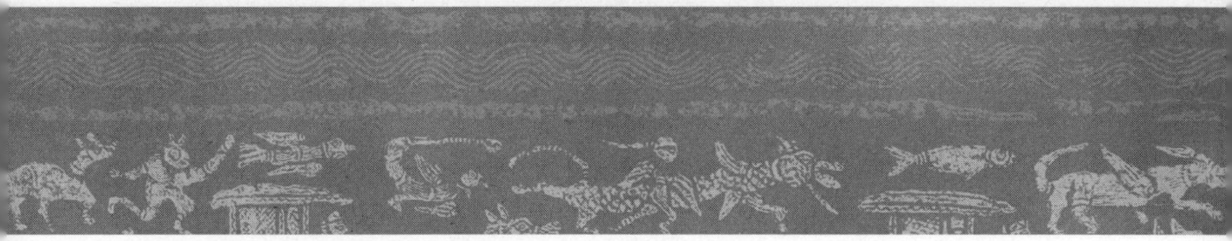

38권, 〈張法滕馮度楊列傳〉 – 張宗, 法雄, 滕撫, 馮緄(풍곤), 度尙, 楊琁.

✣ 張宗(장종)은 용감한 장수였다. 人命은 運이라 믿으면서 赤眉 무리에게 퇴각할 때 남아서 후방을 지켰다. 나중에 유능한 지방관이 되었다. 法雄(법웅)과 滕撫(등무) 역시 지방관으로 치적이 좋았다. 馮緄(풍곤)은 난세에 여러 도적 무리를 평정하는 공을 세웠지만 환관에게 시달림을 받았다. 어지러운 세상에서는 충성하고 유능한 인재라도 버티기가 어려웠다. 무능한 황제에 썩어버린 환관의 환상적인 조합이었다. 桓帝 때 중앙 정부의 부패와 무능은 지방 도적 무리의 봉기로 이어졌는데, 度尙(도상)은 後漢 서남부의 도적 무리 소탕에 공을 세웠다.

39권, 〈劉趙淳于江劉周趙列傳〉 – 劉平, 王望, 王扶, 趙孝, 淳于恭, 江革, 劉般, (子) 劉愷. 周磐, 趙咨.

✣ 본권은 孝道人物列傳이라 할 수 있다. 집안은 가난하고 부모가 연로하다면 아들은 관직을 가리지 않고 출사해야 한다. 과연 효도의 본질이 무엇인가? 부모를 생각해 본다. 전한 말에서 왕망과 후한 건국 초로 연결되는 혼란한 시절이 먹을 것이 없어 사람을 어지간히 죽였고, 또 인육을 먹었음을 기록을 통해 알 수 있다. 그런 상황에서 부모에 대한 효도와 형제 우애는 중요한 도덕률이며 가치였다. 그런 착한 사람들은 결국 관직으로 보상받아 당연하다는 내용이다. 趙咨(조자) 역시 모친을 지성으로 모셨던 효자이다. 그가 죽기 전에 아들에게 薄葬(박장)을 당부하는 긴 글을 남겼다. 이는 조자가 생사를 어떻게 인식했는가를 알려주는 자료이다. 동시에 중국 고대의 장례 문화가 어떻게 변해왔는가를 논

증하고 정리한 史料라고 할 수 있다. 그 상세한 고증은 博學을 자랑하고 싶은 好事家에게 좋은 話題가 될 만하다.

40권上, 〈班彪列傳〉(上) – 班彪(반표)

40권下, 〈班彪列傳〉(下) – (子) 班固

✣ 班彪(반표)는 격변기에 하급 지방관으로 관직생활을 끝냈지만 식견이 뛰어났고 그의 處身은 역시 옳았다. 반표는 사리에 통달한 유생이며 상등의 재능을 가진 사람으로 저술을 좋아하여 역사저술에 전념하였다. 사실 班固의 《漢書》는 班彪의 시작이 없었으면 완성될 수 없었다. 역자의 생각이지만 반고에 대한 찬양 이상으로 반표의 식견을 칭송해야 한다. 반표의 반고와 班超는 형제지만 文武로 대성했다. 《漢書》를 완성한 才女 중의 才女이며, 당시에 가정 성공한 여성이라 할 수 있는 班昭(반소)의 아버지란 점에서 반표는 성공한 아버지였다.

班固(반고, 字 孟堅)는 前代의 司馬相如(사마상여) 못지않은 조숙한 천재였는데, 천재들의 일반적인 병폐인 모난 특성이 없었고 관대 온화하여 모두를 포용할 수 있는 인물이었다. 역자는 《漢書》에서 司馬相如의 여러 賦 번역에 애를 먹었는데, 본 《後漢書》에서 반고의 〈兩都賦〉와 〈典引篇〉은 정말 난해한 작품이라서 애를 먹었다. 이 번역을 통해서 필자는 그의 천재성을 인정하지 않을 수가 없었다.

41권, 〈第五鍾離宋寒列傳〉 – 第五倫, (曾孫) 第五種. 鍾離意, 宋均, (族子) 宋意. 寒朗.

✣ 第五倫(제오륜)은 성실한 원칙론자였으며, 업무처리는 엄격 준엄

하였고 분수를 넘지 않았으며 아랫사람을 핍박하지 않아 나중에 三公의 반열에 올랐다. 태수를 역임하면서 직접 꼴을 베어 말을 먹였다는데, 그 시간에 태수로서 좀 더 중요한 일에 마음을 쓰며, 그런 일은 마부에게 맡겨야지 태수가 할 일은 아니다. 그것은 겸손과 다른 차원의 문제이다. 鍾離意(종리의)는 각박한 明帝에게 관용을 베풀고 기다리는 여유를 당부하였지만 魯國의 相으로 밀려나 현지에서 임종했다. 賢君으로 평가받는 明帝도 신하의 바른 소리는 듣기 싫었다. 宋均의 인덕에 호랑이도 타 지역으로 옮겨갔고 황충도 피해갔다. 寒朗은 楚王 英의 옥사에 억울한 죽음이 많다고 明帝에게 목숨을 걸고 직간을 올렸다. 이것은 忠誠을 바탕으로 한 正直이고 용기이다.

42권, 〈光武十王列傳〉 – 東海恭王 劉彊, 沛獻王 劉輔, 楚王 劉英, 齊南安王 劉康, 東平憲王 劉蒼, (子) 任城孝王 劉尙. 阜陵質王 劉延, 廣陵思王 劉荊, 臨淮懷公 劉衡, 中山簡王 劉焉, 琅邪孝王 劉京.

❖ 모친이 郭황후가 폐위되자 아들(劉彊)도 태자에서 藩王(東海 恭王)으로 물러났다가 34살에 죽었다. 劉彊은 겸손하면서도 黜廢(출폐)의 이치를 알았으니 吳 太伯이나 그러할 수 있었으리라! 楚王 劉英의 반역은 사실 적극적인 준비나 행동에 관한 기록이 없다. 매우 추상적인 반역이지만 그런 오해를 살만한 언행만으로도 죄가 성립되는 시대였다. 齊南國 安王 劉康(유강)은 사치, 낭비, 무절제 속에서도 재위 59년이라는 천수를 누리고 죽었다.

東平憲王 劉蒼(유창)은 광무제의 여러 아들 중에서 학문과 정치 인격면에서 존중을 받았다. 멀리 떨어져 있어도 충성을 다하고 의심을 풀고

효도를 실천하였다. 廣陵思王 劉荊(유형)은 明帝의 同母弟였는데, 반역을 꿈꾸고 생각만 하다가 자살하였는데 하여튼 그런 멍청한 사람도 있었다. 中山簡王 劉焉(유언)이 죽자 무덤을 만드는데 常山, 鉅鹿(거록), 涿郡(탁군)의 목재와 인부 징발로도 부족하여 인근 18개 군의 물자를 동원하느라 소란했다니 참 어리석은 짓이었다.

43권, 〈朱樂何列傳〉 – 朱暉(주휘), (孫) 朱穆, 樂恢, 何敞.

✣ 朱暉(주휘)는 지조가 강했고 의리를 지켰다. 그는 의리로 郡을 다스렸고, 백성은 畏敬(외경)하면서 친애하여 칭송의 노래를 불렀다. 주휘의 손자 朱穆(주목)은 두뇌 영특하고 지략이 뛰어났지만 그가 섬겼던 梁冀(양기)는 외척으로 권세를 잡았을 뿐 능력은 평균 이하였다. 그러니 무슨 성과를 거둘 수 있었겠는가? 樂恢(낙회)와 何敞(하창)은 모두 의리를 지키면서 正道로 외척 권력을 비판하였다. 그러나 그런 상소는 그저 지식인의 고뇌에 불과했을 뿐 아무런 실효를 거둘 수 없었다. 황후의 친형제이라서 당연히 권력을 잡을 수 있었던 그런 상황은 지금 시대에서는 도저히 이해할 수 없을 것이다.

44권, 〈鄧張徐張胡列傳〉 – 鄧彪, 張禹, 徐防, 張敏, 胡廣.

✣ 張禹(장우)가 楊州刺史일 때 長江을 건너 순시해야 하는데 長江에 吳子胥(오자서)의 신령이 있어 건널 수 없다는 말을 무시하고 강을 건너 순시했다. 그런 믿음이 당시의 民度였다. 徐防(서방)은 천재지변이 三公 부덕의 소치라고 사임을 원했고 책서로 면직되었다. 정말 부덕하여 災異를 초래한 사람은 황제가 아니겠는가? 章帝 때 부친이 모욕당했다

하여 원수를 살해한 자를 사형에서 감형한다는 〈輕侮法(경모법)〉이 시행되었는데, 和帝 때 張敏(장민)은 이 법이 또 다른 살인을 권장한다고 여러 번 상소하여 폐지시켰다. 胡廣(호광)은 三公의 자리 30여 년에 6帝를 섬겼는데 司空을 1회, 司徒를 2회, 太尉를 3번, 그리고 太傅도 역임하였다. 人臣으로 이처럼 높은 지위에 오래 근무한 사람이 없었다.

45권, 〈袁張韓周列傳〉 – 袁安, (子) 袁京, (子) 袁敞, (孫) 袁宏. 張酺(장포), 韓棱, 周榮, (孫) 周景.

✣ 袁安(원안)은 汝南 袁氏로 후한의 名門世族이었다. 원안은 楚王 劉英의 반역 사건을 다스리며 은덕을 베풀었고 그 때문에 그 후손이 번성했다고 한다. 《三國演義》에 등장하는 後漢 말 袁紹(원소)와 袁術(원술)은 袁安의 玄孫이었다. 張酺(장포)는 肅宗(章帝)의 사부로 시강하는 틈틈이 정사의 잘못을 바로잡으려는 말을 자주 하였고 너무 엄격하여 敬畏(경외)되었다. 그가 東郡太守로 재직 중에 장제가 순수하며 동군에 들려 먼저 사부에 대한 예를 올리고 다음에 君臣의 예를 따랐으니 사부로 또 신하로 영광이었다. 韓棱(한릉)은 외척 竇憲의 횡포에 당당하게 맞섰으며, 周榮(주영) 역시 두헌의 협박에 굴하지 않고 정도를 견지하였다.

46권, 〈郭陳列傳〉 – 郭躬, (弟子) 郭鎭. 陳寵, (子) 陳忠.

✣ 郭躬(곽궁)의 가문은 대대로 법률을 담당하면서 관용과 공평에 힘썼으며 법관으로 판결을 담당하면서 많이 가엽게 여기고 용서하였다. 郭弘(곽홍) 이후 몇 대에 걸쳐 법률을 전해왔는데, 그 후손으로 三公의 지위에 오른 자나 廷尉, 태수 등을 배출, 가문이 융성하였다.

陳寵(진총)은 나라의 잔혹한 법률 제도를 고치는데 주력하였다. 법률은 내용 못지않게 어떻게 집행하느냐가 백성에 큰 영향을 준다. 보다 관대 온후한 사법집행을 위해 진총은 노력했다. 법을 전공하였지만 經學에 조예가 깊었기에 그가 司空까지 오를 수 있었다. 학문의 바탕은 그래서 중요한 것이다. 진총의 아들 陳忠(진충)은 여러 가지 악형을 없애려 노력하여 宮刑을 폐지시켰다. 진총이 올린 장문의 상소가 많이 수록되었는데, 그 끝에 상소가 올라갔으나 묵살되어 황제가 읽지 못했다고 기록했다. 대부분의 많은 상소가 상소를 지은 사람의 헛수고로 끝나는데 이럴 경우에 어려운 글을 번역하는 역자도 맥이 풀린다.

47권, 〈班梁列傳〉 – 班超, (子) 班勇. 梁慬, 何熙.

❖반초는 讀書人이 軍旅에 투신하는 '投筆從戎(투필종융)' 어원이며 본보기였다. 반표는 자신의 큰 뜻을 비웃는 사람들에게 '小子安知壯士志哉!' 라고 말했으며, 반초는 서역에 파견되었고 '호랑이 굴에 들어가야 호랑이 새끼를 잡을 수 있다.〔不入虎穴, 不得虎子.〕' 고 하면서 의지를 강하게 추진하였다. 반표는 본국의 물자나 병력 지원 없이 서역 50여 국을 완전 평정하여 제후의 반열에 올랐다. 늙은 반표는 돌아가고 싶다는 글을 올렸고, 여동생 班昭(반소) 역시 가슴을 울리는 절절한 상소를 올렸다. 반표는 서역에서 31년을 머물렀다. (和帝 永元) 14년(서기 102) 8월에, 낙양에 도착하여 9월에 죽으니 71세였다. 그의 큰 뜻에 지략과 충성심은 武人의 표본이며 중국인들에게 존경을 받을 만했다.

반초의 막내아들 班勇(반용)은 논쟁을 통해 서역에 군사를 보내야 한다고 설득하였고, 順帝 때 일시나마 서역을 지배하에 두었으나 결국 하옥되었다가 면직되었다. 賢臣과 賢君은 짝이 맞아야 하지 어리석은 主

君 아래 賢臣이 존재할 수 없다.

梁慬(양근)은 한때 서역에서 활동했고 漢에 반기를 든 南單于를 정벌하는 등 공을 세웠지만 결국 그것으로 끝이었다.

48권, 〈楊李翟應霍爰徐列傳〉 – 楊終, 李法, 翟酺(적포), 應奉, (子) 應劭(응소), 霍諝(곽서), 爰延(원연), 徐璆(서구).

✣ 楊終(양종)은 明帝 馬황후의 동생 馬廖(마료)에게 자식을 엄격하게 훈육해야 한다고 친우로써 권고하였다. 李法(이법)은 강직한 성품이 황제의 뜻에 맞지 않아 물러났지만, 仁의 실천은 활쏘기처럼 자신은 먼저 바로잡아야 하며 남을 탓할 수 없다면서 끝까지 자신의 지조를 지켰다. 翟酺(적포)는 안제에게 검약을 실천하고 황제의 권한을 외척에 넘겨줘서는 안 된다고 상서하였지만 황제는 읽지도 않았다. 應奉(응봉)은 환제에게 시의 적절한 상소를 했지만 그냥 그것으로 끝이었다. 應劭(응소)는 요즈음의 법률 사례집을 편찬하여 재판과 量刑의 보편타당성을 추구하였으며 대단한 기록주의자였다. 법률과 국정에서부터 여러 제도와 時俗에 관한 것까지 기록할 수 있는 것은 모두 기록하여 후세에 전하였다. 霍諝(곽서)는 권력을 쥔 외척 梁冀(양기)의 잘못을 和帝에게 직간을 할 정도로 강직한 사람이었다. 爰延(원연)은 환제에게 아첨배나 환관을 멀리하라는 간절한 封事를 올렸지만 환제는 받은 것으로 끝이었다. 徐璆(서구)는 漢末의 충신이었다.

49권, 〈王充王符仲長統列傳〉 – 王充, 王符, 仲長統.

✣ 본권에 입전한 王充, 王符, 仲長統(중장통) 이 3인을 '後漢三賢' 이

라고 통칭한다. 王充(왕충)은 유학자로서 여러 저술을 남겼지만, 지금은 다만 《論衡》만 전한다. 王符(왕부)는 끝내 출사하지 않고 隱士로 생을 마감했고 《潛夫論》을 남겼는데, 본전에서는 그의 〈貴忠篇〉〈浮侈篇〉, 〈實貢篇〉, 〈愛日篇〉, 〈述赦篇〉을 수록하였다. 이는 요즈음에도 적용할 수 있는 爲民政治의 기본 개념이라고 생각할 수 있다. 仲長統(중장통)은 후한 말, 젊어 호학하였고 많은 책을 두루 섭렵하여 文辭가 풍부하였다. 정치와 민생에 관한 자기주장을 저술하여 《昌言》이라 하였다. 본전에는 그의 政論文 중에서 〈理亂篇〉, 〈損益篇〉, 〈法誡篇〉을 수록하였다.

50권, 〈孝明八王列傳〉 – 千乘哀王 劉建, 陳敬王 劉羨, 彭城靖王 劉恭, 樂城靖王 劉黨, 下邳惠王 劉衍, 梁節王 劉暢, 淮陽傾王 劉昞, 齊陰悼王 劉長.

❖ 明帝의 아들은 모두 8개 제후국이었다. 사실 백성을 위하고 제대로 다스리며 바른 품성을 가졌던 사람은 彭城靖王 劉恭(유공) 정도였다. 일찍 죽거나 정신 이상, 무당에 현혹되고 잔인, 방종에 빠지고 … 明哲한 明帝와는 거리가 먼 아들이고 후손이었다. 다만 전대에 비하여 반역을 시도한 왕들은 없었다. 이는 제후국의 영역과 수입을 제약하려는 명제의 뜻이 있어 결과가 그러했을 것이다.

51권, 〈李陳龐陳橋列傳〉 – 李恂, 陳禪, 龐參, 陳龜, 橋玄.

❖ 李恂(이순)은 지방관으로 선정을 베풀었지만 귀향한 뒤에 문도를 교육하였고, 상수리를 주워 먹으면서도 96세까지 장수했다. 陳禪(진선)

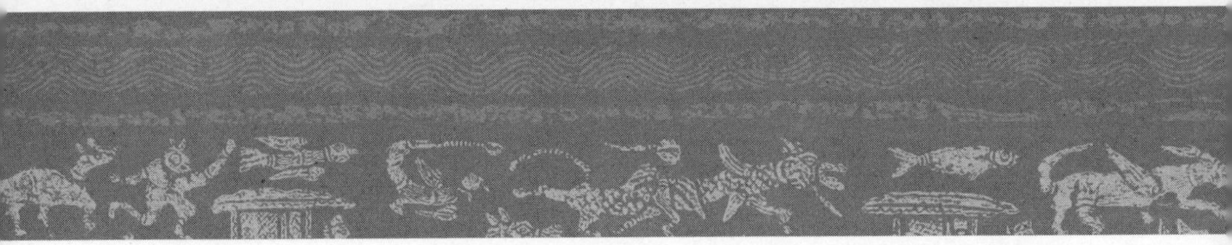

은 요동태수로 흉노 선우를 감화시켰다. 龐參(방참)은 羌族의 반기와 노략질에 백성이 고생하는 것을 보고 서쪽 영역을 포기하자고 건의했다. 나중에 태위를 역임하였다. 陳龜(진귀)는 변방에 공을 세웠지만 외척 梁冀(양기)에 맞섰지만 단식 7일에 죽었다. 橋玄(교현)은 삼공의 지위에 올랐는데 젊은 조조를 보고 미래에 천하를 안정시킬 사람이라고 예언했다.

52권, 〈崔駰列傳〉 – 崔駰(최인). (子) 崔瑗, (孫) 崔寔(최식).

❖ 崔氏 일문은 두뇌가 명석한 가문이라 文章大家로 대대로 文辭를 전승하였다. 본권에는 崔駰(최인)의 조부 崔篆(최전)의 〈慰志〉, 崔駰(최인)의 〈達旨〉를 수록하였다. 여기에는 博學을 자랑하며 士人의 자존심과 굳은 지조를 엿볼 수 있다. 崔瑗(최원)은 지위를 아니 탐해 영욕에서 자유로웠는데 그도 〈七蘇〉라는 명문을 남겼다. 崔寔(최식)의 〈政論〉은 고루한 인습에서 벗어나 시대상황에 알맞은 개혁을 주장한 政論文으로 내용이 구체적, 실질적이며 우수한 名文이다.

53권, 〈周黃徐姜申屠列傳〉 – 周燮, 黃憲, 徐稺(서치), 姜肱(강굉), 申屠蟠(신도반).

❖ 이는 굳은 지조를 지키며 은거한 명사들의 열전이다. 周燮(주섭)은 못생긴 외모였지만 학문과 행실이 바른 사람이었다. 환제 때 관직의 부름을 받았지만 결국은 사양하고 은거하였다. 黃憲(황헌)은 牛醫의 아들로 관직에 나가지도 않았으나 그를 만나본 사람 모두가 그에게 감복하였다. 이는 顔回와 같이 거의 仁의 경지에 도달한 군자였다. 徐稺(서

치)는 南昌 사람으로, 후한의 몰락을 예견하고 관직을 회피한 도덕군자였다. 姜肱(강굉)은 그 형제가 모두 유명하였는데 靈帝 즉위 초 환관의 정권에서 내리는 관직의 유혹을 끝까지 뿌리쳤다. 申屠蟠(신도반)은 영제 때 환관의 발호, 何進(하진)과 董卓(동탁)이 설쳐대는 그 시기에 은거한 것은 참으로 명철보신이라 말할 수 있다.

54권, 〈楊震列傳〉 – 楊震. (子) 楊秉, (孫) 楊賜, (曾孫) 楊彪, (玄孫) 楊脩.

❖《三國演義》 독자가 아니라도 '鷄肋(계륵)'의 고사를 안다. 그 주인공 楊脩(양수)의 高祖父가 楊震(양진)이다. 양진은 大儒로 太尉를 역임했다. 결국 우매한 安帝와 간신의 농간에 인수를 회수당하고 고향으로 돌아가는 도중에 자살하였다. 철딱서니도 없는 황제에게 어려운 문자로 상소를 올려도 읽지 않으니 牛耳讀經과 무엇이 다르겠는가? 후한 和帝부터 역대 황제는 유식한 사람도, 사려가 깊은 사람도 아닌 凡夫였다. 그러니 정사가 그렇고 나라의 명운이 그렇게 끝나는 것이다. 楊秉(양병)은 桓帝 재위 중 환관이 날뛰는 시절에 깐깐한 원칙주의자였고 酒, 色, 財의 3不惑이 있었다. 양병의 아들 楊賜(양사)는 다섯 번 三公의 자리에 올라 환난을 극복하고 나라의 안녕을 지켰다. 궁궐에 무지개가 섰는데 환관과 소인을 멀리하라는 양사의 상소는 우매한 靈帝에게 정말 난해한 문장이었으리라. 楊彪(양표)는 董卓(동탁)과 李傕(이각)이 설쳐대는 그 당시에 국정의 중책을 맡고 있었다. 양표의 아들이 鷄肋(계륵)의 뜻을 풀이했던 楊脩(양수)였다.

55권, 〈章帝八王列傳〉 – 千乘貞王 劉伉, 平春悼王 劉全, 清河孝王 劉慶, 濟北惠王 劉壽, 河閒孝王 劉開, 城陽懷王 劉淑, 廣宗殤王 劉萬歲, 平原懷王 劉勝(和帝 子).

✣ 章帝가 어진 덕을 쌓아 그 후손이 복을 누렸다지만 章帝 이후 똑똑한 황제는 없었다. 清河孝王 劉慶(유경)의 일생은 서러움이었다. 생모가 장제의 총애를 잃고 자살로 삶은 끝냈고, 유경은 어머니에 대한 그리움을 안고 서글퍼하며 29살에 병사하였다. 나머지 왕들은 모두 먹고 놀며 아들딸을 낳았으며, 우매하고 단명한 후손이 많았다.

56권, 〈張王种陳列傳〉 – 張晧, (子) 張綱. 王龔, (子) 王暢. 种暠(충호), (子) 种岱. (子) 种拂. (孫) 种劭. 陳球.

✣ 張晧(장호)는 漢初三傑의 한 사람인 留侯 張良의 후손이다. 정위로 재직하며 83세에 죽었으니 선조로부터 赤松子의 비법이라도 전수받았는가? 아들 張綱(장강)은 당시 梁황후 오빠 대장군 梁冀를 신랄하게 비판하는 기백이 있었다. 王龔(왕공)은 順帝 때 환관을 공격하였지만 환관의 세력이 상소 한두 번으로 흔들리지는 않았다. 아들 王暢(왕창)도 지방관으로 선정을 폈다. 种暠(충호)는 성실한 지방관으로 민심을 얻었고, 그 아들 种拂(충불)은 李傕(이각)의 난 중에 전사했고, 충불의 아들은 이각의 잔당 곽사와 싸워 전사했다. 陳球(진구)는 환관의 횡포에 대항하여 정론을 폈고, 60이 넘은 나이에 환관 제거 계획을 주도한 것은 장한 일이지만, 그런 일을 小妻한테 말했으니 탄로가 나지 않을 수 있겠는가? 그러니 여러 사람이 함께 죽어야 했고… 도대체 그런 밀계를 왜 여자한테 말했을까? 결국 어리석은 사람이 아니겠는가?

57권, 〈杜欒劉李劉謝列傳〉 – 杜根, 欒巴(난파), 劉陶, 李雲, 劉瑜, 謝弼.

❖ 杜根은 강직한 사람으로 安帝 때 등태후에게 還政하라는 상소를 올렸다가 맞아 죽을 뻔했다. 겨우 목숨을 유지하고 도주하여 15년간을 술집의 고용인으로 생활하였다. 欒巴(난파)는 환관으로 재직하다가 陽氣가 통해 일반 관직으로 전환한 특이한 경력의 소유자였다. 劉陶(유도)의 그 충성심은 그가 올린 상소의 명문장 속에 들어있지만, 환관에게 휘둘리는 무능한 靈帝에게는 아무런 도움이 되지 못했다. 李雲은 단 한 번의 상소로 桓帝의 미움을 받아 옥사하였다. 언사의 수준과 방법을 고려하지 않는 간쟁은 위험하다. 신의가 없는 관계에서 간언이나 충고는 비방이 된다. 이는 예나 지금이나 마찬가지이다. 劉瑜(유유)와 謝弼(사필)은 바른 상소를 올렸으나 환관의 미움으로 죽음을 당했다. 아마 후한 멸망의 가장 큰 원인은 환관의 발호 때문이라 하여도 과언이 아닐 것이다.

58권, 〈虞傅蓋臧列傳〉 – 虞詡(우후), 傅燮, 蓋勳, 臧洪.

❖ 虞詡(우후)는 강직한 유생이었지만 전략적 판단에도 뛰어나 무공을 세우기도 했다. 傅燮(부섭)은 정도를 지켰고 불의와 타협하지 않았으며 나라를 위해 끝까지 지조를 지켜 전사했다. 蓋勳(개훈) 역시 그러했다. 董卓(동탁)에게 당당히 맞서고 질책할 정도로 올곧았지만 51세에 병사했다. 臧洪(장홍) 역시 氣節之士였지만 혼자만의 장한 뜻이었고 대사를 도모하기에는 좀 부족했었다. 속 좁은 袁紹(원소)에 의지했었으니 결국 그 손에 죽었다.

59권, 〈張衡列傳〉 – 張衡.

✣ 張衡(장형)은 중국사에서 우선 천문학자이며 과학자로 인식된다. 그 당시 지진이 일어난 장소와 强度를 알 수 있는 地動儀를 발명하였고 천문학자로서 渾天儀(혼천의)를 만들었다. 문학 방면의 성취도 위대하여 '漢賦四大家'의 한 사람으로 본권에는 〈思玄賦〉를 수록하였다. 장형은 太史令으로 사마천과 같이 천문에도 밝은 역사학자로 전한의 사마천과 비슷한 성취를 이룩하였다. 장형은 後漢 제일의 천재였다.

60권, 〈馬融蔡邕列傳〉 – 馬融(마융) (上). 蔡邕(채옹) (下).

✣ 馬融은 후한의 대표적인 유생으로 訓詁學의 대가로 알려졌다. 그 자신은 한 외척의 후손이었지만 다른 외척에게 침해를 당했다. 그의 〈廣成頌〉은 난해한 명문이지만 전체적으로 박식을 자랑하여 등용되고 싶은 빈궁한 유생의 현실적 고뇌가 느껴진다. 그는 천성대로 음악을 즐기고 또 호색하였으며 88세의 장수를 누렸다. 이런 유학자의 최고 관직은 군 태수였으며, 한때는 河間國에서 말(馬) 사육 담당자인 廐長史(구장사)였다.

蔡邕(채옹)은 才學을 겸비한 명사였다. 본 편에는 그의 심경을 알 수 있는 〈釋誨(석회)〉를 수록하였다. 靈帝에게 수차 바른 상소를 올렸지만 환관의 질시를 받아 변방으로 강제 이주되었다가 다시 강남 일대에서 12년을 숨어살아야 했다. 나중에 董卓의 인정을 받았지만 동탁이 피살된 뒤 옥사했다. 채옹은 음악적 재능도 뛰어난 천재였다.

61권, 〈左周黃列傳〉 – 左雄, 周擧, (子) 周勰(주협), 黃瓊, (孫) 黃琬.

✣ 三公 아래가 9卿이니 요즈음의 장관격이다. 大司農은 국가 재정을 운영하는 중책이다. 그런 대사농이 업무상 과실 때문에 종아리를 맞아야 했다. 大臣에게 종아리를 때리는 체벌은 明帝 때부터 시행되었다. 左雄(좌웅)은 이는 禮가 아니라 하여 상소하여 폐지시켰다. 周擧(주거)는 키도 작고 못생겼지만 경학에 통달한데다가 원칙에 충실하여 모범적인 관리라는 명성을 누렸다. 아들 周勰(주협)은 끝내 벼슬을 거부하여 淸淨한 일생을 살았다. 黃瓊(황경)은 외척 梁冀에게 당당하였기에 끝내 영광과 존중을 받았고, 孫子인 黃琬(황완)은 조숙했으나 바른 말로 禁錮를 당해 뜻을 이룰 수 없었고, 董卓에게 굽히지 않았다.

62권, 〈荀韓鍾陳列傳〉 – 荀淑, (子) 荀爽, (孫) 荀悅, 韓韶, 鍾皓, 陳寔, (子) 陳紀.

✣ 荀淑(순숙)은 荀子의 후손인데, 아들 8명이 모두 俊才였다. 아들 荀爽(순상)은 은거하며 저술에 전념하다가 부름을 받고 나가 1백 일도 안 돼 삼공의 지위에 올랐는데, 이는 동탁을 제거하려는 큰 뜻이었다. 荀悅(순열)은 《申鑒》 5편을 지어 헌제에 올렸는데, 이는 황제권 강화를 위한 政論文이었다. 陳寔(진식)은 밤손님(도둑)을 '梁上君子' 라고 불러준 사람인데 훌륭한 덕행은 그 아들 陳紀(진기)에게 이어졌다.

63권, 〈李杜列傳〉 – 李固, (子) 李燮. 杜喬.

✣ 李固는 외척 梁冀(양기)에 맞서 현명한 황제를 옹립하려 했다. 뜻을 이루지 못하고 처형당했다. 본전은 이고의 바른 뜻과 행실만큼 외척 양기의 횡포를 상세히 전하고 있다. 후한의 쇠퇴는 양기가 옹립한 桓帝 때부터 본격화 되었는데 그 잘못은 양기에게 귀책한다고 볼 수 있다. 秦 趙高의 역할을 後漢에서는 양기가 충실히 수행한 셈이다. 李固의 막내아들 李燮은 소설 같은 파란만장한 삶이었지만 끝까지 정도를 지켰다. 杜喬(두교)도 유능하고 정직했으며 끝까지 대의를 따랐지만 이고처럼 양기에게 살해되었으니 외척 양기의 폐해가 미치지 않은 곳이 없었다.

64권, 〈吳延史盧趙列傳〉 – 吳祐, 延篤, 史弼, 盧植, 趙岐(조기).

✣ 吳祐(오우)는 선량한 지방관이었다. 살인죄로 처형당할 범인의 아내를 불러 옥중에서 동숙하게 하여 후손을 남겨주게 할 정도로 인정을 베풀었다. 延篤(연독) 역시 독실한 학자이며 지방관이었다. 延篤(연독)은 《春秋》를 필사할 시간에 외워버린 사람이었다. 史弼(사필)은 환관의 청탁을 거절한 지조를 지켰으나 그 모함을 받아 거의 죽음 일보 직전까지 갔었다. 盧植(노식)은 《三國演義》를 통해 익숙한 이름이나 文武兼全에 충량한 신하였다. 역자는 젊은 날에 《孟子集注》를 배우면서, 趙岐(조기)의 《孟子註疏》에 대한 설명을 들었다. 그 〈趙岐傳〉을 번역하니 감동이 새로웠다. 조기는 30대에 7년간이나 병석에 누워있으며 유언까지 남겼지만 90여 세를 살았으니 天壽란 바로 이런 것이 아니겠는가?

65권, 〈皇甫張段列傳〉 – 皇甫規, 張奐, 段熲(단경).

✣ '山東出相, 山西出將'의 말 그대로 皇甫規(황보규)는 전형적인 山西 출신 武將이었다. 그가 桓帝와 靈帝의 혼란기에 자신의 지위를 지키며 공을 세운 것은 그의 말과 행동이 진실했기 때문이었다. 張奐(장환) 역시 문무 겸비한 인재였고 무관으로 입신출세하였다. 또 환관에게 시달렸다. 아마 그 바탕에 經學의 기초가 탄탄했기에 끝까지 정도를 지켰고 담담한 유언을 남기고 죽었다. 段熲(단경)은 동서 羌族을 치고 큰 戰果를 거두었다. 본권의 皇甫規(字 威明), 張奐(字 然明), 段熲(字 紀明)을 '涼州三明'이라 통칭한다.

66권, 〈陳王列傳〉 – 陳蕃, 王允.

✣ 〈陳蕃傳〉에는 진번이 올린 上疏文 7건 全文이 실려 있다. 기록된 것만 7건이고, 그 분량은 〈陳蕃傳〉 내용의 2/3 이상을 차지한다. 물론 그 상소가 받아들여졌다는 언급은 없다. 효용이 없는 빈번한 상소는 고위직에 재직하는 신하의 免避用이 아닌가 하는 생각이 들 정도이다. 陳蕃(진번)은 강직하고 충성스러웠다. 환관을 미워했지만 결국 환관에게 당했다. 환제의 竇황후에게 베푼 은덕이 있었지만, 그래도 태후를 믿었다는 것이 패착이었다. 漢 安帝 이후 무능한 황제가 연속 제위에 올랐어도 漢朝가 금방 망하지 않은 것은 진번 같은 강직한 대신이 있었기 때문이다.

王允(왕윤)은 동탁을 죽이기까지 뜻을 굽히고 참았다. 일을 성공하기 위해 자신을 버렸다. 그러나 성공한 다음은 너무 서툴렀다. 그것은 자만이었다. 자만은 자신을 파멸로 이끈다. 사후 처리가 너무 졸렬했기에 그것이 우리에게 교훈이 된다.

67권, 〈黨錮列傳〉 – 劉淑, 李膺, 杜密, 劉佑, 魏朗, 夏馥, 宗慈, 巴肅, 范滂, 尹勳, 蔡衍, 羊陟, 張儉, 岑晊(잠질), 陳翔, 孔昱, 苑康, 檀敷(단부), 劉儒, 賈彪, 何顒(하옹).

❖ 黨錮의 禍는 후한에서 있었던 특별한 정치적 사안이었다. 1차와 2차의 당고가 좀 성격이 다르지만 공동 주연은 첫째가 환제와 영제라는 무능한 황제, 그리고 돈과 권력만을 탐내는 환관, 그런 환관에게는 파리가 꼬이듯 小人들이 모여든다. 이들이 가해자가 되어 선량한 관리와 학자를 피해자로 만든다. 약 20여 년간 천하를 도탄에 빠트렸고 전국의 선량한 사인에게 파급되었으니 그 폐해는 정말 심각하였다.

서기 184년 황건적의 난이 일어나자 모두 다 사면하였지만 너무 큰 상처만 남겨준 회오리바람이었다. 〈黨錮列傳〉에는 21명의 피해자를 입전하였다. 피해자들의 처지는 제각각이었지만 공통점은 성격이 강직하고 환관을 미워했기에 박해를 받았지만 여기에도 運은 있었다. 하여튼 후한은 환관 때문에 망했다고 하여도 과언이 아니다.

68권, 〈郭符許列傳〉 – 郭太, 符融, 許劭(허소).

❖ 知人은 堯에게도 어려운 일이었다. 郭太(郭泰, 字 林宗)는 깊은 학식을 갖고도 관직에 나가지 않았다. 후한 말의 名士였는데, 보통 사람을 천거하거나 격려를 잘했다. 42세의 짧은 생애 외에 그가 알아본 인물의 면면을 소개하였다. 符融(부융)도 사람을 알아보는 능력이 뛰어났으나 출사하지 않았기에 가난은 숙명으로 받아들였다. 許劭(허소) 역시

출사하지 않았고 사람을 잘 보았으니 조조를 '亂世의 英雄'이라고 정확하게 예언한 사람이다.

69권, 〈竇何列傳〉 – 竇武, 何進.

❖ 竇武(두무)는 桓思竇皇后의 친정아버지로 大將軍이었지만 새(鳥) 가슴의 書生이었다. 陳蕃(진번)과 같이 환관을 제거하려 했지만 일의 추진과 결단력이 문제였다. 그런 큰일을 미루고 미룰 때 실패의 싹은 크게 자라난다. 나라의 대장군이 그 많은 고관과 뜻을 같이하고, 병권을 쥐고서도 환관 하나를 이기지 못해 패망하였으니 참말로 어이가 없다. 서생은 아는 것이 없어서가 아니라 결단력이나 통솔력이 없어 실패한다. 何進(하진) 역시 이복 여동생이 황후이기에 국권을 장악한 것도 문제지만, 본래 학문적 바탕도 없어 안목이나 원대한 포부를 갖지도, 또 제시하지도 못하고 결단해야 할 때 결단하지 못했기에 환관에게 당했다. 환관을 섬멸하겠다고 중앙 정규군을 놔두고 원소나 동탁의 군사를 불러들이는 어리석음을 어떻게 설명할 수 있겠는가?

70권, 〈鄭孔荀列傳〉 – 鄭泰, 孔融, 荀彧(순욱).

❖ 鄭泰(鄭公業)는 동탁의 협박이 두려워 한껏 동탁을 추켜세워 위기를 모면했고 재물을 뿌려 동료를 구제했지만 나이 41에 죽었다.

孔融(공융)은 공자의 후손으로 천재성을 유감없이 발휘했고 바른 인품의 소유자였다. 그러나 그런 사람에게 세상은 너무 좁았고 제약이 많았으며, 曹操에게는 자신의 뜻을 방해하는 가시 같은 존재였다. 때문에 비명에 棄市되었고 어린 아들과 딸까지 멸문의 화를 입었다. 荀彧(순욱)

은 荀子의 후손으로 조부 때부터 잘 알려진 가문이었다. 曹操의 張良이었지만 순욱은 漢에 대한 충성으로 백성을 고난에서 구하려 했다. 와병 중에 조조가 보낸 빈 그릇의 뜻을 알고 자살했지만 참말 아까운 인재였다.

71권, 〈皇甫嵩朱儁列傳〉 – 皇甫嵩(황보숭), 朱儁(주준).

❖ 이 두 장군은 황건적 토벌에 공을 세웠다. 靈帝와 獻帝 초기에 동탁과의 관계에서 어려움을 겪었다. 동탁과 그 부장 李傕(이각)에게 강하게 대결하지 못한 것이 순전히 군사적 열세 때문인지, 아니면 적극적 의지의 결여인지는 단정할 수 없다. 황보숭은 자신의 공적을 자랑하지 않았고 영광을 누리려 하지 않았다. 이는 정말 어려운 일이었다. 하여튼 난세에 두 사람이 다 천수를 누린 것이 과연 행운이라고 할 수 있을까?

72권, 〈董卓列傳〉 – 董卓(동탁), 李傕(이각) 外

❖ 董卓(동탁)은 변방 출신의 무장이었다. 그가 자신의 군사력을 바탕으로 정치권력을 장악하고 일족의 영화를 누린 것은 어쩌면 나무랄 것도 아니다. 사나이가 가질 수 있는 포부와 욕망의 실현이라고 볼 수 있다. 최고의 정치적 권력과 만인 위에 군림하는 권위, 천하의 재물이 모두 자기 것인데도, 또 무엇이 부족하여 그렇게 많은 사람을 처참하게 죽여야 했는가? 정신 이상자의 광기가 아니라면 설명할 방법이 없을 것이다.

73권, 〈劉虞公孫瓚陶謙列傳〉 – 劉虞, 公孫瓚, 陶謙.

❖ 劉虞(유우)는 종실의 일원이었지만 유능하고 인자한 지방관으로 이민족에게도 관대하였다. 유우와 경쟁하면서 유우를 죽인 公孫瓚(공손찬)은 용맹했다지만 무모하고 그릇이 작았다. 한때 동북쪽의 강자였지만 袁紹(원소)에 밀려 죽었다. 陶謙(도겸)은 《三國演義》를 통해 친숙한 이름이지만 역시 무능했다. 曹操가 피살된 부친의 원수를 갚는다고 도겸 관내의 여러 현을 무고한 백성을 殲滅(섬멸)했는데, 잔악한 조조의 행위에 분노하면서 그런 결과를 초래한 근본을 생각하면 결국 도겸의 무능이다.

74권, 〈袁紹劉表列傳〉(上)(下) – 袁紹(紹子) 袁譚. 劉表.

❖ 외모만 번듯하고 무능하며 국량이 협소한 袁紹와 劉表의 몰락을 기록했다. 本初(袁紹)가 명문거족의 후손이라 하지만 생김새만 그럴싸했지 無謀한 사람이었다. 공손찬을 겨우 이겼는데, 그것은 공손찬이 스스로 붕괴되었기 때문이다. 원소가 田豐(전풍)이나 沮授(저수) 아니면 許攸(허유)의 계책을 단 하나라도 채택했다면 원소는 패망하지 않았을 것이다. 建安 5년, 左將軍 劉備가 沛郡을 거점으로 曹操에 반기를 들자, 조조는 걱정이 되어 직접 유비를 원정했는데 전풍이 원소에게 지금 즉시 許都를 공격해야 한다고 건의했다. 그러나 원소는 아들이 아프다고 군사를 움직이지 않았다. 전풍은 땅을 치며 기가 막힌다고 탄식했고 이후 원소에게 갇혔다가 나중에 처형된다. 참말로 어리석고 무능한 원소였다. 袁譚은 장자였지만 막내 袁尙이 후계자가 되자 형제간에 싸웠다. 원담은 조조에게 의존했지만 원담, 원희, 원상 모두 망하면서 원씨

의 영화는 물거품이 되었다.

劉表는 외모 덕을 본 사람이지만 본래 좌담이나 즐길만한 무능력자였다. 유표 죽은 뒤 劉琮이 뒤를 이었지만 바로 조조에 투항하며 유표의 이름도 함께 사라졌다.

75권, 〈劉焉袁術呂布列傳〉 – 劉焉, 張魯, 袁術, 呂布.

✣ 劉焉(유언)은 한때 蜀을 차지하고 큰 꿈을 그렸지만 그릇이 작아 아무것도 할 수 없었다. 유언의 아들 劉璋이 뒤를 이었지만 무능했다. 다만 그 세력권이 劉備 성장의 밑거름이 되었다. 張魯는 漢中을 바탕으로 성장했는데 그래도 착한 사람이었다. 袁術은 가문을 긍지로 여겼지만 백성에게 아무런 은덕이 없었다. 날조된 符命을 바탕으로 삼은 것도 어리석었지만 백성과 부하를 돌보지도 않고 황제를 참칭하면서 자신을 황제라고 생각한 원술은 정말 우매한 사람이었다.

呂布는 中國人의 俗談에 '人中呂布 馬中赤兎'(사람은 呂布, 말은 적토마)라는 말이 있을 만큼 잘난 美男子였다. 욕심이 많고 의리는 하나도 없는 사람이라서 제 잘난 멋에 설쳐대다가 어리석은 죽음을 당했다.

76권, 〈循吏列傳〉 – 衛颯(위삽), 任延, 王景, 秦彭, 王渙, 許荊, 孟嘗, 第五訪, 劉矩, 劉寵, 仇覽, 童恢.

✣ 賢君 아래에 賢臣이 있고, 賢臣良吏가 있어야 백성은 안정된 생활을 할 수 있다. 그런 뜻에서 〈循吏列傳〉을 지었을 것이다. 백성을 다스리면서 지나친 엄격도 안 좋고, 작은 생선을 굽듯 조심하며 정성으로 다스려야 한다. 지방관이 忠恕(충서)로 백성을 이끌면 모든 병폐도 사

라진다. 任延(임연)은 越人의 교화에 힘썼으며 지방관으로 철광산을 개발하였다. 王景(왕경)은 황하 치수에 큰 공적을 남겼고 지방관으로 농사와 양잠 등을 가르쳐 백성은 생활이 풍족하였다. 仇覽(구람)은 蒲(포)의 亭長이 되어 백성을 교화하였고 太學에 들어가서 곁눈질을 안 하고 학문에 정진하였다. 구람은 낮은 관직에서 백성을 가르치고 교화한 덕은 열전에 오를만했다. 지방관의 한 사람으로 善政에 온 고을 백성이 彈琴하며 和樂한다. 그것이 바로 다른 삶에게 베푸는 진정한 德일 것이다.

77권, 〈酷吏列傳〉 - 董宣, 樊曄, 李章, 周紆(주우), 黃昌, 陽球, 王吉

❖ 董宣(동선)은 불량한 지방 세력을 무자비하게 처형했다 하여 酷吏(혹리)로 분류했지만 광무제의 누나의 잘못을 지적하고 끝까지 따질 정도로 기개 있는 洛陽令이었다. 여기 혹리는 불법을 자행하는 악인에게 혹형을 가한 인물들이었다. 특히 陽球(양구)는 환관을 제거하였으나 극히 일부였고 오히려 다른 환관의 반감과 세력만 키워주었다. 진짜 혹리는 환관 王甫의 養子 王吉로 沛國相으로 5년간 재직하며 약 1만 명을 죽였다. 양구가 왕보를 죽일 때 왕길도 같이 죽였다.

78권, 〈宦者列傳〉 - 鄭衆, 蔡倫, 孫程, 曹騰, 單超(선초), 侯覽, 曹節, 呂强, 張讓,

❖ 사실 명문대가에서 정상적인 교육을 받고 성장했어도 악인은 있다. 가난했기에 아니면 죄를 지어 부형을 받아 환관이 되었다면, 그들 중에

어찌 악인이 없겠는가? 남자로서 성적 결함은 열등의식을 넘어 치욕인데, 그런 치욕으로 한평생을 사는 환관이 권력과 재물에 집착한다 하여 비난할 생각은 없다. 다만 어느 정도에서 자신을 제약하지 못했기에 욕을 먹어야 한다. 후한에서 환관의 폐해가 심했던 시기에는 틀림없이 용렬한 황제가 재위했다. 특히 靈帝가 우매하였기에 환관은 전성기를 누렸다. 영제는 가끔 永安宮 망루에 올랐는데, 환관들은 자신의 저택을 황제가 바라볼 것이 두려워 中大人인 尙但(상단)을 시켜 "天子는 登高할 수 없으니 등고하면 백성이 줄어들고 흩어지게 됩니다."라고 말하게 하였다. 영제는 이후로 다시는 누각이나 정자에 올라가지 않았다. 이처럼 〈宦者列傳〉에 나타난 영제는 우매했다. 영제는 직접 매관매직을 했고, 그런 금전과 비단 마필을 개인의 재산처럼 致富하였다. 황제이기 전에 그냥 보통 인간이라도 이처럼 우매할 수 있겠는가? 그러나 환관 중에는 천재에 가까운 蔡倫(채륜)도 있었고, 呂强(여강) 같은 강직한 환관도 있었다.

79권, 〈儒林列傳〉 (上) - 劉昆, 窪丹(와단), 任安, 楊政, 張興, 戴憑(대빙), 孫期, 歐陽歙, 牟長, 宋登, 張馴, 尹敏, 周防, 孔僖, 楊倫.

79권, 〈儒林列傳〉 (下) - 高詡, 包咸, 魏應, 伏恭, 任末, 景鸞, 薛漢, 杜撫, 召馴, 楊仁, 趙曄, 衛宏, 董鈞, 丁恭, 周澤, 孫堪, 鍾興, 甄宇(견우), 樓望, 程曾, 張玄, 李育, 何休, 服虔, 潁容(영용), 謝該, 許慎, 蔡玄

❖《漢書》에도 〈儒林傳〉이 있다. 후한서의 〈儒林列傳〉은 《漢書》의 속편이다. 五經의 연원에 대하여 《漢書 儒林傳》의 내용을 설명하고, 이

어 후한대의 학자를 소개하였고, 그 학파가 후한에서 어떻게 발전했는가를 요약 정리하였으니 내용 체계가 일목요연하다.

사실 후한에서 桓帝(서기 147－167년)와 靈帝(168－188) 재위 기간의 정치상황을 볼 때 이 기간 중에 멸망하지 않은 것이 이상할 정도였다. 그리고도 이후 30여 년을 더 버틴 것은 范曄(범엽)의 史論 그대로 儒學의 힘이었다. 우매한 군주에게도 충성을 해야 하고, 찬탈이나 하극상이 용납되지 못하는《春秋》大義와 正道가 통하는 사회였기에 후한이 존속할 수 있었다. 본권에서는 中國 現存 最古의 字典. 540개 部首에, 9,353字를 설명한 許愼(허신)의《說文解字》를 기억해야 한다.

80권,〈文苑列傳〉(上) －杜篤, 王隆, 夏恭, 傅毅, 黃香, 劉毅, 李尤, 蘇順, 劉珍, 葛龔, 王逸, 崔琦, 邊韶

80권,〈文苑列傳〉(下) －張升, 趙壹, 劉梁, 邊讓, 酈炎(역염), 侯瑾, 高彪, 張超, 禰衡(예형).

❖ 杜篤(두독)의〈論都賦〉는 장안이 수도로서 적합하다는 주장의 賦이나 실제로는 아무런 영향을 주지 못했다. 傅毅(부의)의〈迪志詩(적지시)〉는 조상의 빛난 얼을 이어받기 위해 노력하겠다는 뜻을 담은 詩이나 시로써 문학적 향기는 없고 勸學의 뜻을 말했다. 崔琦(최기)는〈外戚箴〉을 지어 역사적으로 외척에 의한 폐해를 논하고 일가의 영광을 보전하기 위해서라도 자중해야 한다고 경계하였다. 趙壹(조일)의〈窮鳥賦〉가 있고,〈刺世疾邪賦〉는 세상을 풍자하고 邪惡을 질시한다는 뜻을 실었다. 劉梁(유량)의〈辯和同之論〉를, 邊讓(변양)의〈章華賦〉, 酈炎(역염)의 志氣를 서술한 詩 2편을 수록하였는데 이런 글들이 문학적 향기를 풍기기는 아무래도 曹植 등의 '建安七子'를 기다려야만 했다.

禰衡(예형)은 기억력이 비상했고 文才가 뛰어났지만 언행을 조심하지 않아 나이 26세에 엉뚱한 데서 아무런 의미도 없이 죽었다.

81권, 〈獨行列傳〉 – 譙玄, 李業, 劉茂, 溫序, 彭修, 索盧放, 周嘉, 範式, 李善, 王忳(왕돈), 陵續, 李充, 繆肜(유융), 陳重, 雷義, 范冉(범염), 戴就, 趙苞, 向詡(상후), 諒輔, 劉翊, 王烈.

✣ 인간 사회 생활에는 여러 가지 도덕과 감정이 존재한다. 남을 도와주는 선행도 그렇고, 약속을 지키는 신의라든지, 상관에 대한 충의나 책임 완수, 은혜에 대한 보답, 형제간의 우애와 부모에 대한 효도 등등. 인간의 생활에서 선의이며 선행의 실천은 신념이며 의지이다. 그런 의지를 가지고 세상을 살아간 사람들의 이야기가 〈獨行列傳〉이다. 戴就(대취)는 상관이 무고를 당했다는 믿음에 온갖 고문을 당하면서도 뜻을 굽히지 않았다. 여기의 고문 내용은 참으로 잔인하여 소름이 끼칠 정도였다. 상관을 위해 그런 고문을 참는다는 자체가 신의이며 사명일 것이다.

82권, 〈方術列傳〉 (上) – 任文公, 郭憲, 許楊, 高獲, 王喬, 謝夷吾, 楊由, 李南, 李郃(이합), 段翳(단예), 廖扶(요부), 折像(절상), 樊英

82권, 〈方術列傳〉 (下) – 唐檀, 公沙穆, 許曼, 趙彦, 樊志張, 單颺(선양), 韓說, 董扶, 郭玉, 華佗(화타), 徐登, 費長房, 薊子訓(계자훈), 劉根, 左慈, 計子勳, 上成公, 解奴辜(해노고), 甘始, 王眞, 王和平.

✣ 보통 전국시대부터 齊나라에 方士가 있었다. 진시황이 불로초를

구한다는 사실을 알고 진시황을 만난 徐市〔서불, 徐福, '徐市(서시)'가 아님〕이 방사였다. 방사는 術士로 方術를 행하는 사람이고 이때 方은 道의 뜻이니, 곧 道士로 통용되었다. 도교가 종교적 체계를 갖추기 전부터 方士는 道士의 뜻으로 통용되었다. 冥想, 氣功, 煉丹(연단) 등의 방식으로 長生과 不老, 또는 羽化 登仙을 목표로 하는 사람으로 이들은 수시로 특이한 기술과 방식으로 귀신을 부리기도 했으며 생사의 경지를 넘어 해탈을 이루고자 했다. 이런 사람들의 노력은 중국 고대의 醫學과 化學(煉丹術), 天文, 軍事와 文學(神怪小說 등)의 발전에 상당 부분 이바지하였다. 중국 토속신앙에서 신선사상은 상당히 주요한 비중을 차지하고 있다. 후한 시기에 이런 사상, 이런 방술이 많았기에 〈方術列傳〉을 편찬했을 것이다.

方士들의 은거나 出仕가 때로는 순수하지 않았고, 性情이나 위엄을 꾸며대었으며, 그런 것을 도술이라 포장하여 자신의 聲價를 높이려 했지만, 그들이 말하는 도술도 時務에 유용한 것도 아니었다. 방사나 은거자, 그런 사람들의 후진이나 제자들은 이름을 팔아 명성을 얻으려 했고, 치국의 군주는 그들을 예우하여 민심을 얻으려 하였으니, 이는 아무 쓸모도 없는 것을 유용하게 전환한 것이며, 또 때로는 쓸모 있는 인재를 쓸모없게 만들었다고 생각할 수도 있다.

83권, 〈逸民列傳〉 – 野王二老, 向長, 逢萌, 周黨, 王霸, 嚴光, 井丹, 梁鴻, 高鳳, 臺佟(대동), 韓康, 矯慎, 戴良, 法眞, 漢陰老父, 陳留老父, 龐公(방공).

✣ 이 편은 관직을 마다하고 초야에 묻힌 隱者(隱逸)들의 열전이다. 은자의 그 행적은 제각각이었지만 거취는 거의 동일하였다. 高鳳(고봉)

과 같은 은자의 고결한 뜻은 青雲보다도 더 높았으며, 진흙 속에 묻혔고, 그 의지와 명성을 다른 사람이 알아주지 않더라도 마음에 아무런 원망도 없었다. 2,000여 년 전 後漢이나 지금의 대한민국이나 지저분한 속물들이 속물 아닌척하는 꼴은 똑같다. 속된 표현으로 빈 깡통(빈 캔)이 더 시끄러운 것은 마찬가지이다. 사실 은자가 국가를 위해서 또는 백성을 위한 적극적인 공헌은 없었다. 그러나 이런 사람들마저 없었다면 온 천하는 속물들만의 세상이었을 것이다. 이들이야말로 진정한 清凉劑(청량제)였다. 梁鴻(양홍) 같은 은자의 결혼이나 생활, 시로 표현된 울분, 그리고 담담한 죽음은 참된 인생이 무엇인가를 보여주었다.

84권, 〈列女列傳〉 – 鮑宣妻 桓氏, 王霸 妻, 姜詩妻 龐氏, 周郁妻 趙氏, 曹世叔 妻 班昭. 樂羊子 妻, 程文矩 妻李氏, 孝女 曹娥, 許升妻 呂榮, 袁隗妻 馬氏, 龐淯母 趙娥, 劉長卿妻 桓氏, 皇甫規 妻, 陰瑜妻 荀采, 盛道妻 趙媛姜, 孝女 叔先雄, 董祀妻 蔡琰.

✣ 이 열전은 孝婦와 孝女, 지조를 지킨 烈女, 才女에 관한 기록이다. 後漢 제일의 才女라 할 수 있는 반표의 딸이며 반고의 여동생, 曹世叔의 妻인 班昭(반소)와 蔡邕(채옹)의 딸로 董祀(동사)의 妻인 蔡琰(채염)은 정말 특별한 여인이었다. 班昭는 和帝의 명을 받아 반고가 완성하지 못한 《한서》 〈天文志〉와 〈表〉를 완성하였다. 반소는 태후와 귀인들의 스승이었으며 馬融의 《漢書》 독해를 지도하였고, 황실의 신임을 받으며 長壽하였다. 班昭의 〈女誡〉는 여인의 처신과 의무, 결혼과 부부, 시부모 공경과 가족관계까지 언급한 여인의 생활지침서이다. 그 도덕이 당시에는 옳았지만 지금은 아니라고 말할 수 있다. 그러나 그때나 지금이

나 인간의 속성은 똑같다. 그러니 그때의 도덕이 모두 그르다고 말할 수는 없을 것이다. 그리고 한 가지 더! 班昭의 〈女誡〉는 글 자체가 名文이고, 매우 논리적이며 각 분야의 실제를 모두 망라하였다.

蔡琰(一名 文姬)은 400여 권의 서책을 외워 쓰고 음률에도 정통한 才媛이었지만 흉노에 끌려가 南匈奴의 左賢王과 살며 두 아들을 낳았고 그들과 헤어져 귀국했다. 재염의 〈悲憤詩〉에는 한 여인이 겪은 슬픔이 눈물에 눈물로 맺혀있다.

85권, 〈東夷列傳〉 – 夫餘, 挹婁, 高句驪, 東沃沮, 東濊, 三韓, 倭

❖ 여기서부터는 〈外國傳〉이다. 東夷族 여러 나라의 정치와 습속, 산물을 소개하고 있다. 여기에도 中華主義와 주변 이민족을 賤視하는 태도를 엿볼 수 있다. 고구려 太祖王은 정도 칭호도 없이 그냥 이름 宫(궁)으로만 기록한 것이 바로 그런 예이다.

周의 동쪽, 河水 하류지역이 원주민을 周에서 볼 때는 東夷가 확실하고 그들은 거기서 점차 동쪽으로 이동한 것은 사실이다. 그러나 夫餘에서 高句麗로 이어지는 우리 민족의 뿌리가 河水 하류지역의 동이족과 같은 뿌리인지는 단정할 수 없는 것 같다.

86권, 〈南蠻西南夷列傳〉 – 南蠻, 西南夷.

❖ 南蠻(남만)은 그 지역의 지형적 특성으로 중원과 분리되었지만 秦代 이후 중원의 세력이 남하하며 점차 중국화 되었다. 미개 지역으로 남을 수 없었던 것은 중원에서 죄수들을 남방으로 송출했고, 특히 바다에서 나오는 眞珠는 영원한 착취 대상이었다. 하여튼 後漢시대에 교지

군과 교지자사부가 지금의 월남국 북부에 있었고 월남 중부지역까지 후한이 직접 지배했다.

西南夷는 그들이 산악 지대에 살았기에 북방 초원의 유목민족보다 덜 사나웠으며 중국에 끼친 폐해가 적었다. 蜀郡 서쪽 지역은 워낙 산악지대에 고립된 지역이라서 그들의 단결이 어려워서 중국에 그대로 순응하는 형세였다.

87권, 〈西羌傳〉 – 羌族

✣ 西羌(서강, 羌族)은 후한을 가장 괴롭혔던 소수민족이다. 漢의 영역 내에 거주하는 강족도 외부 강족이 침입하면 합세하여 노략질을 감했다. 강족은 완전 외부 이민족도 내부 백성도 아니었다. 싸우다가 열세이면 바로 투항했다. 투항한 뒤 부족 세력을 키워 다시 노략질을 하였다. 무능한 황제에 무능한 군사 지도자였기에 강족의 반란과 투항은 반복되었고 죄 없는 백성만 고생 끝에 죽어나갔다. 그러나 父子가 모두 전사한 馬賢(마현) 같은 유능하고 진실한 장군도 있었다.

88권, 〈西域傳〉 – 拘彌, 于窴(우전), 西夜, 子合, 德若, 條支, 安息, 大秦, 大月氏, 高附, 天竺, 東離, 栗弋(율익), 嚴, 奄蔡(엄채), 莎車, 疏勒(소륵), 焉耆, 蒲類, 移支, 東且彌, 車師.

✣ 西域에 관한 관심은 중국 이외의 세계에 대한 관심이었다. 《한서 서역전》을 바탕으로 그 이후의 변화나 새로운 내용을 기록한다고 하였다. 반초와 반용 부자의 서역 개척과 지배는 진정한 애국이었다. 葱嶺(총령, 파미르) 고원을 넘어 安息國과, 특히 유럽 Rome(羅馬)제국에 관

한 傳聞의 상세한 기록은 지식인 范曄(범엽)의 서방세계에 관한 관심의 표출이며, 그가 균형 잡힌 사리판단 능력을 갖고 있었음을 알 수 있다. 그리고 대월지를 계승한 貴霜(규샨)왕조와 身毒(견독, 印度)에 관한 기록을 통해서 범엽의 넓어진 세계관을 볼 수 있다.

89권, 〈南匈奴列傳〉

❖ 흉노의 생활은 단순했다. 상관에게 구두 보고가 있을 뿐 문서결재가 없었다. 거친 자연환경 속에서 생존하는 그들이 城을 만들고 定住할 수 없기에 기록물을 가지고 이동하며 참고할 수도 없었을 것이다. 그러니 그들의 생활은 진보가 없었다. 먹고 나서 싸우거나 빼앗고, 아니면 죽였다. 위대한 지도자가 있을 때는 순간이지만 최고의 강자였다. 그러나 끝내 분열과 배반과 복속만 남았다. 강자에게 굴복하고 살다가 반기를 들었고, 불리하면 또 굴복했다. 〈匈奴列傳〉은 분열, 배반, 복속, 노략질, 살육, 다시 배반 ~ 하여튼 이런 용어들의 연속이며 나열이었다.

90권, 〈烏桓鮮卑列傳〉 – 烏桓, 鮮卑.

❖ 동호족의 갈래인 烏桓과 鮮卑는 흉노가 강성할 적에 밀려와 열악한 곳에 자리 잡았다. 흉노는 前漢을 괴롭혔고, 오환족과 선비족은 後漢의 후반기에 강성하여 중국 북쪽 국경을 유린했다. 桓帝와 靈帝의 정치적 무능이 이들 세력의 강성과 노략질을 도와주었다. 선비족은 통치체제가 없었고 마을의 大人조차 세습직이 아니었다. 그러한 선비족이 檀石槐(단석괴)란 걸출한 인물에 의해 북흉노의 빈자리를 차지했고 후한 말기에 후한을 크게 괴롭혔다. 이후 선비족은 처음으로 세습왕조 체

제를 구축한다. 그리하여 뒷날 5세기에 北魏(북위)로 다시 등장한다. 중국을 노략질하면서 중국을 배웠고, 그래서 그들은 성장하여 중국을 제대로 지배하는 征服王朝로 성장하게 된다.

《後漢書》立傳 人名 索引

ㄴ

ㄷ

ㅁ

ㅂ

ㅅ

ㅇ

ㅎ

저자 약력

陶硯 진기환陳起煥

서울 대동세무고등학교 교장을 역임하였고 개인 문집으로《陶硯集》출간.

주요 저서로는 중국 고전소설《儒林外史》국내 최초 번역,《史記講讀》,《史記 人物評》,《中國의 土俗神과 그 神話》,《中國의 신선이야기》,《上洞八仙傳》,《三國志 故事成語 辭典》,《三國志 故事名言 三百選》,《三國志의 지혜》,《三國志 人物評論》,《精選 三國演義 原文 註解》,《中國人의 俗談》,《水滸傳 評說》,《金瓶梅 評說》,《논술로 읽는 論語》,《十八史略 中(下)·下(上)·下(下)》,《唐詩三百首 上·中·下》共譯,《唐詩逸話》,《唐詩絶句》,《王維》,《漢書》全 10권,《論語名言三百選》,《後漢書》全 10권 외

E-mail : jin47dd@hanmail.net

原文 譯註

後漢書(十)
후 한 서

초판 인쇄 2019년 4월 5일
초판 발행 2019년 4월 15일

역 주 | 진기환
발행자 | 김동구
디자인 | 이명숙 · 양철민
발행처 | 명문당(1923. 10. 1 창립)
주 소 | 서울시 종로구 윤보선길 61(안국동)
우체국 010579-01-000682
전 화 | 02)733-3039, 734-4798(영), 733-4748(편)
팩 스 | 02)734-9209
Homepage | www.myungmundang.net
E-mail | mmdbook1@hanmail.net
등 록 | 1977. 11. 19. 제1~148호

ISBN 979-11-88020-94-2 (04910)
ISBN 979-11-88020-43-0 (세트)
30,000원